河水日夜奔流，永不停息，
但流水仍惠泽众人，无一例外。

RED NILE

A BIOGRAPHY OF THE WORLD'S
GREATEST RIVER

红色尼罗河

〔英国〕罗伯特·特威格尔 著

李红懿 译

上海三联书店

目　录

序　言

红色的河流

想象一下，有这样一条大河，穿流过非洲大陆四分之一的土地，汇聚了无数的小溪、河流。然而，不管流经多少不同的国家或部落，在我们的认知中，它都是一个有着独立身份的整体。若一个水分子来自布隆迪的森林或是埃塞俄比亚的塔纳湖（Lake Tana），那它就能随上涨的水流一路流入埃及的尼罗河三角洲，最终汇入地中海；有了这一例证，庞大的尼罗河水系确乎是一条独立的河流。

尼罗河是庞大的。如果泰晤士河有尼罗河的长度，它就不会终于格雷夫森德[1]，而是会通过英吉利海峡流至欧洲大陆，穿越整个土耳其后进入伊拉克，最终像幼发拉底河一样流入波斯湾。想象一下，带着拥有它、掌控它的欲望穿行于这样一条庞大的河流之上。从世界上第一个国家米昔儿（Misr），即当今的埃及诞生起，人类和他们的国家就一直梦想着征服尼罗河。

历史上那些征服的欲望已然消散，没有在人们的记忆里留下任何痕迹，除了故事。至于那些宏伟楼宇、古堤坝、神殿和雕塑留下的痕迹，不也是以故事的形式留存在我们的谈论中么？留下的只有故事。

那这些故事是什么颜色的？这个问题就有意思了。能留存下来的故事，往往都经历了更多的粉饰，洋溢着更多的激情，或是凝结了更多的鲜血。自然，这些故事是红色的。

---

1 格雷夫森德（Gravesend），英国城市，位于泰晤士河南岸。

红色。真正的尼罗河并非白色或青色[1]，甚至亦非绿色。它是红色的。当洪水期的青尼罗河水灌入白尼罗河之时，冲力会逆转河水流向，形成长达五英里[2]的逆流，青尼罗河所载的沉淀物与白尼罗河本更清澈的水体混合，便出现了持续数日的血红色河水奇景。青尼罗河与白尼罗河于初夏时节在苏丹喀土穆[3]附近相遇，在这一时刻成就了对这条世界最伟大河流的一个奇妙隐喻：一条关于鲜血、生命和死亡的河流。当摩西[4]要求法老让以色列人[5]离开埃及时，十灾降临于埃及人身上，其中第一个就是尼罗河水变作血水，河鱼全部死亡。有些评论家认为这可能是由一种浮于河水表面的罕见藻华导致的"红潮"，但很快我们就会发现，关于这个看似奇迹的现象，其实还有更好的解释。历史前进至1249年，彼时，"嗜血"的拜伯尔斯[6]，这位埃及的马穆鲁克[7]守卫者，就在尼罗河三角洲屠杀了3000名法国十字军成员[8]，"用鲜血染红了伟大的尼罗河"。在历史的进程中，这条长河自然而然变为红色，而这个颜色属于战争，属于创造，属于斗争，属于朝圣，属于疾病，也属于胜利。

白尼罗河和青尼罗河都十分壮丽，不过就河流历史和规模而言，它们与遍及世界的那些公认的大河并无二致。再者，尼罗河下游段是唯一穿越撒哈拉沙漠的河流，同样亦是不凡。然而，把这三条河流——青尼罗、白尼罗与尼罗河下游作为一个整体来看，才是最值得惊叹的。三者合一，这才是我所说的红色

---

1 青尼罗河（Blue Nile）和白尼罗河（White Nile）为尼罗河的两条主要支流，因河流起源和途经地域不同，水量、流速和沉积物也各不相同，造就了水体的不同颜色。

2 英里（mile），英美制长度单位。1英里等于1.6093千米。

3 喀土穆（Khartoum），苏丹共和国首都。

4 摩西（Moses），《圣经》中犹太人的古代领袖，史学界认为他是犹太教创始者。

5 古代泛指犹太人，现在指拥有以色列国籍的人。在英语中，圣经时代的以色列人与现代以色列国家的居民是两个有区别的词。

6 拜伯尔斯一世（Baiburs，约1223—1277），埃及和叙利亚马穆鲁克王朝第四任苏丹，被认为是伊斯兰文明最危险时刻的拯救者。

7 马穆鲁克（Mamluk）是中世纪服务于阿拉伯首领的奴隶兵，主要效命于埃及阿尤布王朝，后来逐渐成为强大的军事统治集团，并建立自己的王朝，统治埃及达300年之久。

8 该事件发生于第七次十字军东征时期。法国人在国王路易九世的带领下攻打埃及，最终败在埃及的马穆鲁克军团首领拜伯尔斯手下，法国国王本人成为俘虏。

尼罗河。它包括了整个尼罗河水系，无疑是世界上最伟大且最具影响力的河流系统。

公元前 4 世纪，亚历山大大帝企图寻找尼罗河的源头，为的是解释它奇特的夏季洪水；毕竟在当时，所有其他已知河流的汛期都在冬季。而埃及之所以如此富饶，不仅谷仓丰满，还建立起城市文明（以及世界上第一个单一民族的国家），其中一个原因就是，埃及人在最需要水的干热夏季正好能有充沛的水源。这是一场名副其实的洪水，它冲击着河岸，将孕育生命的淤泥带入每一处经过的田地；在化肥出现之前，这些来自埃塞俄比亚高原的巨量淤泥在促进作物生长方面一直无出其右。如此，洪水及其裹挟而至的淤泥造就了埃及，一个被罗马人称为"帝国粮仓"的国家。

亚历山大派出的使者从未能够抵达尼罗河的源头。这位少年国王转而造访了位于锡瓦的神谕殿[1]，请求神明为他解释夏季汛期的来由。关于神谕的回答尚无史料可循。但如今我们已知晓，尼罗河上游的埃塞俄比亚高地会在夏季迎来季风性暴雨，洪水由此形成。

创造万物的河流

在尼罗河沿岸，依河而居的人们生起的火堆使得空中烟雾弥漫。附近生活着鳄鱼、河马、瞪羚和朱鹭，河中央漂荡着风信子。这是一条神圣而古老的河流，是神话中的世界之源[2]；红色尼罗河将所有的生机和死亡纳入怀中，从未停下前行的脚步。它蜿蜒进入非洲大陆的深处，其流域之广，超越了我们认知的边界。

红色尼罗河沿岸四处可见棕榈树和纸莎草，万事万物皆生发于此——所有的宗教，所有的生命，所有的故事；我们书写的文字，口述的言语；神明，传说，

---

1 锡瓦（Siwa）是埃及西部沙漠中的一处绿洲。这里的神谕殿（Temple of Oracle）建于公元前 6 世纪，供奉当地神明阿蒙（Ammon）。两百年后，亚历山大大帝征服埃及，有传闻称他曾到此地拜访。
2 在古埃及创世神话中，世界被创造之前只存在一片混沌黑暗之水，最初的土地即诞生于这片水中。而之后神明在创造古埃及这片土地的同时创造了尼罗河，作为古埃及一切的生命之源。

还有星辰的名字。这条伟大的河流以自己的方式保持着不紧不慢的节奏，但前行的脚步从不停歇，它无疑是历史上最为伟大而持久的造物者。

最初生活在红色尼罗河岸的人，大概也是地球上最早出现的人类。他们沿尼罗河谷向上迁移，而尼罗河谷就是东非大裂谷的延伸。大裂谷是所有类人族群最早出现的地方，他们规模很小，为了生存而相互竞争。最终，晚期智人翻过大裂谷，越过尼罗河，进入了欧洲和世界其他地区。

这些最早的人类颇具想象力。他们在山洞岩壁之上刻画精美图案，创造了自己的艺术，而我们就是通过他们的艺术和工具开始走入他们的世界。他们会使用沉甸甸的扇形手斧和硅石磨制而成的燧石箭头；这种硅石是一种罕见的天然玻璃，目前只在埃及的撒哈拉沙漠中发现过。关于这种硅石的形成，人们认为是沙漠曾受到一颗巨大陨石的撞击，陨石与撒哈拉大沙海熔合，便形成了这种神奇的水族箱般的绿色。（千年之后，有一大块这种天然玻璃被用驴运到了尼罗河上游，所以法老图坦卡蒙才能将其刻成圣甲虫[1]的形状，镶在自己戴的黄金项链上。）

故事仍在流传

尼罗鳄，拉丁学名 *Crocodylus Niloticus*，无论跟埃及还是跟当下的尼罗河道相比，都要更加古老。在我开罗的住所外就有这么一条，那里尼罗河水流顺畅，风儿拍打着水面，河道蜿蜒不绝地向北延伸。其实每隔个两三年就会有发现尼罗鳄的报道，而发现的位置通常是在开罗郊区尼罗河边的芦苇丛中。但这一次它却出现了迈哈迪，也就是我居住的区域，离市中心就几英里远。它并非野生，而是有饲主的宠物，主人觉得无趣便把它放了出来。在古埃及，鳄鱼象征着守护，有一条在附近反而让人觉得很安心。

我的住所跟河滨大道只隔一条马路。沿尼罗河而建的这条开罗大道虽然一度很气派，但如今已是年久失修，暗淡无光。从我家向外看，能看到两栋建筑

---

1 埃及人对圣甲虫神的崇拜跟尼罗河也息息相关。尼罗河每年洪水泛滥，从上游带来丰富的养分，而随着洪水退去，圣甲虫就会从耕地里的粪球中孵化出来，并由此被认为是永恒再生的象征。

之间的一截四方形尼罗河面，一棵棕榈树，还有一小片蓝天。到了傍晚，我还能从那截河面上看到十英里外夕阳恰好沉入金字塔下的画面——如果雾霾不严重的话。这些金字塔由巨大的石灰岩块堆砌而成，而把这些石块运到吉萨高地[1]的正是尼罗河洪水。如果今天还想用法老的办法建造金字塔，那恐怕是行不通的，因为阿斯旺高坝[2]已经在很大程度上弱化了洪水，曾经声势浩大的夏洪如今至多就是河水流速快了些，水位上升个一英尺[3]左右罢了。尼罗河上总有微风拂过，也许顺流而下，也许逆流而上；而且不知怎的，这条河从不显得拥挤。河面上漂着一艘艘游船，都是小型阿拉伯三角帆船[4]，英国人称之为"费卢卡"（felucca），是根据一种同样源自阿拉伯地区且样式类似的葡萄牙船只命名的。河上还有更古老的桨船，被渔民们一排排停在一边。桨船的船头和船尾向上翘起，船桨呈四方形，和塞加拉古墓[5]里发现的桨船设计相同。

渔民终年生活在水上。他们通常会在船身外装一个马达，但出船时还是要靠女人和年轻男人划动笨重的大桨。他们在水里撒下渔网，然后不断击打水面将鱼赶进网子里。一如延续数千年的渔船设计，贝尼哈桑古墓[6]里留存3000年之久的饰带[7]，描绘的正是渔民击打水面的样子，动作和今天的渔民一模一样。还有一种"渔民"，我只能在靠近河水的地方看到，比如我常去的星期五餐厅[8]

---

1 吉萨高地（Giza plateau）位于埃及首都开罗西南方向，那里有一处金字塔群，其中的胡夫金字塔是埃及目前发现的规模最大的金字塔，是埃及第四王朝法老胡夫的金字塔。

2 阿斯旺高坝（Aswan high dam）于1970年完全建成并投入使用，是一座大型水利工程枢纽。此水坝将尼罗河干流拦腰截断，形成了纳赛尔水库。水坝的建成有效控制了尼罗河的洪水问题，增加了水力发电能力，但同时也带来其他一系列问题。

3 英尺（foot），长度计量单位。1英尺等于30.48厘米。

4 根据桅杆数量不同，也称为单桅或双桅三角帆船，特指阿拉伯人在沿海地区使用的帆船。

5 塞加拉（Saqqara），埃及境内一处大型古墓群，位于开罗以南约30千米，埃及最古老的金字塔阶梯金字塔即位于此。

6 贝尼哈桑（Beni Hssan）是古埃及中王国考古遗址，位于尼罗河东岸，开罗以南245千米左右。这个遗址以古埃及第十一王朝和第十二王朝期间奥力克斯州高级吏的石凿墓穴著称。

7 古建筑中屋顶与列柱楣梁间形成部分称为檐部，而过梁外露的部分提供雕塑的空间叫作饰带，通常是一长条浮雕或者壁画。

8 星期五餐厅（T. G. I. Friday's）是美国知名休闲连锁餐厅，1965年在纽约创立，目前在美国本土以外经营着超过900家餐厅。

的露台；从那家店正好可以俯瞰尼罗河，还能买到冰啤酒。我所说的另一种"渔民"，其实是尼罗河翠鸟。和欧洲常见的蓝色翠鸟不同，尼罗河流域的翠鸟有黑白相间的羽毛，它们从高处俯冲进河里，瞬间激起的水花如闪光灯般耀眼，等它们浮出水面时，喙里已经衔着血迹斑斑的银色鱼身。不久之前，我坐着一艘小小的橡皮艇向尼罗河下游方向走，那艘橡皮艇更像是海滩专用，不怎么符合尼罗河的气质。我漂了六英里左右，从自己住的市郊地带到了市中心附近，沿途经过一座小岛，传说中摩西就是被放在篮子里，遗弃在那个小岛上；从那里再往下游方向几英里就是约瑟夫和玛利亚初到埃及的地方[1]。而当下的河滩边，居民正忙着宰羊羔庆祝尔德节[2]。他们向我招手，邀请我加入，孩子们跳进被血浸染的河水，拉动我的小船。在不止一个方面，尼罗河既担当着历史的源头，又扮演着历史的背景板，它将人们和历史紧紧连接在一起。

人们看到尼罗河，心里就涌起一股奇异的冲动，想要溯河而上，发掘它的秘密，将它征服，掌管它的一切馈赠。大部分尼罗河的故事，只要人是主角，讲述的都是他们如何企图征服这条河流。数千年来，人们一直通过抬高河岸或者修筑高堤来控制尼罗河的洪水。除了这些抑制洪流的手段之外，人们还通过在恰当的角度修堤来引导洪流走向，将其引入河流两边的大片方形盆地；盆地由一小片一小片的湖泊拼凑而成，人们可以在里面乘着纸莎草筏、木船，甚至浮木航行。等盆地干涸之后，人们会在里面种上粮食；因为这块土地养料充足、水分充沛，人们可以等着大获丰收。接下来的内容并不是历史的主干线，不是关于年复一年的过往的絮叨；与之相反，我选择了进一步深入那个隐喻——我要写的是红色尼罗河洪流背后的故事，关于暴行、爱、热情、辉煌和死亡。很多的死亡。

我尽量控制自己写作的范畴，只描述最血腥、最精彩的故事。但与此同时

1《圣经》故事中，约瑟夫的妻子玛利亚被选中孕育上帝之子耶稣，而后，为了保护耶稣不被当时的犹太君主希律王杀害，上帝属意约瑟夫携妻子和新生儿去往埃及，逃离他们的家乡伯利恒（现为巴勒斯坦境内城市）。

2 尔德节（Eid festival）为全球穆斯林庆祝斋月结束的节日，又叫开斋节。

却出现了一个奇特的现象：这些独立的故事开始毫无征兆地兀自勾连起来。就像洪水将不起眼的各个河渠连接起来一样，我不再对之感到惊奇，而是期待着我挖掘出的故事之间出现不同寻常的联结：曼苏拉，这个十字军血染尼罗河的地方，短短几年之后竟见证了第一个对血液循环系统的精准描述；克娄巴特拉不仅曾以恺撒大帝情人的身份同他一起乘船游览尼罗河，而且还和希律王[1]有过一段情史——正是这位希律王，后来迫使玛利亚和约瑟夫带着刚出生的耶稣逃往埃及，他们也同样坐船途经尼罗河，不过这趟旅程就不如克娄巴特拉的那么奢华了；尼罗河中的一座小岛有着世界最古老的水位测量仪，同时这里也是奴隶雇佣兵团马穆鲁克的指挥中心之一，而后来彻底消灭马穆鲁克的穆罕默德·阿里[2]则是第一位通过修建横跨尼罗河的拦河坝来控制洪水的人；拿破仑无意间竟促成了苏伊士运河的修建和象形文字的翻译；弗洛伦斯·南丁格尔[3]的尼罗河之行结束没几天，福楼拜就踏上了同样的旅程，可以说他就是踩着她的脚印走过了尼罗河滩；找到利文斯敦博士[4]的斯坦利[5]是第一位在还未到过白尼罗河源头的情况下就造访青尼罗河源头的人，当时他正在埃塞俄比亚报道一场不太为世人所知的战争，即 1868 年的"象之战"[6]［非常巧合，跟斯坦利同行的还有詹姆斯·格兰特（James Grant），他当时已经探访过白色尼罗河源头，刚好又和斯坦利一起到了青尼罗河源头］；阿斯旺高坝的设计者是一位孤独的希腊发明家[7]，他

---

1 希律王（King Herod，公元前 73—前 4），罗马帝国在犹太行省耶路撒冷任命的代理王（公元前 37—前 4）。

2 穆罕默德·阿里·本·易卜拉欣（Muhammad Ali ibn Ibrahim，1769—1849），出生于卡瓦拉（今属希腊共和国）。埃及近代政治家，奥斯曼帝国驻埃及总督，穆罕默德·阿里王朝的创立者（1805—1848 年在位）。

3 弗洛伦斯·南丁格尔（Florence Nightingale，1820—1910），英国护士和统计学家，被认为是护理行业和护理教育的奠基人。

4 戴维·利文斯敦（David Livingstone，1813—1904），英国探险家、传教士，维多利亚瀑布和迈莱维湖的发现者。

5 亨利·默顿·斯坦利（Henry Morton Stanley，1841—1904），英裔美籍探险记者。

6 发生于英国和埃塞俄比亚之间的战争，英军从印度殖民地征用了很多印度战象来运输军用物资。

7 此处指安德里安·达尼诺斯（Andrian Daninos，1887—1976），希腊农业工程师。

的这个想法是受海什木[1]启发,而后者是第一位尝试在尼罗河建水坝的阿拉伯人,也是他在机缘巧合之下发现了相机的原理;第一位给尼罗河拍照的人,马克西姆·杜·坎普[2],还无意间促成了福楼拜写下世界上第一部现代小说——《包法利夫人》。关于尼罗河的历史探寻中有无数巧合,围绕着它的是无数的水道、灌溉渠和小水泊,而上述涉及的只不过是其中的一小部分罢了。

　　我很快做了一个决定:在从尼罗河源头到入海口的旅行中,不再使用那艘在开罗乘坐的橡皮艇(即使换一艘更适合航海的也一样)。滑翔机我也留在家里了,我还果断放弃了模仿邦德开水上摩托从乌干达到地中海的想法。我的确要走很长的路,但我也需要一路用心观察。所以,我决定按照自己的节奏开始这趟旅行,试着发掘最好的故事,看到它们所有的光明与黑暗,看到它们鲜红的尖牙与利爪,看到这条注入历史的大河的鲜血和脏腑,越奇诡越精彩。留下的,只有故事。

---

1 伊本·海什木 (Ibn al-Haytham,约 965—约 1040),阿拉伯学者、物理学家、数学家。曾经被埃及统治者要求参与控制尼罗河泛滥工程,在此期间海什木研究了在尼罗河上设坝的可能性。

2 马克西姆·杜·坎普 (Maxime Du Camp,1822—1894),法国作家、摄影师。曾与法国作家福楼拜一同在非洲旅行。

第一部分

———————

天然的尼罗河

野兽和源起

1. 源头

鳄鱼的力量来自水。
——乌干达谚语

人总要从起点开始；对于一条河流来说，则应从源头开始。但那源头究竟在何处呢？尽管全世界都渴盼着找到"尼罗河之源"，可即使到了现在，关于源头的确切位置人们还在争论不休，或许这恰恰是因为溯源的欲望太过深远吧。

其实，寻找尼罗河真正的源头就像寻找莎士比亚的出生地：专门探访斯特拉特福德镇，然后发现这个所谓的"莎翁诞生地"只不过是 19 世纪打造出来的一个商业景点，而现实中有好几处地方都声称自己也是莎士比亚的诞生地（按照最可靠的一种说法，这位诗人真正的诞生地点现在已经变成停车场了）。

古时候，人们在辨识尼罗河源头时，经常弄混它的两条支流，也就是青尼罗河和白尼罗河。青尼罗河发源于埃塞俄比亚，而白尼罗河发源于中非。在多雨的夏季，穿过撒哈拉沙漠流入埃及的水有 85% 都来自青尼罗河。但在干旱的冬季，青尼罗河能提供的水量微乎其微，占不到 5%。此时，白尼罗河才是主要的供水支流。因此，夏天的时候我们可以说尼罗河的水源是青尼罗河，冬天的时候则可以说是白尼罗河。

还有一种更易于接受的说法认为，尼罗河的源头就是离河流终点最远的点，而这个终点就是尼罗河汇入地中海的三角洲地区。目前来看，发源自维多利亚湖（Lake Victoria）的白尼罗河是最长的支流，那么尼罗河的起点就是白尼罗河正式流出维多利亚湖的地方，位于金贾 [1]。

---

1 金贾（Jinjia），乌干达东部城市，也是重要的工业城市，维多利亚湖位于该城市南侧。

但维多利亚湖本身也靠其他河流供水，其中最长的一条就是卡盖拉河（Kagera）。这条河流比欧洲很多大河都要更宽、流量更大，泰晤士河在它面前显得微不足道。虽然卡盖拉河与尼罗河在名称上毫不相干，但某种意义上，这条河其实称得上是尼罗河的母河。卡盖拉河全长 140 英里，本身就十分壮阔。这条河的下游段还算适合航行，但上游段穿梭于深深的地裂和长满纸莎草的沼泽之中，走向复杂。在地势还要更高的地方，卡盖拉河汲取西面湖边群山的水源，又开始变得像山溪一般轻快。这些山从鲁文佐里山脉[1] 延伸而出，而鲁文佐里山脉在古时候又被称作"月亮山"（Mountains of the Moon）。

虽然这个说法很有争议，但尼罗河的真正源头可以说就是卡盖拉河的发源地，而我这次的旅行也是为了探访这里。这并不是我的第一次尼罗河探险。自从 2004 年搬到开罗，多年来我一直在尼罗河上穿行，但这次又感觉像是一个新阶段的起点，我认为是"尼罗河之书"的起点。

但很多问题使事情变得更加复杂。卡盖拉河自身有好几处发源地，大都在潮湿隐秘的深林中。而且已有的河流观测数据，不论是从地图还是卫星照片一类的途径得来，都谈不上精准。比如，遇到河流弯道时，是沿河道外侧、内侧还是中心测量呢？想必你会选择中心。那么河流环绕岛屿时又该如何处理呢？尤其是尼罗河穿越苏丹广袤的苏德沼泽时遇到的那些岛屿，它们自身就会移动。

在之前的一次探险活动里，我们需要测量几条长蛇的身长，这个任务十分有难度，因为蟒蛇从不会把身体伸直。蟒蛇非常强壮，我们无法直接对抗，最多只能让它们呈弯曲线条状，就像河流一样。虽然有精密测量的技术，但在蟒蛇不停扭动的情况下去测量它们的身长，与其说是技术，不如说是一门艺术。

在 2006 年，一支探险队乘电动橡皮艇溯尼罗河而上，橡皮艇配备的滑翔翼可以让他们飞跃急流。这支队伍沿途对河道长度进行了测量；我们现在所知的官方公布的尼罗河长度是 4175 英里，也就是 6719 千米，这个数据就是当时通过实地勘测得来的，而不是通过任何理论性的推演。同时，这次勘探活动也在

---

1 鲁文佐里山脉（Rwenzori Mountains），乌干达和刚果两国边界上的山脉，虽是位于赤道上的山峰，却终年积雪，幻妙的奇景常被浓雾遮盖，故得名"月亮山"。

搜寻最远源头方面做了很大努力，而我这次决定要寻找的也是同一个源头。

冒着艰险向这个最受瞩目的地方行进——这次旅程本该是意义非凡的。"想想历史"，我不断告诉自己。但在这里，在湿漉漉的卢旺达纽恩威森林（Nyungwe Forest）里，我感受不到一点意义。最开始，连看到身边悄声闪过一群东非狒狒我都觉得没意思。之前听人讲过，"它们很怕碰到打野味的"。

我本以为自己很懂河流。我曾沿着加拿大最长的河流之一皮斯河[1]旅行，从它的终点走到源头，也就是从阿萨巴斯卡湖到松林覆盖的落基山脉。之后，我在《旅行者》（*Voyageur*）一书里还描述过那段经历——历时三季，全程逆流而上，河水流势十分恶毒。之所以用"恶毒"一词，是因为皮斯河的水流就是完全的凶恶好斗，跟弗雷泽河[2]比起来尤其如此；后者的水流虽然势强，却很良善，不会置人于险境。每条河流都有自己的品性，这话听起来奇怪，但事实如此。想要体会一条河流的品性是要冒些风险的，比如逆流而行，直接饮用河水，往河里撒尿，或者在河水平静和愤怒的时刻仔细观察它，这些算是常见的方法。但如果只是顺流而行，那就很难真正了解一条河流。这和了解人是一样的——要真正看明白一个人，你要跟他起过冲突，彼此生过气，或者一起对抗过某种逆境。如果总被牵着鼻子走，估计你在这段关系里学不到任何东西，只会无聊到想睡觉。然而，我并不打算简单粗糙地沿河从源头到终点走一趟，也不想像那组探险队一样利用电动滑翔机飞跃急流，从终点走到起点。面对一条地理条件和历史背景都如此丰富的河流，用这种方式去了解也太没意思了。我自身作为一名当代的探险者，也在无人涉足过的地区（至少据我所知还是如此）有过漫长而艰难的旅行。我的经验是，要保持对探险的专注很困难，你得无视搭便车的机会，不在城镇停留，不参加当地的观光团，但这些选择同时也让你失去了敏锐观察所经之地并与之交流的机会，我之后在尼罗河之旅中的白浪漂流就

---

1 皮斯河（Peace River），一条约 1521 千米长的河流，起源于加拿大英属哥伦比亚省中部，向东流至艾伯塔后向东北注入阿萨巴斯卡湖附近的奴河。

2 弗雷泽河（Frazer River），加拿大英属哥伦比亚省内最长的河流，在落基山脉黑石山附近的弗雷泽河口发源，流向温哥华市乔治亚州，河流长约 1375 千米。

是这样。每次漂流其实都大同小异。每天晚上向导都设法搞一场河滩派对，弄一堆啤酒配上音箱和烤肉；烤出的油脂滴在闪着火星的余烬里噼啪作响，散发的味道撩人心弦。一段旅程在体力方面考验越大，你就越难以注意到身体需求以外的东西——任何东西。但尼罗河不仅仅是一系列极险的激流和其间平静的河段，这条河对人类来说有着极其重要的意义。

所以，我的无意义感只出现在一开始罢了。在我瞥见那一小片水坑，且马上意识到那就是源头时，一种奇特的满足感立刻袭来。在出发前，我订计划，买票，包括跟别人说起这次旅行时，都幻想过这会是一种什么样的狂喜，但我最终体会到的和之前设想的完全不同。那种满足感十分神奇，虽然这么打比方可能会引来嘲笑，但我当时的感受和第一次去乐高乐园的感觉差不多。第一次看到小小的乐高世界（全部都由乐高积木搭建而成，包括群山、城镇、城市、港口、丛林）变得如此庞大，我感受到敬畏的同时又感到有些温馨和舒适，就像是宠物主人的那份慷慨无私之情——掌中的小东西不大，但仍代表着整个世界。

当时，引发这一切的源头就是卢旺达丛林中的一片小水坑。同年早些时候，有探险队把那个地点认定为尼罗河的真正源头（他们眼中真正的源头），因为那里是距离尼罗河入海的埃及三角洲最远的点。为了抵达那个地点，我强迫向导皮乌斯循着一条他觉得八成错误的路线走下去，用的是一台虽然便宜但已被我当成挚友的黄色导航仪；我们穿过生满尖刺的奇特灌木丛，徘徊于无数水道沟渠，跨越酥烂如饼皮的腐朽枯木。最终，我坐在那个水坑旁边，兴致勃勃、欢天喜地地掏出我的秘密武器，也是我的魔法棒，我特有的物件——Si-105 是一只迷你泵压滤水器，总共能过滤 55 升（12 加仑）的水。它的大小约等于一支大管的牙膏，上面的橡胶管可以用来从树干等合适的缝隙里往外吸水。Si-105 最有用的部分是内置的过滤器，就装在吸水口的一端，形状有点向外扩，顶部覆盖着微孔网。这个装置可以防止过滤器内部堵塞，之前我用的那款泵压滤水器就经常堵。我的想法很简单，不能更简单了——我要沿着尼罗河的流向，一路走一路喝它的水，每到一处有意义的地点，不管是关于历史、精神、神话，还是其他我能想到的意义，我都要吸入尼罗河水。我能喝到 55 个水源样本，数量很够了。但愿我不至于染上什么病——管他呢，没有付出哪来收获，而且要真正认识一条河流，了解它全部的骄傲与光辉，除此之外我想不到还有什么其他方法了。除了一种——在里面游泳。我一早就脱了那双汗津津的戈尔特斯[1]鞋，然后试探着把脚指头伸进泥浆里。我在开始泵水之前把脚拿了出来，当时就想到奥德·温盖特[2]的一则逸事。此人参与了阿比西尼亚[3]战役，是一位谜一般的将领。当时他带领的队伍正要抵达一处水塘，他坚持要冲到队伍最前面，在他的士兵们都还没喝上一口水的时候就脱光衣服，把臀部浸到了水里。不过这件事发生在另一处源头——青尼罗河。

过滤出的水澄净可口。我本以为皮乌斯和他的朋友彼得会有些嫌弃，但他们咧嘴一笑，都等着分享我那半升左右的水。我把水泵到了自己的希格[4]杯里，这个杯子对我来说也是个朋友了（探险者们就是这样依赖着自己的旅行装备，赋予日常经历以象征意义，并借此来解读那些新鲜的、意料之外的体验）。

我一直有个目标，希望能够沿着尼罗河一路喝着河水游下去，就像伟大的罗杰·迪金[5]一样游泳穿越整个英国。有一段时间我对这个目标很痴迷，然而没过多久就觉得这有点傻。就为了写本书，为什么非要去冒得病或者被吃掉的风险？但最终我还是觉得，这么做是值得的。这个目标让我真正行动起来，真正注视这条河流，将其视作这整个地区的主要水源和各种活动的主要源头——它从最远古之时就如此，一直到当下这个世纪。如今，人们已经开始习惯坐飞机旅行，喝瓶装矿泉水——都是从钻入努比亚蓄水层的深井里汲取上来的。但就算是现在，也只有富人才能够无视尼罗河的恩惠。

我打算随意漫游。这一点很重要。为了有更深的了解，我特意没有选择最

---

1 戈尔特斯（Gore-Tex），美国户外用品品牌，以卓绝的防水功能著称。

2 奥德·温盖特（Orde Wingate, 1903—1944），英国陆军上将，特种作战的先驱，个人冒险的狂热爱好者。

3 阿比西尼亚（Abyssinia），埃塞俄比亚的旧称。二战时英国曾经出兵阿比西尼亚地区对战意大利。

4 希格（Sigg），瑞士品牌的运动水杯，以坚固、耐用、抗腐蚀著称。

5 罗杰·迪金（Roger Deakin, 1943—2006），英国作家、纪录片制作人、环保主义者。他曾经通过游泳的方式穿越英国的土地，并根据这次经历出版了游记《水上日志：游泳穿越英国的旅程》。

为直接的路线，那样的话就会错失很多历史、心理地理学和个人情感的微妙显影，也会错过那些散落各处的意义。历史一定是我最主要的视角。对于心理地理，相对而言我没有抱太多期待。我非常敬佩心理地理学家的工作成果和研究方法，但我也知道，它们脱胎于西方的文雅之气，遇到非洲大陆的宽广无垠，只会被吞噬殆尽、咀嚼成渣。至于心理学那种简洁的解读方式，一旦离开舒适的西方城市范畴，离开亲切的市郊校园氛围，就会黯然失色，继而被扭曲成虚幻谬论。圣灵抵抗军[1]的首领约瑟夫·科尼（Joseph Kony）被小孩子惹烦，就让手下人把孩子们的嘴唇切了；拿破仑在 1798 年入侵埃及，企图以此为起点征服波斯、印度乃至世界；第一位女苏丹舍哲尔·杜尔[2]趁第二任丈夫洗澡的时候谋杀他，却在第一任丈夫病故时还假装他尚在人世……对这些人物，心理分析又能派上什么用场呢？一直以来，当我面对其他如此宏大的事物，最有收获的方式都是随着个人感受无拘无束地漫步探索。这次，我眼前是一条如此绵长曲折的大河，希望这个方式仍会奏效。

2. 顺流疾驰而下的尼罗河之旅

> 尼罗河畔的人用水不必节省。
> ——埃及谚语

　　任何一本书，如果要同时讲述一段地理和一段历史，或者要讲述一系列相关的故事，都会遇到一个问题，那就是地理描述往往起于源头（如果河流是故事的主角），终于大海，但历史故事在每一个年代都可能在上下游之间反复来

---

1 圣灵抵抗军（Lord's Resistance Army）于 1987 年成立，是一支活动于乌干达北部、南苏丹、刚果民主共和国东北部和中非共和国的游击叛军。该组织被指控严重侵犯人权，具体的罪行包括致残、施虐、强奸、绑架、使用童兵和屠杀等。

2 舍哲尔·杜尔（Shajar al-Durr），又称珍珠小枝，埃及王国终结阿尤布王朝、开创马穆鲁克王朝的第一位、同时也是最后一位伊斯兰教女王，1250 年在位。

回。某些特定的地理位置具有更复杂的历史背景——很明显，开罗就是其中之一，还有尼罗河上游的森森丛林。但不管从什么角度深入尼罗河的历史，都需要极其丰富的地理知识，不然当我们随着历史故事在尼罗河上下游之间来回时，可能都不知道自己身处何方。比如，霍雷肖·基钦纳[1]将军曾肩负为戈登[2]复仇的任务，同时，面对自刚果逼近的法军，还要从他们手中偷回尼罗河流域的领土；如果我们沿着他的轨迹行走，就需要随时清楚自己的地理位置——不同地点的名称，以及急流、瀑布和支流的所在。参考地图是很有用的，但在我们开始这次旅行之前，你脑中也必须有一幅清晰的河流图像。如此一来，无论你乘坐的是快艇还是塞斯纳[3]飞机，从向尼罗河下游进发的那一瞬间开始，我希望在十页书内容以内，你就能完全沉浸在这条绵延长河之中，体验散落其间的那些激动人心的故事和奇景，以及那之后该有的平淡和寂静。

首先，对于那些从未见过尼罗河的人来说，它是什么样的？当我在新奥尔良第一次看到所谓壮阔的密西西比河时，我非常失望。浑浊，平庸，了无生气。另外那次时机也不怎么好——我刚在观景台被抢了钱。当时我只有一个想法：这条河也不怎么宽。我本来觉得它会像雅鲁藏布江一样，宽阔到看不到对岸，就像一片大湖或者海洋。但并非如此，密西西比河平淡无奇，完全不值得一看，一如流经得特福[4]时的泰晤士河（我指的是新奥尔良附近的密西西比河段，其他地方会宽阔起来）。在开罗，尼罗河路遇河中岛屿，从岛屿周围绕行时，河体也会显得非常窄。但只要走近河滨，就能马上感受到它的壮丽和带有庄严感的宁静。这条河已历经很多地方，但气质仍如此沉稳，似乎没有一丝一毫的疲惫，至少到目前为止还没有。这是一条急流，一条穿越大洲的急流，跟任何一条英国的大河比，它都是迅疾的。有些河段会更宽一些，比如维多利亚湖以北的基

---

1 霍雷肖·赫伯特·基钦纳（Horatio Herbert Kitchener，1850—1916），英国陆军将领，曾在1892年担任埃及军队总司令。

2 查理·戈登（Charles Goerge Gordon，1833—1885），英国工兵上将，在苏丹发生反英埃政府殖民统治起义时被英国政府派往苏丹喀土穆，最终在与起义军的对抗中丧生。

3 塞斯纳（Cessna），美国飞机设计制造公司，专注于轻型、中型商务飞机。

4 得特福（Deptord），英国城市，位于伦敦东南方向，泰晤士河流经该城市。

奥加湖（Lake Kiyoga），还有苏丹和埃及南部的河段。但尼罗河与刚果河或亚马孙河是有本质区别的，后两者全程都接受热带暴雨的浇灌，而尼罗河的大部分流域都是沙漠和干旱的非洲草原。相比之下，尼罗河并不是一条排水道，而是一个滋长生命的灌溉系统。除了喀土穆，尼罗河在埃及以南的河段没有流经任何大城市。这条河利落、干净，看起来也是如此。哦，对了，你会在那些运河河段看到垃圾，开罗的几个河滩和清洗点也有垃圾，女人们现在仍会去那里洗锅洗盆；这些垃圾可能是可口可乐瓶子和塑料袋，但绝不会出现那种大街上垃圾箱里外都堆满的情况（之前有人驾着驴车收垃圾，非常有效率，但大家觉得这种方式太老古董了，就改用了大垃圾箱）。

那这条河的品性又如何？我之前提过，每条河流都有自己的品性。所谓品性很难定义，但跟一条河相处时间长了，就能够感受得出来。尼罗河的品性很独特，其本质是可靠。虽然它旱涝有时，偶尔也会发脾气，但归根结底是值得依赖的。如果你落入尼罗河，它不会立即夺去你的生命，而是会推着你一起前行，也许最终还会将你推上岸。但这里我指的是下游段的尼罗河，也就是白尼罗河和青尼罗河交汇之后的河段。除此之外，上游段的白尼罗河虽有急流和瀑布，但也能给人类似的可靠感。而青尼罗河就比较狂野，更加让人捉摸不透。青尼罗河的狂野是放荡不羁的，就像猎鹰或者其他猛禽，我们可以拴住它们，迫使它们为我们所用，但永远不能完全信任它们。青尼罗河给人的感觉就是这样，好像一旦放松警惕，我们就会被它淹没。

现在，我们有好几个源头可以探索和观察：青尼罗河发源自埃塞俄比亚的塔纳湖，或者更准确一点，距离塔纳湖 30 英里处；白尼罗河的源头处则聚集着许多个非洲国家——乌干达、肯尼亚、苏丹、刚果，还有卢旺达。尼罗河之源激发着人类的想象，但其实源头只是尼罗河本身的一小部分，它的特性主要由其流经的地带塑造而成。每逢夏季就洪水泛滥的青尼罗河可以说是腹中怀水，由此，她应该是尼罗河之母。不过我们的旅程还是要从"尼罗河之父"白尼罗河的起点开始，它是更受认可的整个尼罗河水系的源头。白尼罗河源自卡盖拉河，后者从卢旺达的山地丛林中蜿蜒而出，最终从维多利亚湖西侧汇入其中。

但这些水是从哪里来的呢？青尼罗河接受的是拍击埃塞俄比亚高原的季风降雨，而白尼罗河上的降水由南大西洋上的暴烈海风带来。海风携带大量水汽抵达非洲海岸，一路深入非洲大陆，直到受阻于中部裂谷地区的山脉，落下的雨水沿地势流向北方。落入坦噶尼喀湖[1]附近海拔较低山脉的降水会排入刚果盆地，最终循环回大西洋。有一点很出乎意料，那就是维多利亚湖的水深仅有 300 英尺，面积却足有 25,000 多平方英里。它其实存不下水，因为虽然流入的水量远大于流出的水量，但其余的水其实都变成水蒸气随风而去了。

经过了位于维多利亚湖的欧文瀑布（Owen Falls）之后，第一阶段的尼罗河便循着一连串的急流，穿过因昏睡病[2]肆虐而无人居住的森林。这里的河水狂野放荡，在急流漂流运动出现之前，人类很难安全通过。河流的两侧是茂密的亚热带森林，通常只有大象才能穿林而过，而在 19 世纪后期，它们留下的巨大足迹就成了好奇的探险者们进入密林的通道。当地人对这片恶疾萦绕之地避而远之，但探险者们却对其视而不见，最终也因此遭殃。对于所有敢于深入非洲中心地带的人来说，没来由的发热、脓肿、莫名的皮肤脱落、骨痛还有疟疾都成了司空见惯的事情。

在非洲，如今每年仍有大约 50,000 人因昏睡病而死亡。这种病由舌蝇传播，本质上是由一种寄生变形虫感染造成的，最终会入侵人的神经系统，如果不能得到有效医治，便会导致残疾和死亡。目前针对这种病已经有了几道医学防线，还有各种药物和治疗手段，因此在某些地区已经实现了根除。但经由阿拉伯奴隶贩子、殖民者和现代化改革者这些外来人的传播，昏睡病已经从尼罗河上游地区扩散出去，现在最受此困扰的不再是维多利亚湖以北的地域，反而是一些其他地方。

如此一来，该地区的流行病减少，加之欧文瀑布水坝［如今更名为"纳鲁巴奥"（Nalubaale）］有效控制了急流，白尼罗河最初的 40 英里已经不像曾经那

---

1 坦噶尼喀湖（Lake Tanganyika），非洲东南部的一个淡水湖，地处东非大裂谷西支南端，是世界第二深湖。

2 由一种叫锥虫的寄生虫感染造成的疾病，可致命。感染后症状之一为长时间昏睡，故名昏睡病。

样狂野了。在这40英里内，地势降了有600英尺，所以在19世纪60年代，探险家约翰·汉宁·斯皮克[1]途经此地时没有选择直接顺流而下是有道理的。不过，如果他当时选择与疾病和急流正面对抗，就会发现之后的120英里航行起来毫无难度。河道会变宽至三分之一英里，两侧的密林也开始变得稀疏，就好像有人雇来一家林业公司，有条有理地移除了一部分树木，同时还维持了景观；只不过这实际上还是大自然的鬼斧神工。

随着河流延展至一英里宽，河床也越发接近水面，河水甚至不到10英尺深。你还能看到鱼儿探出水面呼吸——有尼罗河鲈鱼、尼罗河鲇鱼、罗非鱼，还有象鼻鱼。之后，河流进一步拓宽，直至汇入基奥加湖。这是一片宽阔混浊的水域，很多地方长满了杂乱的水草；接下来会遇到不少沼泽，这片湖的状态算是一个前奏。河水继续穿过湖区，河面上托着一朵浅蓝色的睡莲，它已经随水流漂了60英里，躺在水面上的样子就像一块流动的中国地毯。

在基奥加湖的北出口有一条新的支流汇入尼罗河，即卡富河（Kafu River）。这条河汇入的时机非常合适：如果稍微早一点，流入泥沼般的基奥加湖，那它的流势就会被消解。几千年前就出现过类似的情况。如果真是如此，尼罗河会就此停步，在旅程还未开始时就耗尽所有前行的动力。

支流汇入之后，河水开始打转。看着那些分外催眠的水涡，我突然想起一个哲学难题：一把扫帚，如果头和把手都更换过很多次，那还是同一把扫帚吗？同样的，尼罗河的水也一直都在流动中更替，未及它注入大海，大部分来自源头的水早已被替换掉了；但不知有何奥秘，尼罗河始终就是尼罗河。

很突然地，第一处沼泽地带消失了，随着尼罗河向西奔流入山区，布满光滑岩石的河床又显露了出来，河水也又一次变成一段山溪——斯皮克的这个用词，当时被皇家地理协会的老古董们嘲笑得很厉害。伟大的尼罗河成了小溪流！简直是侮辱！但尼罗河既有宽度以英里计数的河段，也有从20英尺宽的峡谷喷泻而出的时候，只有这两种情形都见过的人才知道，尼罗河两者皆可为。在默

---

[1] 约翰·汉宁·斯皮克（John Hanning Speke, 1827—1864），英国驻印度军官、探险家，曾深入非洲寻找尼罗河源头，发现并命名了维多利亚湖。

奇森瀑布[1]，尼罗河的流水被挤压，被释放，在岩架之间冲撞而下，探险家塞缪尔·贝克[2]就是第一个见到这番景象的人；在这一切之上总是立着一弯彩虹，贝克将其视为好运的象征。

默奇森瀑布高达 141 英尺，猛烈的水势留下的浮沫会在河面上停留许久。但随着岩层露出得越来越少，河道很快延展开来。河马在这里大量繁殖，还有上百只鳄鱼趴在岩石上晒太阳；两种动物似乎都在等待机会，看有没有太过自大或者单纯倒霉的人在乘坐木筏或皮划艇时不够谨慎。接着迎面而来的又是一片湖泊——艾伯特湖（Lake Albert）。湖岸上草原与树林交替，各样野生动物在此繁衍生息。在这里，尼罗河中也再一次注入了新鲜的水——汇聚于艾伯特湖的湖水，源自鲁文佐里山脉，也就是月亮山。

月亮山本身也是个非常迷人的地方，之后我们再细说。眼下，我们就用鸟瞰视角稍微扫一眼。月亮山一年有 300 天都笼罩在云雾之中，只露出斯坦利山（Mount Stanley）穿破云层的积雪山峰，看起来就像一池被施了法术的湖水，水面上露出一截蛊惑人心的岛屿。

很快，河水流动的节奏就慢了下来，蜿蜒的河道变得像是某种巨兽的肠道。河岸上是繁茂的稀树草原，四处是茂密的矮树丛。随着河流变宽且形成环形弯道，河水的流速急剧降低，甚至都看不出河水在往哪个方向流淌。就像陷入昏迷的病人一样，只有最高端的设备才能检测出他是否还活着。紧接着，我们就会进入世界上最大的沼泽地——苏德沼泽（the Sudd）。

苏德地区有一种让人窒息的孤独感。这片世界最大的沼泽地上有着吸水性极强的覆盖物，而尼罗河几乎完全迷失其中，也迷失于这片沼泽的迷离思绪之中。如果这条河是 100 万年前的尼罗河，苏德就会成为这条河段真正的终点。不过，如今这里只是一个障碍，这个障碍虽然巨大，但最终会被河流克服。

---

1 默奇森瀑布（Murchison Falls），位于乌干达西北部默奇森瀑布国家公园。尼罗河水在流经只有 7 米宽的狭窄河道后向下急泻，瀑布由此形成。

2 塞缪尔·怀特·贝克（Samuel White Baker, 1821—1893），英国探险家、作家。1866 年被封为爵士，1869 年被埃及总督任命为帕夏，率领埃及探险队远征尼罗河南部地区。

继续向前，河流渐宽，但一直没有逾越河岸线，即使在洪水来临时，多余的水量也只是被河岸的土壤吸收了。河面上的浮岛意味着前方还有沼泽区。从波尔[1]向北到诺湖[2]，300英里的距离内大部分区域都是沼泽。从这里搭乘六人座塞斯纳飞机飞越沼泽区，俯瞰红棕色的尼罗河，河水泛着微微起伏的波浪，白色的泥浆维系着整个河道。死水潭、水塘和沼泽将河面切碎成一片片满是纸莎草和象草的浅滩，这些植物在淤泥中吸收了充足的养分，占领了沼泽地区。

　　一旦了解了在沼泽地里前行的困难就不难明白，为什么直到1900年苏德地区才得到治理。虽然在19世纪80年代就有人克服了浮岛、沼泥和沼泽的阻碍，成功跨越了这里的河流，但直到1900年，英国人才决定要改善这里的通航环境。整个过程极其艰难，第一个难题就是要判断，在阻碍河水流动的植被群中，哪些属于河岸，哪些属于浮岛。如果是浮岛，就在其中钉入桩子，桩子的另一头系上缆绳与汽船相连，汽船逆流行驶拉动缆绳，将枝叶形成的屏障扯开。就像牙医拔牙一样，阻塞物就这样一点点被清除。有时是先放火烧浮岛，然后再砍掉植物根茎，这项工作往往是由上百个土著在齐腰深的水里用鹤嘴镐和铲子完成的。清理5英里的沼泽需要花费3个月时间，期间用到了5艘汽船和800个努比亚囚犯。他们工作时饱受蚊虫和热病困扰，周围还都是好战的部落。这次巨大的清理工程从开始就一直面临着威胁。事实上，河流的走向经常变化，而一旦变化就又会发生堵塞。在20世纪90年代苏丹第二次内战期间，有连续好几个月，这片沼泽都再次变得无法通行。

　　我们乘飞机继续前行，路过一片灰白相间的城镇和村庄，不知为何它们看起来破败不堪。与逶迤河道北边的迷人景色相比，这些地方无足轻重，似乎毫无生机就是它们最大的特征。这里每一座村庄和城镇周围植被都很少，和之前的沿河风景形成鲜明对比。

　　从波尔向北300英里的沼泽地里生满了纸莎草和象草。作为最早的船只和纸张的原材料，纸莎草是实至名归的尼罗河之草。在墓室的墙壁上还能看到曾

1　波尔（Bor），南苏丹共和国的都市，位于南苏丹中部。

2　诺湖（Lake No），苏丹中南部的湖泊。

经描绘的纸莎草船的图案，和今天仍漂荡在尼罗河上的那些纸莎草船非常相似。纸莎草的优点还留存在了古代的莎草纸上，在奥克西林克斯[1]和法尤姆[2]地区都曾出土过在沙漠中枯干的莎草纸。在苏德，有些地方的纸莎草可以长到18英尺高，就像深绿色的丛林一样。那些新长出来的纸莎草比较矮小，因为少晒了些太阳，颜色就浅了一度。纸莎草窸窸窣窣、咯吱咯吱地生长壮大，逐渐从河岸边深入到尼罗河中心。

象草的茎干部分就像竹子，整体看上去更加僵硬，也没有纸莎草那般优雅。它的顶部是棕色的羽毛般的冠，叶子直挺挺向上生长。还有一种身披绿色绒毛的草，当地人将其称为 um-soof，意为"毛料之母"。安巴奇树居高临下地俯视着所有这些植物，它有20英尺高，6英尺粗，是一种有髓的纤维植物，身上常常垂挂着开蓝色花朵的硕大旋花。这种植物上有细小的毛刺，所以不如纸莎草那样好处理，但如果用来做筏子，也是绝佳的材料。

我们加速俯冲，越过钻井平台上的一阵火光[3]。雪佛龙[4]公司在20世纪70年代获许在苏德地区钻井采油，但该地区一直以来都麻烦不断，以至于公司很难维持生产。

经过了蕴藏着石油的苏德沼泽区，尼罗河又一次流动起来。这次则是以一声"嗜"开始，巨大的一声"嗜"——好吧，其实是诺湖。这是继庞大沼泽区之后的第一片水域，对尼罗河来说，也的的确确是一个新阶段的开始。从这里开始直到河流终点，地势几乎都在降低。

在这里，苏丹南部，北纬10度左右，尼罗河重新拥有了一段坚实的河道，而且一直延伸到埃及的河口三角洲，不会再有沼泽。这里也是"岛海"加扎勒河（Bahr el-Ghazal）与"山海"杰贝勒河（Bahr el-Jebel）在诺湖西端相遇的地

---

1 奥克西林克斯（Oxyrhynchus），位于开罗西南偏南约160千米，即今明亚省（Al-Minya）境内，是重要的考古遗址。
2 法尤姆（Fayoum），位于埃及中部，为法尤姆省的首府，是一个被尼罗河灌溉的绿洲。
3 石油开采过程中会产生天然气，其主要成分为甲烷，对臭氧的破坏力非常大。为了减少甲烷的排放，一些石油钻井平台会将收集起来的天然气燃烧，转换成二氧化碳和水。
4 雪佛龙（Chevron），全球最大的能源公司之一，总部位于美国加州的圣拉蒙市。

方。虽然加扎勒河只是尼罗河的一条支流，杰贝勒河才是尼罗河干流的延伸，但加扎勒河自身也十分壮阔，在早先穿过沼泽区的河段，这条支流倾泻的水量与尼罗河不相上下。还有一条支流名为宰拉夫（Bahr el-Zeraf），即"长颈鹿海"，从飞机上俯瞰这条河汇入尼罗河的场景，其形状像是一种恶性肿瘤在侵蚀土地的身体。古代人对尼罗河的探索最远就止于此。罗马皇帝尼禄[1]的手下知道这里的存在，再早一些的希腊人很可能也知道。塞涅卡[2]曾记述过，尼禄在公元1世纪派出两位百夫长寻源尼罗河，两人回来后是这么说的："我们看到了巨大的沼泽区，当地人不知道出口在哪儿，也没人能找到。水里的植物交错丛生，走路或乘船都不可能通过。因为沼泽里堵塞着大量的淤泥，所以没有船能过去，除非船极小且只载一人。"很明显，这段话描述的就是苏德沼泽和纸莎草筏，而且说得非常准确。让人惊叹的是，在这之后近2000年之久的时间里，再没有人能如此接近尼罗河源头。

尼罗河开始流入旱地，之后也不再离开旱地。土地是砖红壤，车子驶过时会留下非常明显的痕迹，像一道道疤痕沿着河岸划过地面。当尼罗河的流向再次转北时，索巴特河（Sobat River）汇入。作为第一条埃塞俄比亚的尼罗河支流，这条河裹挟着来自西南部高地的泥沙。同时，这也是一条非常有体量的河流，白尼罗河进入喀土穆时，14%的水量都是由它提供。不过，在接近拐点的河段，水深大约只有15英尺，还有些更浅的地方水深只有6英尺。河流两侧的地面逐渐趋于平坦，随处可见的金合欢树取代了纸莎草。从诺湖到喀土穆近750英里的流域内都不再有急流，而且河道两侧地势起伏很小，如此一来，土地就不容易受到洪水和沼泽的影响，河水也被两边坚实的河岸包裹着。在这部分河段两侧的平原上生长着11种合欢树，它们挺立在河岸边，深色的枝干顶着正午草原上明晃晃的阳光，像是黑色的骨架。一直以来，希卢克人[3]习惯用合欢树制

---

1 尼禄·克劳狄乌斯·德鲁苏斯·日耳曼尼库斯（Nero Claudius Caesar Augustus Germanicus，37—68），罗马第五位皇帝，古罗马乃至欧洲史上著名的暴君。

2 吕齐乌斯·安涅·塞涅卡（Lucius Annaeus Seneca，约公元前4—公元65），古罗马政治家、斯多葛派哲学家、悲剧作家、雄辩家，辅佐过尼禄。

3 希卢克人（Shilluk），主要生活在南苏丹，生活方式以农耕为主。

作各种东西，比如船、水车、柴火、鞣料，还有口香糖。

也是在这里，入侵非洲的阿拉伯人和逃离非洲的本地人于尼罗河岸相遇。丁卡人[1]和希卢克人的锥形棚屋逐渐变少，取而代之的是阿拉伯化的北方人建造的方形屋子。驴子和骆驼在河岸边行走，人们都把自己的头部和身体紧紧遮住。河马几乎看不到了。在经过科斯提[2]的河段上立着尼罗河的第三座跨河桥，此时距离它的源头已经有 2000 英里了。

这里也是北方南迁的鸟类过冬的地方，有燕子、鹳、黄鹂、燕鸥、鹬鸟、田凫，还有愈发少见的秧鸡。有一点很奇怪：埃及的燕子只沿着尼罗河向南迁一小段，而迁徙至最南方的鸟类往往来自最遥远的北方地区。比如鹤和鹳，比起本地的鸟类，它们迁徙的距离更长，就好像它们的目的不仅仅是生存，而是像我们的祖先一样，希望能够向着尼罗河的源头探索得更远。

我们到达喀土穆，乘飞机鸟瞰，观察着这座不懈向外延展的城市。如果运气够好，在天上盘旋的时候刚好赶上夏季，那我们就能捕捉到红色尼罗河诞生的场景，也就是白尼罗河与青尼罗河彼此冲撞、混合在一起的那一刻。此时，青尼罗河的流势要强大得多，冲击之下，白尼罗河甚至产生了回流。根据不同的具体情况，两河夹带的淤泥可能是橙色、红色或粉色，它们被裹挟着进入更加宽阔的河道里，随着河流向苏丹北部的急流区域前进。

从高处俯瞰，急流的样子像是牙膏滴在了灰色的地板上。不知出于什么原因，当你从机舱的小窗口向下看时，视觉上河水是静止的，像定格了一样。但在地面上，流水的声浪震耳欲聋。

我们经过麦罗埃古城（Meroe），看到了至少 200 座塔壁陡峭的神秘金字塔。公元前 800 年到公元 230 年，这里曾经是"黑法老"[3]的统治之地。从正上方观察，这些金字塔看起来像是一连串对角交叉线；如果在飞机倾斜飞行的时候从侧面看，它们又有些像是古早的大富翁游戏里的木屋模型。

---

1 丁卡人（Dinka），南苏丹和苏丹南部白尼罗河流域的民族。丁卡人在南苏丹既是贵族，也是皇族。
2 科斯提（Kosti），苏丹东南部城市，海拔高度 380 米，位于白尼罗河的西岸。
3 "黑法老"是对古埃及第二十五王朝法老的称呼，因为当时的法老为古努比亚王国的黑人首领。

接着，尼罗河流入了纳赛尔湖。作为世界上最大的人工湖之一，纳赛尔湖有250英里长——飞过这段距离，乘比奇双引擎飞机[1]要一个小时。想想有多少水吧！水体是安宁到让人昏昏欲睡的蓝色，岸边还搭配了一层海藻绿。沿着湖滨有峡湾，在湖水填进来之前，它们曾经是干涸的山谷或河道。虽然这座湖只形成不到50年，但它周围已经出现了一些沙滩，这一点颇不寻常。

我们从两座水坝的上空俯冲过去，没能看清菲莱岛上的遗迹[2]；从上空看，那些有着岩石般棕色的遗迹和地面浑然一体，无法分辨。不过，现在可以清晰地看到尼罗河在农业上做出的贡献：亮绿色的农田周围密密地环绕着深绿色的棕榈树。每一寸土地看过去都是精耕细作、悉心照料，但毫无预兆地，突然间一切就变成了金黄的沙粒——沙漠。从上空俯瞰，还有一层单薄的沃土紧贴着河水两侧，这条滋养生命的河流从未像此刻这般清晰明了。

我们飞过卢克索[3]伟大的神庙上空，穿过艾斯尤特渺小的水坝[4]。沿途尼罗河时宽时窄，时退时涨，似乎也没有什么明显的原因。到了开罗，一下子就热闹起来了。城市似乎无限地延伸出去，相形之下河流也显得谦卑了一些，但仍然充满活力，作为尼罗河干流奋力向前奔涌。接着，我们跨越了尼罗河上第一座水坝——一座拦河坝，位于尼罗河三角洲，两条主要支流的分汊口。尼罗河三角洲向四面延伸，将我们环绕起来；这就是所有三角洲的原型，形状像希腊字母 D[5]。

海终于来了。白色的海浪呈一条直线，好像静止了一般，就像我们之前俯

---

1 豪客比奇公司（Hawker Beechcraft）生产的飞机。该公司为世界领先的商用及特殊任务飞机的制造商，总部位于美国。

2 菲莱岛（Philae Island），位于阿斯旺水坝以南15千米，古埃及时期岛上建有众多神庙和神龛。在1902年阿斯旺低坝建成之后，不同程度地遭受尼罗河水冲击，岛上建筑严重受损。1970年阿斯旺高坝建成之前，岛上的神庙作为珍贵遗迹被拆解转运到附近其他岛屿上重建。

3 卢克索（Luxor），埃及古城，位于尼罗河东岸，距阿斯旺约200千米，因埃及古都底比斯（Thebes）遗址而闻名，现在保存较完好的是著名的卢克索神庙。

4 艾斯尤特（Asyut），埃及城市，艾斯尤特省省首府，位于尼罗河西岸，近郊有1903年完工的艾斯尤特水坝。

5 希腊语中"三角洲"为delta，作者将尼罗河三角洲的形状比作希腊语中"三角洲"一词的首字母（大写），借此衬托尼罗河三角洲的特殊性。

瞰过的急流。一个个小点，或者说人，点缀着沙滩。海水近乎绿色——颜色比之前浅，因为不再有那么多泥沙涌入；失去了食物来源，曾经大群的沙丁鱼也几乎不见了。尼罗河延展至汇入大海——它最终的家，继而在我们的视线里消失不见。

3. 改变之河

> 受上帝诅咒之人，炎热的季节贩卖黄油，雨季贩卖食盐。
> ——苏丹谚语

好了，我们现在也算见识过、经历过。飞跃尼罗河，掠过它的表面之后，现在该往深钻，尽可能地去挖掘了。首先，关于尼罗河最有趣的一点大概就是它的年轻，它经历过的变化，还有正在继续发生的变化。从某种意义上来讲，所有的河流都是古老的，尼罗河的某些河段也上了年纪；但从地质上来讲，它仍然年轻。尼罗河最古老的河谷有上百万年的历史，但它当前的河道却出乎意料地新：年龄只有 12,500 岁。总而言之，这是一条经历过多次转变和重生的河流。

关于尼罗河，如果只用一个词语去概括，我会选择"改变"；虽然这是一个极其简单且极端抽象的概念。尼罗河发生了很多改变，也改变了很多事情。当人与尼罗河产生接触时，他们就会改变——他们会沿河旅行，在河边安家，发明灌溉，书写，组建萌芽中的公民社会，或者以尼罗河为借口侵犯他人领土，传教布道，掠夺资源，施行统治。尼罗河会发生改变，而它也是种种改变的催化剂。如果是用于解读尼罗河，"改变"会是一个太过笼统的词吗？我们拭目以待。

改变发生了，但有留下什么吗？当这条红色大河的洪流退去，它留下了什么？土地，黑色的土地。土地被淤泥染黑，就是这些蕴藏着丰富养料的淤泥造就了古埃及的繁荣。当淤泥漂在水里，随河流而动，它呈现红色，就像血液；而当它失去水分，凝结多年，又会呈现出黑色，也如血液。像这种隐喻，如果用得太多、太久，总有可能会出现些问题，不过眼下看起来还说得过去。而且尼罗河如此绵长和广阔，作为研究者，我没有什么高级的策略，只有依赖这种方式，我才能深耕于属于我的沃土，也就是在我尼罗河边的书房里堆积成山的研究报告、民间故事、历史、科学、神话，还有小说。我住在100路32号，离迈哈迪的加油站不远，房间不大，但光线充足。每次我坐在那里的时候，一定会保证自己一抬头就能看到尼罗河，而且视线内没有任何遮挡。我把窗帘取了下来，因为它的材质太过滞重，干扰了我的视线。还是一面空墙看着舒服，把墙上的金属框架窗一打开就更好了。窗外的尼罗河是透着点绿的棕色，看起来只有一小块布那么大，夹在两座建筑中间的空当里。其中一座建筑超过20层，非常高，前几年刚刚建成。至于另一座，我觉得是精神病人的疗养所，也许跟埃及城建正处于疯狂发展阶段有关。我经常能听到里面传来尖叫和吵嚷的声音，大概一周一次吧。关于这件事，我还问过妻子，她回答得很平静："说明他们中间有人跑了。""你是说这个声音不是疯子发出来的？""嗯，是护理人员。"

　　刚才我也提到了，第一座遮挡我视线的建筑是一栋新建的大楼——它是建给那些新晋的有钱人的，我想他们应该比我有钱，证据就是他们住得离尼罗河更近。在埃及，大家一直都把邻近尼罗河看得很重要，但在高端金融活动和地产开发的刺激之下，人们对离河近的追求已经发展到一个病态的地步，类似于伦敦泰晤士河以及巴黎塞纳河的情况。有意思的是，纽约人似乎还是更喜欢中央公园，哈德孙河他们反而不太在意，可能还是跟商业污水排放有关吧。

　　改变、蜕变、转变、进化、革新、变异、变形、转化、嬗变、蚀变、重生——如何能找到了解这些状态的最佳视角？一种可能的方式是将河流看成重写本[1]，钻研得够深，就能揭示出更多层次的内容，比如人类居住的痕迹、地质情况的变动和农业的发展，非常简单。或者，也可不关注这些层面，选择一种

---

1 在古代，羊皮纸短缺时，人们会将早期的文字从纸上刮去，为新内容腾出空间，而旧字迹依稀可辨。

反考古、反古生物学的方式去研究。学者们专注于已经存在的东西，也就是现实中的证明；相对的就有另一种更激进的方法，那就是关注不存在的东西，比如化石记录中缺失的部分，消失的部落和人，以及那些本该在却不在、本该了然却被忽视的东西。

也许，就是应该通过关注事物的反面来继续前行。比如，流水的对立面是"停滞"。河水向前流动，为生命提供水源，而当它停滞不前，河就变成了水库或水渠；也就是说，水体被拢成某种形状，置于某处低洼或某个沟渠，就好像土地已将流水杀死，让其失去生命力，不得不依赖外在的形制。事实上也确实如此——水渠是会漏水的，如果不及时用黏土等材料修补，所有的水都会流失。

停滞的水体也许确实有其用处，但能够存续的时间很短。一旦没有了人的照料和维护，滞水的表面就会累积起腐物，成为疾病的温床，反而对人造成威胁。滞水滋养出的蚊虫和寄生虫甚至可能会带来死亡。

然而，即使知道了这些，我们面对河流的本能反应永远都是让它停下来，把它变成一座"有用"的湖泊。我们欲求不满，而且乐于为此杀鸡取卵。

我于是想到保罗·策兰的诗《死亡赋格》——"清晨的黑牛奶，我们在傍晚喝它。"[1] 当我们面对鲜活的红色河流，总想着把它置换成黑牛奶。对我们来说，生命似乎很无聊，于是我们抱着死亡之水躲到隐蔽的角落里，吸着喝，抿着喝，或者一点点往嘴里倒，想知道自己能喝下多少。

"酒精"（alcohol）这个词源自阿拉伯语 al-kohl，指的是深受古埃及人喜爱、之后又被阿拉伯人学去的黑色眼线粉。制作这种东西需要用到蒸馏锑，所以 al-kohl 一词之后被用来指代所有需要蒸馏的操作（极具讽刺意味的是，发明了这种制酒方法的人却反对饮用蒸馏酒）。

作为我们人类最爱的饮品，酒固然有众多美妙之处，但它也是有毒性的。酒中的甲醇可以致盲甚至致死。乙醇形式的酒精只会让人醉，但单纯的乙醇并

---

1 保罗·策兰（Paul Celan，1920—1970），德国犹太裔诗人。《死亡赋格》是他的代表作，描述了二战期间集中营里的残酷现实，其中"黑牛奶"是最重要的隐喻，体现一种强加于生命之上的悲哀和死亡。

不好喝，所以一切我们爱喝的酒多多少少都含有一定量的甲醇——纯粹的毒物。美味的尽头是死亡。

说回黑色。黑色眼线算是古埃及人最鲜明的形象特征之一——在象形文字中也被描绘为"荷鲁斯[1]之眼"。有着隼头的荷鲁斯是埃及众神之一，一只类似猛禽的眼睛可以说是十分适合他了。法老去世后，这只眼睛会在来世看着他，守护着他。出于类似的迷信，人们会将荷鲁斯之眼画在船头，这种做法遍及整个近东地区。即使到了今天，在来往于尼罗河上的单桅帆船和费卢卡的船头，依旧能见到荷鲁斯之眼。在古埃及，眼睛并非单纯被动记录所见的器官，它还可以执行动作，表达意图和愤怒。这只守护之眼能够抵御邪恶之眼。也许差不多到时候了，我也该停止单纯地记录，冒一点风险，到河上去。

黑牛奶，邪恶之眼。从什么时候起，改变会扼杀生命，继而成为死亡的一种形式？又是从什么时候起，传统会使人窒息，继而成为死亡的一种诱因？在埃及，这一切的答案都显而易见。在这里，超现代与远古不断拼接在一起，人们一边生活在亡灵之城的古墓之间，一边拿出莫比尼尔[2]智能手机登录无线网络。

古人将埃及称为"黑土之国"。这片土地至今未变——在尼罗河三角洲地区，直到20世纪中叶，人们还在用3000年前的方式耕作。即使到了今天，一些相对贫穷的街区还保持着很多古时的样子。土地没有变，改变的是河流。

传统即糟粕，这种想法也是一种教条主义。传统也可以是一种保鲜剂，帮助我们保存旧时的生活方式。而改变有时也会扼杀掉一些当下我们不想要，实则对我们很有必要的东西：它们只是一时被抛在了我们看不见的地方。

不过有一点我十分确定：我会翱翔于各种素材之间，在精神上沿着尼罗河顺流而下，但身体却坐在自己窄小的书房里，周身围绕着书本，房间没有窗帘，尼罗河的景致时刻都能尽收眼底（落日的景象美不胜收）。我会记录这次旅行，就像飞行员写下飞行日志——这将是一场至关重要的虚拟旅行，就像我生命中

---

1 荷鲁斯（Horus），埃及神话中的天空之神，头部是一只蓝色的猎鹰。
2 莫比尼尔（Mobinil），埃及最大的移动网络运营商。

任何一场真实的旅行一样。近些年，尼罗河之旅非常流行，有些人是为了探险，有些人则完全是为了做电视节目；有人记录下了河流的改变，有人没有；一些人力图证明尼罗河没有发生过变化，另一些人则想强调，一切都变了。这一切的关键在于，在那只画了黑色眼影的黑色眼睛曾注视过的地方，你看到的是什么。

当然，如果将尼罗河的生命放在最广的时间框架里观察，我们就能够更好地描绘尼罗河上的重生、死亡、改变和传统，更好地理解它们的角色和意义。这些才是关键，不是吗？我期待着这场尼罗河之旅——这么想的时候，我正一边小口喝着塞加拉啤酒[1]（产自金字塔酒厂[2]，品质极高），一边坐在狭小的窗边看夕阳，享受着属于我自己的一方永恒之美。

4. 裂谷之子

> 世界上只有两样事物生来美好——水和母亲。
> ——苏丹谚语

阿尔弗雷德·韦格纳（Alfred Wegener）是一位德国探险家、科学家，他曾提出大陆漂移学说，但当时人们并不相信这个说法，甚至认为很可笑。这个1912 年提出的理论认为，我们脚下的世界和婴儿头骨一样是有裂缝的，而且这些裂缝非常有用，它们借力大海深处的熔岩浆不断扩大，使得地块游移。韦格纳于1930 年在格陵兰岛不幸去世，直到20 世纪50 年代，人们都没有正视过他。这也算是一个警示——一个看似合理但难以解释的理论是很难得到认可的。

所有学龄儿童都会注意到一个现象，韦格纳也在很小的时候就观察到了：南美大陆的形状正好能补足非洲大陆西岸的直角凹陷；甚至可以说，所有大陆的形状看起来都像是它们曾经拼接在一起。为了证明他的理论，韦格纳曾在大

---

1 "塞加拉啤酒"原文为 Sakkara Beer。
2 "金字塔酒厂"原文为 Al-Ahram brewery。

西洋两侧的陆地寻找匹配的岩层和化石。他确实找到了一些证据，但无法解释其背后的原理，而且还遭到了美国石油学会等权威组织的强烈反对。为了寻求慰藉，他选择到极寒的北方探险。他的最后一次探险是在格陵兰岛，当时情况太过恶劣，他甚至被迫用自己的小刀割掉了一个队友冻坏的脚趾。当时的韦格纳已经 55 岁，是个习惯于久坐书房的老烟民，当温度降到零下 60 度时，他无力抵御，死在了那里。

20 世纪 60 年代，人们发现海床确实存在扩张的情况，而且岩浆会沿着地壳板块分界线冒泡上涌，这点也与韦格纳之前的猜想一致。终于，此前韦格纳那饱受嘲讽的理论获得了认可。科学家们一致认为，地壳板块之所以能携其之上的土地不断活动，原因在于环流的高温液态地心。米饭放在沸腾的水里会不断移动，同样的道理，地球表面受地下熔岩循环运动的推力，也会处于持续运动的状态。

此处应该提及一下，当前的理论认为尼罗河形成于板块运动造就的裂谷之中，而在 20 世纪 60 年代之前，这个理论在大家眼里还是一派胡言。我觉得我们都倾向于低估科学"事实"的暂时性，如果本身不是科学家，这个倾向就更为严重。就其本质而言，所谓科学事实最多只是代表一个过程，一个不断向更准确的解读探索的过程。我认为，当一个理论变得过于沉重，显得过于不可撼动，我们反而要保持一种轻松的态度，体察其中细微的荒谬感。也许再过几年，这个理论也会变成胡言乱语。

但眼下，韦格纳的板块运动理论还立得住。以这个理论为基，红色尼罗河和红海就是大裂谷的两个孩子，可以说是地壳运动的双生子。大裂谷起势于东非，一路向北劈山开土，直至另一处破裂带——巴勒斯坦和黎凡特[1]。这一过程造就了两个结果，红海是其一，尼罗河谷是其二。

红尼罗这片水系形成于剧烈的板块运动和极端的气候变化中，那时的气候变化幅度之大，显得我们对眼下气候问题的担忧像是在对恒温器设施吹毛求疵。

---

1 黎凡特（Levare）是地中海东端的一个地理和文化区域，由叙利亚、以色列、黎巴嫩、约旦、巴勒斯坦、塞浦路斯和土耳其南部的部分地区组成。

这里我们说的是跨越亿万年的地质变化，整片整片的森林海域可能完全消失，替以巨大的洪水，而那种规模的洪水给人的感觉已经跟自然科学无关了，反而比较容易让人联想起乌尔[1]的过去和《圣经》故事。

但在 700 万年前，也就是早在《圣经》出现之前，地中海曾因水分蒸发变成了一个小水塘。在那段时间里，直布罗陀和摩洛哥接壤，全球气温高到大部分的水体都沸腾蒸发殆尽，只留下大片的盐田和之前说的小水塘。当前，全球变暖问题引发了不少担忧，人们可能理所当然地认为地球从来没有过温度很高的时候。但其实在不同冰期之间，温度曾攀升至比当下均温高 15 到 20 摄氏度。想在 60 摄氏度的天气里出个门吗？高温自然导致水分大量蒸发，再加上地壳板块运动导致新陆桥形成，这一切造就了地中海变幻无常的特质。

地中海的水量极少时，海平面也比现在低很多，这就意味着流入地中海的河流要面临更大的地势落差。这使得河流流速增加，从而在汇入大海途中冲击出更深的峡谷。那个时候，尼罗河全域都还在当今的埃及境内，河流两岸是丰茂的草原（当时还未变成沙漠），河水的补给来自草原降水，而尼罗河切出的峡谷有一英里深。如今，这个峡谷已经被之后大涨的尼罗河水带来的淤泥填平，开罗市就位于此。如果我们回到 700 万年前，就能看到一段媲美科罗拉多大峡谷的河谷，河水不断喷涌而出，奔入一片干涸的海域。在开罗附近，谷深应有一英里多，而河流入海口则更加惊人，应有两英里半。从峡谷顶端定点跳伞下来，落地前你能悠哉地抽完一支烟，甚至两支也可以。

700 万年前，生活在尼罗河畔的动物有体长 60 英尺的巨型鳄鱼，有早已灭绝的满口獠牙、食量惊人的狮子祖先，有巨龟，可能还有几种灵长类动物。

地中海最终还是恢复了正常水位——这对之后所有的度假者来说自然是喜闻乐见。直布罗陀海峡和摩洛哥之间的陆桥一度将地中海孤立出来，促使水分大量蒸发，而随着大西洋海平面上升，陆桥再次被淹没。这个变化大约发生在 500 万年前。在此之后，海平面以夸张的速度继续上升，引发峡谷间河流洪水，

---

1 乌尔（Ur），美索不达米亚南部城市，有一种说法是该地发现过《圣经》记载的大洪水遗迹。

规模向上游扩张几百英里。整个尼罗河变成一个巨大的河湾，甚至可以称得上一个海湾；在阿斯旺，河宽超过 7 英里，向上游漫延 525 英里。

之后，旱期又一次来临，这次是极其严重的干旱。如此形容多少有点《旧约》的感觉了，但根据目前最可靠的研究结果，事情确实就是这么发展的。200万年前，整个尼罗河流域枯竭，变成一段尘土飞扬的河谷，或者说旱谷；目之所及尽是荒漠，尽是黄沙。

到了 80 万年前，陆地开始活动，或者说得更准确一点，陆地表层开始移动。埃塞俄比亚所在的板块逐渐抬升，陆地表面向尼罗河方向倾斜，同时远离红海一侧，由此，大量水流不再汇入红海，而是灌入了尼罗河。截至当时，尼罗河的流域范围还仅限于埃及，但在埃塞俄比亚地表开始倾斜之后，尼罗河有了新的供水支流。于是，这条伟大的河流终于摆脱了旱谷的状态，而且向着上游方向延伸进非洲大陆，成为一条鲜活的水道。

同时，在中非地区，尚待成形的刚果盆地和未来苏丹地区的尼罗河盆地常发洪水，逐渐形成了苏德沼泽——世界上最大的死胡同。在这里，河水都向内陆方向流动，没有出口，没有汇入大海的渠道。于是流水全部积聚在一片比法国领土还要大的区域里，成就了世界上最大的沼泽地。想象一下，你套上雨靴，从布伦[1]出发，一路啪啦啪啦地踏着湿地走向马赛，途中还不得已在泥水中游了几回——这一路途经的区域规模就相当于苏德。

苏德这个名字源自阿拉伯语中的"障碍"一词——而它也曾一直扮演这个角色，直到约 15,000 年前，冰期已持续多时的冰川开始消融。在这段离我们最近的冰期里，鲁文佐里等中非地区的山脉全年积雪。纯白的山体迎着朝阳金光闪烁，在古人的眼里大概是万分奇异的。也许月亮山这一颇具神秘色彩的名字就源于某个来自冰期的古老故事。

积雪融化之时，新的河流形成，带走了消融的雪水。这些山间的河流在注入了冰川融水之后水势迅猛，犹如水坝决堤，一路狂奔怒涌冲过苏德沼泽，将

---

1 布伦（Boulogne），法国北部港口城市。

沼泽湿地与埃塞俄比亚地区的尼罗河支流勾连起来。

在此之前，尼罗河起源于坦噶尼喀湖，流经艾伯特湖，最终在现在的埃及境内流入当时的大海。但之后的板块运动将尼罗河与坦噶尼喀湖割裂开来，尼罗河的源头由此转移至爱德华湖（Lake Edward）和艾伯特湖一带。

直到此刻，尼罗河才发展至接近今天的样子。距今 12,500 年左右，维多利亚湖的水位终于抬升至高于湖水北端的岩块，湖水外溢之后汇入了艾伯特湖和尼罗河之间的支流。由此，尼罗河今日的水系结构大体形成。这段时期的降雨量非常大，巨大的洪流将尼罗河从沙丘和芦苇中解放出来，促其变成一条壮阔、宽广，但也万分危险的河流，一条值得敬畏和避让的河流。

这段水量丰沛的时期从公元前 12,500 年持续到公元前 4000 年；在这段时期里，比起住在河边，人们更倾向于住在沙漠地带。直到公元前 2450 年，即古埃及第五王朝时期，这里的沙漠还是比较宜居的，其生存条件更接近非洲大草原。距离尼罗河几百英里外的沙漠里仍能发现水井和雨水湖的痕迹，而现在这些区域已经完全荒漠化了，只剩沙土和碎石。

随着水源逐渐干涸，深居沙漠的人们离开了无边无际的荒原，来到尼罗河边，发现曾经狂躁不安的河水已经变得安静了一些，容易相处了一些。他们于是在此定居，还带来了沙漠深处的文化图腾：模仿锥形沙丘而建的金字塔，以及看起来像是风蚀脊或"泥狮子"的狮身人面像。他们发现每年一次的洪水他们可以应对，而且还发明了沿用至今的灌溉系统。人类文明开始萌芽，世界上第一个民族国家也诞生于这条河流的沿岸。人类对红色尼罗河的驯化就此开始。

随着人们在尼罗河沿岸定居，尼罗河的故事也开始流传——那些关于河流起点和源头的神话故事，到现在听来甚至仍有一丝真实感。在非洲、埃及甚至是希腊的传统故事里，都能找到那些神话的影子。随着这些故事的口口相传和载书入册，尼罗河也成为古代文学里的第一条河流。

5. 带着馈赠离开伊甸园

> 她在欢笑中受孕，在哭泣中生产。
> ——埃塞俄比亚谚语

河是如此，那依河而居的人呢？我曾陪同甲骨文公司[1]的管理层进行过一次团建活动，当时我们在距尼罗河谷 6 英里的埃及沙漠中，穿行于一座座沙丘之间。本该是由我来向他们展示沙漠的秘密，但公司的销售总监却率先发现了一把手斧。她没觉得这把手斧有什么特别之处，但它其实是尼罗河谷最早的居民留下的，距今大约已有 20 万年的历史了。

那是一把阿舍利手斧[2]，在 20 万年前，这算是最尖端的科技了，地位等同于 21 世纪的甲骨文数据库。早期的尼罗河居民没有留下任何遗骨，也没有炉灶遗迹——这一切都已被黄沙湮没。如今，留给我们的只有工具，而它们散落在沙漠各处，证明现在已是荒漠的区域也曾接受过尼罗河的馈赠，而且也曾有人在此居住。听着我的讲述，那位高管感受到我的兴奋，于是将手斧递给了我。这份礼物太棒了，错过可惜。"另外，"她说道，"这个东西我用手提箱带着太重了。"

《创世记》中有载："一条河从伊甸园中流出，河流滋养着这园子；也是从这里开始，这条河分流四道。"《圣经》所指可是尼罗河，那条人类生命活动的主干线？毕竟从尼罗河形成起，人类就沿着这条主干线四散开来，生根发展。

正如前文所述，就河流来讲，目前的尼罗河水系还算年轻。最初的尼罗河在几百万年前就存在了，当时这条河汇入的是特提斯海[3]，也就是现在的地中海。直到埃塞俄比亚高原所在的板块开始向尼罗河倾斜，这条河才得以流出埃及，

---

1 甲骨文公司（Oracle），全球最大的信息管理软件及服务提供商，成立于 1977 年，总部位于美国加州。

2 阿舍利文化出现在旧石器时代早期，以左右对称的石器为主要特征，分布于非洲、西欧、西亚和印度地区，因最早发现于法国的圣阿舍利而得名。

3 有理论认为，曾经地球上的陆地只分为南北两个大陆，而中间相隔的海域则被称为特提斯海（Tethys Sea）。现代地中海是特提斯海经后来板块运动之后的残留海域。

向反方向延伸，而这个变化是在 80 万年前发生的。

河流的延伸为一部分原始人类提供了一个摆脱孤立状态的机会。他们不断外迁，足迹遍及世界。他们比 5 万年前生活在远东的直立人存活得更久，又通过与尼安德特人交配占领了主导地位，最终成为唯一留存下来的早期人类分支。但如果没有尼罗河，这些生活在埃塞俄比亚高原的晚期智人很可能会一直处于与世隔绝的状态。他们也许会留在属于自己的伊甸园里，继而像很多其他早期人类一样，渐渐消亡灭绝。

尼罗河谷是他们的出口通道。

匠人、直立人和尼安德特人都比晚期智人出现得早，但后者相对而言有一个优势，那就是会做出赠予的行为；曾经如此，现在也一样。大约 100 万年前，早期原始人就已经学会用火了——从一些能追溯到那个时期的火烧黏土可以看出，他们早就实现了对火的控制和利用。甚至在更早期时，人类就发展出了阿舍利手斧这样的工具，且这种随处可见的工具在 50 万年间几乎都没有发生过变化。这种手斧其实就是巨大的泪滴形石块，极其适合敲骨吸髓，用来处理猎杀或采集来的大型猎物的长骨最为合适，比如鹿、水牛、羚羊、犀牛，还有长颈鹿。骨髓是一种至关重要的食物，因为它的脂肪含量很高，可以帮助人体吸收猎物身体里的蛋白质。没有脂肪摄入，就算吃掉再多的蛋白质，人也可能死于营养不良，野外生存者克里斯·麦克坎德雷斯[1]的经历就足以说明这一点。他射杀了不少精瘦的猎物，但最终还是死于阿拉斯加的荒野；他没有手斧可以用来敲击骨头、搜集骨髓，死的时候离最近的高速公路只有 20 英里远。

然而，50 万年前的古人类就已经把这个问题解决了。他们还发明了丧葬仪式——在人死之后安排好身体的摆放方式，尼安德特人甚至还加入了一些简单的艺术形式。但只有晚期智人会用贸易得来的物品陪葬，且那些物品来自距离他们的居所非常遥远的地方。比利牛斯山的墓葬里出土了来自中欧的黑曜石石刻，而北欧那里发现了来自地中海地区的珠子；他们都是初期智人的后代，他

---

1 克里斯·麦克坎德雷斯（Chris McCandless，1968—1992），美国野外生存者，大学毕业之后就开始尝试野外流浪的生活方式，最终在流浪中丧生。电影《荒野生存》即取材于他的真实经历。

们当时涌出尼罗河谷，离开非洲，一路上都在交换他们的物品。

智人进行物物交换是我们的猜测，但参考一下现存的最接近他们的群体——靠狩猎采集为生的部落——就可以看出，他们所做的更有可能是单纯的赠予行为。昆人部落（!Kung）是卡拉哈里沙漠里的布须曼人[1]的远支，他们不会与人进行物品交换，但是会赠予。而且他们也没有首领这种概念，就像一位昆人所言："我们有首领，每个人都是自己的首领！"人类学家理查德·李（Richard Lee）曾专门研究昆人部落极其高效的生活方式，这句话就是那时候被当成笑话说给他听的。

在我们自己对人类生活的认知里，交易是非常核心的一部分，以至于我们会认为赠予是一种异常或者稚拙的行为。但像昆人一样的狩猎采集者和早期智人并没有进行交易的需求或动因。他们生活在大约 30 个成员组成的群体里，这个规模对狩猎活动来说非常合适。虽然人们常常认为"邓巴数字"[2]代表了理想的人类社群大小（150 人），但这只是一个理论，而且是建立在对猿人的研究推断之上。而对于一个不事农耕的群体来说，30 人的小规模更符合他们的需求。为了寻找新猎物，早期的狩猎采集者需要定期迁移，而他们搬家时只携带 25 磅左右的生活用品。可以推断，对他们来说，一条供养了无数潜在猎物的宽阔大河无疑就像一块天然的磁铁，他们被其牢牢吸引，顺着河流的方向不断向北。他们没有交易的需求，因为一切必需品都在那 25 磅的包袱里了；但他们一定曾将自己的东西当成礼物送出去。旅途中宜轻装，包裹太重没有好处。

昆人女子大约每四年生育一次。四年间她们会持续哺乳自己的新生儿，这个习惯自然也避免了在此期间怀孕，毕竟在迁移途中同时带上两个婴幼儿是非常困难的，所以这段时间内的避孕非常必要。但这也是由生态决定的。只有在农耕出现之后，男人才能将女人的角色转变成生育机器——虽然我们一直都觉

---

1 原文为 San Bushman。布须曼人（Bushman）是非洲南部的一个部落集团,霍屯督人称他们为"桑"（San），意即"人"。

2 英国心理学家罗宾·邓巴（Robin Dunbar）提出，人类的认知能力允许个体拥有的稳定社交网络人数为 148 人，四舍五入为 150 人。

得这种状态理所当然。狩猎采集群体中的女性在很大程度上和男性是平等的，这一点与游牧以及游农群体中的女性不同。但这种地位的平等并不单纯是浪漫关系的体现，更多是源于女性在食物采集和不断搬迁中扮演的重要角色。

昆人不做交易，因为他们随行携带的东西只有几件工具，最多再加上一件乐器。他们需要不断迁移，所以无法感受到定居者那种平日在物质积累上的贪念。那是否可以说，当早期人类离开他们最初的伊甸园（尼罗河谷）时，他们确实失去了上帝的恩宠呢？昆人解决争端的方式是对话，不是战争。在这一点上，他们和婆罗洲靠采集和狩猎为生的本南人（Penan）一样，也和散落在世界各地的濒临灭绝的其他智人群体一样，他们坚持自己原始的生活方式，没有受到粮食和畜牧的诱惑。在我看来，与其说他们没有首领，不如说是没有追随者，而追随者才是造成一切问题的根源。早期人类在沿河离开伊甸园之前就已经解决了这个问题。

《创世记》中的细节也和尼罗河的情况对上了。如今，尼罗河在埃及的河口三角洲有两条主要支流，但千年之前它有三条支流，史前时期则有四条，和《创世记》中所载一致。

我们总是希望能够回到过去，重新来过。但那个关于人类堕落的故事，或者说第一个关于尼罗河的故事，其主旨就是时间不可逆转，选择不可重来。亚当与夏娃被赶出伊甸园，永远都不能回头；而早期人类离开他们的伊甸园，被一条河流所吸引，一路沿河向北，继而走向了更远的世界。之后，也正是这条河流刺激了农业的发展，让人类有所积累，从而为贸易铺路。改变一直都在发生。但智人在发展出贸易行为之前就已经战胜了直立人、尼安德特人和海德堡人，成为唯一存活下来的早期人类分支。

智人何以成为原始人类中最大的赢家，关于这一点自然存在很多争论。实际上，赠予是比交易更加高级的行为。黑猩猩和倭黑猩猩都会交换物品或互相效劳，前提是它们能够借此获得相应的好处。但赠予行为则要求赠予方具备共情的能力，要能够想象对方的需求，而这也是学会无私的起点。要成为人，第一步就是意识到与他人的联结比单纯个体的生存更为重要，而动物只能看到后者。

如今，我们不再生活在 30 人的群体里，不再依靠采集和狩猎为生，不再每四年生育一次，也不再长途跋涉地去寻找莓子和坚果。依托着尼罗河，我们建立了文明。但我们最崇高的品质之一仍然是从采集和狩猎阶段留存下来的，那就是慷慨，也就是赠予的行为。古希腊历史学家希罗多德（Herodotus）有一句名言："埃及是尼罗河赠予的礼物。"也许，虽然尼罗河诱惑我们走出了伊甸园，失去了上帝的恩宠，但我们仍保有赠予之心。

6. 河流众神

> 狒狒看不到自己的秃臀，于是就使劲嘲笑别人的缺陷。
> ——苏丹谚语

我曾去过白尼罗河的"另一个"源头——尼罗河流出维多利亚湖的地方，位于金贾。圣雄甘地的一部分骨灰就撒在这里（剩下的分散在印度的几条河流和洛杉矶的一处祠堂里），单凭这一点就体现出源头的魅力。在大部分的旅游指南和类似的刊物中，金贾就是尼罗河的源头（卡盖拉河为源头的说法太过复杂，不适合类似福多旅游指南[1]这样简易的读物）。甘地的骨灰散落在此，因为这里被认为是尼罗河之源，而甘地的盛名又反过来帮助金贾宣传了它源头的身份，这是一个奇特的循环——声誉助长声誉。在金贾还有一座佛教寺庙、一座清真寺，以及几座教堂。对于万物的起源，宗教有着自己的一套叙事。这些宗教组织同样背负着传播信仰的使命，且同样都在时间的累积中获得了某种神秘感，或者至少是迷惑众人的力量。它们在彼此的陪伴下兴许非常有归属感。

然而，我到这里是想敬奉自然，对研究宗教并不感兴趣。我刚刚才结束一段漂流，这项运动不管在哪条河上都很有意思，但在布加嘎里瀑布（Bujagali

---

1　原文为 Fodor，美国出版集团兰登书屋旗下的旅游图书品牌。

Falls）的体验是最好的（蹦极和四轮越野之类也是一样）。

接下来要说的就有些复杂了，涉及这里所有的瀑布和水坝，而且有些在政权交替之后还被重新命名过。简单来说，就是尼罗河最初经由维多利亚湖边的岩块倾泻而出，形成一段瀑布，人们用里彭侯爵[1]的名字将其命名为里彭瀑布。里彭侯爵是约翰·汉宁·斯皮克的一位赞助人，而约翰是第一位发现这个瀑布的欧洲人。里彭瀑布下游不远处还有欧文瀑布，再往下游约 4 英里处就是布加嘎里瀑布。说是瀑布，但如果跟尼亚加拉大瀑布相比，它们其实就是布满巨砾的急流。20 世纪 50 年代，政府在欧文瀑布造了一座水坝，里彭瀑布随即被淹没。之前那里有一块纪念斯皮克发现瀑布的石碑，现在这石碑也沉没水底了。

政府还打算兴建另一座水坝，并为此计划了很多年。这次，布加嘎里瀑布也将被淹没。我刚刚才在这条瀑布上漂流，坐着 16 英尺的雅芳[2]皮划艇，时而磕磕绊绊，时而激流勇进。但当你读到这里的时候，已经没有机会这么做了。虽然很出人意料，但水坝工程持续多年的计划状态突然结束，建造工作于 2011年末正式开始。

从某种意义上来讲，这座充满了宗教氛围的城镇非常适合用来缅怀布加嘎里瀑布的逝去。新水坝位于欧文瀑布水坝下游两英里处，随着它的建成，布加嘎里瀑布将会被淹没。是的，尼罗河甚至尚未彻底离开源头，我们就已经开始为它设障——连续两次。

那好，再多聊聊沉没。水坝总会淹没一些东西。阿斯旺高坝淹没了努比亚[3]，成千上万的居民流离失所。布加嘎里瀑布水坝不会影响到那么多人，而且乌干达也确实需要更多的电力供给。然而，有人会问：为什么一个日照如此充分的地方需要去跟河流索取那一点电力呢？答案很简单——水坝和核电站一样，都是大型工程。也就是说，签一个水坝工程的合同，政府高官就能拿到丰厚的

---

1 里彭侯爵（1st Marquess of Ripon），原名乔治·罗宾逊（George Robinson，1827—1909），英国政治家，曾任内阁要职和印度总督。
2 雅芳（Avon），英国橡皮艇品牌。
3 从阿斯旺高坝初建到后期的几次加高工程，不断有努比亚的村庄被淹没，努比亚人民也不断被迫迁移。

回扣，而太阳能发电站就没那么有利可图了。

布加嘎里瀑布在宗教方面意义深远，印度教、佛教还有新纪元者[1]对此地展现出的兴趣只是其中一部分。加·加·纳巴姆巴·巴德哈加里［Ja Ja Nabamba Budhagali；这么说有点不敬，但这个名字总会让人想起《星球大战》里加·加·宾克斯（Jar Jar Binks）所属的两栖人］是一名95岁的男子，同时也是布加嘎里瀑布的第39代守护者。他曾经说过，即将建成的水库不仅会淹没他38位先辈的坟墓，还会覆盖所有他惯常采集药草的岛屿，对此，他是出离愤怒的。

我曾经想要跟加·加·巴德哈加里见上一面，但没能见成。他不是在忙，就是要外出寻找其他可以采集草药的地方。有些人跟我说他已经97岁了，但也有人说他95岁，还有一个人说是"过了80岁"。最初，我觉得应该找一些河流崇拜的例子作为这本书的关键元素之一，因为人类面对河流，最自然的态度就是崇敬，毕竟河水哺育生命，此外还能提供惊险的水上运动，丰富人们的生活。但后来我开始意识到，虽然我们崇敬河流，但河流本身是不断改变的。水一直在变，水道有时会变，人类活动也会造成一些改变。在人类存在的历史阶段里（众所周知，跟蟑螂和鳄鱼的历史相比，人类的历史短暂得微不足道），尼罗河浮现于世，变成了今日的样子。可以说，它看起来已经和最初完全不同。应对改变的技巧在于，知道什么时候抵抗、什么时候接受，和漂流有些相像。在很长一段时间里，对于水坝建成后河流之神的去留，加·加·巴德哈加里一直保持沉默。但现在他表示，神明会留下。即使他们的传统家园会和其他的一切一起沉没水底，他们也会留下。1994年，卢旺达大屠杀中的尸体随瀑布倾泻而下，而加·加·巴德哈加里就是清理尸首的人。

目前看来，布加嘎里瀑布状态极佳。它听起来就非常昂扬，是那种高速公路上持续不断的轰鸣声，不是白噪声，而是白浪冲击的声音。这段瀑布由一系列巨大的地势落差构成，势头汹涌的河流就在这一连串的阶梯上蹦跳起舞，一

---

1 新纪元者指新纪元运动的追随者。新纪元运动是一种去中心化的、宗教及精神方面的社会活动，起源于20世纪70年代西方的社会与宗教运动，涉及的层面极广，涵盖神秘学、替代疗法，吸收了世界各个宗教的元素和环保主义。

股股透亮的蓝色河水不断被打散成为白色浪花。在这里你可以玩漂流，虽然会有些风险；如果你够勇敢，而且拥有一只 25 升容量的汽油桶，那你甚至可以在这里游泳。在这里，只需要 3 美金，就会有年轻的乌干达人趴在一只黄色塑料油桶上漂过所有的急流落点，但在 2011 年，有一个男孩也因此丧生。如果你想见识油桶漂流，去视频网站上就能搜到。

布加嘎里水坝工程于 2011 年 10 月正式开工，而 2012 年 2 月 27 日是漂流开放的最后一天，所以当时我的所见现在应该已经没有了；或者说，最开始的 3 英里已经不复存在。但开发漂流项目的公司曾热情地跟我推销，承诺说他们只需要把活动场所向下游移一点，那里的急流一样适合漂流。

我本人并不热爱水坝，但也十分敬佩 19 世纪和 20 世纪早期人们修建水坝的那份雄心壮志。事实上，20 世纪 50 年代建起来的欧文瀑布水坝是由英国水文专家构想出来的，是从源头至海洋完全控制尼罗河这个宏伟计划的关键一步。在 2006 年，人们发现半世纪之前英国政府就有了另一个高级机密计划——他们打算利用欧文瀑布水坝来阻断尼罗河的水源供给，以迫使埃及总统贾迈勒·纳赛尔[1] 将苏伊士运河再次让给英国，而当时这位总统刚刚把运河从英国人手里夺回来。英国人没能实施这个计划，但在之后的几年里也没忘记自己的谋虑，一直掺和埃及事务，包括修建贯穿苏德沼泽的 200 英里长的运河，在青尼罗河上筑坝，还有其他的一些大动作。但当时并没有什么工程完工，尼罗河并没有被控制住。英国人掌控尼罗河的计划完全没有考虑到，苏丹、乌干达和埃及已经是独立国家了。而且更复杂的是，这些国家的独立也充满割裂和矛盾，因为是国家内部单方面宣布主权，而且做决定的当权政府此前服务于殖民国家，并不得人心；战争和灾难必然随之而来。

此前位于乌干达的里彭瀑布就是尼罗河流出维多利亚湖的地方。约翰·汉宁·斯皮克于 1862 年首次发现这个瀑布，之后亨利·莫顿·斯坦利又于 1875 年来此地确认了它的存在，想必是个迷人的去处。但我去得太晚了，只好看个

---

1 贾迈勒·阿卜杜尔·纳赛尔（Gamal Abdel Nasser, 1918—1970），埃及第二任总统（1958—1970 在任）。

水坝聊以自慰。

欧文瀑布大坝的混凝土是稀便一样的黄色，非洲所有的水坝似乎都是这种颜色。英国政府早在 1904 年就提出了建造这个大坝的想法，并且该提议还得到了温斯顿·丘吉尔的支持。他在自己 1908 年的著作《我的非洲之旅》(*My African Journey*) 中草草写道："让古老的尼罗河在还没开始自己的旅程前先通过一排涡轮机，这多有意思。"这话多粗俗，多可恶——我一边这么想，一边看着眼前这个丑陋的工程，它淹没的不仅是斯皮克的纪念石碑，还有那 12 英尺高的里彭瀑布[1]，原来的流水还回流进了维多利亚湖。我对大型水坝工程都持怀疑态度，不过小水坝是可以接受的，因为后者不会影响鱼类，它们可以轻松绕过。斯皮克曾经描绘过大量河鱼跃过里彭瀑布，跳入维多利亚湖的场景。可惜，这种场面不会再有了，因为政府认为没必要花钱在欧文瀑布水坝设置鱼道[2]。在此之前，鱼类可以逆瀑布而上进入维多利亚湖，而之后维多利亚湖鲈鱼数量猛增，几乎可以说就是修建水坝导致的。想要给一条伟大的河流戴上枷锁——多么无知而又傲慢；然而这种做法也确实体现出一种让人敬佩的无畏：无畏于自然的惩罚，无畏于上帝对干涉他所创造的世界的惩罚。我得承认自己是有偏见的。我的一位叔祖父非常反对丘吉尔，而他的立场影响了我很多年。这位叔祖父曾经在二战期间与白俄罗斯人作战，还在莫斯科的卢比扬卡监狱待过一年。丘吉尔在 1945 年将哥萨克战俘送给苏联，导致他们被斯大林下令杀害。此举让我这位叔父十分鄙视。

之后我们还会再提到丘吉尔，讲他在乌姆杜尔曼[3]参与的"河战"[4]。而眼下，我盯着不断向外喷吐河水的大坝，感觉它像是一头曾遭遇圈禁的巨兽，这头巨兽现在虽然恢复了自由，但创伤未平，内心仍受恐惧侵蚀。这条大坝于 1954 年

---

1 疑原文有误，里彭瀑布高约 16 英尺。

2 鱼道为供鱼类洄游的通道，是由于人类活动破坏了鱼类洄游的通道而采取的补救措施，一般通过在水闸或坝上修建人工水槽来维持鱼类原本的活动范围。

3 乌姆杜尔曼 (Omdurman)，苏丹中部城市。

4 发生在 1898 年苏丹国与英国—埃及联军之间的一场战役，丘吉尔作为英军一员参战，他之后撰写了一本描述英埃联军针对苏丹战争的回忆录，因为战场多在尼罗河流域，所以书名为《河战》。

完工，埃及政府也支付了一部分费用，因为建成之后，冬季可以释放部分水库储水来提高水位（阿斯旺高坝建成之后，冬季水位过低问题也不复存在了）。英国女王也出席了欧文瀑布水坝的启用仪式，这就很耐人寻味了。女王本不应该出现在这种场合，而且我非常确信，查尔斯王子不会想要庆祝水坝的建成，他一定是反对这个项目的。当时有报道称，现场出现了一头暴戾的河马向着英国王室成员猛冲，但没有伤到任何人。根据估测，这条水坝有半英里宽、100 英尺高，将维多利亚湖抬升了 3 英尺。但这颜色太碍眼了。不是锈色，不是土色，而是一种土和混凝土烂在一起的颜色，显得非常病态。一条水坝如果没有受到精心维护，能维持多久呢？我曾在加拿大见过一条水坝，坝体上都已经生出了洞。有一位露营的嬉皮士在错误的时机驱车通过坝顶，这洞的大小刚好把他的车轮吞掉了。人们把嬉皮士救了出来，把洞也填上了；但时间和水流总会带来磨损，坝体上总会生出洞和锈迹，这些是躲不掉的。每年尼罗河上都有新坝建成，也总有新的厄运随之而来，而且厄运体现在方方面面，不仅仅是水坝生锈和生洞带来的威胁。在非洲，一切事物都衰败得更快。考文垂和德累斯顿人的那种修缮和重建的欲望[1]，在这里大抵是没有的。在东非经常能看到无主的拖拉机，油耗光了就被弃用了。我其实能体会那种心情：每次我的自行车爆胎，心里也会有干脆把车扔了的念头。我们有时候太过在意自己的所有物，以至于本末倒置，被物品给左右了。水坝也可以左右人——但等快钱赚完了，他们也不会再修重建了。

　　总而言之，可以说我是在水坝间徘徊。刚刚我向下游走了 6 个小时，现在又往回走了 45 分钟，搭乘的是一辆结构巧妙的卡车，车体顶部焊了几个座椅，就像乌龟的龟壳上顶了把椅子。我坐在车上，吃着薄饼卷煎蛋——那时我住在金贾的探险者小屋，而在乌干达类似的背包客聚集地，薄饼卷煎蛋是最好的吃食之一了。

　　到了中午，我小心翼翼地下水游泳……好吧，或者说蹚了一圈。在游泳方

---

1 这两座城市都在二战期间被严重破坏，后修缮重建。

面，我不算有胆量，充其量就是个能扑腾的防溅板。有一次我连续游了一英里，当时我 13 岁，而在那之后就没怎么认真游过泳了。我喜欢在清澈的水体里游泳，因为能看到光折射的幻影。而且只要戴着泳帽，水温我也不是很在意——要想一头扎进冰凉的海水里，还表现得比别人都不怕冷，秘诀就是戴泳帽。但在这里，尼罗河暖得像是……好吧，说暖也不太准确，其实还是挺凉的（虽然空气温度高达 28 摄氏度），只不过像是浴缸里的热水放得稍微久了一些，让人感觉比预期凉了一点。

中途我们在一处小河湾休息。亨利是我们的水上向导，他向我们保证那里很安全。他告诉我说，那个河段已经没有河马和鳄鱼了，但再往下游走还有不少。我在河里似施洗者约翰[1]般蹚水前行，同行的人没有一个加入我。但之前我和六个比较年轻的探险者一起漂流时，他们都很兴奋地从一块高高的岩石上跳了下去，而我退缩了，因为考虑到自己戴着眼镜。事后想一下，其实把眼镜摘了就好，但当时没有想到。而且那时我也是唯一一个穿长裤的，其他人都是短裤。不知道为什么，穿长裤往海里跳显得有点儿傻，而且我也隐隐约约担心裤筒里会兜风。不管怎样，现在我穿着一条清爽的百慕大短裤[2]泡在水里努力开出一条道，也算是弥补了当时的遗憾吧，只是我希望不要引来鳄鱼、河马或者狒狒。虽然亨利做过保证，但还是难说，毕竟金贾的高尔夫俱乐部还有这么一条规则：如果你击出的球刚好落到河马的蹄印上，就可以免费打一球。

但亨利担心的不是河马。他告诉我说："在沿河可能遇到的所有动物里面，我最小心的是狒狒。它们肯定是比鳄鱼更危险的，甚至比河马更危险。狒狒能把人的下巴扯断。"

"但你不挑衅它，应该就没事吧？"

他大笑道："鳄鱼喜欢袭击已经受伤的人。河马嘛，你只要不侵犯它的领地就好。但狒狒，这些家伙，只要它们乐意，就可以变得非常狡猾且凶残。"

---

1 根据《新约》记载，约翰是受主的旨意为耶稣的到来铺平道路，为耶稣做见证，证明耶稣是神的儿子。后耶稣降生后，约翰在河里为耶稣施洗，故作者将自己在河流里的样子与施洗约翰做比。

2 一种略微短于膝盖的短裤，因最初流行于驻扎在百慕大地区的英军而得名。

我对金贾的狒狒曾有所耳闻。之前有一只壮硕的母狒狒被车撞死，然后狒狒群就在马路中间上演了一场静坐抗议。当时的目击者说司机非常残忍，特意转向去撞那只母狒狒。抗议的狒狒群面对甘蔗的诱惑都无动于衷，坚持不离开马路。它们是在哀悼自己的雌性首领。公狒狒会离开自己的族群，而母狒狒会一直留在同一个群体，所以雌性首领对其活动区域的经验最为丰富，是狒狒群的智囊。它们为她哀悼，是因为母狒狒的死着实是一个重大损失。

狒狒智商很高，它们会哀悼逝者；算上河马和鳄鱼，这三种动物是真正的尼罗河之子。古埃及人通过对神明托特的想象表达了对狒狒的认可——托特是智慧之神、文字之神，还是调节众神关系的公正之神，而埃及神话中托特神就拥有一颗狒狒的头颅。

在埃及撒哈拉沙漠深处的一个石洞里，我曾见过另一个有关狒狒崇拜的痕迹。那是一组壁画，画的是一堆无首的狒狒身体，看起来就像是托特神的翻版。当地在约 4500 年前完全沙漠化，而那壁画大概绘于沙漠化之前的 2000 年。据我们目前所知，在尼罗河流域定居的主要人口源自古埃及，而这些人在 5000 年前也来自同一片撒哈拉沙漠。更让人捉摸不透的是，我发现博茨瓦纳的洞穴里也存在同样的无首狒狒图。

如果要解释这些关联，有这么一种可能：在 100 多万年前，古人类中的鲁道夫人在与沿尼罗河而居的灵长类动物狒狒的生存竞争中落败，继而灭绝。也许早期智人也和狒狒有同样的竞争关系。

人类对很多事物都有说不清道不明的恐惧，但我们有理由相信，这些恐惧都遗留自我们在进化过程中所遭受的真切的恐惧。我们克服恐惧的方式是觉察它、观察它，将其画下，最后甚至会喜欢上它，借用它的形象去具化某种我们敬畏的东西。也许，画于石壁上的拥有狒狒身躯的生物就是一种对旧时劲敌的致敬吧。

这次河流漫游收获颇丰。布鲁斯·查特文[1] 有一个理论，说恐猫[2] 这种体形

---

1 布鲁斯·查特文（Bruce Chatwin，1904—1989），英国旅行家、作家。
2 恐猫是后猫族下的一属，广泛分布于欧洲、亚洲、非洲及北美洲，生活在 500 万年到 140 万年前。

巨大的猫几乎让古人类走到灭绝的边缘，而我这次的猜测几乎就是查特文理论的狒狒版。从狒狒的壁画可以轻易联想到托特神，但跟尼罗河没有什么直接的关联。古埃及人有一位河神，名为哈碧（Hapi），但至于尼罗河，他们只是简单地将其称为 Iterw，意为"河流"。欧西里斯（Osiris）是埃及神话中冥界最重要的神明（很有意思的是，古埃及人将这位神明描述成通体绿色，这就和欧洲神话中的绿人[1]有了关联），在关于他的故事里，尼罗河时有出现。但总体而言，似乎因为尼罗河在古埃及人的日常生活中无处不在，他们反而很容易将它忽略。

所有书吏都崇拜托特神，因为是他发明了文字。因此，在这本收录了有关尼罗河文字记载的书里理应提及他。埃及人发明了文字，他们的托特神则是创造文字的神明，同时托特神还带来了涉及隐秘知识、智慧、神秘主义和炼金术的赫尔墨斯学[2]（赫尔墨斯就是希腊神话版本的托特神）。另外，也是托特神在正邪之间维持某种平衡，让两方得以共存。

有一个源自古埃及的故事提到了一本书，名为《托特之书》（*Book of Thoth*）。据称，这本书里记载着一句咒语，可以让人听懂动物的语言。故事里说，这本书最初被藏在尼罗河底的一只盒子里，由七条巨蛇守护着。一位埃及王子企图偷走盒子，但当他成功之后，灾难也降临在他和他的子孙身上。故事的寓意非常明显：神的智慧，人类不可得，否则人类将会受到惩罚。

当天下午，我们一边在河上懒散地漂荡，一边看着成群的狒狒在河岸边悄悄经过。没必要特意用滤水器了，因为我已经品尝过河水的臭味：那天我们遇到了"逍遥骑士"——一个四级急流向我们打来一个友好的巨浪，而亨利故意把筏子弄翻，于是闪着绿色光泽的水花似长舌般飞溅而起，随即坠入白色泡沫和头戴安全帽、身着橘色救生衣的欢闹人群之中。就在这个激动的场景出现之前，我们刚看到一队狒狒，大约 30 只，正沿着河岸轻快地大步奔走。它们绝对比你想象的要高大强壮，看起来无忧无虑、想惹点事的样子，就像满墙涂鸦的

---

1 绿人（greenman）不是指某个具体的神话人物。在欧洲神话中，很多人物和神明被认为是绿色的，他们往往跟大自然、野生动物和植物生长有关。

2 赫尔墨斯（Hermes），希腊神话中的神明，是众神的信使，也是魔法的庇护者。赫尔墨斯学是基于赫尔墨斯神话的一种学说，盛行于 15 世纪欧洲文艺复兴时期。

城市街区里无所事事的年轻混混。

7. 红汗

> 河马从巨湖中走出，舔食青草上的露珠。
> ——埃塞俄比亚谚语

河流向导们最害怕的也许是狒狒，但笨重的河马杀死的人应该更多。然而，当我去查阅数据以求了解尼罗河岸最危险的动物时，鳄鱼也常被提及。于是我开始琢磨，这些数据究竟是怎么来的呢？毕竟在有些地方，比如南苏丹，他们连当地住了多少人都不清楚，又怎么能知道有多少人被河马撞了，又有多少人被大鳄鱼咬了呢？最终我把这些可疑的数据放在一边，继续自己的探索；当然，河马和鳄鱼都要关注。

虽然尼罗河上的鳄鱼数量不少，到了埃及都还有一些——大部分都被拦在纳赛尔水库上游，但河马现在却已经见不到了。曾经，河马的存在极为广泛，以至于古埃及人对河马产生了崇拜之情，就像他们崇拜有着狒狒头的托特神一样；同时，他们也对河马充满了恐惧——美尼斯（Menes），古埃及第一王朝的第一位统治者、实质上的第一位法老，就是被一头河马掳走杀害的。而在 1900年，阿斯旺地区由英国人设计的首座水坝建成之后，最后一只河马就在 20 世纪早期于尼罗河下游消失了。1849 年，福楼拜在溯尼罗河而上的旅行途中还见到了河马，不过开罗地区的最后一头河马大概就死于 19 世纪初。

河马，拉丁学名 *Hippopotamus amphibius*，现今仍生活在青尼罗河和白尼罗河的上游区域，而且数量可能不像我们想象的那般稀少。毒枭巴勃罗·埃斯科瓦尔[1] 曾在新西兰买下四只尼罗河马，之后将它们安置在他那座名为"那不勒

---

1 巴勃罗·埃斯科瓦尔（Pablo Escobar, 1949—1993），哥伦比亚毒枭，曾被《财富》杂志评为全球
　七大富豪之一。

斯"的庄园里，距哥伦比亚麦德林地区 60 英里。1987 年巴勃罗被逮捕之后，这些河马就被留在了庄园，在当地四处流窜。到 2007 年，已经有 16 只河马定居在玛格达莱纳河[1]沿岸，周围的人和牛都不胜其扰——他们都会遭受河马的袭击，被它们两英尺的长牙咬过会留下非常严重的伤口。河马是吃素的，河岸边的草是它们的主要食物，但如果被逼到一定程度，它们也能变成肉食动物，即使它们的身体消化不了肉类。2009 年，当地执法机关开始对这群法外之徒的头领进行追捕，那是一只非常具有攻击性的雄性河马，人们叫它"佩佩"。这些埃斯科瓦尔的大号宠物简直就像是复制了它们主人的人生。最终，警方追捕到了佩佩，并在当地政府的授权下将其枪杀。

在非洲，每一位你能遇到的河流向导都认为河马是极其危险的。在视频网站上随意搜索一番，就能找到很多河马与尼罗鳄交锋并痛击对手的惊人视频。鳄鱼只会去吃死掉的河马，活着的对它们来说太危险。总体来说，比起鳄鱼，人类更害怕河马，因为后者具有强烈的领地意识，这就导致它们的攻击性也更强。一只公河马要占领 250 码[2]的河岸线，而且寸土不让。如果在河边看到矮树丛中有大片被踩平的土地，那就不要在那停下野餐——否则可能会有一只河马向你迎头冲过来，就为了守卫属于它的一方水土。母河马也具有攻击性，但程度要小一些，不过母河马与公河马的体型差不多，因此很难分辨。

如果见到河马的身体变红，那你一定要多加小心了。

赛特（Set）是掌管风暴、沙漠和混乱的神明，而古埃及人将其描绘成红色河马的形象，这说明他们对于河马的"红汗"是知晓的。河马在天气炎热的情况下会出汗，这一点和人类一样；但和我们不同的是，它们在生气的时候也会出汗。另外，河马甚至在水下也可以出汗，这一点在所有经过研究的动物里是独一无二的。研究表明，河马的红汗同时具有杀菌和防紫外线的功能，换句话说就是防晒霜和抑菌剂的结合体，就像沙威隆[3]混上苏尔坦[4]——而且真的有效。

---

1 玛格达莱纳河（Magdalena river），哥伦比亚河流，巴勃罗的那不勒斯庄园即建在该河流沿岸。
2 码（yard），英美制长度单位。1 码等于 3 英尺，合 0.9144 米。
3 原文为 Savlon，一种常见的杀菌消炎药。
4 原文为 Soltan，一种平价防晒霜。

不同于许多水中的动物，河马身上没有鳞（其实河马与鲸鱼和海豚有共同的祖先），这就导致它们身上会有很多划伤和擦伤。但尽管河马天天泡在水和泥里，这些伤口也都恢复得非常快。桥本贵美子和西川洋子曾经花了七年时间研究河马的红汗，将其中的两种活性物质命名为红色河马汗酸和橙色河马汗酸。这两种汗酸大量存在于河马皮肤上的红色分泌物里，渐渐失去水分之后就会变成棕色。

另一位拥有河马形象的埃及神是塔沃瑞特（Taweret），亦即"河马女神"，以孕妇的形象示人。有意思的是，她的背上经常趴着一条鳄鱼。

一小群河马在一起，很容易让人看成别的东西。有一次，我很确定自己看到一块巨大的灰色石头，但实际上那是一群河马围成了一圈，头部都朝着圈内。即使距离只有100码，它们的背部看起来还是和尼罗河上游那种圆形的大块石灰岩一模一样；不过，一听到我们的划水声，它们的队形就散了，纷纷游过来探察敌情。河马游泳的速度约为每小时5英里，所以划个皮划艇是可以超过它们的，但也快不了多少；如果你是乘筏子，那就最好沿着河岸划，虽然公河马可能会觉得这是在侵犯它的领地——这样的话，即使筏子被河马撞坏了，你也可以跳上岸，趁河马撕咬橡皮筏的时候快速撤离。但如果在河中央翻了船，河马完全能在你疯狂拍打水面的时候从你身上咬下大块的肉来。不像鳄鱼，河马是具备咀嚼能力的。

不明原因的河马袭人事件之前就发生过几次。曾获南非选美大赛冠军的戴安娜·蒂尔登 - 戴维斯（Diana Tilden-Davis）在2007年时于奥卡万戈沼泽[1]被河马袭击；而仅在此事发生的两周前，另一位女士（在她的蜜月期间）因河马袭击而丧命。蒂尔登 - 戴维斯女士活了下来，但两年之后还拄着拐杖。这两起袭击都发生在旱季末，彼时河流水位很低，食物也比较匮乏。一般来讲，这也是公河马最具攻击性的时期。如果是在水位比较高、环境更湿润的情况下，被袭击的可能性也会降低。

---

1 奥卡万戈沼泽（Okuvango Swamp），位于博茨瓦纳西北部。

通常情况下，河马在白天会隐蔽在灌木丛中，此时如果受惊，就会进入攻击状态，所以这种地方最好不要涉足。牛椋鸟的报警声非常有特点——如果你听到了，就说明附近很可能有河马。

如果真的遇到河马袭击，制造噪声或者拍手都是没用的。这可是能一口咬断鳄鱼脊梁的生物，它无所畏惧。这种情况下，最好的选择是爬到树上去，或者躲在白蚁丘后面——而且得是巨大的白蚁丘。

8. 最厉害的杀手

> 要学会如何对抗猎豹，就得观察最常跟它们打交道的人——羊倌。
> ——苏丹谚语

好了，现在你已经学会了避开狒狒和河马。虽然人人都说这两个家伙危险，但你以前却总觉得它们只是被高估的小问题。现在，你终于要面对真正的杀手了，那就是陆地上的大白鲨——尼罗鳄。海豚也许是比鲨鱼更高效的猎杀者（鲨鱼也的确会畏惧来自海豚的攻击），但鲨鱼就是会给人以某种原始的致命感，激发人类深层的恐惧，这是海豚没办法做到的。鳄鱼也同鲨鱼一样。

第一次见到鳄鱼，我以为是一根6英尺长的树枝，还觉得上面的两处鼓包是分枝即将冒头的地方。我不知道那是一条鳄鱼，也没有真的在观察，心思根本不在那里——当时我正位于苏丹的索巴特河上，注意力全部都集中在金光闪闪的河面上。但我还有点常识，知道不能把手指伸到水里去。后来，那根树枝引起了我的注意——它正在向上游移动，逆流而行，前面还冒出了微小的涟漪。而且它漂浮在水上的时候是侧面朝上，这多少有点不寻常。接着，鳄鱼头出现了，不是慢慢浮现，而是突然间显现，像是一直埋藏在大脑最深处的记忆突然蹦了出来，把我吓了一大跳。在那之后，我又见过很多次鳄鱼，甚至还在一家餐厅吃过鳄鱼肉（和鱼肉的味道差不多），但面对鳄鱼，我仍然谨小慎微——

大概是因为它们的眼神。

亨德里·库切[1]在 35 岁时被鳄鱼袭击致死。作为户外探险者，他当时已经达成了前无古人的成就：从尼罗河最远的源头，即卡盖拉河开始，一路向下游探索，直至地中海。在此过程中，他穿过了著名的默契森瀑布群——地球上尼罗河巨鳄分布最为密集的地方。也就是说，死亡事件发生之前，他已经在非洲的水域划艇漂流了数年。我第一次听说他的事迹时，受一本旅游杂志所托正漂在赞比西河上。当时有个划皮划艇的人正在拍视频，他是库切的朋友。他提到库切时的语气充满了崇拜，盛赞他做事高效、乐于助人，而且在压力之下总能保持冷静。不知道为什么，这些描述让我想起另一位先前去世的探险家——北极探险家吉诺·沃特金斯[2]。他也死在一只皮划艇上，只不过是在极寒的北方，而不是中非热气腾腾的丛林里。

亨德里·库切曾说过："如果只是想冲个浪，那我连家门都不用出。危险才是猛兽的本质。"他用猛兽来比喻探险，也就是划小艇探索尼罗河或刚果河源头的那些未知河段——那种 8 英尺长的小艇比花式舟多一些储物空间，这样不至于船体过重，也能保证在偏远地带还储有一定的物资。就像沃特金斯在 25 岁的时候丧生于格陵兰岛，当时有一块巨大的浮冰罕见地开裂了，他的小艇便因撞上浮冰而沉没；意外降临于亨德里时也同样没有任何预警，他是在之前无人涉足过的卢库加河（Lukuga River）流域被尼罗鳄从身后袭击。卢库加河也曾一度被人们认为可能是尼罗河的源头（实际上它汇入了刚果河的一个源头）。

我曾经想要跟库切见一面，因为他比任何其他还活着的人都更了解白尼罗河的真实情况。他对尼罗河的挑战——通过完成全河段漂流（暂且不考虑那些较真的人，非要说分成两次的行程不算数）达成的对尼罗河的征服，可以看作又一个人类之于自然的傲慢之举。诡异的是，在当今的时代，这个行为竟似乎也惹怒了河神。而鳄鱼一直以来都是尼罗河最具威严的神明。

我总觉得吉诺·沃特金斯在某种程度上也是自己招致了死亡，并为此郁闷

---

1 亨德里·库切（Henri Coetzee, 1975—2010），南非户外活动家、作家。
2 吉诺·沃特金斯（Gino Watkins, 1907—1932），英国北极探险家。

了许久。沃特金斯是将爱斯基摩翻滚[1]带到发达世界的人。沃特金斯在格陵兰岛待了一年，在此之前，人们觉得一个白种人在一艘如此窄的小艇里是不可能完成这样一个杂技般复杂的操作的。爱斯基摩翻滚在严寒的北极海域是必备技能，而沃特金斯的动作也变得异常娴熟，以至于经常有人以为他是当地的猎手。然而，他有一个习惯是本地人绝不会尝试的，那就是独自打猎。而当他被那块势不可挡的浮冰撞上时，他那艘细棍与骨头做船架、外包海豹皮的脆弱小艇不堪一击，也没有人能把他从冰冷的海水里救出来。

我之所以提到沃特金斯，是因为他将爱斯基摩翻滚的技巧打磨到了极致（几年前，我也在牛津的一个泳池里学习过如何在一艘小独木舟里完成这个动作，并因此获益良多），而亨德里·库切能在那么小一艘船里完成那些伟大的旅程，靠的也是这门技术。

库切知晓风险，也知道鳄鱼的存在，只是他可能轻信了鳄鱼智商不高的坊间传闻。尼罗鳄是地球上脑结构最复杂的爬行动物，但这并不是最近才进化出来的；在过去的6000万年间，鳄鱼几乎没怎么变，而它们的近亲早在恐龙时代就已经出现了——至少要追溯到两亿年前。我在距当今的尼罗河谷30英里的地方发现过已经被磨得十分光滑的薄饼鳄[2]的牙齿，而薄饼鳄就是鳄鱼的史前祖先。一开始我以为这些是个头较大的箭石[3]化石，长度在1英寸[4]到1.5英寸之间。但之后我又清楚地看到了牙釉质石化后特有的光泽，还有像凿子斜边一样的齿边，连最尖的牙齿上都有。那时我就意识到，这个久已灭绝的物种生来就像一根活的棍子或狼牙棒，这么一排尖钉般的牙齿，猎物只要被咬上一口，肯定就没有任何挣扎的余地了。尼罗鳄也有整整66颗牙齿。不过奇怪的是，在白尼罗河上游，水位比较低的时候，体形庞大的鳄鱼会藏身于河床上较小的水坑或者泥塘里；它们就这样把自己圈禁起来，身陷黏土之中，动弹不得。相形之

---

1 爱斯基摩皮艇在水中翻转后继续划行的技术。

2 薄饼鳄（Laganosuchus），栖息于白垩纪晚期的非洲，但有一个煎饼样的平头。

3 箭石是已灭绝的海生动物，生活在泥盆纪与白垩纪之间，因为有一个箭头状的鞘而得名。鞘的部分非常容易变成化石保存下来。

4 英寸（inch），英制长度单位。1英寸等于2.54厘米。

下，动物园里最小的笼子似乎都要宽敞些。

亨德里叮嘱过他的团队要集体行动——正如他们的一个队员所说："你不能以一条 8 英尺小艇的形象单独出现，而是应该在一个更大的群体中以群体的形象出现。你得显得自己是一个更大的有机整体。"然而，鳄鱼似乎对这个理论并不买账。虽然这个技巧帮助库切顺利通过了鳄鱼众多的默奇森瀑布群等区域，但在那些地方，人类和小船时有出现，可能那里的尼罗鳄已有经验，知道一群人类和一群鹿、野猪或是尼罗河鲈鱼是不一样的，由此它们也不会贸然对人类使用"单个攻击"的策略。

尼罗鳄还有一个厉害的生存机制，那就是它们既可以靠一只青蛙果腹，也可以吃下一整匹斑马。平日里它们就在河边的石头上晒太阳保存体力，可以很长时间不需要进食。

对鳄鱼来说，声音和水花与"单个攻击"的策略相辅相成。也就是说，声音并不能吓跑它们，而且还会吸引它们。库切一再告诫，遇到此类危险一定不能惊慌，这肯定是没错的。一旦有声音，就意味着可能有一群角马或者一班小学生正在过河。行动最不利索的、走得最慢的、在队伍最后的就是尼罗鳄的目标。库切和他的两个队友挨得非常近，他们必须非常小心，以免各自的桨板相撞。如果"显得大"这个理论成立，那他们当时已经做得很完美了。但库切的位置相对靠后一点点，而那里就是鳄鱼攻击的目标。结果他被一只鳄鱼叼走，鳄鱼只把他们几个当成一群在水里扑腾的盘中餐。

人总是会低估野生动物的智力。通常只有猎人（还有拿着麻醉枪狩猎的生物学家）才能体会到一种存活了 6000 万年的生物能有多么精明。但这并不是说库切被袭击了，其他的漂流者就得换一种策略应对鳄鱼。尼罗鳄是非洲最大的捕食者，每年都会捕杀 1000 多人。精确的死亡数字没有人知道，这只是估算。尼罗鳄似乎只能与那些崇拜它们的人类和平共存，比如古埃及人，还有帕加[1]镇上的加纳人，他们给鳄鱼喂鲇鱼，而且跟它们相处起来非常自在，甚至会在鳄

---

1 帕加（Paga），加纳北部边境的一个小镇。

鱼晒太阳的时候把衣服晾在它们的背上。他们对捕食者的崇拜看似愚蠢，但也许其实是非常聪明的共生策略。毕竟在名为生存的比赛中，我们在体力和脑力上似乎都不是尼罗鳄的对手。

永远不要忘了，在所有记录在案的动物中，尼罗鳄的咬合力是最强的，高达每平方英寸6000磅。相比之下，德国牧羊犬只有300磅，狮子600磅，河马1820磅，大白鲨只有可怜的600磅，而海龟猛咬下去也才1000磅。人的咬合力约为每平方英寸100磅。

有一个现象很有意思：出于对鳄鱼神索贝克（Sobek）的崇拜，古埃及人会在鳄鱼最具攻击性且数量最多的地方建庙造殿，比如险滩和渐宽的河流弯道。事实上，在众多埃及神明中，唯独索贝克的神殿选址是基于对现实的观察和考量，而对于其他埃及神殿的选址原因，我们仍然不太清楚。但古埃及人对鳄鱼的崇拜确实是真诚且毫无保留的，在法尤姆绿洲的泰卜图尼斯[1]发掘出的巨大鳄鱼墓地就足以证明这一点。埃及人对索贝克的崇拜在托勒密时期发展至顶峰，当时他们在法尤姆的加龙湖[2]旁建立了"鳄鱼之城"（Crocodilopolis）。考虑到加龙湖当时是埃及最大的湖（直到高坝建成，纳赛尔湖出现），鳄鱼之城选址于此很可能是因为此湖中鳄鱼数量很多。

尼罗鳄是最能代表这条血色大河的动物。鳄鱼攻击时可能会用尾巴击打你，但并不会去咬你的血管。事实上，鳄鱼惯用的猎杀手法是先不声不响地迅速把猎物攫住，然后再把他淹死——受害者通常都是男性，男性被鳄鱼攻击致死的数量是女性的4倍。这个数据看似可以初步证明男性的普遍愚蠢，但其实还有更合适的解读，即传统社群中的女性虽然也会去到河边，却很少会在远离人类聚居点的地方游泳或钓鱼。咸水鳄和尼罗鳄杀死的人类数量要比地球上所有其他动物杀死的都要多，任它是在水里游的、陆上爬的还是陆上跑的，这一点从来都没有变过。19世纪的旅行者约翰·麦克格雷格（John MacGregor）在1849

---

1 泰卜图尼斯（Tebtunis），位于法尤姆省的埃及古城，在托勒密时期是重要的宗教中心。

2 加龙湖（Lake Qarun），位于法尤姆绿洲西北部，史前时期是一个巨大的淡水湖，原名美利斯湖（Lake Moeris）。

年就敢划着独木舟探索尼罗河，他就曾目睹过两个男性被一条 26 英尺长的鳄鱼杀死，鳄鱼不断甩尾击打他们的动作就像抡棒子一样。大约十年前，爱尔兰旅行者艾略特·沃伯顿（Eliot Warburton）描写道，他曾见过一个青年在一条死掉的鳄鱼旁痛哭，因为这条鳄鱼吃掉了他的外婆。后来青年将这条鳄鱼以 7 先令 6 便士的价格卖掉了，连同它肚子里面的老妇人一起。

如此一来，人类对鳄鱼从古至今的崇拜就很好理解了。索贝克是古埃及的鳄鱼神，人们对他的崇拜在托勒密时期，即公元前 3 世纪左右达到了顶峰。受尼罗河滋养的法尤姆绿洲在那时被称作鳄鱼之城，这种野兽如今的名称也正源于这个希腊词。奇妙的是，就在同一片绿洲，人们还发现了巨大的鳄鱼化石，应该是古尼罗河上尼罗鳄已灭绝的先祖留下的遗骸。如今，在开罗香料市场的传统药材店里，你还能看到鳄鱼标本挂在头顶的横梁上——用来守护店面。如果你想讨个好彩头，现在仍可以在哈利利市集[1]买上一只。大部分鳄鱼标本都来自纳赛尔水库，即那个筑坝的尼罗河段。那也是个被诅咒的地方[2]：水库里生活着七万多只鳄鱼，是个天黑以后不宜踏足的危险之地。不过，水坝确实能将鳄鱼群拦住，阻止它们顺流而下到开罗河段。至少大部分是拦住了的。实际上，如果城里出现鳄鱼，十之八九是被主人遗弃的宠物鳄鱼。

在很多有关超自然故事的电影或者电视节目里，经常会出现魔法师的密室中装饰着鳄鱼标本的场景。这其实是源自埃及的魔法和炼金术传统，而埃及人本身也是索贝克崇拜的传承者。大部分所谓的"魔法"其实都源自一些具有实际功能的行为。比如，各种祈祷的方式其实源于一系列复杂的肢体练习，其最初的功效是调节身心健康，和太极非常类似，且关于这个说法有很多十分可信的论证。而我们所知的索贝克崇拜很可能源于一种想要安抚身边最大猎食者的愿望和一种合理的相处策略，即观察和让步；人们还赋予了这种策略超自然的、

---

1 哈利利市集（Khan al Khalili），位于开罗市中心老城区地带，是阿拉伯世界最大的民间手工艺品市集。

2 原文在前后两句中分别用了 dammed 和 damned，两个词读音相同；dam 为"筑坝"之意，damn 为"诅咒"之意。

仪式性的价值，由此来将它保留下去。

在埃及神话中，尼罗河不受神明掌管，从这一点就能看出尼罗河的至高地位。克奴姆（Khnum）是尼罗河的地方神，只负责第一瀑布区域，位于现代埃及的阿斯旺地区附近。该地区到了冬季气候宜人，深受弗朗索瓦·密特朗[1]、阿迦汗[2]，还有阿加莎·克里斯蒂[3]和温斯顿·丘吉尔的喜欢。同时，那里一直以来都是象牙的主要产出地——故得名"象岛"（Elephantine Island）。用于出口的大量象牙先储存在这里，随后由驳船载着顺尼罗河而下离开非洲。从某种意义上来说，第一瀑布是埃及的大门，也是尼罗河洪水进入普通人视野的地方，而洪流之上负载着的是国家的财富和繁荣。在某些时期，人们曾把索贝克看成原始的造物主，操纵一切的神明。至于拉神（Ra）和其他太阳神，以及光和一神论之间的关联，几乎可以肯定都是后来的事。这是因为文明的发展有这样的规律——信仰大地的宗教几乎总是被信仰光的宗教所取代。我在婆罗洲的北部就见过一个鲜活的例子：当时，一位现在已转信基督教的伦达雅部落（Lundaiya）的成员带我去看了一处鳄鱼形的土堆，他们常常在那里敬神（也在那里悬挂敌人的头颅）。不知道那片区域是否曾有过鳄鱼，但至少现在已经没有了；然而，在被信仰光的基督教替代之前，这个具有代表性的信仰大地的原始宗教一直都切实存在着。

一条尼罗鳄的重量可达一吨，相当于一辆类似本田思域或福特嘉年华的小型车。但福特嘉年华做不到依托着自己的后腿和尾巴直立 9 英尺高，而鳄鱼就可以。它们从河水里向上猛冲，利用摇动的尾巴维持浮力，同时上下颚迅速咬合，释放出与压力机相当的粉碎性力量。曾有人从船上逃离，爬到树的低枝上，但都被鳄鱼从树上拖了下来，即使树枝离河面的高度大于鳄鱼的体长。如果是在陆地上沿河行走，也要跟浅滩保持距离。它们在水中形似多了一对眼睛的树

---

1 弗朗索瓦·密特朗（François Mitterrand，1916—1996），法国总统，1981—1995 年在任。

2 此处指阿迦汗三世（Aga Khan Ⅲ），真名为穆罕默德·沙阿（Mohammed Shah，1877—1957），伊斯兰教伊斯玛仪派的第 48 任伊玛目。

3 阿加莎·克里斯蒂（Agatha Christie，1890—1976），英国女侦探小说家、剧作家，三大推理文学宗师之一。

干，却能从水下一跃而上跳至 30 英尺远的河岸；而且它们一直以来都是这么做的，证据就是在东非大裂谷的奥杜威峡谷（Olduvai Gorge）发现的能人遗骸，在历经百万年、已经变为化石的头骨上还留有被尼罗鳄牙齿洞穿的痕迹。

鳄鱼——不管是妈妈还是爸爸——都会一直守着它们藏蛋的巢，等到鳄鱼宝宝叫出声来，它们就把蛋挖出来孵化。破壳之后，鳄鱼妈妈会把扭动着的幼鳄拱到嘴里，她的大嘴底部有一个特别的囊袋可以用来携带幼崽。之后，鳄鱼妈妈将幼鳄转移到一处安全的水域，并照顾它们 6 到 8 周。这种照料的方式在爬行动物里不太常见——它们对后代往往是顾数量而不顾质量。然而，如果千年的进化历程留下来的是会照顾幼崽的鳄鱼，那我们只能认为它们真的很擅长此道。

鳄鱼的嘴巴很大，咬合力高达 1 吨。然而，它们用来张开嘴巴的肌肉相对弱一些，这就给了猎人可乘之机，可以摁住它们的嘴巴然后用绳子捆绑固定（很像人猿泰山会做的事）。鳄鱼不会咀嚼，因为如果上下颚能够左右移动，相应咬合力就会减弱。既然不能咀嚼，它们就把猎物撕开，通过猛烈甩动把肉一块一块地扯下来；如果猎物体积较大，就拖着不断转圈，直到肉被一小块一小块地剐蹭下来。曾经有过这样的情况：鳄鱼咬着人转圈，结果没能把人肉撕开，就把他半死不活地丢在一边，状况惨烈。如果能成功扯下一块肉，鳄鱼就会将脖子一挺、头一仰，把肉块抛起来，然后用嘴接住吞掉。

视力对于鳄鱼的捕食行为极其重要，这一点从捕捉鳄鱼的方法就看得出来。希罗多德曾写道，将泥土抹到鳄鱼眼睛上就能将其制服；这和现在用的捕猎方法，即在夜晚用麻袋蒙住鳄鱼的眼睛有异曲同工之处。可以说眼睛就是它们的阿喀琉斯之踵，至少看起来是这样。这些猛兽无法反抗，只能等着被控制，继而被捉走。为什么它们不能直接把脸上的障碍物甩掉呢？在这一点上，鳄鱼就像另一个天生的捕猎者——猎鹰，它们似乎把夜色当成了休息的信号，天黑之后就不再活动了。除了上下眼睑之外，鳄鱼还拥有透明的第三眼睑，又叫瞬膜，这个东西让它们在水下也看得清。也许正是这第三眼睑跟鳄鱼在失去光源后的被动状态有关联。但不管怎样，水下视物的能力让鳄鱼能把溺死的猎物藏在水底某块方便的石头底下，等肉腐烂得差不多再回来享用。鳄鱼在跟猎物对抗的时候能轻易地在水底待上 15 分钟，如果处于完全放松的状态，待的时间还能更长，连续几小时都可以。曾经有一条鳄鱼在冰冷的水里连续待了 8 小时，过程中它的新陈代谢变缓，由此降低了消耗氧气的速度。

鳄鱼很喜欢水深的地方，因为它们习惯于将猎物溺死。亨德利·库切就是被溺死的。遗憾的是，他的遗体一直没有找到。

9. 鳄鱼奇谈

> 假以时日，流水也能让石头开口讲话。
> ——埃塞俄比亚谚语

希罗多德提到过一种鳄鱼鸟，他认为鳄鱼晒太阳的时候，那是唯一能接近它们的鸟类。根据他的说法，这种鸟会进入鳄鱼的嘴里，吃掉其中的寄生虫。后来人们认为他所说的鳄鱼鸟就是埃及鸻——埃及鸻属里唯一的成员。这种鸟的肩膀上奇特地生有一对尖尖的凸起，像是爪子退化之后遗留下来的，让人联想到翼手龙。民间流传的说法认为，如果鳄鱼在埃及鸻还在嘴里的时候不小心合上了嘴巴，埃及鸻就会用这对小爪子在鳄鱼口腔内抓挠。鳄鱼鸟在尼罗河流域被称为"西克萨克"（siksak），但无论人们怎么称呼它，当代鸟类学家对鳄鱼鸟的说法都不以为然，虽然颇为可信的詹姆斯·奥古斯都·圣约翰[1] 在 1840 年写道："能肯定的一点是，大部分情况下，每只鳄鱼都至少有一只会照顾它们的鸟朋友。"利文斯敦博士在南方也有类似的观察，根据他的记录，这种鸟在撒哈拉以南被称为"赛图拉—西皮"（setula-tsipi），意为"铁锤之音"，因为它们会发出"叮叮叮"的警报声。他还提到，这种鸟与鳄鱼之间有着密切的联系，但从没亲眼见过它进入鳄鱼的嘴巴。也有人认为，这种鸟吃的是鳄鱼背部的寄生虫，

---

1 詹姆斯·奥古斯都·圣约翰（James Augustus St.John，1795—1875），英国作家、旅行家。

而不是嘴巴里的，而且它们能给鳄鱼带来的好处其实是警报声。希罗多德说过，虽然尼罗河下游的居民崇拜鳄鱼，但到了阿斯旺地区，人们不仅不崇拜鳄鱼，反而还会捕食它们：在钩子上挂一块猪肉扔到河水中央，同时在岸上放一头拴着的猪，用竹条抽打它，直到它叫唤起来。鳄鱼搞不清楚这两件事之间的关联，糊涂之间吞下钩上的诱饵，然后就被尖叫着的猪给轻易吸引过来。当鳄鱼接近河岸的时候，人们就将湿泥拍到它的双眼上，鳄鱼马上就老实了，被人杀死也不怎么挣扎。著名的澳洲鳄鱼猎手史蒂夫·欧文（Steve Irwin）就非常喜欢向人展示抓鳄鱼有多简单：只要在绑它们之前先往它们的眼睛上蒙一件外套或者一块布就大功告成了。如果没有这一步，鳄鱼会抵死相拼。

10. 尼罗河的死亡之吻

> 河水日夜奔流，永不停息，但流水仍惠泽众人，无一例外。
>
> ——苏丹谚语

在尼罗河流域，大自然能以那么多种夸张的方式终结一个人的生命，我们已经基本了解了一遍，似乎也挺有趣。然而，我们一直没有提及那位真正的杀手，一位看似普通的杀手——疾病。

疾病从未缺席。大约一万年前，尼罗河流域非常不宜居住，因为虽然河水本身不太能传播病毒，疾病却能通过河里和河流周围的生物大量传播。因此，古人更倾向于住在更加干燥的草原地带，而这一片土地现今已变成撒哈拉沙漠。沙漠对于疾病有一种不可思议的抵抗力，而湿乎乎的泥泞河流地带则刚好相反。随着气候的变化，尼罗河流域居住条件变得更好了，但仍然是疾病传播的重灾区。虫子，苍蝇，蜘蛛，蚊子，阿米巴虫，寄生虫，蠕虫，螨虫——欢迎来到危险的野生尼罗河之微观世界。

想象一下，两个露营的人互相打招呼，凑近彼此的脸亲吻空气，发出"嗯啊，嗯啊"（mbwa, mbwa）的声音。现在，你再试着往这个场景里加入一点恐惧和不祥之感。很难，对吧？然而，时至今日，我再听到这个仪式性的声音都免不了觉得畏惧。奥斯瓦德神父曾告诫过我："对于'嗯啊，嗯啊'要非常警惕。"奥斯瓦德神父是一位西班牙传教士，在苏德沼泽地区工作。他为人极其耐心，而在非洲，如果你不想喝酒或不想患上高血压，就需要这么耐心。我向奥斯瓦德神父解释这个笑话，告诉他这个发音和亲吻空气的声音很像，他没有笑。"嗯啊，嗯啊"是严肃的事，这个词指的是一种蝇类——恶蚋。恶蚋经常成群结队地萦绕在河面上方，看着就像轮胎烧着了冒出的烟一样。在苏德地区以及尼罗河上游接近维多利亚湖的地方，恶蚋恶毒地诅咒着一切。在当地语言中，恶蚋被称为"嗯啊"，和亲吻空气的声音很像，实际上它就是一种黑蝇，被它咬一口就会染上一种寄生虫卵。这种寄生虫会引发肿瘤，继而带来巨大的疼痛，使身体变形，最严重的还有可能导致失明。奥斯瓦德神父告诉我，所有的漂流者都应该小心，因为黑蝇把卵下在水里，它们的幼虫则会攀附在石头上，而漂流者在急流或瀑布中会非常容易抓向那些石头。

黑蝇还有一种无害的近亲，常见于苏德沼泽下游的河段，就在苏丹境内的第三和第四大瀑布之间（这里说的大瀑布就是一段岩石非常密集的流域，一排微型岩架般的瀑布横跨河流）。这种吸血蝇被称为"尼米提"（nimiti），也是一个拟声词。尼米提专门叮咬鸟类和驴子——但人也在它的叮咬范围里。它们往往成群出现，像一片云雾般侵入鼻子、眼睛和耳朵，"就像是把整颗脑袋都泡在扎人的水里一样"。为了避免被它攻击，依河而居的人们会随身携带一截冒烟的绳子，看着就像神父拎着他摇晃的提炉；这话也是奥斯瓦德神父说的。

我生病的时候人在开罗。但那场病跟苍蝇和寄生虫都无关。我只是老了，一夜之间老了有 50 岁。是因为那次游泳么？当时没多想就跳下去了，只喝了一点酒暖身，就从开罗附近的扎马雷克岛（Zamalek）游到了停在西岸的一艘船屋上。我说不好，但就感觉……很奇怪，特别脆弱，好像自己 90 岁了，好像如果自己弯腰快了点或者幅度稍微大点，腰就会断；甚至系个鞋带都成了一项危险作业。不管吃什么都会拉稀，也许排出来的都是河水。我那天随意地扑腾了两下，是不是无意中吞进了什么？总会发生这种事。我有些朋友经常在尼罗河里游泳，但从未因此生病。渔民还有他们的孩子也天天游。一位污水处理专家告诉我，开罗未经处理的污水是通过一个直径 5 英尺的管道排放到沙漠里的，所以河水里面除了有些重金属物质，应该是可以喝的。应该？连泰晤士河的水我也不会喝。

也许只是偶发的食物中毒事件（我发现在埃及，只要不去坐阿斯旺地区的游船，遭遇食物中毒的概率比在英国还要小）。但也许就是河水的问题。开罗市区里的水渠状况非常糟——边沿有一圈垃圾，还有人在那清洗精疲力竭的挽马和驴。但河水看起来一直都很干净，很少见到漂浮的垃圾，河岸上也没有海边那么多塑料废弃物。它看起来是条干净的河，而且因为流速相当快——开罗河段中流流速可能有每小时 3 英里——所以一直保持干净。

尼罗河汛期过后，外泄的洪水会变成水塘里的滞水。但疟疾从来不会在尼罗河边传播，原因是淤泥较多的水体不会有蚊子滋生。在孟加拉国，当人们放弃使用泥沙较多的河水灌溉，转而依靠雨水灌溉后，疟疾就开始肆虐。在那些大兴土木的地方，比如东边沙漠地区那所谓的新开罗，蚊子的数量比尼罗河沿岸要多得多，这就是建筑工地和新建起来的花园周边那些死水塘导致的。

古埃及人在尼罗河沿岸种植了埃及三叶草。在开罗，你看到的每一辆收垃圾或者卖水果的小车车尾都会有一把这个东西——既然这里的经济是驴子拉动的，那这些草料就是"经济火箭"发射的燃料了。同时它们也是驱蚊剂，就像香茅。还有一点也很重要：这种植物生长迅速，可以不断收割，这个过程本身也有益于驱散蚊虫；否则，河流旁的水沟就会是蚊虫的温床。法老时代的有些药方与现代医学观念相悖，比如用到鹅的排泄物和海龟睾丸；但也有些来自法老宫殿的禁令至今听来也是合理的，比如公共服务人员不得食用生蔬菜——由于有些植物是由粪便和死水滋养，可能会传播疾病，这一禁令就进一步阻断了这条传播渠道。

说到这里，应该提一下威廉·威尔科克斯[1]，就是他策划了伟大的英国水坝，成就了阿斯旺高坝的前身。作为一个工人，一个建造者，威尔科克斯是绝对正直可靠、绝对值得尊敬的。他的工程灌溉了印度、伊拉克和埃及的大部分区域，而且他还制订了一个野心勃勃的计划，要掌控整个尼罗河。然而，在他的后半生，他并没能享受自己的成就，而是被自己误开的潘多拉魔盒而困扰——魔盒里是血吸虫病和钩虫病。

这些寄生虫大量聚集在威尔科克斯为了实现常年灌溉而建造的水渠里。水渠里常年有水，相应地，地下水和污水池水位上升，给致人体虚的钩虫提供了繁殖环境。更不幸的是，后来阿斯旺高坝建成，阻挡了河水中本能顺流而下的部分泥沙，这就导致下游的蚊虫数量又一次激增。

血吸虫也是一种厉害的寄生虫，通过蜗牛传播。蜗牛无法生活在流动的水体里，它们需要待在闷热的水沟、湖泊或者死水塘里，这样才能留下自己的气味，继续繁衍生息。活水有利于预防传染病，这一点在法老时期就有记录了。

血吸虫病最主要的症状是疲惫和疼痛，而且能侵蚀人体数年之久，患者遭受病痛的同时也失去了体力。在努比亚，我听说班戈[2]和印度大麻在尼罗河上游地区的流行与当地血吸虫病的传播离不开关系——据说这些植物能够有效缓解疼痛。

之前在三角洲地带，血吸虫病只在少数几个规模很小的区域内流行。但自19世纪80年代起，尼罗河三角洲的首个大坝建成，常年灌溉系统投入使用，血吸虫病的传染规模也开始增加。更严重的是，在阿斯旺高坝完工之后，艾斯尤特的拦河坝以及所有其他巧妙的拦截和分流机制组成了一个更大的河渠水网，蜗牛得以在更大的区域内蔓延。

自远古时代起，埃及人就曾靠尼罗河的夏季洪水一次性完成对土地一年的灌溉。如今，大坝将一部分的河水存储下来，保证下游渠道全年的水源供给。

---

1 威廉·威尔科克斯爵士（Sir William Willcocks，1852—1932），英国土木工程师，提出并设计了第一座阿斯旺水坝，并在南非和土耳其实施了大型灌溉项目。
2 原文为 bango，一种东非芦苇草。

由此，不再有一年一度的汹涌洪水，河道周围的角落和缝隙也就无法借此进行彻底清洗，而那些地方都是蜗牛最喜欢的去处。它们的身体里寄居着血吸虫，也就是携带着血吸虫病。

这种依托蜗牛传播的寄生血吸虫会离开蜗牛的身体（通常只在白天），穿入位于附近的人类的皮肤。一旦进入人体，这些小东西就会造访肺部，继而在肝脏落户，开始吞噬血红细胞。等到长成不到半英寸的成虫，它们就会开始成百上千地产卵。这种虫子可以在人体里生存 20 年之久，导致长期的疲惫、肝病、发烧，以及营养不良。

蜗牛通过上埃及地区的河渠不断扩散，血吸虫病也因此不断传播，大幅度削弱了上埃及地区工人们的体力。英国铁行[1]位于塞得港[2]的装煤站在 19 世纪 90 年代拥有世界最快的装煤速度，当时雇佣的就是吃苦耐劳的上埃及工人。他们本来非常适应连续几小时的重体力劳动，但到了 20 世纪 30 年代，上埃及地区人口大量感染血吸虫病，同一个装煤站的装煤速度大幅降低，慢到令人瞠目。

到了 1918 年，英国人研发出一种治疗方法：他们发现中世纪的一种叫"鞑靼催吐剂"的锑化合物可以治疗血吸虫病。这个药有一些副作用，包括不明原因的癫痫和呕吐；但在纳赛尔时期的新埃及，这些症状都算不上什么，于是在 20 世纪 50 年代到 80 年代，埃及政府推行了一个大规模的疫苗接种项目。但这件事还有后续：由于他们在为病区的农村人口接种时重复使用未经消毒的针头，丙型肝炎在埃及人口中传播开来。如今，埃及的丙型肝炎感染率高达 10%，位居世界之首。至于血吸虫病，现在已经可以通过每年口服吡喹酮治愈。

血吸虫病在法老时期就已出现，但在之后的时期才广泛传播；也许，法老时期关于流动的水体能够防止疾病蔓延的知识在后来失传了。在古时候，人们认为没药[3]可以用来治疗血吸虫病。现代医学中有一款含没药成分的药叫"米拉子德"（Mirazid），但在 2005 年停产了——这种药虽然有效，但现今的治疗药

---

1 英国铁行（P&O），英国最大的渡轮运营商之一。

2 塞得港（Port Said），埃及第二大港，是世界煤炭和石油储存港之一。

3 没药，从橄榄科没药属植物没药树中提取的树脂，可做香料、药材。

物吡喹酮的效果可是它的八倍。

从血吸虫病到血吸虫病疫苗，再到注射疫苗导致的乙肝暴发，这整场闹剧是又一个非预期后果[1]的实例。然而，虽然威尔科克斯不够有远见，他仍是一个非常有意思的人。他不仅写出了分上下两卷的巨著《尼罗河》(The Nile)，而且他那本关于摩西探险的书还是同一题材作品中最有意思的一个。在那本书里，威尔科克斯从水文学和灌溉系统的角度来阐释《圣经》。既然有效的灌溉是人类早期文明的基础，那么以此为出发点便非常合理，如此就可以离开现代人的视角，从摩西的角度看世界。对考古学家来说，虽然他们认真学习过如何打制燧石、钻木取火，但经历了学士学位、硕士学位、博士学位，以及无数的挖掘工作和复制陶瓷片的志愿工作，他们又怎可能跳出考古学家的视角去观察世界呢？在我看来，这件事很奇怪：专业领域的学术训练竟会让人更加看不清研究对象的本质。

有段时间，我曾在沙漠里收集石器。根据那段时间的经验我发现，但凡我们看来有意思的地方，对古人类来说也是一样。洞穴、奇形怪状的岩层、向外伸展的凌空岩壁，在所有这类地方，往往能发现最好的手工制品，而且这些地方都是孩子或存有童心的人非常乐于探索的。我最棒的发现之一是在大沙海找到的三个完好无损的双耳陶罐。当时我看到一块形状奇特的石头，就请人爬上去拍照片，而那三只陶罐就埋在石头的底部。

威尔科克斯在灌溉系统方面是个专家，但在《圣经》研究方面不是。然而，他在《从伊甸园到横渡约旦河》(From the Garden of Eden to the Crossing of the Jordan)一书中得出的结论都有理有据，与那种工程师们突发奇想写下的关于金字塔之谜的蹩脚文章毫不相干。那本书趣味横生，读来能一窥这位19世纪末的博学之士的精神世界。

威尔科克斯是英裔，但出生在穆索里——印度的一处山中避暑胜地。我曾到访过那个地方，当时一下就辨认出那陡峭的山坡和芳香的雪杉，它们都是威

---

1 非预期后果 (unintended consequence)，20世纪30年代美国社会学家默顿提出来的专有名词，指有意图的社会行动导致的超出该意图的后果。

尔科克斯童年时期的游乐场。他从小在印度接受教育，后来就读于一所印度的工程学院。他的目标就是成为像他父亲一样的人——他的父亲来自德文郡，靠着决心和勤奋从一名普通的士兵成长为一位灌溉工程师。他的父亲相信，英国在海外的成功得益于他们国家士绅们的优秀品质。虽然他父亲本人是农民出身，但他也是一位见多识广的士兵，曾经在西班牙为卡洛斯派战斗，也在阿富汗和印度为英军作战。他父亲说，根据自己的经验，最慷慨的地主就是英国的士绅；他告诉自己的儿子，英国的秘密武器就是士绅的品质。

威尔科克斯过着一种朴素且自律的生活。他曾写道："在我看来，艰苦的生活给人清醒的头脑。"在外出调研时，他喜欢住那种极其简陋的帐篷，和他手下的工人们一样，甚至比他们的条件更差。有时当地的地主造访，会误以为管事的欧洲人不在而离开，留下威尔科克斯继续专注于他宝贵的工作。甚至到他上了一点年纪的时候，人们还是总将他误认成文书，总之不觉得他像是一个大型水利工程的总负责人。他的上司，也就是他后来的岳父科林·斯科特－蒙克里夫[1]（普鲁斯特作品英译本译者[2]的哥哥）曾把他描述成一个人形发电机，说如果不是他，徭役这种契约奴隶制就不会结束，阿斯旺水坝也不会顺利完工。

威尔科克斯的一天通常始于清晨5点，那是他从自己的合租房里醒来的时间。房子位于开罗南边15英里处的疗养胜地赫勒万[3]。著名的德国探险家格奥尔格·奥古斯特·施维因富特[4]是他的邻居；在这本书里，我们也会多次提到这位探险家。匆忙吃过燕麦粥之后，威尔科克斯会花20分钟做几组桑多练习。威尔科克斯和早期健美者阿瑟·柯南·道尔都是尤金·桑多[5]较早的追随者。的确，这位夏洛克·福尔摩斯的创造者与桑多渊源颇深，桑多于1901年在皇家艾伯特

---

1 科林·坎贝尔·斯科特－蒙克里夫（Colin Campbell Scott-Moncrieff, 1836—1916），英国工程师、军人和公务员，因在19世纪80年代修复尼罗河大坝和重组埃及灌溉系统而闻名。

2 此处指查尔斯·肯尼斯·斯科特－蒙克里夫（Charles Kenneth Scott-Moncrieff, 1889—1930），苏格兰作家和翻译家，因翻译马塞尔·普鲁斯特的作品而闻名。

3 赫勒万（Helwan），位于埃及北部尼罗河以东的一个地区，目前属于开罗省。

4 格奥尔格·奥古斯特·施维因富特（Georg August Schweinfurth, 1836—1925），德国植物学家。

5 尤金·桑多（Eugen Sandow, 1867—1925），生于普鲁士。为了追求像意大利雕塑人物的完美身材，尤金·桑多自创了一系列健美练习，被认为是世界上第一个健美运动员。

音乐厅举办了世界上第一个健美比赛，而柯南·道尔就是当时的首席评委。

作为一位半俄罗斯血统、半普鲁士血统的"现代健美之父"，桑多写了一系列相关书籍，如《力量和健康》（*Strength and Health*）和《生命在于运动》（*Movement is Life*）。1894 年，爱迪生的胶片公司为他拍摄了电影（之后我们还会说到爱迪生，他拍摄了第一部虐杀大象的影片，记录了一只顽皮大象的死亡过程），片子非常受欢迎。他很有力气，但更让人们惊叹的是他饱满的肌肉。阿诺·施瓦辛格曾连续六次参加并获胜的奥林匹亚先生大赛是世界级的健美比赛，而大赛的一等奖奖杯至今仍是一座展现桑多那耀眼体格的小塑像，由此可见他当时的声名显赫。威尔科克斯与尼罗河角力，企图征服这条大河，在这方面他比任何人付出的都多；想到这一点，他钟情于健身似乎也是非常合理的。

威尔科克斯在清晨 6 点 20 分做完练习，接着会花一小时快步走，在附近的沙漠里沿着笔直的路线不断上坡下坡。到了早上 7 点 30 分，他便出发去开罗，并在晚上 5 点钟回家。从 5 点 30 分到 7 点 30 分，他又会在沙漠里快步穿行。走路是他最钟情的休闲方式；每次调研一个新的运河或者灌溉渠时，他走起路来好像不知道累。他提过自己很得意的一段经历：在超过 80 华氏度的天气里每天走 25 英里，连续走 107 天。确实是一个铁人。晚上回到家，他会在 8 点吃完饭，10 点之前上床睡觉，保证自己第二天有充足的精力继续工作——在办公室里改变自然和历史的进程。

尽管威尔科克斯充满热忱，或者说就是因为他太过热忱，才没有得到克罗默勋爵[1]的认同，而这位勋爵当时是埃及实际上的独裁统治者。威尔科克斯生平第一次没有被选中晋升。他后来写道，这个事件已经足以动摇他对上帝的信念，他也因此打算放弃自己期冀的大坝修建计划。某个在沙漠里疾走的早上，他正想着这些对神不敬的念头，突然间，他感到有一只胳膊搭在了自己的肩膀上，接着他已逝父亲的灵魂出现在他身边，陪他一起走了半个小时，行间滔滔不绝地跟他争论，试图劝服他永远不要放弃自己的梦想。威尔科克斯后来写道："从

---

1 艾弗林·巴林（Evelyn Baring，1841—1917），第一代克罗默伯爵（1st Earl of Cromer），第一任埃及总管，代表英国统治埃及 24 年。

那时起，我就再无犹豫，用加倍的热情继续推进我的计划。"

他的计划通过了，而且获得了极高的评价。阿斯旺地区的调研工作完成得也非常完美。他每一件事都想到了，比如将大坝设计得足够高，以容纳一系列的拱形通道，供整个汛期的洪水泄出。如此一来，红色的泥沙就不至于被挡在大坝内，而是随着河水泄出，顺流而下到达河口三角洲，这就是威尔科克斯想要的。另外，大坝还可以在之后继续加高——这也是威尔科克斯的先见之明。他认为一旦人们体会到大坝的各种好处，那些因为不想水淹菲莱神殿而反对大坝每年开闸泄洪的声音就会减少。威尔科克斯的设计如此完美，只需要福斯桥[1]的工程师本杰明·贝克爵士将其建成即可。

但一两年过去了，什么都没发生。而他却工作得更加努力。在一次实地调研中，他连续18个月一个礼拜日都没休息过，而且从头到尾坚持要求自己和手下都睡帐篷，还是那种简陋的帐篷。终于，在1897年，他开口问克罗默勋爵，自己的阿斯旺水坝计划到底能否实现。克罗默为了打发走这个麻烦的雇员，就推托说当下埃及所有的财富都要用来重新征服苏丹国，所以他觉得在威尔科克斯有生之年，这个水坝可能是建不成了。随后，威尔科克斯便辞了职，在开罗水务局找了一份工作。一年之后，这个改变世界的水坝工程启动，由私人投资者欧内斯特·卡斯尔[2]提供资金。但威尔科克斯却无法在场迎接他的作品变成现实的那一刻了："我记得非常清楚，自己站在为全开罗输送用水的直径4英尺的管道上，想着自己本应去设计能控制尼罗河泄洪的工程，现在却在这里监督管道送水，当时我感受到一阵强烈的羞耻。"

威尔科克斯不再参与工程建造，转而开始写作——报复性地写作。他的《尼罗河》（两卷本）是一部伟大的作品，细节翔实，而且配有很多绘制精良的图稿。后来，受欧内斯特·卡斯尔，也就是大坝投资人的邀请，他又从事了一阵子地产投机，但亏损了不少。

然而，他对工程的热情不减。之后他又赴伊拉克工作，负责处理幼发拉底

---

1 福斯桥（Forth Bridge），又叫福斯铁路桥，指爱丁堡城北福斯河上的铁路桥。
2 欧内斯特·卡斯尔（Ernest Cassel，1852—1921），英国商人、银行家、资本家。

河的灌溉问题。

在晚年期间，威尔科克斯与默多克·麦克唐纳[1]陷入一场纠纷，而后者一看就是一位在权贵面前毫无底线之人。最终两人的争论演变成一场诽谤罪诉讼——对于英国人来说，在其他办法都无效的情况下，法庭一般就是他们最后的战场。结果，威尔科克斯输掉了这场战斗。两人争论的焦点是另一个待建水坝的流量——这次是在阿特巴拉河（Atbara），也就是尼罗河的一个主要支流上。威尔科克斯坚持认为相关数据是假的。不管事实如何，他是败诉的一方。但在这次争论里，威尔科克斯表现得攻击性极强，对他这种本性温和勤勉的人来说，这显得很不寻常。我想，其中的原因大概是他已从上一次建坝的经验中意识到，水坝也会带来灾难。他就是不想再看到新的水坝了。

在最后的那些年里，他渐渐发觉，虽然自己之前做了那么多的工作，堆积如山的工作，但给人类带来的并不仅仅是利益。水库，运河，水泵，拦河坝——如果真的有人能改变世界的面貌，那一定是水利工程师了。他可以在贫瘠的海上建堤造田，创造出肥沃的土地；他可以开凿出宽阔的运河，将不同的海域联通；他可以为一个经受饥荒的国家提供救命的粮食。他修筑的一切都是有价值的，不会是无用的丰碑（之后我们会讲到，当初为了修建第一座横跨尼罗河的水坝，金字塔差一点点就被拆毁了）。面对洪水和饥荒，他不会恸哭，而是想办法在这些灾难来临前将其扼杀。这有什么错吗？究竟是从哪个节点开始，他的工作不再是关于单纯的农业发展，而是转而进入非预期后果的危险领域？比如建造水坝带来人口增长，但也同时导致了疾病和痛苦？

我们知道，跟狩猎采集的生活方式相比，农业其实导致了人类总体健康水平的降低。举例来说，狩猎采集者通常到了老年时期也能保留住全部的牙齿，而一旦人们开始磨制面粉，牙齿的腐烂在农业人口中就变得很常见。这样一来，农业科技每前进一步，个体的健康水平就下降一点，但同时人口总量也增加一些。埃及的水坝建设伴随着大规模的人口增长——从 1890 年的 500 万到今天

---

1 默多克·麦克唐纳（Murdoch Macdonald, 1866—1957），英国著名土木工程师、政治家。

的 8500 万。这些人住的还是同一片土地，只是这片黑色土壤得到的灌溉和化学改良几乎可以说是世界之最了。

拦截河水、阻断水流与越来越快的人口增长同时发生，这二者之间的关系似乎非常重要。然而，没有任何有价值的关联，没有任何线索可以让一位敬业的社会发展部门官员深入探究，没有那样切实可见的东西。如果关联很清晰，我们应该早就能应对了，问题早就该解决了。我想，是不是我们最多只能看到一些暗示，一些模糊的联系，不正规的证据，或者有点参考价值的流言。这个世界希望我们调动自己的判断力，但我们却想要逃避，想走捷径。威尔科克斯尝试着去弥补，但伤害已经造成，路已经选好，骰子已经掷出去了。不管用什么方法，人们都无法撤回已经建成的水坝。能做到这点的只有时间。

我那个奇怪的病痊愈了。这种情况一般都能恢复。威尔科克斯退休后回到了埃及，看来他真的很爱这个国家。我不知道他是如何去世的。

11. 尼罗河的蒸发

> 再口渴也喝不下一整条河。
> ——布干达谚语

曾经在威尔科克斯的眼里，科技的进步几乎不可能带来任何负面影响。信仰科技的理想主义者中很多，或者说大部分都这么想。所以威尔科克斯没考虑到疾病，而他的继任者们也没考虑到尼罗河水的蒸发。埃及政府最近一次尝试将尼罗河转向是在托西卡[1]，他们希望能让纳赛尔水库西岸周围的沙漠地区"焕发生机"。但这次尝试失败得很彻底。从纳赛尔总统（也包括他之前的英国人）开始，所有埃及领导人都有这么一个美好的幻想：通过一个巨型水利工程

---

1 托西卡湖群（Toshka Lakes）是埃及撒哈拉沙漠最近形成的内流湖的名称。托西卡工程计划通过修建灌溉网将西部沙漠中的可耕地与绿洲连为一体，以扩大埃及可居住面积。

将尼罗河导向新河谷，而所谓新河谷就是埃及沙漠里三个主要绿洲所在的沙漠旱谷。

有证据表明，在几百万年之前尼罗河还没有形成的时候，曾有数个河流水系流经撒哈拉地区的很多地方。其中一条就是人们口中的欧韦纳特河（Uweinat River）——现在已经被利比亚－埃及大沙海所覆盖。了解了这一点，有人就想到可以开凿新的河道，将纳赛尔水库的储水——你也可以说它是废水——引流至沙漠。在 20 世纪 90 年代，人们还对这个计划赞誉有加，认为它能拯救埃及；但到了 2010 年，已经没人提起它了。在托西卡地区开凿运河创造出来的农业用地非常少，连当初态度最悲观的评论家给出的预测都要比现实的数量更多些。土壤盐渍化的问题一直都存在，而且似乎没有解决方案。重振沙漠的计划就是一个错误，而且代价高昂。

由此，尼罗河这唯一一条穿过撒哈拉的河流就显得更加无可替代了。尼罗河所能做到的，目前还没有任何人工的作品可以模仿。金字塔也许能够模仿山峰，但我们还未能创造出像尼罗河一般的河流。尼罗河是一条充满生命力的河流，它流动的速度超过任何人工运河，而且还从名为"蒸发"的杀手手中幸存下来——所有炎热地带水域里的水都是这位杀手追杀的对象。

马儿会流汗，男人也会流汗，女人会面颊通红，而河流也会不停地蒸发——只要它们流速够缓，河面够宽；尼罗河在流经恶名昭著的苏德沼泽地区时就是这样的情况。

苏德沼泽的特别之处在于它的地势十分平坦，而且这种平坦绵延的面积之大，让人很难想象其中的河水到底是如何流出去的。在 250 英里的范围内，只有 0.01% 的坡度勉强能让河水慢慢淌下去，最终流至向北 3000 英里的地中海。

地势如此之平坦，流速如此之缓慢，于是河水在这片区域大量蒸发，简直像是被沼泽吸噬了一样。威尔科克斯和他的团队认为，修一条水道就能解决蒸发的问题。但就算是水道也要承受太阳毒辣的光照。即使修一条直线穿过沼泽的水道来载水，河水流量也只不过能增加可怜的 5% 罢了（根据更乐观的预测，这个数字能有 7%)。

　　不管怎么切入苏德沼泽，在这种炎热干燥的气候里，总是有大量的水蒸发流失。当尼罗河流到苏丹的沙漠地带，继而流经埃及时，蒸发量还会进一步增加。在通过阿斯旺大坝的涡轮机之前，尼罗河水被圈在纳赛尔水库里，每年都会在这儿流失 10% 的水量。当然，这只是一个非常粗略的估算。稍微研究一下这个蒸发量的算法你就会发现，其实很多数据都是估计出来的。首先，河水的容器可能是水库，可能是河岸，其容积的大小就需要先估算，然后再通过别的方式计算失水量。

　　一切都很明了——水会通过蒸发流失，而当热风刮过水浅之处，失水量更是大得惊人。人们为此很是忧心。还有人提出一个疯狂的建议，要给纳赛尔水库铺上无数张巨大的塑料布，将湖面遮住以防止蒸发。

　　我之前说，河流蒸发就像人类流汗。有些人天生流汗就比其他人多，同样的，有些河流会由于大量蒸发而丧失元气，但也有些几乎完全不受影响。尼罗河在入海之前的最后 2000 英里都在世界上最大的沙漠内蜿蜒而行。由于这一路上因蒸发流失了大量河水，尽管尼罗河拥有巨大的河盆——非洲大陆上超过 10% 的水流都汇入了尼罗河盆地——但在经罗塞塔[1]流入大海时，它最多像是一条普通的欧洲河，不再是亚洲和南美洲丛林里那种大湖一般宽阔的河流了。尼罗河出汗出得太严重了，就算躲过了太阳的暴晒，也躲不过苏德沼泽。

　　在埃及，尼罗河水量流失最严重的时候是 7 月，在苏丹则是 4 月。再往南去，在乌干达和南苏丹，由于夏季多雨，7 月和 8 月反而蒸发量最少。

　　一个爱出汗的人会在衬衫上留下一圈白色的盐分，同样的，尼罗河在流过埃及和苏丹的沙漠地区时也会一边蒸发一边沉淀下盐分。如今，盐分的沉积要比阿斯旺水坝建成之前多得多，因为之前每年一度的洪汛会冲刷掉累积的盐分。结果，就像汗透了的衬衫一直没洗一样，位于尼罗河两侧的运河盐分累积得更多了。原本河水里的泥沙多少可以缓解一下盐分的影响，但现在水坝将淤泥拦

1 罗塞塔（Rosetta），埃及港口城市，位于尼罗河三角洲西北部。

截下来，这个缓冲也没有了。过高的盐分使土地的养分降低，土地便需要更多的肥料，而肥料渗入河流之后又会进一步提高水中的盐分。

我们有点偏离主题了——但也自然，毕竟河流灌溉就是一门关于转向的艺术。但现在是时候回到另一个尼罗河之源了，而它也是埃及一切浪漫和神秘之源——昔日的古法老时期。

第二部分

古时的尼罗河

饥荒，天降之灾，以及切断的阴茎

1. 红与黑

水罐欲验河中石，碰个稀碎。
——苏丹谚语

红色和黑色是古埃及的颜色，也是埃及王朝出现之前这片土地的代表色。沙漠里出土的碎陶片中最古老的来自新石器时代，它们深藏于沙丘之中，大都是红色或黑色。要制出这两种颜色很简单：红色可以从红赭石或者氧化铁中提取，而那时的人所接触的氧化铁其实就是铁锈；黑色可以从木炭或者沥青中提取，本质上就是提取碳。埃及拥有"黑色土地"的美誉，指的就是它肥沃的土壤。在古埃及语中，kemi 意为"黑色"，这个词传入阿拉伯世界后在阿拉伯语中变为 al-kemi，后来又进一步演变成 alchemy（炼金术），也就是被中世纪的欧洲人用来追求财富和启迪的那个源于埃及的魔法。而红色代表的就是沙漠之土和尼罗河之水。至今，红与黑仍是埃及的颜色，仍是埃及国旗的颜色。

红色代表革命，代表激进的政治运动，代表改变，或者说对改变的渴望。河流会改变，它一直都在变化——但又似乎永远都保持着原状。要真正了解尼罗河，就要追寻它的红色。

法国先锋作家雷蒙德·鲁塞尔（Raymond Roussel）写诗时惯用谐音和双关语来暗示主题。这算是一个相当大胆的做法，但相比而言，企图循着颜色去揭示一个事物的真实面目，也是同样冒险的。但不管怎样，总得找一个切入点。

我读了很多关于尼罗河的书，其间萌生出不少疑问，最早生出的一个就是：古代人是如何在没有到访尼罗河的情况下如此了解这条河流的？我这里说的古代人主要指古埃及人。这些关于尼罗河的知识后来又经由祭司传达给像希罗多德一样的旅行者，而后者尽心尽责地记录下听闻的一切。那么，古埃及人是如何知道白尼罗河源起于月亮山的呢？我们知道，如果旅行者想要往南走，他们就必须穿过世界上最大的沼泽地苏德，而之前我们也提过，罗马皇帝尼禄曾派出两位军官调查尼罗河源头，都是被苏德沼泽拦住了去路；那么如果在那之前也有埃及人对此进行过尝试，应该也是失败而归。

我们所要追寻的红色，在这里或许可以理解成那片红土沙漠留存的痕迹。2007年，马克·博尔达（Mark Borda）和穆罕默德·马雷（Mahmoud Marais）在撒哈拉沙漠发现了一些埃及象形文字，比起之前发现的铭文，这组象形文字处于沙漠的更深处。之前发现的象形文字大都在进入沙漠40英里的地方，靠近达赫拉绿洲[1]，距离尼罗河有200英里，人们一度以为这就是古埃及人探索沙漠的终点。然而我们已经知道，在4000多年前那些更早的王朝，也就是这些铭文被刻下的时代，气候远没有现今这样干燥。虽然这组沙漠深处的铭文距最近的绿洲也有几英里远，但和欧韦纳特山（Uweinat）十分接近，而后者半世纪前还是游牧部落图布人（Tebu）的驿站——直到他们也觉得这里环境过于恶劣而离开。铭文上记载了一位名叫泰克拜（Tekhebet）的埃及旅人和一个来自雅姆地区[2]的卖香人之间的会面，这就说明在尼罗河流域以外还有一条常规贸易路线，而且这条线路深入非洲中部，起点大概就是当时用来制香的香木生长的地方。这条贸易线路很可能在公元前3000年甚至更早就已经存在了，如果属实，那么这就是已知的人类最早进入非洲的路线。据法老时期第六王朝的王子哈弗胡（Harkhuf）所述，他曾在公元前2300年左右沿着"绿洲之路"向雅姆地区行进，这也印证了这条路线的存在。虽然之前有人认为这个记载只能说明哈弗胡是从沙漠绿洲地带出发的，而且他最终应该还是回到了沿河地域，但现在可以看出情况并非如此。哈弗胡记录的这四次每次为期七个月的雅姆之旅一定是穿越了沙漠腹部，并且深入了撒哈拉以南的非洲地区，兴许还途经乍得。哈弗胡在他的墓碑上刻下了这几次旅行的细节："我回来的时候带了300头驴子，驮着薰香、

---

[1] 达赫拉绿洲（Dakhla Oasis），埃及西部沙漠的七个绿洲之一。

[2] 雅姆地区（the land of Yam），出现于古埃及文字记载中，是古埃及与苏丹地区和非洲其他地区进行贸易的中转站，同时也是热带木料和象牙的供给地。

乌木、敬奉神明用的香水、谷物、黑豹皮、象牙，还有不少回力镖，各种各样精美的礼物都有。"他还提到了生活在白尼罗河源头以南的俾格米人（pygmies）。这个描述精确至极，因为俾格米人的存在曾一直都是个谜，直到 1887 到 1888 年间，第一位现代探险家斯坦利在那次不幸的救援阿明帕夏远征[1]途中于伊图里森林[2]"发现"了他们。

欧韦纳特山脉位于利比亚、苏丹和埃及的交界处，其中分布着无数内有岩画的岩洞。这些岩画出现的时间可能早于哈弗胡的旅行，也可能与之重叠。2007 年发现的那些象形文字就是刻在欧韦纳特山以南约 40 英里的一块巨石上。欧韦纳特山是埃及大陆内最高的山；虽然山体本身只有 6345 英尺高，但其所处的沙漠地带海拔只有不到 1000 英尺。

在离现代绿洲 300 英里远的地方发现铭文，这足以证明，直到小几千年之前，撒哈拉沙漠的土地还是相对肥沃的。那时候埃及还没有骆驼——它们是在公元前 500 年波斯人入侵埃及后被引入的，所以唯一可以用来在沙漠中代步的就是驴子。德国探险家卡洛·伯格曼（Carlo Bergmann）发现过一些法老时期驴子沿着去往欧韦纳特的路线行进的痕迹，其中包括挽具和罐子，这进一步证实了这种代步方式的存在。

这些发现也为其他未解之谜提供了答案。1998 年，人们发现图坦卡蒙胸前吊坠上的镶金透明圣甲虫并不像之前认为的那样由石英制成，而是玻璃制品，不过并不是人工制造的玻璃。这只圣甲虫是从自然形成的硅石玻璃雕刻而成。这种材料又被称作玻陨石，是在大沙海深处发现的，大约在欧韦纳特山以北 150 英里。玻陨石是天然玻璃，而大沙海中的玻陨石形成于几百万年前；当时的撒哈拉经历了一次陨石撞击，过程中沙子被熔成了玻璃。但在离沙漠绿洲

---

1 阿明帕夏（Emin Pasha，1840—1892），奥斯曼帝国的德国犹太物理学家，于 1878 年被英国殖民政府任命为上尼罗河埃及赤道省总督。"帕夏"为奥斯曼帝国行政系统里的高级官员，通常是总督、将军及高官。19 世纪 80 年代，苏丹发生了反对英埃政府的马赫迪起义，埃及政府随即放弃苏丹国，阿明帕夏处于孤立状态。英国探险家亨利·莫顿·斯坦利带领的救援队于 1888 年到达苏丹，但这次远征损失惨重。

2 伊图里森林（Ituri Forest），位于刚果河流域东北边缘的热带雨林区。

200英里的地方发现的玻璃后来居然能被运送到尼罗河沿岸，这又一次证明了撒哈拉地区曾经的气候并非像今天这样干旱和恶劣。在当前的干旱气候下，人们是靠着后来引入的骆驼才得以在这个区域穿行；如果只有驴子，这是不可能做到的。

这样一来，我们可以认为，当年有驴队深入了沙漠的红色土地，它们绕过苏德的沼泽区，在穿过当今中非共和国和刚果所在土地的漫漫长路上精疲力竭，最终在艾伯特湖重新与尼罗河相聚，兴许路上还以月亮山为地标辨认方向。

已有证据可以证明古埃及人知晓尼罗河的源头所在，而马克·博尔达的发现为这条证据链又新增了一环。在几千年的时空流转间，古埃及人掌握的这一知识被遗失，被糟践，被改写，继而又被忽略——但它时不时地也会有所显现，比如在古罗马地图上，或者在撒哈拉地区游牧部落口口相传的故事里。

在埃及的撒哈拉沙漠，我曾问过一位贝都因人，沙子是从哪里来的。他捡起一片大沙海边缘常见的那种牡蛎壳化石，说道："这曾经是海里的东西，之后海水退去，留下一片沙滩。"我们如今已经了解了地中海的块状运动[1]，而这位贝都因人的说法和现代理论是对得上的。换句话来讲，几百万年间，海水在北非陆地上退了又涨，涨了又退，最后留下来一片巨大的沙滩，就是今天的撒哈拉。

2. 纸和铅

> 山羊在求死之日舔了一下豹子的鼻子。
> ——埃塞俄比亚谚语

在沙漠里，岩石是人们画画和雕刻用的材料，但真正让文字变得私密、高效、便于传递的，还是尼罗河的馈赠——纸莎草。有了写在纸上的指令，掌管

---

1 块状运动（massive movement），由苏联学者奥布鲁切夫提出的概念，这种运动促使各个地块彼此相对位移到不同的高度，形成起伏的山岭。

多个城市就不再是一件不可能的事。虽然有证据证明，第一个城邦出现在古美索不达米亚地区，但民族国家的开创者还是埃及，而纸莎草就是埃及做到这一步的关键。十分讽刺的是，埃及的纸莎草曾在 20 世纪 50 年代绝迹，不得已，考古学家哈桑·拉贾博士（Dr Hassan Ragab）又从上尼罗河地区将其重新引进。顺便一提，这位拉贾博士还在开罗创建了一座主题公园，就叫"拉贾博士的法老村"（Dr Ragab's Pharaonic Village），有意思极了，不容错过！

纸莎草是一种长得很高的非洲草。将它切片、捣碎、浸湿，置于阳光下晒干之后就能做成纸张。但这个技术发展得比较晚，在沙漠部落因雨水减少而向尼罗河迁移之后才有。

我们之前也提过，在 7000 年之前，撒哈拉沙漠到处是野生动物，水源也很充足。而当时的尼罗河还是一片沼泽，十分危险。但之后气候改变，沙漠居民发觉河流才是他们的救赎。于是，人们以这条滋养生命的河流为灵感，发展出一个完整的神话体系。

人们还会用之前在河岸边发现的神奇植物纸莎草来记载他们的神话。而在这些故事里，在这些最古老的故事里，充满了沙漠居民的恐惧——害怕被河水淹没，害怕被这个以水为形的自然之力压垮。

在最早的埃及神话里，伊西斯（Isis）为她的丈夫欧西里斯流下的眼泪变成了尼罗河。欧西里斯在古埃及神话中是贤明的统治者，伊西斯是他的双胞胎妹妹，也是他的妻子。他们是一对完美至极的伴侣，还生下了一个同样完美的儿子，名为荷鲁斯。

但他们也有一个暴虐至极的弟弟，名为赛特（Set），也叫赛斯（Seth）。在神话中，赛特是掌管沙漠和沙暴的神，这无疑体现了前沙漠居民对沙漠环境恶化的厌恶和抵触。而后来他们发现了河流的丰饶和慷慨，这则由那些"善良"的神来代表，也就是伊西斯、欧西里斯和荷鲁斯。赛特的形象很特别：他拥有沙漠狐一样的巨大耳朵和食蚁兽一般突起的鼻子——这两种动物当时都生活在沙漠或草原地区；之后，赛特的形象又转变为驴子，和沙漠中的主要交通代步方式对应了起来。

坏孩子赛特看到自己的哥哥成了繁荣的新河滨王国埃及的君主和统治者、享受到无数的关注和爱戴，不禁嫉妒起来。于是在自己的邪恶之土上，在远方的沙漠里，他开始计划一场报复。这些迁居过来的河滨居民有一些新习惯，其中之一就是有人去世时，他们会用盒子做棺材，然后挖地造坟，以此替代沙漠里用石头和山洞进行埋葬的传统。确实，这些河滨居民似乎对死亡产生了过多的迷恋。赛特的计划有了。

接下来发生的事也许就是灰姑娘的故事里试穿水晶鞋桥段的最初版本。赛特带着一口巨大的铅棺参加了一场众神的聚会——神就是这样不拘一格。他邀请在场的每个人都躺进去试一下，刚好合适的人就能得到这只崭新的金属棺，可以随时迎接他们摆脱尘世的时刻（埃及神和其他神明不同，他们的生命是有限的）。在故事的一些其他版本里，铅棺就是一口大理石棺材，内里加了一层铅，也许是用来防止漏气漏水的。

自然，赛特之前就偷偷量过哥哥的尺码，而且他在独自居住的沙漠里亲手制作了这口棺材。当天，这些高雅的宾客们立即同意加入赛特的游戏，准备轮流进入嵌了铅层的石棺，看谁的身材最合适。面对这个情形，赛特既惊讶又兴奋。当欧西里斯躺进去时，满腹妒忌的赛特与埃塞俄比亚女王密谋合作（几乎可以确定，这是古埃及人将埃塞俄比亚当作洪水之源的一种隐晦表达），将棺材盖瞬间砸上，抬着它快速穿过一众惊愕的宾客，将其扔进了尼罗河。

古埃及人会游泳吗？早期的探险者曾提过，说努比亚人拥有极其精湛的泳技，而古埃及南部大部分地区都住着努比亚人。所以几乎可以确定，古埃及人会游泳。在宫殿遗址里发现的那些大水池很可能就是用来游泳的，而且古墓的壁画中也有很多人们游泳的场景。如此一来，久居沙漠的赛特一定是比欧西里斯或者伊西斯更怕水的。

即使欧西里斯会游泳，但他毕竟不是霍迪尼[1]，所以，他被困在铅棺里淹死了。伊西斯找到了他，但非常不小心地把棺材留在了沼泽中（有点奇怪，这好

---

1 哈里·霍迪尼（Harry Houdini，1874—1926），匈牙利裔美籍魔术师，以逃脱艺术闻名。

像预示了之后摩西的故事）。她当时是怎么想的？而赛特就像后来的贝都因人一样，一直在河滨周围打转，伺机偷袭那些沿河定居的倒霉蛋。

这样一来，伊西斯离开之后，赛特就在打猎期间发现了那口棺材，然后用自己最好的剑将棺材盖撬开。赛特多少有些精神变态，而且他肯定知道神是有再生能力的——他把尸体肢解成了 14 块。

伊西斯回到了这个屠杀现场。她心情灰暗，但仍然忠诚。最重要的是将欧西里斯的身体重新组装起来，就像早期的惊奇队长一样，这样他才能够重生——在地下世界重生。伊西斯四处游走，眼泪因为悲伤不断地往下掉。身体被分成 14 块，她找到了 13 块，都是血淋淋的。接着，她又找了 40 个日夜，边找边哭——至于那最后一块，当然就是欧西里斯的阴茎。

因为承接了伊西斯的眼泪，尼罗河暴发了洪水。

泪流满面的伊西斯没有找到那根消失的阴茎，因为它已经被一只饥饿的奥克西林库斯鱼吃掉了，这似乎并不让人意外。紧挨着尼罗河的沙漠古城奥克西林库斯（Oxyrhynchus）似乎就是以这种鱼的名字命名的。奇妙的是，人们在这个古城遗址发现了成千上万的莎草纸，它们被埋在沙土之下，并因此得以保存下来。我们所知道的关于古埃及的很多知识，包括前文中这个神话故事的多个版本，都来自这些干枯的莎草纸。

挺不幸的，对吧？自己的家伙什儿被鱼吃了，更不要提身体给人切成 14 份了。但这可是神的世界。伊西斯想办法用金子做了一根阴茎作为替代，然后又用歌声将欧西里斯唤醒，这样他就可以被正式埋葬。但他并没有死而复生，只是在冥界担任了一份要职，最终还成了冥界之王。

而那里就是尼罗河的源起之处。

最后再说一件十分有意思的事儿。在《塔古姆》（Targum，阿拉米语[1]版本的希伯来《圣经》）中，约瑟夫被葬在尼罗河岸，后来摩西在沼泽地上发现了他

1 阿拉米语（Aramaic）最早出现于公元前 11 世纪末期的中东地区，和希伯来语、叙利亚语和腓尼基语是近亲。在公元前 6 世纪，阿拉米语一度取代了希伯来语成为犹太人的主流语言。《圣经》的部分内容最初就是用阿拉米语写的。

的棺木。虽然这个故事里没有分尸的内容，但也和伊西斯发现欧西里斯棺木的情节奇特地遥相呼应着。

3. 古尼罗河上的同性爱情

> 白天在哪生活没那么重要，晚上在哪过夜才是关键。
> ——努比亚谚语。

古埃及神赛特扮演着坏人的角色。他的形象不仅有狐狸和驴，有时还有蝎子和猪——都是肮脏的动物。赛特并不满足于杀死自己的哥哥，还差点实施了强奸。他企图侵犯伊西斯和荷鲁斯，不过让荷鲁斯扯掉了他的一只睾丸。

一神论宗教对人类起源的描述十分简洁直白，但古埃及人的神话则不同，内容可以说是活色生香。下面这个故事可能是关于男同性恋最早的书面描绘：赛特强迫荷鲁斯与自己发生同性性关系，而荷鲁斯为了洗刷被强暴带来的耻辱，便想办法报复赛特，让他吃下了一片沾满精液的生菜叶（荷鲁斯提前将自己的精液抹在了上面）。

考虑到赛特就是多种罪恶的代表，也无怪于古王国（从第三王朝起，到第六王朝止，时间大约为 4600 年前到 4100 年前）的宗教经文中将同性性爱看作一种违法的乱性行为。在接下来的几千年间，直到新王国时期（第十八到第二十王朝，时间大约为 3600 年前到 3100 年前），这种看法也都没有什么改变：在《亡灵书》（ *The Book of the Dead*，一本描述埃及墓葬的文集）的一章中，谈及一个男人没有做过的坏事，就有这样一段吟诵："我从未与男人发生过关系，也没有在任何神圣的场所手淫过。"

《棺椁文》（ *Coffin Texts*，比《亡灵书》出现的时间还要早一些）中写道："阿图姆（Atum）无法左右已逝之人，后者反而能让他的屁股怀孕。"在关于荷鲁斯的传说里，男人和男人发生性关系是一方对另一方施威，并不是一种爱情的表达——同样的观念也存在于今天的美国监狱里。有主动权的一方甚至会为这种行为感到骄傲，而"屁股怀了孕"的被动方则会感到羞耻和屈辱。这里的关键不在于同性性行为本身，这个行为在道德上是没有好坏的；关键在于另外一个男人的精子进入了他的身体。所以荷鲁斯的复仇也是偷偷将自己的精子送到赛特的身体里——虽然是通过另一端的入口。

根据古埃及时期的记载，同性性行为里的精液对于被侵犯的一方来说就是一种毒液。有一些咒语专门用来防止被可以释放毒素的动物咬伤，其中就涉及神话故事里的同性强暴行为。有一次，赛特又出门为非作歹，期间强暴了女神阿纳特（Anat）——她当时选择以男人的形态出现，不知算是一种迎合还是反抗。这个小故事就被用在防备毒蝎的咒语里。

在古孟菲斯城（Memphite）流传的一段古老圣歌中唱道，身为兄妹的两个神——舒（Shu）和泰芙努特（Tefnut）对父亲阿图姆的恋童行为十分恐惧。阿图姆是埃及神话体系中最重要的神明之一，就是他负责帮助死去的法老升天，让他们脱离坟墓，抵达星辰。所以，虽然古埃及存在针对同性恋的禁令，但似乎他们的神对此却毫不忌讳，而且还有更羞耻的乱伦行为。

有一部来自古王国时期的文学作品以国王内弗卡拉（Nefekare）和大臣西塞纳（Sisenet）之间的同性关系来描绘腐败和堕落，而且文本不带插图。这一点很有意思：在古埃及几乎不存在描绘特殊性行为的图画，除了新王国时期（公元前 16 世纪到公元前 11 世纪，包括第十八、十九、二十王朝）几座底比斯人的墓；墙上有一系列低俗的草图，可能是艺术家或者工匠为了显示幽默而作。古埃及人虽然在讲故事方面十分大胆，对色情图画却不怎么感兴趣。

另外，古埃及对非常规的同居形式也十分包容。大约在公元前 2500 年的第五王朝期间，出现了一座"两个朋友"的墓穴。人们认为这证明了男同性恋关系在古埃及得到了社会最高层的许可，因为墓穴的两位主人，尼安克克努姆（Niankhkhnum）和克努姆霍特普（Khnumhotep）——可以挑战一下快速重复这两个名字——都是法老的亲信。这两人当时都在朝当臣，头衔是"巨屋[1]的美甲师督查员"。一些保守的理论家认为这个职位本身也进一步暗示了两人的性向。没错——国王的美甲师是个酷儿[2]。但换种角度来看，这两个朋友能共享墓穴，也许只是一个没那么神经质的社会对亲密友情的接受和尊重罢了。

很多证据表明，出于对赛特的彻底鄙夷，他的那些恶行中真正被谴责的只有鸡奸，还有与"汉姆提－特加"（hemti-tjay）往来；所谓的"汉姆提－特加"直译过来就是"年轻男妓"。另外，恋童癖也遭到人们的厌恶，并且在这个耻感文化盛行的社会里，一个人能犯下的最深重的罪过就是在公共场合有性行为，这不仅会滋生严重的丑闻，而且还是对社会规则的冒犯。这就又说回到圣殿上的醉鬼了。既然古埃及需要这么多针对公共场所性行为的禁令，那多少说明他们对于露天性交是有些偏好的。也许他们喜欢在沙漠中来一个狗式。

关于女同性恋，古埃及人没有着墨太多。只有《亡灵书》中提到过一句话，是一位已逝女子在详述自己的德行时所讲："我从未与男性化的女子交媾过。"但这句话也不能说明什么，关于古埃及女同性恋的情况我们还是知之甚少。

4. 金字塔和神秘的美尼斯

> 先知家的狗也被认为有先知之能。
> ——埃及谚语

金字塔群立在俯瞰开罗市的高地上。一到大金字塔前的停车场，贩卖莎草纸和明信片的小贩就会对你展开攻势，而你则需要给自己做好心理防御（虽然已有所谓的新"安全"栏包围金字塔群，但仍然有相当多的游街小贩）。当你锁

---

1 在古埃及语中，法老（Pharaoh）一词意为巨大的房屋，此处作者用"巨屋"的英文 the great house 指代法老。

2 酷儿（queer），所有不符合主流性与性别规范的性少数群体所使用的身份、政治和学术用语。

上车门或者从充满汗味的迷你巴士上爬下来的时候，你会被眼前的场景吸引住，但并不是因为金字塔群不可思议的规模和巨石堆积的威严感，而是感叹于那座疯狂扩张的城市不可估量的未来：它外延的触角似乎要攀爬上这处高地，继而覆盖掉这座最雄伟的历史丰碑——基奥普斯金字塔[1]。据估算，这座金字塔建于约 4500 年前的第四王朝时期，也是世界七大奇迹中唯一留存至今的一个。

现在，请你回头看一眼开罗。城市上空是层层叠叠的雾霾，地面上环绕着好似疯狂尖叫的汽车喇叭声；炙热的空气似乎在滋滋作响，笼罩着那些摇摇欲坠、死气沉沉的贫民窟（这些建筑有窗，但没玻璃）。这些街区呈红色和灰色，街区里面的建筑都是用灰色的混凝土做梁，再用红砖砌成幕墙，幕墙的做工之敷衍无出其右（那些墙面人一靠就能塌，真就像幕布一样，至少我是这么想的）。街区占的都是优质的农业用地，而且是非法占用，因为有太多外来人口涌进开罗了；在此之前，只有尼罗河能够如此势头凶猛地进入这片区域。

在第一个阿斯旺水坝建成之前，现在蜷缩于这些街区的拥挤人群又都藏身于哪呢？彼时，这片区域还是一连串极为肥沃的泛洪盆地，每年夏天尼罗河洪水到来时都会被河水填满。等洪水退去之后，这一带就会变成种植水稻和麦子的水田。事实上，能阻碍尼罗河夏洪无限漫延的只有那片名为吉萨高地、旧称利比亚山岭的峻峭地带。那里就是撒哈拉沙漠的起点。

金字塔会建在那里，某种程度上也是因为这个原因。从开罗的尼罗河段到撒哈拉沙漠这一路，吉萨高地是第一处地势高且地表坚实的区域。如果从那里掉转方向，往东前行 20 英里左右，就可以到达另一处高地——莫卡坦山（Moqattam Hills）。用于金字塔外立面的原始石料就是从那里开采出来的。

古埃及人用尼罗河来运输石料。想象一下——没有任何带轮子的交通工具（双轮马车是在大约公元前 2000 年到公元前 1600 年间的中王国时期才出现的，也就是第十一王朝到第十三王朝期间；普遍认为是由来自西亚的希克索斯人侵占埃及之后引入的），但每天需要将几百块石料运送过河。

---

1 基奥普斯金字塔（Pyramid of Cheops），亦即胡夫金字塔，基奥普斯为法老胡夫的希腊语名。

那就要利用洪水了。洪水期间，不仅河流变宽，还会有很多盆地和渠道可以大大拓展尼罗河的流域面积。人们可以将石料放在纸莎草筏上，使其从河流东岸漂到建筑地所在的西岸。另外，洪水期间的气温为全年最高，所以所有施工项目都会暂停，如此一来，石料运输一事就有了充足的劳动力。

至于产自上埃及地区的花岗岩、斑岩和玄武岩，也可以先用驳船顺着尼罗河水一路运到下游，然后再利用洪水将其运送到金字塔附近。

在我心里，金字塔和斯芬克斯无疑就是最早的埃及人对他们心中理想沙漠家园的艺术再现。这些建筑就像拉斯维加斯的那艘以假乱真的海盗船模型，它们存在的意义就是为了提醒人们，有些东西虽然已让现代人觉得陌生或与现实格格不入，但仍然意义非凡，仍能给人带来震撼。看着这些建筑，就好像听见最早的那些埃及人在说："虽然我们已离开沙漠，但我们必须记着自己来自何方。"

虽然没有同期的史料证明，但根据后世记载，首位埃及法老名为美尼斯。希罗多德说过，这位法老在统一上埃及和下埃及之后建立了孟斐斯城，也就是古埃及的第一个都城。他之所以选择孟斐斯（位于现在的开罗以南几千米），是因为它临近尼罗河三角洲起始处，是尼罗河干流一分为二的地方，从这里以南都是上埃及的领土（下埃及是北部三角洲土壤肥沃的地区）。

所谓的三角洲沃土，在当时真的名副其实吗？根据希罗多德的说法，美尼斯为了创造出适于兴建孟斐斯城的土地，将尼罗河的几片沼泽区变成了旱地。为达目的，他在尼罗河上建了第一座水坝。早期埃及人之所以留在沙漠而远离河滨，就是因为尼罗河的那些沼泽区域。而且我们之前也说过，沙漠地区当时一度拥有足够的生存资源，后来才逐渐变成如今贫瘠的荒漠。所以，美尼斯和他的追随者之所以选择孟斐斯，很可能是因为三角洲地区和 5000 年前比起来，沼泽还是要少得多。换言之，孟斐斯可能是最接近地中海的宜居地带。

但即使在当时，那片地带终究还是不够宜居，美尼斯还是需要通过建水坝来给河流改道。最受认可的说法是，美尼斯想要在尼罗河西岸大兴土木，但当时尼罗河正好流经利比亚山岭，如果在那里建城，运送石料倒是方便，只是工程就很难向下游扩张了。所以，据说美尼斯就在上游的考赛施地区（Kosheish）将尼罗河改了道。考赛施在孟斐斯城南边，距离有十几英里。有人告诉我们说，为改道而兴建的水坝是由切割过的石块筑成，高度为 50 英尺，宽度为 1500 英尺。

这么小的一个水坝要想对抗尼罗河强大的流势，唯一的可能就是在流经水坝之前，尼罗河已经分成了几条支流，而美尼斯的水坝只需要将其中一条导向另一条。真实的情况十有八九就是如此。换言之，美尼斯所做的只是将尼罗河的分流推后到了三角洲地区，然后在再造的土地上建立了孟斐斯城。

那孟斐斯城现在去了哪里？被尼罗河的新河道覆盖了？在兴建新开罗的过程中被毁掉了？在千百年的河水冲刷中被淤泥埋没了？也许这些原因都多少占一点。孟斐斯是旧王国时期的都城，在规模上跟新王国的都城底比斯，也就是当今的卢克索（这个名字源自阿拉伯语中的 Al-Uxor，意为"宫殿"）无法相提并论。

如我们所知，阿斯旺高坝建成后，河水中的淤泥减少了很多（在 1902 年建成的第一座阿斯旺水坝会为了减少坝内淤泥而特地开闸放水），但在那之前，尼罗河谷每 100 年都要增厚 5 英寸，每 1000 年就是 4 英尺多一点。因此，自 5000 年前孟斐斯城建成之后，尼罗河谷已新增了 20 英尺厚的泥土。也就是说，即使古城的遗迹尚存，也只有掘地三尺才能看到，而且每挖深一点都会瞬间被河水填满。这就像在河口三角洲做考古挖掘一样，需要花大价钱维持一个不间断的泵水系统。

美尼斯没有重型挖掘机，也没有水泵，那他是如何将尼罗河改道的呢？威尔科克斯提到过徭役，这算是一条线索。他所说的徭役是 19 世纪以费拉欣[1]为代表的契约劳力，也就是三角洲地区的农民受埃及统治者压迫，去修渠筑堤以抵抗洪水。威尔科克斯曾亲眼见到数千名赤手空拳的男子背上扛着泥沙前行。如果给些工具，他们当然能干得更高效，但即使没有工具，他们也一样拼尽全力，毕竟有监工对他们皮鞭相加。威尔科克斯还提到一个场景：数百人一起使用沙杜夫[2]为新渠道填水。沙杜夫是一种传统的运水工具，用它可以将水运送到

---

1 费拉欣（fellahin），阿拉伯语，意为"农夫"，常用来指中东和北非的佃农和自耕农。
2 原文为 shadouf，古埃及时用来汲水的工具，相当于中国的桔槔。

地势更高的水渠中。实际上，它就是一个挂着水桶的长杠杆，杠杆的一头固定重物，然后通过转动杠杆将水桶甩入低处的河流，再将水倒入高处的河流。威尔科克斯写道："他们抬水的时候有 100 多个沙杜夫列成一排。每个沙杜夫由四个人操作，这四个人要昼夜不停地轮班工作，如此一来，沙杜夫一分钟也不会停摆。每个沙杜夫还另外配有四个男孩，他们也是轮班倒……负责在水桶抬升的时候增加另一头的重量……在我之前和之后的人生中，都没有目睹过比那个场景更强烈的生命力和活力，而新渠最终所承载的水流量是现在最大的便携式动力设备都无法负荷的。"在埃及，有些地方自法老时代一直都没什么变化；既然人们在 19 世纪还拥有这种大规模群体协作的能力，想必在美尼斯时代也是一样。也许，正是这种协作能力让美尼斯一类的统治者在数千年之前就能为河流改道，当然，还有修建金字塔。

5. 尼罗泵

> 沼泽变旱地，气味更显糟。
> ——苏丹谚语

　　美尼斯为何如此大费周章，这点很让人费解，和金字塔之谜不相上下。但我们要知道，古埃及人早就学会了利用美利斯湖，也就是现在位于法尤姆绿洲的加龙湖来控制尼罗河了。考虑到这一点，美尼斯的举动就更好理解了。

　　穿过法尤姆绿洲的时候，驶离公路去近处看加龙湖，就像看到了一片海。巨大的波浪拍打着湖岸，渔民立在船里，船沿及腰，正向着湖面撒网。

　　但这片湖正在死去；就算死亡不会立即降临，至少它的盐分在逐年升高。这个变化跟为了尼罗河在阿斯旺修建的水坝有直接的关系。1902 年，阿斯旺的第一座水坝按照威尔科克斯的计划建成，尼罗河由此被驯服。1970 年，阿斯旺高坝建成，尼罗河由此被阉割。湖水中盐分含量的上升始于 20 世纪初期，因为每年来自洪水的冲刷减少了。具体而言，当洪水的流势减弱，尼罗河和加龙湖间的水道的进水速度也会降低，由此导致湖水的含盐度升高。到了第二个水坝建成的时候，加龙湖已经没有了进水渠道。之后，加龙湖周围土地里的化肥开始随着径流二次进入湖中，此时这片湖就再无回天之力了。其实，人们之所以需要化肥，直接原因就是淹灌的终结和终年蓄水灌溉系统的启用：河流中淤泥的减少导致淹灌失效，而蓄水灌溉需要不断在水中加入化肥。

加龙湖——或者说美利斯湖——规模时增时减，这一点我和探险家朋友塔希尔·沙阿一起探访萨哈神庙（Qasr el-Sagha）的时候就发现了。萨哈神庙是一座旧王国时期的庙宇（虽然经常被误以为是新王国时期的），距离现在的加龙湖沿岸不少于一英里。神庙周围的沙漠全是粗糙的沙砾，几乎没有细腻的沙子；神庙背后是一层又一层的峭壁，那里有很多后来基督教隐士和修士隐居的山洞。如果不是湖水一度漫延至此，人们怎么会在这种沙漠深处建庙造洞呢？

在距离萨哈神庙几英里处一个更接近湖边的地方，有一座被弃置的古城迪玛（Dimeh）。这座古城的存在说明加龙湖的湖岸线在托勒密王朝晚期时就已后退了很多。迪玛古城里满是破碎的古罗马陶器，而且建筑的墙面用的是泥砖。而在 3000 年前，萨哈神庙的建造用的是巨大的石块，虽然石块都切割得不太齐整，但砌在一起时却能严丝合缝——秘鲁库斯科[1]城的古墙和吉萨高地的斯芬克斯神殿都用到了这种建筑工艺。

我对萨哈神庙感兴趣，不仅是因为它位于最原始的尼罗河水库的边缘，还因为它与施维因富特和威尔科克斯都颇具渊源——把这两人放在一起，怕是没有人比他们更了解尼罗河了。他们曾是好友，两人都住在开罗的时候会一起沿着迪格拉旱谷（Wadi Digla）散步。现在，那个地方颇受山地骑行和徒步爱好者的青睐。施维因富特在 1873 年作为副手参与了格哈德·罗尔夫斯[2]的横跨撒哈拉之行。我在 2010 年重走了他们的路线，发现地形条件并没有施维因富特形容

---

1 库斯科（Cuzco），位于海拔 3410 米的安第斯山高原盆地，是秘鲁南部著名古城，古印加帝国首都，现为库斯科省省会。

2 格哈德·罗尔夫斯（Gerhard Rohlfs，1831—1896），德国地理学家，探险家，作家。

的那般艰难。奇怪的是，我反而因此更能体会他的感受了。毕竟，如果是花纳税人的钱去做考察，探险者自然会觉得有义务把考察过程描述得更惊险些。但真正惊险的还是他之后的一段旅行：当时，施维因富特深入非洲腹地，到了传说中的邦戈之地[1]，极其详尽地记录了食人族阿赞德人（Azande）的生活习惯。这件事我们之后再细说。

施维因富特是第一个发现神秘的萨哈神庙的人。这座神庙有一间面积很大的内屋，里面有七处凹室，看起来是放雕像用的。另外还有几个神秘的房间，只能通过墙上靠近地面的洞口进入，洞口比一般的猫洞大一些。但有一点施维因富特和之后的考古学家都没想到，不过我确信威尔科克斯一定注意到了，那就是萨哈是一个神谕殿。类似的神谕殿在锡瓦也有一间，亚历山大大帝就是去那里寻求尼罗河洪水的成因（如果地理学家斯特拉波[2]的说法可信，亚历山大此行也是要看看自己能否统治世界）。施维因富特在他的沙漠之行后也来到了锡瓦，也就是阿蒙神殿（oracle of Ammon）的所在。神殿坐落在一座 50 英尺高的岩颈顶端，内部粗略地隔成了一系列房间。这些构造之所以有趣，是因为它们跟古典时期的文化息息相关；但除此之外还有一个原因，那就是它们揭露了神谕这种艺术中的机巧。比如墙壁的顶部设有一些洞口，沿着房间的一面墙外还有一间窄屋，或者说走廊，人身处其中可以听到房间里的说话声，还可以躲在那里吟诵预言，这样从外面听来就好像是神在说话。一般来说，墙面上都会有挂毯或者装饰木板，这样传音的小洞就看不到了，整个过程操作起来就像船只上的秘密通信系统一样。

萨哈神殿里也有类似的设计。贾斯汀·马祖布带我参观了一下：外墙里藏着一条通道，且通道连接神殿正面入口处墙壁的一端上有一个小洞。这条通道的入口很隐蔽，是嵌在外墙里的一道窄门，而且早期一定是被遮起来的。还有

---

1 原文为 land of Bongo。"邦戈邦戈之地"（Bongo Bongo Land）是一个虚构的地方，据传位于东非的一个内陆小国，可能是肯尼亚。

2 斯特拉波（Strabo，公元前 64 或 63—约公元 24），古希腊学者、地理学家、历史学家。他的《地理志》（Geograhica）被认为是世界上第一本地理学著作。

那个在更华丽的主入口处用来偷听或者传音的小洞，之前也一定是被遮着的。

很明显，萨哈具有神谕殿的功能，但非常奇怪的是，不仅施维因富特没有注意到它与阿蒙神殿间的相似之处，之后所有相关的考古研究也都没提到这一点。考虑到加龙湖（美利斯湖）是调节尼罗河径流的储水湖，萨哈的神谕功能大概率与此相关，可能神谕在汛期前可以预测洪水的规模和湖内能储蓄的洪水量，此类信息是非常有用的。也许湖的进水速率可以用来判断洪水的规模，也许还有其他关键信息被用来预测，就像今天投机商人们参考一系列复杂的天气和自然灾害指标，用以计算未来的贸易走势。

通向美利斯湖的河流是一条分流运河。几世纪以来，人们都将其称为约瑟夫运河[1]。作为尼罗河最忠实的水利工程师，威尔科克斯对此也有过研究。据他所言，如果细读《创世记》中的文字，就能看出在《圣经》所述历史中的一段关键时期里，约瑟夫是控制着美利斯湖的。

古河坝确实留存了下来，这一点毋庸置疑——在哈瓦拉金字塔（Hawara）的旁边就横着类似河坝的巨大石砌建筑［埃及学学者弗林德斯·皮特里（Flinders Petrie）还曾在那里挖掘出一卷莎草纸，内容是荷马的《伊利亚特》（*Iliad*）第一卷和第二卷］。至今，约瑟夫运河仍流经该金字塔附近，距离不到30码，且因冬季水位增长，已经将金字塔的入口处淹没了。

然而，早在约瑟夫之前的几百年，人们就已经开始治理美利斯湖了。但在王朝更替间频繁的动乱之中，这个管理系统最终瓦解，继而，旧日的湖床上出现了法尤姆绿洲。美利斯湖一度缩减到了它早期的规模，证据就是现在河边到处都能发现的史前石器。而在离湖更远的地方，远至萨哈神殿附近，我们还发现了尼罗河贝类的遗迹，这无疑说明了美利斯湖的大小确有过改变。湖的另一头地势比较低，除了有一个突尼斯艺术家聚居的悬崖。虽然这片低洼处都是优

---

1 约瑟夫运河（Joseph's Canal），又称巴约瑟夫运河，古埃及时期就已经存在。该运河将尼罗河水引入法尤姆洼地，既控制了尼罗河的季节性洪水，又在沙漠气候的法尤姆洼地灌溉出一片法尤姆绿洲。关于约瑟夫运河的最早记载源于《圣经》，根据《圣经》内容，先知约瑟夫主导了该运河的建造，故得名约瑟夫运河。

质的耕地，但一年中应该有半年都是被湖水覆盖的，因为美利斯湖在调节尼罗河水量的过程中，水位也会随尼罗河的涨落而改变。

得益于对尼罗河水量的把控，尼罗河三角洲全年都能得到充分灌溉。根据1000多年前的记录，尼罗河从来没有过连续两年洪水量少的情况。如果某一年水位较低，第二年一定会恢复正常，或者升至较高位。因此，认为饥荒是由持续低水位导致的这种看法并不可取。就像今天，在埃塞俄比亚和苏丹，带来饥荒的不只是自然灾害本身，而是政治不作为或者政局动荡导致了灾害加剧。所以，有了美利斯湖作为储水湖来预防干旱，埃及似乎可以不再靠天吃饭，从而成为世界上第一个能够掌控自身粮食产量的国家。

夜晚降临，夕阳从海一样广阔的加龙湖面的远端落下，回家的渔民们两两跨坐在便宜的中国产摩托车上，身后亮起尾灯。他们已经在湖面上劳作了一整天，一如他们5000多年前的祖先。如今，这片湖已经失去了汛期的淡水补给，正逐渐盐化。人们甚至讨论过要在湖里放养海鲈鱼和鲷鱼，但都不是很靠谱。再过几年，这片湖的盐分含量会进一步升高，到时候任何可食用的鱼类都无法在其中生存。可以说，它会变得像锡瓦附近的巨湖一样。现在，两座古老的神谕殿都沉默了，只能听到死水拍打着湖岸。

6. 性生活和碎莎草纸

> 嘴上什么都说，心里就什么都不剩了。
>
> ——埃塞俄比亚谚语

在这本红色尼罗河的传记里，我们在内容上必须毫无保留。根据都灵情色纸莎草书（被认为是"世界上最早的男性杂志"，其中的插图描绘了不同的性交体位）中的图片和古代抒情诗中的内容，我们可以看出，虽然沉默的沙漠文化让位给了繁盛的河流文化，但关于普通人的私生活，沙漠文化中有很多东西值得挖掘。

在神话里，伊西斯匍匐于沼泽之中，寻找她丈夫的阴茎。而在现实中，古埃及女人似乎会在性方面主导男人。她们在这方面要求颇多，且丝毫不陷入被动。

后来的文明在性方面有更多基于性别的偏见，但古埃及则不同，古埃及男性从小就被教导要尊重女性。在当时的道德观念中，每个人都要节制欲望，性行为仅限于同居的婚姻关系。虽然女性拥有男性的尊重，或者说正是因为她们被尊重，女性也比男性更多地受到这种观念的限制。个中原因也非常简单：还是那个古已有之的关于子嗣是否正统的问题。

尼罗河的洪水由泪水汇集而成。在宗教仪式上，人们会花钱雇专人负责哭，用力哭，最好哭出一条河。这些女人（各种年龄都有，哭这项技能并不专属于年轻人）在仪式上要扮演女神伊西斯和她妹妹奈芙蒂斯（Nephthys），为此，她们在特定的时间内不能有性行为。

对于在神庙里侍奉的女性来说，性行为的限制就更为严苛了。作为"神的妻子之一"，她们必须终生维持童贞。在那些古老宗教逐渐衰退的同时，推崇苦行的基督教隐修制度也开始在埃及的沙漠中兴起，所以我们几乎可以断定，古埃及要求禁欲这一点也影响了基督教。孟斐斯的阿匹斯神殿（Apis）的祭司也被禁止与他人发生性关系。

对其他古埃及人来说，这方面的限制就少些。年轻男子在 13 岁就可以结婚。青少年可以有性行为，只要是在婚姻关系内就可以。但婚姻的缔结没有任何民事或者宗教性质的仪式；虽然会写下相应的契约，但内容只关乎死亡或者离婚时的财产分配，而且有时会到婚姻关系开始很久之后才会起草。

婚姻的目的是繁衍后代。如果不幸无法生育，还有不同的治疗方法，有些相当于春药。在这方面，人们认为生菜是非常有效的，再联想到赛特吃下荷鲁斯给他的沾满精液的生菜，这个情节就又多了一层深意。还有一种植物据说也能帮助生育，但我们只知道它的名称——mnph，而且这个词还无法发音；这个名字是用象形文字表现的，文字的结尾还非常明确地画着一根阴茎。

至于那些不想生孩子，还有甚至在公众场合违法寻欢的人，也有一些广为流传的方法可以用来避孕。那时有一种非同寻常但十分流行的避孕药——粪便。具体的方法就是在性交前往阴道里塞入鳄鱼粪和蜂蜜的混合物，蜂蜜可以用松香代替，也可以二者都加。还有一种方法是在阴道里塞入金合欢嫩枝枝尖（富含阿拉伯树胶）、椰枣和蜂蜜。要穿过那么多障碍也是够困难的。可以想见，这种避孕方法更多的是阻止完全地插入，与这些材料是否有杀精作用关系不大。

不计其数的母亲和自己的新生儿一起被制成木乃伊后入葬。由此可见，生产的风险是很高的。能活下来的孩子在三岁前都吃母乳。母乳的需求量很大——但并不仅是为了喂养孩子。母乳还被用来治疗感冒、眼疾、湿疹、烧伤，甚至还治尿床。虽然母乳对除婴孩以外的人似乎没什么益处，但人在小时候吃母乳能预防或抑制一些小病，上述那些病症似乎就是由此而来。换句话来说，古埃及人已经观察到了母乳对小孩免疫系统的益处，而当代科学到今天才证明了这些作用的存在。

除了这些，在4500年前，甚至更久之前，沿着这条伟大的河流还发生了什么？发生的事情很多，而且就像我们提到过的，有很多传统流传下来，影响了之后的宗教习俗。比如男孩要割包皮，虽然比较晚，是在他们20岁生日的时候。塞加拉金字塔里就有这么一幅壁画，描绘了一位牧师蹲在一个男孩身前，准备用一片燧石完成这个操作。燧石是一种传统工具，无疑是从古埃及人居住于沙漠的时期流传下来的。而且，这么一片锋利的石头最能切得利落，就像今天外科大夫用的陶瓷刀一样。

有一个现象很有意思，那就是对埃及男性来说，割包皮虽然是常态，但并不是人人都去做；然而，当不割包皮的利比亚人出现在埃及人之中时，情形就大不一样了：割包皮变成一种必须，用以证明信仰的纯正。其他闪族宗教也把割包皮当作区分异己的方式，这一点无疑也是受古埃及文化的影响。

所有的埃及人在宗教日历中神明交合的日子里都不能有性行为。这些日子加起来一年不到50天——众神大约只能一周做一次，兴许是在周六晚上。

正如我们之前提及的，在古埃及，婚姻中女性和男性地位平等。从全球历史的角度来看，这一点很不寻常，而且无疑说明了古埃及文化的先进性。就像理查德·伯顿（Richard Burton）——不是和饰演克娄巴特拉的伊丽莎白·泰勒[1]结婚的那位，而是另一位同名人士——曾说过的："判断一种文化是否高级很简单：看男女之间是否相对平等。"在 4000 年前的尼罗河畔，有时婚姻里女性的地位甚至明显高于她们的伴侣。有相关记载提到，一位富有的女性与一个年轻的普通士兵结了婚，还有一位女性先是嫁给一个抄写员，后来又和一个手艺人结了婚。

在上层社会，为了维持王朝稳定，近亲结婚很普遍，各种意义上都算是肥水不流外人田了。拉美西斯二世（Ramses II）就与他的三个女儿结过婚。神话中也不乏乱伦情节：欧西里斯和妹妹伊西斯结为夫妇，而赛特虽然在外掠夺成性，但还是与自己的妹妹奈芙蒂斯结了婚。但有一点需要说明，就是我们曾以为乱伦现象在古埃及非常普遍，但实情并非如此。在那时关于婚姻的法律文件上，男人和女人可能被称为"兄妹"，很多人对此产生了误解。在这种情况下，"兄妹"是一种法律用词，表明夫妻在婚姻里是平等关系，并不是指兄妹血亲。

但夫妻关系能以兄妹形容，这确实表现了古埃及婚姻制度中的相对平等，毕竟在西方文明中，不久前夫妻间还在采用主仆之称，可谓对比鲜明。婚前协议在托勒密王朝时期就存在了。协议通常会给婚姻契约规定一个时限，时限一到，如果夫妻双方对这段关系不满意，就可以解除婚姻关系。根据一份莎草纸文献的记载，一位鹅倌的婚前契约里规定该段婚姻有 9 个月时效，且 9 个月后鹅倌需要支付给妻子一笔钱，大概是作为怀孕的补偿。

在古埃及，离婚就像结婚一样，既无关民事，也无关宗教，而是一种私人事务，很合情合理。另外，夫妻离婚后，很多女性的经济状况会变好，男性的处境则比婚前更糟，这一点很接近当代社会的情况。而导致离婚的原因我们也都耳熟能详：不忠，不育，性格不合，或者只是单纯地移情别恋。虽然古埃及人有离婚的自由，但没有充分理由就离婚的夫妇还是会遭受一定的社会谴责。然

---

1 伊丽莎白·泰勒（Elizabeth Taylor，1932—2011），美国女演员，曾出演电影《埃及艳后》（*Cleopatra*）中的埃及女王克娄巴特拉一角。

而就已有的考据而言，在古埃及，大部分的婚姻还是很持久的。

7. 摩西和红色灾难的降临

> 老妇人信仰的神明也是"老妇人"。
>
> ——利比亚谚语

这些拥有男女平等的婚姻制度，还乐于在神圣场所行淫秽之事的尼罗河畔居民性情温和，但在古以色列人眼里，他们仍然是敌人。尼罗河畔的居民，也就是埃及人，曾奴役以色列人，但也正是在这种压迫和奴役的状态中，摩西教形成了。所以从某种意义上来讲，敌人也促成了启蒙，并最终促成了自由。

埃及宗教崇拜日光，这一点和其他非洲宗教不同。具体而言，古埃及宗教没有止步于对蛇和鳄鱼的崇拜（虽然它们确实是埃及最重要的神明的象征），而是往抽象的方向迈了一步，创造了光崇拜——也就是崇拜滋养生命的太阳本身。如果说对猛兽的崇拜根植于恐惧，那么对太阳的崇拜则源于感恩的心态，以及对生命之源更为科学的理解。

然而，我们关于神明的观念之所以有了新的发展，还要归功于摩西和摩西律法。历史上，摩西是第一位宣称上帝没有具体形象的人物，他还强调，人们不能雕刻上帝像。摩西上山又下山，归来时带着数块石碑，碑上刻着新宗教的戒律（现在，很多人认为那些碑是陶土做成的，因为当时的通用语为楔形文字，通常都是用陶土来记录）。

但在摩西改造犹太民族的古老宗教期间，他并非完全与世隔绝。他的生活与尼罗河息息相关。

约瑟夫斯（Josephus）是一位犹太历史学家，他在公元 94 年的作品中声称摩西的名字（Moses）源于古埃及语和古埃及语演变而来的科普特语。具体而言，mo 意为"水"，uses 意为"免于"。摩西幼时被放在篮子里顺尼罗河漂流，并因此免于一死，由此可以认为，摩西实际上就是被尼罗河拯救的（这个情节的俗套感和娱乐性融合在一起，形成了一种令人无法抗拒的独特吸引力。也许就是因为这样，那座别出心裁的拉贾博士的法老村，就是之前我提过的那座位于开罗尼罗河边的主题公园，才用一只装着玩偶的篮子完整地重现了这个场景）。

尼罗河实质上可以说是埃及一切水域的源头，而摩西既然为水所救，名义上就可以算是水之子。根据《出埃及记》（*Book of Exodus*）的记载，摩西之所以通过河流获得"重生"，起因是当时的法老下令，所有小于某个特定年龄的孩子，但凡有希伯来血统，就必须被投入尼罗河中淹死。要想迅速处理掉大量不受欢迎的婴幼儿，这个办法确实简单有效。（之后在埃及出现了一种迷信，说在尼罗河里淹死的人会变作鬼魂回来纠缠活着的人。也许是因为那时太多人被判死刑了。后来，在公元前47年，恺撒大帝赢得尼罗河之战并立克娄巴特拉为女王，那时，尼罗河就不再被用作行刑之所了。如果恺撒大帝想除掉某个对手，他一定会确保此人不是被淹死的，而且也不能让人以为他是被淹死的，以免死者在悠悠众口中化为鬼魂。）

然而，如我们所知，摩西反而被尼罗河拯救了，这还要归功于他的母亲约基别（Jochebed）。约基别以苇草编篮，涂上柏油以防水，然后巧妙地将篮子推向尼罗河下游，使其漂到了法老之女沐浴的地方。摩西的姐姐米里亚姆（Miriam）看到法老之女喜欢上了这个孩子，就问她是否需要找一位有经验的奶妈来帮忙喂养。得到了肯定的回复之后，米里亚姆把约基别作为理想的奶妈人选介绍了进来。由此，出现在法老处决名单上的摩西反而得以在生母的照料下长大，还生活在奢华高贵的皇宫里。真是赢得漂亮！摩西在尼罗河上死里逃生，不仅活了下去，还获得回报，成了一个王子。

根据《圣经》的第一卷《创世记》，摩西是埃及的第二代以色列人，是雅各（Jacob）的后代。而雅各之所以来到埃及，是因为迦南之地遭遇了大旱。约瑟（Joseph）是摩西的先辈之一，也是雅各的儿子，在12个兄弟中排行第11，也是拥有彩衣的那个儿子[1]。因为善于解梦，约瑟之后跃升为法老的左膀右臂。既然埃及皇室曾与犹太人有过深交，那么筹划将摩西养在皇室之中似乎也不是不可行。

然而，假王子的生活还是给摩西带来了一些影响。他对犹太人的苦难非常敏感，而当时的犹太人在埃及被作为二等公民对待。有一次，摩西发现一个埃及人打了犹太人，他愤怒之下杀死了那个埃及人，并且将尸体藏了起来（这就触犯了后来摩西十诫中的一条）。这件事传开之后，摩西就躲到西奈沙漠（Sinai Desert）中做起了羊倌。他在那里住了 40 年，直到上帝向他展示了一个神迹——在西奈山脚下燃烧的灌木（如今那里有一座基督教修道院，漂亮的院落里还能看到生长着的灌木丛，只不过缺了先知，这些灌木再没有重燃火苗）。燃烧的枝叶引起了摩西的注意，上帝便命令他将希伯来人从埃及的奴役中解救出来。

俗话说，勤问必有所得。但当摩西提出请求时，法老却拒绝了他。毕竟他将失去的是一批大有用处的劳动力。于是摩西向上帝求助。上帝也没有敷衍，随即降下血河之灾——他将尼罗河水变成血水，以此恐吓法老。对这个灾难的确切表述非常重要，因为通过分析用词，我们可以推测所谓的"血河之灾"指的究竟是什么。摩西有言，上帝给他的指示是："用这根手杖击打尼罗河水，河水就会变成血水。继而，河里的鱼会死去，河水会散发恶臭，这样埃及人就无法继续饮用河水。"（《出埃及记》第七章）

法老不肯答应摩西的要求。于是先知亚伦（Aaron）就在兄弟摩西的指引下拿手杖击打尼罗河水，将河水变成了血水。如此一来，河流自然不能再提供日常用水，河里的鱼也死光了，灾难开始了。尼罗河的血河之灾持续了七天。

巧合的是，在第十八王朝（公元前 1550 年至前 1300 年，图坦卡蒙就是其中一任法老）期间创作的《伊浦味陈辞》（*Ipuwer Papyrus*）中，有一些描述跟《圣经》中埃及遭受的十灾十分相似，尤其是血河之灾。其中有载："灾难席卷

---

1 根据《创世记》，雅各因偏爱约瑟，做了一件彩衣送给他，招致了其他儿子的嫉妒，因此他们合伙将约瑟卖到埃及做奴隶。

了整片土地，到处都是鲜血，河水变成了血水。人们怯于饮用。"如此，一种文化传统为另一种文化传统提供了佐证，这种情况是很少见的。

《伊浦味陈辞》中还提到，灾难发生时，埃及政治动荡，奴隶们奋起反抗他们的主人。很明显，这个情节和希伯来《圣经》中的描述十分相似。如果在古埃及发生的一系列复杂事件能够变成一段在坊间广为流传的故事，历经千百年还能够留存下来，这期间必定经历了无数次的口口相传，并且其中一定加入了神话元素。考虑到这点，相关的事件很有可能是真实发生过的。要证明这些灾难的真实性，本可以充分运用一下想象力，但最新的科学发现已经表明，这些故事是有事实依据的。那么，如果埃及确实遭受过十灾，作为首位的血河之灾究竟是什么呢？

有人提出这可能是一次水藻暴发，就像墨西哥湾藻类导致的赤潮一样。虽然有害藻华和"血河"之间有极为相似之处，毕竟二者都涉及氧浓度降低导致的河鱼和植物死亡，但可能还有另一种解释。我们知道，当青尼罗河和白尼罗河在苏丹境内交汇时，携带大量泥沙的尼罗河会变成红色。既然如此，在尼罗河上还没出现水坝的时候，如果碰上洪水泛滥成灾，血色的洪流就会席卷下游地区。根据记载，"血河之灾"只持续了七天，这也符合单次汛期的时长。而洪水退去后会留下遍地河泥和搁浅的鱼，这些东西带来的臭味也跟《圣经》中描述的恶臭相符。

面对首个灾难，法老没有答应摩西的要求，因为法老自己的巫师显然也拥有将河水变红的法力——大概就是在河里掺入大量红色的泥沙。第二个灾难就是蛙灾，这恰好证实了前文的大洪水理论。在埃及，蛙灾是很常见的，或者说在阿斯旺高坝建成前曾经很常见。这种情况通常发生在尼罗河的夏洪期间，所以大洪水暴发后出现了巨量的蛙，对红色尼罗河边的居民侵扰加剧。

由此，血河之灾和蛙灾都可以用自然现象来解释。那其他灾难呢？在法老应允摩西带他的族人离开之前，埃及可是经历了十个灾难，且越往后越严重。

第三个灾难是虱灾。有些科学家傲慢地将其归结为古埃及人没有能力分辨虱子和其他"隐形"的咬人小虫，比如蜱、蠓，还有小蚊虫。但我跟不识字的贝都因人有过交往，他们都非常清楚这几种虫子的区别。既然如此，我认为古埃及人口中的虮子也不太可能指其他东西。虮子是通过接触传播的。也许既发的灾难引发了混乱，人们身在其中忽视了平日的卫生，导致了虮子的大量繁殖和传播。

第四个灾难是蝇灾——罪魁祸首很可能是蚊子或者其他可以传播疾病的飞虫，比如蠓或者沙蝇。如果河岸上有很多腐烂的死鱼，蝇灾便可能紧随而至。与其他非洲地区相比，埃及的蝇类不是很多，所以蝇灾对埃及人来说很少见，应对起来也更麻烦。而犹太人比较幸运，他们住在埃及三角洲的歌珊地区[1]，那里是没有沙蝇的。

第五个灾难是畜疫之灾。根据《出埃及记》中的表述，死掉的有驴子和骆驼，猪和羊则幸免于难。为了解释这个奇怪的现象，科学家们提出这场灾难的起因是非洲马瘟或蓝舌病。二者都是病毒性疾病，可以通过第四个灾难中的蠓虫传播，刚好会传染《圣经》中提到的牲畜，而不会感染其中没提到的猪和羊。

你可能觉得法老应该已经受够了，毕竟他的骆驼和驴子都已经倒地不起。但并没有——他仍然不允许摩西和他的族人离开。所以又出现了新的灾难。第六个灾难是疱疮灾，很可能就是一次皮肤型炭疽的暴发。这种病一般通过接触携带者的尸体传播。由于骆驼和驴子也可以是炭疽携带者，有可能是大量骆驼和驴的尸体导致了炭疽暴发。皮肤型炭疽会让患者皮肤上生出紫色的疱疮，虽然样子不堪入目，但很少会致命。然而，它也有可能引发毒血症，极端情况下也会导致死亡。

第七个灾难是雹灾。埃及的冬天非常冷，那个季节去旅游的人都会惊讶于当地的低温。我在西部沙漠就经历过一次雹暴，而那片区域本该是一滴雨都不下的（虽然偶尔也会下）。在过去的100年间，开罗只下过一次雪，但却可能下过十几次冰雹。所以说，这个所谓的"灾难"应该是在一个异常寒冷的冬季发生的。虽然这种情况不常见，甚至有点怪异，但完全是有可能的，即使是在我们印象中十分炎热的埃及。

---

1 歌珊（Goshen），《圣经》中记载的犹太人在埃及的聚居地，位于现在的尼罗河三角洲地区。

然而，法老仍不松口。但我们也得承认，冰雹没那么可怕。所以到了第八个灾难，上帝决定要来真的了——蝗灾。对任何中东地区的国家来说，蝗灾意味着所有的粮食会被啃食殆尽，紧随而来的就是饥荒。人们真心对此感到恐惧。我在埃及住了七年，七年间遇到过两次蝗灾，两次都是源起于上埃及地区，一路向北蔓延。其中一次，蝗群沿着尼罗河上游方向行进，一路上遇见什么吃什么，最终在距离开罗市郊几英里的地方才停下。之后的几周里，我经常发现随风而至的蝗虫死在开罗东部黄沙遍地的旱谷中。在没有杀虫剂、预警系统和航空监测的年代，蝗灾盛行是非常有可能发生的情况。而当时以色列人住在歌珊，也就是现在的东三角洲地区，位于孟菲斯城（现在的开罗）以北，那里应该是最晚受到蝗灾影响的地区，蝗群到这里时很可能已经散去了。既然埃及人的粮食都被蝗虫吃完了，那他们也许就不得不去吃陈谷子，很多人认为这可能是导致第十个灾难的根源。

但在此之前，还有第九个灾难——黑暗之灾。有证据表明在公元前1652年，圣托里尼火山爆发导致大量火山灰落至尼罗河流域和三角洲地区。于是，有些人尝试着把这个事件和黑暗之灾（也包括血河之灾）联系在一起，但这个推测是不太可能成立的。根据这个推测，火山爆发之所以会带来黑暗，是因为火山灰遮蔽了天空，在这之后火山灰落入河流，继而河流变红。如果我们尊重事情发展的顺序，那么黑暗之灾就会先于血河之灾发生。先放下这个不谈，关于黑暗之灾的真相，还有一个更加合理的可能，而我本人在开罗期间也曾经历过——喀新风[1]，或者说尘暴。根据记载，黑暗之灾持续了三天，这也与之相符——沙尘暴（本质上还是尘暴，普通的沙暴不会高于地面10英尺以上）可以轻易将太阳光遮住，且一遮就是好几天。如果出现了黑暗即将降临的预言，随即又突发了一次剧烈的喀新风，那一定会给人带来巨大的震动。

从某种意义上讲，最后一个灾难是最令人好奇的，而且也最难解释。这第十个灾难是长子之灾。在父权制社会里，长子往往最得宠，也最受重视，因此

---

1 指从3月底到5月初从撒哈拉沙漠上吹来的席卷埃及的热南风。

这个灾难也尤为残忍。但这也给了我们一些线索：在任何父权制社会里，长子都是最有支配权的。之前的几次灾难无疑会带来农业生产的停摆，那么接下来就会出现严重的粮食短缺。由此，秘密的粮食储备就变得非常珍贵，而且只有拥有支配权的人——也就是长子才能享受这些资源。然而，放了太久的谷物可能会有霉菌毒素，即粮食表面长了真菌，能迅速致人死亡。有人提出，可能有一群当时最有支配权的人物——大概率就是长子们——食用了最后一部分沾染了菌毒的粮食，而这些毒物只要进入呼吸道就能致人死亡。之后他们都丧了命，关于长子之灾的谣言也就散播了出去。

犹太人自身则幸免于难，因为他们遵循了逾越节的饮食习俗，死亡天使没有光顾。逾越节餐食包括新生羊羔的肉和未发酵的面包，而犹太人之所以能吃上这些东西，也是因为蝗虫没有侵扰他们，他们还有食物储备。既然犹太人没有受到之前几次灾难的影响，也就不至于去洗劫旧谷仓了。可以说，逾越节并非他们活下来的原因，而是他们先存活了下来，才得以吃上逾越餐。

没有哪个统治者能眼睁睁看着所有的长子丧命。法老屈服了，允许摩西离开。然而，他毕竟是个恶人，在摩西他们出发的时候，这位法老理所当然地变卦了。在他的命令下，埃及士兵跳上战车，向北方加速前进，意在阻止犹太人进入西奈山，回归迦南地区。

8. 摩西过红海

> 傻子按指引走，流水按水道走。
> ——埃及谚语

埃及人的战车争分夺秒地一路狂奔，沿着满是沙土的道路向着三角洲地区前行。犹太人背着行李、赶着羊群逃跑，一回头就能看到身后远处扬起的尘烟。到了摩西请朋友帮忙的时候了，或者至少得想一个新对策。要去西奈山，最方便的路线就是地中海沿线，但问题也就出在这里，因为这条路不会途经红海。路的两侧一边是地中海，一边是苏伊士湾，一直到埃及海岸之前都是看不到红海的。所以《圣经》中那个分成两部分的海域究竟是哪片海？这是第一个问题。另外，法老的军队都被海浪冲走，丧生海底了吗？这么特别的一个情节，让人不禁觉得它应该有一些事实依据，故事只是为了让人记住而夸张了一些。毕竟在那个时代，故事印不成书，都是口口相传。

在希伯来文的《出埃及记》里，那片海被称为 Yam Suph，意思是"芦苇海"，而 suph 在《旧约全书》的其他部分里也有芦苇的意思。既然在英语和希伯来语中都出现了这个词，那么就有了一个很奇特的巧合——很可能红海其实名为"芦苇海"[1]。早在公元 11 世纪，法国犹太法典学者拉什（Rashi）就写过，红海应该被称作芦苇海。

另外，尼罗河三角洲永远都在变化，这是毋庸置疑的。在摩西之后好多个世纪才登上历史舞台的希罗多德也在其作品里表达了这一点。毕竟，尼罗河历经了 3000 年的洪水冲刷和泥沙堆积，改变也是自然的。比如，尼罗河有一条已不复存在的支流，名为佩卢司安（Pelusian arm，源自希腊语单词 pelous，意思是"淤泥的或泥泞的"），也被称作"埃及的溪流"。这条支流比苏伊士运河向西北方向延伸得更长。另外，曾经有一处所谓的"塔尼斯湖"（Lake of Tanis），很可能就是由这条尼罗河支流供水的一片泥泞的大湖泊。这片湖所处的地方现在已经被苏伊士运河分成两块了。

《出埃及记》中有载："主借一阵强烈的东风让海水退去。"如果这里说的是现实中的红海，或者再退一步，是苏伊士湾，一阵东风最多只能掀起几番巨浪拍在埃及东海岸——这可不算是一条理想的逃生路线。然而，如果是以东西方向为轴线的湖，遇到来自东边的强风，就可能被吹到露出湖床。在美国科罗拉多国家大气研究中心工作的卡尔·德鲁斯（Carl Drews）在 2010 年设计了一个湖泊的电脑模型，用来测试自然风是否能够将湖水吹开，露出水底泥滩。测试结

---

1 此处巧合指"红海"和"芦苇海"在英文中拼写和发音都非常接近，分别为 the red sea 和 the reed sea。

果是：如果风速达到每小时 63 英里，就能够将类似的由河流供水的湖吹开，将湖床暴露出来。这个风力比 1987 年英国经历过的那场飓风还要弱，只能算是大风。

这片"芦苇海"位于泥泞的海岸线和内陆更深处的沙漠地区之间，刚好拦住了以色列人的逃生之路，而且如果没有它，就能直接从孟斐斯城走到西奈山。也许当时确有一阵强风将水面吹开，露出了一条穿过红色尼罗河泥滩的通路，一条法老的嗜血军队在匆忙中没能走上的路……或者他们走上去了，只是就在当时当刻，那阵风奇迹般消失了，水浪随即将这群不走运的追兵吞噬殆尽。

9. 摩西之谜

傻子挨打，聪明人在一旁学经验。
——努比亚谚语

摩西看着海水将他的敌人吞没，然后逃向西奈沙漠。在那里，他攀上西奈山，在山顶收到了上帝传达的十道戒律。接着，他和自己的族人又流浪了 40 年，最终到了约旦河边，也就是主给他们的应允之地。然而，因为之前曾犯戒，摩西不能踏入应允之地，所以是他的兄弟亚伦引领众人进入。

再说回尼罗河。当时那个要么被水冲走，要么恼火地留在了岸边的法老究竟是历史上的哪一位呢？这个问题就比较难了。《圣经》里只提到了一位法老——示撒（Shishaq）。据记载，这位法老洗劫了耶路撒冷，还在当今的以色列地区发动了战争。很多年以来，人们都觉得示撒就是现实中埃及人称为舍顺克（Shoshenq）的那位法老，他还曾入侵过迦南，也就是犹太人居住的地方。虽然不是所有人都认同这个猜测，但称呼上的相似性以及相关战事的记载确实很有说服力。然而，舍顺克并不是《出埃及记》中的法老。

除此之外，凡是名字里包括"摩西"，或者名字中的一部分与"摩西"发音接近的法老，比如图坦摩西（Tuthmoses）和拉·摩西（Ra-moses），也被认为有可能是摩西时代的法老。然而，这个想法也没有任何根据。

有些人怀疑十灾的真实性，并指出没有任何埃及文献记载了这十次灾难。然而，是摩西的故事使得这些灾难有了宗教意义，如果不考虑这一层，十灾对埃及人来说就只是不幸而已，没有必要专门去记录它们。有座"饥荒碑"[1]描述了发生于第三王朝时期（约公元前2685年至公元前2615年）的一场持续七年的饥荒。这块花岗岩质的石碑位于阿斯旺附近尼罗河中的一座小岛上。虽然它记录的这一事件的发生时间早在摩西时代之前，但石碑的雕刻却是很晚才完成的，大约在公元前300年。所以说，石碑中的描述很可能借鉴了有关七年饥荒的中东神话故事——这个故事广为流传，在《圣经》和《吉尔伽美什史诗》（已有3800年历史，是已知世界上最古老的文学作品之一）中都有记载。象形文字本身就是神秘且充满宗教意味的，所以对这种文字的使用者来说，神话中的饥荒是值得描写的，现实生活中的反而不是。因此，没有被记载下来的那一切不幸，包括洪水和饥荒在内，都可能是摩西那个时期埃及尼罗河岸上人们的真实经历。

大部分考古学学生都把拉美西斯二世当成与摩西交手的那位法老，因为拉美西斯二世声名显赫，而且《出埃及记》的开头部分还提到了他颇具野心的工程计划。然而还有一个更合理的可能——法老卡奈弗拉（Khaneferre）。在曼涅托[2]总结的统治者列表中，卡奈弗拉的名字只有一个，而名为拉美西斯的法老则有很多个。为什么这一点很重要？因为在犹太历史学家阿塔帕努斯[3]的作品里，卡奈弗拉被认为是摩西的养父。更关键的是，阿塔帕努斯是在公元前3世纪完成的这个作品，当时应该有更多的原始记载可以参考，包括保管在各个埃及神庙以及亚历山大图书馆里的资料；亚历山大图书馆启用于公元前300年，就位于亚历山大大帝创造的这座城市里，是古代世界最伟大的图书馆。如果阿塔帕努斯只是随便写写，为什么偏要选择这么一个生僻的法老名号呢？何不选择一个

1 饥荒碑（Famine Stele），一块位于赛赫尔岛（Sehel island）的古埃及石碑。

2 曼涅托（Menetho），公元前4世纪末到公元前3世纪初的埃及历史学家。

3 阿塔帕努斯（Artapanus），公元前3世纪后期或公元前2世纪的犹太籍希腊哲学家。

更有名的，比如拉美西斯二世？另外，"卡奈弗拉"这个名字很少出现，而"拉美西斯"有很多法老共用，即使阿塔帕努斯是随机挑的，从概率上来讲，挑到"卡奈弗拉"的可能性也更小。

在《出埃及记》中，法老主持了几个"伟大的建筑工程"，那卡奈弗拉是否符合这种大兴土木的形象呢？答案是肯定的。在位于东尼罗河三角洲的古城塔尼斯（Tanis）曾发现几座巨大的黑色花岗岩雕像，雕的就是卡奈弗拉。另外，由于每个法老统治的起始时间是很难精准确定的，在年代的问题上我们应该有一些灵活性。如果我们接受这个前提，那么摩西出埃及的时间应该是在第十三王朝（约公元前 1800 年至公元前 1650 年），也就是卡奈弗拉统治期间。

此外还有一个证据，就是拉美西斯二世之子麦伦普塔（Mineptah）刻下的碑文中首次提到以色列之名，碑文里出现了这样的语句："以色列国土已废，其种无存。"其中还列举了其他被法老镇压的国家，包括基色、迦南，还有赫鲁（巴勒斯坦）。如果当时以色列人从麦伦普塔父亲的统治下逃跑，且极大概率还在四处游荡，他们怎么会被列为"被镇压的国家"呢？他们这个国家都不会存在。拉美西斯二世统治的时期属于第十九王朝（公元前 1300 年至公元前 1185 年），因此，如果以色列人要在那个时间点发展成一个国家，且值得在碑文上被提及，那出埃及事件发生的时间一定得比刻下碑文的时间早得多。

但关于摩西，犹太历史学家还有更多发现。阿塔帕努斯和后来的约瑟夫斯都提到过摩西领导的一次针对库什人（Kush）的远征。库什人也就是埃塞俄比亚人，住在尼罗河第二瀑布的另一边，那里如今已是努比亚的领土。而在大英博物馆保存的一块石碑上也留有记录，表明埃及在第十三王朝期间发动了针对上努比亚[1] 的军事行动。石碑上提到的不是别人，就是卡奈弗拉。

还有最后一个证据可以支持卡奈弗拉说。当时遭受侵略的上努比亚地区主要位于今天苏丹境内的科玛镇（Kerma），100 年前，在科玛南部的阿格罗岛（Agro）上曾发现一个与真人等比例的无首法老雕像。根据雕像上的刻文，这位

---

1 上努比亚指努比亚南部地区，位于尼罗河上游地带。

法老即卡奈弗拉，就是他因拒绝释放犹太人而受到了尼罗河大洪水的惩罚。

10. 一段饥肠辘辘的插曲

疯子说："天下为我所有！"
——埃塞俄比亚谚语

"从洪水到饥荒"是一个很常见的神话寓言。我们已经提到过饥荒碑，这块石碑的位置非常具有象征意义，就在尼罗河的正中。碑文中提到洪水连续七年缺席，人们忍饥挨饿的场面："谷穗稀疏，谷粒干瘪，兄弟姐妹互相夺食。"《创世记》中也有几个描述埃及饥荒的故事。事实上，埃及这个国家已经跟饥荒，或者说饥荒这个概念变得密不可分，而且这种情况一直持续到阿斯旺尼罗河上的两座大坝建成。然而，虽然支持建坝的人认为饥荒发生的频率很高，但实情果真如此吗？詹姆斯·奥古斯都·圣约翰在 1840 年探访埃及时说过，"在埃及，这种可怕灾难造访的频率可能比其他国家还低些"。在 1315 到 1317 年欧洲大饥荒影响的地区中，有很多到 1322 年还没有恢复。可以肯定的是，这场饥荒跟埃及所经历的一切同样严重，而且在 1351 到 1369 年期间，英国发生饥荒的次数要更多。

另外，饥荒碑上的内容多少有点缺乏细节，其中多是声明埃及人遭受了苦难，却鲜有描述。如果想知道饥荒期间具体发生了什么，还需要再进一步研究伊斯兰时期的历史。我们暂时离开一下古老的埃及，将目光转移到公元 1032 到 1036 年。当时埃及就发生了一场严重的饥荒，最初可能是由洪水的缺席引发，但柏柏尔人[1]对运河系统的破坏和统治埃及的土耳其人的贪婪无疑让情况恶化了，

---

1 柏柏尔人（Berber），非洲北部民族，主要分布在摩洛哥、阿尔及利亚、利比亚、突尼斯和马里等。古埃及、古希腊和古罗马的历史记录中经常提到与他们之间的争战。

以至于到后来，一小把麦子要换两枚第纳尔金币[1]（苏丹撒拉丁[2]去世时遗嘱里只留下一枚第纳尔金币和几枚银币），换算成当代货币要值几百英镑。当所有能吃的都吃完了，饥饿的人们就开始吃老鼠肉、狗肉，还有刚去世的死人的肉。还活着的狗也饿得发疯，它们冲进民宅里，当着父母的面把小孩吃掉，而那些父母也太饿了，根本没有力气保护他们的孩子。当时在开罗有 20 座价值 20,000 第纳尔金币的豪宅都贱卖了，只为换一点点面包。根据当时一位名叫本·阿尔朱兹（Ben Aljouzi）的人的说法，有一位富有且身份显赫的女士拿着一堆珍贵的珠宝到街上叫喊："谁愿意用玉米跟我换这些宝石？"没人理会她的呼喊。于是她陷入绝望，将珠宝扔在了地上："既然困难的时候帮不了我，要你们有什么用？"珠宝就在那散落着，大家都懒得去拿，因为他们太饿了。公元 1296 年也发生了一场饥荒，且情况还没到最严重的时候，人们就已经开始吃狗肉和人尸了。当时，开罗总督也饿着肚子四处晃荡，他看见三个地痞围坐在一个小孩的尸体旁，正在用盐、新鲜的洋葱碎和醋给尸肉调味。（他们从哪里弄来的洋葱？）这些人被抓的时候承认，他们最近一直都靠吃小孩"维生"，已经持续好几周了，每天吃一个孩子。他们被处决之后，尸体挂在了扎维耶特城（Zawiet）的城门上；但到了晚上，尸体就被饿慌了的人们拿下来吃掉了。最终，所有人都开始嗜食同类。

11. 红色法老

> 外表疯癫之人往往内心机敏。
> ——苏丹谚语

食人的梦魇即将随着我们扭转时间而退去。时间倒流，但空间未变——

---

1 第纳尔（dinar），曾在中东和北非地区多个国家流通的一种金币。

2 撒拉丁·本·阿尤布（An-Nasir Salah ad-Din Yusuf ibn Ayyub，1137—1193），库尔德人，中世纪伊斯兰世界杰出的军事家、政治家，埃及阿尤布王朝的创建者（1174—1193 在位）。

我们来到古埃及第十七王朝（约公元前 1580 年至公元前 1550 年）。就像赫伯特·乔治·威尔斯[1]作品中的时间旅行者一样，我们回到了一个完全不一样的地方。摩西已经离开，图坦卡蒙还在候场，站在舞台正中心的是塞肯内拉·陶二世（Seqenenre Tao II）。他可谓真正的"红色法老"，因为只有他的血色结局是我们确切知晓的。

这位法老的木乃伊上有已经愈合的伤口，明显是打斗中留下的。这点非常罕见，因为大部分法老的木乃伊都显示他们生前毫无损伤，和那些十字军国王布满愈合和半愈合伤痕的尸骨大不相同。

所以，塞肯内拉·陶二世带伤的木乃伊是一个独一无二的切入口，可以让我们一窥古埃及的战争世界。不过，比起战争的动荡，古埃及文化更多以稳定和持续为特征。由此，也可以说这个切入口让我们看到了战争在一个不喜战文化中发生的奇特瞬间。

作为研究战争影响的素材，陶二世的伤有很多值得探究之处。这些伤与图坦卡蒙木乃伊上的那些表层伤不同，很明显都是致命的（头骨和下颌碎裂）。所以研究这些伤口得出的结论非常具有启发性，不会是单纯的揣测。

关于埃及学有一个问题，值得提，但又有点儿难以启齿，那就是总没有足够的证据可以用来证实。当然，我们可以猜测，埃及学的学者们一个多世纪以来都在猜测，一边猜一边研究古墓里的东西，翻译墙壁上刻的、莎草纸上写的，还有陶器和石器碎片上的内容。然而，可以说除了与墓穴有关的范畴，一旦研究者想尝试精确地详述古埃及历史，他们就会面临非常严峻的问题。为什么呢？因为埃及人并不在意对客观现实的记录。他们刻在石头上的每一个内容都有象征意义或者宗教意义，且完全超出了日常的现实含义或重要性。那些描绘"日常生活"的壁画确实展示了很多，但没有一幅画呈现了造金字塔的人。而在那些描绘战争的饰带画中，国王一个人就战胜了整个敌军。虽然很希望古埃及人确实拥有比任何时代的萨满和魔法师都高超的神奇技能，但这种场景也太难让

---

1 赫伯特·乔治·威尔斯（Herbert George Wells, 1866—1946），英国著名小说家，尤以科幻小说创作闻名于世，著有《时间机器》《隐身人》《星际战争》等多部作品。

人信服，不可能是对真实事件的客观呈现。这不仅是略显夸张的问题了，一个国王单枪匹马战胜一支军队在现实中根本不可能发生。尽管如此，即使是最没有底线的骗子或者做白日梦的人，他们说的话也多少带些真实的痕迹。如果我们观察一下棺材上描绘图坦卡蒙大败亚述人的精美图案，就能看到当时马拉战车的样子（年轻的国王正乘着一辆），还能看到战马是披着铠甲的，而铠甲上镶着的兴许是鳞形铜片；还有，如果坐在马拉战车上作战，就会用到弓和箭，我们也能从画中看到他们的弓箭长什么样。也就是说，我们能知道当时的人的样子，看到他们穿的衣服、用的武器，但画中描绘的场景在现实中到底是什么样，我们无从得知。细节很明晰，但全局却很模糊。宗教在多大程度上影响了俗世的日常？那些画中的战争实际上有多大的规模？还有最重要的一个问题：哪些内容反映现实，而哪些又是隐喻？

很多画里都描绘了法老鞭打敌人的场景，那就说说这个。确实，如果有人胆敢违逆法老，那他的命运大概率就是挨打。在这些画里，法老的体型都被塑造得很大，被打的人则很渺小。然而，身为一位国王，真的会一天到晚手持河马皮鞭到处打人吗？拥有王位后的首要特权不应该就是能够给自己雇打手吗？

当然，一旦我们开始怀疑这些画的表层含义，进入到对其深层含义的探究和阐释，那就没什么限制可言了。比如，我们可以从其他领域借用符号学和神秘主义的知识，以此来解读古埃及的秘密。但这个方法很危险，尤其是对学者而言。

加里·肖[1]博士采用了另外一种方法。他有一部 2008 年出版的作品是关于古埃及第十八王朝王权的研究，书中整理并罗列了很多证据，但最终只能得出一个无奈的结论——人们对法老就是没有什么确切的了解：

> ……显然，关于这段时期中法老作为个体在政府中扮演的角色，我们无法写出翔实的"历史描述"。如果有学者提出某个事件发生过，

---

[1] 加里·肖（Garry Shaw），当代考古学家和埃及学者，现于伦敦埃及探索协会教授埃及历史、王权和埃及神话课程。

或者"国王做了某件事"，那他一定只是根据某些证据得出的猜测。关于这些证据的所有解读一定都是带有个人倾向的，不存在所谓的客观的评论者，没有人能从埃及政府系统外部对其进行观察并提出见解。这些证据构成了一个封闭的系统，系统的内部是自洽的，但它并不能反映历史现实，因为我们无从得知这些证据是否可信。有人说埃及国王的生活随心所欲，这也许是对的，但他们不能用埃及人留下的历史证据来证明这一点。

这个结论的态度之谦逊非常难得。长久以来，关于古埃及生活究竟是什么样的断言都太缺乏根据了。

不过，加里·肖博士也说过，有些问题还是可以得出结论的，比如分析一下以木乃伊形式留存下来的法老遗体就可以有所收获。就像一具尸体可以给犯罪现场的调查人员提供很多信息，保存完好的法老遗骸也是埃及学学者可以依赖的宝贵素材之一。

让我们回到之前的话题，简单讨论一下法老生活中那些我们能够了解到的部分。首先，他们不太可能在战争中领军打头阵。19岁就去世的图坦卡蒙在画中被描绘成军队的领导者，但这么一个瘦弱的年轻人，当时应该不太可能会被委以统领全军的重任。

但并非所有的木乃伊生前都弱！就有这么一位法老，人们一直觉得他可能真的做到了御驾亲征，那就是第十七王朝的塞肯内拉·陶二世，他的木乃伊就是证据。这具木乃伊的头上有伤，所以长久以来，人们都觉得它的主人应该是在领军作战时被杀的。但真的是这样吗？加里·肖扮演起了法医侦探的角色，开始挖掘"红色法老"神秘尸体背后的真相。

跟随他一起调查之前，我们应该先要了解一下尼罗河畔建立第一个国家时发生的那场战争。事实上，埃及不仅是尼罗河畔的第一个国家，也是世界上第一个国家，所以埃及建立时的那场战争在当时也是开创性的——不再是部落间的战争，而是一个统一国家针对组织结构松散的部落、城邦或者其他形式的群体所发动的战争。

　　如我们所知，埃及军队的运输工具并不太体面——不是马，更不是骆驼，而是驴子。我们曾发现过最早的埃及人使用的驴缰绳和驴鞍，但直到公元前5世纪波斯人入侵前，不仅从来没有过关于骆驼的描绘，就连提及都没有。有驴的话自然也有马，但驴子耐力更好，也更适应干旱气候，所以当军队需要运送行李和个人物品时，驴子就成了中坚力量。

　　我们知道，士兵在行军打仗的时候住在帐篷里，帐篷用石土堆起，以防御敌人。我们可以猜测，国王的帐篷位处军营正中，且配有供奉阿蒙用的神龛，而阿蒙就是新王国时期的主神。祷词结语"阿门"就源自"阿蒙"这个名字，这个词一定是传入了古希伯来语，接着又被收入阿拉伯语和希腊语。军队为保卫尼罗河岸免受侵扰，或者为向北扩张疆土而出征时，行军路上的伙食和住宿都不错。军官的帐篷可能至少有两个房间，还配有折叠床和折叠凳，与现在行军打仗的装备没什么两样。

　　当时当过兵的男人都可能有资格拿到政府赠予的土地，而在战争中表现突出的老兵可能会被授予奖章——一种是金狮奖章，还有一种叫金苍蝇奖章。金狮奖章很好理解，但金苍蝇奖章又是在表彰什么呢？一直专注于目标，躲避敌人的击打？赫提（Khety）是新王国时期的一位抄写员，他曾用文字描述过埃及的军营生活，场面非常不堪，也因此显得很真实。他描写了一轮接一轮的残酷训练，军营中持续不断的争吵，醉酒，赌博，战争导致的残疾，饥渴……还有苍蝇。也许金苍蝇就是奖励给那些最能忍受的人。

　　虽然确实发掘出过古埃及人用的剑——大都是用铜或者青铜制成刀刃，有的还有黄金做成的刀柄，但几乎可以确定，当时最主要的兵器还是棍棒、长矛，还有弓箭。就如在中世纪战争中丧生的人大都会断胳膊断腿，剑这种兵器往往只能刺入脂肪，在混乱的战场上并非最有效的杀人利器。那些能一下子把人击倒、让人爬不起来的武器才是效率最高的，比如短棒和狼牙棒就比较常用，如果能远距离用长矛或者弓箭把人撂倒就更好了。

　　士兵们会带着他们所有的装备在沙漠中一天行军十几英里。军纪似乎还是不错的，因为他们使用了精准的军队机动手段——用军号传达命令。但国王是否在前线指挥战斗呢？这就要说回到法老塞肯内拉了。

这位法老的木乃伊在 1881 年出土，当时发现的可能就是最初的棺木。出土地点是代尔巴赫里[1] 葬祭庙建筑群，位于尼罗河西岸，距离现在的卢克索很近。1997 年，伊斯兰圣战分子就是在这里杀死了 58 名游客和 4 名埃及本地人，将这个地方又一次变成死亡之所。

但在 1881 年，旅游业仍在襁褓，埃及学也尚未发展。发现这些木乃伊的是阿卜杜勒·拉索尔（Abd al-Russul）盗墓家族。这家人是在位于库尔纳（Qurna）的自家房屋做起这一行的，他们从那里开始挖地道，然后就发现了木乃伊。家中的两位成员，也是两兄弟，最终在酷刑之下供出了他们发现的东西，之后木乃伊被转移到了开罗。负责追踪拉索尔兄弟的是著名法国考古学家加斯通·马斯佩罗（Gaston Maspero），不过人们认为上刑是当地警察擅自为之的。这位马斯佩罗年轻时本想学习舞蹈，无奈父亲不允许。他在 1886 年 6 月打开了塞肯内拉的木乃伊。当时天气一定非常炎热，所以木乃伊才会腐烂并散发出恶臭，而这也让工作变得更难熬了。外层的裹尸布摸起来油乎乎的，味道难闻，而且还和下面的皮肤粘连在了一起。马斯佩罗立即就发现国王的头上有三处伤（其实有五处），伤口周围有很多白色的东西，大概是流出来的脑浆。第一处伤口很大，在右侧眉毛上方；第二处伤在左侧脸颊，看似是狼牙棒或者战斧造成的，下颌骨已经被击碎了；第三处伤口是头顶的一条细缝，被头发遮住了些，人们猜测是被斧头砍的，脑浆就是从这里渗了出来。

马斯佩罗在报告中表示，塞肯内拉失去了两只耳朵，虽然嘴里的牙齿都还很健康，但舌头被牙齿紧紧咬住。马斯佩罗猜测，尸体在殓尸官进行防腐处理前就已经在腐烂了。木乃伊的制作过程也不规范，做得很仓促，都没有用到泡碱（一种天然苏打粉，常用来制作肥皂，有防腐抗菌功能，也可以用来保存木乃伊），只在尸体上撒了些加了香料的木屑。另外，大脑也没有被移除，而且裹

---

1 代尔巴赫里（Deir el-Bahri），尼罗河西岸的寺庙群，因为有太平间的功能，中文又称停灵庙。

尸布上都是甲虫和蠕虫蛀出的洞，甚至有甲虫幼虫在法老的头发里蜕壳。马斯佩罗还推测，塞肯内拉死的时候大约是 40 岁，去世的当天还刮过胡子。

后来，调查员发现法老的胳膊等身体部位都没有受伤。在加里·肖看来，这也是一条重要线索。胡图人在 1994 年对图西人进行的屠杀[1]给法医人类学家留下了很多骇人的证据，而这些证据表明尸体上的伤口都是使用原始武器进行打斗留下的。比较典型的武器有砍刀和用铁条和木头做成的棍子，换句话说，和三千年前埃及战场上用的武器很类似。这场屠杀留下的尸体从尼罗河源头的卡盖拉河漂进了维多利亚湖，他们和几千年前在尼罗河另一端的战场上被杀死的人有着相似的伤口。尸体随着河流抵达大海，好像毁灭的种子夺走了地球的整个"文明"时代，才终于达成所愿。

根据现代用砍刀和棍棒进行攻击后留下的痕迹，我们可以认为，在任何开放式的战斗中，一个人如果头上受了伤，胳膊和躯干上也几乎一定会有伤口。如果受害人的头部遭受多次打击，那他一定会试着用胳膊保护头，由此导致胳膊受伤，而且只要他遭受的击打不是连续的，而且不是当下就致命的，受害人就有时间举起胳膊。加里·肖由此推测，这位国王并非死于战场。因为除了头部的几处精准打击，他身上就没有其他伤口了。

有人曾对人体结构塑造比较精准的描绘战争的浅浮雕作品做过统计研究，加里·肖就利用了这些数据。相关统计研究做了一个假设，即各个作品描绘的受伤类型反映了其在战场上真实发生的概率。加里·肖发现，在描绘人之濒死的作品中，只有 17.1% 涉及头伤和脖子伤，而 70% 的情况都是胸口伤。在卢克索神殿中展现"军营"场景的作品里，只有 12.5% 有头伤。这进一步证明了头部目标较小，比起身体上其他更大也更明显的部位，其实不太容易受伤。

也许是铠甲保护了身体的其他部位呢？然而，并没有证据证明在古王国和中王国时期士兵穿戴铠甲。我们所知的最早的铠甲是在第十八王朝出现的，当

---

1 1994 年发生在卢旺达的一次种族屠杀。胡图族和图西族是卢旺达的两个主要民族，虽然胡图族在人数上占多数，图西族却在社会和经济地位上占优势。两个民族之间对政治权力和社会财富的争夺和对立最终导致了 1994 年胡图族领袖策划的针对图西族的屠杀行动。

时有一种亚麻或皮制的及膝外套，表层用铆钉钉上密密的青铜片。人们一般认为盔甲是和双轮马车同期出现的，而这种马车当时被用作弓箭手的移动站台，和《宾虚》[1]里那种单人驾驶的快速马车不同。不管怎样，在塞肯内拉时期，双轮马车并不存在，这又一次证明这位法老不太可能死于战场。

即使塞肯内拉上了战场，当时作战的另一方又会是谁呢？也许是神秘的希克索斯人（Hyksos）。公元 1 世纪的犹太历史学家约瑟夫斯认为，希克索斯就是在出埃及时从埃及放逐出去的以色列人。约瑟夫斯将埃及语中的"希克索斯"翻译成"羊倌王"，并以此来称呼他们。当代学者认为正确的翻译应该是"异土之君"，但听起来远没有前者合理。羊倌王们被放逐出埃及，最终来到迦南地区，这一点也说明他们可能是以色列人。约瑟夫斯的灵感来自埃及历史学家曼涅托，后者在公元前 3 世纪写了一本埃及史，我们关于古埃及的大部分知识都来自这本书和希罗多德的作品。曼涅托的名字也有其起源，据说是从"托特的爱人或馈赠"演变而来。早些时候，人们认为希克索斯人曾集结起来攻打过埃及，但近期的研究则认为他们是温和地渗透进下埃及三角洲地区的，而那里就是约瑟和以色列人定居的地方。

根据浮雕作品和文字记录，我们知道国王身边不乏护卫。这一点和那种花哨的叙事传统中国王独力消灭整个敌军的说法十分矛盾，但却符合所有已知的军事传统：首领被杀，尤其是国王被杀，会对士气造成巨大的打击，因此必须不计代价地保护国王。如果一位国王周身都有护卫保护，那他就不太可能遭到袭击，而且只因头部受伤而死。看来塞肯内拉战死沙场的可能性越来越小了。

我们再回到法医学检验这部分。马斯佩罗认为塞肯内拉的木乃伊制作得太过敷衍和匆忙，应该是在战场上完成的，不然至少也是在远离首都底比斯的地方。尸体腐烂的原因就是防腐工作的草率，并不是木乃伊制作过程缓慢，因为在那个时代，一位称职的殓尸官理应能够在制作木乃伊的全程防止任何腐烂的

1《宾虚》（Ben-Hur），美国作家路易斯·华莱士创作的长篇小说，首次出版于 1880 年。故事的主角是一个叫犹大·宾虚的犹太年轻人，有一重要情节是宾虚在一次马车比赛中获得胜利。1958 年小说被改编成同名电影上映。

情况发生。不管怎样,在埃及的炎热气候中,什么东西都腐烂得非常快。

　　20世纪60年代末的X光检验结果显示,塞肯内拉的骨架都脱节了(是制作木乃伊的过程导致的),但除了头骨外的其他骨头都是完好的。看起来这位国王像是被处决了,或者就像很多人猜的那样,在睡眠中被谋杀了。他的伤口都没有愈合的痕迹,这也就意味着,不管是什么样的袭击,可怜的塞肯内拉都没能挺过来。

　　当杀手悄悄近身,要将他殴打致死时,他是在睡觉吗?还是在用餐?

　　之前有很多人都非常支持暗杀的说法。然而,如果一位国王被暗杀,他理应享有完整的木乃伊制作仪式。如果塞肯内拉是在自己的宫殿或者营帐里被杀死,那验尸官在做他的木乃伊时不应该如此敷衍和草率。

　　另外,袭击国王的武器种类多样,因此暗杀之说也显得有些站不住脚。埃及人和希克索斯人使用的武器类型不一,而从国王头上的几处伤口来看,两种类型的武器袭击者都用到了。其中两处伤口的形状和巴勒斯坦青铜战斧相符,而这种武器只在东北三角洲,即希克索斯人所在的地区才发现过。另外几处伤口则与埃及人用的手斧以及短柄小斧的形状相符。暗杀行动中使用这么多种不同的武器是很少见的。然而,希克索斯人曾将埃及的奴隶兵招入麾下一同攻打埃及,如此一来,在同一个战场上,埃及面对的敌军就有可能拥有两种类型的武器。由此,塞肯内拉的死亡可能确实发生在战场上——不过正如我们之前所言,他并非是在战斗进行时被杀的。

　　如果塞肯内拉不是被暗杀的,也不是战死的,那他究竟死于何因?还有一种可能:他是出于某种原因被处决的。被以棍棒或者砍刀处死的人,临死的时候手被缚着,这样就会出现类似的伤口(但即使在这种非常可控的情况下,行刑者也时而会失手,造成受刑人肩胛骨或者锁骨受伤)。

　　我跟加里·肖博士有过交流,他解释说,塞肯内拉被处决时可能是跪着的,所处的位置就在战场或者战场附近。他还表示袭击者用了武器的两面来杀死国王,所谓的两面就是斧子的刀刃和另一端用来平衡的棍子一样的钝面。国王被杀死之后,有人给他的尸体做了一个基本的木乃伊化处理,然后他就被送到底比斯，接着再被送去他最终安息的地方。

欧洲的国王身上经常有伤，比如十字军东征时期的欧洲国王就是如此，但非常有意思的是，没有任何一个古埃及国王的身体上有类似的损伤。根据当代的考古发现，亚历山大大帝身上就满是愈合了的伤口。塞肯内拉的儿子雅赫摩斯（Ahmose）是古埃及最受人敬仰的勇士君主之一，就是他最终将希克索斯人侵者逐出埃及。然而，雅赫摩斯并不强壮，看上去像是一辈子都没做过任何体力活。这位国王确实身体过于虚弱，因此也不可能成为饰带画、浮雕和文字记录里描绘的那种挥舞着宝剑的英雄。加里·肖在研究相关的文字记录时发现，每当提到国王的名字，文章的风格都会有很大的转变，往往会从平淡客观的叙述突然间转向夸张之辞。这让人不禁联想到金日成和斯大林。按照他们的宣传员的说法，这些人在执政期间不仅著作等身，还有过无数伟大的新发现。

证据表明埃及国王通常远离流血和杀戮，但"红色法老"塞肯内拉的存在似乎与之矛盾。不过我们现在也能看出来，这位法老只是不太走运——他被俘，继而被杀，而且手法之残酷甚至让人觉得他经历了战场的厮杀。

12. 起于月亮山的古典河流

> 答案之于解题者，一如道路之于旅人。
> ——埃及谚语

"红色法老"等古埃及统治者的业绩使得埃及国的声名流传于整个地中海地区。但这带来的不仅仅是战争。在突尼斯和土耳其地区都发现过来自古埃及的贸易品或者馈赠品。希腊帝国在公元前 1 世纪崛起，当时其领导者和学者都视埃及为学习的对象，而他们的收获就是发现了尼罗河。

尼罗河就是古典之河。我的意思是，古典时期的文本中对尼罗河常有提及，而尼罗河某种意义上就属于这些文字。当然，尼罗河对古埃及和犹太人来说也至关重要，却是希腊人给予尼罗河某种额外的荣光，将其引入欧洲人的视野，使得这条河流不再独属于中东地区。

尼罗河现在的英文名 Nile 从希腊单词 Neilios 演化而来，这个单词的意思就是"河流"。几乎可以肯定，Neilios 这个词来源于古闪米特语中的 nahar 或者 nahal，而且 nahar 一词至今仍保留在当代阿拉伯语中，意为"河流"；希伯来语中 nachal 一词也是由此演变而来，意为"较小的溪流"。

为公元前 8 世纪的读者写作的诗人荷马在作品中描述了一个四周环海的世界，而尼罗河就像它的一个排水口，穿过利比亚延伸至远方的大海。河流的源头还住着俾格米人，这点确系事实；俾格米人就住在黑暗的伊图里森林中，紧邻月亮山，而月亮山即鲁文佐里山脉，是白尼罗河水的重要来源。数世纪以来都有读者怀疑月亮山和俾格米族小矮人的真实性，他们觉得这些就像荷马的独眼巨人一样，都是幻想。

我是在 18 岁时第一次听到"月亮山"这个说法。那时我就确信，这个表达有点古典时代的韵味，因为恺撒大帝曾写到过这个山脉，且它的位置就在非洲的某个地方。除此之外，对于这个名字，我只是觉得它念起来很好听罢了。多年之后，我在研读一本关于某种罕见的鹿的书籍时发现，阿布鲁齐公爵（Duke of Abruzzi）就是这种鹿的发现者阿曼德·戴维神父（Armand David）的学生之一，正是这位公爵在 1906 年首次系统地探索了月亮山脉。那次探险最初是由斯坦利（"利文斯敦和斯坦利"中的那位斯坦利）提议的，他本人就是第一个见到月亮山的欧洲人。在此之后，阿布鲁齐公爵成功攀上了月亮山所有的峰头。

这位公爵之后的职业生涯也非常有趣。他尝试过攀登 K2[1]，还为埃塞俄比亚引入了第一台装甲坦克，后来这台坦克还在 1928 年镇压政变时派上了用场。他的感情生活最初不是很顺利。他第一次想缔结婚姻时因遭到反对而无奈放弃（对方是个平民），但后来他跟索马里的一位农妇结了婚，弥补上了这个遗憾。这个女人是他在索马里尝试建立农业公社时结识的。他在埃塞俄比亚时还曾去过塔

---

1 K2，即乔戈里峰（Qogir），是世界第二高峰，也是喀喇昆仑山的主峰。

纳湖，就在青尼罗河的起点，由此，他也成了极少数到过两个尼罗河源头的人之一。

想要探寻月亮山和尼罗河之源的人不胜枚举，公爵先生已经是后来者了，而排在最前面的就是希腊历史学家希罗多德，同时他也是世界上第一位旅行作家。我们现在对古埃及和尼罗河的了解在很大程度上仍受到希罗多德的影响，且他对金字塔和木乃伊的研究仍是公认的相关领域知识的基础。希罗多德去埃及是在公元前457年，当时埃及已逐渐没落，但他见到的仍然是古埃及帝国，一个在几千年间都没有改变过习俗和语言的地方。他善于提问，洞察力敏锐，总能发掘出有趣的信息，他感兴趣的事物就像是《太阳报》（Sun）所说的"哈喽，格拉迪斯"（Hey, Gladys）——指非常有意思的信息，能让主妇们听了之后迫不及待地想要分享，隔着院落围栏就朝邻居格拉迪斯喊话。随便举几个希罗多德作品中的例子："除利比亚人以外，埃及人是最健康的……因为他们每个月都用三天来吃催吐剂、灌肠，借此清洁自己的身体。""每一个医生都专攻一种疾病，有些专门看眼病，有些看头病，有些看牙病，甚至还有些只看非常罕见的病症。"还有："如果一个家庭里死了一个男人，女人们就把自己满头满脸都涂上泥巴。"无论真假，这些内容确实很抓人眼球。

希罗多德沿尼罗河上游方向旅行，最远到过埃及南部的象岛，临近阿斯旺地区。那段旅行跨越600英里，很有挑战性。几百年之后，埃拉托色尼[1]将雇用专业人士通过匀速步行测量出更精准的距离，且通过这个数据，他还会正确计算出地球的周长。象岛以出口象牙和奴隶闻名于世，算是名副其实的血色之岛。诡异而又讽刺的是，数千年后，埃及政府为表达感激，将象岛旁的一座小岛作为礼物送给了基钦纳勋爵，而惨烈的河流之战就是此人缔造的。在这场发生于1898年的战争中，有11,000个苏丹人丧命于机枪和炸弹，但阵亡的英国士兵只有47名。这场血腥屠杀就发生在白尼罗河和青尼罗河的交汇之处（又多了一个理由将此后的尼罗河段称为"红色尼罗河"）。今天，基钦纳的小岛上有一座精

---

1 埃拉托色尼（Eratosthenes，公元前275—前193），希腊哲学家、诗人、天文学家和地理学家。

美的花园，而象岛的一侧则立着一座醒目而又丑陋之极的酒店，乍看之下像个巨大的通风口。

希罗多德曾用不屑的语气提到一位牧师告诉他的话，说这位牧师认为尼罗河之源就是克罗非山（Crophi）和摩非山（Mophi）之间一处深不可测的泉眼，而这两座山就位于阿斯旺和象岛之间。希罗多德对这个说法嗤之以鼻，因为他觉得尼罗河的源头在非洲大陆深处。我们也可以对这位牧师的话一笑置之，除非我们把这个说法看成是对现实的改编，或者对事实的神话化。万一这位牧师所言中尼罗河之源的细节属实，只是总体的位置发生了偏差呢？这就像是你把正确的伦敦地图拿给人参考，却告诉别人这是纽约地图。如果我们把牧师说的阿斯旺附近的地理情况放到非洲中部地区，这一切就瞬间合理了：现在我们知道，鲁文佐里山脉最北边的两座山，艾敏山（Emin）和盖西山（Gessi）之间就有一座深湖。这座湖是卢阿姆里河（Ruamuli）的发源地，而卢阿姆里河是艾伯特湖的主要供水河之一，换言之也就是白尼罗河的供水河。在埃及，很多古老的知识虽然内容准确，但在流传中却能一直保持"神秘"，也许这就是原因吧。

亚里士多德将尼罗河之源称为银色山峰，人们觉得这也是在暗指被积雪覆盖山顶的鲁文佐里山脉。当然，提及鲁文佐里山脉时亚里士多德会用古典时期的说法——月亮山。

虽然有一点复杂，但归根结底，这些山和由它们供水的湖泊——艾伯特湖——就是尼罗河真正的源头。这个发现非常有趣，而这个观点的依据是，流入艾伯特湖表层的水量和流出维多利亚湖的水量持平，也就是说流量没有增加。从水文学的视角来看，河流源头是指河流流量开始增加的地点。换言之，艾伯特湖仍然是（12,500 年前就已经是了，那时维多利亚湖尚未决堤）尼罗河生命的起点，因为从流经艾伯特湖开始，尼罗河便不再局限于自己之前的规模，而是在向着大海前行的过程中不断成长。

有人认为古人已经把什么都摸透了，我也是其中之一。对我们来说，即使不靠那些晦涩的水文学定义，其实还有一些没那么直接的证据也能说明月亮山真的就是尼罗河之源。有线索显示，鲁文佐里山脉与一条由裂谷形成的小山链交会，而当前"真正的源头"卡盖拉河源起的高地地区就是这条山链的一部分。

　　大约 300 年后的公元前 63 世纪，斯特拉波登上历史舞台。彼时，他已经开始关注埃塞俄比亚和青尼罗河的源头。由此，尼罗河洪水的秘密第一次在文献中被揭开："古人大都靠猜测，但后来的人可以直接观察，明白了夏季多雨，尼罗河会因雨水而暴涨，上埃塞俄比亚地区会遭受洪涝，尤其是最远的山区；当雨水停止，洪水也会逐渐退去。"

　　这段叙述基本上是对的。他还提到了另一个源头，说那里的海芋和省沽油的茎有 12 腕尺[1]（约 18 英尺）长。这个描述听起来很像是鲁文佐里高山区那些巨大且茂盛的植被。这姑且也算一个更为隐晦的依据，说明那些值得我们了解的事，古人也一直都知道——以他们特有的方式。

　　如果要继续徜徉于这一美妙幻境，就不得不提一下后来的宗教了。先知穆罕默德有这么一句训词："尼罗河从伊甸园流出，趁水刚离开园子时仔细观察，能看到来自天堂的叶子。"这句话很容易让人联想起巨大的苏德沼泽中相互缠绕的植物，但再仔细琢磨一下，鲁文佐里地区那些充满生机又湿淋淋闪着水光的巨大植被就映入了脑海——那里满是罕见的植物种类，论原始之美可以说是无出其右。

　　在海拔 7500 英尺以上的地区，竹子可以长到 50 英尺以上的高度，直到海拔超过 10,000 英尺，它们的身长才会缩减。这个海拔高度已经进入了高山带，一般能见到石南——但欧石南和联臂石南可不是普通的石南，它们能长到四五十英尺高，树干能有几英尺宽。在鲁文佐里山脉地区，全年都是生长的季节：气候永远都是潮湿的，同时还有异常充足的紫外线。还有比这更适合作为伊甸园的地方吗？

　　在海拔约 6500 英尺的地方可以见到巨大的半边莲——30 英尺高的不算稀奇，超过 20 英尺高的就更常见了。这种花花瓣很密，而且花瓣长度大都有 10 英寸。这种植物已经被引入了英国。即使在英国潮湿寒冷的气候里，只要照顾

---

1 腕尺（cubit），指从肘拐到中指尖的距离，是在埃及广泛使用的测量单位。

得法，它们也可以成活；放在温室里养可以让它们免受霜冻影响，在两年内就能长到四五英尺高。离开了伊甸园，一切都缩水了，只是一个个苍白的复制品罢了。

还有一种大家伙是毛萼硕莲。这种半边莲整体看起来就是一个巨大的花穗，常有15英尺高，卷绒毛的淡蓝色苞片内裹着柔嫩的粉蓝色花朵。在这种海拔高度能长出如此壮硕的植物，着实令人惊叹。但它们一旦被转运到欧洲，几乎无一例外都长不起来，很快就枯死了。

月亮山奇谈还不止于此。斯坦利在其作品《在非洲最黑暗之处》（*In Darkest Africa*）中提到，自己在穿越埃及时曾找到一本古籍。（在这本书里，斯坦利无意中展现了自己的个性，比人们印象中狂热探险家的形象要有趣得多。）哎呀，想象一下那个场景吧：一位维多利亚时期的探险家，穿着他的"探险家制服"（斯坦利自己发明并普及了这个玩意儿），意气风发地穿行于迷宫般的露天市场。接着，他被嘘声和低语声吸引，看到了一位枯瘦的古董小贩。这个人的小店里满是积灰的珍宝，但斯坦利只买下了一本古书，并为此支付了一枚玛利亚·特蕾莎银币。他的钱都藏在为自己定制的旅行者"金"腰带里。

回到谢菲尔德酒店，斯坦利确认四下无人，开始仔细研读那份手稿。之前他找了一位生活窘迫的戴眼镜的学校老师，让他帮忙翻译了一下。结果那本书似乎是个复本，应该还有更古老的原稿。这本书也是用阿拉伯语写的，名为《探险者的欲望》（*The Explorer's Desire*），据说可以追溯到11世纪的撒拉丁时期。斯坦利对书的内容惊叹不已，曾大段引用这本失落许久的书中的文字：

> 卡达玛之子阿布·埃尔·法德尔写道："尼罗河发源于赤道外的古末山（Gumr，基本可以确定这个山名源自kamar一词，意为"月亮"）。源头处分流出十条河，每五条河汇入同一片湖，从这两片湖中又分别流出两条河；接着，一共四条河流又同时汇入一片巨大的湖泊，最终从这片巨湖中流出的就是尼罗河。"

斯坦利确认维多利亚湖就是白尼罗河之源，而上述这段文字也与他的发现相符。古书的记载还有后续："据说，某位国王曾派人去探访尼罗河之源。他派出的人到了铜之山，但太阳升起的时候，铜之山反射过来的阳光过于炙热，将他们都烧伤了。"

有意思的是，到了20世纪30年代，当时斯坦利已去世许久，而人们真的在鲁文佐里雪山脚下发现了储量巨大的基伦贝铜矿。月亮山坐拥了一切——水源，秘密，现在还有财富。

13. 故事的力量：埃塞俄比亚的伊索

> 利刃不互砍，智者不互损。
> ——埃塞俄比亚谚语

如果说古代与现代，或者传统与现代之间有一个本质区别，那就是对前者来讲，故事的力量是不可忽视的。虽然现在的商人和科学家也都在重新发掘传统故事的意义，认为它们内含某些精微且先进的思想，但这种认识尚未成为"官方"话语的主流。对于生活在传统社会中的人来说，故事是交流的命脉。而对于现代人来说，故事就只是故事而已。

希罗多德的作品和《圣经》《荷马史诗》以及《堂吉诃德》一样，都是由一个个的故事组成。事实上，现代化来临之前，所有书籍的内容都是这种形式。可以看出，小说这种艺术形式兴起的时候，正逢故事开始失去它旧日的地位，而代替故事成为官方话语的则是充分的论据、逻辑、含糊的科学观点、政治，还有所谓的发展。而被人们当作娱乐的小说则成为故事退场后最合适的归处。不过，故事并没有选择离开。

在讲述尼罗河故事的过程中，我也不是刚巧就发现了一堆故事，而是尼罗河自身就好像和世世代代的故事密不可分。它似乎总能吸引那些伟大的故事创作者，伊索（Aesop）就是其中之一。

我的大部分旅行都集中在白尼罗河下游，但我也保证，自己未曾忽视过埃塞俄比亚地区——那里是青尼罗河的源头，传说中青春之泉的所在地，而且还可能是伊索的出生地。有些传统文化认为伊索是一位希腊奴隶，然而伊索的故事里有很多非洲动物，且他的名字还跟拉丁文的"埃塞俄比亚"（Aethiope）一词同源。由此，很多人认为伊索的故事源自埃塞俄比亚，只不过复述或抄写故事的是希腊人，所以其中才会有很多希腊元素（包括记录这些故事的语言本身）。

尼罗河连接万事万物——在我探索的过程中，也不断涌现出我本人都无法预测的联结。很多评论员认为，伊索寓言最早是一位传说中的非洲人讲的一套故事。这个非洲人名叫卢克曼（Luqman），是一个来自埃塞俄比亚的奴隶。深入研究经口口相传留存下来的传说后，人们发现，被称为"智者"（hakim）的卢克曼来自努比亚尼罗河边的一个村落。

在公元前200年前后，卢克曼被希腊掠夺者掳回希腊做木匠和造船工——这两门手艺都是他在非洲学会的。大部分来自尼罗河沿岸的非洲奴隶都被希腊人称作埃塞俄比亚人，所以当卢克曼开始讲寓言故事和格言的时候，这些内容就被统称为埃塞俄比亚寓言或者伊索寓言[1]。有一个传说讲到，卢克曼的主人有次命令他杀一只羊，然后把羊身上最好和最坏的部分带给他，而这就成了伊索重获自由和声名之路的开始。也许他的主人想在奴仆面前享受权力感，要施舍给他好肉，但也得让他看看差到不能吃的肉。但无论他主人的动机为何，卢克曼杀完羊回来，带来一盘羊心和羊舌头。奴隶主很惊讶，但什么都没说。他不想在区区一个奴隶面前示弱。然而，到了第二天，这位好奇的主人又让他去杀羊，卢克曼又带着羊心和羊舌头回来了。"但为什么，"那位希腊奴隶主发问，"为什么这些是最好和最坏的部分呢？"卢克曼回答："如果是一个真诚的人，他的心和舌就是最好的部分；但如果是一个虚伪小人，心和舌就是最坏的部分。"

---

1 "埃塞俄比亚人"（Ethiopian）和"伊索"（Aesop）两词在发音上很接近。

这个说法颇受他主人赏识。希腊奴隶主很高兴，卢克曼也很快出了名，大家都知道他擅长讲故事，而且讲出的故事广为流传。最后，卢克曼的主人放他自由，这样他就可以随意游走，随时讲故事。有人问卢克曼他的智慧从何而来，他回答道："观察无知的人。"还有一次他的答案是："说真话，并且无意义的事情不去过问。"

伊索的故事都很简单，所以有人觉得只适合小孩子。但也有很多人反对这个观点，他们更相信阿拉伯传统的说法，认为伊索的寓言故事真正要表达的寓意往往与表面相反。寓意就是故事的精髓，需要抛给大众和孩子消化吸收。但其实伊索的每一个故事都有一个虽不那么明显，却更有用、更能激励成长的含义。拿狐狸和葡萄的故事举个例子。一只狐狸不停地跳着去够葡萄，最后他放弃了，很失落地说："反正八成是酸的。"一般来说这个故事的寓意是"酸葡萄心理"——得不到的就贬损。但这个故事的内核并非如此。其实，故事中的狐狸是一种为了好奇而去猎杀的生物，它就代表了我们的好奇心，即我们只是为了知道而求知。换句话来说，我们就是故事中的狐狸，没有像卢克曼教导的那样不去过问与我们无关的事，而是胡乱地一头扎进可能对自己不利的事情。如果抱持这样的心态，当我们面对真正重要的探索时，也容易半途而废，因为就像那只狐狸一样，我们已经自己学会了轻易放弃。

与普通的"道德"故事不同，在伊索的故事中不管找到多少种解读都说得通。而在这个故事里，我们已经看到它所包含的警示，即随意、轻佻的好奇心是不好的。还有，如果我们想得到真正的启迪（葡萄和葡萄酒在传统故事里常常象征着启蒙），那就必须学会放弃一些什么。这个故事也可以理解成，当事情发展不如意时，我们不能找理由来开脱——放弃"酸葡萄"这个理由。事后找这种自我安慰的理由，只会让我们蒙蔽自己，让自己看不到现实。在这个故事里，实际情况很简单，就是跳得不够高而已。真正聪明的做法不是找个理由聊以慰藉，而是想个实际的办法来应对：找一把梯子来摘葡萄。我们遇到问题，就要想办法帮自己，比如向老师寻求帮助。

故事中的狐狸和卢克曼不同，它感兴趣的东西都没有什么用处。利害相关的事要专注，无关紧要的事要忽略，它必须学会这些，不然永远不会有收获。

自然，我写下这些话的时候也在反思自己。我追寻一条又一条线索，企图获得关于尼罗河的真相，从世俗意义上来讲，这难道不是出于一种极其轻佻的好奇心吗？也许是吧。但我仍然相信，尼罗河不仅关乎历史，它一定也是一条故事之河；我无法甩掉这种信念，但这也只是一种信念罢了。

14. 埃拉托色尼的临终遗嘱，公元前 194 年

> 心怀恨意的人连蜜糖也恨。
> ——努比亚谚语

这个故事由埃拉托色尼向一位耐心的抄写员口述。这位抄写员的脸他从未见过。他说话的声音时起时落，几乎消融在同频的呼吸之中。

"我又老又盲，而且已经这样很久了，久到我已经觉得没什么特别的了。人的生命本身就是有限的，直到死，他们都在梦想逃离这种限制。现在，我认为自己已经足够接近一切的终结：我不会再进食，不过并不是想自我了断，只是我不进食，就能不以这种状态存活。我想带着一点残存的尊严离世，而这就是我的方式。我会继续存在，存在于亚历山大图书馆，存在于我的作品中。当我死去，我还会作为导师在那里与年轻人相遇。

"我做过什么？我解开了尼罗河的秘密，破除了它周身缠绕的邪恶迷信。我解开了世界的秘密，展示了它的大小和规模。还有我们与太阳和月亮的距离——对于这些问题我也都做出了解答，而且是首次正确的解答。这些知识会再次遗失吗？只要亚历山大图书馆存在，就不会。

"埃及农民仍崇拜着太阳神阿蒙，但他们不知道太阳是多么遥不可及。而我和他们都不知道的是，为什么比太阳小得多、离地球近得多的月亮，从地球上看起来却和太阳有着一样的形状和大小。也是因为这样，太阳能完全遮盖月亮，

月亮也能完全遮盖太阳——在大小上没有高下之分。一切就像是神明特意设计的一样。但距离我是知道的，这点无关魔法。

"为了探寻真实的尼罗河轨迹，我进行了那次著名的色耶尼[1]之旅，亲眼看到头顶的太阳在左边和右边都没有落下任何阴影。我得出的轨迹比希罗多德那个老骗子的要精准千百倍。我带着四位训练有素的步测者——他们能够走一百步甚至一千步，每一步都距离相同。他们只走直线，除非河道拐弯。他们每次偏离直线，我都会测量偏离的角度和路程，由此计算出从亚历山大城到上埃及色耶尼城的距离。这个数据是我之后得出地球周长的基础。

"在色耶尼，我被绳子吊着进入一口气味浓烈的深井。我吊在绳子上来回晃，直到确认太阳没有在井底投下任何阴影——太阳确实是在头顶正上方。

"我之前在亚历山大城测量过正午太阳光的角度，是 7 度 12 分。两地太阳光角度的差别，加上我沿着尼罗河一路走来的距离，这两个数字告诉我世界是圆的，周长大约为 252,000 斯塔德[2]。

"在色耶尼，我曾询问所有对尼罗河及其神秘之处有所了解的人，为什么其他河流的洪水都在冬季，偏偏这条河是在夏季。答案很明显——这条河发源于夏季多雨的山区；在埃塞俄比亚就有类似的山脉，降落在那里的雨水来自非洲和印度之间的大洋。据说，亚历山大本人很想知道其中的因果，但从未如愿——很遗憾，我没能在他身边为他答疑解惑。

"好了，现在也轮到我了。很奇怪，当一个人探究了世界的奥秘之后，不知怎么也就开始看清自己了。而我也因此发觉自己大限将至。我不会再进食，阳光会给予我营养。我有一种预感，也许我会活得比自己预想的久。也许我会永远活下去。

"有人告诉我，我盯着太阳看得太频繁、太久了。就是因为这样，我在 82 岁的时候失明了，不得不依赖一个男孩的肩膀生活。我用手扶着他的肩，由

---

1 色耶尼 (Syene)，曾经位于尼罗河第一瀑布处的小城，地处北回归线，大致位于现在的阿斯旺地区。
2 斯塔德 (stadium，复数 stadia)，古希腊长度计量单位，据历史学家估算，1 斯塔德的距离在 150
　米到 210 米之间。

他引导我前行。但至少还是要抬头看一眼吧，总胜过一辈子躲着太阳的启迪之光。"

15. 继续下去，克利奥[1]

> 下雨不上树。
> ——苏丹谚语

埃拉托色尼测量了尼罗河，继而又测量了世界。在公元前194年，或许埃拉托色尼乐意把他的帽子放在哪里，哪里就是世界的知识中心，即使只是一口散发臭气的深井。但100年之后，世界中心已无可挽回地从亚历山大城转移到了罗马，他在亚历山大城所熟悉的强盛的古希腊－古埃及文化已呈衰颓之势。据说，征战中随意的抢掠行为已使图书馆的藏书量大幅减少，以至于最终图书馆被烧毁的时候（不确定是由谁所为，对此阿拉伯人和基督徒互相指责）已经不剩什么书了。

但这些都是后来发生的事了。在恺撒和克娄巴特拉所在的公元前1世纪，亚历山大城仍然是古代世界的中心，只是跟之前比起来略显颓败，一如整个埃及北部沿海地区。

我现在就位于发达的北部沿海地区，而且正在克娄巴特拉的浴池里游泳。里面没有牛奶——这是一座户外浴池，也是她和马克·安东尼[2]在公元前40年寻欢作乐的地方。这个池子用粗削过的石块做成，但看得出是长方形，而且也有人工雕琢的痕迹，离美丽的马特鲁港[3]白沙滩特别近——第二次世界大战期间，

---

1 克利奥（Cleo）是克娄巴特拉的昵称。

2 马克·安东尼（Mark Antony，前83—前30），原名马西·费尤斯·马西·尼波斯（Marci Filius Marci Nepos），古罗马政治家、军事家，恺撒大帝的左膀右臂。

3 马特鲁港（Mersa Matruh），埃及马特鲁省的首府。

陆军元帅埃尔温·隆美尔（Erwin Rommel）的指挥总部就设在临近该沙滩的崖洞里，刚好能俯瞰山下的城镇；现在那里有一座小博物馆，收藏着隆美尔的一件皮大衣，由他的儿子曼弗雷德捐赠。克利奥从没想过要像我这样在明晃晃的阳光下游泳——这会晒伤她享有盛誉的白皙皮肤的。在她那个时候，这个浴池的周围应该环绕着一百支蜡烛，在海风的吹拂下闪烁着火光。而如今，这里没有蜡烛，除了我之外也没有别人。水很冷，但还是很让人兴奋。海浪仍然可以涌进来，每逢涨潮，浴池就会被海水灌满。水体非常滞重，水波流动的样子就像一副慵懒的身体缓缓抬起。海水的咸味也让人感觉不像是在浴池里。在罗马时代，这个自然形成的海港被称为帕拉托尼厄姆（Paraetonium）。这里距离亚历山大城有 150 英里，而克娄巴特拉和安东尼曾多次沿着海岸线乘船远行，所以他们很可能就是在某一次远航期间用了这个浴池。

继续下去吧，克利奥：克利奥是一个谋杀犯，克利奥是一个荡妇；托尼[1]一输给小盖斯[2]，她就逃跑，伤透了他的心。克利奥嫁给朱尔斯[3]是为了守住领土，嫁给托尼是因为不想放权。克利奥是一个谋杀犯，她与最亲近的弟弟夺权，毒杀了自己的妹妹——可怜的阿尔西诺伊[4]；克利奥是一个荡妇，甚至与希律王同床共枕，让他为她着迷，从不离开她的床榻；克利奥是一个统治者，是最后一位法老，她艳冠群芳，智绝群雄。

克娄巴特拉七世是最后一位埃及法老。她于公元前 30 年去世，此后埃及一直受各方侵略者统治，直到 1952 年，贾迈勒·阿卜杜尔·纳赛尔代表军方和平民夺权。克利奥是尼罗河的最后一位女王，也是最后一位享受埃及统治者之荣的人。

---

1 "托尼"（Tony）在英文中是"安东尼"（Anthony）的昵称，这里指马克·安东尼。

2 "盖斯"（Gussy）是"奥古斯都"（Augustus）的昵称。盖乌斯·屋大维·奥古斯都（Gaius Octavius Augustus，公元前 63—公元 14），恺撒大帝的继承人。

3 "朱尔斯"（Jules）是拉丁名"尤利乌斯"（Julius）的变体。盖维斯·尤利乌斯·恺撒（Gaius Julius Caesar，公元前 100—前 44），即恺撒大帝，罗马帝国的独裁者。

4 阿尔西诺伊四世（Arsinoe IV，公元前 68—前 41），克娄巴特拉的妹妹，曾在克娄巴特拉与托勒密十三世争权时选择帮助后者。

在此之前，埃及也确实已经在走下坡路了。亚历山大大帝在公元前332年入侵埃及，并扶植了新的埃及统治者——托勒密家族。在那之后，埃及就自然向希腊靠拢了。至少有一个世纪，托勒密家族都拒绝说埃及语，坚持说希腊语——这也就是为什么罗塞塔石碑[1]上既用了埃及象形文字，又用了希腊文——也正是因为这样，多年之后欧洲学者才可以利用石碑上的内容来解读象形文字。但克利奥却说埃及语——埃及语后来以科普特语的形式留存了下来，而且很多词汇被吸收进了埃及阿拉伯语。她学习埃及人的一言一行并以此为傲，而且因为她足够美貌，言行都显得很有格调。

罗马人来到埃及，向克利奥的父亲托勒密十三世表示他们可以为埃及提供军事防御。为了讨好恺撒，托勒密命人杀掉了恺撒的政敌庞培[2]。然而，恺撒觉得他的做法过于鲁莽，并不领情。他本打算在尼罗河战役胜利后将埃及收归罗马，但一位21岁女子的出现打乱了他的计划。他为这位女子倾倒，甚至为了她决定在埃及住两年，还把埃及的统治权也交给了她。想象一下，假设萨达姆是位女性，这就相当于因为她美得倾国倾城，乔治·W.布什被她迷倒，在她的邀请下在巴格达住了一段时间，还跟她生了几个小孩。你能想象这种事吗？这不禁让人怀疑，要想真正安抚一个国家，唯一的方式就是嫁入该国的统治家族。

当克娄巴特拉和尤利乌斯·恺撒第一次同游意大利时，他54岁，而她只有23岁。他命人照着她雕了一座精美绝伦的金像，并将其置于罗马的维纳斯神庙，熠熠生辉。她则捐赠了一幅尼罗河马赛克画，这幅画目前还保存在庞培古城的伊西斯神庙中。伊西斯是埃及女神，正是她的眼泪导致了尼罗河洪水的爆发。而埃及神能被供奉于罗马地区，足见埃及在古代世界的影响力。在这幅非同寻常的马赛克画中，显而易见，尼罗河就是埃及的生命线，正是尼罗河的水流和

---

1 罗塞塔石碑（Rosetta Stone），发现于埃及港湾城市罗塞塔，石碑上用希腊文字、古埃及文字和当时的通俗体文字刻了同样的内容。

2 格涅乌斯·庞培·马格努斯（Gnaeus Pompeius Magnus，公元前106—前48），古罗马共和国末期著名的军事家和政治家，在罗马内战中是恺撒的敌人，被恺撒打败之后逃到埃及。

逆向的风共同组成了这个古代世界最高效的运输系统。克娄巴特拉虽然喜爱罗马，但也乐于时不时离开那里，回到亚历山大城，回到帕拉托尼厄姆静美的湛蓝海水边，回到那座户外浴池中。她这种雨露均沾的做法是保护埃及暂不受侵略的必要举措，但最终也只是拖延了一些时间罢了，该来的总是要来。

心软的恺撒乐意将克利奥母国的统治权交与她，但还没有心软到甘愿将自己的帝国给她，这也是在所难免的。恺撒指定继承人时并没有选择他们的儿子恺撒里昂（Caesarion），而是选择了他的甥孙屋大维，也就是后来的恺撒·奥古斯都（虽然被指定为继承人并不一定能得到统治权，但也明显是一种帮助）。

屋大维清楚，世界上只能有一个恺撒。于是，在他的舅祖父被刺杀之后，他最终与马克·安东尼结成了联盟。马克·安东尼像恺撒一样力图统治埃及——毕竟埃及是古代世界仅次于罗马的富饶地区。但克娄巴特拉又一次施展了她的魅力。然而，时间已经不够了。屋大维想独占所有的领土。他在阿克提姆（Actium）大败马克·安东尼，根据一些人的说法——克利奥从战场上逃跑了。最终克利奥和安东尼都死于亚历山大城，而就在这个地方，仅仅一年之前还都是穷奢极侈、酒池肉林的场景，是全世界艳羡和好奇的对象。但克利奥已经没有时间了。

也许有人会说，克利奥在抛弃尼罗河的时候就已经失去了所有，包括她的男人。在亚历山大城和异域国土上寻欢作乐，她忘记了统治者需要的是比敌人更厉害的船舰和海军。也许她觉得自己也能迷住屋大维。然而并不可能——比起爱人，这个人更喜欢杀人。

作为一个战士，恺撒比马克·安东尼强大太多，并且他懂得要与尼罗河保持联结。他来到亚历山大城的时候被克娄巴特拉诱惑，她提议进行一次凯旋之旅，沿尼罗河向上游航行至孟菲斯城。恺撒没有拒绝这个提议，而之后的马克·安东尼做了相反的选择。这次旅行充满了象征意义，可以说这个行为本身就代表了埃及的统一：尼罗河是埃及人的沟通渠道，是交通干线，也是一切财富的源头——是尼罗河的夏洪为埃及带来了淤泥和水源。埃及一年有三次丰收季，由此成为罗马统治的领土中最富饶的区域。克娄巴特拉的财富是常人难以想象的，而她打算通过自己非凡的头脑和手段留住这些财富。

还有毒药。不得不说，克娄巴特拉对用毒了解得太多了。对此，即使是对她最痴情的爱侣安东尼都觉得很不安。安东尼在亚历山大城的宫殿里雇用了一位自己专用的试毒师，克娄巴特拉知道后，就将她王冠上的鲜花蘸了毒药给安东尼吃。当他马上就要吃下去的时候，她一把将花夺下，扔给一个囚犯——那个囚犯就是为此专门被押在那里候着的。看着这个不幸的男人在地上痛苦地翻滚，马克·安东尼明白了：不管自己如何提防，如果她真的想杀掉他，她总能办到。

但马克·安东尼也并非善类。输掉塞流卡斯（Seleucas）之战的时候，他问克娄巴特拉自己要不要把代他统领埃及军队但战败的那位将军处决，而且还想把他的家人和马匹也都杀掉。阴谋、毒药、对仇敌及其家人的杀戮，这些都让人不禁联想起希特勒的第三帝国倾覆前夕的那些疯狂之举。

历史着迷于克娄巴特拉，因为她看起来与我们如此不同。她会夜宴宾客至天明，且为人言行浮华夸张，这似乎并不符合世界领袖的身份，反而更像是伊丽莎白·泰勒的作风。泰勒在 1963 年的那部经典电影中扮演了克娄巴特拉的角色，某种意义上算是非常贴合了。

这位眼镜蛇女王与恺撒和马克·安东尼都有孩子。在 39 岁那年，她死在了自己手里。生前，她和安东尼极尽欢愉之能事。他们甚至组建了一个小团体，起名为"无双生活会"（the Order of Inimitable Life）；在距离故事结局不远的时候，他们又组建了一个，叫"死不分离会"（the Order of the Inseparable in Death）。不知怎的，这些做法会让人想起科特·柯本和科特妮·洛芙[1]，总之不像是一个伟大国度的统治者会做出的事情。

死亡的戏码就是这出大戏的最后一幕——不过，真的是吗？为了拯救埃及，克娄巴特拉可以无所不为；而在两千年之后，在"当代埃及法老"、总统安瓦尔·萨达特（Anwar Sadat）的身上，我们仍然可以看到两人的相似之处。这

---

1 科特·柯本（Kurt Cobain），美国摇滚音乐家，词曲创作者，妻子科特妮·洛芙（Courtney Love）也是摇滚音乐人和演员，两人都有毒瘾。科特·柯本于 1994 年自杀身亡。

些人对自己的国家深感认同，以至于分不清个人和国家的界线。在这种状态下，他们为了达成目的，不仅会动用个人资源，而且还会使用政治手段。这并不是说他们会将个人的意愿置于国家的需求之下，而只是意味着个人的欲求会影响到涉及千万人的政治决策；为了"拯救国家"，这些人也可以采用非常个人化的方式，比如谈情说爱，或者在另一位领导人面前低头（萨达特就是这么做的，就在他为了解决西奈半岛的问题去耶路撒冷朝圣的时候）。

克娄巴特拉善用自己的美貌。但这并不意味着她不会爱上别人，也不是说她对爱人没有丝毫的忠诚。不过，她非常清楚自己和马克·安东尼在一起是不会有好下场的。她不能直接抛弃他，但他必须消失，他已经成了一个阻碍。她是爱他的，但等他死了，她也可以继续爱他。普鲁塔克[1]在描述这两人的感情时埋藏了一条凄美的感情线，之后，莎士比亚又为其创作了一个不错的结局。但我想在这里剔除这些缱绻柔情，因为克娄巴特拉的所有行为已经清楚地表明，她宁愿继续战斗，也不愿意死在她爱人的怀里。然而，她对他的感情足以让她放弃谋杀他的想法。她不是女版希律王。她需要想个办法逼他自行了断，但同时她又非常害怕，害怕自己一旦失败就会被作为战利品拉到罗马街头游街示众。但屋大维会这样做吗？"他一定会跟我谈谈条件的。"——这大概就是她当时的想法；但他考虑的却可能是——"我需要留着这个麻烦的女人吗？"

克娄巴特拉当时还不到 40 岁，也许她还想着自己可以诱惑屋大维。但在那之前，她需要完成计划的第一步。

她一直以来都非常善于用毒，她精通毒药，且能够识毒。她在死刑犯身上试验毒药，虽然有些没判死刑的也命丧于此。如果没有能力与敌人正面交锋，那么毒药就是首选，是宫廷斗争的绝佳武器。

虽然普鲁塔克在他的讲述中特别强调她研究毒物这件事，但其实这只是她在一群男人中自保的方式罢了。马克·安东尼可能会带任意一个他看好的勇士去向屋大维挑战，跟他进行一场男人和男人之间的对决；而克娄巴特拉则可能

---

1 普鲁塔克（Plutarch，约 46—125），罗马帝国时代的希腊作家，著有《希腊罗马名人传》（*The Live of the Noble Grecians and Romans*）。

会充满爱意地用指尖沾一点眼镜蛇毒，或者取一点瓶中的颠茄或狼毒草提取液。她非常清楚自己的砝码是什么：她在埃及累积了巨量的财富——而且确实看得出，作为埃及法老，她在统治期间改变了埃及的命运。当时，埃及是世界上最富有的国家，亚历山大城比罗马还要繁荣。屋大维想要榨取埃及人所有的财富，不仅是他们的粮食，还有他们在数百年间通过采矿与非洲、亚洲进行贸易所累积的黄金和珠宝。埃及的宝藏才是目标，而屋大维急切地需要得到它，毕竟他在罗马还欠着债。他需要一位女王吗？不需要，但他需要她拥有的一切。克娄巴特拉知道，这个游戏是要玩到底了——于是她藏到了她的陵墓里，那里其实就是她的安全屋。陵墓建得非常坚固且巧妙，一旦有人在里面，就没有人可以从外面破门而入。但在很高的地方还留了一个小窗，只够一个人勉强爬进去。也就是说，里面的人可以与外界交流，只是非常有限。

在这最后一幕里出场的是安东尼。他在跟屋大维的对决中本想要海陆兼顾，但他被克娄巴特拉的海军抛弃，又被对手狠狠打击，于是彻底崩溃。屋大维的海军实力更强，于是克娄巴特拉的 60 艘战船在发觉战况不利时，马上掉转方向逃离了战场。这也不是她第一次这么做了。安东尼知道，克利奥是一个情人，不是一个战士，但受虚荣心驱使，他还是选择了屋大维擅长的战场。如果他坚持陆地作战，如果他没有接受克利奥冲动的帮助，也许历史就会被改写，也许埃及能继续富有下去，就像当时的印度和中国一样。可以说，从公元前 45 年开始，直到公元 7 世纪阿拉伯人出现，罗马人对埃及的统治基本上就是一场巨大的掠夺，而这个国家一直没能从这次打击中完全恢复。与之相似的还有阿富汗北部的巴尔赫（Balkh），那里本拥有精密的灌溉系统，滋养着一处富饶的城市文明，但被成吉思汗毁掉之后，那片土地上的人们只能选择游牧以勉强糊口。历史的巨浪，因与果，在几个世纪后的今天依旧能听见它们的回响。

屋大维想要得到埃及的宝藏，能与宝藏抗衡的筹码就是孩子。克娄巴特拉的孩子有一半罗马血统，而且是屋大维的舅祖父恺撒本人的高贵血脉。她自然想要保护这些孩子。长子恺撒里昂的处境是最危险的。此前，她把这个孩子送到了印度，并给予他巨额财富，让他在那里建立一个独立的贸易国家，一个流亡政府。至于其他孩子的安全,她打算用手头的财富来谈判,这是她最大的砝码。但同时,她还打算以自己威胁对方,让对方知道,不论是死是活,自己都会是个大麻烦——这是她身上东方文化一面的显露,而且她知道怎么让这一面发挥价值。如果这两个砝码都能用好,她的孩子和埃及这个国度也许都能存活下来。那她担心自己吗?显而易见,克娄巴特拉的自尊心极强,她不可能忍受在罗马被人当作奴隶和囚徒对待。为什么?毕竟她在那里曾被尊为女王,被拖去戴着铁链游街的耻辱不是她能承受的。但这也是可以利用的地方:罗马的民意很难预测,他们能欣赏敌人身上的勇气,而且还有一种虽然善变却真诚的正义感。克娄巴特拉想争取一些时间,这样屋大维就能意识到,在她落魄时拉她去游街是个危险的举动。她需要时间去争取一些条件,不能让他就这样简单地把她杀掉。

同时,屋大维正在忙着贿赂众人,而克娄巴特拉也没有激起多少忠诚之心。安东尼的儿子安提鲁斯[1]有一位家庭教师,这个人知道男孩的短袍底下佩戴着一块巨大的宝石——比他的命还要值钱。安提鲁斯遭到家庭教师的背叛,继而被判了死刑。但还没等男孩被处决,这个家庭教师就带着他的宝石逃跑了。后来他也被抓住了,屋大维命人将他钉死在十字架上,并且亲自监督全程。二次叛主的下场就当如此——屋大维在杀鸡儆猴。

安东尼决定掀起短袍自尽,以罗马人的方式。他的剑打磨得极其锋利——那是一把罗马短剑(gladius),剑斗士(gladiator)一词就由此而来。如果他用剑的方法正确,那把剑完全可以完成任务。然而他没能刺中心脏——罗马人自杀的方式是将剑对准心脏插入,而他却像日本人切腹那样把自己的腹部剖开了。那一定是非常可怖且痛苦的体验。

但他发现自己仍没有死,于是命令下属用马车将自己拉到克娄巴特拉的陵墓。起初,他觉得她一定是被监禁在那里,而且已经死了。但她并没有。她正藏在那里,思考下一步要怎么办。而可怜的安东尼被爱情冲昏了头脑,他没能

---

1 马克·安东尼·安提鲁斯(Marcus Antonius Antyllus,公元前47—前23),马克·安东尼和第三任妻子富尔维娅(Fulvia,公元前83—前40)的孩子。

让克娄巴特拉为他从里面把门打开。她断言门打不开，但门对内对外同时封闭起来的说法并不合理：如果这个陵墓真是作为最后的安息之地建造的，根本没有出口，那故事之后的发展就说不通。总之，悲惨而又滑稽的一幕发生了：安东尼用尽他最后的力气爬上那个高窗，结果从窗口摔下来掉到了陵墓里。他要了一点红酒，告诉克娄巴特拉她可以信任屋大维的仆人普罗库雷乌斯（Proculeius），然后就咽气了。

接下来，普罗库雷乌斯又尝试着进入陵墓。他也不得不放下脸面爬窗而入。这整件事不可避免地带有一点闹剧的性质，就在尼罗河的尽头上演着这场加长的死亡戏码。但这出剧的收尾也意味着埃及作为独立强国的阶段走向了尾声。最终，克娄巴特拉同意去见屋大维，也许她就是这么计划的（自然，这也揭穿了她无法打开陵墓大门的谎言，除非她自己也是从窗户爬出去的）。在我比较喜欢的一版故事里，她最后还是搏了一把，试着去诱惑屋大维。当这条路也没走通时，她知道自己将会被抓去罗马游街。作为曾经的女王，这实在是太屈辱了。但是请记着，这个女人一辈子都在玩最大的赌注。她早就决定，无论是生是死，都要取得彻底的胜利。既然无法说服屋大维，知道自己难逃一死，那就必须以一种能被历史铭记的方式死去。关于她的死有非常详尽的记载，据其内容，杀死她的毒蛇应该是埃及专门用来执行死刑的眼镜蛇。有些人认为，这种蛇的体形较大，无法被藏在装无花果的小篮子里偷运进去。但确有仅三英尺长却拥有致死毒液的绿色眼镜蛇。只要把它装在盛满冷水的双耳细颈罐里，让它变得迟钝，就能轻松将它盘放在无花果篮子的底部。

埃及的象征，或者说象征之一，就是眼镜蛇或者毒蛇。法老的头冠上就饰有蛇的形象。那条大河蜿蜒穿过埃及国土的样子也像极了蛇。即使到了今天，如果有人被眼镜蛇咬了，埃及人还会觉得这是一种特殊的恩典——如果这人活下来的话。直到 20 世纪 40 年代，法尤姆绿洲的农民还会在男孩 12 岁的时候让眼镜蛇在他耳垂上咬一下（在此之前，他们会先迫使这条蛇咬一下死掉的鸡）。因为耳垂上血管很少，咬过鸡的蛇毒液也比较有限，所以男孩是能活下来的，而且可以一定程度上增强免疫力。在古时候，人们认为被蛇咬一口就能获得永生。

　　然而，在罗马统治下的埃及，眼镜蛇是被用来执行死刑的。他们会让蛇咬在死囚腿部或躯干凸起的静脉处，或者先收集毒液，然后像抹药膏一样涂抹在暴露的伤口处。根据他们对蛇毒致死情况的简略描述就可以推断出，当时用的毒蛇就是眼镜蛇的一种。这种蛇毒主要攻击神经系统，会导致中毒的人嘴唇发麻，四肢刺痒麻痹，胸口沉闷进而窒息，肌腱痉挛，昏迷，然后死亡。和另一种埃及毒蛇角蝰蛇不同，眼镜蛇的毒液最快可以在 6 分钟内生效。角蝰蛇的毒液影响的是血管，会导致内出血，待生效的时间也比较长，有时甚至需要 20 个小时。

　　如我们之前所说，克娄巴特拉善于用毒。在故事的最后一幕里，她用计偷偷将一条眼镜蛇送入自己的房间。在此之前，她不断恳求胜利者屋大维，希望能说服他，但都失败了。他想要尼罗河，想要埃及的财富。克娄巴特拉之前之所以能一直保有她的财富，是因为她能控制马克·安东尼。只要屋大维除掉克娄巴特拉，埃及就不再有统治者。罗马想要拥有尼罗河，而且不打算再放手。

　　毒蛇张口咬了下去。根据普鲁塔克的记录，克娄巴特拉的胳膊上有两处咬伤，或者说两个小切口。我们都知道，她的毒药都在死囚身上试验过，所以她应该了解，眼镜蛇毒是她最好的选择：生效快，毒量足，够她和她的两个女仆用了——一只眼镜蛇体内可以携带 1 格令[1]（60 毫克）的毒液，而要毒死一个人只需要 0.18 格令。这种蛇毒的效力是人造筒箭毒碱的 40 倍，毒芹和其他植物的毒素就更不能与之相比。但克娄巴特拉选择蛇毒还另有原因。她明白，在历史的洪流中，象征符号能够真正不被曲解地流传下去，而她的选择证明了她死于一位真正的埃及神之手——在蜿蜒流动中永生的尼罗河。

　　克娄巴特拉的葬礼还是比较隆重的。她被安葬在爱人安东尼身边——两人是彼此走向毁灭的源头。他们的遗体肯定被做成了木乃伊，因为这个传统此后还延续了约 5 个世纪，直到埃及的基督教时代进入全盛期。普鲁塔克认为二

---

1 格令（grain），历史上使用过的一种重量单位，一颗大麦粒的重量为 1 格令。

人的坟墓应该就位于亚历山大城的中心地带。然而，虽然搜寻的范围已经扩大到了锡瓦地区，这座坟墓至今仍未被发现。目前公认可能性比较大的发掘地是距离亚历山大城约 20 英里远的一个叫塔波西里斯马格纳（Tposiris Magna）的荒城。

克娄巴特拉死了。她生前统治了埃及 22 年，比亚历山大大帝还要多 10 年。约 300 年前，亚历山大大帝开创了托勒密王朝，而现在王朝倾覆，埃及最终为罗马帝国所吞并。近现代史中是否有类似的事件能在重要性上与之相比呢？美国吞并了一度独立的夏威夷群岛？比不了。大英帝国殖民印度？接近了，但总还有无法等同的地方。屋大维是一位冷血且高效的皇帝。曾经，罗马的三巨头同盟[1]将统治权一分为三，但屋大维很快就将同盟解体，就像拿破仑当权时迅速废除了三人执政制度[2]一样，而且屋大维在埃及的统治也比后来的侵略者要顺利一些。屋大维深谙东方人把持王权之道：杀掉所有的竞争者，尤其是跟自己有血缘关系的人——如果名字还刚好有王侯之气，那就更该杀。可怜的恺撒里昂，他只有 17 岁，但作为恺撒和克娄巴特拉的儿子，他的名字和身世都是祸根。如果没有他的家庭教师搅局就好了！这个家庭教师受托护送他去埃塞俄比亚或印度，却在途经埃及红海沿岸某地时将他出卖，劝说他回亚历山大城。也许他们是在路上受到了恐吓，又被骗走了钱财，于是在印度建立一个新帝国的希望破灭了，还不如回去，从皇帝那里领受一份清闲的肥差。如果一个人生来富贵，就很难忍受籍籍无名的生活；对他们来说，就算要为名利承担风险，可能也远胜于拥有无名无利的自由之身。很明显，这个男孩并不具备他父母那种强烈的自保意识。不管中间究竟发生了什么，总之，男孩相信了老师罗登（Rhodon）的话，以为屋大维在埃及待一阵子后就会将那里的统治权交付给他。在回亚历山大城的路上，恺撒里昂碰见了屋大维派来抓他的人。结果，屋大维的这个年轻

---

1 三巨头同盟指屋大维、马克·安东尼和马尔库斯·埃米利乌斯·雷必达（Marcus Aemilius Lepidus，约公元前 89—前 13 或 12）。三人都是恺撒的拥护者，并以此为基础结盟，一度在罗马形成三权分立的形态。

2 所谓的三人执政是拿破仑在 1799 年雾月革命成功之后成立的执政府形式，拿破仑为第一执政，第二、第三执政并没有实权，之后拿破仑的第一执政之位也变成了皇位。

堂弟不但没有得到埃及的统治权，还遭受了严刑拷打，继而被杀害。至于他为何受刑、受了什么样的酷刑，没有相关的历史记录。但非法的谋杀常常会被伪造成合理合法的样子，也许对他实施的酷刑恰好就证明了这一点，证明这个年轻人在幻想中犯了谋逆之罪。

克娄巴特拉的其他孩子，也就是与安东尼所生的孩子，对屋大维来说没有威胁，因为他们还年幼，而且也并非恺撒大帝的血脉。这些孩子被带回了罗马，屋大维的姐姐把他们当成屋大维的孩子抚养长大。克娄巴特拉的女儿也叫克娄巴特拉，她后来嫁给了毛里塔尼亚[1]（大致位于如今的阿尔及利亚境内，具体位置不明）的国王。她曾命人将自己的容貌铸在钱币上，而她的样子像极了她的母亲——埃及的最后一位法老。然而，这些钱币上刻的已不再是埃及的象形文字，而是希腊文。

16. 值守尼罗河的希律王

> 懒人将死也勤劳。
> ——埃及谚语

或早或晚，尼罗河将世间万物都联结了起来。其实，克娄巴特拉与幼年时期的耶稣之间就存在这样的联结。尼罗河在这两人的生命中都占有一席之地，但最初将他们联系起来的其实是希律那个邪恶的老国王。希律王在年轻时曾与安东尼和克娄巴特拉一起对抗屋大维（我们已经知道，屋大维后来成了伟大的恺撒·奥古斯都），他和安东尼是朋友，而且似乎是关系很好的朋友，甚至在安东尼战败之后，希律王也依旧忠诚于他。然而，就政治层面上来说，希律王是属于罗马的。虽然希律王有阿拉伯背景，但不管出现任何争执，他都站在罗马

---

1 毛里塔尼亚（Mauretania），北非古国。

那一边。（他的母亲是来自佩特拉[1]的纳巴泰人[2]，父亲是以土买人——以土买是一个阿拉伯部落，但在公元前 135 年左右，为了生存被迫转信犹太教。也就是说，希律王是一个犹太人，但他接受的是希腊文化，他有一个希腊名字，而且也讲希腊语。）后来面对恺撒·奥古斯都时，希律王摘下了自己的王冠，公开承认自己之前站在安东尼那一边，并且表示，即使他死了，两人的友谊也会继续下去。恺撒很欣赏忠诚这种品质，于是让他把王冠戴了回去。

希律王年轻的时候十分俊朗，为人坚毅果决，但上年纪后衰老得厉害。他结了十次婚，情绪越来越不稳定，人变得越发偏执多疑。他最宠爱的妻子是玛利亚姆（Mariamne），但他却因为怀疑她的政治立场而将她处死。此后，他就开始一边在宫殿里游荡，一边呼唤着她的名字，等不到她的出现，他就要求仆人把她带来。仆人无法带回妻子，他就命人将仆人毒打一顿。

希律王遭受着长期的结肠疼痛，全身皮肤奇痒难忍，还患有痛风、睾丸肿大，以及"私密处溃烂、生虫"的毛病。他经常呼吸不畅，为此不得不坐直了睡觉。占卜师们说，这些病痛是对他的惩罚，针对他过去以及未来的所作所为。现代医学专家认为，希律王患有慢性肾病，外加生殖器坏疽的并发症。这种情况太难对付了。身体上的病痛无疑也加重了他的妄想症，以至于他将自己身为王储的大儿子以叛国罪关押起来。因为忍受不了愈加剧烈的疼痛的折磨，希律王企图自杀，但当地的一个家仆制止了他——不得不说，这个家仆非常愚蠢。一片混乱之中，大王子在牢房里叫喊，要求他们把自己放了，他好出来接手国家事务。希律王听闻，就将王子以叛国罪处死了。五天之后，希律王也死了，死前因杀死了亲生儿子而悔恨不已，痛苦不堪。

希律王是何时决定要杀死所有降生于伯利恒的男婴[3]，我们不得而知——只知道这确实符合他那种癫狂的作风。

---

1 佩特拉（Petra），约旦的一座古城，距约旦首都安曼南约 250 千米。

2 在约旦、迦南的南部和阿拉伯北部营商的古代商人。

3 根据《马太福音》，耶稣基督降生后，希律王得知在伯利恒有一个孩子出生，而这孩子成人后将成为犹太人的王，他觉得受到威胁，便下令杀死城中所有两岁以下的孩子。

耶稣、玛利亚和约瑟夫取道西奈，或者也可能是乘船而行，最终逃到了埃及。那时的埃及由罗马人统治，但当地也住着犹太人。传说中，他们的尼罗河溯源之旅就是从这里开始的。多年以来，科普特教会[1]用圣家族到访埃及这一段故事做了很多文章。离我在迈哈迪的家不远就有一座科普特修道院，两侧分别是尼罗河和以繁忙著称的河滨大道。尼罗河上有一条滑道，往旁边走几步路能看到一个标识，那里就是圣家族登陆埃及的地点。但他们只不过是在那里稍微休息了一下而已。这就好比某年威廉王子从大学回家时，在 M6 高速路上的基尔服务站[2]停留了一下，而服务站就因此荣誉加身。从这里一路向南到艾斯尤特，沿途还有无数个这样的圣家族停留点，其中有些地方的人还见过圣母玛利亚。这个国家的人口中，基督徒只占 10%，受到类似目击事件鼓舞的绝不仅限于基督徒。事实上，很多穆斯林也声称见到过圣母玛利亚。但这毕竟是一个经常有人把西瓜籽和茄籽的排列解读成宗教话语的国家，目前没有多少可靠的证据能证明耶稣埃及之旅的真实性——毕竟那个时候他还只是一个不为人知的婴孩，而且约瑟夫和玛利亚也没有理由到处散播他们的儿子是先知这件事，尤其他们才刚刚逃离以色列，让这个孩子免遭一死。

然而，确实有不少非正典中记载的福音和口口相传的故事提到耶稣生前曾造访埃及。这当然是完全有可能的——那个时候，埃及是各种神秘学说的中心。

可以确定的是，从各个基督教团体在中东地区形成伊始，埃及就一直是它们的中心。1945 年，有人在拿哈玛第[3]一座可以眺望尼罗河的山崖上发现了用莎草纸记载的《多马福音》，其中的内容与《新约全书》中对基督教早期的记载多有不符。拿哈玛第就位于卢克索的下游方向，距离卢克索约 50 英里。是几位农民发现了那 13 册皮革封面的莎草纸古抄本，但不知出于什么原因，他们烧掉了其中一本和另一本的封面。兴许他们觉得那些文稿是有魔力的。那几册古抄本

---

1 科普特教会（Coptic Church），基督教东派教会之一。科普特一词是 7 世纪中叶阿拉伯人占领埃及时对埃及居民的称呼，后专指信奉科普特教派的基督徒。
2 基尔服务站（Keele Services），英国英格兰基尔市附近的一处公路服务站。
3 拿哈玛第（Nag Hammadi），位于埃及北部的一个村落。

可以追溯到公元 2 世纪，和耶稣的死亡时间只相隔 100 年左右。如今现存的唯一完整的《多马福音》依旧是在拿哈玛第发现的那本。那 12 册古抄本中还包括《埃及人福音》，柏拉图的《理想国》片段，数页《阿斯克勒庇俄斯》[1]，《彼得启示录》，还有《伟大的赛特第二篇》（不是指埃及神赛特，而是《旧约全书》中该隐与亚伯的弟弟赛特）。在这最后一篇文稿中，耶稣指责那些在他之前的先知，说关于他们的描述都太过可笑。人们认为《多马福音》比其他正典福音出现的年代都要早，而且其中所载的耶稣语录自然和《马太福音》《马可福音》《路加福音》《约翰福音》中的一样，应该被致以相同的敬意。

耶稣和玛利亚一路上在很多地方都有过停留。后来有人在其中一些地点见到了圣家族显灵，而且几乎所有的显灵事件都涉及圣母玛利亚。不知出于什么原因，人们看到她的概率远大于耶稣，至于约瑟夫则几乎没有人见过。从我家搭地铁不远就有这么一个重要的地方，于是我决定去看看这个耶稣在埃及逃亡期间的途经之处。那个地方在开罗一个叫泽图恩（Zeitoun）的穷困街区，离我家只有五站地铁，去的话十分方便。挺奇怪的一点是，我之所以知道这个地方，并非是因为 2000 年前发生的事，而是在读埃及近代史的时候了解到的——泽图恩有一座监狱，萨达特曾因 1948 年参与一桩针对一位埃及高级官员的暗杀而被关押在那里。当然，之后他本人也遭受了相同的命运。

我搭地铁到了那里，然后离开宽阔的主街，在周围的小街巷里闲逛。当看到很多商店的墙上都贴着圣母玛利亚的海报时，我十分惊讶，因为通常来讲，教堂以外的地方是不会张贴类似的图像的。我感到一丝紧张的气氛——周围有人问我是不是记者，我说不是，自己只是个游客。2009 年，有人在一座正举行婚礼的教堂外引爆了一颗炸弹，没有人丧命。袭击的目的仍是挑拨埃及穆斯林和基督徒之间脆弱但尚可维持的关系。而选择那座圣玛利亚教堂也是有其深意

---

1 原名为 Asclepius，由传奇圣人赫耳墨斯·特里斯墨吉斯忒斯（Hermes Trismegistus）所作。在希腊化的埃及，希腊人发现他们的神祇赫耳墨斯与埃及神祇托特几乎一样，随后两位神祇就被合二为一地受到崇拜，而赫耳墨斯·特里斯墨吉斯忒斯就是赫耳墨斯和托特的结合体。从公元前 3 世纪到公元 2 世纪，一系列托名赫耳墨斯·特里斯墨吉斯忒斯的作品出现，内容包括神学、哲学与占星术、炼金术、通神术等一系列神秘主义仪式与法术，被视为西方神秘学的开端。

的，因为就是在那里，穆斯林和基督徒都曾目击过一些神奇的现象。甚至连纳赛尔都去那里朝圣过。

我继续向前走，周围环绕着车流和人流：破旧的黑白拉达[1]出租车来来往往；头顶巨大方形金属盘的小男孩骑着自行车在挤满了人的汽车之间穿行，盘子上高高地摞着 10 个或 15 个面包，堆成了金字塔的形状；驴车上载着废品和带磨刀轮的男人，他们身边总是坐着一个小孩——这些都是泽图恩的特色。对了，还有在 1968 年现身的圣母玛利亚。

法鲁克·穆罕默德·阿特瓦是一位穆斯林巴士汽修工。在 1968 年 4 月 2 日，是他最先看到了一些不同寻常的东西。接着，有两个停车场的保安也说，在马路对面的屋顶上有一位年轻女子企图自杀。那个停车场的对面就是塔马贝街（Tamambay Street）上的教堂，而那位女子就在教堂的穹顶上。这几个男人对着女子大喊的时候，人群开始聚集起来，而且人越来越多——在开罗，凑热闹时，人总是聚得特别快。之后，有人发觉那个穹顶非常陡，人是不可能在上面行走的。从那一刻开始，人们关切的叫喊声变成了崇拜和敬畏。"那是圣母玛利亚！"没人知道是谁第一个说出的这句话，但一瞬间，人群全都相信了。

第二天，法鲁克·阿特瓦去医院做手术。之前他被诊断出坏疽（生在脚上，不是希律王那种），但当天给他做了检查之后，医生惊奇地发现他的坏疽已经在自愈了，没有必要再进行手术。于是，那座教堂一夜之间变成了埃及的灵魂疗愈中心。很多人跑去拍照，不少电视台也去那里拍摄。你可以自己在网上看看那些照片：奇特的光线、轮廓，还有光晕——一切看起来都很真实；最好的照片之一是一片女子身形的雾气飘浮在教堂上方。没人能解释其中的原因。即使是最怀疑此事真实性的那些人也说看到了"闪光"。有一段时间，圣母每周都会现身两三次。到了 5 月中旬，纳赛尔也去了一趟。当时他刚在 1967 年与以色列的六日战争中落败，而且已经递交了辞呈，正处于人生的低谷期。另外，他的糖尿病还在不断恶化，据说止痛药用得非常频繁。他没有公开自己的行程，一

---

1 拉达（Lada），俄罗斯最大车企伏尔加旗下的汽车品牌，2009 年正式停产。

周秘密拜访了数次，期间都是待在停车场里，直到玛利亚出现。他还带了一位穆兄会[1]的成员作为目击证人，这种情节也就只有纳赛尔想得出。就这样等了一周，纳赛尔和他带去的人都看到了圣母。这件事处理得比1969年吉米·卡特[2]目击UFO事件还要官方——埃及政府发表了一份声明："政府官方调查结果显示，圣母玛利亚确在泽图恩教堂现身。她形象清晰，周身发光。教堂前的所有人，不论基督徒还是穆斯林，都目击了这一幕。"

纳赛尔深受震动，命人将那座停车场卖掉，并在原址建起了一座新教堂——一座巨大的建筑，拥有全开罗最高的尖塔。而在此之前，纳赛尔要在执政期间在埃及建一座新教堂都是不可能的，可见这次的破例确实很不一般。埃及人民没有接受纳赛尔的辞职，后来他的病也没有痊愈，但他还是又活了三年。

科学界也对那些照片产生了兴趣。来自加拿大萨德伯里市劳伦森大学的麦克·伯辛格（Michael Persinger）写了一篇论文，1989年发表于期刊《感知与运动技能》（*Perceptual and Motor Skills*）。在论文中他总结道："这些发光现象的很多特征都说明当地区域内可能存在构造应变。根据构造应变的相关假说，地震前会发生短暂的局部性应变，而这些变化会导致异常发光现象。至于那些目击者看到的更丰富的细节，应该是心理因素导致的，因为目击者既会受到来自本人大脑的直接刺激，也会受到对历史上类似事件记忆的间接刺激。"

他之前就发现，在事发地的250英里之外出现过前所未有的地震活动，而这就可能导致了那些奇特的光线。

一位叫瓦吉·里斯克的男人有着最特别的目击故事之一，很多最好的目击照片都是他拍的。瓦吉是一位专业摄影师，1967年的一场车祸致使他左臂瘫痪。他向人描述了自己在1968年4月13日看到的圣母形象："我看到她的时候，她像一团发光的云彩……那光芒是如此强烈，我几乎都睁不开眼睛。当时她就在东侧小穹顶上的十字架旁边。圣母的身影太凛然了，我一下子充满了崇敬和畏

---

1 穆斯林兄弟会（Muslim Brotherhood），成立于1928年的一个伊斯兰宗教与政治团体，致力于让《古兰经》与圣训成为伊斯兰国家与家庭的核心价值，建立政教合一的国家。
2 吉米·卡特（Jimmy Carter），第39任美国总统。

惧，就像受到电击一样。"

第二天晚上，他把相机架在一个车库屋顶上。头一晚，他太过震惊于自己看到的景象，以至于都没来得及按下快门。但第二晚他做到了，拍了不少照片，然后突然意识到自己正在用左手拍照。"我看过五位医生，其中有几个还是埃及最有名的外科医生，但他们都告诉我没有恢复的希望，说我的手永远无法再动了。但圣母玛利亚奇迹般地将我治愈了。"

埃及口述文化中的基督教与人们传统认知中的基督教很不一样：耶稣是结了婚的，而且也没有死在十字架上。有很多格言警句都被归于耶稣之口，有些被收录于《多马福音》，有些则还是由基督徒和穆斯林口口相传留存下来。甚至还有一个传统故事说耶稣在埃及学过古代魔法。

埃及是基督教修道制度发源的地方。人们选定紧邻尼罗河的沙漠作为自己凡尘俗世之生的终结之处，在那里，生命的存在只为服务上帝。埃及的修道院制度后来传播至西方，最终在西方世界中占据了主导地位；但在此之前，托勒密（Ptolemy）还要献出他的世界地图——此托勒密并非克利奥的宗族成员，他是罗马人，只是名字刚好和她家族的威名相同。不出所料，在托勒密描绘当时已知世界的地图中，居于世界中心的就是伟大的尼罗河。

17. 托勒密的长项

> 随父亲不如随时代。
> ——埃塞俄比亚谚语

我们常说的托勒密其人，全名是克罗狄斯·托勒密（Claudius Ptolemeus）。他来自罗马，但有一个希腊名字。据我们所知，他一生都住在埃及的亚历山大城——从公元 90 年到公元 168 年，正是埃及被罗马统治期间。他是一位学者，以天文和光学领域的研究而为人所知。伊本·海什木受他的影响很大，而伊本正是第一个考虑在尼罗河上建坝的人。虽然没能实现这个想法，但他发明了暗箱。托勒密在占星学方面也作品颇丰，但他最出名的还是在地理学方面的成果，尤其是他的世界地图。他承认自己并不了解世界的全貌，而且对世界真实大小的了解也不如他的一位前辈——同为亚历山大城居民的埃拉托色尼，就是他曾经步行到阿斯旺，然后深入井底观察太阳。

然而，托勒密的地图在完成 1700 年之后依旧有人使用，尤其是关于埃及和尼罗河的部分，被理查德·伯顿放在其著作《尼罗河流域》（The Nile Basin）中用来支持他的观点：尼罗河还有第二个源头湖。但当时他错误地认为这座湖是坦噶尼喀湖（如我们现在所知，应该是艾伯特湖）。

那份地图其实出人意料地精确；毕竟沿用了 1700 年，精确是必然的。现在我们都知道，在早期几个王朝期间气候相对湿润，当时古埃及人的生活区域不仅跨越撒哈拉地区，而且还进入了乍得。由此几乎可以确定，关于非洲和上尼罗河地区的地理知识被当地游牧人群口头流传了下来。这可能就是托勒密的一个信息来源。但不管他是从哪里获得的信息，他的地图确实准确定位了四个源头地区——阿特巴拉河，青尼罗河（地图中还准确体现出青尼罗河发源于塔纳湖），艾伯特湖，还有维多利亚湖。

据说，托勒密的信源之一还有一位希腊商人，名叫戴奥真尼斯（Diogenes）。他曾从哈普塔（Rhapta）出发，深入非洲内陆旅行，而哈普塔很可能就是位于现在坦桑尼亚和肯尼亚交界处的一个印度洋港口。戴奥真尼斯声称，从海岸出发，走 25 天就能看到尼罗河的源头；源头之水来自积雪盖顶的月亮山，而此山得此名，就是因为山顶积雪在月光下熠熠生辉的样子。

在托勒密的地图上，月亮山沿南北纵向分布，位置大概在白尼罗河的两座源头湖的南侧。这就意味着他画的可能是乞力马扎罗山（Kilimanjaro）和肯尼亚山（Mount Kenya）——但这两座山跟尼罗河源头都没有关系，虽然它们的山顶确实终年积雪。这两座山都是巨大的成层火山，并非山脉，这也使得它们不太像是月亮山，因为在关于月亮山的描述中，它是一串山脉。还有一点，因为它们都是火山，所以它们与裂谷的形成也没有关联，而裂谷是尼罗河源头必要的蓄水之处。既然托勒密在其他细节上都是对的，那我们反而可以认为他说的月亮山其实就是艾伯特湖的真正源头鲁文佐里山脉——之前讨论尼罗河源头时，我们已经试着证明过这一点了。鲁文佐里山脉符合月亮山的一切特征：它是一串真正的山脉；山顶有积雪覆盖，是非洲唯一终年积雪的山脉（除了乞力马扎罗山和肯尼亚山）；而且它和艾伯特湖及爱德华湖一样，都形成于同一裂谷构造活动。想想看，这个地图距今都已接近 2000 年了，而竟然直到 1879 年，亨利·莫顿·斯坦利对鲁文佐里山脉进行人类历史记载中第一次探访时，地图上的信息才得以被证实，这是多么不可思议啊。正如大家所言，这是一张非常棒的地图。

18. 基督暴徒谋害迷人的女哲学家

> 早上走丢的骆驼，晚上是找不回来的。
> ——贝都因谚语

耶稣降临，而后又离开。在不到 100 年的时间里，他的追随者已经遍及地中海东部。宗教间也存在竞争——密特拉教[1]和基督教就针锋相对。想象一下，早期的基督徒在寻找能够摆脱罗马人迫害的新去处时，也许就参考了托勒密的地图，因为托勒密的时代过去没多久，基督教徒就抵达了亚历山大城，而埃及就成了这个新宗教落地生根的最早一批国家之一。

随着罗马的衰落，基督教逐渐兴起。修道院制度根植于古埃及的一个神秘传统——在沙漠中寻求独处的状态，而这也成了苦修者对罗马帝国骄奢淫逸之风的回应。最终，这种对腐败生活的厌弃成为西方世界新秩序的引擎，而且在公元 7 世纪阿拉伯人入侵之前，基督教也成了埃及的主流宗教，持续了 6 个世纪。

---

1 密特拉教（Mithraism），古代的一个秘密宗教，主要崇拜密特拉神，自公元前 1 世纪起在罗马帝国传播，强盛时期为公元前 1 世纪到公元 5 世纪。

基督徒最早受到迫害是在罗马，他们被投喂给狮子，或者被钉死在十字架上。而当后来基督徒占了上风，他们的手段也同样残忍，这似乎并不让人感到意外。

公元 453 年，亚历山大城。在罗马人的统治下，希腊学说一直十分盛行，但留给旧世界文化的时间不多了。正当这种文化发展至思想自由的顶峰之时，它却成了基督教这个年轻、活跃但又偏执的新宗教的受害者。当时的亚历山大城已经发展得非常先进，标志之一就是领头的数学家和哲学家并不是男人，而是一个女人——希帕蒂娅（Hypatia）。

希帕蒂娅聪明又美丽，十分有创意，还有些不同寻常。曾经有追求者接近她，她竟甩着一片浸满鲜血的月经布将他赶走。"肉体的欲望一点也不美。"她冲着那个迅速消失的背影这样喊道。有如此绝妙的策略，她能一辈子保持童贞也就不足为奇了。早期基督教史学家索克拉蒂斯[1]有如下记载："基于良好的修养，她总能沉着自持，从容自在。她时常出现在有行政官的公共场合，也不怯于参与男人的集会。男人们则因为她超凡的尊严和美德而更加钦佩她。"

希帕蒂娅跟随她的哲学家父亲赛翁（Theon）学习柏拉图和普罗提诺的学说，还有数学。在当地人眼中，她不仅是镇上最聪明的女子，还是在哲学和数学方面知识最渊博的人。她会是一位早期的阿斯伯格症[2]患者吗？

她之所以遭受迫害，也许就是因为她理性起来毫不妥协，对社交生活中的微妙之处也缺乏理解，这也正好是阿斯伯格症的特征之一。而表面上，她的过错是指出了总督欧瑞斯提斯（Orestes）和亚历山大城主教重新交好[3]一事中的逻辑漏洞。

有一个外号为"偏执狂彼得"的家伙，生得毛发浓密，长于煽动人心。他

---

1 索克拉蒂斯（Socrates，约 380—439），基督教历史学家，和古希腊哲学家苏格拉底并非同一人物。著有《教会史》，是首位撰写基督教会史的信徒。

2 阿斯伯格症，孤独症谱系障碍的一种。患者具有孤独症的典型表现，但没有明显的语言发育障碍和智力障碍，甚至有时候智力水平还会高于常人。

3 彼时基督教刚成为罗马国教不久，虽然总督和主教负责的领域不同，但当时主教西里尔为了更快地巩固教会的统治地位，干涉了很多本应总督掌管的社会事务，引起了后者的不满。

带领着一群在俗基督教暴徒在路上伏击了希帕蒂娅的马车。希帕蒂娅奋力反抗，还试图跟他们辩论。但这种属于优秀哲学家的沟通方式并不奏效。在一片"不信上帝的女巫、异教徒"的叫骂声中，她被人从马车里拖了出来，而且为了羞辱她，他们把她的衣服剥得精光。于是，她赤身裸体地被驱赶着穿街过巷，来到一座刚被改成基督教堂的前罗马恺撒神庙。就是在这里，暴徒们用贝壳碎片和陶片将她全部的皮肤都割了下来，她就这样被夺去了性命。之后，他们还把她血肉模糊的残躯带到城门口烧掉了。对此，索克拉蒂斯的看法还算合理，他认为这整件事极其不公。用他的话说，彼得的行为是受一种"狂暴且偏执的激情"所驱使。

星移斗转，仅仅两个世纪之后，希帕蒂娅的形象就开始逐渐被妖魔化了。公元 7 世纪的作家尼基乌的约翰[1]在文章中说希帕蒂娅"把所有的时间都用来琢磨魔法、星盘和音乐，而且以撒旦般邪恶的诡计迷惑了很多人"。在约翰的笔下，彼得从一个偏执的杀人犯变成了"彼得大人"，而希帕蒂娅的遭遇似乎是罪有应得。

然而，真理是有韧性的。数百年以来，希帕蒂娅从未离开过人们的视线，而且某种意义上还被捧上了神坛。她为无数虚构和非虚构作品提供了灵感；奥多比公司为她创建了专门的字体（即 Hypatia Sans Pro）；人们用她的名字命名了一个月球陨石坑和一个小行星带；她的经历被改编成电影《城市广场》（*Agora*），其角色由蕾切尔·薇姿（Rachel Weisz）饰演；还有，由华盛顿大学出版的学术季刊也用了她的名字——《希帕蒂娅：一本女性主义哲学刊物》（*Hypatia: A Journal of Feminist Philosophy*）。

相较之下，偏执狂彼得留给历史的则只剩一些晦涩的脚注。

---

1 尼基乌（Nikiu）为当时位于尼罗河三角洲的一个城镇，而此处提及的约翰在该地担任主教，故得名"尼基乌的约翰"。

第三部分

信徒的河流

疯癫与神秘主义者

1. 尼罗河上的疯癫国王和疯狂大坝

> 何时变富有，何时变秃，皆无法预料。
> ——苏丹谚语

在光学物理这个专业领域之外，少有人听过伊本·海什木的名字。相比之下，知道英国学者罗杰·培根的人要多得多，人们通常认为他是实验科学的奠基人。然而，其实是伊本·海什木在公元 10 世纪的开罗提出了我们现在所说的科学方法。在罗杰·培根之前几百年，他就率先提出了现代科学实验方法的基本架构，而且是从事实依据中得出的结论。他还是现代光学之父和暗箱的发明者，是哲学家和水文学家——名副其实的全才。他还说过，自己能在尼罗河上建坝——也是这句话引来了他之后的霉运。

那我们的故事究竟讲到哪儿了？我们已经说过希腊人、罗马人，还有可怜的希帕蒂娅。那现在就要说到以拜占庭帝国之形存续到 1453 年的东罗马帝国了。君士坦丁堡是东罗马帝国的中心，但帝国权力的触角延伸至黎凡特、希腊、土耳其，还有北非部分地区。拜占庭帝国没有选择拉丁语，而是吸纳了希腊语，以东正教为国教。拜占庭帝国和西罗马帝国早在公元 380 年就分裂了，而在那之后不久的公元 5 世纪，罗马帝国就被日耳曼部落征服，彻底覆灭。在希帕蒂娅被害的那个年代，拜占庭帝国正势力强盛，统治着尼罗河流域和埃及的大部分地区。这种状况一直持续到公元 7 世纪，当时阿拉伯沙漠中出现一阵新的骚动，继而就涌现出一支前所未见的军队——伊斯兰教即将登上历史舞台。

最先在埃及出现的阿拉伯人是纯正的贝都因——他们十分鄙视孟菲斯这座发达的城市，选择在福斯塔特（Fustat，位于现在的开罗中心）的原野里搭帐篷居住。对比垂老的拜占庭帝国及其锦衣玉食的生活，仅此一点就反映出他们强大的决心和意志力。

但当时的阿拉伯人并不是塔利班那种残暴独裁者领导的武装力量。他们喜欢包容和幽默的品质，而且坚信传播知识的重要性。实际上，现在有种很常见的观点认为，其实是阿拉伯人通过百科全书将希腊学说重新注入了西方文明，而且西方人也是通过阿拉伯学者翻译的作品来学习亚里士多德的学说。

阿拉伯帝国不断扩张，将东方的阿富汗和西方的西班牙也纳入了帝国版图。与此同时，旧时的学问再次兴起，声势浩大，可以说是一场真正意义上的文艺复兴。伊本·海什木就是在这样的氛围中长大的。尚未到访过埃及的时候，他写过一本关于土木工程的书，书中就声称自己能控制尼罗河每年的洪水，只需要建造一座水坝以及一系列的运河和河堤。他写道："如果我到过埃及，就能想办法治理尼罗河，让当地人也能在尼罗河水的涨落中获益。"他当时住在巴士拉城（Basra），位于现在的伊拉克境内。也许当时的他觉得这个理论上的声明永远都不会受到检验，但他忘记了埃及哈里发哈基姆[1]是个多么疯狂的人。

哈基姆的性情之古怪盛名在外。有一次，他下令将开罗城里所有的狗都处死，就是因为觉得狗吠声会让他发疯，或者说，更疯。（开罗城的野狗问题是很严重，我亲身体验过，所以可以稍微理解一点。）但这不是最糟的。哈基姆不仅仅迫害基督徒，连犹太人和穆斯林也难逃厄运，且受害程度不分上下。古城福斯塔特是阿拉伯人最初在如今的开罗地区建立的都城，但因为哈基姆不喜欢这座城的朝向，他就下令将城市拆毁；为了能与巴格达的智慧宫[2]一争高下，他就在开罗盖了一座巨大的图书馆；之后他又将耶路撒冷的圣墓教堂[3]给捣毁了。到了晚上，他还会在乔装打扮之后到莫卡坦山闲逛，据说那里经常有神秘主义者和疯子出没。

---

1 哈里发（Caliph），旧时伊斯兰国家首领的称号。哈基姆（al-Hakim，985—1021），埃及法蒂玛王朝第六代哈里发。

2 智慧宫（House of Wisdom），中世纪阿拉伯阿拔斯王朝在巴格达建立的全国性综合学术机构。

3 圣墓教堂（Church of the Resurrection），又称"复活大堂"，位于以色列东耶路撒冷旧城，是耶稣基督遇难、安葬和复活的地方。

伊本·海什木收到信的时候，他正舒舒服服地待在巴士拉，给一些富贵人家的儿子讲课，那一刻他肯定不怎么开心。那封信是一份工作邀请函——请他在尼罗河上建坝。只是，与其说是邀请，不如说是命令，而且下命令的那位国王还出了名的喜怒无常。但海什木一直渴望做一名工程师，为了证明自己的理论是正确的，他没有多加考虑就出发了。他在公元1011年去了开罗，开始实地调研。虽然法老美尼斯在公元前3000年左右就挖了很多运河，想要在尼罗河上建坝，但此外还并没有人真正尝试过，直到哈里发哈基姆给伊本·海什木下了这个命令。

海什木当时一定知道，这个巨大的工程可能会耗掉自己后半生的时间。但这位47岁的哲学家兼科学家大概没有想到，自己还会为了这个任务搭上性命，甚至都没有考虑过这种可能性。不过，当他一见到哈基姆并开始这项工作，事情的走向就愈发清晰了——如果拒绝这份工作，他就会变成哈基姆的下一个受害者。

哈基姆听闻海什木抵达埃及非常高兴，马上亲自跑到坎达克村（Khandaq）去见他。海什木当时在去往开罗的路上，暂时住在那个村庄的一间小旅馆里。这位疯癫的哈里发对海什木的计划非常满意，允诺海什木他会倾尽国财去支持这项工程。

感受到金主的极端之后，海什木略有不安，但还是开始了漫长的尼罗河之行。他要沿河向上游行进，以寻找合适的建坝地点。最后，他把位置定在了阿斯旺附近的贾纳第尔村（Janadil）。一路上，他们途经金字塔和雄伟的神庙，海什木也第一次感到了忧虑。他发现这些建筑的构造极其精密，工艺极其高超，并由此得出了悲观的结论：之前这些工程师能造出世界上最高的建筑，他们已经是才华超众了，但仍然没有在尼罗河上建坝，其中定有原因。

在贾纳第尔，海什木发现河流两侧的花岗岩崖壁之间非常适合建坝。于是他测量了一下崖壁间的距离，但由于实际的河岸和崖壁之间的差异，实测的距离比看起来要远。河岸间的距离只有1800英尺，不算远。但两侧岩壁在地表高度的距离却有3200英尺，到了离河面360英尺的高度，岩壁之间就有12,000

英尺远了。这个距离超过了 2 英里，是大金字塔宽度的 16 倍。

非常遗憾，海什木早生了 900 年。他的坝址其实找对了。多年后，阿斯旺水坝就是在这里建起来的。

伊本·海什木完成勘测时，他知道自己麻烦大了。在没有任何机械辅助的情况下，建这个水坝需要 100 万个劳工，而且即使有那么多人，也得要一两百年才能完成。只有傻子才会继续，只有傻子才会再回来。

海什木很不情愿地去了一趟开罗，把这个消息告诉了哈基姆。如果海什木认为自己面对的会是责备、惩罚，或者甚至是被杀，那他就错了。哈基姆的反应还是一如既往地难以捉摸：他给了给海什木一份美差，让他在内廷担任顾问。海什木又一次因为恐惧接受了这个任命。他是懂得这种策略的：先放松对方的警惕，诱使他进到你的帐篷里，然后哗啦——你就能用他自己睡袍上的绸带把他勒死。终于，海什木看出来了，哈里发哈基姆是一个让人畏惧的狡猾的男人。他早晚会对付伊本·海什木，因为这个人曾夸口说自己能在尼罗河上建坝，却没有做到。

于是，海什木使出了一个绝招。他开始装疯。

现在的问题是，想让一个自身就很疯的君主相信你比他还疯是很难的。真疯的人往往有种第六感，能嗅出那些其实头脑清醒的人。要过这一关，得有教科书级别的表演才行。所以伊本·海什木豁出去了：他把又脏又臭的豆子装在桶里，让它们看起来像粪便一样，然后再把撒在地上的豆子吃掉；别人问他话，他从不正经回答，只会唱着歌来回应；但凡出门，他就一定要戴面具，还声称这面具会代替他跟人说话，而他自己已经失去说话的能力了。

这个计策多少还是奏效了。哈基姆革除了他在皇宫里的职务，而且也不可能为了建坝不成的事情处决他——因为根据伊斯兰世界的法律，疯子是要受到保护的，他们碰不得。然而，哈基姆还是有所怀疑，于是他将海什木囚禁在开罗的两间屋子里好几个月。之后，几个月又拖成了几年。巧的是，这种状态可能刚好就是这位学者所需要的。

海什木被关在黑暗的小屋里，开始思考光和视觉的问题。然后，他就发明出了暗箱——一点也不奇怪，他觉得自己就像受困于某个暗箱里；而在这之后的所有相机都是以暗箱为基础来设计的。他还设计出第一个科学的思维实验——因为他也没办法做任何实操的验证。另外，也是他首次发现古希腊人关于视觉的想法是错误的——并不是我们的眼睛发射出能看见东西的光线，而是光在物体的表面发生反射，让事物变得可见。他处于囚禁状态这点是显而易见的，看他的科研工作就知道：他记录了几十个实验，只有其中一个需要一位助手。

就这样，伊本·海什木因为没能建起尼罗河坝而被囚禁在开罗，反而有了大把时间用来思考，而且不仅是思考科学，还可以思考一切日常的、神秘的，甚至纯粹疯狂的事物。他尤其深入思考的一个问题，就是如何让哈基姆这个愚昧而邪恶的存在从这个世界上消失。

2. 哈基姆外出过于频繁

> 伊斯兰教来时是异客，走时也是异客。
>
> ——先知穆罕默德圣训

当时，在埃及王座背后真正掌权的并不是某个男人，而是西特·阿尔穆克[1]，也就是"王权之女"。之后我们会看到，这个女人既不是第一位，也不是最后一位埃及的女性统治者。她的兄弟疯哈里发哈基姆就是她能够掌权的原因。哈基姆的统治过于糟糕，所以人们都支持她来替代他。跟哈基姆的暴行相比，让一个女人当权根本算不得疯狂。

哈基姆执政的首要问题就是他外出得太频繁了。任何一个哈里发都不应该经常抛头露面，除非是做了有效的伪装。在某个十分值得纪念的周六，哈基姆至少在六个公共场合露了面。一次骑着马，一次骑着驴，第三次是在轿子上，

---

1 西特·阿尔穆克（Sitt al-Mulk，970—1023），法蒂玛王朝的公主。哈基姆是她同父异母的弟弟。

被几个努比亚脚夫抬得高高的。第四次，有人看到他坐在尼罗河上的一艘船里，而且没戴头巾[1]，可以说颜面尽失。这次之后，第五次和第六次的露面几乎都不算什么了。

在哈基姆只有 11 岁的时候，他 42 岁的父亲就死在了浴缸里，死因是服用危险药物。之所以服药，是因为他刚刚经历一场惨烈的意外事故（他的脚被卷进马车车轮里，被车轮内滚动的辐条扭至断裂——而他当时正在抽打一位随从）。当时天气很热，需要尽快埋葬老哈里发的身体。哈基姆的父亲和长大之后的哈基姆一样，个子都非常高，据说当时没有棺材能装得下他。于是，人们把他装在一个一端被敲掉的箱子里搬至墓地，一路上，他赤裸的双脚就伸在箱子的外面。

比哈基姆大 16 岁的西特·阿尔穆克发现自己的弟弟越来越过分，而哈基姆则对她看似不忠的行为很抓狂。他还非常厌恶狗吠声，但那里一直都有流浪狗——最早的旅行者就曾记录过这点，他们认为流浪狗是惹人厌，但确实无法避免。但人们太过畏惧哈基姆，竟然竞相去执行他清除流浪狗的命令，有一个品种甚至就此消失了。当时，如果人们看到有狗在某个巷子口出现，不论白天黑夜，他们一定会把它抓到，然后立刻杀死，可能是用石头砸死，也可能是当场打死。哈基姆想要把狗杀光，而且也几乎做到了，从这一点就可以看出他有多么疯狂。

人们对他毫无预兆的暴行恐惧不已。有一次，哈基姆经过一家肉铺，看中了当时插在木板上的一把巨大的切肉刀。于是他把刀拔出来，冲着一旁吃惊的屠夫就挥过去，把他的头砍成了两半。然后他就继续在城里闲逛，好像什么都没发生过一样，一只手里还拎着那把滴血的切肉刀。旁观者都惊呆了，甚至都没有想到把屠夫的尸体埋起来。于是他就那样躺在自己的店铺里，直到三天之后，哈基姆命人送了一套华丽的裹尸布去遮盖那具早已腐烂的躯体。

哈基姆还有一个爱好，就是趁夜在城里散步。他会穿得很花哨，身上坠饰

---

[1] 穆斯林男子要戴头巾，表示对神的尊敬。

着珠宝，冬天的时候还会围着皮草。他和他的随行者要求那些商铺在他们到访时整夜开门。渐渐的，这个城市开始习惯这种日夜颠倒的生活。事实上，如今去开罗的游客在斋月期间就能见识到，开罗人可以轻易适应晚间活跃的生活。然而，就当这个城市对昼伏夜出的日子上了瘾时，哈基姆又改变主意了，下令禁止人们在傍晚到黎明之间上街。所有的公共娱乐形式也都被禁止了，连基督教徒都不能饮用葡萄酒。在劳代岛[1]上，人们把大量的葡萄酒倒入尼罗河，河水都变成了血红色。整批收获的葡萄也同样被倒入河里，结果葡萄在河岸边发酵，致使尼罗河短暂地成了一条酒之河。另外，甚至连苦菜汤[2]这种国民食物都被定为非法（这相当于在英国禁食薯片之类的食物）。然后哈基姆又下令女人不能上街，基督徒必须一直戴着很重的木制十字架，而犹太教徒则要在脖子上挂一只铃铛，随时提醒别人他们的到来。虽然伊斯兰教律有言，基督徒和犹太教徒是"有经者"[3]，应该在哈里发的统治下受到保护，但哈基姆还是规定他们不能骑马，只能骑驴。

最终，导致哈里发彻底陷入疯癫的是尼罗河，但将这个问题解决的也是尼罗河。当时持续的旱灾导致了粮食短缺，哈基姆将他的谏臣都招来，斥责他们无法解决干旱的问题。随着谷物变得稀缺，面包的价格不断攀升。对所有的埃及人来说，面包都是一个敏感的问题。在 20 世纪 70 年代就发生过一场关于面包的暴乱，几乎推翻了萨达特的统治地位。而哈基姆的解决之道是加税，希望借此降低大家的购买欲。但事与愿违，人们开始反抗，"面包暴动"在整个城市蔓延开来。人们已经在各种禁令之下煎熬了太久，暴动算是一次爽快的发泄，让他们从中解脱。

哈基姆于是过得越发孤独而无味。后来，他开始去莫卡坦山闲逛，而且只

---

1 劳代岛 (Roda Island)，位于跨越开罗的尼罗河的中部偏东，是个河心岛。

2 原文为 mulukhiyya，是中东和北非一带常见的一种用苦菜烹制的汤，颜色浓绿，质地黏稠，是埃及传统美食。

3 原文为 "People of the Book"，也被译为 "有经典的民族"。这一词语曾多次出现在伊斯兰教经典《古兰经》当中，主要指犹太人、基督徒和赛伯邑人，有时也用来指其他的宗教社团，因为他们和穆斯林一样，拥有独一无二的神所启示的经典。

穿一件简单的毛织袍。有一天，他失踪了。他的姐姐命人将从莫卡坦到赫勒万之间的山都搜了一遍，结果唯一找到的就是一头腿被砍伤的驴。据说，这头驴就属于那位疯癫的哈里发。在大部分开罗人看来，既然哈基姆的姐姐在接下来的四年里（通过把自己尚在襁褓中的外甥立为傀儡皇帝）拥有了统治权，很明显就是她将哈基姆杀死了。但人们可以接受她的统治，因为大家实在太憎恨哈基姆了，任谁把他拉下台，不论男女，都可以代而为王。

然而，西特·阿尔穆克似乎真的因她弟弟的死而深受打击，于是又有很多关于哈基姆真实死因的流言传出。据说，真正的凶手是本尼侯赛因部落[1]的一个成员，他在另外三个男子的协助下杀死了哈里发。后来这个男人被抓，接受了审讯。"我就是这样把他杀了的。"他大声说道，同时当着审讯者的面将之前藏起来的匕首刀片插入自己的肋骨间，死了。

3. 伊本·海什木不寻常的自白

只当座上宾是无法从东道主身上学到什么东西的。
——埃塞俄比亚谚语

"十年来，我都被困在这个房子里。这段时间里，我的工作很有成效，但我也渐渐厌倦独处了。我可以通过唯一一扇窗户看到王宫和它后面的莫卡坦山，有好多个月，这扇窗户就是我唯一的慰藉。对我来说，从窗外射进来的光芒就意味着生命。而当那光芒黯淡下去时，我感觉自己也像死了一样。给我送饭的那位伙计，还有之后也来送饭的他儿子，一开始对我的态度都很轻蔑。他们都知道我就是那个疯子。但他们还是给我送来纸和墨，这样我就可以工作。我制作出各种器械和装置，根据它们投下的阴影计算出了窗外所有地点的距离。比

---

1 本尼侯赛因（Beni Husayn），一个阿拉伯民族部落。

如，我知道哈里发出宫时走的门离我的窗户有 560 腕尺。他晚上去莫卡坦山会经过一道拱门，距离我有 879 腕尺。接着他会进入一个洞，洞口距离拱门不多不少 17,989 腕尺。后来，我的这些研究还是被那位看守的儿子发现了，他此前一直都稀里糊涂地扮演着我助手的角色。我开始有些大胆了。首先，我得向他们证明自己对他们是有用的。我是疯了没错，但我能预见未来，还能包治百病。当时这个男孩有一根手指被割断了。那个味道极其难闻，但出于单纯的无知和恐惧，这个男孩就留着那截感染了的断指，其实只剩一点点皮肤还粘连着。后来他开始生病，我看得出，伤口的感染会加剧，而他会因此丧命。男孩的父亲同意帮我按住他。我拿一把理发匠的剃刀把那根手指割了下来，剃刀提前用火消了毒，然后在创口处敷上没药和蜂蜜混合的药膏。男孩的手和男孩本人很快就恢复了，我也由此成了他们的医生。但我很小心，只治疗明显可以治愈的病痛。如果他们带来某位无药可治的亲戚，我就会装迷糊，翻白眼，然后宣布我的特殊能力不适用于这种情况。时间久了，他们也不怎么带人来了——因为知道那些接受我治疗的人本来自己也会好起来的。

"在我的指示下，看守的儿子步行进入莫卡坦山，步测出特定的距离，然后在我描述的地点放置了两个抛过光的平底铜锅。太阳升到一定高度时，阳光经由平底锅反射形成夹角，我可以用自己做的一个四分仪[1]来测量出那个角度。另外，我还让那男孩在路上撒豆荚，每隔一段固定的距离就横着撒一排，一直撒到比铜锅更远的地方。每天他都向我汇报那些豆荚有没有被打乱。很快，我就清楚地知道了我的前主人在那荒僻山岭间的轨迹。有传言说他加入了某个奇怪的教派，说是能让他在另一个世界掌权……但我不在乎这些。我当时正忙于制作光盒，每个里面装了一根或几根蜡烛。运用这些工具，我证明了如果一道光线在经过隔板时被隔板上的洞分成了几道，穿过之后就不会再合成一道。这样的话，光一定是由某种可以互相作用的粒子组成的，但互相作用的方式和液体的粒子不同。

---

1 四分仪，又称象限仪，是航海者在海中找到船只所处纬度的一种工具，可以用它观测太阳，借以准确测量天顶的高度角，亦可求得夜间北极星的高度角。

"我改装了其中一个盒子，盒子内的曲面镜能捕捉到经过精准引导的太阳光线，由此蜡烛就会被点燃。这里我参考了自己在《论抛物面燃烧镜》（*On Parabolic Burning Mirrors*）一书中曾描述过的实验。这个太阳光驱动的装置被放在野外，具体位置标记在我的四分仪上。我必须说一下，陛下进山所达之地每次都会先由他的一队近卫军检查清场。等他的士兵离开之后，我的这位爱好施虐的王室成员才会走向那个山洞，他教派里的那些傻瓜就在里面。那个地方闪着一根蜡烛的火光，就像亚历山大城的灯塔一样将他吸引过去。我的装置放在了一个危险的峡谷对面，而我则在等待一个没有月色的夜晚。到了那天，我拿一面镜子去反射夕阳的余光，并将光线引导至装置里的捕光镜上。为了能将反光镜拿稳，我用一把铁匠的钳子将连着镜子的四分仪紧紧钳住。我只能相信蜡烛已经被点燃了，因为天色仍亮，我实在无法分辨。

"夕阳被笼罩在层层叠叠的黄色和红色光辉中，使得这一片山看起来有一种健康蓬勃的美。近卫军正在进行他们的例行检查。夜幕降临了。太好了！我看到自己的那根小蜡烛正闪着光，就在那根标识洞口位置的第二根蜡烛前面不远。然而，我知道，当第二根蜡烛亮起来的时候，一切都已经太迟了。

"第二天早上，人们在岩石遍布的谷底发现了哈里发哈基姆浸染着鲜血的衣服。他是摔下来的，而他的尸体不知道被什么人出于什么目的给拖走了。至于我，则在几天之后被释放了，然后搭船回到了巴士拉，一路平安。"

哈基姆离世了，几乎没人会想念他，但他的死还是引发了很大的恐慌。哈里发是上帝在人间的代表，是不会无端消失的。这个谜团还有后续——有一个至今依然存在的教派，其主要教义之一就关乎哈里发的消失，这就是德鲁兹派。曾经有一群人坚信哈基姆会复活，而德鲁兹派的信徒就是这个团体的余众。这群人最初从伊斯玛仪派衍生出来，领头的是一个四处漂泊的占星术士，此人曾靠一张嘴赢得了那位疯哈里发的信任。这个名叫哈姆扎·伊本·阿里的人对哈基姆极尽奉承之能事，说他就是上帝本人，所以能永生不死。从神秘主义的角度看，这话也许不错。但哈姆扎觉得这还不够，又说哈基姆其人有朝一日会重新出现在大家面前。在埃及大众眼里，能说出这句话，说明哈姆扎和哈基姆一样疯。后来，德鲁兹派就因为他们的异端邪说而被逐出埃及，最终在黎巴嫩的山区里安了家，那里也是他们今天的所在。

4. 伊本·海什木和他的学生

伊本·海什木重获自由，可以回巴士拉了。于是他回去了。在他之后的人生中，他拥有的不仅是通过科学探索获得的知识，还有那多年禁闭中的思考——他成了一位有名的智者，可以答疑解惑，可以教授他人关于人生的奥秘。据说，跟伊本·海什木交谈之后，你就能看清自己人生的最佳道路。如果只是靠自己在生活中跌跌撞撞地寻找，这条道路可能要晚20年才会出现。只要你愿意倾听，他就能帮你把时间节省下来。

自然，伊本·海什木变得受人爱戴。他想了一些办法不让人轻易找到他，有时候还会故技重施，装疯卖傻，以此劝退那些不合时宜的人来索取建议，反正那些人也不会听的。但也有些人，少部分的人，他是可以帮忙的。

苏尔哈布是一个有钱的贵族，曾请求跟随伊本·海什木学习。"当然可以，"这位科学家回答道，"但你必须付钱。"

"付多少呢？"苏尔哈布疑惑地问道。说实话，他之前以为这位蓄着大胡子的老人会非常乐意收个学生，愿意免费教他——毕竟不是有这么一句古话吗，"智慧无法买卖"。

当时，人们依旧认为伊本·海什木是个疯子，或者说知道他的疯病会时不时地发作一下。对此，苏尔哈布是了解的，但他更相信自己的判断。他35岁了，已有的人生阅历足以让他清楚以下这些道理：

1.一个无礼之人可能比一个乐善好施之人更帮得上忙。

2.真正有价值的想法很罕见。大部分人只会重复刚从别处听来的话，或者自家父亲口中的话。

3.真正的洞悉很难把握，滑溜溜的就像一条刚抓到的鱼；它的存在很脆弱，就像鱼身上的鱼鳞，在鱼刚被捕的瞬间，鱼鳞还反射着太阳耀眼的光辉，但放在岸边的桶里刚半小时，鱼就死掉了，鱼鳞也随之脱落。

4.有些情况下，真相可能和公认的事实刚好相反。

苏尔哈布喜欢在旅行中体会乐趣。他骑着自己的骏马，一路寻找兼具智慧和知识的人。他喜欢科学，但也同样对人们口中的"高等科学"感兴趣。所谓"高等科学"，就是研究人如何更清晰地感知上帝，如何通晓未来，如何与自身以及他人更和谐地相处。他在开罗住了几个月，期间一直偷偷观察伊本·海什木。他发现此人总是面带笑容，从不发火，经常称赞他人，同时人们却觉得他为人古怪，甚至可能有点疯癫。他发觉伊本·海什木掌握的知识远超过自己；更重要的是，他对自身所掌握的知识有一种不同的态度。好像就是那种特别的态度让他在日常交往中更加练达，不像自己之前见过的很多博学之人，在日常生活中显得沉默或迟钝。

但苏尔哈布没想到要付钱。也许他心里还这么对自己说：这笔钱只是名义上的，伊本·海什木要借此向他的学生"证明"学习是有价值的。但这位智者平静地提出了每月100第纳尔的要求，这在今天相当于450英镑。当时伊本·海什木没有多要，因为他还有一份收入。他将欧几里得的《几何原本》和托勒密的《天文学大成》每册抄写一份，外加抄写一份欧几里得的《已知数》和《现象》，这项工作能让他赚150第纳尔——放在今天相当于675英镑。但我们可以肯定，对这位年轻的求学者来讲，每月100第纳尔的费用算是非常昂贵了。他是能付得起，但问题的关键不在于此。"我得考虑一下。"他这样回复伊本·海什木。

"当然可以。"科学家回答，"不过当然了，下次你再找我的时候，我可能就不在这里了。"

苏尔哈布最后还是同意了，付了相应的学费。

他跟随伊本·海什木学习了三年。到了分别的时候，伊本·海什木递给他3600第纳尔。"你当时相信了自己的直觉，相信可以从我这儿学到东西，因此你值得拿回这些钱。我那时也是想要考验一下你，看你是否真诚。后来，当我发现你为了学习并不在乎金钱，我也开始全力培养你。记住，一切正当的行为都不该接受报酬、贿赂或者馈赠。"

5. 刺客宗师

> 推介自己并不会辱没他人。
> ——苏丹谚语

万物相连。由崇拜哈基姆的余众组成的德鲁兹派形成于伊斯玛仪派，并从伊斯玛仪派中分离出来——伊斯玛仪派是什叶派的两个分支之一，而什叶派本身也是伊斯兰教内部分离出的一个派别。伊斯玛仪派，或者说伊斯玛仪派的一个重要分支，在黎巴嫩的山区里定居下来，和德鲁兹信徒离得不远。可以想见，这两派在很多问题上都不能达成一致，但有一点是他们都同意的，那就是必须清除异教徒。对德鲁兹派的人来说，这意味着要与来自西方的新入侵势力，也就是法兰克王国的十字军展开激战。而对伊斯玛仪派的人来说，这就意味着要清理伊斯兰教已腐化的核心人员，即暗杀伊斯兰教首领。从那时候开始，这些人的名字就变了，人们开始将其称为"阿萨辛"[1]。

伊本·海什木的时代过去了100年，此时，围绕尼罗河流域开展的伊斯兰

---

1 原文为 Assassins。Assassin 原是一个刺客组织的名称，即起源于 11 世纪末以刺杀十字军为目标的伊斯兰密教组织阿萨辛派，后引申为以暗杀为职业的人。

复兴运动已经遭受了冲击。从大约公元 12 世纪到公元 14 世纪，不断有来自西方自称十字军的残暴之人企图占领圣地。据说，这些法兰克人甚至不知道什么是香皂和香水，而且也不再接触古希腊的先进知识。罗马帝国衰落之后，他们除了修道院仪式之外什么都忘了，一切都需要跟阿拉伯人重新学习。这些人"英勇"地攻击耶路撒冷时，甚至还迷上了吃人肉。

对欧洲人来说，十字军东征是一场圣战，而盛行于欧洲的修道院文化使之陷入了某种狂热的状态，他们过于担心基督教徒将永远失去耶路撒冷。他们心里想的是复仇、"天堂的赏赐"之类原始的信念，从没想过联姻和文化融合；因此，十字军的行为往往残暴且愚蠢——虽然也有例外，但很多情况下都是这样。在"非预期后果"法则之下，十字军和他们的敌人竟都开始欣赏彼此身上的一些特性，而且还把这种看法带回了自己的家乡。但中东当地人可不是这么想的，其中也包括早已定居在那里的基督徒。

此时，一位生于叙利亚的库尔德人也参与进这场混战中，他的名字叫撒拉丁。撒拉丁许下承诺，说自己能够将尼罗河从法兰克侵略者及其盟友手中解救出来。但非常不幸，除了这群劫匪般的欧洲骑士之外，他还有另外的敌人——阿萨辛派也想取他性命。关于"阿萨辛"（Assassin）这个名字的来历有一些争议：是因为他们吸食哈希什[1]吗？黎巴嫩的山谷间至今仍在生产和输出这些麻醉剂。抑或是由阿拉伯语单词 assass（意为"根基"）或 assassyoun（意为"对根基最忠实的人"）发展而来？

不管阿萨辛其名来历如何，他们曾三次试图刺杀撒拉丁，但撒拉丁还是夺回了尼罗河，并成功阻拦了法兰克人一往直前的入侵。阿萨辛们接受任务的地点是一座山崖的崖顶，那里是其首领、人称"山中老人"的哈桑·萨巴赫（Hassan al-Sabah）的老巢。这座崖顶的堡垒固若金汤，"鹰巢"之称可谓名副其实。哈桑·萨巴赫算是那个时代的奥萨马·本·拉登，他要求自己的手下要有绝对的服从性。他的目的也非常简单，就是为什叶派支派伊斯玛仪，也就

---

1 哈希什（hashish），大麻制剂，取材于大麻树脂。

是阿萨辛派谋求权力，而阿萨辛派最终也成了众人眼中伊斯玛仪派的唯一后继者。这个教派至今仍存在，目前由阿迦汗皇室统领。想想看，20世纪60年代彼得·萨斯泰特[1]的流行歌曲《你要去哪里（我的佳人）》[*Where Do You Go To* (*My Lovely*)] 中提到的花花公子阿迦汗竟然与11世纪的阿萨辛有关联，可以说是很奇妙了。尼罗河联结万物的理论在这里也同样成立：花花公子阿迦汗的父亲，也就是阿迦汗三世（Aga Khan III）在1957年埋葬于阿斯旺，那里曾是他最喜欢的冬季度假地（弗朗索瓦·密特朗[2]也是这么想的）。还记得吗？阿斯旺就是希罗多德误以为是尼罗河源头的地方，而且也是埃拉托色尼从黑暗的井底第一次丈量世界的地方。

再说回十字军。关于撒拉丁外貌的记载非常少。据说他体格弱小，蓄着短而齐整的胡子，有些人说他的胡子是红色的。但被提及更多的还是他忧戚，甚至可以说是忧郁的面容；但在与他人对话时，为了让对方放松，他也会展露出一个抚慰人心的微笑。他一贯非常好客，即使到访的是异教徒，他也会邀请他们留下来吃饭；无论访客有什么要求，他都会设法满足，给予他们最大的尊重。他无法忍受让访客失望而归，当然，也有很多人会利用他这一点。巴哈丁[3]说过，撒拉丁的慷慨尽人皆知。一次，一个人称"安条克[4]的布林斯"的法兰克人不请自来地到撒拉丁的帐篷，向他索要他四年前占领的土地，结果撒拉丁立刻就把土地还回去了。替他掌管财务的手下总是会隐瞒一部分王家积蓄，因为如果让撒拉丁知道，他就会马上把这些钱财花出去。撒拉丁有言："对有些人来说，金钱尚不如沙土重要。如果你是这样的人，就没有必要装作别样了。"他对奢华的生活没有兴趣。当法蒂玛王朝哈里发的华美宫殿成了他的财产时，他就将其转

---

1 彼得·萨斯泰特（Peter Sarstedt，1941—2017），英国创作歌手和演奏家。
2 弗朗索瓦·密特朗（François Mitterrand，1916—1996），法国前总统，1981至1995年在任。
3 巴哈丁·伊本·沙达德（Baha al-Din Ibn Shaddad，1145—1234），阿尤布王朝政治家、法学家和史学家。
4 安条克（Antiochia），西亚古城，遗址位于今天的土耳其城市安塔基亚（Antakya）附近。安条克公国（The Principality of Antiochia）为第一次十字军东征时期欧洲封建领主在亚洲建立的十字军国家（1098—1268），安条克是其都城。

赠给自己的埃米尔[1]，还说比起那种堂皇的宫殿，自己更适合维奇尔[2]的宿所。而且，他最喜欢住的就是战时的营帐。

他有两个目标：一是统一阿拉伯世界，二是从欧洲侵略者手中夺回耶路撒冷。阿萨辛们则不这么想。起初，对于追求伊斯兰教的纯粹，他们有一种十分扭曲的观念。接着，他们的暗杀逻辑很快就达成自洽——他们已然打磨好暗杀的工具、准备好暗杀的手段，即使是为了根本站不住脚的理由，他们也还是能随时展开暗杀行动。耶路撒冷既已被十字军占领，尼罗河最耀眼的宝藏正等着他们去夺取——只要他们能阻止撒拉丁。阿萨辛的暗杀势力就是他们的武器，是中东地区随时可供调用的枪弹。

第一位刺客于1175年出现在撒拉丁的营帐口，当时他的军队正包围着阿勒颇[3]。可以想见，这位杀手必然不会像雅芳的女推销员一样正大光明地上门。他一定是偷偷摸摸的，尽可能隐蔽。然而，撒拉丁身边都是最有能力的将士。其中一位埃米尔就觉察到这位访客的身份是假的，他并非什么宫廷里的人，于是就把他拦住了。

两人之间没有爆发言语冲突——对这群吸食哈希什的刺客来说，暗杀的标准流程就是完全的沉默。他们就像是带有极端偏见的特拉比斯修士[4]。按照修士的态度，面对愚蠢之人，只需报以沉默……而这位刺客报以的除了沉默，还有一把刺向手臂的匕首。那把刀非常锋利，由大马士革钢锻造。冶金学家至今也没能解开大马士革钢结构强度的奥秘，但对阿萨辛们来说，这种极端锋利的钢材正适合用作武器。他们通常会在刀刃上内嵌一个凹槽——用来藏毒。阿萨辛们十分善于使用染有毒药的刀刃。这样，即使刀伤没能置人于死地，还有毒药可以悄然完成任务。他们最常使用的是角奎蛇的毒液，这种毒可以破坏人的血

---

1 埃米尔（emir），伊斯兰国家对上层统治者、王公、军事长官的称谓。

2 维齐尔（vizier），伊斯兰国家历史上对宫廷大臣或宰相的称谓。

3 阿勒颇（Aleppo），位于叙利亚北部，是叙利亚第一大城市，阿勒颇省省会，同时也是人类最古老的定居点之一。

4 特拉比斯会（Trappist），一个隐世天主教修道会，始自17世纪法国诺曼底地区的拉特拉普修道院发起的改革运动，以俭朴的生活方式、对劳作的重视和沉默的态度为特征。

液系统，中毒者会死得极其惨烈；想要增加生还概率，必须反应迅速，及时在伤口上涂氨水（如果没有氨水的话，无杂质的尿液也可以）。所以，当时那位埃米尔冲出营帐，四处找人往自己的胳膊上撒尿。不过，那位阿萨辛也跟出来了。埃米尔虽然受了刀伤，但还是想办法抽出了自己的半月形短弯刀，一刀就将刺客从锁骨砍到腰。

到了1176年，当撒拉丁又一次在阿勒颇领军作战时，发生了第二次暗杀。这一次，一个阿萨辛冲进撒拉丁的营帐，企图用刀刺入他的头。但此时这位将领已经有所准备了：他在毡帽之下还戴着链甲[1]头罩。袭击者又去刺他的脖子，但撒拉丁的脖子上也围着链甲高领，和他穿的厚短袍是一体的。就在第二个和第三个阿萨辛冲进来袭击他时，撒拉丁的护卫及时赶到。这次是几个刺客联手要除掉他，但还是让他逃过了，而且奇迹般的毫发未伤。这次之后，撒拉丁犹如神护的声名就更加响亮了。

后来，撒拉丁收到阿萨辛的新一代首领锡南[2]从鹰巢发来的消息。信使要求与撒拉丁单独交谈，于是这位苏丹就将他的护卫支开，只留下两个马穆鲁克——他们是东欧来的奴隶士兵，以强大的作战能力和忠诚的品质闻名于世。

然而，这位信使坚持说，除非让他和撒拉丁独处，否则无法传递消息。"这两位就像是我的儿子，"撒拉丁说，"他们和我犹如一人。"听他这么说，信使转向两位马穆鲁克问道："如果我以我主人的名义命令你们杀死这位苏丹，你们会照做吗？"这两人拔出他们的剑，异口同声地说道："请你下令吧。"于是，信使带着两个马穆鲁克离开了，而他要传达的消息也清楚地传达给了撒拉丁：即使是最亲近的人，也有可能被收买。不能相信任何人。

知名舞台催眠师达伦·布朗（Derren Brown）曾确切地展示过，通过暗示驱使人实施谋杀行为并不困难。也许上面这个故事就说明阿萨辛派曾用过这种手段，而且之前确有说法认为，催眠术也是阿萨辛派追求极权的邪恶征途中使用过的把戏之一。

---

1 链甲，铁环串连做成的盔甲。
2 拉希德丁·锡南（Rashid ad-Din Sina，约1132—1193），12世纪后半叶阿萨辛派的首领。

受到了这么多不怀好意的关注，撒拉丁即使不愤怒，多少也会有些心烦意乱。于是，那位好好先生不见了；撒拉丁决定攻打那座位于迈斯亚夫[1]的高山堡垒。围攻之时，阿萨辛的首领锡南并不在堡垒中。他听说了这次围攻行动之后，便要求与撒拉丁在附近的另一个山头会面。撒拉丁认为锡南已是瓮中之鳖，就派了一支军队去抓捕他。但锡南的暗示能力实在太强，派出的士兵后来都一脸羞愧地回来了，说他们的手脚不知被什么力量控制了，无法做出攻击的行为。

这种暗示的力量也影响了撒拉丁。他命人在自己的营帐周围撒了一圈石灰粉和烟灰（据说既能驱蛇又能驱魔），然后不安地躺下休息。他还要求整个军营都亮着火光，而且每半个小时要换一轮守卫。整夜无人袭击；第二天早上，地上的灰里也没有落下脚印。然而，就在撒拉丁的床边却出现了一些司康饼，依然温热，摆成了阿萨辛派特有的一种图案——一个圆圈，边沿有锯齿形线条，就像一条蛇环绕在所罗门[2]的印戒上。另外还有一张纸条，上面写着："国王陛下有令！你所拥有的都会失去，最终的胜利将属于我们。你受我们掌控，我们留你性命，是要等你偿还所欠。"

撒拉丁发出一声凄惨的叫喊，护卫们立刻冲了进来。这位苏丹从来不是一个自傲的蠢人；他意识到，如果不放弃这次攻城，自己就会被杀掉。于是他撤军了，而且走得非常匆忙，甚至还留下了一些火器。到了蒙基德桥（Munkidh）的时候，撒拉丁遇到了阿萨辛派的人，他们说锡南承诺会让他们安全离开。

撒拉丁从不过于自满，他以这一点为荣。于是他决定尝试一个新方法——和解。如果法兰克人能收买杀手，他就能花更多钱收买他们，而且不仅给他们送钱，还一并送去赞美。后来，在金钱和奉承的诱惑下，那群杀手纷纷背离他们的老雇主，加入了撒拉丁的麾下，甚至连法兰克国王阿马尔里克（Amalric）也遭到了背叛。

撒拉丁一生征战无数，最终成功结束了欧洲移民对圣地持续百年的占领。

---

1 迈斯亚夫（Masyaf），叙利亚西部城市，位处山区。

2 所罗门（Solomon），古以色列联合王国的第三任君主，在位期间把首都耶路撒冷建成圣城，使之成为犹太教的礼拜中心，也被基督教、伊斯兰教奉为圣地。

另外，阿拉伯人在五个世纪前从第一批基督徒手中夺回的尼罗河，在这期间没有再一次被基督教占领，这一点也要归功于撒拉丁。

撒拉丁老了。他处理的麻烦事太多，已经累了。他人生最后的时光是在家人的陪伴中度过的。撒拉丁的身体一直不太好，但到 55 岁时，他好像一下子就衰老了许多，之后没多久就去世了。去世时，他的个人资产只有 1 第纳尔的提尔[1]金币和 47 迪拉姆[2]银币。他没有任何地产和动产，甚至连他的马都被他在死前送给别人了。

6. 尼罗河的摩西 第二篇

> 借他人之手持蛇自然不会害怕。
> ——埃及谚语

在处理关于埃及和尼罗河的问题时，撒拉丁最常咨询的对象就是摩西·迈蒙尼德[3]。对 12 世纪的犹太教徒来说，法兰克统治者相当专制，相比较而言，他们更喜欢在伊斯兰政权下生活。于是，很多犹太人从基督教国家迁移到穆斯林的领土上。当时，在亚历山大城定居的犹太人数就超过 3000，开罗的犹太人口则约有 2000。在伊斯兰教主导的摩洛哥，犹太人不会受到迫害，但他们必须隐藏自己的宗教归属。而撒拉丁统治下的埃及则不同，犹太人在那里可以公开信仰自己的宗教，而且还能在政府里担任高位。

迈蒙尼德出生在西班牙的穆斯林统治地区，之后随家人迁移到了巴勒斯坦，而巴勒斯坦在当时是十字军的领地。后来，迈蒙尼德因无法忍受欧洲人的

---

1 提尔（Tyre），黎巴嫩南部古城。曾是东地中海最重要的贸易中心，1124 年被十字军占领，成为耶路撒冷王国的主要城市。

2 迪拉姆（dirhem），货币单位。

3 摩西·迈蒙尼德（Moses Maimonides, 1138—1204），犹太哲学家、法学家、医生。

统治而搬到了开罗。他长于制定律法，同时还是一名医生、一位智者；不管在哪个领域遇到问题，人们都会寻求他的意见。在埃及期间，迈蒙尼德完成了他的哲学著作——至今仍然在售——《迷途指津》（*The Guide for the Perplexed*）。对一本哲学书籍来说，还有比这更合适的题目吗？据说，"狮心王"理查一世（Richard I, 1157—1599）非常赏识迈蒙尼德的才学，甚至邀请他到自己的宫中担任维齐尔。但真正对迈蒙尼德感兴趣的大概是阿马尔里克一世这位法裔十字军领袖、耶路撒冷国王了。但这位智者拒绝了——很明智的做法。他认为，不论欧洲人和埃及人之间缔结了什么协议（曾经有过几个，都没能持续太久），一定很快就会被打破，届时还在为法兰克人服务的医生就要被困在那里面对敌人了。他的预想是正确的。因此，迈蒙尼德给自己立了规矩，只为撒拉丁和他的家族服务。

撒拉丁患有疟疾——一种流行于尼罗河沿岸的地方病。不过他的身体一直都不太好，常服用各种药物。迈蒙尼德不赞成这种做法。他建议小病就不要吃药，因为那样会降低身体抗感染的能力。他认为预防疾病最根本的方法是保持健康的生活方式——现代医学理论强调增强自身免疫系统，而不是依赖侵入性的药物疗法，这与迈蒙尼德的观点一致。迈蒙尼德曾经引用过希波克拉底[1]的话："自然治愈疾病。"他告诉撒拉丁："我已经提醒过你，给过你建议，鼓励你尽可能顺其自然，因为只要我们不去干涉，身体自然可以应对大部分的情况。"

撒拉丁的外甥塔基（Taqi）身边有众多女仆。当塔基开始阳痿时，他询问迈蒙尼德是否有方法能"提升他的精力"，因为他之前在卧室里过度消耗，人变得很憔悴，甚至还有发热、头重脚轻和虚弱的情况。于是迈蒙尼德着手研究，为这位王子写出一本书，名为《论性交》（*On Sexual Intercourse*，他挺擅长给书起名）。他给出了一些壮阳疗法和催情的方法，但还是强烈建议在情欲方面有所节制。迈蒙尼德反对在饮食、饮酒和交配上的过度纵欲。他认为，虽然性交似乎有利于增强精力，但其实会像饮酒一样有去抑制的作用[2]——如果过度，就

1　希波克拉底（Hippocrates，约公元前460—前375），古希腊医者，被称为西方医学之父。

2　"脱抑制"指个人行为的内部约束机制被解除的状态。

会导致人精力衰竭。另外，一如饮酒，如果是在愉悦的氛围里和朋友说说笑笑，酒也会喝得比较舒服；同样的道理，好的情绪也会给性交过程带来积极影响。但如果性交之时带着负面情绪，比如焦虑、忧伤，还有厌恶，只会让心情更加糟糕。由此，迈蒙尼德建议不要与缺乏魅力、心思恶毒或是不苟言笑的女子性交。他还认为，跟过于年轻或者过于年长的女子在一起也会损耗王子的性能力。

为了提高王子的性欲，迈蒙尼德推荐了印度进口的黑胡椒。食用辣味香料可以让人出汗、加速血液循环，与做爱时的体验相似。在迈蒙尼德看来，这些反应可以诱导身体进入性交的状态。另外，他还推荐饮用蜂蜜水和适量的红酒，不过过量饮酒引发的欲望，实际能力可能无法满足——这一点他比莎士比亚指出得更早。在几段才学彰显的引经据典之间，迈蒙尼德说自己即将揭露一个"此前从未示人的神奇奥秘"；中世纪的伊斯兰文献有很多奇特之处，而他所说的奥秘就是其中之一——在一页纸之内，内容就能灵活地从色情转至宗教，毫不费力。迈蒙尼德还说，王子需要将油和橙黄色的蚂蚁搅拌在一起，在进行性生活之前用这个混合物按摩阴茎2到3个小时。据这位智者透露，由此引起的勃起甚至能持续到性交结束之后。这算是中世纪的伟哥吗？还是某种可以让王子一次性发泄完一生所有性欲的良药？蚂蚁咬伤留下的毒液中的蚁酸肯定是有些作用的；有意思的是，蚁酸还常用于皮革鞣制。

此外，他还建议用一种名叫牛舌草的草本植物来泡酒。在罗马时代，人们把牛舌草当成一种用来驱散忧愁的灵丹妙药。事实上，欧洲的草药专家用它也是出于同样的目的，还将它命名为"玻璃苣"。荷马曾提到一种忘忧草，牛舌草和它是同一种多肉植物。按照普林尼[1]的说法，服用这种药物之后，人会变得极其健忘——听起来像是中世纪的罗眠乐[2]。迈蒙尼德还建议王子尝试闻嗅芳香剂类的药物，尤其是没药和肉豆蔻。在这几条性爱指南的最后，迈蒙尼德送上了自己的祝福："愿主将您的日子填满欢愉，愿主的慈爱能让这欢愉带来永恒的幸福。"

---

1 普林尼（23—79），古罗马作家。
2 罗眠乐（Rohypnol），一种安眠药的名字。

7. 约瑟夫的井

乳房有一对，奶只有一种。

——苏丹谚语

为开罗供水的是尼罗河和一系列水井，井都不是很深，只触及尼罗河之下的浅层地下水。尼罗河虽然能供水，但并不是一个理想的防御带。撒拉丁需要一个堡垒。为此，最合适的莫过于伊本·海什木一个世纪前被关押的地方——莫卡坦山的边缘地带。那里地势高耸，干旱且多石——毕竟那里还有着历代法老们的巨大采石场。

于是，在莫卡坦的崖顶，撒拉丁建造了一座巨大的堡垒，也就是撒拉丁城堡。唯一的问题是，那里并没有水源。尼罗河作为整个埃及的水源，离崖顶那么近，却又那么远。这次，撒拉丁转而求助的对象是另一位长于解决问题的智者——卡拉库什（Karakush）。

可悲的是，卡拉库什在历史上一直遭受诽谤，声名已然被毁。想象一下，一个优秀的人物，一位才华横溢的建筑师，竟然变成了供大众取乐的对象，成了一个低级的笑料，甚至连他的名字都和儿童木偶节目里的潘趣先生[1]成了同义词。这就是卡拉库什的名声。在东方，有一个与他为敌的人不知疲倦地造谣生事，引发了人们对卡拉库什的讥讽和嘲笑。结果，卡拉库什真正的成就反而被忽略了：他是撒拉丁的宦臣和首席顾问，是撒拉丁城堡的建造者，也是今天包罗万象的开罗城背后的建筑师。

12 世纪，尼罗河环绕着由阿拔斯王朝[2]统治的开罗城的边缘。阿拔斯家族是伊斯兰教逊尼派[3]的哈里发，王朝首都设在巴格达。撒拉丁忠诚于阿拔斯家

---

1 潘趣先生指 Mr. Punch，英国传统木偶戏《潘趣与朱迪》（*Punch and Judy*）的主角，著名的小丑角色。
2 阿拔斯王朝（750—1258），阿拉伯帝国的第二个世袭王朝。
3 逊尼派（Sunni），伊斯兰教的主要教派之一。

族，而不是什叶派的法蒂玛王朝哈里发。在现代的开罗市，原来属于阿拔斯王朝的区域有两个最出名的地方，即哈利利露天集市和爱资哈尔清真寺[1]。尼罗河在老开罗城以北处向西边拐了个弯，而那里也是那些科普特教堂的所在地；很多年之后，老开罗城以北的这片区域才从河流变成了陆地。在那段日子里，如今美国大使馆和英国大使馆的所在地每年有大半年都在水下。

福斯塔特位于老开罗城和伊斯兰开罗城之间，第一批阿拉伯侵略者就是在这里搭建起他们的帐篷之城。而卡拉库什将所有这些地方都囊括进了我们今天所见的开罗，而且还将它们与撒拉丁堡这座位于山顶、俯瞰开罗城的伟大堡垒连接起来。多年后，就是在这座堡垒的脚下，人们发现了埃及第二位女性统治者的尸体；也正是在这里，杀死苏丹娜舍哲尔·杜尔的马穆鲁克人又被阿尔巴尼亚"悍匪"、埃及未来的统治者穆罕默德·阿里取了性命。

这一切发生的前提是卡拉库什将堡垒建起。当时的开罗并不缺建材——古老的孟斐斯城在当时还有着各式神殿和金字塔。现如今，那些建筑都没有了，孟斐斯城只剩下尼罗河西岸那一连串的小村庄，几乎就位于我在开罗市郊迈哈迪的住处对面。曾经那些古建筑上的石砖都被用来搭建堤坝、城墙和宫殿了。撒拉丁城堡一旦建起来，就可以用来守护这个更大的新开罗——其范围从尼罗河一直延伸到堡垒背后的群山。但在此之前，先要找到新的水源。

只懂得取笑他人的人可能会认为，宦官都是身体孱弱、体态轻盈的老男孩，没事就跑来跑去，兴许擅长打扫和做饭。但事实远非如此。一个在青春期被去势的男人就像一只更轻快的钟表——指针仍会不停地走下去。在王宫里，最高大强壮的男子常常都是宦官，卡拉库什也不例外。在长着红发、身材矮小的撒拉丁面前，他就像一只巨大的黑鹰，而这也正是他名字的含义——黑鸟。

如果没有水，卡拉库什就无法将撒拉丁城堡建在莫卡坦山边沿那个理想的位置上。很多人都知道莫卡坦山脊处的防御优势，但还没有人胆敢在那里动工。如果没有大量的水资源，任何城堡都是不安全的。甚至连撒拉丁都开始怀疑在

---

1 爱资哈尔清真寺（Al-Azhar Mosque），埃及首都开罗的第一座清真寺，位于开罗旧城。公元970至972年法蒂玛王朝时修建。初为宗教活动的场所，从13世纪起成为伊斯兰教高级学府。

那里建城堡是否可行，但卡拉库什非常坚定："想想尼罗河在哪。如果尼罗河不在五里格[1]以外的地方，那这附近一定有水源！"而五里格之内有的不仅是尼罗河，还有为整个开罗城供水的源头——约地下 60 英尺处的蓄水层。得益于此，开罗城内挖出了大量的水井，为战时的居民省去了每天去河边打水的麻烦。卡拉库什知道，他只需要向下挖就行了。但从哪里下手呢？

卡拉库什心里清楚，只相隔几码，井水量就可能相差一倍。一切都看运气，或者说看上帝的意愿。但卡拉库什相信那句老话："要相信上帝，但也得先把自己的骆驼拴紧。"

卡拉库什认为，世间万物就是上帝的言语。他雇用了一个探测师来寻找挖井的地点。这种探测术似乎由来已久：古埃及的墓穴中曾发现过探测棒；撒哈拉的洞穴壁画上绘有拿着某种魔杖进行探测的人；希罗多德描写过，斯基泰人[2]会用柳枝探测金子；权杖不离手的所罗门和希巴女王[3]据说都会探测水源和黄金。然而，但凡巫术魔法之流，撒拉丁都看不惯。所幸，探测一事可以在晚上打着油灯进行。

探测师到了，全身都裹在长袍里。那天晚上风很大，油灯的火苗在莫卡坦山裸露的岩石之上闪着跳跃的光芒。他抽出一根古老的香桃木枝——大众想象中魔法师所用魔法棒的原型。他感受到卡拉库什的不安，抬起一只手示意，请他耐心一点。

"在这个行当，每一次失误都来自贪婪：在发掘上的贪婪，或者在发掘速度上的贪婪——都一样。我们要顺其自然，为找到需要找的东西，花多少个晚上都可以。"

探测师用指尖轻轻捏住魔杖，解释说水之灵会与他的性灵对话，且一旦对话发生，他的魔杖就会晃动。

---

1 里格（league），古老的距离测量单位。测量海洋时，1 里格约相当于 5.556 千米；测量陆地时，1 里格约相当于 4.827 千米。

2 斯基泰人（Scythians），公元前 8 世纪到公元前 3 世纪中亚和南俄草原上的游牧民族。

3 希巴女王，《圣经·旧约》中提及的人物。传说她是一位阿拉伯半岛的女王，在与所罗门王见面后，慕其英明和刚毅，与所罗门王有过一场甜蜜的恋情，并孕有一子。

他在计划要建堡垒的整个区域来来回回地走了几趟，没有任何收获。

"这里没有水吗？"卡拉库什问道，"哪里都没有？"

"哦，水是有的，只是太深了。大概有200多英尺深。"

卡拉库什笑了。"我可以挖。这就和我们殿下行军打仗是一个道理。我们先把最好打的仗打赢了，这样，到了真正艰难的时候，我们已经积攒了足够的士气，就能继续赢下去。"

探测师捻着自己散乱的胡须，寒风吹过，他又扯了扯长袍，将受寒的胸口遮住。"我再走几趟，找找更深的地方。"

没过几分钟他就找到了。"这里的储水量最大，就在250英尺深的地方——一尺不多，一尺不少。"

"有多少水？"

"井会有多深？"

"能打多深就打多深。"

"我觉得一口6英尺的井一天能打出80蒲式耳[1]的水。"

"不够。如果是20英尺的井呢？"

"450蒲式耳。"

"那样应该够了。"

探测师拿了报酬，没有数，也没有多说一句话，转身离开了。

第二天，他们开始挖井。当时用的工人并不是当地最卖力的。据历史学家朱巴伊尔[2]所言，参与建设埃及的工人大都是欧洲人，而不是阿拉伯人。这些欧洲人在十字军战争中被俘，之后被用作建筑劳工，参与拆毁孟斐斯城金字塔和修建卡拉库什新开罗城内的种种建筑奇迹。"钻龟"由20个壮硕的法兰克人负责。所谓钻龟是一种巨大的棕榈木制钻模，能够固定钻杆。使用时，两个人轮流用钻杆敲击地面，第三个人负责用手快速调整钻头方向，然后赶紧躲开，以防钻杆意外击打到自己。

---

1 蒲式耳（bushel），英、美容量单位。1英蒲式耳相当于36.37升。

2 伊本·朱巴伊尔（Ibn Jubayr, 1145—1217），阿拉伯地理学家、旅行家、探险家、诗人。

一天，卡拉库什往下看了一眼，发现工人们正拿着撬棍和锄头闲在一边无所事事。当时开挖出的洞已经很宽了，可以同时容纳 20 个人并排站着敲击岩石——但速度极其之慢，因为清理碎石需要升降钻龟，这点很花时间。后来，在那些为法老们提供了金字塔石材的巨大古采石场里散步时，卡拉库什想到了可以利用分步骤法来清理碎石。首先，把数根窄杆敲入岩石中，并将杆的侧面钻通，使其相连。钻头就是一根简单的铁棒，其间会不断敲打，转动，再敲打。以前在莫卡坦采石场，人们就经常用木楔子来碎石。利用同样的原理，卡拉库什命人在这些被敲入岩石的杆中嵌入孔隙丰富的雪松木，然后在上面浇水。随着雪松木不断膨胀，相连的杆上也张开无数裂缝，此时就可以使用棕榈树干制成的吊杆将整块的岩石从井里提出来。于是，"约瑟夫的井"越挖越深——这个名字其实源自撒拉丁本人的姓氏，尤瑟夫 [1]。久而久之，很多游客会把这口井与位于加利利 [2] 的一口井混淆起来，而后者据说是由《圣经》中的约瑟夫建成的。

当井打至 70 英尺深的时候，撒拉丁来视察过。"还是干的。"他如此评论道。

卡拉库什笑了："我们只打通了三分之一的深度，可能三分之一都不到。"

撒拉丁看似陷入了沉思。"如果最后还是干的，我们就永远都不要再提起这口井了。"

挖到 100 英尺深的时候，洞的底部已经非常黑了。卡拉库什在井口放了一面巨大的镀锡铜镜，镜子的表面擦得锃亮。他安排了一个工人负责用镜子将太阳光反射到井底，给下面干活的人送去光亮和一点暖意。

等井挖到 130 英尺深，就有谣言传到撒拉丁耳朵里了——"他选错地方了。之后要换地方挖了。"但他什么也没对卡拉库什说。英明如他，不会去质疑自己最信赖的副手。如果没有了信任，就什么都做不成了。不过，几天之后他还是去视察了一趟井的状况。拂晓的时候，他沿着螺旋形的步道进入井内。步道凿

---

1 原文为 Yusuf，阿拉伯语名字，拼写和发音都接近英文中的"约瑟夫"（Joseph）。
2 加利利（Gallilee），史学观点中耶稣的故乡。

出了半似阶梯的样子，围着井的内壁旋转向下，深入井底。

井底的鲕状石灰岩[1]上有一个新挖出来的大洞，并且还在开挖中。而往西边看，在离这个井口约 30 英尺的位置还有散落在地的工具，那里则有另一个新挖的更窄一些的洞。这样看来，谣言是真的：卡拉库什不知道要怎么办了，已经不得不开始在别的位置钻井了。

但撒拉丁依旧什么都没有对自己的副手说。

工程还在继续。连续几个月，他们都在不停地挖、凿、劈，穿过碎裂的石块进入更深处。他们在第一口井的底部放置了第二面镜子，这个安排非常巧妙，因为这面镜子可以将射入井底的光线反射到不远处设在第二口井的井口处第三面镜子上。

挖到 250 英尺深的时候，卡拉库什终于开始失去信心了。这个地方根本没有水源。

到了 260 英尺，卡拉库什召来了水源探测师。撒拉丁听闻，就问他那口井是不是没有水，还问为什么要开凿第二口井。

卡拉库什回答得很谨慎。"第二口井就在水源……水源专家指示的地点的正下方。而第一口井特意安排在那个点以东 30 英尺的地方。至于你说的那个井底大洞，在大约一半深的地方会形成一个储水池，因为据我的估算，要从 250 英尺深的井里将水运到地表，只靠一只水桶的话，花费的时间太长了。"

撒拉丁点点头。卡拉库什知道，这是撒拉丁在为自己没有信任他而表达歉意。然而，那位探测师无法解释为什么到现在井下还是不见水。撒拉丁的原则是，不管做一件事要面对多少反对的声音，只要开始做这件事的理由仍然成立，那就要继续坚持原来的目标。卡拉库什知道，没有理由不继续挖下去。

挖到 270 英尺深的那天，他们收工时面对的依旧是一个无水的洞。第二天，洞里竟奇迹般地生出 10 英尺深的水来。自那天之后，这口井就再也没有干过。

---

1 鲕状石灰岩（Oolitic limestone），地质学常见的一种具有微小同心圆结构的灰岩，表面可见很多像
　鱼子一样的细微结构。

这口井于 1976 年停止对公众开放，因为井内的阶梯已经磨损成一个危险的斜坡，人在上面非常容易滑倒。我之前读过一首诗，多少能让人体会到一点在井建成五个世纪之后深入井内的感受（不过提到的井深有误，差了十倍——真正的深度应该是 85 米，也就是 280 英尺）。

于高耸的山岭之上，

我们进入那扇破旧的门，

周围高墙耸立，

护卫着其后的城池。

我们进入井里，

整整八百米深；

紧扶着布满裂缝的墙面，

我们沿着湿滑的斜坡向下，

右手边是漆黑的深渊。

我不敢向下看。

沉默包裹着我们，

烛光闪烁，

我们潜入这隐秘的深处，

前方不知还有多少步，

向下，直到不再有路，

直到数不清的年月已逝。

但，等等，

出现了一团枝蔓交错的灌木，

我们必须穿其而过，一直向下，

抵达低处的那片澄净水泊，

那里有银钱闪耀。

在我们之前，

有这么多人冒险来此？

是多久之前的事？

吉萨·埃尔·阿拉（Giza El Aala），1973—1974

8. 舍哲尔·杜尔，影子女战士

下唇瞧不起上唇。
——埃塞俄比亚谚语

伊斯兰政权对尼罗河流域的漫长统治还在继续。很多苏丹都并非善类，有些甚至可以说是疯癫——但所有苏丹中，只有一位是女性。公元 1250 年，舍哲尔·杜尔成了埃及首位，也是唯一一位女苏丹。她的人生甚至比克娄巴特拉的还要狠毒和复杂。论容貌，她不一定能与克娄巴特拉平分秋色；但论野心，她必然是能与之一较高下的。舍哲尔的人生充满曲折：在第一任丈夫死后，她成为一国之主，接着又谋杀了自己的第二任丈夫（她是他的第二任妻子，却是最重要的一任），但之后，她又被一个女奴谋害——该女奴就是她第二任丈夫的第一任妻子的女仆！

他们说，舍哲尔·杜尔天生貌美，美过夜空中好似一缕银牙儿的新月。他们说，她年轻的时候比他们记忆中旷野里的鸽群还要秀美。她被人们称为"珍珠小枝"，因为她就像一弯柳条，上面装点着人类最美的珍宝。他们说，她的声音低沉而魅惑，以至于能听到她嗓音和歌喉的地方，牛奶都不会凝结。舍哲尔·杜尔拥有绿色的眼眸，金色的秀发，还有马奶一样白皙的皮肤。虽然她出生于土库曼斯坦，但她所属部落的先祖在几千年前西迁，是世界上少有的白肤金发族群之一。她的一生安静又虔诚，而且她的诚实也广为人知。

但她也的确通过谋杀一路成为埃及的统治者。

舍哲尔·杜尔的事业起点是给一个有钱的男子做女仆。若是放在今日，她

175

又会成为什么样的人呢？一位才华横溢的私人助理？随时准备好出卖身体以求上位的那种人？她如何去到了黎凡特我们不得而知，但就是在那里，她被作为奴隶卖给了阿尤布·萨利赫（Ayyub Salih），进入了他的生活。这位阿尤布是一个身居高位的阿拉伯军阀，但在1249年，他时运不顺进了监狱，而她则忠诚地陪他一起入监。不出所料，虽然有这位已成为他第四位妻子的情人陪伴，阿尤布的健康状况还是在监禁生活中逐渐恶化。在他所有的妻子中，只有舍哲尔一人陪同他入监，这一点就反映了她为人忠诚，且性格坚毅。

一年之后，一切都变了。阿尤布恢复了健康，设法从监狱获释，而且还成了埃及的苏丹——此时埃及正又一次遭受攻打。在尼罗河即将被路易九世领兵占领的情况下，是马穆鲁克骑兵守卫了阿尤布的埃及。

马穆鲁克又是一群什么人？回想一下撒拉丁的忠仆们——马穆鲁克是来自东欧和中亚地区的奴隶，他们一直保持着一种独特的非世袭雇佣兵组织形式，其唯一的目标就是效力于伊斯兰哈里发。他们以异教徒的身份降生（伊斯兰教徒之间是不能彼此奴役的），随后就可以选择成为雇佣兵以换取名利。他们在埃及的大本营是劳代岛上的一个堡垒，就在开罗尼罗河的正中，十分具有象征意义。在为埃及苏丹效力的过程中，他们的权力也逐渐增大，甚至超越了其名义上的奴隶主。

> 他们感兴趣的只有劫掠、打猎、马术、跟敌对部落打架、搜罗战利品，还有侵略别人的国家。他们把所有的精力都放在了这些方面……如此一来，他们就掌握了相应的技能。对于他们来说，这些技能就相当于普通人生活中的手工艺和贸易，成了他们唯一的乐趣、唯一引以为荣的事情，也是他们所有交流中唯一的主题。于是，就像希腊人之于哲学，他们成了战争领域的权威。

这段话提到了马术，这一点很关键。马穆鲁克曾一度受蒙古人压迫，但他们实际上也是蒙古人的镜像。很多马穆鲁克都来自一个叫克普恰克[1]的哈萨克部落，其中有些人曾在蒙古人的驱赶下向西迁移，最终在欧洲的一些地方定居。某些关于十字军的编年史将这些人描述成目不识丁的莽夫，但实际情况远非如此。有相当多的克普恰克本土文学作品都流传了下来，即使到了今天，只要参考由几位后来的基督教传教士编撰的词典《库曼语汇编》（*Codex Cumanicus*），就能读懂其中的含义。后来，克普恰克人吸纳了他们的蒙古近邻，而且他们之中还出现了最早统治埃及的马穆鲁克——拜伯尔斯[2]和嘉拉温[3]。但并非所有的马穆鲁克都是克普恰克人：后来马穆鲁克的人口来源一度仰赖金发的切尔克斯人[4]、阿尔巴尼亚人和来自巴尔干[5]的奴隶，但在那之前就已经有普鲁士马穆鲁克了。任何好战的部落似乎都能适应马穆鲁克的军事精英制。

很长时间以来，历史学家们都不明白为什么会有一拨又一拨的好战部落从欧亚草原地区西迁。其实只要停下来仔细想想，答案是显而易见的——因为马匹。美国的西部地带曾短暂地成为过大平原印第安人[6]的居住地，而欧亚草原就像当时的美国西部一样，是最适合马儿生存的地方。面对大都依靠步行的西方人，长于骑马征战的草原部落将好战善战的天性成百倍地发挥了出来。蒙古人，还有一心模仿他们的马穆鲁克人，他们不仅善于骑马打仗，还擅长调用大批弓箭手作战。要掌控一场战斗不难——每个参战方都带着战旗，统军首领都能看得到，他们只需要扫一眼就知道自己的军队目前状态如何。此外，再有一本指导马战实操的兵法在手，基本上就可以战无不胜了。这些兵法的存在大大丰富

---

1 克普恰克（Kipchak），古代欧亚地区以游牧为生的民族，是哈萨克族的前身。
2 拜伯尔斯（Baiburs，1223—1277），埃及马穆鲁克王朝的第四代苏丹，以对蒙古人和十字军发动的胜利战役和国内行政改革而出名。
3 嘉拉温（Qalawun，1222—1290），埃及马穆鲁克王朝的第七代苏丹。
4 切尔克斯人（Cherkesses），西亚民族，主要分布在土耳其、叙利亚、约旦和伊拉克，属欧罗巴人种地中海类型。
5 巴尔干一般指巴尔干半岛。巴尔干半岛（Balkan Peninsula），南欧三大半岛之一，位于欧洲的东南隅，介于亚得里亚海和黑海之间。
6 大平原印第安人（Plains Indians），北美洲原住民类别之一，传统上居住于北美洲广阔的大平原地区。

了作战的方式。例如，如果你的士兵非常善于骑马作战，而且不管什么地形都能在速度上超越对手，那么侧翼包抄就易如反掌了；如果在真实的撤退途中发觉敌军因追击而力竭，甚至可以临时佯装撤兵，诱敌深入；如此一来，你就不需要劳神费力地随时防范，避免让撤退演变成全线溃败——这可以说是由来已久的军事难题。如果你撤退得够快，敌方还未及攻过来，那你就可以趁机重振士气，在敌军还在下面艰难爬坡的时候给他一个反击。

蒙古人的打仗策略都基于他们对战马习性的熟悉，而且极其善于使用他们以骨、木、皮制作的弓箭，在马背上进行远距离精准攻击。蒙古人的行军打仗之法一直以来都具有绝对的优势，直到重型火器出现。类似的转折在近现代史中也曾发生过，比如飞机的发展就改变了 20 世纪下半叶所有武力冲突的形式，如果在空中不占优势，那地面上的仗无论如何都赢不了，不管陆军的规模有多大。

于是，得益于自己手下的这些军事天才，舍哲尔手握统治大权，但这个过程并不轻松，其间经历了很多巧妙的协商——因为在当时，阿拉伯世界的大部分地区都不愿意接受一个奴隶的统治。反应最激烈的是贝都因人，他们拒绝承认这样的新政权。如此一来，不管实际权力有多大，所有马穆鲁克当权者都要在名义上服从哈里发的权威，而后者在某种意义上相当于教皇在中世纪欧洲的角色。所以，虽然马穆鲁克士兵在拜伯尔斯等人极其高效的领导下于尼罗河沿岸的曼苏拉打败了路易九世，他们还是不能立即取得王权。

其实，他们当时也不会有这种想法，因为他们以为苏丹阿尤布还在世。对舍哲尔·杜尔来说，所谓历史的确就是"男性的故事"[1]，因为很多历史学家在记载那段时期的情况时，都非常热衷于弱化这位曾卖身为奴的非凡女子的作用。

现在应该有必要先解释一下，奴隶制在当时当地意味着什么。奴隶制这个词的彻底的贬义性质形成于 18 世纪和 19 世纪，可以说是对之前非裔美国人苦难经历的回应。而在舍哲尔那个年代，奴隶制的说法还不涉及褒贬。现代人认

---

1 英文中"历史"一词为 history，可拆分为 his 和 story 两个词，故有"男性的故事"之意。历史上的统治者和历史的记载者大都是男性，代表着一种男性视角，学界认为这种情况是对历史上女性体验和视角的一种忽视或者压迫。

知里的雇佣关系，包括随之附带的保险、养老金、医疗福利，在那个时候都是不存在的。从某种意义上来说，至少对军事和行政系统里的奴隶来说，那时的奴隶制就类似雇佣关系——在一个动荡的世界里给人提供一辈子的生活保障。也许有人会反驳说，那时的奴隶并不是主动选择成为他人附庸的；但同样的话也可以用来描述雇佣关系：当今人们受强大的社会力量驱使去寻求雇主，也因此放弃了自主创业的可能。即使到了今天，对中东地区的贝都因人和部落民族来说，"出售个人的时间"还是一件让人羞耻的事情，雇佣关系和奴隶制一样具有负面意味。

而这些名为马穆鲁克的高级奴隶后来篡夺了主人的权力，他们其实可以被比作受雇于巨大跨国公司的高管。这些人享受着优厚的薪酬和福利，最终还能拿到公司的股份；他们的起点也许就是一个办公室小弟，但他们最终可能至少会成为公司的所有者之一。

做这些说明其实就是为了避免通俗文学中常有的误解：马穆鲁克常常被刻画成现代语义中那种受尽虐待的奴隶，为了复仇向基督徒和蒙古人的"自由"世界发起战争。然而，实际上法兰克人的基督教社会本质上还是封建制度，社会流动性很低；对于有才之士来说，同时期中东地区的社会系统中反而有更多的机会。事实上，基督教社会中只有修道院是培养人才的，相比之下，东方的宗教大学则十分鼓励本土学术人才的发展，除此之外，马穆鲁克的制度也培养了很多有军事和管理才能的人。

身为一个女子，舍哲尔·杜尔必须有足够的心机，才能在丈夫去世时保住手中的权力。法国人入侵时，阿尤布正在病中，舍哲尔·杜尔清楚，他活不了多久。这位苏丹躺在临终的病榻上，由妻子扶着他的手，在上千张白纸上签了字——方便舍哲尔·杜尔之后下达命令。他刚咽气，她就利用了木乃伊的制作传统，命人将尸体做好防腐，让他看起来还像活着一样——虽然可能多少有些不自然。舍哲尔·杜尔和她的两个将领共同织造了这场骗局，他们每天都会假装探望、照料那个做了防腐处理的已死的阿尤布，这场景简直让人联想起《惊魂记》（Psycho）。每天晚上，舍哲尔·杜尔都会独自与那个涂满防腐料的男尸待在一起，就睡在他那张大床边的长榻上——就是靠着这种钢铁一般的意志，她在后来的日子里才能握紧从丈夫手中夺来的权力。她一定做了不少噩梦吧！兴许白天也会看见梦魇吧？但跟即将发生的事情比起来，这都不算什么。想想吧，哪有最后不发疯的麦克白夫人？

虽然马穆鲁克拥有强大的军事力量，但她还是特意没有将他们纳入自己的核心团体。在这个阶段，还只能派他们去打仗，其他的事不能完全信任他们。她的亲信里有一位叫法赫尔丁（Fakhr al-Din）的埃及军队将领，是阿拉伯人，也是一个自由人；此外还有维齐尔和宦官长，马穆鲁克军队就是由这个宦官长管理。

当然，世界上没有不透风的墙。听闻阿尤布之死的消息，阿尤布的大儿子图兰沙（Turanshah）匆忙从叙利亚赶来继承王位，但那时候形势已不由他所控，舍哲尔计划已定。当时，为了抵抗十字军持续不断的进攻，法赫尔丁已经战死沙场，之后是马穆鲁克在曼苏拉逼退了十字军，路易九世随之被俘。据传，在此前不久，路易九世还曾放言（兴许口吻还十分狂妄），说自己现在唯一渴求的就是图兰沙的心脏，他希望那颗心脏被呈在自己面前时还是跳动着的。他说这话时，十字军在阿尔图瓦的罗伯特[1]的带领下刚刚攻下曼苏拉，看似战况喜人。

舍哲尔·杜尔的将军，人称"嗜血者"拜伯尔斯，为法国人设了一个局。他让曼苏拉的城门大开，引得十字军进入城内，让他们觉得能轻易占领该城。当然，拜伯尔斯提前安排了好几条能趁夜入城的秘密路线。当晚，入侵的十字军被打了个出其不意，一路溃逃至河边，最终在那里被屠杀殆尽。士兵们一排排地跌入尼罗河，就像成熟的谷粒一样。据说，被杀的法国人的鲜血，将从屠杀地到地中海之间的尼罗河水都染红了。之后，巴赫里马穆鲁克[2]继续攻打三角洲湿地的法军，无一不是以后者的溃逃作结。路易九世活了下来，但之前放出的诳语只能再咽回肚里。

---

1 阿尔图瓦的罗伯特（Robert of Artois，1216—1250），路易九世的弟弟。

2 巴赫里马穆鲁克（Bahri Mamluks），即埃及第一代马穆鲁克政权，巴赫里王朝（1250—1382）的统治者。

巴赫里马穆鲁克这个称呼来自 bahr 一词，意为"河流"或者"大海"。巴赫里马穆鲁克驻扎在尼罗河，总部位于开罗的劳代岛。尼罗河的石制水位计就在劳代岛上，可以用来测量尼罗河洪水的高度。从伊斯兰统治的早期开始，劳代岛的水位记录就一直没有间断过，而在伊斯兰统治者接手前，拜占庭人、罗马人，还有更早的古埃及人都曾负责过这一工作。想要预测何时适合让尼罗河洪水决堤入田，洪水的高度是非常关键的信息，所以水位计的所在是埃及的一个战略重地（往上游方向还有其他水位计，但劳代岛的那个是最重要的）。巴赫里"河流马穆鲁克"会选择这个尼罗河的权力中心作为自己的大本营，并非偶然。

然而，虽然占着一块关键的土地，马穆鲁克还是没能拿到任何实权。此时，图兰沙一边排挤继母舍哲尔·杜尔，一边攫取了本属于法赫尔丁的土地和马穆鲁克士兵。巴赫里马穆鲁克开始紧张了。图兰沙就像一位新官上任的 CEO，他新提拔了两个黑人宦官，一个担任王室事务总管，一个成了王室卫兵总管。这一举动让白皮肤的宦官和马穆鲁克十分在意，但他们还无法判断这种区分种族的做法意味着什么。当下看来，这最多就是图兰沙的个人喜好罢了。

据传，这位新的统治者为人鲁莽，且智力不高。除此之外，他还喜好饮酒——有人说他喝酒是为了控制自己左肩和左脸的神经抽搐，因为每当他与自己畏惧的对象发生冲突，就会发生这种情况。有一天晚上，他喝多了棕榈酒，就把自己那把大马士革钢锻造的短弯刀抽了出来。当时他眼前有一排燃着的巨大蜡烛，那座位于曼苏拉的巨大帐篷在烛光的照耀中亮如白昼。酒精作用下，他开始挥刀去削蜡烛顶。"是时候该对付巴赫里了！"他喊道。那把短弯刀极其锋利，而他的刀法却很糟，有时砍不到蜡烛，倒是把烛台砍成了两半。

然而，再锐利的武器也保护不了他，因为继母已经把他对马穆鲁克的邪恶念头告诉了对方。这还不算，他甚至要求继母返还父亲生前送给她的珠宝，简直是让自己的处境雪上加霜。他注定要死，只是早晚的问题，

能想到用巴赫里马穆鲁克来对付图兰沙，舍哲尔·杜尔这招实在高明。也有人说这是拜伯尔斯本人策划的。不管怎样，最终图兰沙死了，死得很折腾，

就像拉斯普京[1]的结局一样。第一个攻击图兰沙的是一个年轻的马穆鲁克杀手，他只在对方的肩胛骨处砍了一刀，结果那位年轻的苏丹挥刀猛砍，冲出了帐篷。然而，帐篷外守着一圈一心要取他性命的马穆鲁克。最后，图兰沙终于倒在地上，没了知觉，而他们将他那颗仍在跳动的心脏挖了出来。带着一丝麦克白式的幽默，这颗心脏被呈给了这个故事里的另一位战败者——路易九世国王。关于这个事件，确有相关记载，说他们这样做是为了安抚路易，因为这位国王之前一直在抱怨图兰沙要的赎金太高了。后来，马穆鲁克与法国人达成协议，路易被释放回国。图兰沙的父亲、苏丹阿尤布曾在临终的病床上给儿子写下忠告，希望他远离酒精，而且要对巴赫里马穆鲁克以礼相待。十分中肯的建议，却没被采纳。

面对无人继承的王座，舍哲尔·杜尔提出，自己是唯一的继任人选。可以想见，马穆鲁克对这个提议没有很坚定地赞成，但他们还是愿意赌一把，毕竟这是他们离权力中心最近的一次。上任后，舍哲尔·杜尔将自己的名字印在了钱币上。他们拥她为穆斯林的女王，理由就是她是阿尤布的儿子卡里尔王子（Prince Khalil）的母亲——虽然这位卡里尔王子幼年时就去世了，当时他的父亲仍然在位。换言之，这个说法单纯就是为她的上位获取公众支持。巴赫里马穆鲁克并不清楚要怎么做：一方面，她是一个女人，女人自然是很好掌控的；但另一方面，即使她跟前任苏丹有关系，阿拔斯王朝的哈里发也不见得会同意让她掌权。但舍哲尔·杜尔是不会放弃自己的使命的。她需要一个男人，这样自己当权才能合情合理。这个男人不能太强大，过得去就好，要能为她所控制。我们知道，她成功了，因为在接下来的七年里，铸币上都印有两个人的名字。在这个社会的传统中，女人都是藏在面纱下和花窗后的，所以能做到这点已经实属不易。然而，女子掌权也并非我们想象中那么鲜见，毕竟我们之前已经见识过疯哈里发哈基姆的姐姐西特·阿尔穆克了。

---

1 格里戈里·叶菲莫维奇·拉斯普京（Grigori Yefimovich Rasputin，1869—1916），俄罗斯帝国神父，末代沙皇尼古拉斯二世和其皇后的宠臣。曾一度手握大权，但因丑闻百出而引起公愤，最后被几位朝中重臣合谋刺死，据传是在服毒之后又被枪击数次才死。

她选定的男人并非哪位厉害的马穆鲁克，甚至都不是巴赫里马穆鲁克的一员。但在她第一任丈夫生前，这个男人在他生活中扮演着重要的角色。这个男人的名字叫艾伯克·图库曼尼[1]，是前任苏丹的试毒师。当时他已经结婚了，但舍哲尔·杜尔从不会为这种小细节而耽误自己的计划。

9. 嗜血者拜伯尔斯的信

有舌头的人都有罪。
——埃及谚语

如果存在这么一个人，身兼两面，既参与了尼罗河沾满鲜血的历史，又代表了那群在尼罗河沿岸生活的人，那这个人一定就是马穆鲁克的首领——嗜血的拜伯尔斯。作为舍哲尔·杜尔的同盟，拜伯尔斯在第七次十字军东征期间从法国人手里夺回曼苏拉，并且将路易九世囚禁在那里。

拜伯尔斯出生在克里米亚的一个哈萨克部落，属于克普恰克族。之后，他被蒙古人所擒，继而被卖到叙利亚为奴。他的身世和舍哲尔·杜尔有相似之处。我们如今被灌输的观念是，古代世界的人不可能凭个体的优秀实现阶级攀升，只有当代社会才允许穷人成功。但在他们的故事里，我们却发现掌控国家的人也可能是比穷人还要低等的奴隶。

拜伯尔斯甚至连长相都没有优势。他的第一个主人是哈马[2]的埃米尔。埃米尔惧怕这个白皮肤、小个子但精力充沛的男子，尤其此人还有一只好似被遮蔽住的眼睛[3]，绿色的眼珠蒙上了一层阴影，无疑是一只邪恶之眼。于是，埃米尔

---

1 艾伯克·土库曼尼（Aybak al-Turkomani，1205—1257），马穆鲁克成员。他名字中的"土库曼尼"代表着他的土库曼人血统。

2 哈马（Hama），叙利亚西部城市。

3 根据记载，拜伯尔斯有一只眼睛患有白内障。

就把他转卖给了埃及阿尤布王朝的首领（还赚了些差价：由于脸上的缺陷，拜伯尔斯第一次被卖时价低得离谱，只有800迪拉姆）。虽然他有一只怪眼，但大家都知道，此人做起事来眼睛从来不眨一下。他以无畏和善战弥补了自己外貌上的缺陷，很快就成了苏丹阿尤布的护卫之首。

拜伯尔斯的部落毁于蒙古铁骑的践踏，但之后也正是他让不断扩张的蒙古部落第一次尝到了失败的滋味。起初，他在舍哲尔·杜尔的手下领导马穆鲁克军队；之后，他又受命于谋害她的忽都斯[1]，而且在十年后的阿音扎鲁特之战[2]中直面曾一度奴役自己的蒙古人，将他们打得落花流水。拜伯尔斯唯一想要的就是成为阿勒颇的总督，但哈里发忽都斯觉得他是个威胁，没有给他任何封赏。于是，拜伯尔斯就趁一次外出打猎的机会将他的国王杀掉了：当时，拜伯尔斯让两个男子将哈里发的脖子扭断，然后把尸体重新固定在他的马上。接着，他们给了马儿鞭子，就这样让它跑回宫了。这个骗局实在太明显了，无疑是对他人智力的侮辱——一个人脖子都断了，怎么可能自己骑上马回家呢？但他们宣称国王的死确是打猎时发生的意外。

现在，拜伯尔斯是埃及的苏丹了。可以说，他是一位马鞍上的统治者，也是一位军营里的统治者。他在外出打猎的时候从不会选择那些自己单挑不过的人陪同。他的妄想症确实很严重。在他看来，一位苏丹如果安坐在自己的宫里，无疑就是等着被刺杀。他的睡眠质量很差，晚上经常做噩梦。据传他的胃也"不够强壮"，他的同龄人都喜欢大鱼大肉，但他偏好汤水或其他温和的食物。月色明亮的晚上，当他难以入眠，就会乔装打扮起来，到外面去巡街，探听流言和阴谋，找出一些敌方奸细，就像哈伦·拉希德（Haroun al-Raschid，更早的一位哈里发，《一千零一夜》里就有以其言行为基础改编的神话故事）一样。

拜伯尔斯的作风是出了名的雷厉风行。在攻城期间，他会向当地住民承诺很多好处——大赦、自由、无限的食物和饮水供给——只要他们愿意打开城门。

---

1 忽都斯（Qutuz，1259—1260年在位），埃及马穆鲁克王朝苏丹。

2 1260年9月3日，忽都斯率领马穆鲁克骑兵和各路穆斯林军队与蒙古骑兵交战于今天巴勒斯坦纳布卢斯附近的阿音扎鲁特平原，史称阿音扎鲁特之战。

对方总会早早屈服，但得偿所愿之后，拜伯尔斯就会打破之前所有的承诺，把城里的人屠杀殆尽。希特勒也用过相似的策略；为达目的，他们可以不择手段。但论嗜血，拜伯尔斯还是比不过之后切尔克斯族的马穆鲁克统治者。他也会下令将人钉死或者分尸，但这只发生在没有其他选择的情况下。另外，虽然马穆鲁克之后变得非常擅长围攻战，但最初他们对于各种攻城手段都是不太熟练的。然而，拜伯尔斯却能预见未来几个世纪会爆发全面战争，还因此将要塞城镇周围的农作物和果园都先毁掉，以此从经济上削弱对方守军的实力。如果不用杀人也能得偿所愿，那么他更乐于不开杀戒——只要能迅速达到目的就行。

1266 年，他又一次对蒙古人开战，这一次是针对他们的属国安条克和的黎波里，而当时统治这两个地方的是基督教公爵博希蒙德六世（Bohemond VI）。安条克城陷落时，博希蒙德并不在城内，而是已经退逃到了的黎波里。拜伯尔斯给他送去了一封精彩绝伦的信，信里描述了安条克城大屠杀的种种，说"这一切都归结于统治者的缺席"。他还告诉博希蒙德，的黎波里也会面临同样的命运。实际上，拜伯尔斯知道，他的将领们已经不想再在埃及北边来一场漫长的战役了，他们想回到尼罗河边享受这次的战利品。拜伯尔斯希望靠这封信改变历史，把中东地区的最后一个十字军王国驱入海中。

"指挥官先生竟无法目睹他的人民为他所做出的牺牲，这实在太遗憾了。一位落败的指挥官不应该再听取友人的意见，因为他们只是想安慰他罢了。他应该坚强起来，好好听一听敌人的话语，这些话才是真正值得相信的。

"我们的人进入东门的时候心情很不好，因为有人从上面拿石头丢他们，那些人还觉得自己的手铳用得很好（在阿音扎鲁特战争期间，拜伯尔斯在一场具有转折性意义的战斗中用到了手铳，这是第一次历史有载的战争火器应用）。我们的人将那些顽抗的基督徒抓住，脱了他们的锁子甲。他们的手铳里装满了粗制的花岗岩制弹丸，并不适合远距离发射。人抓住之后，我们要求他们放弃其异教信仰，但他们拒绝了。于是，我们把手铳摆好位置，让它们瞄准俘虏的裤裆垂直发射，一发就能让他们不再是男人。这个操作我们完成了不下七次。每一次，俘虏的那个重要部件都被打得稀碎。

"另外，数百人受邀参加了一场蒙古猎鹿，也算是向诸位蒙古领主致敬。据我们所知，蒙古人在他们的大草原上猎鹿时不会直接杀掉它，而是故意让它受伤，让它拖慢自己家人的逃跑速度。于是，他们用长矛和箭射中了更多只鹿的腿部和臀部。然后，他们将鹿群赶到悬崖或者一头被堵住的山谷，在那里，所有的鹿都会被杀掉。我们的人也效仿了一下，把剑和长矛当棍棒用，将反抗的敌人的腿打断，然后让他们逃走，逃到一条一头被堵住的街道上。最后，他们所有人都死于头部重击，因为我手下的人抱怨说，杀的人太多，剑上已经留下了很多人体脂肪，剑都钝了；另外，砍人的时候剑刃会扎进人的脂肪层，拖慢杀人的速度。

"对我的手下来说还有一件好玩的事。他们把鸭子蛋煮上半个小时，让蛋硬得像颗石头。这种美丽的小东西非常能储热，当它们被塞进这座城市最顽强的守卫者的肛门时，热量也没怎么散。这些男人双手被缚，只能任由它们在身体里燃烧。多么有趣的杀人方法啊。

"很多没被杀的人则是被割了鼻子和耳朵。我相信你不久之前也收到这些东西了。但我的手下因为觉得无事可做，就又开了个小玩笑。他们把这些已经残废的家伙又抓回来，然后把他们按在几桶马奶里淹死了。从这些人爆裂的肺里喷涌出的鲜血把马奶都染红了。

"当然，女人和孩子也没能幸免于难，很多都是一起被杀死的。反抗得最激烈的女人最后都被赶到高楼的房顶上，在矛尖的胁迫下被逼跳楼。除了一个幸存的，其他人都死了。那个幸存的女人最后也被看守的戟兵开了瓢。孩子一个都没剩。他们都被剑逼着跳进了营地的粪坑，淹死在排泄物里了。

"如果你不投降，同样的事情也会发生在你和你其他的子民身上。你各处的红旗都已经被换成了我们的黄旗，你教堂的钟声已经被我们'真主至上'的祷语所淹没！所有的清真寺里都传出我们的呼喊声。"

不管信里说的是真是假，它的确达到了预期的效果——博希蒙德决定不再反抗。这招实在是太妙了：信里的内容恐怖到让博希蒙德同意休战，如此一来，拜伯尔斯就不用真的大开杀戒了。

10. 家在哪，心在哪

红色尼罗河的河水因入侵者的鲜血而红，因淤泥中的沙砾而红，因远古的灾难而红。也正是在这条河上，人们发现了关于血液最深层的奥秘，再没有比这更相宜的了。

曼苏拉是尼罗河岸的一座城镇，位于开罗市以北的三角洲。在那里，尼罗河分流而行，踏上进入地中海前最后几英里的旅程。那片三角洲形成于几百万年的淤泥堆积，是埃及最富饶的地区。如我们之前所说，那里也是拜伯尔斯成功阻止十字军继续入侵埃及并将路易九世囚禁的地方。也是在那里，拜伯尔斯最信任的友人、医生伊本·纳菲斯（Ibn al-Nafis）建立了纳斯里医院（Al-Nassri hospital），写下了多本医学著作。

但这位医生并没有做过多少解剖——他说他太喜爱动物，做不到为了科学就把它们开膛破肚。可以说，他有着一种不同寻常的文明思想。既然如此，他对于身体的了解一定不是通过研究动物得来的，而是通过人。无论如何，他确有很多伟大的医学发现——仅在医学领域，他就完成了八部著作。至于在神学、法学，还有其他通识领域，他也同样著作颇丰；他的哲学小说《自学成才的神学家》（*Theologicus Autodidacticus*）被誉为史上首部科幻小说。另外，他还发现了血液在身体中的循环机制，比威廉·哈维（William Harvey）早了 400 年。

在纳菲斯之前，人体机能方面公认的权威是公元前 2 世纪的古希腊人盖伦（Galen）。盖伦的理论是，心脏室间隔上有很多肉眼不可见的小孔，空气能通过这些小孔进入血液。这一理论也得到了伟大的博学家阿维森纳[1]的认可（关于此人的学说，纳菲斯还写了一篇评论，讨论的是心脏和肺的功能）。盖伦假设静

---

1 阿维森纳（Avicenna，980—1037），医学家、诗人、哲学家、自然科学家，被称为世界医学之父。

脉血液系统和动脉血液系统是完全分开的。直到最近，医学界都有一个所谓的正统观点，就是哈维这位詹姆斯一世眼中才华横溢的医生兼解剖学讲师解开了血液循环之谜，而之前的人对血液循环机理一无所知。这个观点大大满足了西方人在科学发现方面的自负心。纳菲斯和哈维这两个血液循环之谜的解谜者竟然刚好都是在各自君主面前受宠的医学家，这么看来，历史真是有种奇特的对称性。不过哈维与纳菲斯不同，他非常善于动刀。在他的解剖学课上，他还立下了一个规矩："只要别人看得到，能切多少切多少。"但我们现在知道了，他并不是第一个解谜者。1924 年，一位名叫穆赫伊·丁·塔塔维（Muhyi al-Din al-Tatawi）的埃及医生正在柏林的普鲁士国家图书馆查阅其丰富的馆藏，期间发现了一本纳菲斯的《阿维森纳〈医典〉解剖学评论》（*Commentary on Anatomy in Avicenna's Canon*，1242）。纳菲斯写这本书的时候是 29 岁。在 15 世纪末期，维也纳学者兼外交官安德烈亚·阿尔帕戈（Andrea Alpago）翻译过纳菲斯的另一部作品，内容是关于阿拉伯世界药物的使用概要，而译文的边注就提到了纳菲斯对盖伦的血液循环理论有异议。阿尔帕戈的侄子在 1547 年发表了这个译本，后来这个译本又在 1556 年、1562 年、1582 年和 1595 年重印。而哈维是于 1599年到 1602 年在帕多瓦学医并拿到博士学位的，所以几乎可以肯定，在此期间他是读过或者听过纳菲斯的观点的。

纳菲斯写道：

> 血液必须从右心室流至左心室，但两个心室之间没有直接的通路。室间隔很厚，且上面没有洞穿的地方，不像有些人认为的那样有可见的气孔，也不像盖伦认为的那样有不可见的气孔。右心室流出的血要通过肺动脉流至肺，在肺中扩散，与那里的空气融合，然后再通过肺静脉流到左心室。

纳菲斯生于大马士革，并于 1236 年搬迁至开罗。也许他在描述心脏的运作过程时受到了尼罗河涨落情形的启发。盖伦没有发现，看似截然不同的动脉和静脉系统竟可以合二为一。但洪水泛滥时的尼罗河与洪水退去时的尼罗河也是截然不同的，区别之大，就像动脉血运载了丰富的氧气，静脉血的氧气却十分匮乏。

> 肺部需要肺动脉将血液运输进来，此时的血液已经将养分留给了心脏，带着心脏的温度。接下来，血液在肺部通过血管分支上的小孔进入肺泡，在那里与含有空气的成分接触乃至融合。经过这个过程形成的新混合物会回到左心室，达到使人精神振奋的效果。

纳菲斯表达观点时立场鲜明：

> 心脏只有两个心室……而且这二者之间绝对没有任何通路。通过解剖也能证明他们的观点是错误的，因为介于两个心室之间的间隔膜比任何其他部位的间隔膜都要厚上很多。这些血液（指右心室内的血液）的益处就在于它可以进入肺部，与肺里的空气结合，接着穿过肺静脉一路进入两个心室中的左心室。

尼罗河的洪水将养分裹挟于淤泥之中带给埃及的土地。纳菲斯在写下面这段话的时候可能也正想着这一点。

> 另外，他（阿维森纳）声称滋养心脏的血液来自心脏右侧，这个观点也完全不符合事实，因为给心脏提供养分的血液流经了心脏里的那些血管。

拜伯尔斯是最嗜血的统治者之一，而他的私人医生竟然是血液循环的发现者，可以说是相当合适的一对组合了。不过，我仍愿意相信是尼罗河为纳菲斯提供了灵感，而不是他那位君主贡献给世界的大批尸体。

据说，纳菲斯没有工作的时候最爱看焰火表演（一定是和拜伯尔斯的手铳一起从中国传过来的）和巨型篝火，还喜欢看人表演抛接球、翻筋斗和各种各样的魔术。

11. 试毒师的妻子

> 怀了孕的女人彼此平等。
> ——埃塞俄比亚谚语

很多现代政府中的职位明显都源自古代地位低下的仆役做的杂活。这些工作虽然看似简单，却要求绝对的忠诚。所有的政权都首先建立在忠诚的基础上，其次才是才智、能力和资质，因为如果没有忠诚，敌方的杀手随时都可能偷袭——撒拉丁对这点深有体会。宫务大臣最初是寝宫管家，而大法官本来是君主房间的门侍，不过当政府系统日渐成熟且逐渐官僚化，门侍也可能是个手握大权的职位。在这些岗位上任职的人一般都会晋升，甚至还有可能升到苏丹这种核心位置。然而，在阿尤布去世后成为苏丹的并非任何一个身居高位的马穆鲁克。舍哲尔·杜尔一心想要保住自己统治者的位置，因此她需要一个傀儡丈夫。此人要跟前任苏丹有些关系，而且要能被巴赫里马穆鲁克接受，但不能是他们的一员——那样会给他们太多权力。艾伯克就是这样一个人，他是阿尤布曾经的试毒师。

马穆鲁克的宫廷文化非常偏执且极端，在这样的环境里，试毒师就成了一个关键的职位。做这份工作不仅需要绝对的忠诚，还需要勇气和能力——因为其主要工作内容是管理厨房，保证从厨房到餐厅这整个流程的任何一个步骤都没人可以下毒。为此，艾伯克甚至只从一个叫曼尼尔什哈（Manial Shiha）的村庄雇用厨师，因为那里不仅盛产美食，而且所有的人都有亲缘关系，并且还都十分忠诚——所有人都知道，如果苏丹被下毒，他们全都免不了一死（通常来讲，投毒者面临的刑罚是被一把锋利的长刀劈成两半）。然而，即使有了一个让敌人无隙可乘的系统化管理厨房和一支忠诚无比的厨师团队，还是可能会有意外发生。因此，不管在什么情形下，试毒师都要立刻试出食物是否有毒——即使半梦半醒或昏昏欲睡，早晨起来的第一件事和每晚睡前的最后一件事都得是试毒。然而，如果拥有这样的能力，下毒自然也会是一把好手，所以在疑心病泛滥的马穆鲁克宫廷里，试毒师并不会被完全信任。这确实不是一份简单的工作。

颠茄、老鼠药、马铃薯甲虫、硫酸、月桂樱水、木灰碱水、乌头、锑酒、刺苹果、詹姆斯草、墨汁鬼伞和醋酸铅——这些毒药毒性各异，毒发后的症状也各不相同。还有鹿衔草、商陆、毒芹和天仙草——分辨它们时要谨慎，如果误判，吃下去的解毒药反而会让情况恶化。解毒药可以说是最后一道防线。毕竟谁都不想为工作而丧命，因此试毒师身边都有一位随叫随到的医生。

一旦发现中毒的迹象，首先要做的就是催吐——最好的方法就是将芥末粉或者明矾粉混在糖浆里做成催吐剂。如果出现嗓子干、发抖和头晕的情况，可能就是中了毒芹毒，此时一定要将胃排空，如果有必要的话可以使用氨水。

如果是中了商陆的毒，人便会剧烈呕吐和便血。针对呕吐的症状，只要大口喝温水或者糖浆，让呕吐的阶段尽快过去就好。另外，服用油性泻药或者用浓咖啡、甘菊水和鸦片水灌肠也都可以对付这种危险的植物毒素。

至于矾油之类的矿物毒素，中毒者可能会先后经历吐血、极度干渴和抽搐，继而死亡，而且死时嘴巴会干裂皱缩，呈现白色和黄色。针对这种情况，需将煅烧氧化镁和牛奶混合搅拌至奶油状并立即服用，如果操作及时，也许尚能挽回。毒素排除之后，一杯顺滑的榆叶茶或亚麻籽燕麦粥都可以促进康复。

乌头草或狼毒乌头的毒素会导致嘴唇麻木刺痛，而且同样的症状会逐渐蔓延全身。古时候，这种东西经常被用来投在井里下毒，或者在猎狮时涂在箭头和矛尖上。常见的毛茛中也会有乌头草，所以不要把这种花的叶子和花瓣往嘴里塞。如果怀疑中了乌头的毒，必须立即服用强效催吐剂，接着每隔半小时都要再使用一点氨水。如果有凉井水，就用它冲洗中毒者的脸部和胸部，但四肢要保持温暖。

宫廷里的投毒者一直以来最喜欢使用的就是致命的茄属植物颠茄，因为就目前所知，这种毒是没有解药的。这种植物没有气味，只有一点苦味，但用糖浆或者蜂蜜很容易就能掩盖掉。颠茄中毒会导致嘴干，继而失明。因为这种毒没有解药，所以只能寄希望于催吐，最好的方法就是用酒精和鸦片持续刺激身体，直到症状消失或者死亡来临。

大剂量的月桂樱水（其中的有效成分是氰化物）几乎可以立即致人死亡，小剂量则会导致中毒者失去对随意肌的控制。这种毒药带有杏仁的味道，仅此一点通常就足以引起试毒师的注意了。如果中了这种毒，可以将氨水大力稀释，让中毒者小心地吸入少量其挥发的气体。

用鸦片谋杀王子或者国王是完全可行的。如果中了这种毒，最初的症状是眼花和困倦，如果用上了致命的剂量，这种安逸舒适的感觉就会迅速变成昏迷状态，接着脉搏变慢变弱，瞳孔收缩；最终，随着死亡的降临，人的四肢会变得冰冷，括约肌也放松下来。自然，应对这种情况需要大剂量的催吐剂，此外浓咖啡也是有效的。极端情况下，还可以使用颠茄——每20分钟1次，剂量要非常小；具体用多少，要看恢复的情况。但不管使用什么手段，都要想办法阻止中毒者睡过去，因为下一步可能就是死亡。

马钱子的有毒成分也就是我们现在所熟知的士的宁，这种毒毒发症状奇特，可以立即分辨出来：中毒者所有的肌肉都会开始收缩，脊髓变成一条僵硬的骨头；接着，中毒者会进入一段短暂的平静期，紧接着又出现第二波剧烈的癫痫，比第一波持续的时间还要长，且在此期间中毒者会呼吸暂停。之后，这些症状都会消失，中毒者的呼吸变得轻松起来，继而陷入昏迷，接着又是下一波癫痫。这种剧烈的癫痫会反复发作，且每次都更加严重，直到最终中毒者死亡。如果有人在中毒者癫痫发作间歇的平静期触碰了他，马上就会引发新一轮癫痫。有意思的是，就算只是做出要触碰中毒者的样子也会导致同样的后果。解这种毒需要使用通便剂来灌肠，同时还要用到催吐剂。胃里的东西清干净之后，服用适量松节油可以起到解毒的效果。特殊情况下也可以使用鸦片。另外，空腹时吃下一些食用油和黄油也是有帮助的。

刺苹果毒会扰乱视力，引起眩晕感。用治疗颠茄毒的方法来对付这种毒即可。

毒芹的毒素会导致剧烈的头晕，这一点很多人都知道。继头晕之后，中毒者还会感到咽干，且四肢会逐渐瘫痪。针对这种情况，需要用芥末将胃部清空，再使用少量的氨水。如果中毒者的呼吸已经非常微弱了，也许还需要随行的医生来实施人工呼吸。

再说回艾伯克。舍哲尔·杜尔丈夫的身份并不能让巴赫里马穆鲁克完全信任他。所以他们安排了 6 岁的穆萨（Musa）——前任苏丹阿尤布的孙子来共同执政。如此一来，表面上是两方共同执政，实际上这个政权却是一个奇特的三分状态。

土耳其人的统治方式一直遵循着一条严酷的狼群规则——能杀掉在任统治者的人是唯一合适的继位者。如果有能力的人一直扮演服从者的角色，在时机悄然到来的时候——比如在任统治者的权力、时运或者能力开始衰退之时，也不打算取而代之，那这样的人就配不上统治者的位置。这种观念虽然十分野蛮，却影响深远。土耳其的王储为了保证无人与自己竞争王位而去谋害他们的兄弟姐妹，就是这种观念最深入人心之时的写照。

艾伯克有点过于得意了。他使计夺走了藏于小穆萨身后的马穆鲁克的权力，宣布自己才是唯一的统治者，还下令停止在新铸造的钱币上印刻舍哲尔·杜尔的名字。后来，他竟企图娶摩苏尔[1]埃米尔之女为妻，这一步终于还是越界了。这次联姻完全是为了政治利益——可以想象，他就是这么向自己在开罗的那位火冒三丈的妻子解释的。不管怎样，他都将为这个决定付出巨大的代价。某天，他正躺在自己哈莱姆[2]的奢华瓷砖浴缸里，享受着从头顶淋下来的玫瑰水。突

---

1 摩苏尔（Mosul），又名"哈德巴"（al-Hadba），现伊拉克第二大城市，3000 多年前是古亚述王朝的中心。8 世纪时，该城成为美索不达米亚北部的重要城市，1534 至 1918 年被土耳其奥斯曼帝国占领，成为帝国贸易中心。

2 伊斯兰国家专门供女眷居住的房间或宫殿。

然，他的几个浴室侍从按住了他——这些人效忠的首要对象是舍哲尔·杜尔。接着，他们将他的喉咙割断了，割得是那么深，以至于他的头都快掉下来了，而他的动脉血流满了整个浴缸。

但舍哲尔·杜尔错估了自己的权力。艾伯克死后，马穆鲁克认为他们的机会来了。在故事的有些版本里，是马穆鲁克鼓励艾伯克的前妻去找那个夺她所爱的女人复仇，随后他们又要以谋杀罪逮捕她。

为了逃避抓捕，舍哲尔·杜尔将自己锁在撒拉丁城堡的红塔里。因为没有食物，她变得越来越虚弱。与此同时，她把所有的时间都用来在一块平坦的花岗石上磨自己的珠宝，而那块石头本来是沙漠里的贝都因人用来磨谷物的。舍哲尔·杜尔决心不让任何其他女人佩戴她的宝物，于是设法销毁了自己的巨额财富。有传闻说，最后她变得神志不清，由于太过饥饿，甚至就吃掉了一些珠宝的粉末。最终，饥肠辘辘的她还是把门打开了。接着，她就被亡夫哈莱姆中的其他女眷拖了出去，让她们用木屐打死了。她的尸体被扔到了城堡附近的水沟里。500 年之后，也是在这同一条水沟，最后的马穆鲁克将会在阿尔巴尼亚"悍匪"穆罕默德·阿里的手里惨遭厄运。

之后，拜伯尔斯就从饱受凌虐的舍哲尔·杜尔和她的试毒师丈夫手中接管了王位。那他又面临着怎样的命运呢？他将带领阿拉伯人成功击败蒙古人和基督徒，让中东地区在接下来的数百年里都免于外患。他死于 1277 年，时年 64 岁，死因是喝了霉乳酒——一种发酵马奶酒，也是克普恰克人和蒙古人最喜欢的一种饮料。拜伯尔斯那时已经越发多疑，时时担心自己被谋害。所以他坚持要求，用来酿造霉乳酒的马奶要染成他的专属颜色橘黄色，这样他才能确定奶源是安全的。拜伯尔斯的多疑症还伴随着其他身体问题，包括消化不良和记忆力衰退。有时候还可以在他用过的枕头底下发现食物和饮料，而霉乳酒如果放置太久，就会产生致命的毒性。这样看来，拜伯尔斯有可能是自己将自己毒死了。

12. 拜伯尔斯的城市

> 快马、壮马，都不如顺从的马。
> ——埃及谚语

要欣赏老开罗城——那个属于拜伯尔斯和纳菲斯的开罗城，最好的时间是周六早晨 6 点到 6 点 30 分。那个时候，街面上还空无一人，朝阳刚刚升起，万缕阳光正好将所有宏伟的清真寺、高墙和宫殿都揽入玫瑰色的晨光中。如果你骑着摩托车，就可以自由穿行于无数的窄巷和天桥；步行其实也可以，但不知怎么，坐在车上看到的景色会更加壮丽，也许是因为映入眼帘的景物更繁多，人的感受更加强烈吧。另外，如果遇见狗，有车的话就能疾驰而过。所以包辆出租车吧，在城里四处转一转。

当然，我很少会遵循自己的建议。我在夜晚做的最后一件事常常就是开着车穿梭于开罗老城。那时候，清真寺兀自亮着绿色的灯光，街边的电弧焊机断断续续地迸溅出金色的火花，在这些光亮中，可以一窥这座城市的古老风貌。

有一次，我在外面逛到比平时还晚，就在撒拉丁城堡脚下一间有阿拉伯水烟卖的咖啡店停留了一下，那里离"逝者之城"公墓不远。当时有两个十五六岁的男孩在为面前的一小群观众表演，但我必须得说，那些人看起来兴致不高。可我不是。这两个男孩的本事是货真价实的。他们瘦如电线杆一般的身体裹在脏兮兮的运动服里，脚踏着沾满尘土的凉鞋。两个人只有一个装满汽油的巴拉卡[1] 矿泉水瓶和一只带提手的小火盆，盆里装着燃烧的木炭和几块破布。年龄大点儿的那个男孩在表演吞火，另一个男孩就在一边拿火表演杂耍。后者头顶的头发染成了一种奇怪的浅棕色，他表演杂耍时用的是一头包着棉料的细棍子，棉料里浸满了汽油。当他们发现我很感兴趣之后，表演的戏法也更有意思了。吞火的男孩拿了一条金属棍——我猜不是铁的就是钢的——然后用火将它加热，

---

1 巴拉卡（Baraka），矿泉水品牌。

直到棍子变得通红。接着，这个男孩没做什么花里胡哨的动作，直接慢慢地把棍子的一端咬下来吐到一边的水杯里，水杯里便传出一阵让人心服口服的嘶嘶声。

另一个男孩递给他几块脏兮兮的海绵，之前都在汽油里快速浸泡过。大点儿的男孩拿吸水烟用的钳子夹着它们，接着用一只隐藏式打火机将每块海绵都点着，把它们高高地抛向夜空中。当它们落下来的时候，男孩用嘴接住了这每一只燃烧的海绵——但最后他嘴里竟空空如也。我当时是唯一一个鼓掌的，虽然还有两个老头儿也看得津津有味。我知道最后得是自己给钱了，但很值。

最后一个戏法可以说是最精彩的。男孩没有做任何提醒，也没有像任何"真正的"魔术师那样做一套哗众取宠的铺垫。几乎像是临时起意，他直接用叉子从红彤彤冒着光的火盆里叉起一块木炭——没有停下来凉一凉，而是立即将木炭投进了自己的嘴巴里。接着又来了一块，然后又是一块。一块，两块，三块，四块——全都被吞进了嘴里，而他什么反应都没有，只是微笑。事后，他张开嘴巴，只看到白白的牙齿——那几块火红的木炭似乎真的都被吞下去了。

我给了他们大约 4 英镑，对于那种表演场所来说，给的算是非常多了。我还要了那个大一点的男孩的手机号，告诉他说我想要给他们的表演拍一些照片。两天后的下午 4 点，我在同一个地方等他们，但他们没有出现——而且在接了我的第一个电话之后，他们就没有回我电话了，我打过去他们也不接。那家咖啡店的店主是一个一只眼睛有点斜视的男人，他还记得我，就问我在干什么，同时手里还点着一厚摞脏兮兮的钞票。他告诉我说那对魔术师男孩是流浪儿，手机可能也是偷来的。他们应该是害怕了。"但他可以告诉你他们的戏法是怎么变的。"他向店里一个瘦得夸张的男子打了个手势。那个人穿着灰色的盖拉比亚[1]，正嘬着水烟管，看着好像没有牙一样。实际并非如此——那个男人笑了一下，露出了几颗黑色的残牙。他招呼我过去，拍了拍身边的塑料椅子。他很有表达欲，而且在茶和水烟的加持下精神抖擞。他告诉我，自己看这些戏法好

---

1 盖拉比亚（galabiya），阿拉伯国家的平民经常穿的无领对襟束带长袍。

几年了，已经看明白怎么回事了。"只是看。"不过从牙齿的状态来看，此人应该也吞过不少火。

"你觉得他们为什么总来这里？"他问道。

"为什么呢？"

"因为这个地方的火焰戏法表演一直都很出名，从阿拉伯人刚来的时候就是这样，甚至比那还早，应该从波斯牧师来到埃及起就是，他们很擅长吞火。告诉你吧，我从小时候起就学过这些把戏——当然，那两个男孩的确很会表演。拿吞火来说吧——这其实不难，只要你一直呼气就可以，但不能太用力，不然人们能看出来。这样的话，你嘴巴一闭上，火焰马上就灭了。只要汽油不流出来就不会受伤；另外，在表演之前你得一直喝水、喝酸奶，让嘴里保持潮湿。其实不仅是表演之前，得喝一整天。"

"咬断钢棍是怎么做到的？"

"那是铁，不是钢。是他们从旧的桶上拆下来的。在表演之前，他已经把那根小棍来回掰了几百次了，几乎一碰就能断。当然，他用牙咬上去的时候那棍子肯定是滚烫的，但只要不碰到嘴唇和牙龈就没事，牙齿是可以咬住很烫的东西坚持一两秒的。他把东西吐出来的时候，其实就是让它从嘴里掉出来，只是甩头的动作能增加一点力度罢了。但我也得说，这个戏法确实不好变，很容易出意外。"

"但那个燃烧的木炭——那是怎么做到的？"

"趁你不注意的时候，他往木炭里扔了几条软松木。松木烧着之后就变得和木炭一样黑，但仍然很软——所以他才会用叉子，因为叉子能插进去的只有烧黑的松木。松木和木炭不一样，它热量散得非常快，很轻松就能嚼了吞下去。但还有一个我一直很喜欢的戏法他们当时没变。如果你看到有人能喝下沸腾的铅液，他们准是这么干的——在铅中混入铋（这个词在英语和阿拉伯语中一致，为 bismuth）和锡，这种混合金属在低于水沸点的温度也会融化。他们先用这种金属造一把勺子，表演的时候就假装这是普通茶匙，当着观众的面用它搅拌茶水（在这个温度下还不会熔化）。接着，表演的人就把勺子放在火盆之上，将其熔化在一柄长勺里，假装长勺里的液体是滚烫的，然后把熔化的金属液体倒进嘴里。液体在嘴里凉下来后，便会再一次变成固体。

"那东西不是有毒吗？"

他笑了。"那两个男孩才不在乎这种事，只要能有人付个 1 英镑就好。而且那个大一点的男孩本来就生病了，血吸虫病。"

店里有个客人一直默默听我们对话，此时他把嘴巴从水烟管上移开，说道："他小时候玩水玩得太狠了，现在就改玩火了。"

第四部分

—— ❖ ——

延展的尼罗河

生牛排和拿破仑

1. 青春之泉

> 聪明的猎手能打到鹿，有耐心的男人能娶到妻。
>
> ——努比亚谚语

希罗多德在《历史》（*Histories*）一书中曾顺口提到过埃塞俄比亚的青春之泉，还说埃塞俄比亚人长寿正是那泉水的功劳。既然如此，作为尼罗河水源之一的青尼罗河源自埃塞俄比亚，似乎也很合理了。

青尼罗河最终会注入白尼罗河。我们已经提到过，就是它巨量的夏季洪水造就了尼罗河下游的模样。青尼罗河在汇入喀土穆附近的白尼罗河时，使后者产生至少五英里的逆流，改变其流向，同时河水裹挟的泥沙在水流交汇时沉积下来，尼罗河由此自白变红——本书也正是围绕这一画面展开。

所以说，一如白尼罗河，青尼罗河也是尼罗河的重要源头。古时候人们会对尼罗河之源产生困惑，大多是因为他们不知道有两处同等重要的源头。关于两个源头各有一些说法，虽然都是真实的，但因人们认为只有一个源头，所以会觉得这些信息相互矛盾，不可相信。

但青尼罗河又是在什么意义上扮演生命之水的角色呢？有一些河流，比如恒河，会被一些特定的微生物侵染，但这实际上却能帮助治疗疾病，或者至少能防止人们因饮用脏水而生病。尼罗河也有类似的功能。如果没有拦河坝，河水就能自由流动，有证据能证明河水有些微的抗菌作用。

然而，所谓的"小青尼罗"，即为之后转变为真正的青尼罗河的塔纳湖供水的那条河，应该只是一处普通的泉水罢了，没有证据能证明它与青春之泉有关系。当然，我是抱着很大的期待去调查这条河的，只是内心并不很信服。很多文化中都一直保有关于青春之泉的传说。比如《亚历山大传奇》（*Alexander Romance*），这本书收集了很多关于亚历山大大帝的传说，其中有一位摩西的神秘引路人名为盖德尔（Khidr），而此人也在《古兰经》中出现过，并且还在很多东方人口口相传的故事中出现过。据说，这个人就知道如何找到那处奇妙的泉水。

随着美洲大陆被发现，人们对青春之泉的寻找也转移到了新世界的土地上，胡安·庞塞·德莱昂[1]就非常确信自己在那里发现了它。此后，人们开始认为位于加勒比海区的比米尼岛与青春之泉有所关联，甚至连那个魔术师大卫·科波菲尔最近都参与了进来，声称科学家正在检测他名下位于加勒比海的迷你群岛上的水源，据说那水有重返青春的功效——让叶子，不是让人。但这说明不了什么，毕竟大卫·科波菲尔还曾付给克劳迪娅·希弗 10 万美金，就为了让她跟别人说她与自己订婚了呢[2]。

青春之泉也许只是一个象征性的符号，或者一个神秘的思维实验，它名字的含义可能并不是其字面意思。很多本应十分聪明的人却想不到这一点。

在很多故事中，永生都是一件福祸参半的事：衣衫褴褛的老乌鸦喝了泉水之后想死而不得；还有那些受了诅咒的水手，他们满世界横冲直撞，永远得不到安宁——这是最近在《加勒比海盗 4》中出现的情节。通过这些新鲜的例子，也足见永生传说的生命力之旺盛。

提斯阿拜瀑布［Tis Abay，又称梯斯塞特瀑布（Tissisat Falls）］通常被认为是青尼罗河的源头。但现在，这段瀑布的名气已经不如另一座以它命名的水电站了。只有偶尔到了周日，或者有外国高官访问的时候，人们才会开闸放水，瀑布才能再度水雾弥漫起来，就如早期传教士探险者刚刚发现它的时候那样。

有趣的是，还有一处水源也号称是真正的青尼罗河之源，那就是吉什阿拜[3]，即所谓的"小尼罗"。"小尼罗"汇入塔纳湖，青尼罗河自塔纳湖流出。然而，从"小尼罗"的汇入口到青尼罗的起点，塔纳湖并没有明显的水流运动，对很多人来说，凭这一点就可以将小尼罗排除了（而之前提到的卡盖拉河的水

---

1 胡安·庞塞·德莱昂（Juan Ponce de León，1474—1521），西班牙征服者、探险家。

2 克劳迪娅·希弗（Claudia Schiffer），德国模特、演员。1994 年与大卫·科波菲尔订婚，四年后两人宣布分手。有言论称两人为合约情侣，互相炒作。

3 吉什阿拜（Gish Abay），一段流入塔纳湖的水流，源头的泉眼位于一个名为吉什阿拜的小镇上。

流就顺利穿过了维多利亚湖）。吉什阿拜又称"小阿拜"，从中涌出的泉水据说有治愈疾病的功效。如果神话是为了将某种现实刻进我们的文化基因而对现实进行的夸张，那么为了保护一眼有疗愈功能的泉水，给它冠以永生之源的名号或许是最好的方法。

神圣的吉什阿拜泉位于一座修道院内，距离位于色克拉镇（Sekala）附近的塔纳湖大约 22 英里。我去那里之前，有人在客栈提醒过我，到那里的当天不能进食。坐在客栈接待处的那个严肃、消瘦的男子面前堆着厚厚的登记册，像是在读一本巨大的《圣经》。此人摇晃着一根细瘦的手指说："去早一点，如果你午后才到，他们是不会相信你之前没吃过东西的。"

我有时就会冒些傻气，比如为了加入租碟俱乐部，我会在那些毫无用处却不得不填的入会表格上填些假信息。大概是出于同样的想法，我没有在客栈吃早饭——以防被什么不怀好意的人看见——但在出发之前悄悄地啃了块吉百利榛果棒，而且咀嚼的时候非常享受。反正那些修道士也不会知道的！

我沿着一条尘土飞扬的路走了很久才抵达那座传说中的修道院——其实那地方已经破败不堪。我是早上 8 点到的，当时那里已经停着一辆小巴士，一群看起来十分烦躁的德国人从车上蜂拥而出——他们一定是没来得及喝上晨间咖啡。我倒是感觉挺不错的，因为一路上我又吃了软糖和一根巧克力棒，精神抖擞。

我在修道院的入口付了几百比尔[1]，然后在一片湿地边的木栅栏处又花费了些——这木栅栏的存在就意味着青尼罗河之源在此。修道院的洗礼池就在我目之所及的地方，我打算之后要在那里游一下泳。传说中的泉水就从一根锈迹斑斑的水管中流出来，水管直径大约 1 英寸。泉眼被围在一座石屋里，入口是一扇矮木门。门旁边有一个和颜悦色的守卫——一个手捧《圣经》的修道士。

"净身了吗？"他问道。

"是的。"

"不能吃东西，你知道吧？"

"知道，不能吃。"

---

1 比尔（birr），埃塞俄比亚的基本货币单位。

他移开了目光。"300 比尔。"

"但我已经付过钱了！"

"也许你还吃过东西了呢！"

他都知道了。也许是因为我牙齿上沾着巧克力。

"我只是想装些水，图个好运。"我把自己法国产柠檬水的瓶子举给他看，瓶塞上还固定着金属线圈。

但那只坚实的、抓着《圣经》的手还是挡在了我面前。我于是付了钱，弯腰钻了进去。

水缓缓流进瓶子里，看起来还是挺清澈的。趁守卫没注意，我停止抽水，举起瓶子喝了一大口。水肯定是干净的，毕竟这里相当于食物链顶端了。而且只要没有漂着什么东西，流动的水通常都可以喝，真正有问题的是滞水——我渴的时候就会这么和自己说。但那水喝起来还是有点海藻味，还有点碘的味道。

当时有几个穿着白绿相间长袍的埃塞俄比亚朝圣者马上就要接受洗礼。我跟在他们后面脱掉了衣服。脚下的石阶非常湿滑，踩上去黏糊糊的。池里的水非常冷——冰冷！我当时想，这跟白尼罗河水给人的感觉也完全不同。倒不是因为这里的水有多么清澈，不一样的应该是周围的空气和氛围。也许海拔也有些影响。但无论如何，我确实感到精力充沛，精神焕发。是的，我感觉自己更健康了。看着自己的四肢在水里被折射得扭曲起来，我感到自己好像突然变得很小很小，就这样漂浮在尼罗河的羊水里，像一个即将重生的婴儿。

2. 祭司王约翰的土地

> 一方水土养一方骆驼。
> ——索马里谚语

我们已经了解了伊斯兰世界是如何通过埃及来控制尼罗河的——自公元

7世纪以来，他们就由红海沿岸不断往内陆和尼罗河上游方向扩张。现在，基督教只能另寻去处。在伊斯兰教掌权之前，科普特基督教会就已经找准了自己的位置，或者也可以说是被驱赶到了那个地方：他们在埃塞俄比亚地区找到了一个据点。修道士们住在悬崖峭壁上的山洞里，要通过吊篮将自己拉上去，在200英尺左右高的地方吊篮还会撞到石壁上。他们的教堂都是由石头雕琢而成。这里是传说中东方的基督教国王、祭司王约翰（Prester John）的国土。在这里，科普特人是安全的——至少他们是这么想的。

16世纪，欧洲人如梦初醒，决定要外出寻宝。非洲和美洲显然都是绝佳的选择。在他们看来，神秘的统治者和失落的古城一样具有吸引力。雷利[1]为了寻找黄金国[2]付出了性命，很多人则是去追寻祭司王约翰。结果，他们的发现比传说本身还要奇特。

和很多人一样，我第一次知道祭司王约翰是通过T. S.艾略特的诗《献媚的谈话》（*Conversation Galante*）。除此之外，还有约翰·巴肯的小说《祭司王约翰》（*Prester John*）——虽然故事的背景设定在南非，而不是传说中这位国王的所在地埃塞俄比亚。关于东方有一位基督教国王的说法，无疑是从埃塞俄比亚的科普特教会散播出去的，只是可能在流传进周边的伊斯兰国家时多少有些扭曲和夸大。

但当16世纪的葡萄牙探险者见到阿比西尼亚的那些基督教国王时，他们真的认为自己见到的是祭司王约翰的王室家族。弗朗西斯科·阿尔瓦雷斯[3]在其1540年的作品《西半球的祭司王约翰：祭司王之国土的真实记录》（*Ho Preste Joam das Indias. Verdadera informacam das terras do Preste Joam*）中提到，祭司王约翰的儿子在死之前"被关入山中，无人探访"。他是被活埋了吗？很有可能，毕竟在埃塞俄比亚存在着欧洲人无法想象的奇特文化。

---

1 沃尔特·雷利（Walter Raleigh，约1552—1618），英国文艺复兴时期学者、政客、军人，同时也是一位探险家。

2 黄金国（El Dorado）是一个古老传说，最早始于一个南美仪式：部落族长会在自己的全身涂满金粉，并到山中的圣湖中洗净，而祭司和贵族会将珍贵的黄金和绿宝石投入湖中献给神。

3 弗朗西斯科·阿尔瓦雷斯（Francisco Álvarez，1515—1582），西班牙贵族，曾任秘鲁总督。

这些葡萄牙探险者是带着强烈的传教信念一路从红海进入埃塞俄比亚的。由于无法借道穆斯林统治的埃及以穿越尼罗河上游地区，这些欧洲人便试图通过非洲的印度洋海岸抵达那片神话之源所在的国土。如我们之前所言，虽然白尼罗河是更长的那条支流，却是青尼罗河的夏季洪水贡献出了尼罗河汛期85%的水量，而这正是埃及农业发展的基石。所以，人们在寻找神话之源的途中，首先发现的却是洪水的源头。

在16世纪和17世纪爆发的几阵探险热潮期间，探险者们逐渐开始执着于探寻隐藏在东方的基督教王国。从某种意义上讲，这个王国是存在的——就是埃塞俄比亚，其国民和埃及的基督教徒一样，都属于科普特教会。1621年，耶稣会传教士佩德罗·派斯（Pedro Páez）在寻找祭司王约翰的途中反而碰巧发现了尼罗河的源头之一，青尼罗河之源。他还遇见了一群基督徒，这些人把牛的内脏当成佩饰戴在身上，还在长矛上挂一截红布，红布里裹着被他们杀死的男人的睾丸，而且他们在审问俘虏的时候还会先将对方的眼睛戳瞎。红色尼罗河之所以为红色，这肯定算是根源之一了。

在瓦斯科·达·伽马[1]的带领下，葡萄牙探险者们在海上围着非洲大陆转了一圈，在15世纪的最后几个月，他们终于发现了进入阿比西尼亚的路线。于是，他们开始在红海沿岸建立贸易据点。与此同时，1527年发生了一次战争，发起人是达纳基尔地区（Danakil）的伊玛目[2]，人称"左撇子"的艾哈迈德·格兰（Ahmad Gran）。本来这可能只是一次以掠夺为目的的远征，但艾哈迈德·格兰仅凭一万兵士就让这次行动演变成了一场宗教战争。绝望之下，阿比西尼亚国王向他唯一知道的另一个基督教国家葡萄牙求助，于是葡萄牙人在1541年派克里斯托瓦·达·伽马带领400名火枪手去增援。然而，当这些人带着枪到达阿比西尼亚时，国王莱比纳·丹格尔（Lebna Dengal）已经在逃亡中惨死，当地的一切似乎都已归属伊斯兰世界。科普特牧师在公元5世纪和6世纪首次进入阿比西尼亚时带去了他们的古抄本，但其中很多都在这次战争中被毁掉了。可

---

1 瓦斯科·达·伽马（Vasco da Gama，约1469—1524），葡萄牙航海家、探险家。
2 伊玛目（imam），伊斯兰宗教团体领袖的称谓。

以确定的是，葡萄人的到来让一大批埃塞俄比亚教堂的历史文物逃离了被损毁的命运。

克里斯托瓦·达·伽马（Cristóvão da Gama）是探险家瓦斯科·达·伽马的儿子，被理查德·伯顿誉为"骑士时代最具骑士精神的人"。艾哈迈德·格兰听说克里斯托瓦有意帮助阿比西尼亚国王，就派了一位信使过去，信件里命令克里斯托瓦从埃塞俄比亚撤军，不然就要臣服于他的统治。随信一起送达的还有一份礼物——一套修士袍。这可以说是奇耻大辱了，言下之意大概就是达·伽马并非一名合格的战士，还不如就像埃塞俄比亚的其他修道士一样祈祷上帝会来解救他。但达·伽马准备迎战。他命人送去了拒绝信，还针锋相对地对格兰也提出了要么撤退要么臣服的要求。另外，他也随信送了一份礼物，是一只大镜子和一把镊子——暗示格兰是一个需要修理眉毛的女人。

对于这个回复，格兰非常不满，于是就接受了奥斯曼帝国的好意，从阿拉伯半岛南部召来了奥斯曼帝国的 1000 名火枪手。达·伽马方在人数和装备上都占劣势，但还是硬着头皮迎战，结果却发现莱比纳·丹格尔的儿子，也就是继任国王葛洛迪沃斯（Gelawdewos）手下只有 60 个人，而且他们还一直藏在山里。

在一系列小规模的冲突和战役之后，葡萄牙人终于有了一次与格兰正面交手的机会。在那场战役中，英勇的达·伽马受到了枪击，一只胳膊也折了，而且还被"左撇子"艾哈迈德·格兰抓走，成了俘虏。格兰拿出那只骇人的镊子，用它拔掉了达·伽马的每一根胡须。但他并没有满足，于是达·伽马又遭受了更残酷的刑罚：他的断臂被吊起来，整个人在空中来回摇晃，直到胳膊彻底撕裂成两半；他被刀砍，被截肢，舌头也被割了下来。然而，他仍没有屈服，也没有改变自己的信仰。最终，他的头被割下来扔到了一眼泉水里。据传，此后那泉水就有了治愈疾病的功效。艾哈迈德听说了泉水的事，卑鄙之心大起，命人扔了一条死狗进去，还在上面压了一块大石头，以阻止泉水继续喷涌。

做完这件事，艾哈迈德对自己很满意，觉得这场战争已经结束了。于是他只留了 200 名阿拉伯火枪手在身边，把其他人都送了回去，然后退居到塔纳湖边去享受相对安闲的雨季了。

如果要发生一场能最终决定非洲宗教版图确切范围的血腥大战，尼罗河源头的所在似乎是非常合适的战场。

余下的葡萄牙人鼓动女皇萨布拉·旺格尔（Sabla Wangel）和她的儿子葛洛迪沃斯继续反抗。想到他们仍然拥有一定量的武器装备储备，两人便召集人马，奔赴战场。在这场战争中，双方都打得非常惨烈，很多人就此丧命。说到这里，还有一个不得不提的故事，说有一个葡萄牙士兵太想为达·伽马所受到的凌虐复仇，于是扛着装满火药的火绳枪，骑着马直接穿过了艾哈迈德军队的头阵，一路向前，直到得以近距离射杀这位穆斯林领袖。随着受伤的伊玛目摔落在地，他的士兵们也转身逃离了战场。

关于这场战争，有记录提到，有一位勇猛的奥斯曼将士拒绝跟其他人一起逃跑。当他发现——

> 摩尔人已逐渐放弃了抵抗，他便决定以身赴死；只靠着自己的双臂和手中的大刀，他左挥右砍在自己面前开出一大片空间；他像骑士一样勇敢战斗，有五个阿比西尼亚骑兵围着他打，但既打不死他，也无法让他屈服。其中的一个骑兵想向他扔投枪，他直接从那人手里夺过了投枪，还砍断了另一个骑兵坐骑的脚筋。他们无人再敢接近他。这时出现了一个名为贡萨洛·费尔南德的葡萄牙骑兵，手持长矛向他冲了过来，给了他狠狠一击。这个受伤的土耳其人则反手紧紧抓住葡萄牙人的长矛，趁他还没来得及挣脱，在他膝盖上方砍了一刀。这一刀将所有的肌肉都砍断了，一条腿算是废了。葡萄牙人发现自己受了重伤，立即抽出剑来将对手杀死了。

到了 1543 年，这些背靠阿拉伯人的入侵者已被击退，埃塞俄比亚仍然是科普特教会国，在伊斯兰教主导的东非地区依旧是一个特别的存在。这是祭司王约翰的胜利。

3. 一种青色

> 晨间宜工作，其后看个人。
> ——埃塞俄比亚谚语

詹姆斯·布鲁斯[1]是一位探险家，他的名字和青尼罗河密不可分。他曾宣称自己是第一个到访青尼罗河之源的欧洲人，不过这话并不属实。

我们之前已经了解到，青尼罗河，也就是埃塞俄比亚人口中的"阿拜"，其源头位于色克拉镇附近的山区，这一点在布鲁斯探访埃塞俄比亚之前几百年就已经广为人知了。巴尔塔扎尔·特莱斯[2]在17世纪时曾写到过探访埃塞俄比亚的耶稣会传教士："据说亚历山大大帝（在锡瓦的神谕殿）问朱庇特－阿蒙的第一个问题就是尼罗河源起于何处，而且我们知道他曾派人遍访埃塞俄比亚地区，但最后还是没有找到那个源头。"更早些时候，入侵多国的波斯国王冈比西斯[3]也曾派人在埃塞俄比亚地区寻找尼罗河之源，在那之后，他打算洗劫亚历山大后来拜访的那座锡瓦神谕殿，却在途经撒哈拉沙漠的时候惨失一支军队[4]。

这几次寻源之旅都没能成功。虽然人们都知道源头的大概位置，但精确的地点却一直无人知晓；直到1613年佩德罗·派斯的到来，才第一次有欧洲人见到了青尼罗河之源。然而，关于这一点却有些争议，因为詹姆斯·布鲁斯宣称自己在1769到1771年间从红海沿岸好不容易一路走到青尼罗河源头，认为自己才是第一个抵达那里的欧洲人。这位金奈尔德[5]的布鲁斯所经历的旅程确实很伟大，很不同凡响，这一点无可辩驳；而且这也是首个从青尼罗河行至白尼罗河

---

1 詹姆斯·布鲁斯（James Bruce，1730—1794），苏格兰作家、探险家。

2 巴尔塔扎尔·特莱斯（Baltazar Téllez，1596—1675），葡萄牙历史学家、哲学家。

3 指冈比西斯二世（Cambyses II），波斯帝国阿契美尼德王朝的第二任皇帝，公元前530年至前522年在位。

4 征服埃及后的冈比西斯二世沿着尼罗河前进，从底比斯人手中夺取了哈里杰绿洲（Kharga Oasis）。他还派遣了一支由5000人组成的部队前往占领锡瓦绿洲（Siwa Oasis），但是部队在穿越沙漠时被沙暴吞没了。

5 金奈尔德（Kinnaird），苏格兰地名，是詹姆斯的出生地。

的旅程——只不过不需要循着那段急流密集的青尼罗河段。尽管如此，这份荣誉一定是属于佩德罗的。他对青尼罗河源起处泉水的描述那么精确，一定是亲眼见过之后才写得出。至于布鲁斯，面对佩德罗的声明，他还试图搅浑水，这也让人觉得他不太可靠。后来，当布鲁斯结束旅程回到英国时，他那些关于埃塞俄比亚的绝对真实的观察也受到了约翰逊博士[1]等人的奚落，让人不禁觉得是某种美妙的因果轮回。

詹姆斯·布鲁斯在 1770 年到访了青尼罗河源头处的圣泉。当时的国王特克勒·海马诺二世[2]宣布："我决定，吉什村和周围那些他喜欢的喷泉将永远属于亚古贝（布鲁斯）和他的后代，且永远不能登记在他人名下，也永远不能被从他那儿夺走或用来交易。"源头处的那座教堂现在名义上是敬献给圣徒圣迈克尔（St Michael）和圣扎拉布鲁克（St Zarabruk）的。1925 年，R. E. 切斯曼少校[3]在埃塞俄比亚西北部担任英国领事时，曾询问过这位扎拉布鲁克的来历。牧师说此人是一位圣徒，但其他就不知道了（在阿姆哈拉语[4]中，这个词还有"受福之种"的意思）。但在布鲁斯刚到那里时，教堂只有一个名字，就是"圣迈克尔吉什"（St Michael Gish）。有人说"扎拉布鲁克"是这位探险者本人名字的变体。由此看来，这座教堂确实是按照国王的旨意，以布鲁斯之名留存下来的。

在苏格兰的威格敦文学节上，我见到了一位布鲁斯的直系后代。他在一家威士忌酿造厂工作——合情合理，毕竟布鲁斯的妻子是一位葡萄酒商的女儿。这位后代名叫亚历克斯·布鲁斯，住在苏格兰的一处庄园里。然而，他并不知道自己的家族在海外也有土地，而且那片土地是如此奇异而神秘——位于青尼罗河的源头。

---

1 此处指塞缪尔·约翰逊（Samuel Johnson，1709—1784）。他曾进入牛津大学学习，但后来因贫困辍学，未能拿到学位。编成《英语大辞典》后，牛津大学给他颁发了荣誉博士学位，因此被人们称为"约翰逊博士"。

2 特克勒·海马诺二世（Tekle Haymanot II，1754—1777），埃塞俄比亚皇帝，1769—1777 年在位。

3 罗伯特·欧内斯特·切斯曼（R. E. Cheesman，1878—1962），英国军官，探险家。

4 阿姆哈拉语（Amharic），埃塞俄比亚官方语言。

4. 詹姆斯·布鲁斯——尼罗河的"骗子"

真话简短，谎言冗长。
——埃塞俄比亚谚语

　　詹姆斯·布鲁斯是罗伯特一世[1]和埃尔金伯爵家族[2]的远亲。从表面上看，他是当时所有寻源尼罗河的探险者中条件最好的一位。之前我们提到过发现默奇森瀑布的塞缪尔·贝克，和他一样，詹姆斯·布鲁斯也是个大块头——身高 6.4 英尺，红头发，体格健壮。另外，他还像伯顿一样掌握多种语言——阿拉伯语、科普特语，还有阿姆哈拉语。他无所畏惧，在追求自己的目标时非常激进，这一点又和斯坦利类似。最后，他还和施维因富特一样是个自然科学家，对万事万物都有着好奇心和探索心。然而，多年以来，人们对他最深的印象就是他是一个骗子，一个脸皮薄的牛皮精，横行霸道——虽然没人把他当回事，还是个讨人厌的小气鬼。对了，还是个胖子。在人生的最后几年，此人变得肥胖粗笨，爬上马车的时候整个车都会不受控制地左摇右晃。最终他从几阶楼梯上跌了下去，巨大的重量将他一度强健的身体压垮，这一跌就丧了命。他的人生到底是哪里出了错呢？

　　布鲁斯带回了关于尼罗河及其源头的新见闻，但人们根本不想听。他说自己见过农民从一头活牛身上切下一块肉排，生着吃掉，然后再把牛身上的伤口缝好，让那头畜生再吃一天草。但这个逸闻仅沦为了人们嘲笑他的理由。当约翰逊博士等人实在难以忍受这个傲慢自负的苏格兰人那些没有气度，更重要的是没有幽默感的吹嘘时，他们就会抓住这件奇闻逸事猛烈抨击。有意思的是，

---

1 罗伯特·布鲁斯（Robert the Bruce，1274—1329），史称罗伯特一世（Robert I），是苏格兰历史上最重要的国王之一。

2 埃尔金（Elgin）是苏格兰东北部一座小城的名字，17 世纪中叶之前的苏格兰是一个独立的王国。1633 年 6 月，此王国设立"埃尔金伯爵"贵族封号，并将其颁赏给声名显赫的布鲁斯家族。

布鲁斯在法国却赢得了人们的尊重，而且人们还为他举办了一场颇有影响力的意见发表会；但在英国，他得到的只有嘲讽。关于牛和生食牛排这件事应该极其谨慎地以喜剧形式展现，选择任何其他的表达方式都只能说明此人极度缺乏幽默感。他本应该意识到人们不会相信他，然后换一个话题。然而，布鲁斯是这么应对的：当访客表达了对他见闻的怀疑，他就会切下一片生牛排，逼迫对方吃下去，不吃完不允许他下桌。而这还是他对自家客人的态度。想象一下，当伦敦文化界觉得他的故事有那么点……不可思议的时候，他会是什么反应。布鲁斯的经历是个独一无二的例子，展现了一个做派糟糕的人，无论有多么辉煌的成就，可能还是会落得被众人无视的下场。

布鲁斯生于苏格兰，就读于哈罗公学，之后在突尼斯担任过两年领事。那时候他就十分勇敢——他在法庭上坚守立场，即使目睹另一位上诉人被绞死也毫不动摇。同时，他还是一位开拓者。蒙戈·帕克[1]是第一个沿尼日尔河溯流而上的欧洲人，而在此之前，陆地探险者几乎不会涉足非洲大陆（有意思的是，世界上最伟大的探险家中有四位都是苏格兰人：蒙戈·帕克，第一个横跨北美的亚历山大·马更些[2]，詹姆斯·布鲁斯，还有戴维·利文斯敦）。比起坐在战舰里的环球航行，要经过很多未知部落的内陆旅行更需要胆识，而布鲁斯第一个证明了这种旅行的可行性。他决心揭开尼罗河之谜，而且也确实做到了——尽管之后迎来的都是嘲笑。

很奇怪，布鲁斯在前往目的地的过程中并没有开辟新路线，他是在回程才做了回开拓者。为抵达青尼罗河之源，他原本打算从开罗向尼罗河上游方向走，但很快就放弃了河道，转而选择红海路线，一路行至马萨瓦[3]。这条路线已经有好几代葡萄牙旅行者曾经走过。布鲁斯在上岸时结交了一个意大利人，此人表示会陪他一起走到源头。这个意大利人名叫路易吉·巴卢加尼（Luigi Balugani），是一位画家，但后来在埃塞俄比亚丢了性命。布鲁斯一直都是一个彻头彻尾的

---

1 蒙戈·帕克（Mungo Park，1771—1806），英国探险家。

2 亚历山大·马更些（Alexander Mackenzie，1764—1820），苏格兰毛皮商人、探险家。

3 马萨瓦（Massawa），厄立特里亚北部的港口城市，东临红海。

实用主义者，他拿了意大利人的画，当作自己的作品送给了乔治三世。17 年之后，他的回忆录里一句都没有提过巴卢加尼的名字。从这件事我们便可以看出他受人厌恶的根源。与自己同行的旅伴发生意外英年早逝，他竟然窃取了他唯一的成果、他唯一能留给世界的东西，然后还绝口不提他的名字——什么样的人才会做出这种事？

当布鲁斯抵达青尼罗河之源时，他已经晚了 150 年。那时，真正重要的旅程还未开始，只不过他自己认为一切都已经结束了。到了塔纳湖，他放言说佩德罗·派斯这个探访青尼罗河之源的欧洲第一人一定撒了谎，实际上此人从未到过那里。R. E. 切斯曼是尼罗河上最后一位伟大的探险家，也是他在 20 世纪 20 年代和 30 年代期间首次绘制了青尼罗河大部分流域的地图。他曾去探过佩德罗·派斯去过的地方，发现这位耶稣会成员确实到过源头，而布鲁斯是在故意误导大众，目的就是让第一的桂冠落入反天主教的盎格鲁 – 撒克逊人囊中。

为了躲开红海上那些狡猾贪婪的马萨瓦人，布鲁斯返程的时候至少有一段路程是沿青尼罗河走的，一直走到青尼罗河在苏丹汇入白尼罗河的地方。看到那条壮美的河流向南延伸进非洲大陆，他理所当然地被眼前的景色所折服，但也顿觉心虚，只好装作这条河不存在，或者说不算数。他甚至都没有给这条河命名的勇气，只用当地话的叫法"阿比阿德"（Abiad）来称呼它，而这个词在阿拉伯语中的意思就是"白色"。

他从那里继续向下游方向走，一路上经过了奇特的方尖碑和陡峭的金字塔。当看到位于现在苏丹境内申迪市（Shendy）附近的一处遗迹时，他评论道："实在很难忍住不去猜想这里就是古城麦罗埃。"他是第一个提出这种猜测的人，确实很有洞察力。他还亲吻了申迪女王的手——女王很震惊，立即将手抽回来，大叫道从没有人胆敢这样做。另外，他还展现了自己博学的一面，因为他观察到金星在那段时间里格外地明亮："从早到晚，金星都公然蔑视着最为明亮的太阳光，兀自光芒万丈。"当年确实是 243 年以来金星最接近地球的一年。

在那之后，布鲁斯踏上了著名的"四十日之路"[1]，进入了努比亚沙漠。他只用了 18 天就穿越了沙漠，但在途中弄伤了两只脚。到达阿斯旺时，他将双脚放进尼罗河冲洗，并以他那一贯的尖刻语气说自己以后再也不会回到这里了。他在开罗休息了几个月等脚伤复原，随后取道意大利回国。在意大利，他还向自己前任情人的意大利丈夫挑战，要与他进行一对一决斗（这位前任 12 年来连一封信也没给他写过）。而那位意大利伯爵则是不停地道歉，称自己对他们的关系毫不知情。布鲁斯只好垂头丧气地回了伦敦，而他所描述的经历却在那里迅速变成了可笑的荒谬妄言。他彻底得罪了约翰逊博士。约翰逊曾在 40 年前自己的第一部出版作品中翻译过杰罗姆·洛波神父[2]（特莱斯的好朋友）对耶稣会士探访埃塞俄比亚的一段描述，结果布鲁斯却跑来说那都是谎言。不仅如此，差不多同时代的詹姆斯·鲍斯韦尔[3]同样也不喜欢布鲁斯，这当然对布鲁斯的名声没什么帮助。范妮·伯尼[4]也见过布鲁斯，她也贡献了几句俏皮的嘲讽——凡是受到过英式嘲讽的人一定都对这种语气很熟悉："布鲁斯先生强大的气场、雄伟的高度和那两条威严的眉毛让所有人都肃然起敬。他是你不用花钱就能见到的最高大的人。"

于是，布鲁斯怀着强烈的怒气退隐回他在苏格兰的庄园，并且拒绝为自己的冒险旅程著书立传。过了 15 年，他稍微缓和了些，于是去费达巷（Fetter Lane）的莫拉维亚教会[5]雇用了一位牧师（他是怎么找到这个人的？）做他的代笔。约翰逊博士有鲍斯韦尔为他作传，布鲁斯先生则有了 B. H. 拉特罗布（B. H. Latrobe）。拉特罗布曾写道："有那么一次或两次，我尝试删掉文章中的几处语法错误，但很不幸因此冒犯了他。"拉特罗布工作起来勤勤恳恳，一共完成了五本回忆录。而布鲁斯还是本性不改，没有给他报酬，拉特罗布只好写信恳求他。

---

1 最古老的商路之一，从苏丹西部的法希尔（el-Fasher）通往埃及。

2 杰罗姆·洛波（Jerome Lobo，1595—1678），葡萄牙耶稣会传教士。

3 詹姆斯·鲍斯韦尔（James Boswell，1740—1795），英国文学大师，传记作家，现代传记文学的开创者。

4 范妮·伯尼（Fanny Burney，1752—1840），英国小说家。

5 莫拉维亚教会（Moravian church）是一个基督教新教教派，于 14 世纪末起源于波希米亚（今捷克），在位于伦敦的费达巷设有分会。

布鲁斯是这样回信的："我从来没觉得你工作的前提是要有报酬，我对这种事也不太清楚，因为这对我来说没什么用处……"最后他付给了拉特罗布 5 几尼[1]。

在那几本书陆续面世的几年间，嘲讽之声从未停歇过。霍勒斯·沃波尔[2]评论说那几本厚书"无聊且昂贵"，还有些人则又提起了撒谎这件事。1792 年于伦敦出版的一本《闵希豪森男爵》[3]续集，就是专门向詹姆斯·布鲁斯致敬的。命运所趋，有些探险家的谎言被信以为真，有些人说实话却被质疑。大部分的探险家都会给事实添枝加叶一番——他们已经做了很了不起的事，但就是还得再夸张那么一下。也许这就是他们做事的动力吧。

但被尼罗河所吸引的不仅仅是探险家。游客甚至还有运动健将很快都会来到这里，瞻仰这条世界上最伟大的河流。

5. 与尼罗河赛跑

> 不要试图跑在洪水泛滥的河流前面。
> ——埃塞俄比亚谚语

不算上那些赏金拳手和赛马骑师，门森·恩斯特（Mensen Ernst）就是世界上第一位职业运动员。他是挪威人，生于 1795 年，为跑步而生。他有一个狡黠的谋生手段，就是跟人打赌，赌没人能跑下来的距离，然后他就去跑完。他是世界上第二个马拉松跑者、第一个超级马拉松跑者。有一次，他用 14 天从巴黎跑到莫斯科，在那里游览了一天，然后又跑了回来。1836 年，东印度公司与他

---

1 几尼（Guinea），英国旧时金币单位。1 几尼相当于 21 先令。

2 霍勒斯·沃波尔（Horace Walpole，1717—1797），英国作家，他首创的哥特式小说风格是英国浪漫主义诗歌运动的重要部分。

3 《闵希豪森男爵》（*Baron Munchausen*）的主人公闵希豪森男爵自称是世界上最诚实的人。他曾在俄国军队服役，参加过俄土战争。回到德国后，便根据自己的经历，运用夸张和幻想，创造出一个个怪异的冒险故事。这本书在中国又被译为《吹牛大王历险记》。

赌 250 英镑，赌他无法从君士坦丁堡跑到加尔各答——他跑下来了，用了不到 4 周。他在加尔各答休息了 3 天，也许还快速吃了一顿咖喱，然后再一次跑了回来。整个往返行程加在一起一共用了 59 天，平均每天跑 87 英里。

恩斯特是个无所畏惧的人，因为他认为自己能跑过所有潜在的袭击者，即使对方骑在马背上。为了证明这一点，他还曾经跑赢过赛马——不是赢在冲刺速度，而是赢在耐力：那匹赛马跑了不到 70 英里就累倒了，恩斯特是趁着那个机会加速才赢得了比赛。

1842 年，他决定要一路跑到白尼罗河的源头。还没人找到过那个地方，但无所谓。几百年前，尼禄的百夫长们都没有跑起来，走着走着就消失在了那片流着浓浆的巨大苏德沼泽里，但这也无所谓。他究竟在想什么——玩水上漂吗？不管怎样，特认真的恩斯特还是精神满满地从开罗跑着出发了，当时是 12 月，是最适合出发的季节（他之前就是从普鲁士途经耶路撒冷跑到开罗的）。他一路上喝尼罗河水，评价说那水"让人精神振奋"。他每天向上游方向跑 50 英里，为穿越大沙漠保存体力。到了阿斯旺，他在一棵树下休息了一会儿，然后就咽气了。过了几天，有人发现了他的尸体，已经完全脱水了。据一位同时代的德国传记作家所言，恩斯特的座右铭是"运动即生命，静止即死亡"。神奇的是，这句话适用于人，也同样适用于河流。

世界上第一位超级马拉松跑者似乎就这样被痢疾和热衰竭给打败了，这实在让人悲痛。标记着他埋葬地点的石头后来在阿斯旺水坝的建设过程中被掩埋，而阿斯旺水坝也让埃及流动的渠水静止了下来。

尼罗河的故事逐渐散播出去。新出版社不断成立，有智识的读者群体也在扩大，人们对于一切异域风情都充满好奇。其中有一位读者钟情于一切关于东方、关于伟大尼罗河所流经国家的内容，而他就是年轻的科西嘉[1]炮兵军官，拿破仑·波拿巴。

---

1 指科西嘉岛（Corsica），法国最大的岛屿，拿破仑的故乡。

6. 尼罗河的女王

> 弱者乐见强者之弱点。
>
> ——努比亚谚语

欧洲一直没有忘记尼罗河——整个 18 世纪，关于尼罗河的游记作品不断涌现，作者是诸如詹姆斯·布鲁斯、扬·波托茨基[1]和理查德·波科克[2]之类的旅行者。然而，让欧洲彻底回想起尼罗河的人还是拿破仑。他想成为亚历山大大帝一般的人物，而且要比他更伟大。亚历山大在将目光投向印度之前就已经征服了埃及和尼罗河，而拿破仑将会超越他：他打算先拿下埃及，然后是黎凡特，最后再将印度从那些精于算计的英国人手中夺下来。

在拿破仑眼中，这条河就是埃及的生命线。他说过："如果由我来统治这个国家，不会有一滴河水流失到海里。"150 年之后，希腊裔埃及工程师安德里安·达尼诺斯（Adrian Daninos）在支持建设阿斯旺高坝时就引用了这句话——这便是拿破仑对埃及的短暂侵略所留下的一个长远影响。埃及在奥斯曼王朝的统治中沉睡了许久，是这场堂吉诃德式的远征将它从睡梦中推醒，还促使了我们如今所知的埃及学的诞生。拿破仑的士兵发现了罗塞塔石碑，由此人们终于开始了对象形文字的破译；随军涌入埃及的还有大量法国学者，他们激起了人们对尼罗河的科学兴趣，促使了之后第一条横跨此河的拦河坝以及最终的苏伊士运河的建成。

拿破仑做了这么多事，但他亲爱的约瑟芬[3]却不在身边。1799 年，他向埃及进发，要去征服尼罗河，而在他当时的设想中，约瑟芬会和他一起去到埃及。他们已尝试过要孩子，但一直没有成功。圆滑如约瑟芬，她建议道，与其在海

---

1 扬·波托茨基（Jean Potocki，1761—1815），波兰贵族，旅行家、人种学家、语言学家、启蒙运动期间颇受欢迎的作家。代表作为《萨拉戈萨手稿》。

2 理查德·波科克（Richard Pococke，1704—1765），英国旅行家、牧师，以旅行笔记和旅行日记闻名。

3 约瑟芬·博阿尔内（Joséphine de Beauharnais，1763—1814），拿破仑的第一任皇后，法兰西第一帝国的第一位皇后。

上漂 54 天到亚历山大城，不如在普隆比埃尔 [1] 做个水疗，肯定对受孕更有帮助。拿破仑对此很不高兴，但还是勉强同意让她留在欧洲。

然而，约瑟芬根本无心去孚日山（Vosges Mountains）休养，就连著名的普隆比埃尔冰淇淋都诱惑不了她。她没有离开，而是留在了巴黎，与一个名为伊波利特·查尔斯（Hippolyte Charles）的年轻男子继续维持婚外情的关系。在此之前从未不忠于约瑟芬的拿破仑听闻这件事之后悲伤至极。而且这也不是第一次了。在意大利时他就发现她与一位年轻军官有染，而那人的名字就是……伊波利特·查尔斯。当时他就威胁说要杀了她，而且把查尔斯从军队里除了名。现在，她似乎又被人看见与查尔斯在剧院同处一间私人包厢，而且那个迷人的查理 [2] 还送了她一条小狗，甚至坐进了她的马车。一开始，拿破仑并没有立即相信这些流言。他是一位成功的将领，却出乎意料地容易信任别人。朱诺特将军（General Junot）是他的朋友，也是他的长期合作伙伴，将军十足严肃地向他保证这些话都是真的。波拿巴先是暴怒，继而伤心起来，然后又开始愤怒："约瑟芬！你应该告诉我的。居然这样作弄我。我要杀光那些目中无人的花花公子。至于她——离婚！我要大张旗鼓地公开离婚！"

但他没有这么做，而是去征服了埃及。可以说他还未能接受现实。为了不去想这件事，拿破仑打算在出征期间用大量的阅读来转移自己的注意力。在他的坚持下，他们带了个"随军图书馆"，里面包括：他最喜欢的诗人奥希恩和塔索；40 部"英国小说"；荷马、阿里奥斯托、普鲁塔克；丰特内尔的《世界》（Worlds）和库克的《航行》（Voyages）这类有关地理、旅行或历史的作品；关于防御工事和烟火（应该是比较致命的那种烟火）的专著；伏尔泰、歌德；还有他亲自分类到"政治"门类的《圣经》《新约》《古兰经》《韦达经》（即《吠陀经》）；神话集；还有孟德斯鸠的《论法的精神》。

拿破仑一前往东方寻源就把宗教作品列入政治门类，这是他已经提前发现了宗教的本质吗？还是对他这种救世主情结强烈的人来说，比起政治中无休无

---

1 普隆比埃尔（Plombières），法国南部小镇，拿破仑的避暑之地。
2 查理（Charlie），英文名查尔斯（Charles）的昵称。

止的争论，宗教反而更有实用价值？当他离开法国的时候，拿破仑对自己的秘书路易·德·波里涅（Louis de Bourrienne）说："欧洲太小家子气。庞大的帝国和伟大的改革只存在于东方。"当他抵达目的地时，他在给哥哥约瑟夫的信中写道："埃及拥有的玉米、稻米、蔬菜和牛群比世界上任何一个国家都要多。"有人问他要在当地停留多久，他的回答充满野心："可能几个月，也可能六年。一切都得看具体情况……如果一切顺利，我下一站就能去印度。"

与此同时，他还可以与书为伴。他一般喜欢由别人读给他听。他的秘书曾说过："我读诗的时候他会很快睡着；但如果他指名要听《克伦威尔的一生》（*Life of Cromwell*），我大概就得坐到很晚了。"

之前我们已经从伊斯兰化的开罗一路走到了青尼罗河之源，然后又随着布鲁斯的脚步回到了开罗。此时，"河流马穆鲁克"仍在当权，只是奥斯曼帝国的土耳其人已经蠢蠢欲动，并于1517年将他们征服（直到1914年11月5日，埃及名义上都是奥斯曼帝国的一个行省）。埃及的马穆鲁克统治者所使用的武器和战略都很落后，面对真枪实弹马上就落败了。拿破仑带军从亚历山大城一路打到开罗，在被他们占领的开罗停留下来。那时，他的军队已经很久没有放松过，也很久没见过女人了。

一个名为尼洛·萨吉（Niello Sargy）的年轻随军官员之后写下了自己在埃及的见闻，他回忆道："平民女子都不堪入目。但那些贝伊[1]和身居高位的马穆鲁克留下了一些美丽的亚美尼亚和格鲁吉亚女人，都被我们的将领们一抢而光了——打着'为了国家利益'的名号。"拿破仑当时仍受着约瑟芬的冷落，她一直拒绝陪同他来东方。因此，东方君王妻妾成群这一点很可能让他受到了触动。多亏他的密友朱诺特将军，拿破仑现在知道了，约瑟芬不仅多次与查尔斯厮混，而且还跟他一些有权有势的朋友暧昧不清。虽然很多东方的君王可以随意占有任何女人，但现实有时也远非如此。像撒拉丁这样的君王，结婚的对象往往是朋友或亲戚留下的寡妇，为的是让这些女人老有所依——无论如何，对他们来

---

1 贝伊（Bey），奥斯曼帝国时对长官的称谓，称呼贵族或旁系王子时次于汗或帕夏，同时也是对地方行政长官的尊称。

说最值得炫耀的都是后代，而不是妻子。拿破仑则不同，他是一个欧洲人，而且不是太自信，所以他需要一个花瓶妻子。也许他还想到了上一个征服埃及的欧洲人——尤利西斯·恺撒，而他也需要一个自己的克娄巴特拉。当时地位最高的女人就是那些前奥斯曼统治者的白人情妇。拿破仑"最开始与那些贝伊和马穆鲁克的女人一起寻欢作乐，但他跟这些美丽的格鲁吉亚女人并没有什么共同语言，与她们在一起也感受不到任何社交上的愉悦感。他在她们所有人身上都嗅到了一丝空虚，由此更加想念那些风情万种的意大利女人和风度翩翩的法国女人"。难道真的是那些贝伊留下的女人对拿破仑有些冷淡吗？还是说因为他的将军们都在与当地女子寻欢，他就希望能比他们更高级些，找一个货真价实的法国女人？

贝伊们的妻子肯定比她们那些丢了官的丈夫要聪明，至少其中一位是这样。易卜拉欣贝伊[1]曾是奥斯曼帝国统治埃及时期的埃及首领，在拿破仑登陆的时候，他将所有在开罗的欧洲人都囚禁于尼罗河中一处小岛上的宫殿里——就是劳代岛上的那座，几个世纪前那里还是"河流马穆鲁克"的总部（而这些马穆鲁克的后代在几年之内就将面对一个悲惨的结局）。

易卜拉欣贝伊下令要将所有的欧洲人处决。他的妻子祖莱哈·哈内姆（Zuleyha Hanem）出面试图制止他，并表示先知有言，法国人将会占领埃及。之后，她将那些囚徒藏在自己的宫中，等到时机合适就让他们逃跑了。波拿巴是个体面人，没有企图诱她成为自己的情人，而是奖励给她一张安全通行证和一名私人护卫。祖莱哈则是从头到尾都打着自己的算盘，她利用通行证逃出埃及，到叙利亚和丈夫团聚了。

为了找到一个心仪的女人，拿破仑又做了一次尝试——他命人将开罗城最美丽的六个女人送到阿尔菲贝伊的旧殿去，他已经将那里征为己用了。据伯利恩所述："她们胖得毫无优雅可言，惹得他很不高兴，立即就被遣散了。"也许他对女人的品味已经被巴黎惯坏了。

---

[1] 即穆罕默德·阿里·本·易卜拉欣。

在巴黎，君主专制被推翻之后，时尚界的革命也随之而来。当时，"赤裸的时尚"靡然成风，就连远在汉普郡的简·奥斯汀都注意到了这股潮流。她在1801年的一封信里如此说道："波利特夫人穿得很昂贵，但同时又像什么都没穿。"这里说的近乎赤裸的衣服是指那种几乎透明的薄纱裙，样式非常简单，没有任何装饰，很像古希腊城邦里的女人穿的衣服。不再有束身内衣、假胸、假臀，也不再有涂在头发上的乱七八糟的东西，取而代之的是"雪白的帷幔"。然而，正如同时代的一个观察者所言："有些轻率的女人过度沉溺于自由，她们展露自我的方式已经有失礼节了。"

宝琳·福雷斯[1]就是这样一个女人。她生于1778年3月15号，出生时名为宝琳·贝丽丝（Pauline Bellisle）。她极其适合展示这种新兴的巴黎潮流，因为她的职业就是女装裁缝和女帽商。她的生父是一位厨师，生母则是一位制表师。她还是一位女冒险家，穿起制服来非常好看。在她和丈夫让·诺艾尔·福雷斯中尉（Jean-Noël Fourès）度蜜月期间，丈夫突然被军队召回，要去参加不久后的埃及侵略战争。她立誓要陪他同去，于是就穿着他的军服，偷偷上了与法国战舰一起开往亚历山大城的"路赛特号"（La Lucette）——同行的还有分散在其他同型号船上的另外300个女人，名义上她们本都不应前往。但毕竟有25000个士兵，300个女人并不算多。

一到开罗，宝琳就换上了女人的装扮。她肯定不会穿太多内衣——这里的内衣指的是其最早的含义，即细亚麻领子、袖口、披肩和褶边；她展露自己的身材，最里面穿着似有若无的粉色贴身衣物，透过白色薄纱裙子便可窥见一二，而裙子侧边的开衩让身边经过的那些征服世界的将军都能瞥见她粉色的长袜。她的裙子在胸下的位置收紧，而且领口很低，可以更好地凸显乳房的形状。事实上，有些巴黎美女的胸前甚至没有任何遮挡物。当然，宝琳·福雷斯不会一开始就这么开放。

当时，整个开罗到处都有法国军官举办的派对，而正是宝琳那位野心勃勃

---

1 宝琳·福雷斯（Pauline Fourès，1778—1869），法国画家和小说家，也是拿破仑·波拿巴的情人。

的丈夫福雷斯中尉坚持让她出席这些聚会。之前那 300 个真正的法国女人现在看起来都和男人差不多,因为正如萨吉提到的,"只有那些打扮成男人的女人通过了",登上了去往开罗的船。这些粗手粗脚的女士大都是厨子或者洗衣工,而现在她们"在一群军人的衬托下显得容光焕发"。但宝琳一定是最引人注目的那个。她当时只有 20 岁,褐色的头发,深色的瞳仁。根据他人的描述,她身材娇小,待人和善,略丰满(但很明显不是肥胖),非常有灵性。她受过足够的教育,所以能说会道,善于调情,风趣机敏,而这些都正是那些法国将士最为想念的。

为了帮助丈夫的事业,宝琳答应去参加各种军官的宴会。没过多久,她就变得广受欢迎。福雷斯中尉简直不敢相信自己如此好运——他开始被邀请去参加那些为高级别军官举办的舞会,能去的都是最受重视的指挥官。宝琳与他们每一个人跳舞,而这也是她的丈夫要求的。毕竟,如果不能替丈夫做些什么,藏在那个黑暗潮湿的船舱里一路过来又有什么意义呢?她告诉他:"我来这里只是因为我爱你。"最终,她不可避免地引起了拿破仑的注意。他称赞她的帽子好看。兴许是她自己做的?他还很喜欢她的头发,完全没沾有那些切尔克斯女人爱用的发油和药水。拿破仑不是一个调情大师,几乎不懂任何搭讪手段,但他做了一件符合自己世界领袖身份的事——让他手下的一个将军去完成这个任务。朱诺特单独找到宝琳,缠着她说:"如果你拒绝他的真心,那就太残忍、太冷漠了。"朱诺特几年前在帮拿破仑打意大利之战时头部受伤,似乎自那以后人就一直有些不对劲儿。他接着对宝琳说,如果她能让拿破仑如愿,她的丈夫很快就会高升。宝琳拒绝了,而且有理有据:如果答应了这种事,自己会瞧不起自己;而且,丈夫如果这么快就高升,所有人都能看得出来是怎么回事,大家都会很尴尬。

朱诺特笑了笑,笑容还是有那么一点不对劲儿。他向主人汇报道:"事情没有那么容易。"

拿破仑听了之后"非常愤怒,做梦都想着如何才能占有自己所欲求的对象"。满怀河流激发的激情,这位红色尼罗河的新统治者急切地渴求一个伴侣。

拿破仑邀请了福雷斯中尉和他的妻子到阿尔菲贝伊旧殿共进午餐。餐桌设了五个位置，朱诺特已经到场了。随着一阵嘹亮的号声，埃及的新统治者也在贝尔捷将军（Berthier）的陪同下到达了。席间，拿破仑礼貌地问起这位年轻中尉的事业（两个人年龄相仿，当时都是 29 岁），很显然是在努力让自己勉强显得友好一些。午餐接近尾声，拿破仑抬起手来放在自己的眉毛上。这是一个提前约定好的信号。朱诺特随即探身越过宝琳，故意将半杯咖啡碰洒在她那条精美的白裙上。朱诺特小题大做地表演了一番，建议她去隔壁房间换一下衣服。她没有同意。"那里有水，你至少可以擦擦裙子。"他接着提议道，语气和善。他替她指了一下方向，然后回到桌旁坐了下来。此时，拿破仑显出一副疲惫的样子，和贝尔捷将军一起离开了。朱诺特则打开一瓶白兰地，开始和已经飘飘然的中尉亲密地交谈打趣。就在这时，拿破仑已经通过另一扇门迅速溜进了宝琳的房间。大战略家的名声，他可不是白得的。

拿破仑跪在地上，郑重地向宝琳宣示自己的感情。但宝琳"马上就意识到他想从她身上得到什么，坚持拒绝这位征服者，眼里涌出了泪花，好像对他确实毫无兴趣"。

福雷斯中尉的处境就很尴尬了。他想要取得上司的欣赏，一切都进行得无比顺利。我们简直可以想象到两个人在回程马车上的对话：

她："他想要引诱我！"

他："你确定吗？"

她："什么意思？"

他："唉，他毕竟也是个男人。"

她："你就是这样想的吗？他想要强迫我。"

他："好了好了。他是个禽兽！"

她："我也是这么说的。我说了，无论发生什么，我绝不会对我的丈夫不忠。"

他："他是怎么说的？他提到我了吗？"

她："没有。"

他："一点都没有吗？"

她："没有。但你的事业怎么办？你还能升迁吗？我觉得很愧疚。"

他："让他们都去死吧。我们回法国，当乞丐。至少还有尊严。"

她："我就是这么对他说的！"

他："真的吗？"

她："是的。我还说，如果你发现了这件事，你很可能会要求跟他做个了断……"

他："你对驻埃军队的总指挥官说我会跟他决斗？"

她："是的。"

聊到这里，福雷斯中尉大概已经俯下身子，抱住自己的脑袋，哭着祈求上帝宽恕。

波拿巴被她的忠贞打动，但还是继续着他的攻势。之后，她不断收到情书和精美礼物，可以想见，福雷斯的住所里一定发生了更多激烈的对话。最终，宝琳·福雷斯还是没能抵挡住拿破仑在情感上的长期围攻，成了他的情妇。

7. 一颗石头

> "这是我父辈的土地！" 秃头上的虱子如是说。
> ——苏丹谚语

尼罗河的尽头处，在毫无顾忌地直接涌入地中海的右侧支流边上，有一个叫拉希德（Rashid）的镇子。此时，在这个镇子上已经能够明显感受到拿破仑带来的影响。拉希德更为人知的名字是罗塞塔，那里有一个 15 世纪由土耳其人建造的堡垒，现在人们正在对它进行修整和加固。各种各样的石头，只要目之所及，都被用来加固墙面。在埃及，重新利用旧建筑上的石材已是习以为常的事。据说，孟斐斯古城的建筑材料就被罗马人用来建造他们的开罗了，而金字塔表面的石砖则成了建造伊斯兰开罗城的最好石材。在罗塞塔镇，人们正要把一块刻着三种文字的石头塞入堡垒的墙面，一位年轻的工程师中尉突然注意到了这块石头的与众不同。他随口汇报给了上级，而对方立刻就意识到这件事的重要性，随即将这块石头绑在一匹骆驼上送去了开罗（当时的路面情况普遍很差，走不了马车，不过拿破仑肯定也做过一些改善了）。拿破仑随军带了167位学者，一起把埃及的方方面面研究了个遍（埃及学作为一门新学科也由此兴起），而米歇尔·安格·兰克雷[1]就是其中之一，正是他对那块神秘的石头进行了深入研究。这块闪长岩（不久后他们就给这块石头打了蜡，以至于后人误以为这是玄武岩）就肃穆地躺在开罗爱兹贝奇亚区[2]的一座宫殿里。

在继续讨论这块石头之前，让我们暂且先考虑一下拿破仑的立场。在此之前，历史上还有其他侵略者如此坚持于了解自己所侵略的地区及其民众吗？虽然有些人会说，拿破仑所造成的影响完全是负面的，但他对获取知识和发现新知识的渴望毋庸置疑。大部分的侵略者都自视甚高，认为自己已经了解了一切：克伦威尔带兵在爱尔兰横冲直撞的时候，还未想过要学习盖尔语；希特勒入侵乌克兰时，也没有携带显微镜和捕蝶网。我现在唯一能想到的也这样做的人，还是另一拨尼罗河的侵略者——阿拉伯人。他们翻译亚里士多德的作品，对探索和追问有着无比开放的态度。他们将自己的文化带入埃及，复兴运动也就此开启。有意思的是，在法国人解密罗塞塔石碑的1000年前，就是一个阿拉伯人解译了大部分的埃及象形文字，而这部分知识在被遗失以后，直到19世纪才被西方重拾。

拿破仑随军带来一众学者，就好像是他觉察到，仅进行一场混乱的侵略战争是对尼罗河的贬损，它值得更多的尊重。拿破仑这么做并非出于对贸易的兴趣，而是有着军事上的动机——他希望征服东方，并打击英国在印度的势力。他看重的是胜利的荣耀。但为了能给自己的行为正名，他还需要积累更多知识。一如探险家热爱冒险，但在探访各种危险之地后带回相关的新闻和数据，也是为了给他们所热爱的事业正名。比起军事侵略，拿破仑在尼罗河流域进行的学术攻坚所留下的影响更加深远。追求权力似乎总会落得损兵折将的下场，相反，

---

1 米歇尔·安格·兰克雷（Michel Ange Lancret，1774—1807），法国桥梁与道路兵团的工程师。
2 爱兹贝奇亚（Ezbekiya），开罗市的一个街区，其中的传统市场，尤其是旧书市很出名。

追求理解却能达成与人事和自然的和谐，从而保证更长久的利益。

拿破仑的学者在罗塞塔第一眼看到那块石头时就知道它非同寻常。后来，他们决定将它装船运回法国，由学会专家进行研究。

8. 开罗热气球展演滑铁卢

> 傻子以为睡在哪里，哪里就是家。
> ——埃及谚语

然而，罗塞塔石碑的命运注定是神秘莫测的。尼古拉斯·雅克·康特[1]也在其命运中扮演了一个角色。此人发明了现代铅笔、康特蜡笔，还造出过几只不太成功的气球。

今天，每一个卢克索的游客都可以乘热气球，伴着朝阳从高空俯瞰尼罗河，还有它周围那些华丽的神殿。这些热气球都是巨大的热空气动力机，配有能载25人的巨大吊篮，助推器内是丙烷，燃烧时向上冲出蓝色的火焰。在高空之上，地面的神殿看起来就像蛋糕上的小装饰物被拍扁了一样，周围还洒落着些许带有腐蚀性的沙子。此刻，热气球上的其他乘客开始有些兴奋起来，也许是惦记着飞行结束后就能喝上冰镇的卢克索啤酒了。而有些人，比如我，也许还在尽量掩饰自己的紧张——2009年就有一只这样的气球巨怪撞上一座手机信号塔后坠毁了，16个人受了重伤。喷火器关掉的瞬间，突如其来的寂静显得无比突兀。逐渐习惯之后，耳朵又开始捕捉到各种声音，缆绳时而嘎吱作响，时而窸窸窣窣，伞盖上也传来吱呀之声。有人开玩笑问能不能抽烟，另有人说可以，随便抽。虚张声势的那些人马上认尿了，没人真敢抽。

朝阳升起，冲破了顺直的地平线，就像大自然眨了一下眼睛，瞬间天地间

---

1 尼古拉斯·雅克·康特（Nicolas Jacques Conté，1755—1805），法国画家、热气球驾驶者、现代铅笔的发明者。

都铺满了光和热。随着太阳上行，光线迅速移转，尼罗河完美的环形河弯逐渐显露出来，那是你一定不会错过的美景。在河的西岸，上游方向，一排排棕榈树致密的浓绿与沙滩的明黄和河水那淡淡的青灰交相辉映。整条河看起来就像一截松散的绳子，半掩于自然之中，需要人将它绷紧，将它从周身覆盖的沙土中拉拽出来。我很幸运，那只热气球没有爆炸。在 2009 年的事故发生之前，这种飞行器就不是百分之百安全。世界上第一个尝试热气球飞行的人就是康特，拿破仑最喜欢的一名军官。康特既是艺术家也是发明家，就是他为罗塞塔石碑上了蜡。在此之前，拿破仑还曾携宝琳专门去看过这块石碑。

拿破仑谈起康特时是这么说的："他是一位博学之士，品味不俗，洞察力强，简直是个天才，在阿拉伯的沙漠里都能创作法国艺术。"康特在法国时，热气球和氢气球都研究过。到了埃及，他便迫不及待地想用这些来自西方的魔法震慑一下当地人。拿破仑和随军学者克劳德·贝托莱[1]也是这么想的，之前他们已经向一群伊斯兰学者展示了他们最新的磁学和化学实验，但对方看了之后可以说是无动于衷。当他们被问及有何评论时，谢赫[2]埃尔·贝克里（El-Bekri）问道："他能让我同时出现在这里和摩洛哥吗？"贝托莱回答说不能。"哦，那他连半个巫师都不算！"

由此，他们希望热气球能让当地人重新叹服于法国科学之先进。为了准备好设备，康特夜以继日地工作，但他还不得不兼顾着拿破仑指派的另一项任务，那就是将罗塞塔石碑上的文字准确地复制下来。康特不知道怎样完成这件事，于是决定暂时专注于他所擅长的热气球。他命人印制了很多公告来宣传这次活动，公告内容如下："21 号周五，一只飞船（气球）将飞越爱兹贝奇亚的湖泊，使用的是法国人发明的设备。"

在约定好的那天，爱兹贝奇亚区聚集了 10 万人。在他们的注视下，奇妙的热气球装置准备完毕。康特最得意的就是热气球的气囊——他从开罗的帐篷市集里找来了巧手裁缝，让他们缝成红白蓝三色相间的气囊。这个气囊被一根

---

1 克劳德·贝托莱（Claude Berthollet，1748—1822），法国化学家。

2 谢赫（Sheikh），一般指伊斯兰教内德高望重、学识渊博或有政治权威的长者。

粗壮的杆子撑开，下方吊了一个圆柱形的篮子；篮子内装着一只盛满油的大锅，锅里探出一根巨大的助燃芯。在一阵阵热烈的欢呼声和号角声中，那根芯被点燃了。

阿拉伯学者阿卜杜·拉赫曼·埃尔贾巴尔迪（Abd al-Rahman Al-Jabarti）记录下了拿破仑对埃及的侵略过程。他写道："烟雾直直地升起来，但无处可泄，全都汇集在这个装置内部，于是就将整个装置抬升起来。他们切断绳子，让它腾空而起……接着这个东西就随着风飘了一小会儿。"

灾难即将降临。之前在沙漠里试验时，就有一只热气球在空中着了火，而这次那根巨芯燃烧带来的热量将固定用的绳索给烤断了。埃尔贾巴尔迪继续讲述道："那只大篮子和里面的芯子都掉了下来，接着那张大帆布也落了下来。法国人很尴尬。他们之前声称这个东西就像船一样，人们可以坐在里面去到不同的国家，去探索新知、破除谎言。看来这个说法并不属实。这个东西反而更像是家仆为了节日之类的喜庆场合做出来的风筝。"

自吹自擂的高卢人又射出一记乌龙球。

之后，康特转而将注意力放在了那块神秘的石头上，开始研究如何才能把上面的信息完美复制下来。他有过印刷的经验，所以在他看来方法再明显不过——石头上的文字和图案是刻上去的，所以它本身就可以当作雕版。于是，干劲十足的康特在石头上涂了蜡（直到 1999 年才被清干净），然后又将石头安装在他发明的一个巧妙装置里。他利用石头自身的重量（超过 15 英担[1]）将其固定在一个框子里，这样石头就可以倾斜着压到一张纸上。事先用滚筒在石面上刷好墨，纸上就能留下文字和图案。他们就这样印了一大堆复制件，然后分发了出去。如此一来，大家都可以尝试着去破解石头上的密文了。

罗塞塔石碑出名了。与此同时，它已经被送到了亚历山大城，时机一到就会被装船送至法国。

---

1 英担（Hundredweight），重量单位。1 英担约等于 112 磅。

9. 英国人如何得到罗塞塔石碑

> "每一座山上都有我们放过的屁。"驴子们说。
> ——埃塞俄比亚谚语。

1794 年，英国人在尼尔森[1]的带领下入侵了科西嘉岛。经充分证据证实，作为科西嘉岛生人的拿破仑在青年时期曾希望加入英国皇家海军。毕竟在当时以及之后的很长一段时间里，英国皇家海军都是世界上最强大的海上力量，尽管后来拿破仑也努力挑战过它的地位。那他是否提交过入伍申请？似乎他曾请求一位叔叔帮他引荐，但在军事学校待了几周后，他发觉炮兵部队才是真正有前景的，于是他的海军梦也就逐渐消退了。

如果拿破仑真的加入了皇家海军，那他会给这个世界省去很多麻烦。也许他会为尼尔森效力，而不是成为他的对手。但他没有加入，这两位伟大的战士注定要在埃及碰面了——除了埃及，还能是哪儿呢？但如果这场埃及之战真正重要的结果并非法国战败、英国胜利——至少第一轮是如此——而是英国通过击败法国而意外获得了罗塞塔石碑呢？如果当时真正有意义的事情并不是血洒沙场和战船结集，而是一次简单的赃物转移呢？让我们暂且如此假定。

当时，英国在大西洋海域占绝对优势，却有一年之久没有进入地中海了，因为法国人已经在那里占据了主导权。但拿破仑已入侵埃及的消息一传开，英国人的战舰就立马开过了直布罗陀海峡，想要伺机起事。

要找到法国人也不是易事。尼尔森在西西里岛停留了一下，甚至还在锡拉库扎古城（Syracuse）观光了一番。（在即将打响的那场战役结束之后，他会在这里首次与英国大使的妻子汉密尔顿夫人相遇，并在未来与这两人一起组成一个三口之家。）之后他们发现了法国人，急着要赶在太阳落山之前开战，但尼尔森还是和他的军官们一起饱餐了一顿。与此同时，法国人这边则实在是吃得过

---

1 霍雷肖·尼尔森（Horatio Nelson，1758—1805），英国海军将领及军事家。

于讲究了。当英国人的船冲进他们的视野时，这群人还在布鲁伊斯上将（Brueys）的旗舰上边吃晚餐边听汇报。

此刻我们在哪？就在亚历山大城前最左侧的尼罗河入海口。不过是在海上，不在河中。法国人的战舰占领了杆位，可以抵御任何想要进入埃及并沿尼罗河上行的敌军。尼尔斯此刻正不断逼近锚定的法国舰队，他还没有意识到，自己此战唯一的目的应该是夺下一块刻有古老字迹的石碑。

很多法国人都在岸上，所以他们不得不将有限的水手分派到各艘船上，而且都不是水手们平时服役的船。英国人放慢了船速来安置弹簧锚，这个装置可以让他们停在法国船舰旁边，直接把他们炸开花。英国人决定要将船停在法国船和陆地之间，这个策略非常关键；尼尔森和他的副官们认为一定要留有足够的操作空间，不然他们可能就不能在预想的地点落锚。但似乎这个策略还不是胜负之因，真正决定输赢的还是时运，以及尼尔森发动猛烈进攻的能力。

"确捷号"皇家海军战舰（Swift-sure）上的随军牧师库伯·威廉姆斯（Cooper Willyams）记录下了自己在那场战役中的经历：

> 敌军的舰队出现时气势汹汹。他们的船落锚时排列得很紧密，而且明显离岸边很近；舰队的侧翼排列着炮艇、迫击炮船，还有四艘大型护卫舰；另外，在我们必须经过的岛上还摆着一排火枪和迫击炮。法国人打炮十分精准，技巧高超，他们经常靠着这一点在岸上大获全胜，而这也是他们现在所期待的。眼前的阵列无疑给了法国人绝对的优势，因为每艘船都已落锚，这就相当于一排固定的火炮。

英国人计划趁夜从两侧向毫无头绪的法国人开火。在尼尔森的命令下，每艘船的桅顶横杆上都挂了四盏灯和一面海军旗，且旗子的正中要挂一盏油灯以照亮旗面。这些安排是为了方便互相辨认，这样英军在向锚定的法国战舰火力全开时就不会误伤到自己人。

这是个不错的计划。尼尔森和他的指挥官们透过玻璃窗向外观察发现法国战舰用的是普通船锚，不是弹簧锚，而后者才能在锚定的状态下使船身旋转。由此他们得出两个结论：其一，法国人的船遭袭后躲避的速度会很慢；其二就是我们刚刚提过的，在落锚的法国船队和海岸之间应该有足够的空间可以通过（虽然实情似乎并非如此）。

由于天色已晚，法国人应该会判断对方在等待时机，延迟开战。此时，抢占先机便非常关键。尼尔森的格言之一就是，比起犹犹豫豫等着定策略，不如直接冲进战场；也许他真正想表达的是策略应该提前定好，这样才能在战场上及时抓住时机。所以，英国人出击了。法国人没有预料到对方会如此冒进。虽然他们在海岸上有炮手，但没有一只炮对着海，无法保护法国战舰和陆地之间的那片水面。另外，当时法国军官们正与布鲁伊斯上将一起边用晚餐边听汇报，这也更加有利于英军的突袭。在突然受到炮击的惊疑之中，这些军官不得不乘小艇回自己的船上。有些人在这一步就没挺过来。在这整场战斗的过程中，法国人大多时候都兵力不足：水手不得不兼当炮手，以至于水手和炮手都不够用，他们也无法在开动船只的同时好好应战。

火红的炮弹打在法国战舰的船帆上燃起了大火，以致桅杆塌落。布鲁伊斯上将是一位贵族，之前经历过法国大革命，期间目睹了自己半数的家人被害。但他也两度受伤，而且差点就被一颗炮弹炸成两截。大约晚上 9 点，他死在了自己的指挥点，用不屈不挠的精神为这次战术上的失策赎了罪。

这时，他还不知道石碑已经丢了。

尼尔森感到有东西砸到了自己头上。他那只好的眼睛[1]突然被鲜血和一片挂下来的皮肉给阻挡了视线。弹片在他脸上划开了一个 3 英寸的口子，头骨都露出来了。尼尔森一向是带着赴死的决心上战场的。被抬下甲板时，他嘴里叫喊着自己要死了（显然他之前也这么预测过自己的死亡，以后可能也还会这么做），请人一定要带话给他的妻子，但——还没等他来得及说要带什么话，大夫就已经将他头上的皮肉缝好了，血也止住了。"先生，在这里人们管这叫皮肉之伤。"

---

1 尼尔森在此前 1794 年的科西嘉岛战役中失去了右眼。

不到 20 分钟，尼尔森就又回到甲板上发布号令了。虽然这个伤看似不值一提，却花了他很长时间才愈合，而且让他在往后的日子里都忍受着疼痛——往后还剩七年。

这场激烈的战斗持续了整个晚上，一直进行到清晨。看起来是英国人胜利了。他们控制了尼罗河的入口，也由此控制了埃及。后来，埃及终于臣服于英国，但拿破仑却通过那些还留在埃及的法国将领与埃及方面达成了协议，即所有积聚在开罗的宝物都要送到卢浮宫。由此，法国人在埃及学领域的权威地位逐渐建立起来——事情本该是如此发展的，但很不幸，埃及方面在协议中注明，所有已在亚历山大港准备运送的货物都是英国人的财产。就这样，那块当时正在港口某个木箱子里的石头最终到了英国。其实这也是件好事，因为虽然最后是一个法国人翻译了石头上的文字，但他却是得到一个英国人的帮助才得以完成的。另外，如果那块石头不是机缘巧合之下到了伦敦，刚刚说到的那个英国人——博学家托马斯·杨（Thomas Young）也就不会试着去解读上面的密文。如果真是那样，象形文字对我们来说可能仍是个谜，就像印度河谷文字、奥尔梅克文字，还有仍未破解的米诺斯文字，即线性文字 A 一样。

10. 女人血洒尼罗河之战

战争不会因为勇士的缺席而推迟。
——努比亚谚语

在红色尼罗河的故事中，随着每一场发生于此的战争，河水也逐渐愈染愈红。我们已经见证了十字军和阿拉伯人为替不同的统治者争夺尼罗河而互相残杀，但尼尔森的那场战斗应该是首次有女人和孩子参与的战争。

这场战争让人们对像宝琳·福雷斯一样偷偷跟着法国战舰赴埃及的法国女人有了更多层次的了解。很难相信当时那 300 个，甚至更多个女人都藏在船里没被发现——她们当然是藏不住的，只是法国和英国海军都对这种情况视而不见。这对我们来说自然很难想象，毕竟我们所了解的当代海军在某些方面的管理上是更加严苛的。（比如美国海军从前并不限制饮用啤酒，但现在出海时每 50 天只能喝一罐。当然，上有政策下有对策：在大型航母上当过值的都知道，很多人都把用来清洁飞机的溶剂当作兴奋剂吸食。）

然而，在尼尔森那个年代，酒有很多，而且似乎女人和孩子也很多。尼罗河战役期间，在英方“哥利亚号”战舰（Goliath）上服役的约翰·尼科尔（John Nicol）是极少数会写日记的普通水手之一。他曾在日记中写道：“我亲眼见到的战况很少，所有我们掌握的信息都来自那些负责运送火药的女人和孩子。”火药都储藏在弹药库里，而对一场战役来说，弹药库是一切行动的中心。由此可见，普通水手的家庭已经完全融入了战舰上的生活。尼科尔写道：

> 面对战争，女人和男人做得一样优秀，她们也因表现勇敢而收到船长的礼物……我也受恩于一位炮手的妻子，她时不时地给我和她丈夫送一杯葡萄酒，这能很好地缓解我们的疲劳。有些女人也受伤了，其中一位来自利斯[1]的女士甚至因伤身亡……还有一位女士在战火之中生下一个儿子；她来自爱丁堡。

在那种情形下生产看似很奇怪，但其实并不罕见——战场上的嘈杂声和高温都有引产的效果。在早些时候的圣维森特角海战[2]中，英方战船上就有 23 个女人和 20 个孩子，尼罗河战役中很可能有更多。有一位名为安·霍平（Ann Hopping）的女士是某个炮手的妻子，她一直做裁缝的工作，但一收到开战信号，她就要开始运送火药，而且还要在外科大夫例行给负伤的水手截掉残肢时充当助手。“哥利亚号”上至少有 5 位女性，其中有 4 位都失去了丈夫。船长福利先生破例将她们的名字登记进点名册，这样她们就可以拿到一小笔报酬，还可以

---

1 利斯（Leith），爱丁堡的一个港口区域。
2 1797 年法国革命战争期间，英国分舰队和西班牙分舰队在葡萄牙圣维森特角附近进行的海战。

分到食物。还有一位曾待在"威严号"（Majestic）上的女士写信给尼尔森，告诉他自己是如何在船上照顾伤员，丈夫又是如何牺牲的，所以要求一定的补偿。

在现代人的观念里，战场上作战是需要带着一些极端情绪的，有女人和孩子在，战士就很难进入那种情绪。受舆论影响，我们往往认为男人在战场上会为了保护女人和孩子而逃避他们作为战士的责任。但过去的经验告诉我们并非如此。在安·霍平参与的一场手术中，一名13岁的见习船员被截掉了手臂（而当时能用来做麻醉剂的只有朗姆酒）："整场手术这个可怜的孩子一声都没吭，当手术结束时，他把头转向（我）说：'我是不是像一个男子汉一样挺过来了？'他话音刚落，就突然打了一个冷战，瞬间，他那年轻的灵魂就进入永生之地了。"

布鲁伊斯上将牺牲后，法国人开始不知所措。到了清晨，他们的战舰大都沉没了，还没沉的也都在朝阳的照耀下燃着熊熊火光。控制住海面是成功的关键。拿破仑的大冒险似乎还没开始就结束了。据传，波拿巴听到这个消息之后说道："可怜的布鲁伊斯，你都做了什么啊？"但他很快就重振了精神。"好了，先生们，我们在这里是为了成就伟业。现在，这里和祖国之间的海域都不属于我们，但我们不需要跨海就能抵达非洲，抵达亚洲！"

军队重新集结起来，还有新的激励措施和一场场精彩演讲鼓舞着人心。私底下抱怨该放弃埃及的军官在枪决的威胁下不得不妥协，继续留在了那里；而那些讲法国人坏话、发表煽动性言论的阿拉伯人则被割下了舌头。但都没什么用了。拿破仑已经失去了埃及。

再说回更重要的事情——那块神秘的罗塞塔石头：46英寸长，30英寸宽，12英寸厚……重得要命。即使是拿破仑这样的门外汉也能看得出来，这块石头就是一把通往古埃及的钥匙；谜题都藏在细节——还有缺失的细节——里。石头上有54行希腊文，最后26行都被破坏了；象形文的最后14行也遭受了同样的命运。另外，34行通谚语（象形文字的简化版）的开头14行也损毁得十分严重。要想解读这些文字，免不了需要很多灵光乍现的猜测。

11. 解密石头文

> 不管多爱自己的狗，也不能给狗割包皮。
> ——苏丹谚语

石头上当然会提及尼罗河——你可能也早就猜到了，但要怎样才能知道内容呢？在揭晓答案之前，让我们先转道去一趟埃及的沙漠。

我曾去过沙漠里的达赫拉绿洲[1]，为的是参观罗马时期建造的代尔哈加尔神庙[2]。就是在这里，探险家施维因富特于 1873 年将自己的名字刻在了一根石柱上。就像在儒勒·凡尔纳的《地心游记》（*Journey to the Centre of the Earth*）中寻找阿尔纳·萨科努塞姆[3]留下的线索一样，我也十分享受寻找之前的探险者留下的蛛丝马迹。找石柱的那次经历也让我有了新发现：象形文字在很短的时间里就被科普特文取代了。在神庙的一边，我们看到的是被刻下的象形文字，但在我塞给神庙守卫几个埃及镑之后，他就指引我发现了另一边的一个壁龛，里面有一幅画工粗糙的壁画，画中着重突出了十字架图案，上面还写有希腊语和通俗文字，也就是科普特语。

在一代更迭的时间里，人们就不再使用象形文字了。最后的一段象形文字铭文于公元 394 年在菲莱岛刻下。在那之后的 50 年里，人们仍会在墙壁上涂写通俗文。再往后就只有科普特语了。既然旧宗教已经被新基督教团体禁止，那么旧宗教所使用的语言也只能被驱逐至法外之地。

但还有一个问题——当时的人们说什么语言呢？一代的时间并不足以改变口语习惯，后来居上的科普特语一定是有其来头的。当然，科普特语曾是古埃及人的语言，但现在它的书面形式却是用来记录《新约》的神圣文字——希腊

---

1 达赫拉绿洲（Dakhla Oasis），埃及西部沙漠的七个绿洲之一。

2 代尔哈加尔神庙（Deir el-Hagar Temple），位于达赫拉绿洲西端，敬奉太阳神阿蒙、其妻子穆特和儿子孔苏。

3 《地心游记》中的角色，曾到地心旅行，并为故事主角留下线索。

文。古埃及语言中有些发音是无法用希腊语说出来的，所以有四个通俗文符号留了下来，成了科普特文的一部分，算是法老们最后的遗产。

当阿拉伯人在 7 世纪来到埃及时，人们又逐渐转而使用阿拉伯语。到了 11 世纪，只有基督教徒还说科普特语；而等到 15 世纪，虽然仍能找到科普特语和拉丁语的互译词典，但作为一种语言，科普特语已然死亡，只有在教会礼拜时才会用到。

然而，欧洲人仍执着于石碑本身，并未意识到碑文上科普特语的重要性。当年康特复制的碑文中有一张辗转到了英国博学家托马斯·杨手中。后来，他听闻罗塞塔石碑到了伦敦，于是特意前去参观。同时，在法国有一位名叫尚·法兰索瓦·商博良（Jean-François Champollion）的年轻人，个性十分执着，在 10 岁时就发过誓，说自己将会是破解象形文字的那个人。这两个人都智力超群，而且非常擅长语言学习。杨在 14 岁之前就已经学习过拉丁语、希腊语、法语、意大利语、希伯来语、迦勒底语、叙利亚语、撒马利亚语、阿拉伯语、波斯语、土耳其语，还有埃塞俄比亚语。虽然他对这些语言的了解也就是普通中学生的水平，但也已经非常值得叹服了。在剑桥大学读书期间，这位大家口中的"奇人杨"逐渐成长为一位严肃的科学家。从某种意义上来讲，他成了伊本·海什木的继承者——他研究光线和眼睛，认为光线传播时呈波纹状，而且他的双缝实验和伊本·海什木的暗箱有异曲同工之妙。杨每年都会去沃辛[1]度假——显然，他在行动上远没有思想上那么有冒险精神；在一次度假期间，他决定要破解罗塞塔石碑上的密文。当时是 1814 年。而在另一处度假胜地厄尔巴岛[2]，引发了这一切事件的那个男人——拿破仑，正暗中计划着悄悄潜回欧洲大陆，他要为统治法国进行最后一次战斗。

另外一方面，巴黎那位执着的商博良在破译碑文上也毫无进展，尽管他在 14 岁之前也学过拉丁语、希腊语、梵文、古波斯语、巴拉维语、阿拉伯语、迦

---

1 沃辛（Worthing），英国南部沿海城市。

2 厄尔巴岛（the Island of Elba），意大利中部托斯卡纳大区西边海域的一个岛屿。拿破仑在 1814 年 3 月反法联军进入巴黎后被迫退位，并被流放到此。

勒底语、波斯语和中文。哦，还有，他还着迷于科普特语，少年时就已经用这门语言记日记了。这件事我们之后还会再提及。总之，虽然他在语言方面的经验是真枪实弹的，但他的破译工作却没有任何进展。事实上，他把大部分的时间都用来学习新语言了。（好吧，我想也许刚才列出来的语种里有些是他14岁以后学的，比如学中文总需要花比较久的时间吧？）虽然名义上他是在为这项艰巨的任务做准备，但其实也是在找理由逃避。

遗憾的是，这个难题早在八个世纪前就已经被一位叫伊本·瓦西亚[1]的阿拉伯学者解决了。发现这一点的是在伦敦大学工作的埃及学家奥卡沙·戴利博士（Okasha El-Daly）。奥卡沙博士能够阅读古阿拉伯文，按道理杨和商博良也应该具备同样的能力，但显然两个人都没有做到。奥卡沙博士找到了确凿的证据——事实上伊本·瓦西亚的书现在在网上也可以找到——能证明在公元9世纪，也就是伊本·瓦西亚住在开罗期间，他就已经找到了象形文字的语音规律，并且还发现这种语言与科普特语非常接近，所以他就直接称象形文字为"古科普特语"，并将以希腊字母书写的科普特语称为"新科普特语"。另外，他当时也已经掌握了象形文字中的各种限定词和词缀。然而，他做研究的目的其实很实际。破译了这些文字之后，他便开始利用它们解读古埃及文献，希望发掘一些古埃及人的科学知识。在当时阿拉伯人的主导下，学术领域迎来了爆发式发展，不拘泥于教条，而且百花齐放。迈蒙尼德和伊本·海什木也是在同一个学术发展运动中脱颖而出的。然而，在十字军东征之后，人们对异教徒的语言有了偏见，这就意味着很多阿拉伯学者的研究成果至今都没能被翻译出来。

伊本·瓦西亚比较幸运，他的书有了译本——虽然是八个世纪之后的事了——而且译者是著名的约瑟夫·冯·哈默–普尔戈斯塔尔[2]（他还写了一本关于阿萨辛的历史作品）。1806年，约瑟夫出版了伊本·瓦西亚的作品，名字为《古代字母和象形文字解读》（*Ancient Alphabets and Hieroglyphic Characters*

---

1 伊本·瓦西亚（Ibn Wahshiya），生年不详，卒于公元930年，是一位农业学家和炼金术士。

2 约瑟夫·冯·哈默–普尔戈斯塔尔（Joseph von Hammer-Purgstall，1774—1856），奥地利东方学学者和历史学家。

Explained）。这个时间点就非常有意思了。当时，商博良的同事西尔维斯特·德萨西男爵[1]必然是知道这本书的，而他也一定对商博良提起过。

然而，像很多过度执着的人一样，商博良也有非常愚蠢的一面。当他在1808年听闻有人已经破解了这门语言，纯粹且强烈的嫉妒竟让他晕厥了过去。后来，事实证明这只不过是个恶劣的谣言——商博良仍可以竞争破译者的位置。然而，十年里他做的唯一一件事似乎就是疯狂地学习，学习他的古波斯语、埃塞俄比亚语和巴拉维语。破译工作则是毫无进展，甚至都没有用上他本来就应该掌握的科普特语。

另一边，不懂科普特语的杨把破译象形文字当成是"休息几小时的娱乐方式"，但他却有了实质的进展——比起商博良毫无成绩的14年，他的成果可以说是非常厉害了。

杨发现那些有圈，或者说有边框[2]的文字都代表着真实的名字，而且象形文字也有音值[3]。从翻译结果看，他的推断大都是正确的——比如他就正确地破译了意为"托勒密"和"贝伦尼斯"[4]的象形字。遗憾的是，他对中文的了解反而误导了他。在中文里，外来词和外文名都是按照发音来转译的，其他的词则是按照其含义转写成象形字。另外，中文里也有类似埃及象形文字边框的特殊符号，却是用来标识外文的。于是杨放弃了挣扎，将他那颗朝三暮四的大脑用在了别处——他在1819年的《大英百科全书》（*Encyclopaedia Britannica*）里发表了他的成果。

商博良一定读过杨发表的东西，只是他从未承认自己借鉴过。而杨则秉着真实、公正和理性的学术精神批判了商博良的研究，称其漏洞百出、有方向性的偏差且内容明显有误。说直白点就是：请务必提一下我的名字。

站在杨的肩膀上，商博良有了新的突破。他研究了一些更古老的带有边框

---

1 西尔维斯特·德萨西（Silvestre de Sacy，1758—1838），法国贵族，语言学家和东方学学者。
2 原文为 cartouche，意为（常印有古埃及国王或王后名号的）象形文字的长方形（或椭圆形）边框。
3 指人实际发出或听见的语音，对音位而言。
4 指古埃及托勒密王朝国王托勒密一世的王后贝伦尼斯一世。

的象形文字，而这些文字是肯定不含外来词的。此次他的大突破（为此又晕厥了一次）就是那个形似像太阳的符号○（和中文里的符号类似，这次中文的知识是有帮助的），他认为它的发音可能是 Ra，因为这个发音在科普特语中就是"太阳"的意思。由此，他也推断出拉美西斯（Ramses）就是最伟大的古埃及法老的名字。从那时候起，他便开始利用科普特语和密码分析学继续研究，并在两年之内破译了所有象形文字。

科普特语的书面文字用的是希腊字母，但针对希腊语中缺失的发音，还补充了四个通谚语字母。从这一点就能轻松推断，通谚语和科普特语是很相似的。既然通谚语很显然是象形文字的简化版，为什么一个理应可以流利使用科普特语的人却花了这么久才发现它和象形文字间的关联呢？得出相关结论，杨用了几个小时，商博良则用了若干年，而真正的突破还是在商博良开始利用科普特语研究之后才出现的。由此，我怀疑他习得科普特语的时间比他声明的要晚得多，可能是在读了伊本·瓦西亚于公元 9 世纪写的那本开创性作品之后。

12. 尼罗河双战

> 恶邻之间借几次铲子就吵几次架。
> ——努比亚谚语

不会又是战争吧！之前我们已经以某种博尔赫斯式幻想假定，拿破仑侵略埃及唯一重要的影响就是发现了罗塞塔石碑，因此，似乎再说一场尼罗河战役就有些过分了。但这本书就是关于血腥的对抗，所以我们必然要讲完这个故事。如果你不想看到战火、听到炮声，那就跳过这一节吧。

几乎在法国人还未真正入侵埃及的时候，尼尔森本人可能就已经决定了这次法军远征的命运。但这并不意味着拿破仑不能在之后逆转局势。事实上，在叙利亚战役中，他差点就能成功领军突破中东地区。如果真是那样，也许在印度殖民的就会是"大法帝国",而不是大英帝国。

但在那之前,拿破仑还有一场尼罗河之战要打。当时,拿破仑正从亚历山大城往开罗进发,而奥斯曼帝国统治阶层的精英们决定表明态度,要在尼罗河西岸,也就是开罗市中心布拉克区(Bulaq)的对面发动一场战役。没错,我们已经忘记了,虽然拿破仑当时打击的对象是英国,或者说英国人当时在打他,但埃及仍处于奥斯曼帝国的统治之下,更准确地说是在奥斯曼帝国所指派的马穆鲁克的统治之下。在对付英国人之前,拿破仑必须先击败在埃及的土耳其势力。

与此同时,其余的法军正沿着三角洲一侧的尼罗河岸向上游一路抢掠。然而,他们在每一座村庄、每一座城镇都遭遇了反抗。在一个小村子里,有一位副官走得太快,把支援部队远远甩在了后面。结果一个怀里抱着孩子的女人走近他,用藏在面罩里的一把剪刀把他的两只眼睛戳瞎了,而那孩子也许根本就是个掩饰。女子的狡诈彻底惹怒了贝尔捷将军,于是他一气之下将她当场射杀,孩子则被塞给了旁边一个满脸困惑的农民。

拿破仑实施侵略的原则之一,是士兵们必须靠眼前的土地喂饱自己,或者靠在入侵的土地上征收粮食税。总之他的原则就是坚决不出钱,除非确实事出紧急。他也是靠着这个方法才得以在征途中管理如此庞大的军队的。在战争初期,比起偷粮食,买其实更容易。然而,有一次埃及贝都因人袭击了某个村庄的法军仓库,将仓库管理员及其仆人都绑在树上烧死了。震怒之下,拿破仑命人把整座村子夷为平地,还把村民都处决了:有人被枪决,有人被剑刺死,一切就如140年后纳粹在其法国故土奥拉杜尔村的所作所为。拿破仑此举很不理智,因为在当地务农的村民看来,自己与游牧的贝都因人完全不同,也没有理由要为他们的行为买单。

后来,他们在一个鸽棚里发现了一些贮存其中的文稿,于是请随军的牧师研判其中的内容。这位牧师随即断言那文稿是"魔法书"。他说的可能没错,因为这种东西确实是存在的。但接下来他又命人将鸽棚烧毁——拿破仑说过要尽可能去了解这片陌生的土地,这个做法无疑违背了他的声明。

以上种种事件自然非常不讨费拉欣,也就是埃及农夫的喜欢。他们这群人是出了名的固执，并且极其执着于守护自己的土地和粮食。不管怎样，当法军试着去购买粮食的时候，他们手里的钱常常没什么用处，而且当时他们也没有埃及货币。但法军很快就发现，他们制服上的扣子比硬币要更受欢迎。这件事很快就传开了，没过多久，每个士兵都开始拆自己的制服扣子。弗朗索瓦·贝努耶尔（François Bernoyer）是一位裁缝出身的军需官，根据他的记录，只有炮兵和卡宾骑兵[1]的制服扣子可以充当货币，这多少让其他士兵有些失望：这两个兵种的制服上是抛光的黄铜和红铜扣子，而追击兵和步兵的扣子是木制的。

　　当法军于1798年7月抵达开罗时，他们的军服已经破破烂烂，而且穿上之后热得让人受不了。于是拿破仑命贝努耶尔给他们发放了一套新的棉质制服：靛蓝色的正装上衣，胸前从上到下笔直地排着扣子，还有原色的亚麻裤子，不过给步兵穿的都染成了蓝色。到了9月，考虑到接下来晚间会降温，他们还发放了棉质大衣。所有的军装都是由当地的手工艺人制作，其中还包括一种新颖的帽子——这是一种用染成黑色的羊皮缝制的头盔，正中突起，两侧还可以翻折起来保护耳朵和脖子——后来经外籍军团传播，变得广受欢迎。这顶温暖的帽子上还有一条羊毛饰带，不同的旅属染成了不同的颜色。后来，当法军到了叙利亚，这些帽子就成了重要的保暖装备，帮助他们抵御山中的寒风。

　　再说回尼罗河。当法国的船只在尼罗河中央与敌军进行关键性的激战时，法军还在沿着西岸行进。形势对法军不利。在河上统领小舰队的是海军少将佩雷（Perrée），他如此汇报道："土耳其人给我们造成了重大损失，但我军却反击不利……我们的弹药也快用尽了。"与此同时，法国的主力军却离河太远，无法支援。伯利恩记述道，土耳其人，或者说奥斯曼帝国的埃及人夺下了法军最有实力的一艘双桅帆船，"当着我们的面将所有的船员都杀掉了，而且还像野蛮人一样将他们的头颅展示给我们看"。佩雷给拿破仑送信，央求他加派增援。那一刻，受命运眷顾的青年波拿巴又一次走运了——那艘由库尔德鲁准将（Kürdlü）指挥的土耳其旗舰着了火。船头和船尾巨大的主帆燃着火团在空中飘扬，燃烧

---

1 指配备了卡宾枪（一种短版火枪）的重型骑兵。

的残存支索甚至将尼罗河沿岸的棕榈树都点燃了。接着，火苗蔓延到了主弹药库，随着两声巨响，河面上随即扬起龙卷风一般的水柱——装满火药的主弹药库就这样被引爆了。准将船上所有的船员都被炸死了，他自己也未能幸免。当时，重整旗鼓的土耳其人在对战中已经占了上风，而这个突发事件无疑给他们造成了巨大的心理打击。惊疑之中，他们减缓了攻击的势头，开始重新评估局势。

在这个意外的战斗间隙，拿破仑的陆军终于在历尽千辛后抵达，结束了一次自海而起的漫长行军。他们本可以使用钳形攻势一举拿下所有的马穆鲁克奴隶军团，但波拿巴选择了直接奔向尼罗河去拯救他的舰队。土耳其水手们看到前进的法军，便立即起锚，匆忙将船开向了河对岸的开罗。他们这次的失败有着决定性意义——几天之后，所有的马穆鲁克奴隶占领军，以及那些自 1517 年起就一直统治埃及的来自奥斯曼土耳其的贝伊，都会被这位时年 29 岁的法国人驱逐出去。

13. 情事的终结

> 真相是万物之所趋，蛇也不例外。
> ——埃及谚语

法军占领开罗对当地女子的影响首先体现在她们的服装上。当时有人记录道："法国人带着穆斯林妇女和少女一起出街，她们的脸都暴露在外。而且大家都知道，法军会买葡萄酒喝。"这段描述中所带的愤怒显得有些不合时宜。现在的女人当然已经不再遮面了，但在法国人到来之前，19 世纪早期的开罗也不是什么重道守节的地方。根据同时代的学者贾巴尔迪的说法，法国男人很喜欢讨好他们的女人，他们不会跟女人起冲突，甚至到了任打任骂的程度。毫无疑问，看到当地妇女在法国士兵的保护下在街上行走和大笑，他很恼火。他语气更加不满地补充道："他们让女人发布指令，下达禁令，甚至制定规则。"几个世纪以来，开罗一直是一座享乐之都，对海湾另一侧的游客来说至今仍是如此。当时的开罗在某种意义上与越南战争时期的泰国扮演着一样的角色，当地的性交易文化因为大量法军的存在而迅速发展壮大。尼洛·萨吉回忆道，"尽管到处都是卖淫的"，却很少发生斗殴闹事的情况，对此他还挺惊讶的。有一次，就在当时波拿巴暂住的阿尔菲贝伊旧殿附近，一伙醉酒的法国士兵闯进了一栋民宅的哈莱姆，那是个私密之所，并不对公开放。后来一位军官不得不到场平息骚乱，因为"已经有一大群居民聚集在那栋宅子前面，大声宣泄着他们的愤怒"。军官进屋之后发现，"来自不同兵团的士兵正沉浸在野蛮且无度的淫乱之中，他们忍受了太久的饥渴，虽然这不能成为开脱罪责的借口，但他们的行为也不是不能理解"。这些士兵被赶出了民宅，但他们轮奸女仆和小妾的事还是引发了一场大规模的公开抗议活动。

问题在于，性交易在开罗已经成了某种艺术形式。女人们会表演乐器和舞蹈，一般只要男人们喜欢，她们演多久都可以。这种高级妓女的表演形式在法国人离开之后延续了下来，承袭此道的后人中还出了不少知名人士，比如50年后让小说家古斯塔夫·福楼拜一见倾心的库楚克·哈内姆（Kuchuk Hanem）。但这是后来的事了，在当时的开罗，情况正变得愈发粗俗丑陋。负责印刷的随军学者安托万·加朗（Antoine Galland）曾说道："12岁的女孩们全裸着站在广场正中，就为了几枚铜板。"

与此同时，有人却还身处天平的另一端。为了防止他碍事，宝琳·福雷斯的丈夫被派遣到了尼罗河下游。他已经行至罗塞塔镇的港口，但突然擅离职守，掉头返回，想要请求妻子回心转意。他到达开罗时是晚上，整个城都黑漆漆的，于是他想办法去到了平民军需官贝努耶尔的住处。在那里，他发现妻子已经与波拿巴搬到一起住了，而且就住在自己那间公寓的旁边，这让他心烦意乱。为人善良的贝努耶尔被这个男人的悲伤打动，提出自己可以在第二天早上与宝琳的一位朋友谈谈。然而，这次面谈也失败了：宝琳拒绝与她的丈夫见面，还说由于丈夫过度膨胀的野心，两人之间的一切联结都已被斩断，而且她早已预想到了；她说一切都是丈夫的过错，因为他一次又一次地拒绝听从她的劝说，两人的关系才走到了终点。听到这个答复，福雷斯变得歇斯底里起来，还企图冲进她的私人住所，贝努耶尔不得不出面拦住了他。之后，贝努耶尔托人送信，告诉宝琳福雷斯中尉什么都做得出来，甚至可能会自杀。宝琳冷漠的回复一针见血："冷静。我太了解我的丈夫了，他必不会制造任何丑闻，也不会违法犯罪。他太珍视自己的生命了，不会这么轻易地就把它牺牲掉……他应该尽快回去自己的岗位，你也知道，波拿巴需要的是服从，"——接着她的语气里还带了一丝威胁——"尤其是当他的指令关乎军队的时候。"

贝努耶尔试着鼓励福雷斯中尉，提醒他回到法国之后有的是女人可以挑，换哪个都比这个不忠的宝琳好。福雷斯并不相信这话。虽然很心碎，但他还是夹着尾巴溜回了港口，就像一条丧家之犬，在那里等着自己的首领、夺妻之人拿破仑·波拿巴下达指令。也许是宝琳对他说了什么，总之拿破仑亲自给福雷斯下命令，要求他动身前往马耳他和意大利，接着还要去巴黎给保罗·巴拉斯[1]送一些文件。这一定是波拿巴的一种别致的报复形式：巴拉斯也曾和约瑟芬一起给他戴过绿帽子。但对福雷斯来说，这次任务也是有回报的。波拿巴让福雷斯从自己的哥哥约瑟夫·波拿巴那里取文件和报纸，相当于给了他一条非常有用的人脉。此外还有丰厚的报酬——不是几个银币，而是 3000 法郎，"作为之后的花销"。

没有了福雷斯从中阻挠，波拿巴和宝琳的情事就此越发张扬。宝琳每日都珠光宝气，衣着华丽。她还开始穿波拿巴的衣服，甚至连制服也穿——也可能是贝努耶尔为她提供了一套一模一样的：蓝色的高领大衣，领口绣着红色和金色的纹样，翻领饰有大量的金色橡叶，黑色领结底下是白色的印花衬衣，一侧的肩膀处系着喜庆而浮夸的红色肩带，白色的马裤配翻面马靴。她的这身打扮着实引起了一阵轰动。她还展示了一项自己的制帽技巧，将三色旗图案的饰带扎在了一顶华美的软帽上。法国士兵们都称她为"女将军"或者"克利乌帕特尔"[2]。

---

1 保罗·巴拉斯（Paul Barras，1755—1829），法国贵族，在 1795 年至 1799 年间担任法国督政府的
　第一督政官。
2 原文为法语 Clioupatre，与"克娄巴特拉"的英文 Cleopatra 发音相似。

结果，她的丈夫没能升职换新装（没有记录显示他获得过中尉以上的军阶），反倒是她加官晋爵了。她平日里骑的是一匹专门为她配备的阿拉伯种马，而且波拿巴的副官们会亲自陪同。副官中有一位是约瑟芬的儿子。自然，他对于自己继父的表现不甚满意。有一次宝琳和波拿巴夜间出行，他被迫骑马跟在他们乘坐的马车后面，怒气终于达到了顶点。"实在忍受不了这种屈辱了。我去找了贝尔捷将军，请他把我转到兵团里去。因为这件事，我和继父之间有了一次非常有趣的交涉；但在那之后，他就不再与那位女士同乘马车散心了。"波拿巴也许是退了一步，但他并没有放弃。他和宝琳已经决定生一个孩子。如果这件事能成，他一定会与约瑟芬离婚。

但他们没能怀上孩子。福雷斯又回来了。我们无法确定他是否按命令去到过法国，有一种说法是他的船被英国人截住了，他们发觉福雷斯执行的任务有些站不住脚，深挖之后，发现眼前的竟是拿破仑情人的丈夫。于是，为了能给这位伟大的征服者再添些疑虑，英国人将福雷斯又送回了埃及。不管实情如何，福雷斯回来了，而且他还发现，妻子已经变本加厉，从一个害羞内敛的制帽女工摇身变成了全城的八卦对象。他勃然大怒，要求与她见面，还逢人就说他会在她标致的臀部上来一脚（用一种她家乡比利牛斯地区的木底鞋）。宝琳毫不畏惧，她要求离婚"以保护自己不受他威胁"。其后，在拿破仑的埃及专员萨特龙的帮助下，八天之内，这桩婚姻就结束了。

宝琳则逐渐成了各种沙龙的女主人。她在金字塔附近（前一年拿破仑就是在那里对战马穆鲁克军团并大获全胜）举办的各种野餐会是气氛最热、人气最高的社交聚会。她花钱请人教她吹奏乌得琴——一种类似笛子的本土乐器，而且还吹得像模像样。此外她还学了竖琴，那种沉静的音色拿破仑非常喜欢。那时候，拿破仑在埃及的胜利状态已经逐渐停滞不前。他一方面受到英国的阻碍，另一方面在叙利亚无法击败奥斯曼帝国，而前线又传来了消息，说法国自身已经岌岌可危了。他告诉宝琳自己要从三角洲"北上"几天，结果却连夜偷偷回了巴黎。这个将征服欧洲、火烧莫斯科的男人，此刻却不敢告诉女朋友自己要离开她。他确实写了一封信向她解释情况，而宝琳在求生本能的引导下，又设法成了拿破仑的继任者克莱伯 [1] 的情人。据说，她越来越擅长分辨钻石的真假。如果有人送她钻石，她就会在上面滴一滴水，然后用帽针来回挑动；这个动作一定很难做得优雅。如果材料是玻璃或者人造玻璃，那滴水就会散开来，而如果是真钻石，水滴就会维持球状。

1800 年，宝琳也回到法国，没过多久法国也从埃及撤军了。1801 年，她嫁给了颇有地位的退休军官亨利·德·兰乔普（Henry de Ranchoup），而这场婚姻的背后成因是拿破仑对兰乔普的提议。她再也没有见过波拿巴，除了在 1811 年的一场舞会上，而在那次舞会的前一年，拿破仑终于与约瑟芬离了婚，迎娶了奥地利的玛丽·路易斯（Marie Louise）。那一次舞会，他和宝琳应该也没有一起跳舞吧？

作为结婚礼物，兰乔普被任命为桑坦德领事，并于 1810 年被派往瑞典。宝琳则留在巴黎，又一次成为当时最受欢迎的沙龙女主人之一。她作画，弹奏竖琴，还写了三本小说：《温沃斯勋爵》（Lord Wenworth，1813），《阿洛伊兹·德·梅斯普雷斯》（Aloïze de Mespres，1814），之后隔了很久——期间拿破仑经历了战败、流放，最终去世——又有了《十二世纪的城堡》（Une Châtelaine du XIIème Siècle，1834）。拿破仑在圣赫勒拿岛 [2] 上有 112 册藏书，其中并没有他前任情人写的小说。

兰乔普在 1826 年就去世了。为了重新积累一些财富，宝琳去了巴西。在那里，她与一位退休的皇家卫队军官一起做起了热带木材的生意。她生意做得很成功，并于 1837 年回到法国，后半生过得非常富足，而且生活方式十分不同寻常。她开始抽烟，还总是把自己的小宠物狗带进教堂，搞得尽人皆知；而且她还在自己的橙子园里养了一大群小猴子。她去世于 1869 年，时年 91 岁。同年，另外一位法国人斐迪南·德·雷赛布 [3] 的苏伊士运河工程也终于开幕了。

---

1 让-巴蒂斯特·克莱伯（Jean-Baptiste Kléber，1753—1800），法国大革命战争期间的法国将军，在拿破仑离开埃及之后受命统领驻埃及法军。

2 英国管辖的大西洋小岛，临近非洲西海岸，也是拿破仑的流放地。

3 斐迪南·德·雷赛布（Ferdinand de Lesseps，1805—1894），法国外交官、实业家，主持开凿了著名的苏伊士运河。

我曾专门去寻找过阿尔菲贝伊旧殿和宝琳·福雷斯的公寓。这两个地方都在爱兹贝奇亚区。今天，这个地方最出名的是巨大的露天二手书市场。当初的宫殿已经荡然无存，但它的名字保留了下来：有一家传统餐厅名字就叫阿尔菲贝伊之家，位于阿勒菲街（Alfy Street），对面是那家颇为下流的"新亚利桑那"肚皮舞俱乐部。再走远一点就是温莎酒店酒吧，我最喜欢的酒馆之一；那天我顺道去了，为拿破仑的开罗情人宝琳·福雷斯的传奇人生喝了一杯。

14. 穆罕默德·阿里——从税务员到尼罗河之王

> 新鲜事问旅人不问老人。
> ——埃及谚语

时间到了 1805 年。此时，拿破仑的海军正在特拉法尔加（Trafalgar）遭受最后的打击；也是在这里，尼尔森将因多次中枪而身亡。与此同时，埃及正处于无主状态，人人都想分一杯羹。虽然马穆鲁克还在管理相关事宜，但拿破仑的入侵已经让他们失去了公信力。而打破这种权力真空状态的，是一个阿尔巴尼亚籍税务员——穆罕默德·阿里。从开罗一直到苏德沼泽，这个男人将在这一大片尼罗河流域都留下不可磨灭的印记。

和亚历山大大帝一样，穆罕默德·阿里也出生于马其顿，但他的父母都是阿尔巴尼亚人。亚历山大、拿破仑和穆罕默德·阿里三人都有着蓬勃的野心和类似的个性，不仅如此，他们的野心还有着共同的焦点，那就是埃及。这么想来，这还是个挺奇特的巧合。如果没有拿破仑入侵埃及的先例，如果埃及原本的权力秩序没有因此而被打破，那么穆罕默德·阿里本会继续做一个马其顿的税务员。虽然他的父亲是一个烟草商人，但穆罕默德·阿里借他叔叔的关系成了一名优秀的税务员，后来又加入了卡拉瓦志愿军团，并成了其中的领袖人物。1801 年，包括卡瓦拉志愿军团在内的很多组织都前往埃及，要为奥斯曼土耳其政权再次占领这个国家。拿破仑的离开让埃及陷入权力真空，此时奥斯曼帝国便乘机与从9世纪起就存在于埃及的马穆鲁克军事集团展开了斗争，而此时后者的力量已经被大大削弱了。穆罕默德·阿里与这两方势力都进行着谨慎的周旋，同时对民众和爱资哈尔清真寺的谢赫们也都非常重视，表现得像是一位可靠的领袖。正是因为这样，到了1805年，乌里玛（ulema，对伊斯兰学者的统称）要求当时的埃及瓦利[1]，也就是埃及总督艾哈迈德·库尔希德帕夏（Ahmed Khushid Pasha）让出自己的位置，让穆罕默德·阿里接手。

穆罕默德·阿里的性格使得他能够非常积极地应对未来那些巨大挑战。詹姆斯·奥古斯都·圣约翰[2]在穆罕默德·阿里执政期间到访过埃及，和这位新总督一起待了一段时间，在他的观察中：

> 穆罕默德·阿里身材中等，体格壮硕。他为人极其正直，虽然已经65岁了，但却精神矍铄。他的五官不像一般的欧洲土耳其人，而是更加接近鞑靼人，所以他的长相即使算不上粗糙，至少也是平淡无奇；但他的才学和智慧让他容光焕发，让那双深灰色的眼睛透出耀眼的光芒。因此，如果有和他很熟的人认为他很英俊，我一点也不会感到奇怪。

根据圣约翰的记录，穆罕默德·阿里帕夏的睡眠时间很少，旅途中跟他同住一顶帐篷的欧洲人抱怨说他总是整晚地问问题，有时他们已经很困了，他还在不停地与他们对话。他天不亮就会起床，然后马上骑马赶到他的会议厅或者办公室，所有的申诉书、信件和派遣文件都在那里等着他的批示。会有人将文件读给他听，他则边踱步边口述批复内容。因为穆罕默德·阿里有让人读信的习惯，于是就出现了一个流传至今的谣言：现在仍有很多埃及人相信，区区一个文盲竟然当上了埃及人的领袖。暂且不说作为税务员肯定要识字，虽然无法确

---

1 瓦利（Wali），伊斯兰教地方统治者的称谓，指伊斯兰国家的省长或地方长官。

2 詹姆斯·奥古斯都·圣约翰（James Augustus St John，1795—1875），英国记者、作家和旅行者。

定他是否掌握阿拉伯语，但还有很多证据都可以证明他能够阅读土耳其文。据圣约翰所说，穆罕默德·阿里打发时间的一个方式就是到运河边上，让人给他铺条毯子，他就坐在上面一边等着咖啡煮好，一边阅读来信，然后再把它们封起来。接着，他会喝点咖啡，抽一管水烟，然后返回宫里。在他的哈莱姆，也就是宫里只允许女眷和宦官出入的私密处所，他也会阅读，或者让人读书给他听。有时候他还会"放松一下，跟那些能言善道的宦官聊聊天"。在其他空闲的时间里，他会口述自己的传记或者下棋，他对下棋很上瘾。"实际上，他就是那种闲不住的性格，所以永远不会没事做；如果没有什么比较严肃或者重要的问题要处理，他甚至会去多管闲事。"他对非常细小的事情也感兴趣。比如，有一位很有学识的埃及数学老师负责在亚历山大城教授一群年轻军官，穆罕默德·阿里就要求他对每一个人的学习情况都做下准确的记录。还有，他的舰队正在建造中时，他每天都命人划船将他送过去，为的就是视察造船匠的工作，亲自督促他们努力干活。虽然他每天很晚才睡，但在上午 11 点到下午 3 点之间他都要在哈莱姆休息，或者至少会去哈莱姆待着。3 点之后，他就回到会议厅接着处理事务，至少忙到晚上 11 点。

天气从不会妨碍他做事。大部分开罗人都非常讨厌下雨，而他则从不在意。有一次他冒着暴雨外出，还因此大病了一场。他乐于创新、勇于追求、享受成就，这些特质在他的生活中处处都有体现。人们都知道，他的行动难以预测，经常突然间就定了主意。他可能本来待在开罗，但没几天就毫无预兆地跑去了亚历山大城。由此，各地政府官员都时时保持着警惕，他这么做的效果比中央政府给的警告要好得多。有些人说他的行为太做作，太任性；但不管怎样，他这么做是有用的。

舒布拉宫（Shubra Palace）中有一个小小的凹室，帕夏经常在晚上十一二点坐进去整理心情、冷静头脑，有时一坐就是一小时。圣约翰记载道："从这个凹室向外看，一排排的柏树、橘树和香橼树将眼前的景色划分成两条远景线，它们分道而行，不断向外延展，填满了整个视野。东方沉静的夜晚在月光或星光的照耀下显得分外明朗，空气中时不时飘浮着淡淡的香气，都源自那些最为娇美的花朵；良辰美景如此，再没有比这里更醉人、更浪漫的所在了。"

穆罕默德·阿里有一位妻子。据说，他对这位妻子无比尊敬。在人们口中，她也是一位十分有活力的女子，而且对穆罕默德·阿里的影响很大。她去世之后，他一直没有再婚，只是留了几个女奴在哈莱姆里。

那时的英国驻埃及领事约翰·巴克（John Barker）描述道，在第一次与穆罕默德·阿里会面时，他需要递交自己的证件，于是他便呈上了皇家敕令，或者说政令，是由埃及名义上的统治国土耳其签发的。但帕夏看都没看一眼，而是讲起了他当时正在建造的那些厉害的护卫舰。同时，帕夏还赞扬了这位新领事的前一任，说那位前任领事从未反对或者不尊重自己的意见。但穆罕默德·阿里也强调了，做到这点并不难，因为自己的言行都是有理有据、公平公正的。"让我来给你讲个故事。"这位统治者又补充道。

我出生在阿尔巴尼亚的一个村庄（原文如此）[1]，我的父亲有十个孩子，除了我以外都已经死了；但他们还活着的时候，从没有人反对过我。虽然我在成年之前就已经离开了故乡的大山，但村里的那些重要人物在处理集体事务的时候永远都是先询问我的意见。我来这个国家是想闯荡一番，最初我是个籍籍无名之人，后来我当上了宾巴什[2]，相当于上尉。有一次，军需供应处要给每位宾巴什分发一套帐篷，而当时其他人都比我资格老，所以他们自然都表示自己比我优先。但负责分配的军官说——"你们都站到一边，这位年轻人，穆罕默德·阿里应该优先领取。"于是我成了第一个；我一步一步走过去，因为真主享受选定良人的过程；而现在，我走到了这里。

接着，他扫了一眼那敕令，说道："所以你看，我从未有过主人。"

但总体来说，这位帕夏是一个简单的男人（有人也用这句话来形容弗朗哥

---

1 目前认为穆罕默德·阿里的真实出生地为马其顿卡瓦拉。
2 原文为bimbashi，指土耳其陆军首领或司令员。

和斯大林）。当圣约翰就他的人生经历采访他时，他长篇大论地介绍了一番自己在森纳尔、努比亚、科尔多凡、希贾兹和叙利亚的远征胜绩。圣约翰写道："然而我注意到，他在细数自己的成就时没有提到大败马穆鲁克的经历。无疑，他在回溯记忆的轨迹时，那日血腥的场面（那天穆罕默德·阿里屠杀了 499 个马穆鲁克）夹杂在其他那些明朗的回忆中，就像是撒旦站在上帝之子之中；不仅如此，他的良知也许已经悄悄提醒了他，他的听众也记得那天的事情。"

然而，穆罕默德·阿里是永远也不会就马穆鲁克的命运发表评论的。他已经将他们从自己的记忆中清除，并且也从历史中清除了。

15. 拿破仑和穆罕默德·阿里

> 大火过后的余烬也能将人烧伤。
> ——努比亚谚语

从克娄巴特拉到萨达特，每一位尼罗河的统治者都惧怕毒药。拿破仑自滑铁卢一役大败后就被流放到了圣赫勒拿岛，在那里疯狂地写作；那时的他也同样畏惧毒药。他认为自己就是被人下了毒，下的是慢性毒（从他的头发中可以检测出砒霜的痕迹，但这个证据存在争议）。然而，即使如此担心自己的身体，他仍无法忘记埃及。他在监禁日记中这样写道："终有一天，会有人在三角洲头部的两条尼罗河支流上建造水坝，这样一来便可以任意将其中一条支流的水引至另一条支流，由此汛期水量就可以翻倍。"

身处开罗的穆罕默德·阿里让人翻译了拿破仑写下的所有内容并读给他听。对穆罕默德·阿里来说，这个法国人是一位楷模——毕竟是拿破仑让他得到了埃及，而且这个法国人曾经的壮举也激起了穆罕默德·阿里通过战争征服这整片地区的雄心。所以，听一下他在水利方面的建议也合情合理，虽然这个建议十分笼统。最初，穆罕默德·阿里想要将流经罗塞塔的那条支流堵住，将水流引至流经达米埃塔[1]的支流。他手下有一位名叫路易·里南德[2]的法国水利工程师，之后就是他为苏伊士运河的建设打下了基础；这位工程师反对他的计划，因为这会导致亚历山大城失去淡水水源。而这位帕夏的下一个计划就是拆除金字塔，因为他觉得那都是异教徒建造的蛊惑人心之物，拆了就可以用它们的石料为两条尼罗河支流建坝。这个计划实现了一半：他们的确建了堤坝，但这个世界第七大奇迹没能成为这些工程的石料来源——幸好，那样做的话运输成本太高（就是说那些石块过于笨重）。这件事也让我们多少体会到了古埃及人的伟大：他们建起的丰碑是如此庞大，单凭重量和体积就可以抵御后人将其拆毁的企图。

虽然苏丹还在遭受瘟疫和战争，穆罕默德·阿里为了建坝还是从那里征来了一支劳役队伍，而这也即将成为尼罗河上的第一座水坝。实际上，拦河坝应该算是正规水坝的一个亚种，因为拦河坝并不会真正阻挡水流——它的目的只是让坝前的水位上升一些。换言之，拦河坝并不会拦截出一座没有水流的蓄水湖，它仅仅是让水回流，降低水流速度，但不会阻断河水的流动。而水位一旦抬升，就可以有足够的时间将水引流到拦河坝上游的运河里。这座拦河坝在建造初期面临了种种问题，不得不说确实花了很多年才解决，但解决之后，这个工程就在增加棉花产量方面大获成功。

这座尼罗河之坝的建成意味着棉花终于实现了量产，因为棉花无法承受夏季的洪水，而且整个夏季都需要规律的浇灌才能正常生长。而这条拦河坝使尼罗河水向开罗方向回流，加上新开凿的运河以及新装的水泵和虹吸系统，之前在夏季只能休耕的大片土地终于可以得到浇灌了。

在 70 岁的时候，这位得益于拿破仑的侵略战争才得以统治埃及的男人，也是一直被拿破仑的经历所激励着的男人，转而迎来了拿破仑之子瓦莱夫斯基伯

---

1 达米埃塔（Damietta），埃及城市，位于开罗以北约 200 千米地中海和尼罗河的交汇点。

2 路易·里南德（Louis Linant，1799—1883），法国工程师、探险家，是苏伊士运河建设最重要的工程师之一。

爵[1]的探访。之后这位伯爵在描写穆罕默德·阿里时是这么说的："他长于教化，但不擅长管理；他没有鹰般的洞察力，无法从更高的视角看透人和事；也没有过人的头脑，做不出乍看之下标新立异的抉择。但他敏锐、有耐性，意志力非常强大，思维极其机敏。如果他出生在我们的国家，他会成为另一个梅特涅[2]或者塔列朗[3]，但无法成为拿破仑。"这样的评价不禁让人疑心，他是不是出于嫉妒而故意拔高自己父亲的形象。

穆罕默德·阿里是拿破仑的忠实读者不假，但这只是因为拿破仑不仅通过文字展示了自己的智识，而且还通过行动实践了它们。相比之下，穆罕默德·阿里在听马基雅弗利[4]的作品时，只听了40页就评论道："我从这个男人身上什么也学不到。论耍心机使手段，我知道的远多过他。"于是他又回去读拿破仑了——自己读也好，听人读也罢。

16. 那场 499 人的屠杀

> 奔赴战场时无人问津，平安归来时赞美加身。
> ——埃及谚语

500 位士兵——一共有 500 人被召；一个人留在床上，然后都没了——除了他都没了。499 人全部都死了，他们的身体不是被刀剑劈成碎片，就是被炮弹和火枪崩成碎片，最后都散落在撒拉丁城堡的水渠里；那里是舍哲尔·杜尔

---

1 瓦莱夫斯基伯爵（Count Walewski, 1810—1868），法国政治家，在拿破仑三世执政时担任外交部长，是拿破仑一世和玛利亚伯爵夫人瓦莱夫斯卡的私生子。
2 克莱门斯·冯·梅特涅（Klemens von Metternich, 1773—1859），奥地利政治家、外交家。
3 夏尔·莫里斯·塔列朗－佩里戈尔（Charles-Maurice de Talleyrand-Périgord, 1754—1838），法国主教、政治家和外交家。
4 尼科洛·马基雅弗利（Niccolò Machiavelli, 1469—1527），意大利政治思想家、历史学家，代表作有《君主论》。

的尸体被遗弃的地方，也是马穆鲁克们自己用惯了的抛尸场。

穆罕默德·阿里计划了一次大胆的背叛行动，行动之巧妙即使是马基雅弗利也不可能想得到。难怪这位阿尔巴尼亚人不愿意花时间读那意大利老狐狸的书。计划其实很简单：既然马穆鲁克还认为自己手握大权，那就把这群麻烦的家伙引诱到一个固定地点，将他们一网打尽。

这群河流上的战士其实早就知道自己的时代已经过去，但他们又在穆罕默德·阿里那寻求了一个新位置。他们像所有人一样，还扯着自己的权力不放，因为权力是最难以割舍的东西。在一个半世纪之后，英国人不得不放弃他们在尼罗河上的权力，丘吉尔为此伤透了心，他年轻的时候曾参与过乌姆杜尔曼战役，英国曾经得到的那份权力也有他一份功劳。

这群河流战士有所怀疑，但又没有察觉到灾难即将降临。他们骑马佩剑，穿着被拿破仑的胜利之军打坏了的盔甲，举着红绿相间的旗帜出发了。这些马穆鲁克从埃及各个地方赶来，为的就是让那位拥有阿尔巴尼亚血统的新统治者给他们封官授誉。

一共去了499个人，一个人留在了床上。这听起来就像是反着讲的寓言故事：晚起的鸟儿不仅有虫吃，而且还毫发无损地离开，去黎凡特度过了余生。事实就是这样。其他的人都被屠杀殆尽了。

要杀死499个人也不是一项容易的任务。他们骑着优质的阿拉伯马，身边有仆人照应，都沿着撒拉丁城堡脚下那一圈漫漫的山间窄径疾行。现在，若你开车疾驰在通向机场和市中心的那条高速公路上，依然能看到那条路。

执行这项任务没有机枪，没有毒气，也没有贫铀弹。于是，他们就用单发火枪和葡萄弹完成了任务，或者说大部分的任务。也有人侥幸活了下来，有些已经负了伤，而继续将他们砍倒、杀光才是这项任务最残忍的部分。负责这一工作的是一位叫安瓦尔（Anwar）的德鲁兹派成员和他的精英小队，小队里的下属都杀人如麻。安瓦尔长得人高马大，外衣在他的胸和肚子处都被撑开，而且他还有一对铁匠一般壮硕的臂膀。然而，实际上这个人一辈子都没有认真干过一天活，他那健壮的臂膀是年轻时在叙利亚沿海走私船只练出来的。而现在，他是一位备受信任的杀手，手里挥舞着一把弯刀。那把刀很快就钝了，因为砍下了太多头颅。"最好是捅，不要砍，"他这样告诉自己的人，"因为这样人死得更快，而且刀子也会钝得慢一点。"但那天他却没有忍住，不停地砍、砍、砍。不一会儿，水渠里的血水便漫到了脚踝，有马血，还有马穆鲁克及其仆人的血。

那个侥幸逃脱的人呢？他很晚才醒来，决定继续待在三角洲的自家庄园里。之后传来了消息，所有的马穆鲁克都没有回家。这足够说明问题了。他趁着夜色藏进了一只即将顺流而下去罗塞塔的驳船。在罗塞塔港口，他又设法藏到了一只渔船里，偷渡去了塞浦路斯，之后又到了雅法[1]。他和家人一直在那里生活，直到1948年，他们又逃回了埃及——令人费解。这个故事就是那个侥幸逃脱之人的唯一一个后代告诉我的。

17. 尼罗河上的死亡

> 了解猎豹的人才能生存。
> ——埃塞俄比亚谚语

血水不断地流淌——不仅流在撒拉丁城堡的水渠里，还流在尼罗河岸，流在埃及和苏丹。葬礼纷至沓来。穆罕默德·阿里渴求的是整条尼罗河的统治权；统治了尼罗河就是控制了非洲所有的财富——奴隶、象牙和黄金，穆罕默德·阿里是第一位看清这点的统治者。

穆罕默德·阿里沿着尼罗河岸不断发动远征以镇压马穆鲁克的余党，这些拜伯尔斯的后辈都被这个狡猾的阿尔巴尼亚人玩弄于股掌之中——毕竟我们也知道，据说他曾将499名马穆鲁克骗去参加一场"开罗的宴会"。但也有人声

---

1 雅法（Jaffa），古港口城市，现在属于以色列的第二大城市特拉维夫 – 雅法的一部分。

称他做事没那么随便，包括穆罕默德·阿里本人在内（但我们为什么要相信他呢？）。在故事的另一个版本里，他是花了几年的时间——找到这些散落在全国各地的马穆鲁克首领，一个一个地将他们解决掉了。至于那场屠杀，只不过是针对剩下的那些人，算是最后的扫尾。有一种说法是，当时只死了24个现身的人。但无论在撒拉丁城堡发生了什么，穆罕默德·阿里已经成了埃及无可争议的霸主。他向南远征，又征服了上埃及和一些苏丹部落。对某些人来说，他带来的是文化的启蒙，但对更多人来讲，他就是死神的使者。尼罗河沿岸的葬礼，就是其军队一路留下的印记。

穆罕默德·阿里的部队不仅杀基督徒，同样也杀穆斯林。在埃及，不管是什么信徒，葬礼仪式大都是类似的，这就意味着当时的葬礼仪式是自古流传下来的，比伊斯兰教和基督教出现的时间都要早。但两者的葬礼也有一定区别。基督徒是要葬在棺材里的，并且按照古埃及传统采用石棺，直到近代才转用木棺；而穆斯林只用一层或者几层殓衣包裹尸体。拿破仑入侵埃及之后不久发生过这么一件事：穆斯林夺取了一片本属于科普特人的土地，发现那是一片墓地；将墓地挖开之后，能看到所有的坟墓里都有棺材。后来，这片科普特人的墓地又被还给了他们。

在这两种宗教文化中，葬礼都必须在死亡之后的24小时内举行。在去墓地的路上，基督徒会吟诵赞美诗和经文，穆斯林则会雇一个或多个人在吟唱《古兰经》的同时引领送葬队伍。

科普特人的丧葬习俗跟古人更接近，因为被埋葬的人会穿着最好的衣服，还会佩戴几样首饰。如果死者非常富有，他穿的殓衣也会镶金绣银。如果死者生前曾去约旦河朝圣过，那么他当时所穿的衣物便可能和他一起入葬。如果死者未曾朝圣过，那么他就会穿着生前领受圣餐时穿的袍子入葬。在穆斯林和基督徒的葬礼上，人们都会祈祷和焚香，为逝者的灵魂祈福。

古埃及人把死者埋在河流的西岸，而生者住在河流的东岸。如此一来，横渡尼罗河就如穿过冥河，是一个人通往死亡的必经之路。古埃及人对死亡的执念随处可见。直到今天，有些执念也依旧延续着，比如在死者去世之后的七天、四十天、一年和七年纪念日，他们都要在死者的坟前表演一套烦琐的纪念仪式。穆斯林和科普特派基督徒都非常重视"阿比伊恩"（arbyeen），即第四十天的纪念仪式。由此几乎可以肯定，阿比伊恩是源自法老时期的习俗。尼罗河仍然是一条与死亡密不可分的河流，而周期性的洪水确是会引发自然死亡。但到了 19 世纪，人类开始企图改变自然，不久，尼罗河也将成为一条非自然死亡之河。

第五部分

———— ·•· ————

被诅咒的尼罗河

大象，探险和阿加莎·克里斯蒂的旅行箱

1. 发现穆热贝伊

拿破仑已离开很久，而穆罕默德·阿里仍在慢慢实现这位急躁的法国人的梦想——在尼罗河上建造堤坝。他的工程始于 1840 年，最早的一个拦河坝直到 20 年后，也就是 1860 年才完成，而且等到 1889 年才投入使用。实在太慢了。但不管怎么说，在尼罗河上建坝这件事就是一个转折点：自此，人类终于明白，或者自以为明白，河流是可以为他们所控的。

我们之前也说过，在尼罗河上建坝的想法始于古埃及的那些法老，在哈里发哈基姆和伊本·海什木的时期达到了第一个顶峰，哈基姆甚至还为此制定了一些疯狂的计划。但之后这种想法又逐渐消退了，直到拿破仑的到来。拿破仑一眼就看到了建坝的种种好处，但这个工程规模巨大，而且他还有很多庞大的计划，所以一直没能找到机会实施。巨大的水坝和狂妄的人格之间其实也有很强的关联。一如有人通过征服国家来满足不断膨胀的自我，征服自然也有同样的效果，而最显而易见的方式就是征服自然界中最雄伟、最强大的河流了。

从某种程度上说，穆罕默德·阿里产生在尼罗河上建坝的想法很自然；他几个世纪之后的接班人贾迈勒·阿卜杜尔·纳赛尔与他英雄所见略同，这一点都不奇怪。但若要实现这两位的想法，来自欧洲方面的帮助不可或缺。

穆罕默德·阿里的拦河坝是第一条横跨尼罗河的水坝。但这究竟是一条水库大坝还是一条拦河坝？在头 50 年里，它哪一种坝也算不上，因为在拦截水流时，坝体上总会出现巨大的裂缝。于是，工程建设者不得不一直让它大开闸门。从那时起，一直到 19 世纪 80 年代早期，这个水坝只能用作一座十分实用的跨河大桥，再者就是增添了一处美丽的风景。

法国人里南德贝伊[1]是第一位被派去启动这个项目的欧洲工程师。事实上，就是他拯救了我们现在所知的金字塔群，让它们免受拆毁。之前我们已经提到过这件事，但这值得重申：如果没有里南德贝伊，世界七大奇迹之一将不复存在。就像塔利班毁掉巴米扬大佛的心态一样，那时的穆罕默德·阿里也希望能用自己执政期间立下的伟业替换掉过去的统治者所创下的辉煌。可以想象，当穆罕默德·阿里意识到自己能一石二鸟（或者一石多鸟）时，内心一定相当愉悦：通过拆毁金字塔，他既能抹消掉竞争对手的成就，又可以用拆出来的石料建造一个更庞大、更厉害的作品。但与当年金字塔的建造者不同，他没有那么充裕的时间。也许自大狂最终都是这样暴露自己的——他们总是急于看到自己的成果。拿破仑因为急于征服世界，所以没能打造一支足够庞大的海军队伍；而在 18 和 19 世纪，这是征服世界的先决条件。还有，希特勒急于复制拿破仑在俄国的胜利，结果却导致他在两条战线上都无法取胜。速度快确实在一些方面很有利——拿破仑的急行军和希特勒的闪电战都证明了这一点，然而最终这两位领袖的自我都膨胀过度，导致行动逐渐陷入停滞。相比之下，金字塔的建造者则不紧不慢，日复一日地精雕细琢，直至那伟大的丰碑建成。如果金字塔也要在短时间内赶着完工，那得多么折磨人啊！沉心静气，吃苦耐劳，这才是成功的秘诀。

里南德贝伊也很期望完成这个建坝工程——其实是两个工程，一个在流经罗塞塔的尼罗河支流，另一个在流经达米埃塔的支流——但不同于那个夷平金字塔的人，他无心要被载入史册（不过疯哈里发哈基姆差点就做到了）。但穆罕默德·阿里命令他那样做。于是，里南德采取了任何一个服务于疯狂领袖的人都会采取的行动，那就是严肃对待，而且严肃到切实地对比了两种方案的时间和成本——时间在这里是最关键且最有说服力的因素。第一种方案就是拆除金字塔以获取石料，第二种是在尼罗河附近的普通采石场进行石料切割，然后通

---

1 即上文提到的路易·里南德。

过河流把它们运送到下游的工程地点。结果是方案二能够节省大量的时间和金钱，穆罕默德·阿里这才勉强同意将金字塔保留下来。

然而，穆罕默德·阿里对这个工程最初的热情已经减退，就好像没有了这个拆毁加新建的一石二鸟的机会，他就失去了核心的动机。随着这位领袖对工程的兴趣逐渐消失，里南德也很快拿着养老金"被退休"了，取代他的是另一个野心勃勃的法国人——不久后就荣升为穆热贝伊的查尔斯·穆热（Charles Mougel）。

穆热贝伊到埃及是为了帮助扩建亚历山大城的码头。他做得很成功，并由此接手了大坝建造工程。穆热贝伊改进了里南德的计划，将拦河坝的位置向上游方向移动了一点，这样一来，一座大坝就可以同时作用于两条支流。然而，他也面临着和里南德同样的压力。穆罕默德·阿里一度要求工程队每天要完成浇灌 1300 立方码水泥的任务——无论必要与否，很明显这就是一个自大狂会做出的决定。

虽然拦河坝工程从 1840 年就开始了，但直到 1849 年穆罕默德·阿里去世，工程依然没完全结束，而且已经开始出现裂缝和漏水的问题。阿里的继任者阿巴斯（Abbas）和之后的伊斯梅尔（Ismail）都无意修复这些短期内匆忙建成的部分，而穆热贝伊为了这个工程已经耗尽了自己的精力和财富，再没有了回法国的财力和想法。他在当地结了婚，还生了孩子，然而他的拦河坝还是从未投入使用。但时间过去了那么久，时代也确实在改变。1876 年，由于埃及无法还清外债，英国在埃及事务上重新获得了相当的权力，又一次将法国排挤了出去。

当时，在穆罕默德·阿里的外孙伊斯梅尔的领导下，埃及将大量的财富花在了下一个大工程苏伊士运河上，此外，还斥巨资按照欧洲的风格重建开罗。为此，国家破产了。英国趁机以债权换取了苏伊士运河的控制权。后来，埃及在 1882 年发生了一场人民起义，威胁到了在埃英国人的安全，于是英国炮轰亚历山大城，并借此东风几乎得到了对整个国家的控制权。

英国人也早有自己的尼罗河大计。按其计划，首先要做的就是建设合格的水坝。旧人已去，新人登台。科林·斯科特－蒙克利夫上校（Colin Scott

Moncrieff）刚从旁遮普[1]被派来埃及，就去视察了之前的拦河坝，想确认一下是否应该像所有埃及人员建议的那样直接放弃它，然后再建造一个或许带有水泵的新系统来帮助实现运河灌溉。

当斯科特－蒙克利夫看向那座拥有40年历史的建筑时，他不禁震惊于其精心的设计和完美的选址。他感到好奇，这个工程为何会失败呢？他找到了一个原因：为了防止渗漏，大坝底座周围用混凝土封了层底板，但由于建造得太过匆忙，数吨混凝土中的石灰还没有完全凝固就已经被冲掉了，因此底板某些位置开始渗水，之后大坝还出现了"喷水"的现象。另外，大坝水闸的底部安装着铁格栅，河水通过时会形成湍流，这又进一步损伤了大坝的底座。总而言之，大坝的部分结构确实漏水，但是通过设围堰就可以解决这个问题。修复这个拦河坝是完全可行的，没有理由不将其修好投入使用。

斯科特－蒙克利夫在开工之后才听闻了一个传言——大坝的初创者住在开罗的一个贫民窟里，现在快死了。当时他正忙着重新给大坝灌浆，而且为了能够下到底板处，他还要垒几座临时的土坝。但这位上校还是抽时间去找了大坝的总工程师，结果见到了一幅悲凉的光景：在米达格巷（Midaq Alley）后面的蜿蜒小路中，那位曾经顶尖的工程师正躺在一张破烂的沙发椅上。那一片地方是哈利利市集，后来还因小说家纳吉布·马哈福兹[2]的作品出了名（作者本人在12岁时就搬离了这里）。当时，穆热贝伊穷到一个月最多只能吃两次肉，他本人的健康状况堪忧，他的大儿子也病得很重。

后来，斯科特－蒙克利夫确实做了一件好事：他在修坝的同时不断地向开罗的英国政府请愿，请他们考量穆热作为第一位在尼罗河上建坝之人所创造的功绩，并据此发放给他相应的养老金。同时，他意识到穆热贝伊在精神上也需要帮助，于是就经常去拜访他，向他征询关于修缮拦河坝的意见。据说他对待穆热的态度非常尊敬，当他向这位病重的老人介绍拦河坝工程进度时，"就像在

---

1 旁遮普（Punjab），巴基斯坦东部的省份。

2 纳吉布·马哈福兹（Naguib Mahfouz，1911—2006），埃及小说家，被誉为最重要的埃及作家和阿拉伯世界最重要的知识分子之一。1988年被授予诺贝尔文学奖。

给自己的领导做汇报"。

一天，拦河坝完美地通过了一次质量检验，科林爵士（斯科特－蒙克利夫于 1887 年被封爵）便急匆匆地跑到巷子里老人的那间陋室去报喜。但他却见到了一群前来吊唁的人——穆热贝伊的儿子那天早上去世了。这位老人悲伤到无以言表，身体在一片恍惚中不受控制地摇晃。科林爵士打算离开，但有人让他上前表达吊慰之意。然而，当他向老人探过身子去时，却又想不出要说些什么，于是就悄声告诉了他最新的进展，"拦河坝已经可以挡住三米深的水了"。

结果出人意料，但也很能说明哪种人才能肩负起那些最伟大的项目。穆热贝伊直接站了起来，激动地将他的胳膊大大张开。"你们听到了吧，我的朋友们！"他喊道，"三米！三米啊！"

2. 关于灌溉的重要信息（没时间也可以跳过这一节）

> 盐啊！为了你自己，请务必要美味——不然他们会称你为石头，将你抛弃！
> ——苏丹谚语

自世界伊始，埃及的农业曾一直依赖于漫灌。每到 8 月，尼罗河洪水暴发，大片的土地被淹没。漫布的洪水也造就了巨大的湖泊：湖水在各种堤岸的围堵下得以积聚，这些湖泊将保持六个月的满水状态，而水中那些至关重要的沉淀物便会在此期间变作营养丰富的肥料滋养土地。大约 11 月的时候，洪水基本退去，水下的土地就被用来播种冬季作物，如小麦、大麦、豆子和车轴草——车轴草又叫埃及三叶草，是开罗街上所有驮着重物走来走去的驴子的主饲料。另外，葫芦巴和扁豆也是冬季播种。车轴草长得非常快，一年可以收获多次，但其他在洪水灌溉的土地上生长的冬季作物，每年只能收获一次。

在河流沿岸的土地可以播种需要大量灌溉的夏季作物，比如水稻、蓝草、甘蔗和棉花，它们都是夏季生长的。因为这些劳动密集型作物需要时时浇灌，所以就要依靠牛拉的萨奇亚[1]（水车）或者一种摇摇晃晃的杆桶组合（沙杜夫）。在尼罗河汛期还可以多种一种植物，这同样也需要密集的灌溉，且大多是靠着与尼罗河相连的运河完成。在穆罕默德·阿里执政期间，粮食增产计划的第一步就是强制开挖更多的运河。当时所谓的徭役，也就是强迫劳动，并不是没有报酬，但也遭到了人们很大的抵触。具体而言，男人们或是被迫离开家人，或是在家人的陪同下参加劳役，靠着每天一个皮阿斯特[2]的微薄薪水和定量配给的口粮过活；口粮包括谷物和一周两次的肉食。更多的运河意味着更多的维护工作，而这也是靠徭役完成的。长期雇佣农民进行挖掘和疏浚工作造就了一批有技术、有经验的劳工群体，为之后尼罗河拦河坝和苏伊士运河的建造打下了基础。

金字塔的建造用的也是类似的徭役工制度——他们不完全是奴隶，但也并非自由之身。当时之所以能够这样集中地倾力于一项工程，就是因为尼罗河洪水的暴发带来了休耕期。如果没有尼罗河的洪水，这些人类历史上的伟绩便不会存在；是尼罗河促使人类不断挑战自己、创造更伟大的成就。

作为一种专攻建筑工程的组织，徭役制度下的劳动力群体却也有类似军队组织的潜力，可以为共同利益而工作。同样的，军队也是通过保护一方安全来为共同利益效劳。但说这个还有点太早。穆罕默德·阿里也在徭役制度的启发下产生了一个诱人的新想法——他建立了一支新军队，比之前那群只会割草的文盲强得多。但那实际上就是一个庞大的强盗团伙，他们受穆罕默德·阿里之命深入埃及南部，沿着尼罗河一路烧杀抢掠。而他们对外宣称的使命是——争取和平……

---

1 原文为 sakia，也叫波斯轮，一种用于从井或者坑穴中抽水的机械装置。
2 皮阿斯特（piastre），埃及货币，100 皮阿斯特相当于 1 埃及镑。

3. 恐惧之下的服从

固执己见的人仍会听从撒旦的建议。
——努比亚谚语

1820 年，穆罕默德·阿里派他的儿子前往苏丹平定南方部落的乱局——真实的目的是要控制非常有利可图的非洲尼罗河贸易线路。随军一同前去的还有穆罕默德·阿里的女婿，此人是奥斯曼帝国的一位财政官；因为做事手段极其残忍，人们对他都是既厌恶又畏惧。由于此人的所作所为实在过于野蛮，当一个自称马赫迪[1]的反抗军领袖承诺要帮助苏丹摆脱这个贪得无厌的土耳其人时，人们便如释重负地欣然接受了他（这股反抗力量也最终导致了戈登将军——英国－土耳其－埃及政府在苏丹的最后一位代表——的死亡）。

据记载，这位财政官曾接见过一个贫穷的男子。男子的羊被一个土耳其士兵偷走了，而且他还遭受了对方的言语侮辱。他想请财政官主持公道，但不得不站在一边候着，因为那个邪恶的"暴君"正在抓苍蝇——直接从空中一把捉住它们，这是他最喜欢的消遣。财政官听了那个穷人的陈述，却为之大发雷霆："你怎么敢拿这么一件鸡毛蒜皮的小事来叨扰我？你太不知好歹了，我要把你弄到卡迪（kadi）那里去！"这个可怜人一时以为自己终于可以得到公正待遇了，因为"卡迪"在阿拉伯语中的意思是法官。然而，财政官嘴里的"卡迪"其实是指停放在会议厅后的一架大炮。就因为胆敢跟财政官抱怨，这个男人被绑在炮筒上炸成了碎片。

还有一次，有个男人在集市上打了另一个男人，于是被带到了财政官面前。"你用哪只手打的人？"打人者被问道。"右手。"为了让人知道蔑视法律的代价，财政官命人将该男子手掌上的皮肉剥下来，直到露出韧带。剥皮的过程很科学，

---

1 马赫迪（Mahdi）在阿拉伯语中的意思是"蒙受真主引导的人"，在伊斯兰教经典《圣训》中，马赫迪也是穆斯林的领导者。文中自称马赫迪的是领导 19 世纪末苏丹反英民族起义的苏丹人穆罕默德·艾哈迈德·马赫迪（Muhammad Ahmad Mahdi，1848—1885）。

用的是财政官本人发明的一个小工具。暴行发生之时，男人因为疼痛而尖声叫喊，于是就有人上前将他按住，把他的舌头也割了下来——作为胆敢指责财政官的惩罚。

按照传统，雇主要在拜兰节向劳工分发礼物。在一个开斋日，财政官的一伙（约20个）马夫觉得，如果他们一起向财政官提出要点什么东西，应该是可以如愿的。于是他们每个人都去亲吻了一下主人的手，请求他赐给每人一双鞋，如此他们就不用光脚行走了。第二天，他们每个人都得到了一双铁鞋——直接钉在了他们的脚上。

穆罕默德·阿里总是在庭会上听到这种故事，最后终于听烦了，便下令将自己这个残暴的女婿用天仙子毒死。（天仙子的中毒症状：抽搐、视线模糊、神志不清、脉律异常、昏迷、死亡。解法：洗胃或者催吐，食用微量的颠茄、芥末软膏、浓咖啡。）啊，毒药和尼罗河——一种液体滋养生命，而另一种则招致死亡。命令很快就得到了执行。一般情况下，面对这种命令大家都会推诿一番，都不想成为那个在杯中倒入死亡之水的人；但这次，大家并没有谦让。

4. 源头的密码

> 鬣狗吃的是带血的肉，排出的是白粪。
> ——埃塞俄比亚谚语

然而尼罗河，整条尼罗河，每一滴尼罗河水，埃及以南的红色尼罗河，它已经从梦中醒来，再也不会沉寂，再也没有人会忽略它的呼喊。在1840年，穆罕默德·阿里，这位垂垂老矣的阿尔巴尼亚人又派了一支探险队深入南方寻找尼罗河之源。他之前的人生都在抗拒这个梦想的诱惑，但最终还是屈服于它。探险队［领队是一位名为苏莱曼·卡塞夫（Suliman Kashef）的切尔克斯族军官］的一位欧洲成员费迪南德·韦恩（Ferdinand Werne）在旅程结束后写了一本书，就是这本书以及这场探险激发了外界对"尼罗河之谜"的兴趣——换言之，更多人想要彻底找到尼罗河的所有源头，征服这条河，掌控这条河。韦恩也是一位德国的医学博士，而儒勒·凡尔纳在1863年的小说《气球上的五星期》(*Five weeks in a Ballon*)中还提到了韦恩以及他的那部作品。凡尔纳的这本小说畅销多年，这就好比是一本旅行书出现在了弗雷德里克·福赛思[1]甚至 J. K. 罗琳的书里。虽然那本旅行书一点名气也没有，但既然在畅销书里有所提及，尼罗河这一意象也就深深扎根在人们心里。几乎可以肯定，包括约翰·佩瑟里克(John Petherick)和之前提过的伯顿、贝克在内的很多探险者都读过凡尔纳的书。佩瑟里克曾经在非洲当地人面前施展过一个"魔法"，就是燃爆放了火药的烟管。他曾在喀土穆见过凡尔纳的船员，想必这个小把戏不是从凡尔纳的书里就是从他的船员那里学的。

19世纪的旅行书里常常都会有些偏见，韦恩的《寻源白尼罗河》(*Discover the Sources of the White Nile*)在这方面问题尤为严重："亚洲彻底堕落了，那种堕落即使溶解在腐败的发酵液体中，看似失去生机和力量，但只要一碰到那些广泛分布在东方的野蛮人，就会立即冒着泡沸腾起来，显露其残酷的本质，做出各种禽兽不如的行径，那是对人性的亵渎，也是对民族纽带的蔑视。野蛮至极就是他们的天性……"不过，他并非独独厌恶亚洲，受到同样待遇的还有与他一同探险的土耳其队友，以及——可以想见的——他们一路遇见的非洲部落。但韦恩其实很善于观察，而且可以说是善于共情。他是这样描述船长塞利姆(Selim)分发礼物的场景的："没有一颗珠子是免费的；那些穷人必须先跑起来，把这些土耳其人逗笑，让他们开心一番，然后他们才会把那些小玻璃碎扔到岸边。虽然这种东西塞利姆船长有的是，但他的慷慨只是为了看热闹罢了……"还有，他观察丁卡人跳舞时是这么写的："男人们甩动胸脯的动作是如此敏捷和有力，我看过的任何阿拉伯舞蹈都不能与之相媲美。他们的身体天生敏捷，自由生长的四肢拥有狮子和老虎一般的灵活性。相比之下，我们的那些体操技巧

---

1 弗雷德里克·福赛思 (Frederick Forsyth, 1938—   )，英国畅销小说作家，英国皇家空军前少尉飞行员，每日快报记者。

差远了。"

希卢克人住在"白河"两岸——他们口中的"白河"就是尼罗河。韦恩注意到，有些希卢克人在处死囚犯时不使用长矛，而是喜欢用圆头棒[1]或者棍子，"把他们活生生打死，就像打狗一样"。只有国王才使用矛来杀死囚犯；他会亲力亲为，就坐在一棵大树下，手法直截了当，没有任何仪式。据探险队观察，国王行刑时手执沉沉的长矛，且"面露怒色"。也许这个表情吓到了他们。至此，他们的这场溯源之旅已经开始让人有些紧张了。

韦恩与卡塞夫和塞利姆船长的这次探险是尼罗河探险史上真正的转折点，因为这是火器首次在旅程中充分发挥了震慑作用。韦恩计划着之后要再进行一次探险，而且只带两名助手；只要两人全副武装，就足以威慑住一大群土著。后来，真正实现这个喋血之梦的是斯坦利和弗雷德里克·卢格德[2]。

韦恩曾向当地人询问尼罗河源头的位置。那时他们在北纬4度附近，人们告诉他说再走30天左右就能抵达，且源头附近有四条水深只到脚踝的小溪。他们还听说源头附近有丰富的铜资源，而这一点曾在古代一些关于月亮山脉的作品中被提及，而后又通过20世纪早期艾伯特湖附近开发的铜矿得到了证实。

但真正让这群探险者感到恐惧的还是关于尼安－尼安人[3]的消息。此前，探险队成员就一直在讨论尼安－尼安人。据说这群人行走时四肢着地，像狗一样；如果有人无意中闯入他们的领地，就会被他们吃掉。不仅如此，还有人说这群人都长着狗头。但丁卡人认为尼安－尼安人只是保留了整副的牙齿（探险队一路遇见不少丁卡人和希卢克人，他们都得按习俗拔掉四颗下牙）——更便于咀嚼人肉。韦恩想给自己打打气，于是猜测说他们用四肢爬行也许只是因为不善于正面打斗，爬着走可以偷偷近身，趁机打劫，也许还能把那些最容易骗的人抓来吃掉。

---

1 圆头棒（knobkerry），非洲南部土著常用的一种在一端有沉重把手的短木棒。

2 弗雷德里克·卢格德（Frederick Lugard，1858—1945），英国军人，香港第十四任总督。

3 尼安－尼安人（Niam Niam），即阿赞德人（Azande），非洲中部民族，生活在如今的刚果、中非、南苏丹等地。Niam Niam 为拟声词，指阿赞德族吃人的声音。

后来，这些人决定掉头回去。一方面是因为对尼安－尼安人的恐惧，还有一方面是随着旱季水位下落，河道里已经显露出了多石的沙洲。另外，他们行船时两边总有成群的土著跟着，似乎很成威胁。当塞利姆船长起早祷告，看到河岸上有一堆堆土著的篝火时，他彻底失去了勇气，拒绝继续前行。

但这支由欧洲人和土耳其人组成的队伍其实已经有所成就了——他们证明了穿越最黑暗的非洲腹地[1]并非不可能做到。由此，尼罗河寻源之赛才正式开始。

5. 尼罗河上的色情观光业

> 她哭喊着要结婚，婚后又开始哭喊。
> ——苏丹谚语

穆罕默德·阿里也许开启了一场尼罗河寻源竞赛，但在无意之中，他也创建了世界上第一个色情观光地。数百年来，开罗一直是东方世界的红灯区，也难怪《一千零一夜》[又名《阿拉伯之夜》(*The Arabian Nights*)]中的那些淫秽故事都是从开罗收集来的。书中的故事发生地也许是巴格达，但那些具体的情节都是受开罗人声色犬马的生活启发而来。拿破仑的军队一度大大增加了开罗城对性交易的需求，且在他1801年离开之后，这种情况也没怎么变化。穆罕默德·阿里很推崇法国人的学术成就，他的后代对法国文化也是同样的态度；加之是拿破仑把埃及的历史遗迹都悉数统计了一遍，将古埃及文化普及了出去，而且大坝也是利用法国的专业资源才建了起来——在这些因素的影响下，最早作为观光客来到尼罗河流域的自然很多都是有着冒险精神的法国人，比如古斯塔夫·福楼拜就是其中之一。他们既十分好奇那些神秘的古建筑，同时也被性事深深吸引。为了能够尽情体验，这些观光客都得往尼罗河上游走，因为穆罕

---

1 "最黑暗的非洲"是斯坦利在他1890年的作品《在最黑暗的非洲》(*In Darkest Africa*)中用来描述非洲腹地的说法。

默德·阿里为了遏制拿破仑军队留下的种种放荡现象，于 1834 年把歌舞伎从开罗南部驱逐到了尼罗河沿岸的几个城镇——艾斯尤特、伊斯纳（Esna）和卢克索。

1840 年，尼罗河旅人詹姆斯·奥古斯都·圣约翰专门就这些受禁令限制的尼罗河歌舞伎，即当地语言中的埃尔梅（almeh）和格瓦济（ghawazi）写了篇文章。圣约翰写道："实际上，所谓的'埃尔梅之舞'就是东方的歌剧。不论阶级、性别或者年龄，人人都乐于欣赏这种表演。而且哈莱姆中的女人还会跟埃尔梅学习这门艺术，然后自己在家里表演，以此来取悦自家人。"圣约翰还曾去过开罗市郊一个埃尔梅聚居的村子。"她们很年轻，大概没有人超过 20 岁，大部分都在 10 岁和 16 岁之间。其中确实有几位长相很标致，放在伦敦也不会差；但大多数都相貌平平，除了年轻和颇具诱惑性的职业技能，她们也没什么引人注目的地方了。"圣约翰还跟人去了一家咖啡馆，里面大概有 100 个舞女，全在纵情享乐。"她们没有喝葡萄酒的习惯，但似乎咖啡也能让她们感受到兴奋和愉悦，效果和欧洲女人喝了香槟或勃艮第是一样的。"表演开始了。圣约翰是这么描述肚皮舞的："如果能给一队技艺精湛的埃尔梅配上一位歌剧院经理，恐怕在伦敦或是巴黎人们会把表演厅挤爆。"接着他还用上了希腊语："这种舞蹈模仿了一些淫荡的行径，但其实展现的是一种爱之物语；至少是表达了东方文化中的爱。"

至于这些咖啡馆舞者最主要的增收方式，圣约翰几乎只字不言，只有一些极其隐晦的提及。在下达针对这些女孩的禁令之前，穆罕默德·阿里曾任命了一位"佩扎温克宾巴什"（pezawink bimbashi），也就是歌舞伎督管员，专门负责管理这个国家的堕行。女孩们被划分成四个等级，每个等级都要向政府支付一笔相应的税金，而这位宾巴什就负责按着名单去收税。圣约翰还评论道："这位可敬的人物玩忽职守了很长一段时间，最近终于被定了罪，而且罪行极其恶劣。其中一条是，为了私人恩怨，他在妓女名单里添了几位非常正派的女士的名字，而她们都是他上司的女儿和妻子！……"

6. 福楼拜和他的 "小小姐"

> 河中的芦苇着了火，家中苇秆做的筛子也哭了。
> ——埃塞俄比亚谚语

色情观光客来了。其中比较出名的一位就是古斯塔夫·福楼拜。虽然福楼拜是个浪漫的人，同时还是个性瘾者，但他探访东方肯定也有其他原因。19 世纪中期最浪漫的旅行莫过于乘坐一艘达哈比亚[1]住家船航行，一路途经卢克索、考姆翁布[2]和阿斯旺，欣赏那些尼罗河边伟大的历史遗迹。

福楼拜想追求他在自己的小说《圣安东尼的诱惑》(*The Temptation of St Anthony*)中所幻想的那种浪漫体验。带着这样的期待，他和同样 "性致勃勃" 的马克西姆·杜·坎普 (Maxime du Camp) 结伴向尼罗河上游进发了。杜·坎普是一位先锋摄影师，就是他拍下了从金字塔到卢克索神殿这一系列埃及古迹的第一组照片。而且也正是这位杜·坎普先生在疯狂阅读了三天《圣安东尼的诱惑》之后，建议福楼拜把这本小说烧掉。福楼拜忙于与各种妓女共寝，但也会抽出几个小时去静静体味阿斯旺的尼罗河瀑布和急流之美。根据他当时的信件和日记，福楼拜就是在那里第一次有了《包法利夫人》(*Madame Bovary*)这一伟大作品的灵感。

为了寻找福楼拜的踪迹，我也去了阿斯旺。我希望能找到现代文学诞生的精确地点，进行一种 "阿兰·德波顿[3]式" 的世俗意义上的膜拜。然而，那里已不再有布满黑色花岗岩的小岛，也不再有湍急的表层流，只剩下纳赛尔湖那一片平静的湖水——还有阿斯旺水坝那巨大的曲面混凝土墙。当年那些咆哮着的瀑布曾让福楼拜着迷，启发他重新思考了自己对文学的定义；但现在那些景象

---

1 原文为 dahabiya，一种双桅帆船。

2 考姆翁布 (Kom Ombo)，属埃及阿斯旺省，位于阿斯旺城以南，卢克索以北，地处尼罗河谷地。

3 阿兰·德波顿 (Alain de Botton，1969—   )，英国作家，以恋爱小说和人文学书籍见长。比较著名的作品有《爱上浪漫》《拥抱逝水年华》《旅行的艺术》等。

都不见了，都已沉没在这巨大的混凝土建筑之下。作为一种致敬，也许这还是挺合适的。

放弃圣安东尼式[1]的含蓄爱情故事，转而构思一部赤裸裸的关于性和爱的现实主义小说——究竟是什么让福楼拜产生了这个至关重要的转变？是因为他刚在10天前与传奇名妓库楚克·哈内姆相遇了吗？

当时，他和摄影师马克西姆·杜·坎普已经抵达了这次尼罗河之旅的最南端，就在第二瀑布上游——现在瀑布已经淹没在纳赛尔湖底了。福楼拜对这条大河惊叹不已："尼罗河的河水很黄，因为它裹挟着很多泥沙。可以想见，它也许已经厌倦了途经的无数国度，也厌倦了因长途跋涉而发出的千篇一律的哀怨之声。如果尼日尔河与尼罗河是同一条河流，那河水是从何而来的呢？它又见证过什么？这条河流就像大海一般，将我们的思绪带回到了遥不可及的过去。"

就是在这里，在尼罗河的第二瀑布，福楼拜决定放弃重写一部东方爱情故事，决意一丝不苟地创作一部缜密的作品。就是在这里，在古老时空的环绕下，他决定写下西方现代小说奠基之作——《包法利夫人》。

福楼拜来到埃及有很多原因：逃避失败，寻找新的写作灵感，陪伴朋友杜·坎普……但还有一个不可否认的动机，那就是从阳光和性事中获得简单的快乐。在某种意义上，他算得上是现代某类旅行者的原型——旅行不单纯是为了性，但性也是一个重要动机，欣赏古迹和搭船游河都可以是不错的附加项目。

正如我们之前所说，开罗在1834年就禁止了性交易，妓女们都搬到了尼罗河上游。然而，这两位意志坚定的旅人仍然想办法在开罗满足了自己的欲望。自己的问题解决了之后，福楼拜给了他的随从一些钱，让他们也跟当地的妓女玩乐一番，而且还说道："我那个老驴倌扑到女孩身上时的举止之粗鲁，我应该永远也忘不了……他露着白牙大笑着，动作一气呵成……染了病的双腿下方还缠着破布。"没过多久，福楼拜就把他之前对东方的浪漫想象和他亲眼观察到的种种残酷——且常常很古怪——的细节融合到了一起："一周之前，我看到一

---

1 指《圣安东尼的诱惑》。

只猴子跳上了一头驴的背，企图替那驴子打飞机。驴子一边嘶嚎一边踢腿，猴子的主人对着它们吼叫，而猴子自己也在尖声叫唤。但除了两三个小孩在一边笑之外，只有我觉得这个场景极其滑稽，而其他人都丝毫没有在意。"

他们在开罗的尼罗河酒店（Hôtel du Nil）住了两个月。福楼拜20多岁时只留下了一张照片，就是在这家酒店的花园拍的。那是在埃及拍摄的最早的相片之一，用的是卡罗摄影法[1]——将特基造纸厂[2]产的上好画纸浸在碘化银溶液中，然后通过相机将其曝光2分钟。想必福楼拜当时一定一动不动，站得都僵了。他脑袋上似乎戴着一顶土耳其毡帽，上面还盘着头巾。他蓄着胡子，身材很健壮，看起来就像一头熊。

在1850年的酒店花园里，福楼拜摆出的姿势就像是一个虔诚的穆斯林在祈祷之前站定片刻。福楼拜的眼睛直直地看向他前面几码远的地面。照片的底部有一片黑色，也许是窗框。这就对了——杜·坎普正站在酒店里面给害羞的福楼拜拍照。福楼拜后来写道："我永远不会允许他人给我拍照。马克斯[3]拍过一次，但我当时穿着努比亚人的衣服站在一个花园里，离相机很远。"（有些真正的自恋者也会拒绝拍照，有些则正相反，不断地让人给自己拍照，但二者其实是一样的心理。）

尼罗河酒店是福楼拜和杜·坎普在开罗的固定据点。老板是两个法国人，一个叫布瓦雷，一个叫布罗谢尔。布瓦雷从前是一个外省[4]的演员，品位不高，最大的希望就是把他的酒店变成"最新的巴黎潮流"。福楼拜嘲笑了布瓦雷其人和他的虚伪做派，但也偷偷利用了他的名字：几个月之后，身处第二瀑布的他决定要写《包法利[5]夫人》，于是就想起了这个名字。

这两个好友终于乘着一只尼罗河特色小驳船向上游方向起航了。关于跟他

---

1 英国发明家威廉·福克斯·塔尔博特（William Henry Fox Talbot, 1800—1877）于1841年发明的摄影方法。

2 特基造纸厂（Turkey Mill），英国知名造纸厂。

3 马克斯（Max），马克西姆（Maxime）的昵称。

4 巴黎地区以外的法国人被称为外省人。

5 包法利（Bovary）与布瓦雷（Bouvaret）在发音和拼写上类似。

们同船的人，马克西姆·杜·坎普也做了一些记录：

> 莱斯·易卜拉欣是我们的船长。他大概二十四五岁，长相英俊……他对船员不满时会朝他们吐口水，还会给他们几拳。但在为我们服务的五个月里，他身上没有任何我们可以抱怨的地方。
>
> 哈吉·伊斯梅尔。所有的船员中我最喜欢他。他本性非常善良，虽然脸长得不好看，而且只有一只能用的眼睛，但肌肉非常发达。
>
> 卡里尔。他从前是个巴达什[1]（同性恋）。不过他的屁股确实长得很好看，每当他和其他船员一起跳进水里的时候我们都能看到。
>
> 法加利。老哲学家。他是唯一一个在旅程结束时还强健如初的人，其他人都累得不成人形了。
>
> 穆罕默德。古斯塔夫管他叫纳西斯，因为此人很像他之前一个叫纳西斯的仆人。他在后脑勺留了一绺很长的头发。
>
> 所有这些人，除了船长，都为了逃避服兵役把自己右手的食指割下来了。

他们沿着这条灰绿色的大河溯流而上，前进的速度很慢，但好在顺风；微风不停地吹拂，方向几乎都是由北向南。因为这风可以抵消甚至胜过逆流带来的阻力，尼罗河才得以成为数百年来绝佳的一条交通水道。福楼拜很喜欢这条河流的曲折和绵长，但很快就厌倦了那些沿河的古迹，虽然但凡去到那里的游客似乎都觉得有义务对它们仔细鉴赏一番。他开始想象，要是跟格瓦济，也就是在开罗被禁的歌舞伎在一起该有多快乐。在 1836 年首次出版的《现代埃及人的举止和风俗》（*Manners and Customs of the Modern Egyptians*）一书中，作者 E. W. 莱恩[2]写道："长时间以来，埃及一直都以那些在公开场合表演的舞女而闻名于世，而其中最知名的舞女都来自一个特别的族群，叫作'格瓦济'。"这个族

---

1 原文为 bardash。
2 E. W. 莱恩（Edward William Lane，1801—1876），英国东方学学者。

群和埃及人有些不同，她们生活的区域远离普通大众，有专属于自己的习俗和社会结构，而且还可能有自己的语言。

福楼拜他们的船到了伊斯纳。这是一个破败的小城，到处都是尘土和碎石，而当时最有名的格瓦济库楚克·哈内姆就在这里。她让自己的介绍人去河边接福楼拜和杜·坎普，这个介绍人就带着自己的宠物绵羊去了。羊的身上斑斑点点地涂着黄色海娜花染料，鼻口还罩着丝绒的套子。这两人被领到哈内姆的住处，在那里得到了她的盛情招待。

> ……库楚克·哈内姆是一位高挑美丽的女子，肤色比一般的阿拉伯人要浅一些——她来自大马士革——她的皮肤，尤其身上的皮肤，是淡淡的咖啡色。当她弯下腰身，丰满的肉体会泛起古铜色的纹路。她的眼睛非常大，有深色的瞳仁和黑色的眉毛。她鼻孔外张，鼻翼较宽。她的肩膀很结实，下面的乳房像两颗饱满的苹果。她戴着一顶宽大的塔布什帽，帽子顶端装饰着一个凸出的金盘。

福楼拜非常兴奋。他写道："在妓院里，一个人可以学到的东西太多了，能够感受到沉重的悲伤，还会强烈地渴求爱情……"

不止一位作家爱上了库楚克·哈内姆。在福楼拜遇见她的同一年，乔治·威廉·柯蒂斯[1] 也在那本早已被世人遗忘的《一个哈瓦吉的尼罗河笔记》（*Nile Notes of a Howadji*）——"哈瓦吉"的意思是外国人——中写到了库楚克·哈内姆，形容她"不再是一个花苞，但花朵也还未完全盛开"。但一写到热烈之处，他又开始故作腼腆，只写下一句"于是，帘子被放了下来"。相比之下，福楼拜的描述就包含了更多的细节。他写道："我逐渐到达高潮时，感觉她的阴道就像一层层的天鹅绒。我觉得自己像一头老虎。"在另一封信里他又写道："结束的时候我们会彼此相拥，那个拥抱里有悲伤，也有爱。"

---

1 乔治·威廉·柯蒂斯（George William Curtis, 1824—1892），美国作家、演说家。

福楼拜和杜·坎普又继续向上游方向进发,一路到达了第二瀑布。此时,福楼拜的笔触已经不再是《圣安东尼的诱惑》那种华而不实的文风了。面对月色,他不再描绘笼罩在月光里的风景,而是写道:"月光照在我的右腿上,也照在我裤脚和鞋子之间的白色袜子上。"

杜·坎普后来也描述过这段时间的经历:"福楼拜全身心地投入到了他的下一本小说中。'我脑子里想的全是这个。'他会这样告诉我。虽然置身于非洲的景色中,他幻想的却都是诺曼式的风景……在可以眺望第二瀑布的阿布西尔山(Gebel Abusir)的山顶,我们看着尼罗河水冲击着河中锋利的黑色花岗岩岩石,而他突然喊出声来:'我想到了!太好了!太好了!我要叫她爱玛·包法利!'"

在顺尼罗河而下的回程路上,杜·坎普和福楼拜又住到了尼罗河酒店。也许那张著名的照片就是在那时候拍的,因为照片里他的姿态让人无法不联想到道别,想到离别的忧伤。在福楼拜第二次也是最后一次与库楚克·哈内姆见面后,他这样写道:"这一切都带着痛楚,但我无比珍惜,也无比享受;这痛楚是最重要的东西,我身体里的每一处脏腑都在强烈地感受着它。"

在那张照片中,福楼拜站在身后两栋破败建筑的阴影里,兴许房顶上还有鹳巢。花园看起来很凄冷,像是在冬天,园内只有两三棵低矮的合欢树和一棵高一点的树,也许是一种棕榈树,树身正好贴着相片右边的边沿。之后在写作《包法利夫人》时,福楼拜设计了一个情境,把包法利夫人描写得像是那种喜欢幻想爱情的爱情白痴:她幻想自己和罗尔多夫终成眷属,快乐地生活在一座平顶的矮房子里,一旁的棕榈树还在房子上投下一片阴影。

在回程的路上,福楼拜在君士坦丁堡写下了这么一段话:"为什么我会感到悲伤,有一种想要回到埃及的欲望,想要再次乘船沿尼罗河溯流而上,去见库楚克·哈内姆?算了——我与她共度的那一晚是很特别,不可多得,但我已经尽情地享受了。"他仍继续召妓。后来,杜·坎普和福楼拜都感染了性病,这一点也不奇怪——不过并不是在埃及感染的,大概率是在黎巴嫩。

库楚克·哈内姆给福楼拜留下的印象如此深刻,以至于他写了一封寄回法国的信，信中描述了他们共度的那一晚，内容之生动让诗人路易·布耶[1]将其改编成了一首诗。诗中，年轻阳刚的福楼拜离开后，这位名妓"如未亡人般哀伤"（他们在 36 个小时内做了 5 次）。路易丝·科莱[2]是福楼拜的情妇，也是他的缪斯，这首诗激起了她的嫉妒之情。福楼拜于是写信给她，写得也很现实："你我现在都想着库楚克·哈内姆，但她一定不会想着我们。我们围绕着她的形象编织了一套审美话语，但对她来说，那位极其有意思的游客，那位她赐予共寝之荣的游客，却已经从她的记忆中彻底消失了，和其他很多人一样。"据福楼拜所述，库楚克·哈内姆跳的是莎乐美之舞——让施洗约翰丢了脑袋的那支舞。

1869 年，为了参加苏伊士运河的竣工仪式，福楼拜的这位前任情妇也去了埃及，当时距福楼拜的埃及之旅已过了 20 年。她感到一阵强烈的冲动，想要乘船去尼罗河上游寻找库楚克·哈内姆。后来，她声称自己见到了一个衰老且疾病缠身的同名女人。这是被情人抛弃后的复仇吗？后文中，我们会随她一起踏上这趟寻人之旅。

在创作最后一本小说时，福楼拜又转向埃及寻求灵感。当时，福楼拜为他期待的杰作构思了布瓦尔和佩库歇这两个头脑愚钝却还企图自学成才的角色；创造这两个人物时，他其实正惦记着尼罗河酒店的两个老板。然而，他没能完成这部作品。福楼拜于 1880 年去世，去世的前几天他写信给自己的侄女："过去的两周，我一直都摆脱不掉一个欲念，我想要看到蓝天之下卓然挺立的棕榈树，想要听到塔顶鹳鸟击喙的噼啪之声。"

不久前，我也去开罗市中心找了那家尼罗河酒店。根据默里[3]1857 年出版的旅行者指南，那家酒店位于现在的古姆拉亚街（Goumraya Street），在爱兹贝奇亚花园（Ezbekiya Gardens）的对面。如今那条街上全是卖空气压缩机和各种机械工具的，我就在其中来来回回地搜寻，想看看有没有什么痕迹留下。然

---

1 路易·布耶（Louis Bouillet, 1821—1869），法国诗人、剧作家。

2 路易丝·科莱（Louise Colet, 1810—1876），法国作家。

3 约翰·默里出版公司由约翰·默里（John Morray, 1737—1793）于 1768 年在伦敦建立。文中所说的旅行指南是该出版公司出版的系列作品。

而，就像曾经的第二瀑布一样，这家酒店也早已沉没在现代化的进程当中了。我一边躲避横冲直撞的出租车，一边忍受周边刺耳的汽车喇叭声，找到最后终于下了结论：那家"勿斯里加油站"嘈杂拥挤的前院就是曾经尼罗河酒店的花园。

7. 顺尼罗河而下之旅——2007

> 客人往往眼力惊人，蟑螂生产都能看得一清二楚。
> ——努比亚谚语

想着福楼拜在开罗沿尼罗河散步的情景，我不禁猜测，与 150 年前相比，河中小岛应该是变化最小的，河岸的模样怕是已经改变了很多。然而，要去那些岛上，只能乘坐当地的渡船，没有游客会去观光（我指的是那些与大陆间没有桥相连的孤岛）。于是我决定独自乘船穿行开罗，去看看河中心那些没有游客也没有汽车的小岛。也许在岛上能看到一辆孤零零的摩托车来来回回，但最有可能看到的还是驴子。本来这些小岛在洪汛期间会被淹没，至少也会变成沼泽，但自从 100 年前阿斯旺第一座水坝建成，这些小岛就变成了开罗永久的一部分。较大的那些河中岛上都有一座教堂和一座清真寺，岛的上空还横跨着巨大的穆尼布桥（Mounib Bridge），但桥上并没有通道进岛，要上岛还是得乘坐小渡船，价格换算下来是 5 便士。至于其他较小的岛，岛上全都是耕地，而且岛民仍保持着一种大陆上早就淘汰了的生活方式。

我需要选择一种不显眼，甚至是接近隐形的交通方式。他们不鼓励外国人在没有官方保护的情况下在尼罗河上驾驶自己的船，至少理论上是这样的。不管怎样，如果太明目张胆，总会引来一些不友好的关注。我之前在爱兹贝奇亚的书市上和一位专业摄影师在一起，然而几个霸道的国安部成员却来警告我，让我离开——我可不想在我微不足道的巡游途中招来这种人的兴趣。

属于我的"马克西姆·杜·坎普"是我的好友达西·阿德里安·瓦兰斯，他对大部分水上活动都感兴趣，我们还曾在牛津郡最大的一次洪水期间一起在田野里划艇。他提醒我，我曾经夸下口说沙滩橡皮艇是最适合游尼罗河的工具。我接受了挑战。我那条价值20英镑的沙滩艇约有9英尺长，配备橡胶桨架，空间可以容纳两个人——船头一个，船尾一个。我有两只小船桨可以用来划水，达西则欣然担起放哨的责任，而且还负责抱好我们唯一的口粮——一瓶水和一些饼干。我很庆幸还有水，因为当天我宿醉得有些严重，到的时候什么都没带，除了绑在车顶的那艘小艇。我们在迈哈迪的一家修车厂里给船充好气，然后就近找了一位费卢卡船长，塞给他2英镑，他就让我们在星期五餐厅旁边的码头下水了。在所有主要城镇的尼罗河河段上都有很多费卢卡来来往往，但在开罗这种船会受到桥的限制，因为船帆过高，有些桥底是过不去的。我们应该不会遇到这种问题。

很快我们就到了河中心，开始随着水流迅速前行。从源头至入海口，尼罗河的流水从不迟滞——它仍是一条年轻的河流，或者说它仍保持着年轻的状态。不，实际上不是这样的，尼罗河是一条刚健的河流，它清楚自己要什么，所以永远不知疲倦。

开罗的尼罗河段上很少有漂浮的垃圾，这一点我一直都觉得很奇怪，那天则更是被眼前的景象惊到了。毕竟此前尼罗河流经了那么长的距离，到了这里很可能就像阴沟一样污浊不堪了——从尼罗河分流出去的运河真的不堪入目，很多都覆满了垃圾，即使还没到那个程度，看着也和苍蝇乱飞的垃圾堆或者无盖下水道没什么区别。还有很多年轻人在运河里洗马，他们会骑着马走进河里，直到河水漫过马肩——但不，尼罗河本身是一条干净的河流，而且现在更干净了，因为下水道系统会将城市排出的废污送到很远的沙漠中去，在那里进行处理。我往下看了一眼，没有鱼。不过之前我在河岸边的浅滩中见过它们，当时浅滩中的水在太阳的炙烤下都已经温热了。我继续向前划，感受着阳光打在我脱水的面颊上，但内心洋溢着幸福的喜悦。达西将手指垂进水里，指尖在潺潺流动的河水上划过——不，不如说是我们跟着河水一起流动，因为正是这大约时速 3 英里的水流带着我们不断向开罗中心方向行进。

我们抵达那座名为杰吉莱特巴林（Geziret Bahrein）的大岛的尖角时，有孩子正对我们呼喊挥手。在城里就不会得到这种待遇——城里有太多外国人，到处走来走去的，那里的孩子都见怪不怪了。我们经过了一小片沙滩，女人们正在那里清洗巨大的铝合金厨具；还有一个类似混凝土结构的池子，边沿处有河水轻拍，而女人们正在那里借用河浪的力量涮洗衣服。男孩们跳进河里向我们游过来。出于本能的礼貌，他们跟我们那只滑稽的小艇保持了一定距离，但我们能看到他们的脸上堆满了笑容——脑袋都湿漉漉的，牙齿都白白的。我们拒绝了所有的上岸邀请，继续向前划，经过了一艘巨大的双桅三角帆船，船的两侧堆满了刚割下来的新鲜芦苇，整艘船看上去就像一垛巨大的干草堆漂在河上。船舷上边沿处固定着几块特殊的板子，灰突突的，看起来很旧了，应该是用来加高船舷的。这就意味着那些芦苇可以一直堆到船帆的底部。另外，船上没有引擎，这兴许是开罗最后一艘还在运行的纯帆船了——我从来都没想过还能在 21 世纪看到这样的船。船舵巨大无比，看起来好像是用一英尺厚的原木直接削出来的，而拱形的舵柄就像是一根粗壮的树枝。船上的男人们被高高的芦苇堆半掩着，大笑着向我们呼喊。我们似乎找到了进入开罗的最佳方式。

离我们不到 300 码的地方就是恶名远扬的河滨大道了。那是一条沿尼罗河岸修建的"赛车道"，经常能看到有车挂在树上——而且是车不接地的那种，像一级方程式赛车车祸现场一样，就是危险到这种程度。有过这种经历吗：一辆时速 100 英里的车刚从旁边呼啸而过，紧接着另一侧又驶过一辆时速 90 英里的？所以我也理解为什么外国人不管在什么情况下都只使用慢车道——虽然这样确实会离行道树更近，但也离河更近了，而河水明显是最好的去处。那次挺奇怪的，我们速度并不慢，但从迈哈迪的星期五餐厅到扎马雷克岛花了我们近两小时。之前路上非常堵的时候，我也在一个半小时之内走完过相同的路程。于是达西和我就非常兴奋地讨论要弄一艘汽艇，这样就可以轻松地进出开罗了。但我们永远也不会真的那么做；划着船在河上漂着多自在，比在汽艇上轰隆隆地翻波弄浪要好多了，而且那样还会在河面上激起水波，惹恼附近撒网捕鱼的渔民——虽然他们对类似的冒犯已经习以为常，并不会表现出厌恶之情。

我们继续向前漂，经过了河中央一个巨大喷泉池的底座，就在君悦酒店那间耸入高空的旋转餐厅下面。河浪层层推过那个混凝土底座，我们看到了一架小小的维修梯，于是就抓住了它。身处这么一艘小艇里，整个世界的比例似乎都变得不一样了，我们感觉自己就像到处借东西的小人在巨人的世界里窜来窜去。

最终，我们抵达了沿着扎马雷克岛一侧延伸的花园农场[1]。尼罗河沿岸到处都有这样的农场。在这里，但凡是周遭有水源的土地都会被人用来种点什么。在 2011 年的革命中，他们把警察站都烧了，只有附近的那些小农场毫发无损。埃及人最重要的身份便是园丁——我就从没见过哪一个埃及园圃不是既整洁又有艺术美感的。欧洲的好园丁在想象力上基本和加油站的设计师没有区别；种花的人有时候能比种菜的多一点创意，但也差不了多少。但在埃及，最好看的园子都是用来种菜的，各种蔬菜种得既有序又美观，中间还点缀着一两枝花——现在我们都知道，这样掺一点有利于整体的作物生长。看一看埃及人的园子，不管是花园农场还是蔬菜园子，就能明白为什么他们能建造出金字塔了——一次只搭一块石头，每块石头都专门打磨过，虽然大致上相似，但并不是机械化的雷同。我觉得就是这样的处世哲学让埃及的园子都如此宜人。

我们将小艇从水中拉出来，给它放了气，然后叫了一辆出租车，把汽艇放在车顶上，一路开回了迈哈迪，只用了一个半小时。时间还早，河滨大道上还是空荡荡的。

---

1 花园农场（market garden），指相对小规模的花园或菜园，主要生产水果、蔬菜和花卉等经济作物，通常都是直接出售给消费者和餐馆。

8. 声名远扬的库楚克·哈内姆

> 要相信上帝，但在此之前先把你的骆驼拴好。
>
> ——阿拉伯谚语

在 1849 年到 1850 年间，福楼拜在埃及，弗洛伦斯·南丁格尔也在。另外，正如我们之前提过的，《一个哈瓦吉的尼罗河笔记》的作者、美国作家乔治·威廉·柯蒂斯也在。柯蒂斯后来成了《哈勃周刊》（*Harper's Weekly*）的编辑，而且他和福楼拜一样，比起文物古迹，对神秘的东方本身更感兴趣。他写了一段很长的文字描述伊斯纳的舞女，而且他也曾臣服于库楚克·哈内姆的裙下。他当时以为库楚克·哈内姆还未到 30 岁，但他记错了她的名字，称她为库斯胡克·阿尔内姆（Kushuk Arnem）。虽然福楼拜的描写非常精妙，但留给我们的印象就是一个曼农石像[1]般的女子，嘴唇微翘着，被刻进了石头里。柯蒂斯的文采不如福楼拜，但他却把库楚克·哈内姆写活了："我们之间的交流用的就是笑容和哑剧，还有一个她知道的精彩的意大利词——buono[2]。啊，那个精彩的夜晚是多么 buono 啊！眼睛，嘴唇，头发，身形，裙装，每一个路人手上和身上的东西，都 buono 得没有边界。跳舞，唱歌，吸烟，咖啡，buono，buono，buonissimo! 就这么一个词，用处多大！"

库楚克·哈内姆的年轻助手赞诺比（Zenobi）和一对上了年纪的夫妇一起打着鼓，弹着单弦琴。在他们的伴奏下，库楚克·哈内姆跳起舞来。瞬间，我们就可以见识到什么是专业的肚皮舞表演。

> 她抬起手击打着响板，慢慢地，她以自己的右腿为支点，将整个
> 身体抬了起来，同时奇迹般地抖动着身上所有的肌肉。当她绕着自己

---

1 曼农石像（statue of Memnon），矗立在尼罗河西岸和帝王谷之间原野上的两座岩石巨像。

2 在意大利语中 buono 意为"好的"，用来形容人或者事物。下文的 buonissimo 是 buono 的最高级，意为"最好的"。

的舞台转完一圈之后，她开始慢慢向前移动，所有的肌肉都随着音乐有节奏地摇摆着，抖动得十分有力。

这是一种非常奇特但也非常精妙的体操般的运动。在这个过程中并没有任何优美的舞蹈动作，除了在向前移动的时候跳了几个舞步，她就是一条腿在前，一条腿在后，就像吉卜赛人跳舞一样。但除此以外，这支舞蹈剩下的都是最为撩人的姿势——不是那种小打小闹的求爱，而是情欲的灵魂在每一种感官里惊醒，在每一段肢体中震颤。你感受到的是动作中那种强烈的力度，那么专注，那么持久……但突然间，动作停止了，只是肌肉还在颤动。库斯胡克跪倒在地，躯干、胳膊和头贴着地面，全身扭动着……整个过程非常戏剧化，非常激动人心。这是一首关于爱欲的诗歌，超越了言语能够表达的范畴——深刻的，东方的，热烈的，也是惊人的。

可怜的路易丝·科莱，她完全没有胜算。

9.科莱寻迹库楚克·哈内姆

> 家犬冲破藩篱，鬣狗乘虚而入。
> ——埃塞俄比亚谚语

路易丝·科莱比福楼拜大十岁。她死于 1876 年，比他早四年。两个人感情最热烈的时期是 1846 年到 1854 年，其中有一段间歇，福楼拜就是在这个时候与库楚克·哈内姆共度良宵的。当福楼拜把这一切都告诉路易丝·科莱之后，她就再也无法停止想象——各种念头，他们在一起的情景，和那女子的竞争，以及那个女人，那个肮脏的外国人，在脑海中怎么也挥之不去。这些想法不断蚕食着科莱的精神，当然，她应该想办法放下，但她没有。1869 年，她设法从穆罕默德·阿里的孙子伊斯梅尔帕夏那里拿到了一张请柬——一如她设法得到法兰西学院奖一样，据说她非常善于让有影响力的人物为她出力。为了庆祝苏伊士运河的落成，伊斯梅尔可以说是不计成本：他安排了一艘游船沿尼罗河溯流而上，完全可以媲美克娄巴特拉的几次巡游。届时受邀上船的会是欧洲文化界的精英、眼下的社交名流、贵族成员，以及那些有钱有势之人。这些人都会在同一艘船上，共同穿过苏伊士运河，接着沿尼罗河溯流而上，直到阿斯旺；当然，中间会在伊斯纳，也就是库楚克·哈内姆的第二故乡停留。造化弄人——科莱和哈内姆并不是同龄人，她们一个 60 岁，一个 50 岁，但大约 20 年前，她们却分享过同一个男人，一个开创了现代小说的男人。其中一个女人是法国知识分子、诗人、沙龙女主人，而另一个则是歌舞伎，也可以说是妓女，但同时也是一位技艺精湛的舞者、音乐家兼歌者。

一如所有的知识分子，相比于智识的魅力，身体的魅力更能招来柯莱的嫉妒。并不是说她年轻时不美貌，只是她一生都坐在那里读书，这对于肢体的塑造是没什么帮助的，而跳舞和床事则正好相反。福楼拜描述库楚克·哈内姆时强调了她的宽肩，她迷人的五官，还有——是的，她美丽的前颈，闻起来是甜美的松香味道。

这场溯尼罗河而上的旅行和科莱之前期待的一模一样。她在日记中写道："所有的摄影作品都无法媲美真正的尼罗河，但尼罗河的美只能按着帽子看——风太大了。"她抵达伊斯纳时，心里只想着一件事，那就是找到自己爱人的前任，跟她对话。

科莱没有福楼拜和杜·坎普到来时的礼遇，并没有歌舞伎助理带着装饰过的绵羊来迎接她。船会在当地停留一天两夜，大部分的客人都乘坐一种叫"卡罗塔"（carrota）的驴车去参观考姆翁布的遗迹了，而路易丝则跟着一位船上的翻译一起走上一座山头。一路上译员都在劝她，说这里没有叫库楚克·哈内姆的人，还跟她解释说这两个词就是"小小姐"的意思。然而在暗处，密探正在监视他们。

第二天晚上，科莱又去了同一个地方，于是库楚克·哈内姆的密探也又向她提起了这个奇怪的女人。最后，单纯为了找乐子，库楚克·哈内姆就将这位上了年纪的法国美人请到了自己市内的大房子里——建造这栋房子用的是上千名被她征服之人的财富。侍候这两位女士的是两个身形巨大的努比亚人，其中一个是独眼。

哈内姆比科莱想象中的要老一些，而且腰身粗厚。不过她的眼神仍然很有魅力，当时正盯着科莱；而且脚踝依旧美丽，双腿纤细。

是的，她被人称为库楚克·哈内姆。但这对于一个哈瓦吉来说意味着什么呢？她对着身旁的女仆开了一句玩笑。女仆比哈内姆年纪还要大一些，眼神里是无尽的包容，长发已经花白；她穿着黑色的长袍，长袍下的手臂因为长期劳作而青筋凸起。这个女人身上已经没有任何反抗的迹象，也许是数百年来男人和法老的暴虐统治造成的结果，也可能是她本人一生为奴累积下来的影响。

哈内姆的眼睛很大，是完美的杏仁形，眼周用黑色眼影粉勾勒，将每一只眼睛都衬托得仍然像宝石一样精美。她听了对方的故事，虽然说得有些含糊不清，但她明白了对方的意思。自从福楼拜来过之后，她不仅可以掌握意大利语，也可以流利地使用法语了。当时，科莱的执念就是——“她还记得这个男人吗？”于是她递上了照片。库楚克·哈内姆点了点头。她记起了这两个男人——最早溯流尼罗河的摄影师。她怎么会记不起？

接下来的问题就比较微妙了：他当时是什么样的，他们两人的春宵如何？库楚克·哈内姆发出一阵大笑：“没有什么春宵！我们只想象了一下。你说过，你的男人是一个作家。那就是他讲的另一个好故事罢了，肯定是这样。”

然而，当科莱离开之后，库楚克·哈内姆又找出福楼拜送给她的照片核实了一下。当时，是福楼拜恳求马克西姆·杜·坎普留下这份纪念品给她，以此缅怀多年之前那几个小时的美好时光。

10. 使命

马克西姆·杜·坎普喜欢拍宏伟的事物，还有显赫的人。然而，当他想要去拍一位单身年轻女子留下的脚印时，虽然它在一个很受人尊敬的地方，但他还是克制住了自己。那脚印是被卢克索的一个痴心的向导保存下来的，已经留在沙子里好几周了（这一信息可以让我们大致体会一下从那时起游客数量的增长：现在在埃及的大部分景点，游客的脚印可以维持三分钟）。这个脚印属于弗洛伦斯·南丁格尔。正如我们之前提到的，她和那位风流的小说家是在同一时期去尼罗河上游旅行的。

弗洛伦斯的父母没有和她一起，同行的都是她家的友人。她此行的目的是要看一看尼罗河沿岸的伟大古迹，然后再考虑一下婚姻的问题。她刚刚拒绝了理查德·蒙克顿·米尔尼斯（Richard Monckton Milnes）的求婚，而此人可以说是英格兰当时最抢手的单身男士之一——他是一位富有的诗人、政治家，而且还跟很多身居要职的人关系紧密。之后他还成了理查德·伯顿的密友之一，这位伯顿是个尼罗河探险家，还是《一千零一夜》的译者（这本书是弗洛伦斯的最爱，换句话说，也是她在自己的尼罗河之旅中最常读的书）。米尔尼斯此前已经游览过尼罗河了，但他的旅伴可不怎么体面。此人随行带着锤子和凿子，准备看到喜欢的"象形文饰带"就卸下来带走。另外，他们还带了玻璃片，想用它们封死达哈比亚，也就是住家船上的窗户，以此来抵御寒冷的天气和蚊子（在尼罗河的冬季，这两样同时存在）。米尔尼斯回英格兰时就得了一个绰号——"第一个进入哈莱姆的英国人"。但这并不是弗洛伦斯拒绝他的原因。她是爱这个男人的，并且也不在意他那些扭曲的癖好（虽然可能是她了解得还不够多）。她拒绝了他伸出的手，是因为她感到自己的生命还有一个更高远的目标，而她将在埃及、在尼罗河上发现这个目标的真相。

弗洛伦斯·南丁格尔差一点就嫁给了英格兰最著名的色情文学作家这件事——成为色情文学作家是米尔尼斯后来的成就——真是只有身居平行宇宙的观者才能彻底品味到其中的意味。我是说，万一她真的嫁了呢？蒙克顿·米尔尼斯是一位绅士，也是一位诗人，他乐于享受，善于取悦人，而且在这方面十分慷慨，好人与伟人都与他结交——他是喜欢萨德侯爵[1]，而且在他的"爱欲之邦"[2]里收藏了大量他的作品，但这又有什么关系呢？

但弗洛伦斯没有嫁给这位色情作品收藏家，事情之所以这样发展，是因为她经历了一次尼罗河之旅。当然，如果她结婚，这对护理事业的发展可不是好事，成千上万的人可能会因此遭受更多病痛甚至死亡，而且这也违背她立志成为护士的使命感。但不知道为什么，我还是忍不住去想象弗洛伦斯·南丁格尔与一个拥有欧洲最丰富的色情图片收藏的男人共度一生。毕竟，离埃及之行已经一年之久，她还是会写下这样的文字："我知道，我要是再去见他……这个想法几乎让我失去自控。我知道，自从拒绝了他，过去的每一天我都还在想他。"

虽然弗洛伦斯在动身去埃及之前就已经拒绝了米尔尼斯，但他显然还是给了她时间，让她再考虑一下。而她和家族的友人们一起游览尼罗河，其实就是希望能在此期间做出决定，或者说借机彻底忘记他。但这次旅行却让她看清了自己长久以来的梦想，获得了倾听这些梦想的勇气。回望那些功成名就之人的人生，几乎都会产生一种宿命感，而在回望弗洛伦斯·南丁格尔的人生时，这种感觉更是出奇地强烈。她似乎是命中注定要为女性权益而奋斗的。

她的父亲威廉在 21 岁时有一个继承 10 万英镑——相当于今天的 700 万英镑（当时的钱购买力更强，因为收入差距更大）——的机会，只要他答应将自己的姓从肖尔换成捐赠者，也就是他那位无后的舅老爷彼得·南丁格尔的姓就好。但还有一个让人为难的要求：如果威廉自己没有男性继承人，那他就要跳过女儿，把所有的钱都留给关系最近的男性亲属。

---

1 萨德侯爵（Marquis de Sade，1740—1814），贵族出身的法国哲学家、作家和政治人物，是一系列色情和哲学书籍的作者，以色情描写及由此引发的社会丑闻而出名。

2 爱欲之邦（Aphrodisiopolis）指米尔尼斯的图书收藏，其中包含大量的色情文学作品。

自然，他答应了。于是他放弃了肖尔这个姓，变成了南丁格尔家的人，而且期待着抱上几个儿子。结果，他有了两个女儿：一个出生在那不勒斯，根据这个城市的希腊名字取了名，叫帕耳忒诺珀（Parthenope）；另一个出生在佛罗伦萨的就比较幸运，没有被叫成翡冷翠[1]，而是取了英文名弗洛伦斯。帕耳忒诺珀是弗洛伦斯的姐姐，她倒是没有成为护士的野心，但这样也好。帕耳忒诺珀·南丁格尔这个名字听起来总不太对劲（"那波利·南丁格尔"[2]怎么样？）。帕耳忒诺珀经常生病；其实在她们小时候，两人都经常生病，不过弗洛伦斯经常会照顾她姐姐。帕耳忒诺珀之后写作时写到弗洛伦斯，文字里流露出的是姐妹间对彼此的洞察，但却看不出什么温情："我认为她几乎没有仁慈或者慈善之心，她有的是野心——非常强大的野心，她非常想要改变世界，不管是通过发动突击式的变革，还是建立优质的机构。"

　　与此同时，另一位野心勃勃的年轻人福楼拜也在朝着尼罗河上游方向前行。他和弗洛伦斯之间似乎有一些共同点——多亏了作家安东尼·萨丁[3]巧妙而勤奋的调研，我们现在才能关注到这一点。首先，二者都想要在世界上留下自己的痕迹，但都不清楚该如何达成，直到他们开始一场溯尼罗河而上的朝圣之旅。但不同之处在于，福楼拜是一个有头脑的享乐主义者，在不断寻求愉悦的过程中自然也少不了倦怠和悲伤；而弗洛伦斯对自己的使命有着高昂的热情，内心时刻燃烧着为他人服务的欲望，她永不倦怠，因为内心相信上帝对她自有安排。这也是为什么她姐姐的分析是不准确的。弗洛伦斯有野心不假，但并不肤浅或流于世俗。事实上，从她的文字来看，她应该是一个非常讨人喜欢的人。

　　随着旅程的进行，弗洛伦斯发觉她的精神世界已经发生了重大的改变，而最主要的原因就是她看到了古埃及宗教与基督教和伊斯兰教的精神之间有某种统一性，而且她很欣赏这种统一性。考虑到她一神论教会的背景，也许对她来讲这种跨越式的联想并不难；但无论如何，这一点就说明了她并非那种基要主

1　此处原文为 Firenze，为佛罗伦萨的意大利语名，取徐志摩的译法"翡冷翠"。

2　那波利（Napoli）为那不勒斯的意大利语名。

3　安东尼·萨丁（Anthony Sattin，1956—　），英国新闻记者、播音员，同时也是历史和旅行方面的作家。

义的基督徒。弗洛伦斯曾写道，描绘拉美西斯祈祷的画作让她理解了人和神之间的关系，"比她读过的所有布道辞都更有帮助"。在阿布辛贝[1]时，她在一封信里这样写道："我从没想过，一座埃及神庙会成为我的朋友和我永远的家。"除她以外，也有其他性灵上十分敏锐的人有过相同的想法：苏菲派[2]的那位神秘人左农·米斯里[3]虽然是一位穆斯林，但也在一所古埃及神庙里住了一些年；据传他可以阅读象形文字，而且在当时的公元 8 世纪，仍然有些说科普特语的人会翻译象形文字。

弗洛伦斯小时候学习过五种语言，由她父亲在家教授；而现在，她又学习了如何阅读铭文中的象形文字。她的热切非常激励人心，跟福楼拜在阿布辛贝的可爱反应一比就更是如此了——福楼拜是这么说的："我实在看够了庙了。"弗洛伦斯在卢克索西岸的塞提神庙里似乎感受到了某种启示——然后简单记录了一句："上帝又对我讲话了。"在菲莱岛上供奉欧西里斯的神庙内室里，她埋下了自己的黄金十字架，这代表着欧西里斯和耶稣在她内心已然成为一个和谐的整体。

我们生活在一个怀疑和嘲讽主导的时代，这些态度自然有其存在的意义——可以用来应对伪君子和江湖骗子，但这并不意味着一切在我们舒适区以外的事物都是虚假的。那些耿直的怀疑论者给出的论调都已是老生常谈，而且说出口也很容易，这会让我们忽视那些看似天真，但其实可能确有其事的神启故事。所谓的上帝对弗洛伦斯讲话，意思是说她的确感知到一种强烈的念头，但这念头的根源对她来讲是神秘的。从这里我们看到了一种信仰在内心的觉醒，她决定要将生命奉献给他人，并为此彻底放弃普通的婚姻生活。蒙克顿·米尔尼斯没有机会了。

但她要如何把直觉变成行动呢？在此之前，她一直都很热衷于照顾病人。

---

1 阿布辛贝（Abu Simbel），古埃及规模最大的岩窟庙建筑，位于埃及最南端的阿斯旺。

2 苏菲派（Sufi），伊斯兰教的一个宗派，主张通过虔修默祷、生活俭朴禁欲达到人主合一。

3 左农·米斯里（Dhun Nun al Misri，约 796—860），伊斯兰教苏菲派早期著名代表人物，曾对埃及古迹中神秘主义的象形文字进行研究辨认。

事实上，在她 16 岁那年英格兰发生了一次大流感，那时是她照顾了所有的家庭成员，还有 15 个生病的仆人——那是她少年时期"唯一真正做的事情"。她周围的人一定都看得出来，她非常善于料理这方面的事情。然而在 19 世纪 50 年代，没有淑女会去做护理员。在那个年代，护士就是酗酒和滥交的代名词。她的父母甚至都不会允许她去学习这个领域的知识。

但回到英格兰后，她并没有放弃这个想法。她内心的抱负驱使她写下了《卡桑德拉》（*Cassandra*）这部小说，在书中批判了女性发展机会的缺失。从她之后创作的关于护理的作品中可以看出她有很好的写作能力，但下面这段文字才真正体现出她的才华，内容节取自她游览尼罗河时写的信："金色的沙子，北边，南边，东边，西边，除了青尼罗河流经之处，金色铺天盖地，其间布满了亮紫色的花岗岩石块，在东边和西边，群山黑色的山脊由火山岩构成，巍峨的大山看起来就像是乌黑色的印第安人茅屋。"但凡到过阿斯旺南部的人，都可以一眼辨认出这段内容所描述的景色。

然而，仅有写作是不够的。后来，她的父亲意识到她为了护理事业可以付出所有，于是就决定每年赞助她 500 英镑——足够她在单身状态下独立生活的花销。如此一来，这位父亲也得以巧妙地规避了那个涉及性别歧视的遗产继承条件。弗洛伦斯想办法去了巴黎和德国学习。当时给她很大激励的是伊丽莎白·布莱克威尔（Elizabeth Blackwell）。伊丽莎白是一位年轻的英国女子，她发现唯一一个可以让女人学医的地方就是纽约州立医学院，于是就远赴美国。当她到了学校，全员男性的学生群体进行了一场投票，决定她是否能跟他们一起学习。她得到了这个机会，而且以名列前茅的成绩毕了业。1853 年，弗洛伦斯得到了一份工作，在伦敦一个专门接待淑女的护理机构当主管。一年之后克里米亚战争爆发时，她加入了志愿护士团体，随队出行。她对工作的热情并没有被其出众的容貌所掩盖，大家都称她为"提灯女士"。维多利亚女王提出要见她，她也借此机会提出了一些对英国护理工作糟糕现状的改进建议。

奇怪的是，在 100 多年后——20 世纪 50 年代的开罗，对那些条件优渥的埃及家庭来说，护理仍然不是年轻女士的理想职业。埃及护理人员的薪资很低，而且据说她们依旧留有行为不端的问题。不过，情况正在改变——英国人开办的军事护理学院将弗洛伦斯·南丁格尔的精神带回了尼罗河。我的岳母就曾是一个军事学院的护士培训生，她的父母对此并不看好，而她为了这个选择也跟父母抗争过。后来，她成了一家医院的管理层。她告诉过我，她最好的老师就是她就读的第一个职业学校里的那些英国修女。毫无疑问，与欧西里斯结合的弗洛伦斯的灵魂一定乐于见到这样的发展。

11. 岛

猫鼠之爱——他们在玩耍中吃掉对方。
——努比亚谚语

《一千零一夜》的故事和《圣经》故事一样在尼罗河上流传。在理查德·伯顿的标准译本出现之前，《一千零一夜》就已经深深植根于欧洲人对东方的想象中了。在东方，这些故事多少是有些上不了台面的。这不仅仅是因为有些故事的内容很粗俗——比如大麻上瘾者在开罗的澡堂里手淫时被人抓包，赤裸的下身还勃起着，这确实不是文雅之人会看的睡前读物——还因为那些掉书袋者和宗教狂人认为，《一千零一夜》只能给俗人看，或者让文盲拿来消遣。但也正是因为这种偏见，这些故事才得以留存到今天。其实，这些故事的内容不仅有娱乐甚至道德教育的作用，而且就像很多未遭到贬低的传统故事一样，为人类的困境刻画了一种抽象的范式，足够精确，没有无关的细节，读者是可以从中受益的。我并无意要将《一千零一夜》形容成一本心灵鸡汤，只是想说其中有些故事，或者说故事中的故事，确实能够激发人对生活的洞察，这在 21 世纪的社会用处很大。从它们以口述故事的形式出现，从公元 10 世纪在开罗第一次整理编排，直到今天，这些意义一直都在。

在某些阿斯伯格综合征患者身上会出现一个奇特的症状，那就是在孩童时期非常讨厌故事。这样的孩子显得很不寻常，因为一般的小孩似乎都天生喜欢听故事，不管什么类型的都爱听。因为不喜欢故事，这种特殊的孩子便会从记忆各国首都的名字、鸟类的名字、"有意思的数字"这类活动中找到乐趣。因此，要吸引这种孩子的注意，最好是问他们"无穷大加一等于多少"；如果给他们讲故事，只会引起他们的生理不适，因为他们没有理解故事的能力。这个现象很是有趣。难道人类不是生来就能理解故事吗？难道故事不理应是一切口头交流的基础形式——不管是宗教的，科学的，还是社会的？所谓的不能理解故事，最基础的含义就是不能分辨故事的哪些部分是重要的，哪些不是。要能欣赏一个故事，你首先要对人的情感和行为动机有最基本的了解，包括人的想法、欲念、恐惧——这也是为什么很多大学生会觉得伟大的文学作品无聊，因为他们还没能在真实的生活中观察到类似的现象。

毫无疑问，讨厌故事但热爱数字的孩子完全有可能会成为优秀的工程师。在我们的世界里，人们一直敬畏着各种机械制造的奇迹，只是最近才有了一丝对其终极价值的怀疑；但也出现了一个奇怪的反转：那些厌恶故事的怪小孩反而成了文化偶像和开拓者，被奉为人类族群中的重要人物；而"讲故事"的概念虽然自20世纪70年代以来就一直在重新兴起，但我们生活中真正改变游戏规则的仍然是数据和"可验证的"理论，故事一直没能替代它们的地位。

然而，一切时代的伟大人物都深受故事的影响——可能是儿时听过的故事，也可能是成长过程中逐渐了解到的故事。在尼罗河上，向导和船夫也给游客讲他们从《一千零一夜》里听来的故事。当说到阿纳斯·沃古德（Anas el-Wogud）的故事时，他们会讲此人是国王的宠臣，但却不幸爱上了一位维齐尔的女儿——人称"盛开的玫瑰"的扎赫·瓦尔达（Zahr el-Warda）。虽然阿纳斯很受国王喜爱，但他并不是一个王子，而但凡有点地位的维齐尔都希望自己的女儿能嫁入王室。

这位维齐尔发现了这位年轻朝臣的感情，于是就将自己的女儿囚禁在一个远方的小岛上。然而，他没想到阿纳斯·沃古德会如此坚持。为了寻找维齐尔的女儿，阿纳斯跋山涉水，四处奔波。最后他遇到了一位沙漠隐士，此人正坐在他的山洞里思考永恒。隐士为阿纳斯指明了去岛上的路，但也警告了他路上可能会发生很多危险——尤其要注意那些遍布水中的鳄鱼。但阿纳斯找到了一条友好的鳄鱼，躺在它背上逃过了守卫的眼睛，成功救回了他的爱人。两人理所当然地结婚了。

接着船夫会告诉你，故事中的岛就是菲莱岛，而岛上供奉欧西里斯的屋子，也就是弗洛伦斯·南丁格尔埋下十字架项链的地方，就是阿纳斯和他的"玫瑰爱人"结婚的新房。我们知道，弗洛伦斯当时读的《一千零一夜》很可能就是1840 年莱恩翻译的版本，而理查德·伯顿认为那个版本的质量"实在是让人遗憾"。也许，弗洛伦斯听到阿斯旺当地人提到这个故事的菲莱岛版本后很是激动，于是就在阿纳斯和扎赫的婚房里许下了自己的婚姻誓言——与人道主义事业之间的婚姻誓言。她觉得这份事业才是"真正的自我"，与此相比，限于社会关系里的那个渴求普通婚姻和常规生活的自我显得是那么微不足道。

这个故事的表层是关于男女爱情，但它真正的含义还可以挖得更深。我们可以将维齐尔的女儿看成人本身的潜力，将忠诚的阿纳斯看成在日常生活中感到迷茫的普通人，而后者必须与鳄鱼和守卫斗智斗勇才能找到并"拯救"真正属于自己的未来。

12. 一次改变世界的谋杀

> 手中无一牛，袋中满是鞭。
> ——苏丹谚语

1854 年，弗洛伦斯·南丁格尔在忙着劝说自己的父母，希望他们支持自己正式学习护理，而福楼拜正奋力创作《包法利夫人》，稿纸写了一张又一张；与此同时，在尼罗河岸上，有人正在计划一场谋杀。这场谋杀不仅仅是在象征意义上改变了世界，而且还在物理意义上改变了世界——改变了地球的地理环境。

在奥斯曼帝国皇室，谋杀并不罕见。就像蜂后杀掉与之竞争的雌蜂一样，奥斯曼的王子们也惯于直接杀掉竞争对手。在埃及，情况会更文明一些，直到阿巴斯帕夏（Abbas Pasha，穆罕默德·阿里的另一个孙子）与自己的一位土耳其阿姨据说在遗产问题上产生了冲突。这位阿姨送了他两个"忠实的"马穆鲁克奴隶（是土耳其马穆鲁克，不是埃及马穆鲁克）——这不禁让人想到之前撒拉丁的遭遇。这两个男人在阿巴斯的宫殿里一边给马饰抛光、填塞床垫，一边等待着机会。

阿巴斯不喜欢欧洲人。他对现代化进程的唯一妥协就是允许乔治·斯蒂芬森[1]在1853年建造非洲的第一条铁路，线路是从开罗到亚历山大城。拿破仑抵达埃及，在埃及短暂停留后又离开——从那时起，法国人就有了一个无法摆脱的梦想，那就是挖掘修复一条连接尼罗河和红海的运河。对于法国人的这一执念，阿巴斯毫无兴趣。事实上，早些时候曾有过一个建造苏伊士运河的计划，斯蒂芬森就担任了其咨询工程师，但阿巴斯很快就将这个计划终止了。如果阿巴斯一直当权，苏伊士运河是不可能建成的。

那两个马穆鲁克杀手有一个爱好——收集阿巴斯最喜欢的马的尾巴毛。他们着实攒起了不少马尾毛（他们收集的马尾毛比用来填塞床垫的要长，但还是可以很轻易地藏到同一个地方）。只要用手搓一搓，这些长毛就可以变成一条非常结实的绳子。1854年7月13日，当阿巴斯早早回到自己的书房时，有人正在那里等他。激烈的几分钟过后，阿巴斯的统治就被那根用来勒他的马尾绳终结了。

阿巴斯的继任者是他的叔叔穆罕默德·萨伊德（Muhammad Said）。此人与阿巴斯完全不同，非常赞成建运河的想法。

根据后世古典时期作家的记载，四千年之前，在法老塞索斯特利斯一世[2]执政期间，埃及建了一条运河，将孟斐斯以北的尼罗河河段与红海连接了起来。

---

1 乔治·斯蒂芬森（George Stephenson，1781—1848），英国机械工程师、发明家，被称为"铁道之父"。
2 塞索斯特利斯一世（Sesostris I），古埃及第十二王朝法老。

位于卡纳克[1]的阿蒙神庙里有一处刻文隐晦地提到了这条运河,根据刻文记载,这条运河很可能在建成 600 年之后的公元前 1290 年还在使用。

当时船只很可能是从地中海驶进尼罗河后一路向上游方向走,或者更大的可能是沿着三角洲东侧的支流划到布巴斯提斯[2](离今天的扎加齐格[3]很近,这座城市的名字起得很妙)。这条运河从布巴斯提斯直通苦湖,而当时苦湖水的出口便位于红海的苏伊士湾。

到了公元前 6 世纪,苦湖已经被流沙堵塞了很久,于是法老尼哥[4]决定挖掘一条新运河以连通苦湖和苏伊士湾。据希罗多德所述,有 12 万埃及人为这个计划付出了生命。这一定是夸张了,但流传下来的数据只有这一个。1956 年,纳赛尔曾发表过一场关于将苏伊士运河国有化的演讲,讲话中声称在当时的苏伊士运河建造工程中就有 120,000 埃及人丧生!(一般认为真实的数据在 5000 到 100,000 之间——虽然这也是估测)。一年前的某天,我正在去迈哈迪的地铁上,读着手里一本关于苏伊士运河的书。当时有一位站在我身边的中年埃及人跟我说,他目前长住在美国,现在趁着假期"探访一下第三世界国家"。他看到了我手里的书,于是换上一副愤愤不平的民族主义者的表情——你难道不知道 12 万埃及人为了建苏伊士运河而失去了生命吗?我问他是否读过希罗多德,他说从没听过这个名字。我将真实的数字告诉了他,他说我是错的。我同意自己说的可能也不对,然后就下了地铁。

有一道神谕警告过尼哥,说真正从这条运河受益的不会是埃及人,而是蛮人。想想之后围绕着苏伊士运河的所有那些外国势力,当时这条神谕也算是很有洞见了。尼哥放弃了这个工程,但之后入侵的波斯国王大流士(Darius)在大约 100 年之后又完成了它。工程很成功,亚历山大大帝时期这条运河仍在使用,大约公元 100 年时罗马皇帝图拉真(Trajan)还对其进行了扩建。但在公元 5 世

---

1 卡纳克(Karnak),埃及地名,在中王国时期及新王国时期是首都底比斯的一部分,也是太阳神阿蒙神的崇拜中心。位于开罗以南 700 千米尼罗河东岸处。

2 布巴斯提斯(Bubastis),位于尼罗河三角洲的古埃及城市。

3 扎加齐格(Zagazig),埃及东北部城市。

4 尼哥(Necho),古埃及第二十六王朝法老。

纪，随着罗马帝国的崩塌，这条运河也又一次淤塞起来。

后来，阿拉伯人入侵时也对运河产生了兴趣。在公元 8 世纪，老开罗城和红海间就有了一条通航的运河。现在经过河滨大道时，还能看到这条被回填的运河留下的痕迹。根据迪奎尔[1]的一篇年代久远的论文，曾有一位名为菲德里斯的英国修士在公元 8 世纪前往圣地朝拜，当时他就乘船经过了这条运河。这条通至红海的尼罗河延伸河道开放又关闭了多次，一直挣扎到公元 1000 年，但最终还是淤塞住了，再没有得到修缮。是拿破仑的到来让情况再一次发生了改变。

当时的英国人坚决不希望有一条能贯通苏伊士地峡的运河。事实上，直到运河落成仪式当天，他们都在反对这项工程。对英国人来说，在海上沿非洲大陆绕行虽然会花很长时间，但也意味着不管是谁掌管尼罗河，都无法制约他们——而掌管尼罗河就相当于掌管苏伊士运河，以及一切通过运河进行的贸易。英国人对尼罗河并无掌控权——拿破仑有。他非常喜欢观察旧运河遗迹，而在那座破败的苏伊士城，他看到了再建造一座豪华码头的可能性。于是他下令开工。他的总工程师让·巴蒂斯特·勒佩尔（Jean Baptiste Lepère）制定了一系列工程计划，其中就囊括了运河的建设。我们现在可以嘲笑他蠢，但他的蠢行却极大地影响了接下来的 50 年。由于使用了错误的测量工具，勒佩尔得出一个惊人的结论：红海满潮时的水位比地中海低潮时的水位要高出 30 英尺，因此不能开挖直通的运河。他认为（只有一些头脑还清楚的数学家反对他的观点）开凿这条运河会导致涨潮时水漫过凿出的河道，将尼罗河三角洲淹没。如果真是这样，早在几千年之前旧运河开凿时就会出现同样的问题了。他的错误判断终止了这个工程，直到 1854 年的那场王室谋杀。

但勒佩尔的观点所产生的影响不仅限于工程的取消。他的《两片海洋的运河》（*The Canal of the Two Seas*）这本书让退休外交官斐迪南·德·雷赛布（Ferdinand de Lessep）获得了灵感，使他认为东方和西方是可以连接起来的。东方和西方的神秘结合是圣西门主义[2]信徒的哲学议题之一，其领头人普罗斯

---

1 迪奎尔（Dicuil），爱尔兰修士和地理学家，出生于 8 世纪下半叶。
2 圣西门主义是 19 世纪上半叶以法国空想社会主义者圣西门为代表的空想社会主义学说。

珀·安凡丹（Prosper Enfantin）认为，通过连通苏伊士（和巴拿马）达成的东西方物理上的结合是两方文化精神结合的前提。终其一生，安凡丹不是在为开凿苏伊士运河争取支持，就是在为另一种"结合"寻找自己那位象征意义上的"另一半"——一位完美的女性。他平日里穿宽松的短袍，搭配紧身裤子，胸前的衣服上装饰着"父亲"这两个字。而他未来的伴侣则将被迫穿上同款的衣服，只是胸前的文字会变成"母亲"（很奇怪，"勒佩尔"和"父亲"两个词竟然同时出场了[1]）。不过，命运不仅没有让"父亲"找到那位完美的女性来平衡他完美的男性气质，而且也没有让他在有生之年看到运河建成。

安凡丹是一个真正有远见的人，但也明显有些疯癫。也许不知道哪一天，我们也会从大卫·艾克[2]的嘴里听到一些有用的东西。但也许不会吧。不管怎样，建造运河需要一个脚踏实地的人，一个在巨大工程面前不会退缩的人；德·雷赛布是一个候选人，虽然看起来并不理想。当时，外交官事业已陷入停滞的德·雷赛布接受了勒佩尔这位"父亲"的提议，开始想办法实现它们。后来，阿巴斯帕夏和他的两个奴仆发生了冲突，统治埃及没多久就被那两人谋杀了，而这就给了德·雷赛布机会。他年轻时与下一任埃及统治者穆罕默德·萨伊德关系亲密，而且还是他的剑术老师。另外，他也认识里南德贝伊，就是那位拯救了金字塔，还设计了第一代尼罗河拦河坝的男人。在之后负责运河技术设计的工程师团队中，里南德就成了核心成员，毕竟在技术方面德·雷赛布是没有经验的。

在德·雷赛布向他的朋友萨伊德帕夏展示自己计划的当天，一道散发着圣西门主义光芒的彩虹出现在天边，将东方和西方连接了起来；他知道时机来了。萨伊德没有忘记这位老朋友，自己的这位家庭教师——他立马就同意建造这条运河。

然而，没有劳役就无法建运河，而劳役的存在也依托于尼罗河。不过，开

---

1 法文中"勒佩尔"与"父亲"拼写相同，分别为 Lepère 和 Le Père。

2 大卫·艾克（David Icke，1952— ），英国 BBC 体育节目前主持人，现为作家和公共演说者。曾公开宣布自己是上帝之子，制造了很多没有凭据的阴谋论。

挖过程中出现的问题还离他很远；为了启动运河工程，德·雷赛布先要解决的是土耳其人和英国人。他那时的通信内容简直可以整理成一本难题克服手册。他从未怀疑过自己会成功，而且情愿为这个工程奋斗到生命的最后一天（那时他的妻子已经去世，他发誓在完成苏伊士运河的梦想之前不会再婚——于是，就在福楼拜的情人参加的那次运河竣工后首次通航航行中，他再婚了）。他在信中从没表达过任何消极想法——最终，他成功了。在他的老学生萨伊德（此时已经去世）同意其工程计划之后的第15年，运河终于通航了。

运河的通航几乎在一夜之间改变了埃及。尼罗河河道得以向东延展，成了通向印度的门户。一开始持怀疑态度的英国人也突然间看到了运河的价值。如前文所述，当萨伊德的继任者伊斯梅尔为了重建开罗而使得国家破产之后，是英国人承担了他的债务，接管了这个国家。从英国人在埃及掌权的那一瞬间起，尼罗河就变成了他们的筹码。为了填充国库，他们决定改善灌溉系统，以此增加粮食产量。虽然当时很多人都十分憎恨英国驻埃及总督克罗默勋爵，但他和他的那些灌溉专家——比如斯科特–蒙克利夫和威廉·威尔克克斯——确实为埃及这个破产的国家创造出了一番商业繁荣的景象。

我对德·雷赛布这个人有点着迷。他看起来是那么普通，但在事业上又付出了如此不凡的努力。最后，这个人变得有些癫狂：在进行他的下一个大计划——波拿巴运河时，他因为受贿被判缓刑。那时候他已经88岁了。

我曾在一本都是黑白照片的书里看到，一尊德·雷赛布的巨大雕像就躺在塞得港（Port Said）一堆生了锈的缆绳和金属废料里。我去找了那尊雕像，发现它已经被立起来了，就坐落在苏伊士运河的入口，而且还由伊曼纽尔·弗雷米[1]重新雕刻过。然而只差一点，如今摆在运河入口的就不是德·雷赛布的雕像，而是自由女神像了。另一位法国雕塑家弗雷德里克·巴托尔迪（Frédéric Bartholdi）曾向那时的埃及统治者伊斯梅尔建议过，应该在苏伊士运河口放一座巨大的埃及农村妇女雕像，她手里要举一把火炬，这样雕像就可以用作灯塔。

---

1 伊曼纽尔·弗雷米（Emmanuel Frémiet，1824—1910），法国雕塑家。

当时，草图和模型都已经做好，但这个工程却中途夭折了——普法战争爆发，普鲁士人占领了巴托尔迪的家乡。

后来，巴托尔迪带着这些模型和草图去了美国，他又开始执着于在纽约市的入口建一座托举着火光的雕像。慢慢地，他得到了一些支持。最后，古斯塔夫·埃菲尔（Gustave Effiel）设计了这座巨型雕塑的内部结构（很巧的是，开罗市尼罗河上一座著名的大桥也是此人建造的），而这整个建造成果被捐赠给了美国，以庆贺美国独立 100 周年。当时做出这个决定的委员会的头领不是别人，正是斐迪南·德·雷赛布；如此一来，这项工程和埃及的种种关系就说得通了。如果你好奇过自由女神像的原型是谁，那我现在告诉你，其实就是一个居住在尼罗河沿岸的埃及农村女孩，巴托尔迪声称她象征着"世界之光"（不过雕像跟他的母亲也有一些相似之处）。如果你是一位到访美国的埃及人，看到一位老乡被摆在这么显著的位置，相信你一定会感到莫大的慰藉。不过，如果你在肯尼迪机场被扣押拷问了，那最好还是别提起这件事。

那座高达 30 英尺的德·雷赛布雕塑一直矗立在运河的地中海入口处，直到 1956 年被一群热血的埃及爱国者从基座上推了下来；也是在这一年，纳赛尔将推进他建立阿斯旺大坝的计划。那座已经损坏的雕塑最后流落到了苏伊士运河公司的一个废料场——现在也还在那里，只不过已经重新站了起来，脚下是碎石沙砾，周围是旧电缆卷轴和废弃的起重机。废料场的管理员告诉我，德·雷赛布的家人付钱保留下了那一小块悼念之地，家族成员每年都会来探访。这件事确实还挺尴尬的，因为如果他们把雕塑重新立回基座上，埃及的民族主义者就会抗议；如果把雕塑卖往海外，又有可能招来负面的公众舆论。所以在一个非常埃及式的妥协下，这个给埃及带来国家第四大财政收入来源的男人，就这样与油乎乎的旧引擎、生锈的废料和破损的水管安歇在一起了。

13. 苍蝇解决了佩瑟瑞克的难题

> 苍蝇结集成群，照样抬不起壶盖。
>
> ——苏丹谚语

尼罗河有两个特点：其一就是流域广阔。在人类居住的范围内，我们已知的所有其他河流都不如尼罗河长，毕竟尼罗河的源头是传说中远至赤道以南 11 度的月亮山上涌出的泉水。其二就是尼罗河的汛期是其他河流的旱期。尼罗河水位的上升起于白昼开始缩短的时候，并在秋分时达到最高点，届时河道便开闸放水，田地得到浇灌。

——阿卜杜-拉蒂夫[1]（公元 1200 年）

苏伊士运河于 1869 年投入运行——同年，伯顿和斯皮克也将在尼罗河源头的问题上产生正面争执。但我们必须先把时间倒回去一点，倒到 19 世纪 50 年代，所有新一代尼罗河探险者都还未出发的时候。有一点很奇怪：我们一般都会认为探险者会先于游客探访一个地方，但尼罗河的情况则不然。有些早期的游客，比如福楼拜和蒙克顿·米尔尼斯，就是先到的那批人，而且可能还激励了后来的探险者，促使他们走得更远，一路到达河流的尽头。比如米尔尼斯的挚友理查德·伯顿就一定从他那里听过关于尼罗河的故事。另外，虽然商人一般都是跟着探险者的脚步进入一个地域，但当涉及例如奴隶和象牙等十分来钱的生意时，有些商人和探险者基本上是并肩前进的。

现在南苏丹所在的那片地方从前被称为赤道埃及，而由于苏德沼泽的阻隔，这片区域成了当时旅人们最大的难题。当韦恩（和凡尔纳）对穆罕默德·阿里的探险队所做的记载在欧洲流传开来时，很多人都决心要比他们探索得更远，不管是从赤道埃及穿行还是从西非沿海绕行。伯顿和斯皮克选择从桑给巴尔

---

1 阿卜杜-拉蒂夫（Abd al-Lalif al-Baghdadi, 1162—1231），巴格达人，伊斯兰黄金时代的医生、哲学家、历史家和作家。

（Zanzibar）向西进发，约翰·佩瑟瑞克则从北边开拔。他们走的都是奴隶贸易的路线，即使开发了新路线，之后也被奴隶贸易商利用了起来。

佩瑟瑞克是个性情温和的威尔士采矿工程师。他和贝克、斯皮克甚至伯顿都不是一种人——他是纯粹的底层人士，这一点倒是与利文斯敦和斯坦利类似。似乎所有的探险者都来自社会阶层的两个极端，没有那些生活舒适得刚刚好的中间阶层：他们要不就是一无所有，没有任何可失去的，要不就是拥有的太多，完全不介意任何损失。历史对待佩瑟瑞克很残酷。他花了很多年在尼罗河上游探索那些少有人涉足的地带，但之后却很倒霉地被那个疯癫又不靠谱的斯皮克四处抹黑——就因为在斯皮克成功出现在刚多卡洛[1]的时候没能及时亲自到场迎接他；然而，实情是斯皮克比他们约定的时间晚到了一年。我觉得，既然他迟到了一年才赴约，那就是对方先被放了鸽子，迟到一会儿也不足为过。然而斯皮克并不这么想，他不分对象不分地点，极尽所能地去抹黑佩瑟瑞克。佩瑟瑞克反击了，而且也为自己受损的名誉争取到了道歉和赔偿，但业已造成的伤害已无可挽回。现在已经很难找到他的书了，但确实都写得很好。跟那些更有名气的探险者比，他有丝毫不逊色的勇气，而且还更有创造力。1854 年距离伯顿和斯皮克正式踏上尼罗河探险之旅还有 7 年，而彼时佩瑟瑞克已经在苏丹不断向南部推进，进入了尼罗河上游地带丁卡族、努尔族（Nuer）和第吉巴族（Djibba）的部落。第吉巴人佩戴腕刀，"用手镯就可以重创敌人的脸"；他们还会用死去的敌人的头发打扮自己，把那头发编进自己的头发里，做成"一条长尾巴，长到几乎触地"。佩瑟瑞克属于首批越过索巴特河的欧洲人，这条河是尼罗河的支流之一，一直流入埃塞俄比亚的南部。40 多年之后的法国马尔尚远征[2]第一次实现了由西至东横穿非洲，而这次远征也是沿着索巴特河前行，期间乘坐的那条钢船之前被他们拖行穿越了数百英里的丛林。

佩瑟瑞克家境贫寒，他想进行任何探险活动都必须先通过贸易来获得资金。

---

1 刚多卡洛（Gondokoro），南苏丹城市，位于白尼罗河东岸，喀土穆以南 1200 千米。

2 马尔尚远征，指 1896 年在让 – 巴蒂斯特·马尔尚上尉（Jean-Baptiste Marchand, 1863—1934）的带领下进行的远征，远征目的是抢占东非土地。

有五年他一直在苏丹的商贸重镇奥拜德（Al-Obeid）做阿拉伯树胶生意。这个镇子最初是由在埃及的土耳其人于1821年建立起来的，但之后又被马赫迪的军队摧毁了。当阿拉伯树胶生意不赚钱了，他又将目光转移到了尼罗河这条蜿蜒深入丛林的非洲财富大动脉。在穆罕默德·阿里资助的那场1840年的探险中，赛利姆船长成功深入到了北纬4度42分。这次探险证明青尼罗河一定不是尼罗河唯一的源头——古人设想尼罗河之源是在非洲大陆的心脏位置，他们没有错。佩瑟瑞克的朋友阿方斯·德·马尔扎克（Alphonse de Malzac）之前是法国驻埃及使馆的一个随员，后来成了象牙商。此人曾探索过北纬7度附近的一些部落，但不久前在喀土穆去世了。所以，有很多事正等着佩瑟瑞克去做；如果能在途中碰巧发现尼罗河之源，那就更好了。

佩瑟瑞克性格坚毅。据他自己所述，他在头两年的时候发过烧，但在之后的九年里就再没有过这种情况。他曾不加评判地客观描述说，当地的一些治疗方法能"杀死一匹马"，比如在空腹的时候食用一磅黄油，还有在身体内部疼痛难忍的情况下用烙铁在皮肤上打下烙印。"流行病有腹泻、痢疾、肝病和几内亚蠕虫病；最致命的是天花，而霍乱和鼠疫则非常罕见。"关于几内亚蠕虫病，他还做了如下描述：

> 这种扭曲得可怕的疾病只有赤脚的人群会感染，而且感染时节限于雨季。一般这种病菌最初侵袭的都是脚，然后肿胀常常会蔓延至膝盖，而且情形相当严重，感染者还会遭受剧烈的疼痛。最终，肿痛的皮肤上会出现一小块柔软的地方，好像化脓马上就能开始缓解了，这时就要在那块地方刺入烧得通红的钉子，十之八九过几天就能痊愈。然而，有时候肢体上会出现好几处这样的地方，需要相应地插入更多根烧热的钉子，结果对这个病来说可能会"过热"，没办法达到期待的治疗效果。还有一个不常使用的方法，就是等那块柔软的化脓处自行破裂，到时就会有一条线形的东西出现，而这就是所有疼痛和肿胀的根源——一条巨长无比的虫子，纯白色，质地像一根厚棉绳。等它

露出到一定程度，抓住它，将它缠在一根和吸管差不多粗的芦苇上，接着只要转动芦苇就能将虫子不断拉出，直到感觉到阻力为止……每天早晚都要将这虫子从它那不请自入的藏身之地转出来一部分；如果有经验丰富的人上手，几天就能成功将整条虫拉出来，那时各种症状也就都没有了。但如果虫子在中途不幸断掉，那它就会继续折磨患者，继续带来巨大的疼痛，直到在另一处皮肤下再一次露头；此时建议再进行一次转虫而出的操作。

天花的治愈方法就没那么容易成功了：把病患赤身裸体地平放在用灰堆成的床上，然后不断向其眼睛里滴入生洋葱汁。持续这个操作，直至周身被灰烬覆盖的病人痊愈或死掉。

为了给探险活动攒更多经费，佩瑟瑞克考虑从事象牙买卖，而且随身带着"一堆玻璃珠子、子安贝壳，还有各种各样当地黑人喜欢的小玩意儿"。他还有一支武装护卫队，成员是 20 个来自科尔多凡（Kordofan）的马格利布人（Maghrebis）——也就是几个世纪前在苏丹定居的北非阿拉伯人。

一行人很快就走出了土耳其埃及政府管辖的地区。他们的船经过了无数分布得如迷宫般的美丽小岛，岛上树木繁茂，还有小小的青色猴子在其间跳跃奔跑。"大部分的树木都是含羞树和黑格里格[1]（其果实被称为沙漠枣，有点像是核非常大的李子，吃这种枣可以防治血吸虫病），丰茂的树冠壮美到难以用言语来描述。"继续向上游走，他们遇到了希卢克人、丁卡人和努尔人。后来，一位努尔族首领上了他们的船，他非常羡慕他们的火枪和刀具。瞬间，这位首领就"跪在地上，抓住我的右手，将我的手掌朝上，轻轻地朝掌心吐了一口口水；接着，他看着我的脸，用心地将整个流程又重复了一遍"。据佩瑟瑞克描述，刚刚被吐了口水（在埃及，吐口水是吵架吵到兴头上常会发生的事）的他"对这个男子的无礼行为感到很震惊，当时的第一反应是把他踹翻；但他的表情中写满了和

---

[1] 原文为 Heglig，即卤刺树（Balanites aegyptiaca），也叫埃及香脂树。

善，我于是只好尽可能装装样子，按照他的方式还礼，以此泄愤。他对此非常高兴，高兴得有些夸张了，回到座位上后对跟他同行的人表示，他相信我一定是一个伟大的首领"。

之后，佩瑟瑞克一行人继续向尼罗河上游走，经过北纬8度，进入了一片长满芦苇的泥泞湖区——苏德。在这里，出没的河马更多了，而且河道变成了一片错综的迷宫。最终他们发现了一处小岛，于是就尝试着登岛。然而，不知道从哪里冒出来"数百个黑人集结在河的对岸，他们愤怒地呼喊着，同时高高挥舞着手里的长矛和棍子挑衅我们，想让我们登上他们那边的河滩……没有一个人愿意跟随我过去，也没有水手愿意为我驾船……我没有办法，只好掉头回去"。

但凡懦弱一点或者冒险欲望小一点的人应该就会直接放弃了。但在1854年，一年过去了，佩瑟瑞克又回来了，而且带了更多的人，决心闯过这座充满敌意的岛——他之前达到过的"最南点"。出乎意料的是，这次他们并没有遇到多少敌意，只送上一点珠子就与当地人搞好了关系。似乎之前那些很有攻击性的土著和这次遇见的拉伊科人（Raik）不同，应该是一群到此处劫掠的努尔人。佩瑟瑞克决定离开尼罗河岸，深入内陆探索。当时，他还听说附近的一些部落拥有十分丰富的象牙资源。

他带着队伍找到一个又一个部落，一路上招了好多个向导和脚夫。然而他们每次都被告知象牙还在下一个部落，下一个部落就有大量的象牙。有一次，佩瑟瑞克等待一位瓦吉空族（Wadj Koing）首领等了三个小时，期间被"人群簇拥，他们一边议论、嘲笑我们，一边大肆夸赞自己是如何受上天恩宠，无端得到了那么丰富的资源"。最后这位首领终于现身了，拿着他的棍子在地上敲了几下，告诉佩瑟瑞克他们没有象牙，还警告这一行人必须马上离开。佩瑟瑞克也不是任人欺负的，他告诉这位首领，如果他不表现得更友好些，自己的人就会洗劫他们的村子，烧掉他们的棚屋，而且第一个烧的就是这位首领本人的住处。经过了常规的火器展示环节，对方没有了敌意，取而代之的是用食物换取珠子的意愿。但没过多久，首领茨固尔（Tschol）的另一番意图就浮出了水面。

一夜之间，佩瑟瑞克的非洲脚夫都在恐吓之下逃跑了，向导也都不见了。如此一来，佩瑟瑞克和他的队员们现在无法离开这里了，除非他们把用来交易的货物都留下——当然，这就是茨固尔的计划。佩瑟瑞克于是将这位首领引到他的棚屋里，告诉他说如果在日落之前自己的人还拿不到水，他就开枪打他；首领吓坏了，向手下示意让佩瑟瑞克的人喝水。至于食物，佩瑟瑞克猎杀了一些动物，他们就靠着吃肉维生。他还送出去两组人，其中一组带着他的驴，由驴驮着他们的珠子——这是他们唯一的一头驴，本来是给佩瑟瑞克骑的。对这些本地人来说，看到人骑动物还是第一次，于是纷纷宣称这兽是那人身体的一部分，某种意义上他们就是一个生物——一种相当低级的 19 世纪马人 [1]。我们完全可以猜测，半人半马兽的神秘起源可能就是被记载下来的某些人对骑马入侵者的第一反应，这多么有意思啊。但佩瑟瑞克可无暇去想这些。他当时希望的就是两组人中能有一组遇见一个好客的部落，然后用珠子换到足够的脚夫，这样他们就可以回来运走剩下的货物。

　　等了两周之后，情况实在有些让人绝望。茨固尔看到佩瑟瑞克每晚都在喝白兰地，于是就提出他也想要一些。他知道这是酒精饮品，因为他自己也喝木薯发酵制成的啤酒。佩瑟瑞克已经喝得只剩一瓶了，所以他只给了首领一杯醋。那之后首领就不再索要白兰地了。

　　佩瑟瑞克每天都要打猎，还有读那几本他随身携带的书。首领承认，如果不是因为"我与纸上那些黑色小记号之间的神秘互动"，他们早就把他杀了。这些人担心他会用巫术毁灭他们的部落，而这种想法却给了佩瑟瑞克灵感。正逢当地受旱，他便利用这一点，告诉首领说［说之前先当着他们的面翻看了一份很久之前的《每周时报》(*Weekly Times*)］，只要他的部落能通过一个特殊的测试，他就能为他们降雨。

　　"先派些人去抓半打大苍蝇，有点类似马蝇那种，但要更大一些"，然后佩瑟瑞克就将苍蝇装到一个瓶子里，还往里面放了一点面粉。他晃了晃瓶子，接

---

1 这里的马人指希腊神话中半人半马的怪物肯陶洛斯 (Centaurus)。

着告诉部落里的人说他们做了错事，不是从邻近的部落抢女人就是杀人，人人都胡作非为。而要想下雨，他们必须送牛给那些自己对不起的人，以此弥补过错。族人否认自己干过这些事，但佩瑟瑞克说他有办法证明他们在撒谎——用苍蝇瓶。如果他们能抓住他放出来的苍蝇，那就证明他们说的是实话；但如果抓不住，他们就必须忏悔，并且用牛来弥补过错。不知为何，部落的人竟很吃这一套，所有人都对那些浑身沾着面粉，在瓶子里嗡嗡叫的苍蝇着了迷。

> 数百根棍子和长矛举向天空，周围都是"放它们出来！放它们出来！"的高声叫喊。我一边为自己的苍蝇祈求平安，一边举起瓶子用力砸在了我的来复枪管上。看到苍蝇们享受着失而复得的自由，我也觉得很满足。男人、女人和小孩都一窝蜂冲出去追苍蝇……直到太阳下山之后，那些追远了的人才垂头丧气地回来。他们抓到的苍蝇很少，只有两只。虽然也有人拿出几只来充数，但一眼就能看出来是假冒的，因为它们身上没有沾面粉。

这些人非常坚定地相信"苍蝇神谕"。经过一段漫长的对谈，他们同意了用牛来补偿。此刻，佩瑟瑞克计划的妙处就体现出来了：对于要送出多少头牛，以及应该赔偿给谁这些问题，他们无法达成一致，于是就开始了无休无止的争论。由此，佩瑟瑞克自己的死刑之日也又往后拖了几天。

就在他放弃了所有希望时，一长队带着象牙的人从灌木丛中出现了。他送出去的两组人都成功了——不仅在吉尔维部落（Girwi）和阿杰克部落（Ajack）那儿换到了象牙，还得到了充足的食物和脚夫。佩瑟瑞克很是激动："见到我的队员时，我感觉他们不是我的下属，而是我亲爱的老友。"他还补充道："而迫害我的瓦吉空人看到吉尔维人和阿杰克人……带着象牙来了，也三三两两地走过来表示可以充当我的脚夫……我们由此得以回到船边……当时，风向和不断增强的水流都顺着我们的航行方向，没过多久我们就抵达埃及和喀土穆了。"

14. 杀死一头象

象不会杀死骗子，它只会嗅一嗅，然后走开。
——苏丹谚语

奴隶贸易仍是当时最大的生意，但随着穿行尼罗河和苏丹变得愈加容易，象牙买卖的地位也在不断提高。好在就算是那时候，如果没有装备齐全的本地人帮助，杀象还是非常艰难的，尤其是那些高大且易怒的象。在土耳其埃及政府的统治促使象牙贸易繁荣起来之前，东非地区数百片领地间一直在互相竞争，他们有些会猎杀大象，有些则不会。在有猎象传统的部落里，那些愿意冒着受伤和死亡风险去猎象的勇士们一是为了获得"大象猎手"（类似斗牛士）的荣誉，二是为了给部落贡献数量巨大的象肉——在探险者和商人到来之前，人们需要的是象肉，而不是象牙。

佩瑟瑞克是最早观察到本地人如何不使用火器杀象的探险者之一。虽然本地人猎象算是可持续生态系统中的一环，但仍然非常血腥。有些特别大胆的猎象人会穿过丰茂繁杂的灌木丛潜入可能有大象觅食的地方。只要用当地打制的刀具迅速划上一刀，就能将大象腿上的筋腱割断。如此，这头野兽就会被困住，然后被杀掉。还有一种稍微安全那么一点的方式，就是使用标枪或者长矛。

50个男人成功将大象赶到河湾旁，然后围着象站成一个圈；与此同时，这头长着一英尺长牙的年轻野兽正放声大吼，愤怒地表达着它的不满……一个16岁的少年朝着象冲进了圈内，当距离象只有10码远时，少年又向前跳了一步，甩出他的长矛，戳中了大象的脚。谁完成了这一步，谁就可以拥有象牙……被激怒的象用鼻子将长矛拔出，然后愤怒地尖叫着，将长矛碎成两截，冲向了伤害它的那个人。就在这时，这群人同时开始从象的左侧进攻，不断用长矛刺向它，成功地将大象的注意力从它想泄愤的对象那里引了过来。就在它转向的那一刻，它的右侧也被六支长矛击中，那些人投得很用力，长矛甚至刺到了关节。已经气疯了的大象在原地停了一小会儿，用鼻子往伤口喷水，还拔出了几根插在身上的长矛，将它们掰断；在此期间，人们又继续新一轮攻击，直到大象失去了耐心，开始迈着艰难的步子逃跑，身上还插着几根长矛。那些黑人则用最快的速度跟上它，又一次把它逼到河湾……经历了无数轮攻击之后，这头象终于屈服了。到了这个时候，村里便大张旗鼓地欢庆一番。

还有些猎象方法不需要这么多人力，其中之一就是在象群常去喝水的水潭或者溪流附近挖陷阱。如果有象群日常会路过的窄路或者峡谷，那也是挖陷阱的好地方。不得不说，象群在防守这方面展现出来的聪慧机敏并不逊于设套时的人类。佩瑟瑞克就描述过这样一个场景：一头大象落入陷阱，它的亲友们就用自己的鼻子勾住它的鼻子，将它从陷阱中拉了出来。塞缪尔·贝克曾记录过另一个猎象方法，这个法子要用到一根非常坚韧的长矛，得有 5 英尺长。"一端削成棒形，大概有 4 英尺宽，吊着一块用绳子固定且涂满黏土的石头，整个装置就是要越重越好。"接着，猎手爬上一棵树，而这棵树下就是猎物经常在中午出没的地方。"当（大象）处于他的正下方时，他就用尽全力将矛头插进它的后背和肩部。如果插得够精准，这头野兽就会在短时间内疼得跳来跳去，但由于矛上吊着沉沉的石头，它的动作反而会让不停摇晃的矛加深它的伤口，并由此加速它的死亡。"

佩瑟瑞克自己也很快做起了象牙生意。当他让翻译告知一位本不太愿意合作的部落首领自己想要象牙时，

他们非常激动，因为竟然可以拿无用的象牙换取玻璃珠子这种宝物，简直难以置信。有几个人当场就兴奋地跑走了，（首领）还向我们许诺，第二天他们会带来很多象牙……在我所到达的这片丛林深处，人们从没了解过任何意义上的贸易行为……另外，对尼安－尼

安人来说，象牙唯一的用处就是做饰品，比如手链或者项链；有些被精妙地切割成贝壳的形状，有些则是切成鱼鳞般简洁的薄片，然后再别出心裁地粘到一条带子上，像绶带一样，女人们就把它挂在脖子上。

当然，因为有了象牙商人，当地人开始大量捕杀大象，远超过他们食用的需求，象群以更快的速度悲惨地走向了消亡。而佩瑟瑞克就目睹了这场尼罗河上游的屠杀刚拉开序幕时的样子。

"咚咚咚"声宣告着附近有一个18头象的象群。老大爷、老太婆、勇士、女人还有孩子都集结起来，一起期待最血腥的场面。因为非常渴望见证这一过程，我便随着猎手们一道去了——我之前从没见过这么一群既健壮又有活力的男子。其中的奴隶不少都是从包尔族（Baer）来的，但大多数还是来自西边一些不知名的部落。奴隶的皮肤都很黑，他们所跟随的主人们的皮肤则是橄榄色的，看起来更高贵些。行进了两个小时……我们穿越了一片片壮观的灌木丛，来到了一处开阔的平原，地上覆盖着长至脚踝的干草。象群就在眼前，正悠闲地朝我们走来。在场大约500个黑人立即围着象群站成一个圈，动作敏捷得像羚羊一般。他们大喊着，将这群巨大的猎物逼得一动不动。接着，像变魔术一样，草原上燃起了火苗；象群身陷一阵阵叫喊声和燃烧的噼啪声中，随着烟雾的弥漫消失在了我们的视线里。在我当时站的地方，以及我最大的视线范围内，所有的草都已经被压倒了，为的是防止他们围成的圆圈之外的地方也着起火来；没过多久——不到半小时——火就自己灭了，还有一缕缕余烟从地上缓缓升起。象群又重新出现在我们的视野里，它们站在那里一动不动，就像石化了一样。当余烬全都熄灭之后，黑人们又开始大声呐喊，从四面八方围拢上来，逼近他们的猎物。在之前的烟熏火燎下，（象群的）眼睛已经看不见了；它们面对长矛的袭击无力反抗，一个接一个栽倒在地。那场景非常令人震撼，虽然象牙利益不菲，但看到这场针对大象的屠杀，我还是被深深地触动了。

每次在进行交易之前，佩瑟瑞克必须先给部落首领留下足够深的印象，这样才能避免被抢劫或者被扣留。为了达到这一目的，最常用的工具就是枪，他们在对方面前称之为"我们的雷"，有时用它射杀一头远在长矛射程之外的大象就可以震慑住对方。但即使是怯于火枪威力的首领可能也会打歪主意。有一次，佩瑟瑞克发现当地人对烟草，也就是他们嘴里的"塔阿布"（taab）甚是喜爱，于是就借用了韦恩的一招，让自己在人前显得无所不知。

他们抽烟抽得非常狠，烟草是他们自己种的，里面会混一些香蕉皮，也是当地产的。但在抽了几口我的烟斗之后，（首领）喜欢上了我的烟草，这让人很不安。我不知道怎么拒绝他，同时又非常急于保住所剩不多的烟草，于是想了一个计策。我给随从下了几个指示，让他退到屋子里去填上烟斗。同时，我对迪莫（Dimoo，首领的名字）说，如果有对我不善的人吸了我的烟草，烟斗就会当着我的面爆炸，他的歹心也会由此暴露。迪莫并不惧怕这个小审判，泰然接过一支刚填满的烟斗；同时，我的随从给了我一个暗号，表示他已经按照我说的做了。迪莫就坐在我的对面，身边还有八到十个当地的重要人物。他开始猛地抽了起来，结果斗钵里的火药爆炸了，直接将整个烟斗和他本人及他身边的人全都炸飞了。情绪恢复平静之后，迪莫乞求我原谅他，说他坚决不会再对我有任何隐瞒，还说此前他最多不过是想把我们扣留住，直到占下我们所有的财物……而在这个小插曲之后，他们看待我就像看超人一样，我也因此得到了相应的尊重。

15. 再说点大象的事

> 他们把傻子逗笑，伺机数他的牙齿。
> ——埃塞俄比亚谚语

　　然而，我沿着这条现代的尼罗河旅行并非为了捕杀大象——和鲍勃·帕森斯（Bob Parsons）之类的人不一样；这位互联网巨头——戈达迪[1]的创始人和执行总裁有个视频博客，里面全是大胸脯的年轻女子穿着戈达迪的文化衫，装模作样地跟他聊他的那些鸡汤建议（不得不说，他的有些话还挺有道理的，我尤其推荐他那十大商业技巧）。不过这都是题外话。一次，鲍勃正在非洲游猎，有几个贫困的当地人请他帮忙捕杀一只灌木丛里的暴戾独象，因为它一直在破坏他们的庄稼。而且那里是津巴布韦，人们都没有肉吃，鲍勃把大象射杀之后他们就可以吃上肉了。杀死大象后，鲍勃作秀一般地发布了一条品味堪忧的视频：他骑着被杀死的大象，而当地人正在周围分割大象身上的肉，身上还穿着戈达迪的文化衫。

　　在非洲部分地区，从当地的土地资源方面考虑，大象的数量确实过多了。在南非，人们已经开始对部分大象进行捕杀——不是为了象牙，而是因为大象太多了。但在尼罗河流域及其源头地区，情况却刚好相反——市场驱动着象牙贸易的盛行，象群正在迅速消失。所以我来这里不是为了猎杀，而是为了倾听。

　　我去到了默奇森瀑布，那附近经常有大群大群的象在森林中闲逛，不过那时我还没有见过。但我在艾伯特湖边和苏德沼泽中都见过尼罗河象，一小群雌象站在河边，好似在犹豫要不要下水。虽然大象的体积如此庞大，但它们在森林里时发出的声音却并没那么大，这一点和熊很不一样——熊虽然个子没那么大，但其实是挺吵的。我在河船里看向河岸上的大象，它们穿过高大的蓟草前行，庞大的身躯会让你怀疑它走过之后还能有多少蓟草留下。大象每天至少要

---

1 从事互联网域名注册及网站托管的美国上市公司，英文原名为 Go Daddy，意为"去吧，爸爸"。

吃400磅的草料，所以它们嘴里总是在咀嚼。如果是在不受打扰的状态下，它们的肚子里会发出一种特别不可思议的消化食物的声音，听起来像是有气体在驱动；但它们还有一种奇特的能力，那就是如果嗅到你的气味，它们能立即关停胃部的咕隆声，留下一片不祥的寂静，这时你便该预感到自己马上就要被顶翻踩扁了。

它们消化食物的时候会发出这么大声响也是很自然的，毕竟它们要吃下那么大量的食物，其中真正能消化掉的只有40%。还有水——确切地说，每天至少要喝30加仑水，难怪它们需要尼罗河。大象晚上只需要睡2个小时，它们习惯于半夜来一顿丰盛的大餐，再在黎明时搞一次突袭。"那是看大象最好的时间。"卡尔·默勒说。他是我在河边露营时认识的一个德国人，喜欢观察动物。"在河岸边找白色的牛背鹭就行了——它们总是去有大象的地方。"

卡尔最感兴趣的是动物的声音。他的音乐播放器里全是一些奇怪的声音：鲸鱼的歌声，猩猩的闲聊声，还有他的最新收获——一段在我听来像是工业洗衣机运转的声音。卡尔抑制不住地激动："一点没错，这段就是动物园里象屋旁边一个洗衣机发出的声音。另外这段是大象在模仿那个声音！"两段声音的相似度高得诡异，但卡尔告诉我，灌木丛中的大象现在已经常常会模仿卡车在路上呼啸而过的声音、陆地巡洋舰的轰鸣声，还有割草机在草坪上发出的嗞嗞声。它们还能模仿大自然的声音，比如蛙鸣和大型猫科动物的咳嗽声。

它们超高的模仿能力似乎最适合低频的声音——它们可以发出和接收低于人类听力范围的低频声波。它们的鼻子，甚至还有腿，都能帮助它们听到几英里以外的声音。象鼻和每只象腿上都有很多神经末梢，专门用于和耳中听觉神经一起接收声音信号。如果真的非常需要听声音，大象会将它的鼻子贴在地面上，然后抬起一条腿。这个动作显然不好做，但这可以增加其他三条腿的压力，由此增强它们的听觉感知力。

这些本领都是我们最近才发现的，而同样聪明的技能大象还有很多。它们就靠着这些本领生存，不管是生活在群体中，还是独自游荡在尼罗河上游的草原和森林里。"大象的智力比猩猩高多了，"卡尔说着，喝了一大口尼罗河金啤酒[1]，"其实它们比人类还要聪明。"

他跟我讲到了一个关于大象的实验，这个实验本来是用来测试猩猩的逻辑思维能力和创造力的。实验要求两头大象一起解决一个力学问题，具体而言就是它们需要拉动绳子去获得食物。如果只有一头大象去拉，这个任务就无法完成，它们需要合作才能成功。结果，大象们不仅合作了，而且有些组里的大象在第二头象还没被放出来之前甚至都懒得自己尝试一下。这些厚皮类动物中有一只格外有预见性，竟然还想办法踩在绳子上获取食物——这连设计实验的人都没有想到。

人们曾在大象的脸上特地画上记号，然后放任它们在巨大的镜子前踱步。结果，为了展示自己高超的智商和认知力，或者只是出于刚刚萌芽的虚荣心，实验对象非常巧妙地利用镜子中的信息，抬起鼻子把脸上的标记蹭掉了。不过这得是在它们能看清镜子的前提下——大象的视力是出了名的差。有猎手说，他们与一头象只有不到 6 码的距离，且周围视野很开阔，但它却完全没注意到他们。大象还可以靠嗅觉感知到一英里以外的危险信息，不过当然得是在逆风的情况下。有了这种能力，再加上它们专门进化出来的听觉系统，大象便可以有效地防御外界的攻击。

非洲象分为两种——草原象和灌木象。两种象可以杂交，但它们很少这么做。灌木象的体型要比草原象大得多，而且少一个脚趾。区别看似不大，但足够把它们划分成不同的象种。一头体型较大的公灌木象体重可以高达 10 吨，而大象体内的血液重量占体重的十分之一，所以杀死一头象可以切切实实地放出 1 吨血来。

为了不被这样放血，大象利用它们的智慧想出了很多奇特的方法。有猎手就曾见到，为了保护一头公象，一群母象围着它站成一个圈，行走时动作统一，这样一来，猎人就无法开枪击中长着宝贵象牙的公象（母非洲象也有象牙，但牙比较小，而且弯曲的弧度更大）。

---

1 尼罗河金啤酒（Nile Golden Beer），一种当地产的啤酒。

在现代教科书中，母非洲象惯于群居，成年的公象则独自生活；也有单身公象组成小群体，但那只是暂时的。然而，这很可能是象群在过去100年中对新环境的一种适应和调整，因为连发来复枪的出现让人类可以屠杀成群的大象。女飞行员柏瑞尔·马卡姆（Beryl Markham）曾写到自己在20世纪20年代驾驶飞机时看到过多次巨大的象群，象群中大都是母象，但也夹杂着几头公象。她认为，大象是为了避免吸引猎人的注意才将生活模式转换成公象独行和母象群居的，如此可以提高它们的生存概率。

希望大象还能再想出别的方法来应对人类猎象的最新武器——直升机。美国给乌干达政府提供了几百万美金的资助去追捕圣灵抵抗军的首领约瑟夫·科尼（关于他的事后面还会再讲），但却有确凿的证据表明，乌干达和苏丹南部的大象被人用直升机射杀，象牙也被用直升机转运出去——要知道，针对科尼的指控之一就是经喀土穆将象牙贩卖到外国，并以此来获得资金去维持他那支组织了数十年的儿童反抗军。非洲象会步北非白犀牛的后尘吗？北非白犀牛角每磅可以卖到3万美金，比黄金还贵。现在，这种犀牛在野外已经基本灭绝了，而非洲大象的数量据说在472,000到689,000只之间，当然，具体的数字就很难说了。

如果遭到来自直升机的射杀，那大象活下来的概率也许不大；但在陆地上，这种地球上最大的陆生动物依然是相当危险的猛兽。它们奔跑的速度可以超过那位挪威的尼罗河跑者恩斯特，冲刺时的速度还能达到每小时整整30英里。被一个以这种速度冲刺的6吨重的东西撞一下，和被一辆重型卡车撞没两样——比如那种载满瓶装可口可乐的低底盘货车。从我们在动物园里养野象开始，每年都有人命丧动物园，至少一年两个，经常能到四个。如今大象杀了人也不会被判死刑，但以前确实是得处死的。有些会被射杀，有些则是吊死，而且都要经历一番奇怪的拟人化行刑仪式。但最诡异的还是"四爪托比西"的命运。这头大象在1903年美国的一场动物表演中踩死了一名游客，最初人们打算把它吊死，但这时爱迪生跳了出来，表示自己可以在康尼岛对它施行电刑。爱迪生希望借此机会向大众展示，比起他们公司提供的直流电流，交流电流（电刑中用的电流）是多么危险。行刑时，为了防止爱迪生的机器出问题，他们还提前给大象喂了掺有氰化物的胡萝卜，然后对大象施行了6000伏特的电击。几分钟后，这头猛兽就死了——整个过程都被刚成立的爱迪生电影公司录制了下来。现在在视频网站上仍然可以找到这段残酷虐杀影像的复制版本，不过得警告你，内容可能会引起不适。那段影像很陈旧，画面也很昏暗，的的确确让人非常不舒服。

在古罗马时期，角斗士们如果抽到短签，面临的命运就是被扔给大象。从不会错过任何一个好故事的约瑟夫斯就讲过这么一件事，据说公元前221年到公元前204年，统治埃及的法老托勒密四世曾想将尼罗河流域所有的犹太居民都抓起来做奴隶，而且要在他们身上烙下狄奥尼索斯的标记，结果犹太人在反抗中被拖进了斗兽场，里面全都是怒吼的大象。按理说，他们会在这里被踩死，但根据约瑟夫斯的讲述，奇迹发生了——天使降临，拯救了犹太人。

非洲象被叫作 Jumbo 或者 Dumbo[1] 并不奇怪——在斯瓦希里语（Swahili）中，它们的名字就是 tembu，和阿拉伯语中的 fil 完全不同。不过，第一次听人把大象称为 tembu 时，我觉得十分合理：古埃及人称呼大象为 yebu，而这个词也是阿斯旺尼罗河段的象岛上一座村庄的名字。

16. 大象之岛

> 时间结束了大象的生命，但也给予了象牙价值。
> ——努比亚谚语

在象岛，本属于非洲的这段尼罗河段被让渡给了埃及。在象岛上生活的是努比亚人，象牙是他们最古老的贸易品之一。事实上，象牙的英文 ivory 就是

---

1 Jumbo 意为体大而笨拙的人或物；Dumbo 是童书《小飞象》中主角小象的名字，即"小飞象"。

英文中少有的埃及词源词汇。在古埃及语中，abuw 和刚才提到的 yebu 都是大象的意思；当罗马人来到埃及之后，他们便用 ebor 来称呼象牙；由于字母 b 和 v 发音相似，便演化成了英文中的象牙一词 ivory。

然而，关于大象的繁复故事到这里还没结束。根据相似原理 [1]，象岛注定要成为象岛：岛屿自身形状蜿蜒，像极了象牙。Elephantine 是象岛的"新"名字（旧名为 Yebu，我们之前提过这个词，岛上最大的村庄还在沿用这个名字），来自希腊语中的 eliphas 一词，意为"长牙"。沿着岛边河岸排布的光滑且巨大的灰色花岗岩，看起来和正在沐浴的大象一模一样——实在是太像了，以至于导游会告诉你这就是象岛名字的来源。除此之外，要想沿尼罗河进入非洲——所有象牙的来源地，中途会遇到（对贸易船只来说）无法通行的瀑布群，而在瀑布群之前，唯一一个可通航的交易点就是象岛。因此，象岛之所以注定成为象岛，原因不言自明。

尼罗河沿岸有些地方是人类固定的居住地，象岛是其中最古老的之一。6000 年前，这里应该到处都是大象——确切地说是现在已经灭绝的一种象，不过它的名字非常有趣，叫北非软皮象。也许在象牙被运往下游之前，这里就已经是一处大象之岛了。我本人就在离阿斯旺几百英里远的内陆沙漠中见过刻着大象图案的巨石。

象岛就在阿斯旺的对面。其实在古时候，象岛的地位比阿斯旺要高。不过就像埃拉托色尼证明过的那样，阿斯旺地处北回归线，每年夏至之日都会被太阳直射；这一点似乎从某种神秘的意义上印证了阿斯旺在某方面是一个重要的中心地带。如此一来，我们也就能理解为什么当初那些牧师对希罗多德说这里是尼罗河的源头了。另一方面，象岛上一直都有神庙，其中用以供奉长着公羊头的洪水之神克奴姆的神殿就非常精美，而岛上那座俗丽的瑞享酒店之前企图模仿神殿的设计，结果只建出一座巨大而丑陋的高塔：这最终不过是一次失败的致敬，就如我之前提到的，那座塔看起来更像是一个巨大的排风口，或者主

---

1 相似原理（doctrine of signatures），认为事物的形态和样子与事物的意义或功用之间存在某种关联的学说。

题游乐园里的垃圾桶，等着被塞满汉堡包盒子和可口可乐瓶子。

我坐在阿斯旺一家名为 Yebu 的咖啡馆里，这里算是吃东西最便宜的地方之一，是个很好的去处，唯一的缺点就是能一览无余地看到瑞享酒店的塔楼。餐厅里另一个食客引起了我的注意，因为面对这么便宜的价格，他竟然还在讨价还价。他是一个背包客——这倒不怎么让人惊讶——而且是法国人；那一头充满艺术气息的金色雷鬼辫还真让人看不出来他是一个象牙商人。

象牙贸易已经存续了 6000 年之久，此时颁布一条世界范围内的象牙贸易禁令能够阻止它继续发生吗？这个想法值得赞赏，但未免有些想当然了。象牙贸易给象群带来了很大的伤害，这点毋庸置疑，但也有人认为，比起人类对象牙的追求，对大象栖息地的破坏才会真正让大象从野外消失。这两个因素自然都有很大影响，并行不悖。然而可以肯定的是，从人类用上枪的那一刻起，大象的好日子就快到头了。早在 1831 年，因为象牙而被猎杀的大象一年就超过了 4000 头。人们对钢琴的狂热又进一步拉高了对象牙的需求；20 世纪肯尼亚象群数量的猛跌就被认为是美国的琴键制造需求导致的。

据这位我新认识的法国嬉皮士象牙贸易商所说，为了象牙，人们正在实施更加残虐的暴行：最近就揭露了一场刚在乍得发生的血腥屠杀；还有在 2011 年，共有 30 吨非法象牙被截获（意味着 4000 头大象因此丧命）。然而，面对生态系统的失衡和虐杀行为的泛滥，象牙商法布里斯不为所动。"你看，"他说，"这种事避免不了，毕竟市场就在那里，又不是我让它发生的。我所做的不过就是找到需要象牙的人，然后帮他们跟卖象牙的穷苦非洲人搭上线。"他告诉我，每周都有几辆载着难民的卡车从苏丹进入埃及境内，其中有些难民就带着象牙，用来抵他们去欧洲的费用——他们可以在阿斯旺找到像法布里斯一样的买主。我没问他是如何把象牙偷运出去的。好吧，其实我问了——然后收获高卢人的轻蔑一瞥，眼神里满是难以置信。但他还是告诉我，他一贯乘坐东欧国家的廉航到卢克索。我想，比起戴高乐机场的工作人员，摩尔多瓦和保加利亚的海关应该对所谓的"骆驼骨"工艺品没那么感兴趣。

法布里斯说纯象牙中会有施雷格线[1]，能帮助你判断象牙的产地和价值；他说这话时语气里充满了神往。经常用来充当象牙的骆驼骨里就没有这种记号。在西伯利亚逐渐融化的多年冻土层中有已灭绝的猛犸象的象牙，这也是市面上象牙的主要来源之一。猛犸象象牙的施雷格线相当紧密，相较之下，非洲象的施雷格线则更圆润。"也更美。"法布里斯轻轻说道。

17. 奴隶制

> 身为人奴让我无法发声，而真相却不允许我保持沉默。
> ——苏丹谚语

　　150 年前，象岛上应该还有着堆积成山的象牙，而不是像现在这样，法布里斯只能转手一小把。而且那时候还没有游客——今天的游客就像货物一样被成堆地运来运去，然后被周遭的商人想办法榨干每一分钱；而当时也存在一种类似的人口"货品"，只不过其遭遇更加凄惨，那就是奴隶。

　　阿斯旺和象岛就在"四十日之路"的尽头。四十日之路是一条穿越苏丹沙漠的沙漠线路，沿着它可以绕过尼罗河上那些难以通行的瀑布群；同时这也是运输奴隶的路线：经此道路，奴隶从尼罗河上游地区被送到开罗和奥斯曼帝国。

　　我骑骆驼走过这条道路的北边一段时见到了几个磨石站——那些巨大的碗状"穆尔哈加"（murhaga）石看起来已经废弃了，而且周围都散落着一些圆形花岗岩石块。这些东西都是用来磨谷物的。直到不久前，沙漠中的旅人都还会在类似的磨石站落脚，顺便在这里把谷物磨好，用来做面包吃；这是从古时候起就有的传统。他们很聪明，这样就不用携带沉重的磨具，也免得带面粉这种会到处洒的东西了。而且，古时的旅人大都是猎人或者牧人，他们也不需要一

---

1 施雷格线（Shreger lines），口腔医学名词。用落射光观察牙纵向磨片时，可见宽度不等的明暗相间带，分布在釉质厚度的内 4/5 处，改变入射光角度可使明暗带发生变化，这些明暗带称为施雷格线。

次做太多面包。不过，人们开始定居后对面包的需求就增加了。（跟我一起旅行的贝都因人有时候会拿走一些石头回家当磨刀石用。）

格奥尔格·奥古斯特·施维因富特这位探险家我们之前已经提过了，后文我们还会再跟他打几次交道。关于非洲尼罗河流域奴隶贸易的兴起，他发表过一个有意思的观点。用穆尔哈加研磨谷物，就是以一块大而平的石头作为研钵，再以一块比较小的石头作为手持研杵；但如此辛苦地研磨一天，也只能产出五到六个人的食物。当狩猎经济转变为农业经济时，随着苏丹地区的阿拉伯人迁至喀土穆南边的塞里巴地区［塞里巴（seriba）的意思本来只是村庄周围的带刺篱笆，后延伸为北边来的移民所建立的定居点］，他们也需要更多的人进行整日的研磨工作。但谁会愿意干如此折磨人的工作呢？答案是奴隶。据施维因富特所述，每一个努比亚定居者都拥有大约三个奴隶。换言之，是 19 世纪的移民潮使得苏丹的奴隶制持续了下去；同时，这个地区还成了奴隶出口国外，销往中东及更远地区的转运港。

奴隶制度确实可能随着北方阿拉伯人迁至苏丹而变得更普遍了，但发明奴隶制的并非这些阿拉伯人。希腊人于公元 1 世纪写就的《厄立特里亚航行记》（*Periplus of the Erythraean Sea*）介绍了红海地区的贸易情况，还附有具体的航海路线，而这本书中就提到了白尼罗河上游地区的奴隶制度。按伯顿的猜测，该地区的非洲奴隶制是古时候与阿拉伯半岛南部进行贸易的结果，但其具体源头仍"掩藏在过去的阴影中"。到了 19 世纪，在尼罗河和印度洋之间的土地上，奴隶制几乎已是常态。而且不是所有的部落都会将奴隶从内陆输出到阿拉伯世界；很多当地人也会购入奴隶，他们本身也是奴隶主。

阿拉伯商人最初都是依赖非洲部落获取内陆地区的货品。但通过像佩瑟瑞克这样的早期旅行者，他们了解到还存在更直接的贸易路线——不过得有武器才能走。由此，阿拉伯商人和探险者的足迹也愈发深入非洲大陆，而这些商人要的不仅仅是象牙，还有奴隶。从人类有文字记录开始，奴隶制就一直存在。古埃及人也使用奴隶，虽然没有让他们参与建造金字塔，但家务都是奴隶在做，而且有些还扮演小妾的角色。古埃及的奴隶制和伊斯兰政权下的奴隶制不同：在古埃及，奴隶的孩子仍是奴隶，即使父母中有一个是自由人；只有父母双方都是自由人，孩子才能拥有自由。那么奴隶是从哪里来的呢？我们已经知道，至少在旧王国时期，沙漠还是可以较为轻松地通行的，那么许多奴隶很可能就是从中非直接经由沙漠运送过来的。另外一个来源应该就是尼罗河沿岸，或者沿着东非海岸运送至红海港口。

托勒密王朝时期就已经有一个向印度洋输送奴隶的稳定贸易体系了。位于索马里的海港城市柏培拉（Berbera）在古时候又称马劳（Malao），根据前文提及的《厄立特里亚航行记》，通过这里出口的货品有"没药、少量乳香、硬质肉桂、杜阿卡（duaca）、印度柯巴脂和红树皮，还有奴隶"。沿海岸线再往南一点的桑给巴尔是另一处奴隶转运港，从这里运输的奴隶大都来自东非，但赤道附近的区域一直没有受到波及，直到1820年土耳其埃及政府的入侵开始对这里产生影响。19世纪20年代以后，在包括喀土穆和奥拜德在内的苏丹北部地区，与奴隶相关的事务都由穆罕默德·阿里的侵略军统治着。1840年，一位在埃及的英国旅人就这样描写当地的奴隶市场：

> 奴隶都是年轻的女人和女孩。她们被关在一间间可怕的笼子里，笼子前面用毯子罩着，有客人过来，毯子就会像窗帘一样被掀开……我们一表现出想买的意思，jellabis（奴隶商人）就命令那些年轻女孩站起来向我们展示自己——我们刚过来时，她们都是蹲在地上的。她们照做了，虽然她们的装扮让她们看起来几乎处于一种原始的状态，但没有人表现出一丁点的厌恶或者不情愿。没有漂亮的，但有几个身材十分丰满、优雅……她们之中最大的不过16岁左右，最小的还不到8岁。最高的要价为62美元。

再往南去，奴隶的使用和买卖都更加无序，按照佩瑟瑞克的说法，也更加具有地方特色：

农活都是奴隶在做，他们为地里的作物提供了精心的照料。部落里的成员都拥有很多奴隶，个别人甚至有数百个。在紧急情况下，奴隶甚至会随主人一起上战场。据我所知，在非洲的内陆地区，（在将奴隶制商业化的奴隶贩子到来之前）主人对待奴隶的态度都是很亲切的，而且，大部分情况下主人和奴隶对彼此都有很强的认同感：在一些黑人家庭里，我经常看到主人对奴隶施以的关注比对自己的孩子还要多。不过，我从黑奴和自由身份的黑人那里都听说过，如果尼安－尼安人的奴隶逃跑后被抓住，那他们就会杀鸡儆猴，将这个奴隶杀了吃掉。外界盛传尼安－尼安人有吃人的传统，而他们自己似乎以此为荣。有尼安－尼安人亲自对我说过，他们的老人，或者可以说是所有将死之人，也都会面临被杀死吃掉的命运。

尼安－尼安人不受某一个地位最高的首领管理；但像多尔人（Dor）一样，他们的部落分为多个团体，各自分属不同的首领。这些首领都是大奴隶主，一位首领的地位和权威就是由他拥有多少奴隶来决定的。奴隶是重要的家仆和劳力，都是奴隶主为了收为己用从附近的部落抢来的，并且在部落内部或者不同部落之间都不会被买卖或者交换。因此，在这个国家没人听说过所谓的奴隶商人。

晚些时候来到非洲的贝克也记录过在乌干达西部巴尼奥罗人（Bunyoro）间买卖奴隶的价格情况。一个健康的年轻女孩可以换一只"最高级别"的象牙，或者一件新衬衣。而有些地方的土著人"非常善于裁剪衣服和加工毛皮"，在那里 13 根针就可以换一个女孩。然而，这种"单纯的买卖"很快就被阿布·萨乌德（Abou Saoud）之类的商人打破了——他们发现"直接绑架年轻女孩要方便得多，可以省去为几件衣服和几根针讨价还价的麻烦"。

贝克曾与舍尔人（Sheir）的首领交谈，先是针对奴隶贸易的残酷"布道"一番，接着提起自己的儿子已经去世了。首领于是告诉他说："我有一个儿子，独生子。他是一个好孩子——非常好的孩子。我想让你见见他——他现在很瘦，但如果他能跟你在一起生活，应该很快就会胖起来。他是一个非常好的孩子，总是很饿……你一定会非常喜欢他；只要你给他足够的食物，他就不会给你添任何麻烦……他是个乖孩子，我唯一的儿子。只要一个莫洛特，我就把他卖给你！［莫洛特（molote）是一种当地的铁铲。］"贝克事后总结道："我只是将这件事原原本本讲出来，并不是在说这种情况就是常态。但确实可以说，在白尼罗河沿岸的部落里，父母对卖男孩毫无芥蒂，别人要买多少个都可以——尤其是在食物短缺的时期。"

在贝克看来，存在两种不同的奴隶制：一种是埃及和古罗马的奴隶制——奴隶也可以通过自身努力谋取高位，获得丰厚的报酬——这种奴隶制也不全然是罪恶的；还有一种是因奴隶商人和奴隶猎人而存在的奴隶制，而他们的行为从任何角度看都是纯粹的邪恶。成群的奴隶猎人带着强大的武器装备游走在乡村地区，他们捕猎的对象在他们面前无疑是弱小的。不论他们需要什么来维持生活，都可以从当地人身上巧取豪夺。"当奴隶猎人需要粮食了，"贝克解释道，"他们通常会抓几个当地村民，把他们的屁股按在一个大陶土罐的罐口上，里面是燃着的火苗。如果活生生被火烤还不能逼他们说出储粮的地方，那他们一般就会把受刑人的喉咙割破，以此威胁他的同伴。为了保命，同伴就会告诉他们隐蔽的粮仓位置。"

施维因富特的非洲之旅和贝克的差不多是同一时间，都是在 19 世纪 60 年代末。施维因富特也见证了奴隶贸易导致的人性沦丧。虽然他在这个问题上没有贝克那么激进，但对于喀土穆的土耳其人和阿拉伯人主导的奴隶贸易，没有任何一个欧洲旅行者表示过理解［除了像马耳他人安德里亚·德·波诺（Andrea De Bono）这种奴隶贸易商］。施维因富特曾亲眼见到奴隶贩子鞭打一个濒死的奴隶，只是为了"确认他是否死透了"。接着，他们又开始"把那个仍残留着一口气，但因为疼痛而蜷缩扭动的身体当成足球踢来踢去……他最终被拖到了森林里。几周之后，我在那里发现了他的头骨。那里还有很多与他同病相怜的人，之后，我把他们的遗骨和那个头骨都寄放在柏林博物馆了"。

不是所有的奴隶都是平等的。来自邦戈兰（Bongoland，当时苏丹南部的苏德地区）的奴隶价格更高，"因为他们学东西很快，而且温驯、忠诚，此外，他们长得也好看，人还勤劳"。来自阿赞德地区的女性奴隶，也就是尼安－尼安女性奴隶非常抢手，"比最好的邦戈兰奴隶还要受欢迎，但她们在市场上很少见，以至于市面上都没有一个明确的报价"。巴布克尔人（Babuckur）一般来讲是比较难驯服的，"对他们来说，好吃好喝和温柔以待都比不上自由来得重要"。

根据施维因富特的说法，被努比亚侵略者留下自用的奴隶分为四个等级：

1.七到十岁的男孩。他们主要负责为主人运送枪支弹药，长大以后就变成第二等级。

2.负责打仗的土著士兵，与自己的阿拉伯主人一起参战。"每一次作战，最艰难的任务都会落到他们头上。"这些奴隶有妻有子，有些相对富有的甚至还有他们自己的奴隶男孩帮他们拿武器。每次抢完尼安－尼安部落，这个等级的奴隶数量都会增加，因为年轻的尼安－尼安人领到棉衬衫和属于自己的枪时都很高兴，会欣然加入这支队伍，"希望能在这些塞里巴吃到他们自家原野上产不出来的美食"。

3.被养在屋子里的女性奴隶。"这些女人就像美钞一样被不断换手。自从各个塞里巴归属喀土穆统治之后，他们辖下的土地上就不断出现各种烦人的骚乱，而对女性奴隶的肆意买卖也是情形不断恶化的重要源头。"不过，按照伊斯兰教律法，任何一个奴隶生下的孩子都应被视作奴隶主的合法后代，孩子的母亲也应获得妻子的名分。一支200人的努比亚军队，会有多达300个女人和孩子跟着。"这群人不仅大大拉长了行军队伍，他们叮当作响的厨具和无休无止的争吵让军队一直不得安宁，有时候还会造成让人绝望的混乱状况。"

4.不论男女，专门参与农牧活动的奴隶。只有高等级的奴隶——比如文员或者口译员——才能真正犁土畜牛。在丰收的季节，士兵奴隶也可能会被征用过来帮忙。还有就是年纪大的女性奴隶，她们身体太弱，干不了别的，会被雇来除草。

施维因富特记录下了 1871 年在塞里巴买卖奴隶的价格：18 磅铜可以换一个"西塔斯"（sittahsi）——字面意义就是 6 拃[1] 高的孩子，大约 8 到 10 岁。女性奴隶叫作"纳蒂芙"（nadeef），意思是"纯洁的"，殖民者对她们的需求量很大，一个可以换 30 磅铜或者 15 个玛利亚·特蕾莎银元。强壮的成年女性如果长得丑，价格会比较低，而年老的女性"几乎不需要花什么钱就买得到"。女性和小孩是比较受欢迎的，男性奴隶则被认为交易起来比较麻烦（留作自用就是另一回事了）。

伯顿则写道："公平地讲，在东非地区，过度压榨奴隶的情况是比较少见的……事实上，奴隶制的本质，即强迫的无酬劳动，在独立了的印度可能比在东非要更常见……不过也有一些例外，情形很糟糕……我们在从乌吉吉（Ujiji）回来的路上有一位随行向导，他当时落在后面闲荡了好几天，因为他的奴隶女孩走了太多路，脚痛到无法行走。后来他等得不耐烦了，就把女孩的头砍了下来，因为担心留下她会被别的男人免费得了去。"

18. 苦难的多种形态

荆棘还需荆棘拔。
——苏丹谚语

尼罗河看似一条生命之河，它蜿蜒穿过撒哈拉沙漠的死亡地带，为人类、植物和动物带去滋养生命的水分。然而在 19 世纪，尼罗河就是疾病的代名词——福楼拜所患性病导致的溃疡，探险者经历的寒战和发热，疟疾，瘟疫，死亡。此外，还有各种虫子，包括咬人的昆虫。曾有一只甲虫钻进斯皮克的耳朵里啃噬他的耳膜，然后蜷缩着死在了里面，之后斯皮克就失聪了。

---

1 1 拃指成人张开的拇指和中指两指尖间的距离，约为 9 英寸。

斯皮克第一次见到维多利亚湖时，当即宣布那里就是尼罗河之源，而那时理查德·伯顿已经病入膏肓了。伯顿很可能在索马里的时候就染上了梅毒，那之后他就一直很在意自己的健康状况。他在那场尼罗河寻源探险中，很长一段时间都被人用担架抬着走。生病是怎么一回事，伯顿一定比别人了解。

他是探险家中的探险家，这么说是因为他从陌生土地带回来的新鲜见闻是最多的，而且他探访过的异域也是最多的——从阿拉伯半岛到东非和西非，再到南美和印度。另外，伯顿丰富的人生经历背后是同样丰富的语言和文学知识，在 19 世纪应该少有人能够企及。但他的问题在于热切追逐事业时过于自负，太希望造成轰动，这要是放在今天，恐怕比在人们更加见怪不怪的维多利亚时代还要招人厌烦。读伯顿的文章片段，有时候你会感觉旁边有一个咆哮得最歇斯底里的布尔[1]，但要是再多读一段，可能感受就完全变了——"女性的社会地位是检验文明进步程度的绝对标准"，能说出这句话，说明他一定不是一个不会思考的保守人士。另外，他也不是一个冷酷之人。虽然有很多（他自己散播出去的）流言，但并没有证据能证明他杀过任何人。阿尔加农·斯温伯恩[2]描写他时是这么说的："他对我的和善和关心是别人想象不到的……我平生第一次体会到有一个哥哥是什么感觉。他对我来说是一个那么亲切、那么能共情的朋友……这段时间的两人独处对我来说实在是一大乐事……但周一伯顿夫人就要来了，我还挺不高兴的……我们爬多姆山（Puy de Dôme，位于法国中部山区的一座火山）的时候，他就已经满心期待地采花给她了。"

伯顿是一个复杂的人。他的文字很多都是为了震动读者的内心，刺激他们从舒适区走出来。但如果需要的不是心灵的震动，而是精准的描写，他也能做到。在《中非的湖区》（*The Lake Regions of Central Africa*）一书中，他展现出对万事万物的好奇；对每一位后来的探险者来说，这都是一本关于尼罗河探险的可靠教科书。但很少有人会承认自己曾从伯顿的书中获益，斯坦利就是少数人

---

1 布尔（boer），南非白人农民，也指荷裔南非人。

2 阿尔加农·斯温伯恩（Algernon Swinburne，1837—1909），英国维多利亚时代的著名诗人、戏剧作家、文学评论家。

中的一个；至于斯皮克，此人当然不可能承认自己从伯顿那学到过任何东西。

从理论上讲，探访尼罗河源头地区一定不会是一个健康的差事，原因之一就是路上可能感染各种鲜见的疾病。在《中非的湖区》一书中，伯顿写道："文明种族生活在更狭小的空间里，他们更容易受到各种各样的疾病折磨，而很多病在东非地区甚至都闻所未闻。"这还不止。据他所述，最主要的疾病是发烧，而大家最害怕，同时也最危险的病则是天花。他说自己曾见过车队的脚夫边上跟着20多个天花病人，他们走得跟跟跄跄，"眼睛看不见，也几乎没有知觉"，还有"一些母亲背着孩子，两代人都已经病入膏肓"。

伯顿还补充道，阿拉伯人和土耳其人都接种天花疫苗，这在南非也久已有之，"在眉心切一个小口，然后将痘浆注入"。[18世纪的科学家爱德华·詹纳爵士（Edward Jenner）在这方面有一个研究突破，就是用牛痘病毒替代人痘病毒作为疫苗。]天花还有一个温和些的变种，有点像水痘，可以通过洗冷水浴和在身上涂抹红土来治愈。

根据伯顿的记录，痢疾在中非湖区的探险者之间相当普遍，另外，"像在埃及一样，很少有人能免受痔疮的困扰"。他还记录过，虽然在尼罗河上游地区能吃到新鲜的肉和蔬菜，但还是会有人患坏血病，很多葡萄牙人便受此病折磨。伯顿知道不健康的饮食是这个病的主要成因，但他觉得跟潮湿和寒冷也有些关系，这点是不正确的。几乎所有深入内陆的探险者都没有摄入足量的当地食物，也许是害怕中毒吧。

据说，治癫痫可以用犀牛腿骨的骨髓，治脐疝就敷大麻粉末和融化的黄油。很多情况下，治疗的方法和驱逐邪灵的方式一样，因为人们认为患者得病就是掌控疾病的邪灵惹的祸；一般来说他们会使用泻药，最常见的就是把卡拉卡拉树（kalákalá）的树皮煮在粥里。针对一些其他的病，当地人会使用烙术，"他们经常把彼此弄得鲜血直流，最经常烙的地方就是头顶"。伯顿还指出"他们不会治疗脱臼，骨折了也从不会接骨或者用夹板正骨"。

当地人将疾病分为两种，一种是由未知原因引起，一种是由"尤查维"（uchawi），也就是所谓的黑魔法引起。探测黑魔法是巫医的工作。巫医在当地叫作"姆甘加"（mganga），无论男女，腰上都会挂一圈干葫芦，里面放着各种药水和药材。在乌苏巴拉地区（Usumbara），人们会将一把烧红的小斧塞进嫌疑人的嘴里，并根据烧伤的程度和范围来决定他清白与否。在坦噶尼喀湖附近的部落，人们会把一根烧红的铁钉戳进人体比较柔软的地方，然后再用木桩捶两下；还有的部落会让人把一只手伸进沸腾的水或者油里；在过去，瓦子古拉人（Wazegura）还会把角马最硬的尾巴毛戳进人的耳朵里。跟他们同盟的一个部落也有一个酷刑，就是用肉去噎人，如果真的窒息了，就说明此人无辜。还有的部落把有毒的树皮放在水里煮，然后让一只肥母鸡作为替身喝下毒水。如果母鸡活了，控诉便成立，他们会再煮一碗毒性更高的水给嫌疑人灌下去。在这些针对黑魔法的审判中，如果嫌疑人经受住了这些考验（虽然不一定发生），那就意味着他有罪；如果没能"通过"测试，就说明他是无辜的，但这人可能在测试过程中就会丧命或者受重伤。这样看来，只要被怀疑，就是个必输的局面。

另外，姆甘加还是主要负责预测降雨情况的预言家。伯顿对此也有过精要的评论："他确实是个善于洞察天气的男人，总是能轻松地预测出热带地区是否有降雨。然而，他的预言也经常出错，如果所有的骗术都用尽了，那些受骗上当的人不饶他，他就不得不跑路以求保命了。"

19. 在伯顿的坟前

> 他们害怕驴子，所以抽打驴背上的包袱。
> ——阿拉伯谚语

你读得越多，就能发现越多伯顿和尼罗河之间的关联。是他为尼罗河之源的发现者斯皮克打下了寻源之旅的基础，他的书也向英语国家的探险者们打开了尼罗河的大门。对探索非洲的旅行者来说，《中非的湖区》那本书就是他们的核心参考资料。如果没有伯顿，利文斯敦应该会一直待在南部，而斯坦利则会待在家里。

　　伯顿也是另一位尼罗河探险者蒙克顿·米尔尼斯的好友，两人对上不了台面的文学作品有共同的喜好。我们之前说到过米尔尼斯，他的求婚被弗洛伦斯·南丁格尔拒绝了。为了出版淫秽书籍，伯顿后来决定在贝拿勒斯[1]开一家出版社（实际上是在斯托克纽因顿[2]，只不过为了防止被起诉而对外宣称是在贝拿勒斯），这一定是受了米尔尼斯的影响。他们最出名的出版物就是《一千零一夜》的一个毫无限制的版本。那些听着辛巴达和阿拉丁的故事长大的人看到这本书一定会非常震惊。距离书中故事首次在尼罗河沿岸的开罗被整理成册已经过了千年之久，但书中仍有百分之十的内容还是极其不适合作为睡前读物。开罗是一座故事之城、名妓之城——从来都是——尼罗河似乎也反映出了这一点。一条浸染着洪水之血的红色河流也一定是激情和抚慰之源——而这两者，故事和性爱都可以给予。故事讲述者谢赫拉莎德[3]是美丽的，也无疑是性感的；而她选择用故事来换回自己的生命，这肯定不是一个巧合。就是这条尼罗河给予了开罗生命。《一千零一夜》成了尼罗河的民间《圣经》，书中展开了一幅标明人类欲望和内心追求的叙事地图，就像真正的《圣经》为河岸边的信徒提供了信仰的范本。《圣经》和《一千零一夜》这两本书刚好一起陪伴了很多尼罗河上的旅人——比如弗洛伦斯·南丁格尔就在溯流尼罗河时读了这两本书，而且读得很投入——这当然也不是一个多么难得的巧合。

　　但伯顿和东方以及东方的故事之间还有着更深的渊源。他深入研读苏菲派的诗歌，而且所有相关的迹象都表明他一度加入了苏菲派。然而，当他的那些传记作者选择不收录他最好的那篇作品时，他们也错过了证明他加入苏菲派的决定性证据。那是一首题为《卡西达》[4]的长诗——当时爱德华·菲茨杰拉德[5]翻

1　贝拿勒斯（Benares），印度东北部城市瓦拉纳西（Varanasi）的旧称。

2　斯托克纽因顿（Stoke Newington），英国伦敦一个地区的名称。

3　谢赫拉莎德（Scheherazade），《一千零一夜》中的苏丹新娘，用睡前故事吸引了丈夫的兴趣。

4　"卡西达"为音译，原名为 The Kasidah，kasidah 一词指古老的阿拉伯语或波斯语诗。

5　爱德华·菲茨杰拉德（Edward Fitzgerald，1809—1883），英国诗人和作家，最著名的作品之一就是《鲁拜集》的英译本。

译奥马尔·海亚姆[1]的诗集大获成功,传记作者们便想当然地以为伯顿发表这首诗也是为了能沾一点他的热度。《卡达西》中有如下诗句:

> 以坚毅面对痛苦,以俭朴面对福泽,
> 为上帝施善是善事,
> 面对天堂的恩惠和地狱的威胁,不为所动。

还有:

> 别指望别人为你鼓掌,
> 自省自律之人,
> 生也高尚,死也高尚。

还有:

> 这就是全部,我们生来为之落泪,为之死亡!
> 肤浅的诗人这样唱道,仍为了"我"这一字而艰难度日。

《卡西达》体现了苏菲派的心理状态,所以这篇作品能很大程度上帮助我们理解理查德·伯顿一些公开行为中的矛盾之处——其中比较重要的一点就是他践行了"谴责之路",一种知名的苏菲派的行为方式;具体而言,就是主动寻求他人的谴责,借此来分辨身边哪些是真朋友,同时避免自负心的滋长,因为自负会削弱自身的力量。

了解了《卡西达》在伯顿生命中的核心地位,我与约翰尼·韦斯特(一个

---

1 奥马尔·海亚姆(Omar Khayyam,1048—1121),波斯诗人、天文学家、数学家,著有诗集《鲁拜集》。

在尼罗河里游泳的同好，下文还会出现）、旅行作家克里斯托弗·罗斯，还有马修·利明一起，决定要在莫特莱克公墓举行一次守夜仪式。伯顿的阿拉伯帐篷形陵墓（墓是他夫人用自己为丈夫作传挣的钱买下来的）就位于这片公墓，还配有一只生锈的螺线管操控的骆驼铃铛。我们去守夜时是 1990 年——距理查德·伯顿爵士于的里雅斯特[1] 去世刚好过去了 100 年。

莫特莱克距离尼罗河非常远，但离泰晤士河很近。我们翻过教堂的墙，向着墓地走去（帐篷形坟墓的屋顶嵌着一块玻璃板，因此你可以看到理查德和他的妻子伊莎贝尔躺在下面，就像一对十字军骑士）。我们摆好四支蜡烛，开始诵读《卡西达》。这首诗很长，读到两点钟时，我们一致认为差不多够了。于是，我们熄灭蜡烛，静静地合上书，带着我们从这篇至关重要的文章中拾得的收获，回到河另一边我们自己的生活中去。这篇文章是尼罗河探险开拓者理查德·伯顿爵士非凡一生的主线，其实也可以概括为一个信念，那就是"成就非凡"；或者至少要无惧于尝试。

停下吧，人啊，停止悼念，停止啜泣，停止哀嚎；享受阳光照耀的时刻；我们在死亡冰冷的边沿起舞，难道会因此而失掉跳舞的乐趣吗？

20. 在食人国王的宫殿里

有胃病也要吃饭，有眼疾也要掉泪。
——乌干达谚语

我们之前提到了邦戈兰，但这个地方具体在哪里？拿一张 19 世纪末的中

---

1 的里雅斯特（Trieste），意大利东北部边境港口城市。

非地图看看，它就位于刚果、苏丹、乌干达三国在尼罗河上游地区交界的地方。邦戈兰及当地食人族的故事在21世纪已经变成了一种幽默的传说，但这些故事确实是由诸如佩瑟瑞克和之后的施维因富特这些探险者发现并带去西方的。但在这里必须说明，其实这两个人都不太相信非洲部落有食人的传统，除非能让他们看到无可争议的证据。然而，说某些阿赞德人——也就是早期探险者用丁卡语称呼的尼安 – 尼安人——有食人的习惯是因为奴隶和象牙买卖的出现打乱了他们原本的生活，这是站不住脚的。佩瑟瑞克去的时候离阿拉伯奴隶贩子和象牙商人出现还早；事实上，就像我们之前说到的，他去的时候当地人连贸易这个概念都没有。问题的关键在于，并非这片地区的所有部落都吃人，比如苏利（Shooli），也就是之后的阿乔利（Acholi）——圣灵抵抗军首领约瑟夫·科尼的部落——在历史上就没有食人的习惯（不过有人声称他们现在会吃）。

在阿赞德人的土地上，施维因富特见到过一个场景，和30年之后穿越非洲的探险家埃沃特·格罗根（Ewart Grogan）见到的非常相像。在施维因富特的描述中，当地每家每户都有一根柱子，用来展示屋主在打猎和打仗方面的技能："有小猴子和大狒狒的头骨，野猪和猩猩的头骨，还有不得不提的，人的头骨！它们都被绑在柱子上，就像绑在圣诞树上的礼品盒一样，只不过这些不是给小孩子的礼物，而是比较解剖学家的宝藏。"在那些棚屋附近，他还发现了成堆的人骨，上面有斧伤和刀伤的痕迹。"而且四周的树枝上都挂着人的手脚，大部分都快干得只剩骨头了……它们让空气里弥漫着一股让人作呕的难闻气味。"

不过，论食人成性还属住在尼安 – 尼安人南边的芒贝图人（Monbuttoo），也叫蒙布图人（Mengbutu）。芒贝图也是一个非常发达的部落，他们长于制作金属制品，在音乐和乐器制造方面也很专业；另外，那里的女人都非常独立——一般来说，如果你问一个芒贝图男人某个稀罕的小物件要卖多少钱，他会回答："问我的妻子吧——那是她的东西。"他们还是烹饪大师，做饭时喜欢用棕榈油；当然，这是在手头没有人肉的时候——人身上的肥肉是他们的最爱。虽然他们的文化很发达，但据施维因富特所说，"芒贝图人的食人传统是整个非洲最突出的"。

　　如果在战斗中有人丧命，尸体便会由那些贪婪的胜利者瓜分，而且在运送尸体之前他们还会先做一番脱水处理。蒙扎[1]宫廷的国王每天都要吃一个孩子。施维因富特经常能看到人们处理用来食用的人肉。有一次，他见到几个年轻的女人正在烫掉一具尸体下半身的毛发。"他们处理到当时那个阶段，尸体原本的黑皮肤已经变成了灰褐色。这个恶心的场景让我不禁联想到我们给肉猪浸水、擦洗的样子。"在另一个棚屋，他看到了一只人的手臂挂在火上——"显然，这样可以一边脱水，一边熏制"。有一次，施维因富特在与国王一起进餐时问道，为什么那顿饭他们没有吃人肉，国王回答说这是为了表示对客人的尊重，他知道他们非常厌恶这种行为；但国王也明确表示，他们在私底下还是会吃。看得出来，对自己见到的一切，施维因富特抱着相当矛盾的心理：

　　　　我不必……描述这些人如何获取人体脂肪，也不必再次详述食用前将人肉切成长条、放在火上熏干的过程。今天，在柏林的解剖博物馆里还保存着相当多的人类头骨，都是这些人吃剩下的残骸，是我一个一个拿铜片换来的，为的就是证明芒贝图的食人习俗在世界范围内无出其右。但即使是这样，芒贝图仍是一个卓越的种族……

21.尼罗河之源引发的谋杀

> 愚蠢之人遇到憎恨的目光还以为是爱。
> ——阿拉伯谚语

　　所有优秀伟大之人都在这里了。辩论发起人、皇家地理协会秘书罗德里

---

1 蒙扎（Munza），曾为芒贝图人的国王。

克·默奇森爵士（Roderick Murchison）；传奇探险家戴维·利文斯敦博士；亨利·罗林森爵士（Henry Rawlinson）、查尔斯·莱尔爵士（Charles Lyell）、弥尔顿勋爵（Milton）；曾为探险者们写过指南的弗朗西斯·高尔顿（Francis Galton）；还有克莱门茨·马卡姆（Clements Markham），就是他在几年之后将罗伯特·福尔肯·斯科特（Robert Falcon Scott）送去了极地探险。

我们离尼罗河很远，但我们现在就在决定它源头的地方。此刻我们在巴斯。巴斯这个地方本身也是一个源头——矿泉水的源头。这个地方对伯顿来说倒很合适；这位伟大的探险家在年轻时非常憎恶自己的父母不断穿梭于欧洲各个时髦的水疗会所，但等他年纪大了的时候，他也会做一模一样的事情——等年纪大了，却仍为了那些在巴斯说出口和未说出口的话而蒙受阴影的时候。他来巴斯是为了辩论，主办方是皇家地理协会，对手是他的老朋友，也是他现在的敌人，斯皮克中尉。辩题是：尼罗河究竟源起于何处。

这是一切探险活动的终极问题；有史以来，所有跟尼罗河打过交道的统治者都会为这同一个问题而困扰忧虑。这么说也许是夸张了，但只夸张了一点。此刻，我们并不在尼罗河岸，而是在英国，但这却是个相当合适的地点，因为就是从此刻起，英国势不可挡地将手中这条河流的控制权攥得更紧了，而就是这种控制将引发乌姆杜尔曼战争，导致乌干达殖民地化，并且推动欧文瀑布和阿斯旺巨大水坝的建设。在另一个国家争论这一河流的源头，其实就是在宣示并进一步掌握对其某种形式的所有权。

斯皮克曾经对一位朋友说过，如果要他跟伯顿站在同一个辩论台上，他就会用脚踢对方。"天哪，他肯定会踢我！"伯顿听闻之后也如此坚称。两人都不跟对方说话，这种状态已经持续好多年了。然而，当斯皮克走入位于古老的矿水医院[1]的辩论大厅时，伯顿的目光却没有避开他；相反，他用他那出了名的具有压迫感的眼神直直盯着斯皮克，而对方明显有些慌乱。第二天，斯皮克看起来更加不安了，他离开辩论场（人们都以为这是短暂的中场休息）时说："哎呀，

---

1 矿水医院（Mineral Water Hospital），于 1738 年在巴斯建立的综合性医院。

我再也受不了了。""你还需要椅子吗？"有人问斯皮克。"希望不要了。"他回答道。按理，他应该在当日晚些时候回来继续与伯顿辩论，所以这个回答显得有些奇怪。

与此同时，在场的那些大人物都开始谈论探险的事。两人辩论的对决时间快要到了。这时，他们收到了一份报告。秘书脸色苍白地将这条消息读了出来：斯皮克死了，在中场休息期间外出射击时被杀。伯顿崩溃了。他对斯皮克的敌意不过是流于表面，这一点在此刻暴露了出来。这对他来说不过是一场游戏，他从没有想要真正伤害斯皮克。斯皮克对伯顿可能也是同样的态度，但现在他已经死了。

死因是胸口中枪。在 19 世纪，枪伤导致的意外死亡事件大概每年有 100 起，概率比起自杀死亡还要小一些。实际上，如果是朝自己开的枪，开枪者想要自我了结的可能性是事故可能性的两倍。

就如威廉·盖伊（William Guy）在其 1844 年的《法医学原理》(*The Principles of Forensic Medicine*) 一书中所写："自杀的伤口基本在头部前侧或者胸口附近，意外伤大多不具备这种特征，谋杀伤有时也不是这样。"斯皮克的伤口就是在胸腔的左上侧。早在几年前在东非狩猎河马的时候，伯顿就注意到，即使在船受到剧烈撞击、快要沉下去的情况下，"斯皮克也不会让自己的枪口对着自己或者周围的人"。

难道是尼罗河，红色尼罗河，把这条生命作为一种它应得的报偿征收了过去？或者这是一个警告——这条河不容你们轻视？红色尼罗河之源被揭露的同时发生了一场骇人的死亡事件，似乎也非常符合这条河流的气质。关于这到底是一场意外还是自杀，人们已经争论了很久。但我的想法是两者皆非。我觉得斯皮克死于谋杀。

一切都始于一个受辱的瞬间。具体是什么耻辱？太多了。身为伟大的理查德·伯顿的卑微副手，斯皮克觉得自己已经忍受了太多的贬损。但通常都是某一次耻辱将自尊的外壳揭开，造成一道细微的裂缝，之后感染便通过那道裂缝逐渐扩散，最终毒害了这个人，让他与自己的老友反目。对斯皮克来说，一定有不应该僭越的底线被突破了。是什么样的侮辱开启了这一切？他们被索马里人扔长矛袭击时，他后退了一步，却被伯顿命令前进，是这次经历让他觉得对方暗讽了他的懦弱吗？还是因为他的索马里探险日记被伯顿征用，但实际上却没有得到任何提及？或者难道是有人跟他说，不会当地语言的他作为一个探险者毫无用处，伯顿把他带来只是可怜他？

在皇家地理协会主办的"理查德·弗朗西斯·伯顿对战约翰·'杰克'·汉宁·斯皮克[1]辩论"期间，公众对尼罗河探险的兴趣度达到了顶峰。然而，自从1855年他们一起去索马里探险，这两个男人就开始有了严重的分歧，两人的关系也出现了越来越深的裂痕。就是在那次行程中，斯皮克丢失了很多个人财物，探险全程用钱都很紧张。除了伯顿成功进入了禁忌之城哈勒尔[2]，这次探险可以说是一无所成，就是一场闹剧。探险期间，索马里人趁夜偷袭他们所在的帐篷，致使两个人都受了伤。伯顿的脸部被一根长矛刺穿，逃跑的时候他还得两手托着，以防矛枪蹭着地面。斯皮克的大腿上也受了伤。不过，两人都逃过一劫，没有被俘虏。两人之间的嫌隙自何而来，从这次惨烈的打斗中就可以瞥见一二。斯皮克对他这位朋友自然是非常敬仰的，然而，所有不喜言谈的自我主义者都会有那么几个自以为的强项，斯皮克也不例外。也许勇敢就是他引以为豪的品质之一——但在那次突袭中他畏缩了，而伯顿厉声大喊道："坚守阵地啊，兄弟！"斯皮克的反应有些过激了，他直接冲了出去，反而导致本想躲避攻击的两人都中了招。这个男人时时刻刻都在担心被冠以懦弱的名声。虽然他确实被那些偷袭的部落成员吓到了，但他并不怕死。斯皮克曾无意间跟人吐露了心声，说他来非洲就是为了寻死，文明的生活对他来说毫无趣味。

这就是他们的伟大旅程：从桑给巴尔港出发进入内陆地区，探访巨湖坦噶尼喀。他们确实做到了。但在伯顿生病期间，斯皮克单独去了另一个他们本来约好同去的湖——并且将那个湖命名为维多利亚。斯皮克只是瞥了那湖一眼，随即就宣布那里就是尼罗河之源。在探险史上，这算是准确度最高的盲猜之一了。

---

1 斯皮克全名为约翰·汉宁·斯皮克，"杰克"（Jack）在英语中可以用来指自满自负和自私自利之人。
2 哈勒尔（Harar），埃塞俄比亚东部的历史要塞城市，位于一个山头。

对任何人来说，跟伯顿一起旅行都不是一件易事，除非他是伯顿的追随者，或者有很强的幽默感。根据所有已发表的文字，我们可以看出伯顿很喜欢开玩笑，是一等一的幽默家。但斯皮克并不是一个有意思的人，他也不喜欢开玩笑。他不能理解伯顿的笑话，尽管他确实成功地装出一副门徒的模样。他对待伯顿非常谦恭，把自己真实的情感隐藏起来。但写信回国时，他会在信里大肆批判自己的这位领队，只是伯顿并不知情。

伯顿没有预料到的是，热病和孤独会如何扰乱斯皮克的心境。这并不是几周或者几个月的事情，而是整整两年；两年间在每一段与阿拉伯人的对话中都被排除在外，这种体验一定是很伤人的。类似的事情在当代也有。加文·马克斯韦尔（Gavin Maxwell）的《随风摇曳的芦苇》（A Reed Shaken by the Wind）按理是比威尔弗雷德·塞西格（Wilfred Thesiger）的《沼泽地里的阿拉伯人》（The Marsh Arabs）更好的一部作品，但我们在加文的这本书里就能体会到，当他不得不干坐几个小时听塞西格和那些阿拉伯长老流畅沟通，而自己因为不懂阿拉伯语只能在速写本上涂涂画画，那是多么沮丧而无力啊。伯顿很可能也没有为让斯皮克融入对话而做出任何努力。在伯顿看来，是斯皮克自己太过骄傲，他拒绝学习这门语言，却倔强地要花好几个小时完善六分仪和各种测量仪器。这是一个固执己见的男人，他假装自己是他人的助手，但一旦有自我表现的机会就毫不犹豫地冲上去。所以伯顿一生病，斯皮克就抓住机会，去寻找其他人都在讨论的"另一个巨湖"了。

斯皮克一回到英格兰（伯顿耽搁了两周），马上就给皇家地理协会的默奇森送了一封信。几天之内，他就成了全城话题的焦点：斯皮克找到了那座湖，那个尼罗河的源头！等伯顿登陆时，似乎已经没人在意坦噶尼喀湖了。而且他还发现，如果斯皮克中尉关于尼罗河的想法是正确的，马上就会有一支新的探险队出发。但这次不是由他领队了——领队是斯皮克。这还不止，斯皮克还要求要亲自挑选自己的副手。从伯顿的立场看，这无疑是彻底的背叛。

斯皮克选人时很谨慎。他挑中的这个人不掌握任何当地语言，而且之前也没有过探险经历——这个人就是詹姆斯·格兰特。下文我们还会说到，此人后来还随英军对战了埃塞俄比亚的疯皇帝提奥多尔[1]（并在机缘巧合之下成为第一个到过两个尼罗河源头的人）。而伯顿作为开拓巨湖区路线的先驱，却被用完即弃。

我们知道，斯皮克对自己的性命毫不在意，这当然也算是一种勇气。但这也表明，他有一种自我伤害的倾向。那么问题来了——他也容易接受他人的心理暗示吗？

1868年，伯顿在布宜诺斯艾利斯遇见了一位年轻的外交部专员——威尔弗里德·斯科温·布朗特（Wilfrid Scawen Blunt），此后两人交往频繁。有一天，伯顿提出要给这位年轻人催眠。对于这段经历，布朗特写道："他盯着我看时，表情简直可以说是凶残。如果我那时屈从于他的目光，哪怕一秒钟——他当时按住了我的大拇指——那我肯定就要被他控制了。但我的意志力也很强大，而且我曾经对上过野兽的目光……当时的我逃跑了，但我不会再这么做了。"

然而，斯皮克却已徘徊在崩溃的边缘了。我们知道，那天早上他从皇家地理协会的辩论会场冲出去时嘴里就说着"我受不了了"；显然，这次辩论给他带来了很大压力，会场上氛围也十分紧张，而伯顿的怒视无疑让情况更糟了。根据伊莎贝尔·伯顿的描述，斯皮克看向伯顿时，脸上"全是悲伤、渴求，还有迷茫，但突然间又像石头一样僵住了"。就好像他在祈求伯顿，只是用的不是言辞，而是肢体，祈求他停止对自己这个慌乱的尼罗河探险者的攻势。当然，伯顿没有移开目光。不仅如此，他"蛇怪一般的瞪视"[2]还直直地刺入了眼前这位意志薄弱之人的面容。是伯顿催眠了他吗？是他设法在斯皮克脑中植入了某种暗示，某种在斯皮克手握自戕工具——一把装满子弹的手枪时起效的暗示吗？

纽约市消防员的自杀概率比在同一城区工作的警察要低四倍。针对这种现象有一种极其简单的解读，那就是消防员没有自杀的工具。警察随时都带着枪，

---

1 提奥多尔（Theodore，1818—1868），原名卡萨·海尔·乔治斯（Kassa Haile Giorgis），埃塞俄比亚皇帝（1855—1868在位）。
2 原文为basilisk stare。西方古老传说中有一种名为巴兹里斯克（basilisk）的蛇怪，其目光或气息可置人于死地。

但消防员不会。如果工具就在手边——午夜过后，抑郁情绪正浓，一个轻率的决定就可能导致自杀。斯皮克的手边也有工具，而且他肯定也是抑郁的。想想看，他并不擅长公众发言，而且地理方面的技能也常遭人嘲笑，他才不想与英国最聪明的人之一辩论，肯定会被对方重挫。除此之外，他也知道自己背叛了伯顿，没有兑现自己的诺言，而这件事一定会在大庭广众之下曝光。斯皮克是个自恃清高的人，对他来说，维护自己的名誉是非常紧要的。

伯顿其实经常催眠自己的妻子伊莎贝尔——这已经成了他们在聚会上的常备节目了。那么他在跟斯皮克一起经历的漫长旅程中也曾催眠过他吗？答案几乎是肯定的。不过催眠成功的关键在于被催眠者主观希望被操控——斯皮克并不是这样的情况，但也许到了最后一刻他改变了。那个望向伯顿的屈服的眼神足够让伯顿将这个男人引入一种自毁的半催眠状态了吗？那个突然像石头一样的僵硬神情是否意味着斯皮克已经被暗示控制？这是斯皮克与伯顿最后一次宿命般的会面，他在见到伯顿后就几乎没再说话了；吊诡的是，伯顿的第一首长诗名为《石之语》(*Stone Talk*)，但这一次，这颗石头却不再言语。

接下来要说的这些可能听起来有些夸张，但不可否认，伯顿在此之后的表现的确很奇怪。听闻斯皮克的死讯时，他明显大受震动。之后他发表了一段关于达荷美[1]的演讲，然后就申请离开了会场。伊莎贝尔说，伯顿那天极其沮丧，而且嘴里一直在重复斯皮克的名字。这些表现似乎都表明他心里有愧。难道说，他通过催眠送出的讯息并不是要对方落败、屈服、放弃辩论，而是一道非常具体的精神指令——要求对方去死？难道说，是伯顿一时没有考虑清楚，给对方下了死刑，但一旦命令下达，不管他本人多想收回也无法做到了？

绝对可以确定的一点是，伯顿精通亚兹迪人（Yezidis）的死亡瞪视催眠术。亚兹迪人是库尔德人的一支，他们的宗教被认为是拜火教和苏菲教的混合体，而伯顿是在信德[2]做中尉时习得了这项技能。死亡瞪视的原理就是盯着对方，在

---

1 达荷美（Dahomey），指达荷美王国，17 世纪建立于西非的一个封建国家。该国在近代被法军灭国，其后又成立了达荷美共和国，目前已更名为贝宁共和国。

2 信德（Sindh），巴基斯坦地名。

其精神世界未加防备的状态下给以强烈的精神刺激。据说，受了影响的人会发疯、出现幻觉、瘫痪，甚至还可能死亡。唯一的应对之法就是幻想自己被囚禁于一所想象中的透明金字塔里。据说，这就是邪恶之眼的真正起源。而且可以肯定，在埃及、吉卜赛人，还有亚兹迪人的孔雀天使教派之间必然存在某种关联，伯顿在他去世后才得以发表的《犹太人、吉卜赛人和伊斯兰教》（*The Jew, the Gypsy and El Islam*）中也对这一点进行了概述。

巴斯的那几间会议室里即将进行一场伟大的辩论，而斯皮克从那里冲了出来。出来之后他去了十英里以外一个表兄弟的农场里，打算在那打上几枪平复一下心情——这种平复心情的方式也不奇怪，毕竟他是一个喜欢打猎和杀戮的男人。而且瞄准射击需要保持平稳，自然可以平静心态。但这将是一次不愉快的射击。

听到枪声的时候，那位表兄弟正在 100 码开外的地方，刚好看到斯皮克翻墙时摔倒在地。他跑向斯皮克，看到他胸口接近腋下的地方有一个大洞；这不是自杀者通常会瞄准的位置。猎枪的枪管非常长，如果枪口直接对准心脏，自杀者是没办法碰到扳机的。但斯皮克几乎做到了。大部分使用猎枪自杀的情况都明显更加惨不忍睹，因为自杀者会将两个枪管都塞进自己的嘴巴里。如果想要击中心脏，自杀者需要在扳机上绑一根线或者一根小棍；再或者，可以在爬墙的同时让墙上突出的石头撞击扳机。

不管实情如何，斯皮克的家人都不太可能承认这是自杀。即使到了今天，人们还是喜欢隐瞒家族中的自杀事件，更不要说一个半世纪之前，自杀在那时人们的眼里是更为人不齿的。因此，斯皮克自杀的可能性显然存在，无论他是用小棍扣动了扳机还是把枪撞在石头上触发了机关。

但斯皮克并不是凶手。当然，他确实心情抑郁。人抑郁的时候不会像往常一般谨慎，比如抑郁的司机就常常在路上跟人比胆大，会不系安全带开车或者随意超车。斯皮克是一个专业的枪手。伯顿曾说过，斯皮克永远不会让枪口对着自己或他人。作为一个农民的儿子，一个军官，射击的规矩对他来说应该已经深入骨髓了。所有枪支方面的内行都极其谨慎——我就曾见过几个退伍官兵因被小孩子玩的 BB 枪对着（拿枪的是个成年人）而大发雷霆，因为他们觉得任何能跟"随意摆弄枪支"联系起来的行为都是绝对错误的。由此，我认为斯皮克在正常的心理状态下是不太可能让枪打到自己的。就算他心情抑郁，我也觉得他谨慎射击的本能不会让他这么大意。然而，我认为他的意志力可能已经被死亡瞪视摧毁了。这一点再加上他抑郁的状态，是否会让他变成那种在盲角随意超车、不在乎死活的司机呢？斯皮克是否在爬墙时故意对枪又撞又拽，就是因为他不在乎了，想把一切都交给命运了？

恐怕真相比这些猜想还要更残酷。每天我们都会做上千个微不足道的选择，是这些选择让我们活了下来，而选择的背后是我们本能的求生意念。斯皮克的求生意念则可能被那个瞪视剥夺了。他任由墙面撞击扳机，然后胸口感受到了左侧枪管迸发出的全部火力。那一枪"进入体内后向着上方和脊柱方向移动，穿过肺部，将心脏附近所有的大血管都崩开了"。

理查德·伯顿爵士与人交谈时，偶尔也会有非常坦诚的时刻，就是在那种时刻，他承认自己其实从未杀过人。但也许他错了。斯皮克可能就死于他的一个目光。

22. 量完胖女士，一切才算完

斯皮克与格兰特一起踏上的第二次旅程像是一场肥皂剧版的探险。佩瑟瑞克、塞缪尔·贝克，还有贝克的妻子弗洛伦斯都扮演跑龙套的角色，而伯顿则在台下等待一个出场机会。这是趟漫长且艰辛的旅程，但他们终究也没能就尼罗河源头的问题给出一个明确的答案。这件事要办成，只能一点一点来——斯坦利和贝克夫妇等人不断将拼图上缺失的部分慢慢拼凑起来，直到最终证明了斯皮克的猜想。然而，这次斯皮克与格兰特在回程中并没有手握能说服众人的证据。他们唯一的收获就是一些淫荡奇闻，关于在维多利亚湖边测量鲁曼尼卡[1]宫廷里女人的身形。不得不说，那些女人极其肥胖，胖到走路都不方便，不如在地上爬。

憎恨这种感情有其讽刺的一面：被憎恨的人和抱持恨意的人总会彼此模仿。被憎恨的人就像被爱的人一样，会逐渐习得那个困扰自己之人的言行。恨与爱都要对他人投以强烈的关注，而人一旦接触一件事物久了，就会不可避免地开始学样。这是一种自然法则。以色列人把巴勒斯坦人圈禁在贫民区里，一如他们自己在欧洲遭到种族隔离的待遇；住在市郊的美国人则流行起按照罪犯的穿衣标准打扮自己，穿没有腰带（为了防止罪犯上吊自尽）的肥大松垮牛仔裤，还要去搞几个文身。一样的道理，斯皮克也开始模仿伯顿的夸张风格，竟然去给鲁曼尼卡宫廷里的那些女人测量身形。如果换成伯顿，他在描述这种事时应该会用拉丁文写一些题外话，再加上大量的脚注，这样人们也就不会多说什么。但到了斯皮克这里，整件事看起来完全就是哗众取宠。如果是伯顿做这件事，他应该会严谨地把每个人都测量一遍，或者在脚注里写明情况。但斯皮克把测量的过程弄得像是一个派对上的娱乐节目，他那种喜欢下流明信片的低俗品味在这里一览无余——就是因为这件事，很多人开始讨厌他，由此奠定了辩论会的基调。皇家地理协会诸位要员们的心思也是让人捉摸不透：一开始他们觉得伯顿需要长个教训，于是便开始偏心于斯皮克，还送他去进行第二次探险；但现在，斯皮克经过两年探险后归来，不仅没带回任何尼罗河的测量数据，反而带回了一些胖女人的三围。有一位地理学家指出，如果斯皮克的资料准确，那尼罗河就有 90 英里都在逆势向高处流动。另一位则指出，斯皮克只在远处看到过巨湖，他的结论大都建立在当地人提供的信息之上。此外，斯皮克将里彭瀑布描述得像是一段高地上的小溪，而这竟是他口中尼罗河的源头所在，人们对此也很怀疑。当然，斯皮克其实是对的。但就像伯顿最爱的阿拉伯人所说的那

---

1 根据斯皮克一行人的探险日志，鲁曼尼卡（Rumanika）为维多利亚湖西岸一个小国的国王。

样："师父的错误答案比徒弟的正确答案更正确。"

23. 越来越矮的丁卡人

> 牛不嫌牛角重。
> ——苏丹谚语

斯皮克虽然有很多缺点，但他并非一个种族歧视者。他非常乐于跟各种食人族和猎头部落待在一起；虽然他可能会对他们的饮食习惯和餐桌礼仪表示谴责，但他不会像种族仇视者那样卑鄙地给他们起各种难听的绰号。在皇家地理协会的某些小团体中，成员会公开评论说斯皮克对当地人太友好了，还说他这样有失众望；但在我看来，撇开他的性格弱点和他对伯顿愚蠢的恨意不谈，他是真心热爱尼罗河上游地区的人们。

在斯皮克探险的陆路途中，当遇到巨大的苏德沼泽需要绕行时，他身边有丁卡人——公认的非洲个子最高的人种——陪同。

在 20 世纪 50 年代，人们首次对足够数量的丁卡族人进行了身高测量，得出他们的平均身高为 5 英尺 11.9 英寸。当然，很多丁卡人是比这个平均身高要高得多的，有几个丁卡人还效力于美国国家篮球联盟。但在 1995 年，他们的平均身高下降到了 5 英尺 9.4 英寸。造成这种结果的原因是 20 多年的内战和斗争，还有栖息地的破坏。

1983 年，生活在苏丹北部的阿拉伯人用卡拉什尼科夫冲锋枪将尼罗河上游的巴加拉部落[1]武装了起来。这群巴加拉人仍带着他们的长刀，在攻击丁卡人的村庄时，如果想省弹药就继续用刀。在佩瑟瑞克和贝克探险的年代，巴加拉人还曾奴役过丁卡人。现在，他们有足够的火力卷土重来了。他们骑着马冲进村

---

1 原文为 Baggara，是一个阿拉伯化的非洲种族，有游牧的习惯。

庄，将男人都杀掉，将女人和孩子架在马背上掳走。

　　一如努尔族和阿乔利族，丁卡族也开始了由家牛文明向枪炮文明的转型。不过枪炮毕竟不能果腹，所以牛还是被留下了，只不过比卡拉什尼科夫冲锋枪到来之前的地位要低得多。在 20 世纪 80 年代的第二次内战前，尼罗河上游的丁卡人就已经逐步放弃了他们旧有的生活方式，开始搬入城镇，改信基督教。但之后战争的爆发让这一切戛然而止，一大群人逃去了肯尼亚和埃塞俄比亚的难民营。剩下的人中有很多顺尼罗河而下到了埃及，还有人设法去了美国。现在，南苏丹已于 2011 年独立，有些丁卡人得以重回故土，但他们从前的生活方式已不复存在，再也无法成为那些田园牧歌的风景图了。对于过去的生活，人们只能将其变成故事，留存在心里。

　　丁卡族重视牛。他们几乎不杀牛，而且牛还会在宗教仪式里扮演一些角色。奇怪的是，很多到了美国的丁卡人最后都去了大型屠宰场做宰牛的工作。他们乐于跟一些熟悉的对象共事，哪怕对方是死亡的状态。

　　从前的行事方式也可能很奇怪，甚至是完全错误的。在很久之前，丁卡族的男孩可能会舔舐奶牛的外阴，以此来给它性刺激，这是他们百试不爽的增加奶产量的方法。现在人们不太相信会有这样的事，但在 20 世纪 80 年代，摄影师野町和嘉（Kazuyoshi Nomachi）就曾拍到一个男孩把脸埋在奶牛的外阴里，而且他还在与杰弗里·穆尔豪斯（Geoffrey Moorhouse）合作出版的作品中把这张照片发表了出来。

　　丁卡人用的烟斗上缠着红铜和黄铜线。另外，他们抽的是黄花烟草。这种野生烟草南美洲也有，所以人们认为就是从南美洲引进过去的。如果这个观点成立，那么丁卡人吸食这种烟草的时间最多就几百年。然而，当佩瑟瑞克在非洲探险时，当地不同的部落对这种烟草已经有不同的称呼了，这就是一个确凿的证据，证明他们吸食这种烟草的历史肯定远不止几百年。

　　丁卡人为了美观会将下牙中间的四颗拔掉。他们平日里常常完全赤裸，身体上涂着灰，如鬼魂一般，画在脸上的线条就像是灰色面具上的黑色裂缝。为了驱赶蚊子，他们睡在灰里，身上涂满灰，还会整晚燃烧牛粪。早上牛群被放出来时，他们就把新鲜的牛粪铲起来，放在太阳底下晒干。为了烧起来更方便，牛粪会被分成小块。整个晚上牛都是被拴住的，每只牛都拴在独属于自己的那根桩子上——可以避免牛群受到惊扰乱跑。桩子都安排在棚屋之间，这样一来别人也很难搞偷袭。

拂晓时的丁卡村庄看起来像是一战期间被炸过的森林：在接邻苏德沼泽的干旱平原上，大片大片的破坏痕迹好似阴魂一般；一截截干枯的木桩戳穿地面，都是旧棚屋的残骸。木桩看起来分布得很不规则，但其实自有讲究。棚屋完工之后，他们会在这些粗糙的木建筑顶部盖上草，形成因纽特冰屋一般的拱形圆顶，而且越往高处草料堆得越少，直至产生一个顶点，就像尼泊尔羊毛帽顶上的穗子一样。

丁卡族的男人一般不割包皮，他们会戴圆形的项圈和象牙制的手镯，腰上围一条装饰性的金属线，脚踝上会围一圈黄铜线作为脚镯。他们睡觉的时候要么裸着身体，要么在下体盖一块小毛巾大小的布。有时他们会穿珠子做的束腰，但束腰以上和以下什么都不穿；有时他们也会戴毛料帽子。和大部分苏丹南部的部落一样，丁卡人也在脸上做标记。希卢克人会沿着眉线刻下一串珠子形状的疤痕，而丁卡人则会在前额上部留下三到四个 V 字形的疤痕。

丁卡人对牛非常热爱，他们会时时打磨牛角。这些牛的角都非常大，就像古埃及饰带画中描绘的牛一样，角能长达 3 英尺。如果不需要照顾牛，丁卡族的年轻人就会通过跳舞来放松一下；或者也可以抽烟，或是用象草编牛绳。年纪大的人也有打发时间的方式，就是用金合欢的木刺慢慢梳理自己的头发。那些特别虔诚的丁卡人则忙于往山羊的阴囊里填灰，以备之后为宗教献祭所用。

因为水很稀缺，所以丁卡族的男孩洗头时会就近挑一头奶牛，用它清晨的一泡尿液来洗掉自己头发里的灰尘和泥土。他们很少吃牛肉，但会放牛的血，牛血可以直接饮用，也可以用来做菜；他们还会取牛的奶，牛奶除了直接喝，还可以用来做酸奶和奶酪。再强调一下，在他们的文化里，区分人和兽的界限非常模糊，所以丁卡男孩会直接从奶牛的乳头吸奶喝，而且这还可能是他一上午唯一的食物来源。如果需要储存牛奶，他们会把空葫芦当成水桶来用。

另一方面，靠河生活的丁卡人分布在尼罗河苏德流域万千支水道中的浮岛上。鸟瞰视角下，他们那些防晒的布帐篷看起来像是先锋雕刻家克里斯托[1]的作品。临河而居的丁卡人以捕鱼为生，他们的肌肉组织很发达，相比之下，草原上的丁卡人就显得更加纤长。他们居住的浮岛有些是用大堆大堆的纸莎草垒成的，也有些是由植物枝叶和芦苇自然堆积而成。

丁卡人的生活方式历经奴隶制和殖民化的摧残而留存至今，但面临有着自动化武器、翻腾着全球化浪潮的现代世界，它还能够继续存在下去吗？

24. 给尼罗河探险者的建议

> 对穷人来说，鼻涕就是食盐。
> ——埃塞俄比亚谚语

达尔文的表亲、指纹系统和智商测验的发明人弗朗西斯·高尔顿爵士是一位优生学的大力支持者。和斯皮克不同，当他看到丁卡族一类的部落群体，眼中所见的都是能用来支持他那套邪恶的种族歧视思想的证据——他认为非洲人在代际更替的过程中虽然发育出了卓越的身体素质，却没有发展出智力上的优势。高尔顿自己长得并不好看，不过很聪明——就是他造出了"反气旋"这个气象术语，而且还编制了一幅"英国美人数据统计地图"（最美的人住在伦敦，最丑的在亚伯丁）；很讽刺，毕竟他自己长相丑陋。

他也是早期探险者中的一员。他一生都对非洲，尤其是尼罗河很感兴趣，而开启这一切的正是他在恩加米湖（Ngami）的探险经历。他曾在布莱顿主持过一次充满争议的会议，在那次会议上，斯坦利努力地想要捍卫利文斯敦的一个观点，即卢瓦拉巴河（Lualaba）也是尼罗河水系的一部分。会议期间，高尔顿

---

1 克里斯托·弗拉基米罗夫·贾瓦契夫（Christo Vladimirov Javacheff, 1935—2020），保加利亚艺术家。

问斯坦利坦噶尼喀湖的水是甜是咸。"用来泡茶的话，没有比那更甜美的水了。"斯坦利回答道。他觉得对方是在嘲笑自己，于是继续发起攻势，将高尔顿称为"安乐椅上的地理学家"。"弗朗西斯·高尔顿先生，皇家地理协会会员，皇家甲乙丙协会会员，我不知道还有多少名头。"斯坦利这话说得不太公道。高尔顿也许确实是一个不加掩饰的老顽固，但他也是一位货真价实的探险家。《旅行的艺术》（*The Art of Travel*，1872）是他从自己真实的探险经验中提炼出来的，任何一位严肃的红色尼罗河探险者应该都会将这本书和伯顿的《中非的湖区》放入书架。

书中说到了驴子——佩瑟瑞克和斯坦利在旅行中都会尽量选择骑驴——高尔顿提出，人可以通过驯导让驴子不乱踢。"蒙戈·帕克说他在旅途中见到的黑人都是这样教他们的驴子：他们砍下一根分叉的树枝，然后将分叉的部分放进驴的嘴里，就像马嚼子一样。"他们会将分叉的部分和驴子的后脑勺绑起来，然后树枝比较长的那一头就从驴子嘴里探出来，驴稍微一低头，长棍就抵住了地面。"这招百试百灵。"

另外，为了让驴子不乱叫，他们还会在驴尾巴上绑一块有分量的石头。这是因为驴子嘶叫的时候习惯抬起尾巴，而尾巴一旦被压制住，"它就没有叫唤的心情了。如果居住区域有敌对部落，那最好保持安静以隐蔽行踪。虽然这个方法十分荒谬，但也不妨一试"。

渡河可以使用一种叫"非洲漂浮渡船"的工具。它是由两个巨大的葫芦组成的浮板，两个葫芦都切掉较小的那一头，然后将剩下的部分连起来，变成一只轻便的容器。乘客要将他的行李放在这个浮板上，然后抓住浮板一侧边沿。船夫则要抓住另一边以保持平衡，同时还要负责向前游，将这一整堆东西和人都带到河对岸。

对早期的尼罗河探险者来说，疾病自然是最主要的威胁。高尔顿在19世纪40年代接受过医生培训，他的建议是："强效的催吐剂、泻药和洗眼液是最常用的药物。"此外，他还提醒探险者们要记得那句老话："庸医与良医天差地别，但良医和自愈相差不多。"

如果需要强效催吐剂，他建议"把一单位量的火药泡在一杯温水或者肥皂水里喝下去，然后再抠几下喉咙"。至于发烧的问题，他建议服用奎宁来预防，但他也指出这个方法对利文斯敦博士就没起作用。最后他总结道，在河岸边染上病的概率比在俯瞰河岸的小山丘上还要小一些。他劝告旅行者永远不要在沼泽地的下风向露营，晚上要睡在两堆篝火之间，同时清晨不要太早启程。

　　针对常见的痢疾，高尔顿建议除了肉汤和米汤之外什么都不要吃。"哪怕再小的一片面包或者肉都会马上再次引发症状。"然而，尼罗河最严重的疾病之灾，尤其是在埃及和苏丹流域，一直都是眼炎。高尔顿推荐用硫酸锌溶液作为洗眼液。这种液体有些苦涩，稍微尝一下就能辨别出来。另外，牙痛对探险者来说也很棘手。高尔顿说道："没什么经验的旅行者如果在途中首次尝试自己拔牙，大概率不会有什么好结果。如果一颗牙开始疼了，只要不断推动拉扯它，到一定时间它就会松动，也许几周之后就能掉下来。"针对缺水的情况，他推荐"用茶匙喝水，这样也能满足你干渴的口腔，效果和整杯整杯地牛饮一样，但不会怎么扰乱你的消化系统"。关于饥饿，"如果一个人已经饿到奄奄一息了，要每15分钟喂上两三口（食物，最好是肉汤）"。

　　至于跳蚤，"意大利防跳蚤粉……非常灵验"。他还讲述了一个与他同行的探险者的经历："从我的经验来看，针对跳蚤叮咬，轻的棉袋或者亚麻袋是非常好的防护装备。我过去常常爬到这么一个袋子里，将袋子口围着脖子系紧，这样就能有效抵御跳蚤军团了。"至于"人身上的寄生虫"，也就是虱子，"你可以拿半盎司的水银，然后取一些之前嚼碎成糊糊的旧茶叶，将水银和茶叶混在一起。如果要软化这个混合物，一般来说可以用唾液，用水的话效果会大打折扣……接着拿一根编得比较松垮的棉线，将这个混合物揉进去，再把棉线挂在脖子上；虱子一定会咬饵上钩，然后它们就会膨胀、变红，接着死掉……记得要每个月更换一根这种有益健康的项链"。

　　针对毒蛇咬伤，"在伤口上方系一根绳子，要系紧，然后吸掉伤口里的毒液，尽快用腐蚀剂清理伤口。如果没有腐蚀剂，可以在伤口上点火药"。针对蝎子蜇伤，"可以用烟斗里刮出来的油涂抹在伤处"。

如果要搬运病患，高尔顿建议制作担架。拿两根长杆，中间用几根横木连接，整体置于患者身上。病患则躺在一张毯子上，毯子的四角和边沿都绑在长杆上，横木可以防止长杆滑来滑去。

　　当然，如果你无法很好地指挥手底下的人，上面说的这些方法也都没什么大用。为此，高尔顿给那些未来的探险者提供了如何"管理蛮人"的指导。首先，高尔顿建议：

　　　　跟他们说话要显得很坦率，既要有开玩笑般的轻松，也要有坚决的口吻；同时，你对他们可能并不那么信任，但你要表现得很相信他们的忠心，这样效果是最好的。据观察，当船长的通常都能给这些蛮人留下很好的印象：他们完全能够体会到常识、真实和正直的重要性，而且根本不像陌生人认为的那般愚蠢。如果有蛮人胡闹，你看他的眼神要像在看一头乱踢腿的驴子，或者一头天生不服管教的凶恶野兽，同时你要保持镇静。

他还说，抵达一处土著人聚居的部落营地时，土著人经常会立马受惊逃走。他建议旅行者"大胆地走进他们的棚屋，需要什么就拿什么，然后留下足量的报酬。在这种情况下还一丝不苟地恪守原则就太蠢了"。

　　高尔顿深知，用节日和假期来维持士气是很重要的。"要记得，蛮人无法忍受我们盎格鲁－撒克逊人从小适应的那种长期稳定的劳作。他们的天性就是在极端懒散和拼命干活之间摇摆。所以你要尽己所能地营造欢乐的氛围，鼓励大家唱唱歌，奏奏乐等等。"

　　对于用鞭子，他十分谨慎。很多非洲探险者会鞭打那些偷东西或者企图逃跑的脚夫。斯坦利建议轻甩一下即可，但也有人喜欢用河马皮鞭子猛抽，抽一下就可以在皮肤上留下一道口子。高尔顿写道："不同部落看待体刑的方式不同，有些部落觉得这是很不光彩的行为，而且对受刑人是一种严重的侮辱。所以年轻的旅行者必须辨别不同的情况，谨慎地决定是否能用手中的鞭子，不然就可能会惹上大麻烦。"

关于计数，"如果你想让野蛮人知道确切的数字，给他一串珠子"。野蛮人会把珠串挂在肩膀上，每多一件需要被计数的东西，他就将挂在身体前面的珠子推一粒到肩膀后面去。

当然，如果对蛮人的管理出了问题，就要想办法应对可能出现的对抗了。高尔顿做了一个很长的列表，上面都是适合用来抵抗土著人袭击的武器：针对近距离攻击，"鹿弹和气枪比真枪实弹要好用"，但如果是想好好吓吓他们，高尔顿还是推荐火箭弹：

> 所有欧洲人的发明中，火器，尤其是火箭弹，是最让蛮人震撼，也最能吓到他们的东西。我都无法形容火箭弹的效果有多不同凡响，但它确实在所有的地方都能奏效。只要明智地将火箭弹送上天，完全可以吓退一次潜在的袭击，由此避免一场血腥的杀戮。如果旅行者的装备里有火箭弹，一定不要随意用掉它们，要留着以备事态紧急时使用。

如果需要观察敌情，他推荐看歌剧时用的那种望远镜。"要是有旅行者认真地验证了助听筒的效果，我应该会很高兴。"

他还给出了一个小技巧，以应对遭遇抢劫的情况：如果有带着武器的人近身要抢劫，还命令你躺在地上让他搜罗财物，那你可以拿出自己的左轮手枪，嘴里骂一句"如果这枪里放了子弹就轮不到你这么对待我了！"，接着栽到地上，等着抢劫者得意地走近。一旦他进了射程范围内，就用那把"未上膛"的手枪射杀他——手枪当然是一直装着子弹的。还有一个小伎俩就是在你放钱包的口袋里斜着放一把小手枪。如果有人问你要钱，就伸手到口袋里，然后隔着口袋向那个袭击者开枪。

如果你像很多尼罗河探险者一样，有时候不得不带一个俘虏当向导，那就要用最少的绳索将他束缚住。可以将他的两个大拇指绑起来，绑在他的背后。

25. 买一个白奴隶

> 杀过狮子的男人不会像小孩一样挖鼻孔。
> ——努比亚谚语

正如我们之前了解到的，在 19 世纪可以通过两条路径探访尼罗河源头——穿越非洲内陆，或者从开罗溯尼罗河而上。但还没有人完成过溯流而上的全程，亚历山大大帝的使者没有做到，尼禄的百夫长没有做到，拿破仑、赛利姆船长、了不起的佩瑟瑞克都没有做到。直到维多利亚时期，探险者塞缪尔·贝克和他的妻子——他去哪里都会带着妻子——才终于做到了走完全程。贝克深爱他的妻子，而她也的确并非常人——她是他从一场切尔克斯奴隶拍卖会上买来的。

在 1859 年的巴尔干半岛地区，市场通行的白人奴隶价格约为 10 英镑换一个 10 岁到 18 岁之间的处女，不过在供过于求的时候，这个价格能跌到 5 英镑，换到今天大约也就 300 英镑。奴隶的来源地有很多：格鲁吉亚、切尔克西亚、希腊周边，以及阿尔巴尼亚和塞尔维亚相对荒远的地区，尤其还有土耳其在欧洲的那些属邦。在保加利亚的一些地区，每个家庭都要交出一个孩子作为一种血税[1]。

塞缪尔·贝克可以说是诸位伟大的非洲探险家中最招人喜欢的一位，他那时就突然出现在位于今天保加利亚西北部的维丁城[2]奴隶市场上，想要找些乐子。贝克当时 38 岁，已经是一名鳏夫。他有四个女儿，都是她们的姑姑在照顾（还有两个儿子和一个女儿之前已经去世了）。

这件事有两个版本。在其中一个版本中，这个名为弗洛伦茨·萨斯（Florenz Sass）的 18 岁匈牙利女孩来自特兰西瓦尼亚[3]的德语区，而当时维丁城的帕夏为了她拍出了比贝克更高的价格。然而，贝克完全被这个女孩迷住了，他不能

---

1 奥斯曼帝国从其基督教臣民的男孩中募集兵丁的制度。

2 维丁（Widdin），今保加利亚西北部一城市，当时属土耳其人统治的奥斯曼帝国。

3 特兰西瓦尼亚（Transylvania），旧地区名。曾受匈牙利王国和奥匈帝国统治，一战后被划分给罗马尼亚。

让她沦落为那个老土耳其总督的奴隶。于是，当晚他就设法帮她出逃了，两个人一起顺着多瑙河漂向了自由的生活——这个故事不太像是真的，因为当时贝克正和一位名叫杜勒普·辛格（Dulep Singh）的印度王公一起在当地度假打猎。所以几乎可以确定，真实的故事版本是他在拍卖会上对弗洛伦茨一见钟情，然后直接将她买了下来。

真是一个不同寻常的开端。由此，当时乃至未来世界上最强大的一对夫妻档探险队成立了。在那之后，贝克又花了两年的时间准备，然后正式启动了他的溯源尼罗河之旅，试图实现自古以来所有探险队伍都没能实现的目标。斯皮克也许是宣称过自己找到了尼罗河的源头，但他是半路从桑给巴尔进入尼罗河流域的，还是不能与走过河流全域的人相提并论，尤其人家还是和自己的女人一起完成了这趟旅程（当时他还没有和弗洛伦茨结婚）。贝克看不上皇家地理协会这种一般的赞助渠道，于是他找到了前海军少将亨利·默里（Henry Murray）帮忙。此人单身，住在皮卡迪利大街（Piccadilly）附近的阿尔巴尼公寓[1]，喜欢与探险家和专门猎杀大型猎物的猎人为伍。他的公寓不允许女人进入，甚至奴隶也不行；他的卧室里放着一组双杠，如果家里的男性客人聊天聊不下去了，就可以在那里健健身。通过默里，贝克认识了很多重要的人，尤其是在埃及的那些人。默里人称"队长"，他也是一位鞭刑的狂热支持者，认为这是维持纪律的好方法；不过，根据贝克的描述，此人的身上流露着"一种几乎像女性一般的温柔和礼貌"。还有一个帮助过贝克的人是利文斯敦曾经的助手，那就是厉害的大型猎物狩猎者威廉·奥斯威尔（William Oswell）。奥斯威尔把自己最贵重的武器借给了贝克——一架庞大的 10 毫米口径双管来复枪和多支霰弹枪。"队长"则给了他一架海军望远镜。贝克整装待发。

1861 年，贝克从亚历山大城派人回国取了来复枪、250 磅火药、一只大工具箱，还有一个装满奎宁的医药箱。贝克和大部分 19 世纪的旅行者不同，他自身就非常富有。他继承的财产由一家家族企业管理，他还特意要求他们不要限

---

1 阿尔巴尼公寓（Albany），位于伦敦的一座豪华公寓，在 19 世纪初期时是专门的单身男子公寓，很多政治和文化名流都曾在这里居住过。

制他为尼罗河挑战花费的资金。他是在 1861 年的 4 月 15 日出发的："清晨 6 点，我们离开了开罗，风很疾。"他带去的笔记本不是新的，里面早已记录了很多内容，有些是他在锡兰管理种植园的那八年里写的，还有些是在他买下弗洛伦斯（Florence，她的新名字）的那次多瑙河之旅期间写下的。自那以后，他的字迹也有了变化：更小，也更工整，更有掌控感。

在阿斯旺，有一群努比亚人上了他们的船，想问他们要点赏钱。看到这些人全部赤身裸体，贝克在日记里写道："我不禁开始想，溯流尼罗河的旅程中有这么多见识人类本性的机会，女士们如果参加，不知道能学到多少东西。"之后，他们又取道陆路，骑着 16 头骆驼绕过了尼罗河的急流段，一直走到柏柏尔，才又回到了尼罗河边。弗洛伦斯（注意，这是第二个尼罗河上的弗洛伦斯了）一点都不喜欢当地的气候。"小弗常受疲惫和高温的折磨。"贝克如此写道。但他们还是坚持了下去，抵达了阿比西尼亚的边境。他们在那里停留了几个月，利用那段时间逐渐适应了偏远地区的旅行。

最终他们又回到了尼罗河边，继续沿上游方向行至喀土穆。在那里他们见了几个阿拉伯奴隶贩子，然后制定了继续向上游走的计划。到刚多卡洛时，他们认为斯皮克已经在探险途中丧命了。但没过多久，他和同行的詹姆斯·格兰特也到了当地。贝克本来的设想是，由他自己，萨姆[1]，在尼罗河之源附近拯救斯皮克于水火之中。然而，尽管又累又焦虑，斯皮克还是告诉他："尼罗河的问题已经解决了。"贝克问他还有什么其他可以做的，得到的回答是："找到鲁塔恩奇格[2]。"此前，斯皮克所有的财物几乎都被贪婪的巴尼奥罗国王拿走了，他一心想要尽快逃离这个人，所以在确认尼罗河是从维多利亚湖流出之后不久就离开了，这才到了刚多卡洛。也正是因为这样，他错过了白尼罗河的一个大弯道。根据当地人提供的信息，尼罗河在那里流经了一座巨大的湖，他们称之为鲁塔恩奇格。贝克决定要找到这个湖。

贝克明知自己要与巴尼奥罗的国王卡姆拉西（Kamrasi）打交道，但还是按

---

1 "萨姆"（Sam）为"塞缪尔"（Samuel）的昵称。

2 原文为 Luta Nzige，是艾伯特湖被英国人发现之前在当地语言中的称呼。

照计划出发了，从这一点就足见他的勇气。此前，斯皮克反复警告过他，说卡姆拉西为人如何狡诈，如何惹人厌恶。但贝克认为强壮的身体是最能唬住非洲人的，而自己刚好符合这个标准，所以十分自信能让他们放自己去湖边。卡姆拉西双眼突出，长相奇特，性格阴晴不定。他告诉贝克一行人他们当然可以去湖边，而且自己还会派一队武装士兵保护他们。但作为交换，他想留下弗洛伦斯。

贝克一行人已经不得已在卡姆拉西这里待了几周了，这段时间里他已经提出了太多要求，留下弗洛伦斯只是最新的一个。此前，他们已经给了他一张15英尺见方的波斯地毯，一条克什米尔披肩，一支双管来复枪，甚至还有弗洛伦斯戴在头上的黄方巾。但这还不够，他还想要更多。卡姆拉西甚至都没允许他们住在自己的都城，于是他们只好在城外的棚屋里住着，那里是一片泥泞的草地，旁边就是蚊虫滋生的沼泽。

然而，卡姆拉西没料到萨姆也是个英雄豪杰。当他的要求被翻译传达给贝克之后——附加的好处是送他几个非洲老婆——贝克火冒三丈，他跳上前去，从腰带上拔出了他的海军用左轮手枪。他发着烧，但还是尽力握稳了手枪，枪口离国王的胸口只有几英尺；他向国王怒吼道，如果他胆敢再提一次这个要求，自己就会当场杀了他。弗洛伦斯此刻也用阿拉伯语加入了对话（卡姆拉西对这个语言一窍不通），接着女翻译也加入了进来。

卡姆拉西知道自己越界了，但他肥胖的脸上没有展现出丝毫表情，而是继续提出一些没那么过分的要求。贝克抵达时穿的那条苏格兰裙（贝克想震慑当地首领的时候就会穿全套的苏格兰高地裙）——他能要那个吗？或者是贝克经常拿出来看的指南针？毕竟善良的斯皮克都给了他一个航海时计呢。国王继续他的哄骗，但贝克非常坚定，在确定可以被放行去湖边之前不会再给出任何礼物。卡姆拉西耸了耸肩，说他们可以走，只不过路上要20天呢。然后他还口吻阴森地加了一句："但你们回不来就不要怪我了。"

因为此前患了疟疾和胃热，贝克和弗洛伦斯的身体已经比较虚弱了。斯皮克倒是留下了一只医药箱，他们本打算用那个来补充奎宁的储备，但结果也一早就被卡姆拉西给拿空了。然而，如果真的能发现一个新湖，他们就能声名远扬。于是他们还是离开了，带着几个向导和 100 名强壮的护卫兵。"我希望再也不要见到卡姆拉西——不会有比他更粗野的人了。"贝克这样写道。但他错了。

这就是探险的本质。后来的旅行者都是沿着前人走过无数次的道路前行，但探险者则完全不同。他们的命运受当地部落首领的左右，他们在穿过未知土地时必须依靠沿途招来的向导。他们不得不信任对方，但过于信任也可能会招致灾难。探险者必须拥有集执着、乐观和坚韧于一体的奇特体质。虽然贝克总是宣称身体强健很重要，但其实强大的精神力量才能成就一个成功的探险者，弗洛伦斯坚持旅程的钢铁意志就是这样一种精神。

为了节省体力，贝克骑公牛上路；而弗洛伦斯已经发了数月的烧，身体很虚弱，所以只能乘一种叫"安格莱普"（angarep）的轿椅，由 12 个男子抬着。但她的病情还是恶化了。有一天晚上，贝克甚至命人给他的镐头安一个新的把手，为给她挖坟墓做准备。然而，弗洛伦斯并没有死，于是他们继续往前走，眼前出现了连绵的群山，且越来越近。他们都不敢去想翻山越岭的事，一想到就觉得很吓人。他们的向导不会提前透露任何信息，只告诉他们第二天的路线。最终，他们到了一个村庄，贝克以为村庄的名字叫"帕卡尼"（Parkani）——实际上这个名字是"非常近"的意思：湖就在群山跟前，离他们不过半日的脚程。

一行人难掩兴奋。他们见到了巨湖，它是全非洲第七大湖，全长超过 100 英里，比康斯坦茨湖[1]要大八倍，的确配得上维多利亚女王的丈夫艾伯特王子之名。然而，不知贝克是过于震惊还是过于疲惫，他没有按自己一直以来设想的那样，"依照老英格兰的传统"带领他的团队大喊三声来庆贺。他还发着高烧，无法继续走，也不能回头，但是他已然实现了自己最初的梦想：他第一次听闻利文斯敦的事迹时就有了这个梦想，那时他想要加入这个苏格兰人的探险旅行，但却被拒绝了。然而今天，贝克 42 岁了，他已不再单单是个有钱的大型动物狩猎者和冒险者，而是像利文斯敦一样，变成了世界上最伟大的探险家之一。

他知道自己还不能回头，必须先确认尼罗河的确流经艾伯特湖。该地区所

---

1 康斯坦茨湖（Lake Constance），也称博登湖（Bodensee），位于瑞士、奥地利和德国三国交界处。

有的河流都流入这座体形窄长的湖。湖体本身位于一段裂谷之中，地处北纬 1 度到 2 度之间，湖两侧都是连绵的群山。这座湖形成了一个巨大的天然屏障，连湖两边的动物群都有所不同。在湖的对面，蝗虫是不存在的——所以这座湖原本的名字叫鲁塔恩奇格，在当地语言中意为"杀掉蝗虫的湖光"。

斯皮克的情报是对的——尼罗河的确流经艾伯特湖，且在湖的北端流进流出。由于还有其他河流进入这片湖，尼罗河流出时的水量便增长了不少。可以说，尼罗河有三个主要源头——除了青尼罗河，还有维多利亚湖和艾伯特湖。

贝克和弗洛伦斯还要继续等待。他们还要继续发烧。同时，湖边的原住民也在拖延他们的时间，竭尽所能地从他们那榨取更多的珠子和各种小玩意儿。当地人以从湖边采盐为生（不同于维多利亚湖水的甜美，艾伯特湖的盐度非常高），但在"盐矿"工作的并非男人，而是女人。沟壑中含有硫黄的水冒着泡注入湖面，而女人们就赤身裸体地涉水穿梭于这些水沟。她们把热乎乎的、咸咸的淤泥堵在小沟中，接着将这些泥浆和盐分的混合物装在香蕉叶子里，再放入长竹条中，这样就可以方便地带着它们走上逼仄的丛林小路。

如果贝克一早知道的话，那他应该已经穿到湖的对面，一直走到月亮山脉。月亮山脉当时离他们只有 50 英里远，只不过山体几乎常年被雾气笼罩，很难看到。人们还要再等二十年，才能等到斯坦利发现鲁文佐里山脉。那里还有俾格米矮人的部落，特瓦部落（Twa）。最初宣称月亮山脉的山洞里住着小人的还是亚里士多德，而他也是根据希腊和埃及旅行者提供的信息做出的判断。不过，除了月亮山脉，贝克还有其他的事情需要考虑。当时，他们好不容易得到了两艘 32 英尺的独木舟（另一个选择就是单薄的纸莎草船，但那太不稳，他担心坐上会危及性命），但他却发现手下的人没办法划着它们走直线。想想其实挺滑稽，贝克如此艰辛地一路走来，结果整天就是在河上划着船原地转圈。但事实就是这样。当晚，贝克就用他的刀子和斧头将两把船桨改造成了船舵。另外，还有几张格纹毯幸运地逃过了卡姆拉西贪心的魔爪，他就用了其中一张做了一片帆。当地人都很叹服：这是艾伯特湖上的第一艘帆船。（几年之后，欧洲人将乘船游湖的传统发扬光大，又为艾伯特湖造出了 SS 罗伯特·科林登[1]号，海明威说那是"世界上最棒的流动图书馆"。这艘船在艾伯特湖上巡游了几十年，直至 1964 年沉没。在之后的 40 年里，还能在湖的北端看到它生锈的残骸，像是搁浅的小泰坦尼克号，但在 2012 年废船就被清走了。）

贝克和弗洛伦斯乘船向湖的北端行进。他们看到一处长满芦苇的河口，那里就是尼罗河流出艾伯特湖地方。尼罗河的入湖口也在附近，于是他们从那里开始向河的上游方向走，以求证这条河确实是从维多利亚湖流出的尼罗河。有一件事让贝克很疑惑，那就是维多利亚湖和艾伯特湖的相对高度。为了得出海拔数据，他仔细测量过水的沸点，结果是虽然两个湖区只有 168 英里的距离，但艾伯特湖的海拔比维多利亚湖要低很多。测量沸点时，他的温度计显示的是 207.8 华氏度，这意味着他们的所在地是 2388 英尺高，而维多利亚湖的海拔是 3700 英尺。除非两地之间存在一个大瀑布，否则流经两个湖的不可能是同一条尼罗河。尽管弗洛伦斯的身体已经十分虚弱了，但她还是让他继续向上游找找看。"眼见为实。"她说。

成片的野草后升起一块块崖壁。十英里之后，河流的宽度就缩减到了几百码。接着，他们听到了一阵阵轰鸣之声；待他们沿着愈发狭窄盘曲的河湾一转，猛然出现在眼前的就是尼罗河上最大的瀑布。流水从一处只有 23 英尺宽的岩缝里倾泻而出，浓密的水雾升至瀑布的上空，岩缝里不断向外喷涌着如梳齿般的白色水浪。这个瀑布有 141 英尺高，足以解释两座巨湖之间的高度差。贝克将瀑布命名为默奇森，即皇家地理协会的那位默奇森——对一位探险家来说，这步棋走得还是挺精明的。但不管怎么说，他们着实为欧洲的后来人揭开了尼罗河全域的面纱。

剩下要做的就是回家了——不过得先穿过卡姆拉西的国土。早些时候这位国王就曾派人给贝克送去一封急信，说他正与邻近的部落打仗，请求贝克返程去协助自己。当时的贝克并不知道，这次战争正是尼罗河上游各国分裂的开始，

---

1 SS 罗伯特·科林登（SS Robert Coryndon），英国客货渡轮，于 1929 年在英国建造，并于 1930 年在艾伯特湖重新组装下水。

而其根源就是，在诸如马耳他冒险家德·波诺一类人物的带领下，奴隶商人的军团已经一步一步深入非洲赤道附近的土地了。为了能从当地榨取更多的象牙，奴隶商人们设法让部落之间反目。卡姆拉西寻求帮助时正在对抗的就是一个由奴隶商人支持的部落。贝克拒绝了。卡姆拉西也是坏人不做善事，决定要饿死他们，于是切断了他们的口粮供应，还送去了口信，说沿湖一路都不会有人提供食物给他们。最后，贝克一行人沦落到吃一种野生的菠菜果腹，用河边生长的百里香泡茶喝。过了大约两个月，贝克终于妥协，给卡姆拉西送信说，如果他能给自己派来 50 个人，再送一些食物，自己至少会愿意跟他协商，看是否用自己的人和武器帮他打仗。人和食物都送到了，贝克和弗洛伦斯又吃上了肉和奶，身体也逐渐恢复。他们回到了卡姆拉西的都城基松纳（Kisoona），正式开始谈判。贝克同意帮助他们防守，但不参与进攻。于是老恶棍卡姆拉西就想着，他也不进攻，直接当着德·波诺奴隶贩子军团的面遁逃进灌木丛中去。没办法，贝克就命人将他的苏格兰高地服饰拿了出来，他穿着苏格兰裙亲自劝服卡姆拉西，保证他们会留下来迎战。德·波诺派出的胆小密使们此刻正忙着为接下来的进攻打探城里的情况，而贝克就让人在城镇上空升起一面英国国旗，以示对他们的迎接。贝克告诉他们，如果他们不从巴尼奥罗撤军，他本人就会通知喀土穆方面，说德·波诺侵犯了一个受英国保护的国家。倘若他真这么做了，德·波诺一定会被吊死。这一阵虚张声势起了作用，贝克又赢得了卡姆拉西的敬佩。奴隶商人们真的撤走了，但他们留下了一些给贝克夫妇的邮件，是从英国经喀土穆送来的（在喀土穆的时候，这些奴隶贩子一定是装成了贝克的朋友）。这些信件过了两年才送到他们手里——这也是第一次跨越尼罗河流域的邮递服务。弗洛伦斯收到了几份《伦敦新闻画报》（London Illustrated News），上面印着最新的女性时尚插图。考虑到卡姆拉西没能得到属于自己的白人新娘，弗洛伦斯很贴心地剪下一些女性图片送给了这位国王。

后来，适合在尼罗河上乘船的季节终于来了，他们于是出发去了刚多卡洛，接着又到了喀土穆。这一路上花了不少时间。为了能够加快行程，他们途中取道陆路穿越了一片沙漠地带，到了红海之后又转乘汽船去了苏伊士。此时，弗洛伦斯已经忠实地陪伴了贝克六年之久，与他共度无数惊险刺激的时刻，但他们还没有结婚。当他们快回到英格兰时，贝克开始担心自己的这位"女友伴侣"会受到什么样的对待。于是他发了电报给弟弟詹姆斯，让他到巴黎和自己会合。在巴黎，他们制定了一个让弗洛伦斯能被他的家族——还有整个英国——接受的计划。当他们终于抵达了英国，没有锣鼓喧天、彩带飘扬的欢迎仪式，贝克谁也没有告诉，只是静静地在伦敦待了三周，为的就是能满足教堂对于举办特殊婚姻的时间要求。婚礼在皮卡迪利大街上的圣詹姆斯教堂举行，教堂能容纳2000人，但只有两个人参加了婚礼——詹姆斯·贝克和他的妻子路易丝，这两人之后都将成为当时年仅24岁的弗洛伦斯的挚友。就这样，这场历史上最惊心动魄的爱情故事之一终于落下帷幕，而且不负所愿地完结在圣坛之畔。

26. 活埋

> 自己过得舒服，就觉得别人都舒服。
> ——埃塞俄比亚谚语

　　贝克是红色尼罗河探险者中成就最大的一位。他的足迹遍及尼罗河流域——不仅仅是一个直达源头的短期旅行（好吧，持续了两年的短期旅行）。就像所有红色尼罗河的虔诚信众一样，他对于一切非同寻常和骇人听闻的事件都有着十分敏锐的嗅觉。

　　在尼罗河上游的巴尼奥罗地区，也就是现在的乌干达西部，当地居民经历了一位伟大国王的死亡，这是一次非同寻常的事件。巴尼奥罗王国的统治区域几乎包括了艾伯特湖和维多利亚湖之间所有的土地，而巴尼奥罗的国王们——卡姆拉西和之后的卡巴雷加（Kabarega）——无疑让野心勃勃的探险者贝克感到芒刺在背。当贝克在1871年回到当地，听闻卡姆拉西已死时，不能说他没有喜悦之情。他还描述了那场盛大的葬礼：

巴尼奥罗的国王去世时，他的尸体被放在用新伐的木头搭成的架子上，类似一个巨大的烤架，下面还燃着小火。尸体会慢慢被烤干，烤到像从烤箱里拿出来的兔子一样为止。

变成干尸之后，他们把尸体包裹在用树皮新制成的衣服里，然后庄重地将其放在一间专门为此而建的大房子中。接着，国王的儿子们开始争夺王座（就是一个极其窄小且老旧的家具）。内战可能要持续数年之久，但在这段混乱的时期，已故国王的尸体也一直都不能下葬。

终于，其中一个儿子获得了战争的胜利……此时，他父亲的葬礼就是他的第一个任务。

首先，他们挖好一个能装下数百人的大坑，坑底也铺上一排排的新树皮。已故国王的几位妻子一起坐在坑底，膝头躺着她们死去的主人。

葬礼的前一晚，国王的军团，或者说是护卫兵，包围了很多村镇和房屋。等清晨降临，人们从屋子里走出来时，他们就开始随意抓人。这些人随后都被带到了坑口，胳膊和腿都被棍棒打断。接着，他们又被推进大坑，落在国王和他妻子们的身体之上。

受难者的惨叫声被巨大的鼓声、号声、笛声、哨声，还有众人癫狂的叫喊声淹没了；铲起铲落，泥土砸在这些可怜人的身上，又被成百上千残忍的狂热观者重重地践踏；他们在松软的土堆上起舞、跳跃，将地面踩实，如此受害者们就无法爬出，无法逃离这场惨无人道的献祭；当然，以防万一，他们四肢的骨头都已经被打断。渐渐地，这群伤残之人就被埋在了土里，永远留在了这座土制的坟冢之下，被众人踩踏。一切都安静了下来。葬礼结束了。

对丁卡人来说，部落里地位最高的人物就是求雨法师，而此人的一个特权竟也是在年老体衰之时被活埋。

有史以来，世界各地都有让国王的妻子和臣子陪葬的情况。在埃塞俄比亚，据说祭司王约翰的儿子们就给他们的父亲陪葬了。回到开罗之后，贝克被伊本·巴图塔[1]的作品吸引。此人在书中讲述了伟大的北京可汗之死，据他所言，可汗下葬时，陪葬的有四个女奴、六个男奴，还有已被杀死的亲人和密友。在他讲述的这一版本中，陪葬的奴隶们可以在被活埋的时候服毒自尽。然而，伊本·巴图塔接着又讲到了一个他在苏丹南部听说的事："告诉我这些话的人都是绝对可以信任的。他们说，在那片地区的几个异教小国中，一旦国王死了，人们就会造一个墓室，把国王的尸体放在里面。一起下墓的还有不少朝臣和仆人，这些人的手臂都提前被打断，膝盖以下也都打断……"

伊本·巴图塔的作品写于 1346 年。500 年之后，在那同一片地区依然举行着同样的殡葬仪式。但这一切都将于五十年之内结束。

27. 疯王提奥多尔和战场上的大象

> 吹牛：脑袋是火，屁股是水。
> ——埃塞俄比亚谚语

在尼罗河的另一个源头，也就是位于埃塞俄比亚的青尼罗河，历史也在发生转变。提奥多尔——一位非凡的新基督教国王开始崛起，不断征服和镇压青尼罗河之源塔纳湖周边的各方敌对势力。1855 年，他立自己为埃塞俄比亚皇帝、青尼罗河之父，而且还尝试着废除奴隶制。然而，鉴于他本人最终也成了奴役者，可以说他废除奴隶制的努力并没有取得多大的成功。

提奥多尔生于 1818 年，虽然他声称自己是所罗门和亚历山大大帝的后代，但其实他只是一个小酋长的儿子，跟任何皇室血统都没有关系。作为一个白手起家的君王，他尤其不能忍受有人质疑他统治的合理性，若有人开这件事的玩

---

1 伊本·巴图塔（Ibn Battuta，1304—1369），世界著名的摩洛哥旅行家、学者，曾旅居中国。

笑，他必然会让他付出代价。在征服了所有对立的穆斯林部落并统一了基督徒子民之后，提奥多尔称自己为提奥多尔二世，这也引起了全世界的注意。英格兰甚至派去了一位名为沃尔特·普洛登（Walter Plowden）的领事，希望能跟他缔结条约。当时是 19 世纪 40 年代晚期，英格兰已经意识到了控制红海沿岸的重要性，对他们来说，和提奥多尔保持友好关系是合理的选择。

提奥多尔非常喜欢沃尔特·普洛登，和他处得亲如兄弟。1860 年，沃尔特被贡德尔[1]附近某部落的人杀害，提奥多尔为了替他复仇大开杀戒，致使该部落死伤了两千成员。即使按照埃塞俄比亚人的标准，这也算是相当多了。

英国人又送去一个领事，名为查尔斯·卡梅伦（Charles Cameron，和未来的英国首相卡梅伦同宗，但不算是直系亲属）。卡梅伦人并不蠢，但他没有普洛登的魅力，也没有普洛登的影响力。他身上缺少一点什么，这是肯定的。远见？灵气？不管他缺什么，他去与埃塞俄比亚拉关系时没有多想，结果却让这个国家和英国陷入一场损失惨重的战争；这场战争就发生于青尼罗河源头，是历史上唯一一次在陆地和水中都有大象参与作战的战争。尼罗河是一条盛产非凡故事的河流，而这次的故事算是最不同寻常的那一个了。

卡梅伦为提奥多尔带来了一对手枪——是个讨喜的礼物，但也可能是个有风险的选择，毕竟这个人脾气反复无常，而且还善于致人伤残。接着，卡梅伦建议提奥多尔写信给英国政府，以确立那些对双方都有益处（其实就是对英国人有益处）的条约，而这就是他所犯下的最大的错误。提奥多尔对这件事很上心。他知道英国有一个叫维多利亚的女皇——要是收到友邦皇帝的信件，她也一定会很激动吧？

那封信有大约一页半纸长，里面充满了关于终结土耳其人的言论，而土耳其人此时已经从苏丹和埃及往上游方向逼近了。除此之外，信里也多少包含了一些客套话；提奥多尔自认为伊斯兰教是两国共同的敌人，还表达了要与英国结盟抗敌的意思。信件发出，他热切地期盼着回信。

---

1 贡德尔（Gondar），埃塞俄比亚城市，17 至 19 世纪曾为阿比西尼亚帝国都城，位于西北部高原。

但回信没有到来。英国人还有其他的忧虑。当时正逢美国内战，棉花的价格翻了两番。卡梅伦收到外交邮袋的时候（这个过程可能要花费数月之久），里面没有回信，而是让他去往苏丹打探当地能否种植棉花的命令。

苏丹是埃塞俄比亚的死敌。已经过了一年，提奥多尔仍没有收到回信；不仅没有回信，而且女王陛下的领事还偷跑去敌人的国家了。越来越易怒的提奥多尔又一次爆发了（他的第一位妻子能稳定他的情绪，但她已经去世了——现在他喝酒喝得更厉害，也更容易发火了）。当时大约有50个欧洲人在埃塞俄比亚，大都是传教士和他们的孩子，而且全都住在贡德尔。提奥多尔就把自己的怒气发泄到了他们身上，把他们全部关了起来。当卡梅伦调研完棉花的事情回来的时候，他对这里发生的一切毫不知情。接着，他也被关了起来，而且被施以酷刑。他所遭受的刑罚之残忍，只有"疯王"提奥多尔这般在酷刑方面技法纯熟且心肠歹毒之人才做得出。

可怜的老卡梅伦，他虽受了伤，但气息尚存，还设法送出了一封信。信件自然是很短的，也许本来就没有多少纸，而且能藏纸的地方更少，"如果陛下收不到回信，他是不会释放我的"。这封皱巴巴的沾染着监狱污迹的信件被送到了英国，这次一路被呈到了金字塔顶端（第一封信应该是在外交部里被弄丢了）。接着，一封将友好和讨好的态度都把握得刚刚好的信件被起草了出来。1864年5月26日，维多利亚女王于巴尔莫勒尔城堡在这封信上签下了自己的名字。

那么该由谁来送这封信呢？考虑到提奥多尔目前的处境，冒险去那位愤怒国王的宫里可是一件需要勇气的事情。但英国人是极其善于委派的，他们后来选中了霍姆兹德·拉萨姆（Hormuzd Rassam）去完成这个任务。此人是伊拉克裔基督徒，在牛津大学受过教育，已经入了英国籍，看起来是个非常合适的人选，而且拉萨姆本人似乎也很希望能借机彰显自己的能力。

他一路到了埃塞俄比亚的红海沿岸。在那里，他被告知如果没有皇帝的允许就不能继续深入内陆。于是他开始等待。这一等就是六个月。六个月之后，他觉得自己需要更多更有诱惑力的礼物来赢得提奥多尔的好感。但这次手枪是没有了，于是拉萨姆乘船去了开罗，买了一些华丽的吊灯（然而提奥多尔住在帐篷里）、镜子、最精美的水晶器具和大量的日用品；另外，他还注意到提奥多尔喜欢喝上两口，就又加了两箱库拉索酒[1]。这一大堆东西都用船运了回来，然后全部打包让骆驼驮着，尽管骆驼十分不情愿；同时，拉萨姆也不再浪费时间等待许可了，而是直接出发赶往提奥多尔位于尼罗河源头的大本营——就在塔纳湖的西岸。

终于，他们在 1866 年抵达了目的地——小阿拜，或者说小青尼罗——当地最显眼的就是提奥多尔的巨型白色帐篷，周围环绕着几千座小帐篷。那么问题来了：碎了的镜子和破了的吊灯能派上用场吗？很不幸，此时拉萨姆还不知道，对提奥多尔来说唯一有价值的礼物就是武器。

皇帝派人传信，说他很乐意接待拉萨姆一行人。到了地方，那些礼物连同维多利亚女王的信件都被呈了上去。提奥多尔摆了摆手，让人把信搁到了一边——情理之中——接着，他又怒气冲冲地抱怨了一通各个部落的骚动，还有那些传教士对自己的羞辱。但他还是接受了那些礼物，并命人将人质都释放了。他还展示了好友普洛登送的几把双管手枪，并用骄傲的语气告诉拉萨姆，这些都是来自女王本人的礼物。拉萨姆内心燃起了希望的火苗，而这种感受他之后还会多次经历。

正当一切问题似乎都解决了的时候，提奥多尔突然宣布他要迁都。于是他们带着两万顶帐篷开始穿越这个国家，有时候一天走的路多达 30 英里。这个庞大的皇室队伍每天所需的巨量供给，无不是从沿途那些不幸的村庄里劫掠而来。

一路上，拉萨姆这一小群英国人都坐在车厢里，得到了座上宾的待遇。提奥多尔非常关照他们，每天都送来各种礼物：拔了毛的松鸡、一只羚羊、火器，还有宽慰人心的承诺，说他们的旅费都会算在埃塞俄比亚的财政支出里，之后会给他们报销。最终，他们收到一封信函，信上面说人质被关在马格达拉[2]，已经有护卫被派去那里释放人质了。随着这封信函一起送来的还有一份新礼物——

---

1 库拉索酒（Curacao），一种用橙皮酿造的烈酒，因产自库拉索岛而得名。

2 安巴马里亚姆（Amba Mariam）是埃塞俄比亚中部的一个村庄，在提奥多尔二世统治期间被叫作马格达拉（Magdala）。

两只雄性幼狮。

这群人质里面什么背景的都有，包括大约 30 个欧洲成年人和 23 个孩子——英国人、法国人、瑞士人、德国人，有些人还有埃塞俄比亚妻子。而且也不是所有人都是传教士；有七个德国人就是技术精湛的匠人，提奥多尔雇佣他们来专门负责制造精密器械。这不禁让人想起电影《飞天万能车》（*Chitty Chitty Bang Bang*）里被关押的发明家。不过，虽然这些手艺人在监狱里比传教士享有更多自由，他们也还是不能被释放。目前还不能。

提奥多尔改主意了。他决定应该由拉萨姆主持一次审判，来查问卡梅伦犯下的错误。在他看来，卡梅伦虽然已经受到了惩罚，但他似乎应该再经受几轮。拉萨姆于是去拜访了这位君主的新皇宫，位于塔纳湖畔一个叫扎戈（Zage）的地方，该地至今仍因盛产咖啡和巨蟒而出名。实际上，拉萨姆一到地方就有人给他呈上了新礼物——两条巨蟒。（很难想象他的那些礼物都怎么处理了；他外出谈判的时候小狮子会攻击蟒蛇吗？）不过这些都不重要，拉萨姆还有更大的问题要处理——另一个来搅局的英国人，名叫贝克[1]。

查尔斯·贝克自称是埃塞俄比亚问题的专家。他跑去跟那些人质的家属毛遂自荐，说拉萨姆办事慢吞吞的，如果要去协商释放人质的事，自己要比他可靠多了。他收集了一些家属的信件，然后就去了埃塞俄比亚。到了红海沿岸，他送了一封信给提奥多尔，要求跟他见面商量释放人质的事宜。

就是这样，拉萨姆正一点点解决问题的时候，贝克跑来把一切都搞砸了。对提奥多尔这种偏执狂来说，这看起来就像是在给他下套。也许贝克身后就是一次早有预谋的侵略行动，而拉萨姆只不过是特洛伊木马？这对提奥多尔来说有点难以承受，所以他又使出了监禁那一套。拉萨姆一行人都被逮捕入狱，铁链加身，而他则在外饮酒作乐了三天。几天后，这位国王红着眼睛醉醺醺地开始宣读一份针对拉萨姆的罪状书，然而读到一半又开始道歉，激愤的长篇大论也不说了，让人带着囚犯们去帐篷里睡觉。

---

1 查尔斯·贝克（Charles Beke，1800—1874），英国旅行者、地理学家。

囚犯们被领到一处堡垒中，提奥多尔亲自给他们铺了毯子，这是他标志性的表示尊敬的动作。一天之后，他又把所有的犯人都扔到了地牢里，然后自己又下去向他们道歉，说在此之前，他从未相信过自己疯了，但眼前发生的一切告诉他确实如此。然而，他仍未释放他们。

接着，拉萨姆一行人被送回马格达拉一处位于山顶的堡垒中，一路上都戴着脚镣，有时还被拴着铁链。那处堡垒海拔高达 8000 英尺，跟周围的平原比也高出 1000 英尺，可以说是牢不可破——要想进入，只能通过一条蜿蜒狭窄的山路。拉萨姆毫无出逃的希望。

与此同时，那些德国技术员又有了一个新任务——建造一个超级武器，即一座巨大的迫击炮，原材料是一块重达 70 吨的坚实金属块。这也是提奥多尔的主意。"你们欧洲人都很聪明，"他说，"给我造一把能发射 1000 磅火药的枪炮吧。"接着，他开始在全国搜罗金属。50 艘巨大的铜舰被熔掉了，但这还不够，又加了炖锅、煎锅、旧矛枪和铜钉。最后还是缺了一点儿，于是提奥多尔就熔掉了洗劫贡德尔城时发现的 490 枚银制泰勒[1]。他们将这些破铜烂铁都加热熔化之后倒入了一个巨大的模具——超级迫击炮的炮管，有近两英尺宽。他们焦急地等了三天之后，模具打开，炮管看起来非常完美。提奥多尔对这个新武器充满自信，有点像是萨达姆和他的超级枪[2]。

英国人又做了最后一次挣扎。他们将一堆礼物和一队能工巧匠（为了能媲美那些德国专家）送到红海沿岸，而他们想要的也非常简单：只要提奥多尔释放人质，他就能得到礼物和工匠，而且事后英国也不会再追究。但礼物、工匠和人质提奥多尔都想要。而且这些心甘情愿的工匠是哪里来的？英国政府给他们灌了什么迷魂汤，以至于他们乐意用自己来换这些被关了若干年的人质？但幸运的是，他们是否真心愿意都不重要了，因为事情陷入了僵局，无奈之下这些工匠们都被送回了家，礼物也都被运回了英格兰。

---

1 泰勒（Thaler），旧时德国、奥地利或瑞士的银币。

2 根据英国《独立报》2002 年的报道，萨达姆当时正命人着力研究所谓的远程"超级枪"技术，目标是发射核武器和生化武器。

在马格达拉，一年半的时间过去了。拉萨姆收到从沿海地区偷运进来的英国菜籽时心情很好。他真的是完全接纳了英国人的生活方式。他种下这些菜籽，精心照料。"生活不算太糟，"他如此写下，"除了要戴镣铐。"在接近赤道的高海拔潮湿地带，蔬菜都长得异乎寻常地大。豆苗有五英尺高，土豆像足球一样，大得吓人，而西红柿全年都开花结果。这让人不禁联想到尼罗河的另一处源头，鲁文佐里山脉，那里也生长着巨大的植物——可以说这两个地方就是两座伊甸园。人质们吃得都很好：晚餐可能有汤、鱼肉、几道前菜、一大块烤羊羔肉或者羚羊肉，此外还有布丁，最后会有凤尾鱼烤吐司或者奶油干酪。亚力酒[1]、蜂蜜酒和咖啡都是不限量供应。平日里，他们无休无止地打惠斯特牌[2]；拉萨姆还将数百只埃塞俄比亚鸣禽招至自己花园中的喂鸟台。

英国人终于决定要开战了。那是在1867年，彼时，得益于詹姆斯·布鲁斯和贝克夫妇的探险活动，他们已经确定了青尼罗河就是尼罗河洪水的源头。事情的关键又一次落到了控制权问题上。1093年，尼罗河经历了一次水量很少的汛期，当时埃及人就派了一个代表团去拜访埃塞俄比亚皇帝，请求他再多释放一点水到下游（奇怪的是，当一千年之后青尼罗河上的新塔纳水坝建成，埃及再一次提出了同样的请求）。早在1093年他们就知道，是埃塞俄比亚掌控着尼罗河的恩赐；到了1867年，人们对此同样心知肚明。英国人此时需要建立他们在非洲和红海地区的威望，那么还有比夺得整条尼罗河的掌控权更有效的方法吗？而且这里还有些涉及民族尊严的问题。英国人会任由提奥多尔这般愚蠢的外国人坐在他的山中堡垒里嘲笑自己吗？所以，英国人集结了一支32,000个人的队伍，配备了44只战象，55,000个行囊，还有其他一些动物。他们想要在这片土地上留下自己的印记，就如140年之后美国人及其同盟入侵伊拉克时所想。

关于货币的问题，英国政府咨询了探险家贝克，主要涉及的是英军登陆之后如何在埃塞俄比亚购买食物。贝克建议用玛利亚·特蕾莎银元，但只能是1780年铸造的版本。贝克是这么解释的："那一版女皇的肖像领口很低，胸部突

---

1 亚力酒（Arak），中东地区比较流行的烈酒，通常由椰枣或者葡萄酿制，有浓烈的茴香气味。
2 惠斯特牌（Whist），一种起源于英国的纸牌游戏，在18和19世纪最为流行。

出，大概就是这一点对阿拉伯人来说很有魅力。"由此可以推测，这版银元在埃塞俄比亚也行得通。但由于欧洲银元存量不够，于是维也纳的皇家铸币厂获得特许制造了 500,000 枚该版本的银元，专门用作这次远征的资金。

战象是用两艘新造的船从孟买运来的；为了应对大象可能晕船的问题，船上还装有特殊的支撑装置。英国派了一队工程师秘密抵达红海沿岸的祖拉镇（Zula），登陆时没有遇到任何阻碍，迅速在当地建起一座码头。军队随后也靠了岸，总指挥官罗伯特·纳皮尔（Robert Napier）骑着一头战象率先下了船，走的是特殊加固的舷梯，后面还跟着一队战象，一共有 19 头（剩下的都在另外一艘船上）。纳皮尔的月薪是 580 英镑；当时还有一个象夫坐在他的战象耳朵后面负责给战象指令，他的月薪是 1 英镑。这很可能是自亚历山大大帝时代以来第一次有印度象出现在非洲。

战象的一部分作用是威慑，但它们也被用来在埃塞俄比亚崎岖的土路上运送重炮。另外，随军一起前来的还有情报部队，其中就有格兰特少校；几年之前，就是他陪着斯皮克一起愉快地探访了白尼罗河的源头。事实上，格兰特是第一位去过两个尼罗河之源的探险者——第二位就是斯坦利。斯坦利其人在转型为探险家之前是《纽约先驱报》（New York Herald）的驻外记者，而他当时也去了那里，任务是报道英军和提奥多尔之间的这场战争。他专门买通了亚丁[1]的电报员，让他帮忙拦下所有给报刊记者的讯息［比如那些发给少年读物作家 G. A. 亨蒂[2]的信息，当时他为伦敦的《旗帜报》（Standard）工作］，当然，除了给他本人的。结果斯坦利的报道大获成功，他由此成了那些报社老板跟前的红人，他们还决定资助他去寻找利文斯敦。所以从某种意义上来说，斯坦利事业的开拓还多亏了提奥多尔的疯癫。

同时，皇帝本人也开始紧张了。他用了 500 个人才把那架巨大的德国人做的迫击炮搬到了马格达拉的山顶。这是他抵御英国攻击的核心武器：埃塞俄比

---

1 亚丁（Arden），现为也门城市。位于阿拉伯半岛西南端，扼守红海通向印度洋的门户，有欧、亚、非三洲海上交通要冲之称。

2 G. A. 亨蒂（G.A. Henty, 1832—1902），英国小说家和战地记者，以青少年冒险小说闻名。

亚人此时受英军包围，这就相当于他们的 V-2 火箭[1]。

纳皮尔的军队艰难地行进在埃塞俄比亚的国土上，同时还派出配备了一只战象的先遣小分队，他们一路穿越各个村庄，村民们无不被战象所震慑。很快，为了反抗他们那位疯癫的压迫者，各个部落都团结起来支持纳皮尔的军队。终于，英军抵达了马格达拉的崖壁之下，列队站在他们眼前的是 5000 多名装束不羁的埃塞俄比亚战士，他们身后威风凛凛地立着那架巨大的日耳曼人制造的迫击炮。

纳皮尔发射了几枚火箭弹，于是对方也点燃了他们的迫击炮——接着它就原地自爆成碎片了。看来德国工艺不过如此。而且英国士兵射击技巧精湛（英军配备的是发射 .577 斯奈德弹的斯奈德步枪[2]，有效射程 600 码，是埃塞俄比亚人前装枪的四倍），很快埃塞俄比亚一方就全线溃败。在这场战役中，有 1000 名埃塞俄比亚士兵丧生，但英军只有 27 人受伤。疯王的游戏已经结束了。

提奥多尔一边痛饮亚力酒，一边和他的军官们争论到了深夜。有人建议他把人质都杀掉，但提奥多尔不同意。"必须释放他们，"他说，"不然的话我们也都会被杀。"在这场摇摆不定、头脑发热的争论中，提奥多尔抓过他那把维多利亚女王送的宝贝双管左轮手枪，压了一下击锤，然后把枪管塞到了自己嘴里，扣动了扳机。

什么都没有发生——他不是压错了击锤就是扣错了扳机。他的军官们立刻扑上来压住他，试图从他手里夺下那支枪。枪响了，子弹从提奥多尔的耳边擦过。震惊之中，他似乎冷静了下来。到了清晨，他派人把拉萨姆找来，询问他的意见。

提奥多尔说："我以为英国人都像女人一样，但我现在知道了，他们是男人，而且是英勇善战的男人。我抵挡不住他们的进攻了，所以必须请你帮助我与他

---

1 V-2 火箭是指德国在第二次世界大战中研制的一种长程弹道飞弹，也是世界上最早投入实战使用的弹道飞弹。

2 斯奈德步枪即斯奈德 – 恩菲尔德（Snider-Enfield），是由英国皇家轻武器工厂（RSAF Enfield）配合雅各·斯奈德（Jacob Snider）设计研制的一种单发步枪，发射 .577 斯奈德弹。

们和解。"

拉萨姆知道，如果这最后一手牌他打不好，过去四年的努力都会付之东流，更不要提那些戴着脚镣和待在潮湿地牢里的日子。于是，他建议皇帝派使者去纳皮尔的军营。他内心非常想毛遂自荐，但知道那是行不通的。最后，皇帝派了另外两名俘虏过去。

纳皮尔的回信送到，他要求提奥多尔投降，但可以保证他安全离开。

拉萨姆受命将人质集合了起来，然后去向提奥多尔告别。"已经这么晚了，"提奥多尔说，"可以让他们走，但你在这里多陪我一晚吧。"

"一切如陛下所愿。"拉萨姆答。

他通过了测试——提奥多尔的表现透露了这个意思，因为他似乎又改主意了。

"好吧，你走吧，但记得要一直做我的朋友，不然我就得去出家或者自我了断了。"提奥多尔说，脸上挤出一个扭曲的笑。

此刻，拉萨姆实在是进退两难。他身上的每一根神经都紧绷着，理智告诉他赶紧离开，提奥多尔本人不就是这个意思吗？但，如果他当即就离开，以皇帝反复无常的个性，很可能又会把他身后不远的其他那些俘虏（包括一直受到轻视的卡梅伦）扣留下来。于是，拉萨姆冷静地说："谢陛下恩典，但还有我的那些同伴呢。"说完，他就等在那里。

但提奥多尔摆手示意他离开。拉萨姆犹豫了。这又是一个残忍的测试。如果拉萨姆继续等着，就说明他已经不信任提奥多尔了。但他必须表现出信任。事情已经到了这个阶段，如果提奥多尔感受不到信任，他可能会再度发飙。

于是，拉萨姆出发了。奇迹般地，其他俘虏也得以跟在他后面自由地离开了。

为了表示和解的意愿，提奥多尔又送了 1000 头奶牛和 500 只羊。但纳皮尔没有接受，把它们又送回去了，因为他被人提醒过，收下礼物就代表着他已经宽恕了提奥多尔，且不会再攻打他的堡垒。

英国人运送 44 只战象到非洲，不是为了在这个时候掉头离开的。纳皮尔听说马格达拉背后有一条山羊走的秘密小路，而提奥多尔可能会从那里逃离。这位 57 岁的将军认为自己已经给了对方足够多的机会投降，现在是让象背上的长枪大炮出场的时候了。

提奥多尔退无可退，最后又展现了一把令人钦佩的勇气。他骑着马出现在浩荡的英军阵营前，向纳皮尔发起了一对一决斗的挑战。英国人早就放弃了这种骑士精神。（不过比起现代化战争，这种决斗确实要轻省很多——想象一下，如果我们直接送小布什去痛打萨达姆，而且身边只有一个托尼·布莱尔负责替他拿外套，那能节省多少资源？）不出所料，纳皮尔拒绝决斗。而提奥多尔也在他手下军官们的恳求下掉转马头，消失于山岭之中。

一切都结束得很突然。先是一阵震耳欲聋的爆炸声，接着是埃塞俄比亚一方敷衍的挣扎，然后英军就冲入了马格达拉的城门。攻下堡垒之后，英军只有 15 人负伤，其中有两人在之后因伤去世。

最初都没有人发现，有一具只剩半个脑袋的尸体躺倒在地，可见生前守城守到了最后一秒。他的手里握着一把双管手枪，这次开枪的手法没有错，在被俘虏之前顺利地结束了自己的生命。拉萨姆认出了他，就是皇帝提奥多尔。搜刮战利品的人纷纷扑到他尸体跟前，但都被拉萨姆击退了。第二天，在拉萨姆的监督下，提奥多尔在马格达拉教堂下葬。

根据斯坦利的记述，当地遭受了一场疯狂的洗劫。抢得最猖狂的就是之前的那些人质，其中也不乏传教士。他们抢走的东西包括镶有珠宝的金制杯盘、主教冠和王冠、塞夫勒瓷器[1]、成箱成箱的酩悦香槟（为什么给人质喝的不是这个，而是蜂蜜酒呢？）、貂皮和熊皮、豹皮和狮皮斗篷、华丽的马鞍和装饰精美的仪式用伞、帐篷、地毯，还有一盒盒的祖母绿、蓝宝石和镶银钻石——都是祭司王约翰的宝藏。

---

1 产自法国塞夫勒国家瓷器厂（Manufacture nationale de Sèvres）的高级瓷器。

28. 在白尼罗河上反抗奴隶制

> 河流倒转未必是神迹，可能是自己站错了方向。
>
> ——苏丹谚语

尼罗河上游地区的转变始于一个正义的想法——结束残酷的奴隶制。1869年，塞缪尔·贝克和弗洛伦斯回到了尼罗河，想要改变他们首次旅行时见到的恶劣状况。贝克这一次是受赫迪夫（Khedive，由奥斯曼帝国苏丹支持的埃及统治者的头衔，比瓦利的级别要高）指派出任埃及军队总司令官，年薪一万英镑。他出发时带领着1700个士兵，但在经过喀土穆进入非洲内陆深处的同时，剩下的人数已大大减少了。此次与他同行的不仅有他的妻子，那位让人敬畏的弗洛伦斯，还有他的侄子贝克中尉。在白尼罗河上游的默奇森瀑布之下，他们发现了奴隶贸易发展的最前线。正是五年前贝克发现的这片瀑布，如今成了喀土穆奴隶贩子眼中的宝地。

> 很多新出现的重要地带都已经有人去过了，但这些人并非探险家，而是阿布·萨乌德带领的一班匪徒。他们每到一地，最先做的事情就是抢夺奴隶和牛群。不把当地的财富榨取干净，他们的暴行就不会停止；白尼罗河流域每一个被奴隶贩子占领的小国都是一样的命运。我相信，我们会带来一次巨大的变革，在这片土地上重建信心……阿布·萨乌德也曾向我们表达了忠心，但我自然不会相信他……

贝克也在研究除奴隶贸易以外能够利用当地资源的方法。"在朗格（Langgo），人们对珠子的需求量很大，因为他们会把珠子编到乱蓬蓬的头发里做成某种发型。象牙对他们来说就几乎没有用处，而且存量很大。当地人不会在象牙空心的一端钻眼穿绳，再将象牙扛走；他们都是用驴子拉着象牙拖在地上走。这样的话象牙会严重磨损……"

贝克曾有一次机会能抓到臭名昭著的奴隶贩子阿布·萨乌德，当时后者正在南部招募部落首领，唆使他们攻打相邻部落并抓他们做奴隶。"在公众看来，我作为拥有'绝对最高权力'的人，对阿布·萨乌德宽容得有些荒谬了，毕竟我知道他是一个大恶人……但如果我当时对他采取强力或者极端措施，这次远征可能刚开始就失败了。"

贝克当时只有 212 个士兵，而且他们正在前往赤道地区的途中，距离目的地还有 165 英里远。他想过要释放阿布·萨乌德各个奴隶基地的奴隶，但马上就意识到其中的问题。"阿布·萨乌德在法蒂科（Fatiko）基地有无数的奴隶，而且他的人都是领奴隶作为薪酬。此外，在法布（Fabbo）、法罗洛（Faloro）和法拉格尼亚（Farragenia）基地都有大量的奴隶……如果想要释放这些在不同地点的几千名奴隶，我便需要一支庞大的军队，先占领这些站点，然后再将全部的猎奴人都驱赶出去。"他明白，这些奴隶是从一片广大的区域里搜罗起来的，很难把他们全部遣送回家，然而他也不可能拿自己的军需去供养这些奴隶。他别无选择，眼下只能任由奴隶交易泛滥，自己先继续前行。

在路上，他们遇见了一小群当地猎手。他们被贝克的小军队吓到，慌忙逃跑，留下了一些猎象用的长矛。之后两队人再次相遇，当地人仍然很惊恐。但贝克的手下将他们落下的长矛原物奉还，这让他们很是吃惊，因为此前的外来人对他们都是能抢则抢。

有一个名叫卡巴雷加（Kabba Rega）的部落首领本是北方阿拉伯奴隶贩子的支持者，贝克想与他达成友好关系，把他争取过来。为此，他送了对方很多礼物，记录如下：

一整块土耳其红布，一块灰色印花棉布，十二磅上等的珠子，三面锌镜，两把剃刀，一把长屠刀，两把剪刀，一支黄铜军号，一支德国号，两条红黄相间的手帕，一条黄手帕，一条孔雀花色的印度围巾，一条蓝色毯子，六把德国银汤匙，十六对样式不同的耳环，十二枚戒指，两打骡子铃铛，六根伸缩重铜弹簧线，一磅白色的长马毛，三把梳子，一个混凝纸制托盘，一把黄杨木笛子，一个万花筒。

送完这些东西，贝克"向四方宣布，恐怖的统治结束了"。

但并没有结束。

先讲一个小插曲。斯皮克的旧识，乌干达国王米提斯（M'tese）派了一队使者来拜访。为了证明身份，他们带来了一些斯皮克和格兰特多年之前送给他们的礼物：一本印刷书，几幅水彩画，其中有一幅画的是珍珠鸡，还有一本小小的折叠书，里面是英国士兵的素描画，各个团的都有。见到贝克的旅行帐篷、大镜子，还有其他各种新鲜玩意儿，这些本地人对他的奢华装备叹为观止。"最后一个娱乐环节是磁性电池的展示，他们看了非常震惊，回到乌干达之后也有足够多的内容可以向他们的国王汇报了。"在他们离开之前，贝克将斯皮克在英国去世的消息告诉了他们。"可怜的斯皮克死了，他们听说这件事之后显得很在意，连续惊呼了好几分钟：'哇！哇！斯皮基[1]！斯皮基！哇！斯皮基！'"

但贝克还有更重要的事情要担心。看来卡巴雷加确实非常不可靠：尽管阿拉伯奴隶贩子在他的领土上大肆劫掠，但他还是更偏向他们。于是，贝克带领手下在马辛迪城（Masindi）拉开战线，等待时机。

卡巴雷加送来了食物和饮料，企图安抚贝克。贝克接受了七罐芭蕉果酒，分给了他的手下。晚餐结束后没多久，就有一位副手神情紧张地跑来跟贝克说："很多士兵看起来都快死了，应该就是喝芭蕉果酒中的毒！"

贝克一向处事不惊，他事后回忆说：

> 我马上就奔去取我的医疗装备……那只小药箱已经陪了我 25 年。我央求妻子准备尽可能多的芥末和浓盐，尽快把它们混合……我看到那些士兵的状况很糟。有几个躺在地上，已经没有知觉了，还有大约 30 个人感觉喉咙发紧，几乎无法呼吸。除此之外，还伴随着胃部抽

---

1 原文为 Speekee，当地人对斯皮克的昵称。

搐、有灼烧感的症状，而且还有人精神错乱、下肢麻痹，最严重的则彻底失去了意识。对那些失去知觉的士兵，我掰开他们的下巴，用甜点勺给他们喂水，里面掺了三粒吐酒石。

他还尽力给每个人都灌下大量的芥末和盐，直到"病人开始有了和艰难横渡布里斯托海峡时一样的症状"为止。

第二天早上，士兵们"非常虚弱，但已经脱离了危险"。就在这时，卡巴雷加的人攻打了过来。"突然间，四周响起了数千人的野蛮叫喊声，我们被吓了一跳，完全没有防备！"贝克当时穿着白色棉布衣服，非常容易成为目标。当他走向自己的营帐时，走在他身边的一位中士就中弹身亡了。"几千个带着武器的当地人从四面八方冲向我们的军营。"

贝克端起自己那把"做工精美"的荷兰后装式双管来复枪，开始向来袭的人群射击，还命人去把附近那几座卡巴雷加的"巨大稻草房"点燃。贝克的手下都装备了斯奈德来复枪，卡巴雷加一方则只有长矛和低端来复枪，在对战中贝克一方逐渐占了上风。卡巴雷加"那个年轻的懦夫，在战斗开始之前就带着他所有的女人逃跑了，还没忘记带走他的圣鼓和'神奇独轮车'，也就是他的王座"。

英方赢下了马辛迪战役，但贝克忠心耿耿的军官曼苏尔（Mansoor）被杀了，身上被长矛击中了 32 处——用贝克的话讲，"他并非死于战场上光明正大的对抗，而是被诡计所谋害"。

有意思的是，在卡巴雷加的事情传开之后，伊迪·阿明[1]还企图给他正名，想要按自己的想法给予卡巴雷加"应得的"地位。阿明坚持认为卡巴雷加是一位真正的英雄，一个反殖民斗士。阿明其人的幽默感也是不可捉摸：默奇森瀑布的名字本来取自贝克在皇家地理协会的一位志趣相投的好友之名，但阿明却下令将瀑布的名字改成了贝克在巴尼奥罗的大敌之名——卡巴雷加。

---

1 伊迪·阿明（Idi Amin，1925—2003），乌干达总统（1971—1979 在任），是有名的暴君。

29. 弗洛伦斯有令，戈登启程

蚊子睡屋内，蜜蜂睡屋外。
——埃塞俄比亚谚语

贝克夫妇退休之后回到了德文郡，萨姆在那里成了一个行事古怪的地方"名流"。他在外面的大道上大步散步时，如果遇到铁匠、修补匠、修路工人和吉卜赛人，都会把他们请到自己位于桑福德奥利[1]的庄园，一起去娱乐室喝茶。他被选为德文郡协会的会长，还有牛顿阿伯特的镇议会议员。然而，单凭一把猎刀和两只手就可以杀死一头雄鹿的贝克老先生一直都有其肤浅的一面。有一次，一位旅行到各处表演的大力士邀请观众模仿他的绝活——将一段缠在自己肱二头肌上的铁链挣断，结果当时和弗洛伦斯一起坐在前排的萨姆·贝克接受了挑战。他在尼罗河上游旅行时，就曾以粗壮的手臂震慑过当地人；如今他的手臂依然粗壮，但他还是用力到血脉偾张、面容扭曲，才终于气喘吁吁地将那条铁链挣成两截。

弗洛伦斯在家时把家管得井井有条，一如在苏丹时把营队管理得整齐有序。不过在英国的生活显然要奢华很多，比如她在这里就喜欢戴钻冕。他们还有一位阿比西尼亚男仆，如果男仆不慎把汤洒在了客人身上，她便会语气深沉地说"你应该要挨鞭子了"。挨鞭子这种事可能会发生在刚多卡洛，但在德文郡就不会了；而且这话只是一句评论，并非命令。事实上，贝克夫妇做事是非常公正的。有一次，一位客人的儿子，一个年纪很小的男孩，踢了他们的管家一脚；作为惩罚，男孩被关在自己的屋里一整天，只能吃面包、喝白水。弗洛伦斯自己以前也是奴隶，针对这件事她是这么说的："仆人是我们的朋友。我们不会去踢

---

1 桑福德奥利（Sandford Orleigh），位于牛顿阿伯特镇（Newton Abbot）的一个住宅区。

自己的朋友。"萨姆对待骄纵的客人同样严厉。有一次，两个小淘气鬼——未来的国王乔治五世和他的哥哥——去贝克家过周末，结果弄断了一棵热带树木的枝杈，但贝克此前就告诉他们不准爬那棵树，于是贝克就鞭打了他们。两个男孩的父亲，也就是威尔士王子，一定是同意了他这么做，因为王子非常喜欢贝克夫妇，尽管他的母亲对弗洛伦斯很反感，因为她和贝克还没有结婚就一起旅行了。

萨姆·贝克卸任赤道大区首长一职后（之前贝克不仅身负探索该地区的任务，而且还被埃及政府任命为赤道大区的第一位领导人），接替他的是戈登将军。戈登延续了贝克在废除奴隶制方面的努力，但在此过程中也招惹了不少人。但现在又有提议说戈登应该接管整个苏丹。贝克也写了一篇文章发表在《泰晤士报》上："为何不能邀请戈登帕夏将军协助当地政府？大不列颠要在苏丹建立一个公正的系统，没有人比他更有能力、更适合来做这个代表了。"不过，戈登心里很明白。他根本不想接受这份工作，但他知道必须得找到人代替自己。如果他能成功躲掉位于喀土穆的这一任职，他就可以受邀与斯坦利一起去刚果；比起呆坐在苏丹这灰扑扑的都城里，去刚果探险要有意思得多。于是，戈登建议贝克由他和他时任高级军官的兄弟瓦伦汀接管喀土穆，他们可以分别担任行政首长和总指挥官的职务。极其不想接受这份工作的戈登还专门跑去德文郡与贝克一起在庄园外的大道上兜风，其间一直劝说这位年纪更大的男人接受这个任职。等他们回到贝克的庄园喝下午茶时，一切都谈妥敲定了——戈登成功逃脱，贝克兄弟俩去喀土穆赴任。这位 62 岁的前探险家非常兴奋——虽然他沉浸在对未来的设想中，还没有考虑到弗洛伦斯。弗洛伦斯听说这事之后，双手小心地放下她的骨瓷茶杯，然后用她那带一点德国口音的英文说："你向我保证过，不会留下我一个人，再回去苏丹。我是不会去的，所以你也不能去。"

透过这件事，我们可以体会出弗洛伦斯对贝克的成功做出了多大的贡献。她似乎能弥补他在判断力上的缺失。如果贝克真的去了，他可能会遭受和戈登一样的命运。顺便一提，戈登对他人的阻挠很不高兴，而且这个"他人"还是一个男人的妻子。贝克将戈登从客厅领出来，神情落寞而忧伤。"我亲爱的戈登，"他说，"你也看到我的处境了——我怎么能抛下这一切离开呢？"弗洛伦斯后来评论说，戈登的蓝眼睛有催眠一般的力量，普通人很难拒绝他——她并不责怪丈夫落入了这双眼睛的圈套，但她从未原谅戈登，因为他竟想把一份危及性命的任务推给一位已过退休年纪的男人。

于是戈登被按时遣往苏丹，任务是在马赫迪的军队眼前上演一出撤退的戏码。然而，戈登这么多年来一直致力于在当地压制阿拉伯人的奴隶贸易、提升英国的威望，选他去演这出戏实在很不合适。他已经投入了太多，这就导致他总是摇摆不定，最终走向垮台的厄运。然而，似乎如果不是因为当时某人发送的电报，戈登后来的这场悲剧也不会发生。克罗默勋爵在回忆录里提到，当他发现戈登正通过红海港口城市萨瓦金前往喀土穆时，他马上拍电报给他说这是不可取的，因为在萨瓦金和喀土穆之间，各个部落的反抗势力非常嚣张；如果戈登继续取道萨瓦金，他途中必会受到阻拦，然后不得不回头——到那时候，他再去喀土穆也来不及了。于是，戈登改变行程，取道开罗，结果迎来了他最终的厄运。克罗默写道："虽然这在当时看来只是一个小细节，但如果我没有干涉戈登将军的路线，苏丹的历史就会被改写，很多宝贵的生命，也许包括戈登将军本人的生命，都能被拯救。"如此一来，也许十年之后就不会发生乌姆杜尔曼战争，其间也不会有那么多人丧命，而那位名为温斯顿·丘吉尔的英国中尉也不会由此而平步青云。

1893 年，弗洛伦斯和贝克夫妇计划在索马里兰待一年，去猎狮。此时，萨姆已经非常胖了，而且时不时就会犯痛风。结果还没等到他们出发，萨姆就突发心脏病去世了。在他去世前的一段时间，他就已经表示死后要在沃金镇（Woking）新建的火葬场火化，那也是英国的第一个火葬场。

此后，弗洛伦斯又在德文郡生活了 23 年。每当有客人上门，她都会盛装待客，穿的都是她在非洲探险时无法享受到的华美服饰。而所有的客人都要被迫吃下分量巨大的奶油茶点，那是她丈夫生前的最爱。

30. 奇特的巧合

> 尼罗河很伟大，真诚自省的人更伟大。
> ——埃塞俄比亚谚语

然而，故事还没有结束。本书这种类型的作品，写起来往往需要参考数百册古书，而且很多都已经很难找到了；而在写作期间，作者时常会有种强烈的感受：在很大程度上，是巧合或者缘分成就了完稿。我是在埃及的时候开始写这本书的，当时尼罗河就在我的眼前。但 2010 至 2011 年的"阿拉伯之春"迫使我重新考虑最适合写作的地点，因为要完成这种大体量的作品，需要能够不受打扰地持续写作。最后，我搬到了多塞特郡（Dorset），有一个朋友就住在附近萨默塞特郡（Somerset）的道利什韦克村（Dowlish Wake），后来我才知道那里就是斯皮克家族的故乡。之后，我又去北边邓弗里斯郡（Dumfriesshire）的一所学校做演讲，结果发现约瑟夫·汤姆森（Joseph Thomson）就是在那里的桑希尔村（Thornhill）出生的（好吧，其实是在离桑希尔村两英里远的地方）；约瑟夫是一位非洲旅行家，就是他首次命名了汤姆森瞪羚（我在研究关于尼罗河探险的资料时也读过汤姆森的故事）。接着，我开始收集更多的书——有二手书，也有新书，很多都是通过伟大的馆际互借服务拿到的。在离我家约一英里的一间书店里，我还发现了一册《伊斯梅利亚》（*Ismailia*）的重印本；这是塞缪尔·贝克的书，里面记载了他努力压制南苏丹地区奴隶贸易的经历。那本书里少了一页地图，所以只卖十英镑，非常划算。回家之后，我在书里发现了一封信，内容打在一张薄薄的蓝色信纸上，落款是 1963 年 7 月 20 日——信纸还很完好，而且它的年龄几乎和我一样。寄出这封信的人是萨姆·贝克的曾孙，瓦伦汀·E. 贝克（Valentine E. Baker）。我猜测这也许是取自萨姆弟弟的名字，虽然在网上完全找不到相关的记录——最多只能搜出查特·贝克唱的《我可爱的小情人》[1]。

---

[1] 此处指同时包含 Baker（贝克）和 Valentine（瓦伦汀）这两个关键词的搜索结果在网上只有这一类。《我可爱的小情人》（*My Funny Valentine*）是冷爵士演奏家兼歌手查特·贝克（Chet Baker）的歌曲。

这封信跟瓦伦汀的一趟旅行有关，他去了乌干达的古卢区（Gulu），那里是塞缪尔·贝克学校[1]的所在地。瓦伦汀是在20世纪60年代去的，目的是给学校捐赠一些贝克的书籍，还有一封贝克亲笔写给阿布·萨乌德的信（贝克有时候会把他的名字写成"阿哺·苏得"[2]），而阿布就是贝克在试图废除奴隶制时击败的那个两面三刀的阿拉伯奴隶贩子。

但就像尼罗河本身一样，这个发生于尼罗河上游的故事也有不少意外的转折。距离塞缪尔·贝克学校大约一小时路程的地方，就是圣灵抵抗军创始人约瑟夫·科尼的出生地。科尼曾袭击这所学校的学生宿舍，为增加军队人数绑架了很多孩子。有一个名叫摩西（Moses）的男孩曾经是萨姆·贝克学校的学生，他就在圣灵抵抗军中一路升迁，成为一位备受信任的副官。但后来他叛离军队，回归到了正常生活，也重新开始学习。马修·格林（Matthew Green）是《尼罗河的巫师》（The Wizard of the Nile）——一本关于科尼的书——的作者，摩西接受过他的采访。我于是与马修取得了联系；更巧的是，我发现我们念了同一所大学，而且还上过同一批老师的课。

那封写给奴隶贩子的信出现在《伊斯梅利亚》的第138页。所以事情是这样的：作者的曾孙将原信件抄了下来，然后寄给了某人（收件人只写了"哈德逊先生"），此人将这封信夹在了一本印有同一封信件的书里；结果大约50年之后，我又在多塞特郡的二手书店里将这本书买了下来，而我之所以会光顾那家书店，只是因为它离我家很近，步行就能到。那封信的内容如下：

阿哺·苏得先生，

你是在本月十号抵达这里的，当时你还带着大量的牛，都是你和你的手下偷来的。

你明知道巴里人（Baris）和当权政府之间处于战争状态，但你

---

1 全称塞缪尔·贝克爵士中学（Sir Samuel Baker Secondary School），位于乌干达北部的古卢区，在2019年之前是一所寄宿制男校。这所学校以塞缪尔·贝克爵士的名字命名。
2 贝克将阿布·萨乌德（Abou Saoud）拼成阿哺·苏得（Aboo Sood），多少有些嘲讽之意。

仍然每日与他们保持友好联络。

现在，巴里人变得对一切正义的政府权力都充满敌意，而这正是你们这群人的责任。你们在外围地区偷盗牛群和奴隶，然后又将之运送到这里；本来这里的人只是天性野蛮，但由于你们的行为，他们变成了最恶劣的盗贼，并由此丧失了一切可能改变的希望。

因此，我不能继续容忍你们的行为。在这里，我正式通知你，一旦你的合约到期（名义上他是贝克的雇员），你和你的手下都要离开我的辖区。

同时，我宣布你们在我的辖区内抢夺来的牛都要收归政府。

签名

姆·W·贝克

总督

信件的原稿是手写的，仍然收藏在塞缪尔·贝克学校。我将手里这一份来自贝克曾孙的副本折好，放回了他曾祖父的书里保存。我确信，科尼的副手摩西在学校的时候一定见过原稿。我肯定会把这件事分享给马修·格林，也许就在下一次大学同学聚会的时候。此时，我开始意识到为什么尼罗河对人们来说有这么大的吸引力：因为它将所有的故事都连接了起来。

31. 月亮山第二篇

上帝之语如磨石。

——苏丹谚语

尼罗河也许连接起了所有的故事，但有一点可以确定，那就是它不断带着我们回顾往事。距亚里士多德写到奇特的月亮山已经过了千年之久，而当它又一次出现在欧洲探险者的记录中时，仍然带着鬼魅的气息。

关于月亮山的具体位置，伯顿和斯皮克自然意见不同。不过，结果却是斯坦利超乎常人的努力助他最终发现了月亮山的准确地点。

斯皮克认为维多利亚湖是尼罗河的源头，而且是唯一一个源头湖；针对这个观点，伯顿指出了其中的许多漏洞，但在皇家地理协会赞助了斯皮克的探险之后，伯顿没有去实地证实他自己的观点。这个确定源头的任务留给了斯坦利；在1874年到1876年的那场不可思议的探险中，他绕着维多利亚湖和坦噶尼喀湖转了一圈，由此证明了斯皮克那灵光一现的猜测是正确的，而且托勒密的地图中所暗示的地理状况也大体正确。那么只剩下一个问题了——月亮山在哪里，它又是一座什么样的山脉？1876年，斯坦利那位颇有能力的助手弗兰克·波科克（Frank Pocock）声称，他们在爱德华湖边上露营时，自己透过雾气看到过白雪覆顶的群山。爱德华湖和艾伯特湖之间是连通的，两个湖共同组成了一片水库，承接了大部分从山上流下来的水，而这些水之后又进入了白尼罗河。但真正发现月亮山脉还是在1887年到1889年那场营救阿明帕夏的灾难性征途结束之时。

阿明帕夏是一个装成土耳其人的德国人，而斯坦利则是装成美国人的威尔士人。在戈登将军卸任苏丹的赤道大区首长时，被指派的继任者就是阿明帕夏。阿明帕夏把妻子和孩子都留在了德国，然后将自己重新包装成了一位科学家和学者。当戈登拒绝撤离喀土穆时（当时他已经开始负责管理整个苏丹），他便被马赫迪的托钵僧（dervish）军队踏平了。托钵僧一般来说指的是追寻真理的伊斯兰信徒，也就是神秘主义者的前身。托钵僧找到了自己寻求的真理就会成为苏菲派成员，在整个北非和阿拉伯半岛有着非常多不同的苏菲派和托钵僧群体。在2011年的埃及革命中，面对萨拉菲[1]这种极端势力，苏菲派团体给出了一种温和的来自伊斯兰世界的抵抗力量。换言之，苏菲派整体来说是正义的一方。

---

1 萨拉菲（Selafi）是伊斯兰教的一个极端主义教派。该派别成立的极端主义武装组织被联合国认定为恐怖组织。

然而，在 19 世纪的苏丹，"托钵僧"一词被误用来描述伊斯兰教的狂热分子——在今天，我们可能会称他们为"圣战分子"。狂热分子听信他们的首领"疯子马赫迪"的蛊惑，逐渐生发出一种极端的反欧洲情绪。就是这群"托钵僧"构成了一支邪恶军队的核心力量，鼓动各个地方部落发起了一场全国范围的叛乱。

阿明帕夏当时在遥远的南部，暂时不会受到马赫迪支持者的威胁。但他还是将自己的埃及和欧洲雇员及军队向更南边转移，自己乘汽船在坦噶尼喀湖上巡视。另外，他向英国政府送去了一些绝望的求援信息，但内容写得并不明朗，让人摸不着头脑。其实阿明帕夏是个"大蠢货"，而斯坦利在花了一年的时间尝试解救他之后才发觉了这一点。

英国人此时着实不想再发生一次戈登那样的悲剧了，所以当有人提议由斯坦利领队进行一次救援远征时，他们如释重负。也许是因为这次远征的半官方性质，或者因为他们需要运送大量的武器和火药给受围困的阿明帕夏——总之，斯坦利没有延续他一贯的做法去雇佣比他社会地位低、可以完全受他掌控的人参与远征，而是邀请了几位英国军官和富家子弟。结果，后来发生的事证明了这是一个巨大的错误。远征期间，他们不得不将队伍分成两部分，结果所谓的后卫队在陆军少校埃德蒙·巴特洛特（Edmund Barttelot）的带领下直接在丛林中陷入了混乱和绝望。年轻的贵族和官兵们残忍地殴打他们的土著仆人，而且他们所有人都有土著情人，虽然斯坦利完全反对这样的行为。

然而，事情接下来的发展就更加惊悚了。爱尔兰威士忌家族——詹姆森家族的继承人詹姆斯·S.詹姆森（James S. Jameson）花钱买下一个女奴隶，然后送给食人族煮着吃掉了，而他竟在一边用素描画下了整个过程。斯坦利都不敢相信这是真的，但当他终于将后卫队解救出来时，他发现了詹姆森的一只箱子；当时詹姆森已经丧命，他打开箱子，里面就是此人画的素描。此外，斯坦利的其他下属也因谋杀和各种残忍行径受到控诉，这些事情永久地损害了斯坦利的声名。此前，斯坦利被称为"马塔布莱尔"（Mata Bulair），意思是"破岩者"，因为他在刚果建立贸易站期间与当地修路工人们并肩开路碎石，勤勤恳恳，大公无私；然而，当救援阿明帕夏远征途中的惊人情节曝光之后，他的这个绰号似乎也带上了一丝残忍的意味。斯坦利的优点是有目共睹的，但面对比他社会地位更高的人时，他完全无法判断对方的人品。他屡次被精神变态的比利时国王利奥波德[1]欺骗，也被狡猾的探险家皮埃尔·德·布拉萨[2]要弄过；而面对羸弱的统治阶级代表时，他竟认为这些人会遵循他们公学里那一套关于荣誉和责任的漂亮话。

当他们联系上阿明帕夏时才发现，这个人并不是特别确定自己需要他们的救援。在经历了途中那一系列被骗被劫的事件之后，斯坦利一行人带来的物资和弹药自然少得可怜。实际上，阿明帕夏反而还要提供食物给斯坦利的人，毕竟几个月以来他和手下已经学会了在伊图里森林里寻觅食物。然而，阿明帕夏也已经快要失去对手下的掌控了，只是他的自尊心不允许他承认这点罢了。如果有士兵在途中掉队，他不会命令他们跟上；如果有手下公开逆反，他也不会想办法平息动乱。不过，最后他还是选择离开了，带着他那刚萌芽的苏丹大赤道区"政府"所剩不多的几个成员。

从萨姆·贝克到戈登，再到阿明帕夏——一个探险家，一个战士，还有一个科学家，最终都不得不向这个国家及其特殊的环境低头。当这一行人抵达月亮山脉时，斯坦利连100码都快走不了了。这个多达1000人的远征队利用三艘独木舟跨过了塞姆利基河（Semliki）——速度很快，只花了一天半的时间，而且中间还遭受了一次来自50个瓦拉苏拉人（Warasura）的袭击，其间有两个斯坦利的属下丧命。不过，斯坦利从离开刚果河下游起就在不断地打消耗战，至少现在不必如此了。爱德华湖周围的住民经常受到瓦拉苏拉人的压迫，他们非常欢迎斯坦利队伍的到来，而且还送给他们大量的食物："他们连一颗珠子、一码布都没向我们要。"这位探险者后来证明了塞姆利基河的源头就是爱德华湖，而塞姆利基河也是艾伯特湖的供水河，这意味着鲁文佐里山脉就是尼罗河最远的源头之一——一如托勒密在地图中所预言的那样。如果伯顿没有硬将艾伯特

---

1 指利奥波德二世（Leopold II, 1835—1909）。他创建了刚果自由邦，使刚果成为其本人的私人领地。

2 皮埃尔·德·布拉萨（Pierre de Brazza，1852—1905），出生于意大利的法国探险家，父亲是贵族，也是知名艺术家。

湖的角色塞给坦噶尼喀湖，那么在关于尼罗河之源的判断上，他也许就不会错得那么离谱。总而言之，斯坦利把问题都解决了：尼罗河之谜已经揭开，至少在地理学家看来是这样的。

鲁文佐里山脉由三百万年前做上升运动的结晶岩形成。同一次板块运动还促成了艾伯特和爱德华这两座湖所处的那条河谷的形成——同时还将坦噶尼喀湖从尼罗河水系中分割了出来（伯顿的结论如果放在几百万年前就是对的）。整条山脉大约有 75 英里长，40 英里宽；它最出名的一点就是我们之前提过的，山中存在一个在赤道非洲独一无二的生物栖息地，就像伊甸园一样。威廉·史泰尔斯（William Stairs）是斯坦利的下属军官之一，他当时在鲁文佐里山脉就一度爬到了海拔一万英尺的位置，但是直到 1906 年的阿布鲁奇公爵远征，人们才得以登上鲁文佐里山脉大部分的峰头。

斯坦利之后的人生过得很别扭。他离开了非洲之后似乎就失去了人生的方向。他先是娶了多萝西·田纳特（Dorothy Tennant）——一位在他看来社会地位很高的女子——然后，这位"破岩者"就落入了她无情的控制之中。其间，斯坦利本有机会成为肯尼亚和乌干达新政权的实际掌控者，但他的妻子（和弗洛伦斯·贝克很像）却不允许他这么做；就算没有明确禁止，至少也是给他施加了非常大的精神压力，让他不得不拒绝了这个机会。另外，因为她对政治深感兴趣，于是又几乎强迫性地让他去竞选了朗伯斯[1]的议员。他成功进入了议会，结果发现政治家们和他之前想的一样——阴险，不可靠，全都只会说，不会做。他最大的快乐就是独自散步，还有就是照顾他收养的儿子——这个孩子和斯坦利一样，也是个私生子，但不同之处在于，他的儿子有一个被关爱的童年。

---

1 朗伯斯（Lambeth），英国大伦敦区内的自治区，位于泰晤士河南岸。

32.马赫迪的剑

> 雨至不顾人说晴。
> ——埃塞俄比亚谚语

　　这样一来，斯坦利暂时离开了我们的故事。与此同时，让我们再次回到"最黑暗的非洲"。如前文所述，正是戈登将军接替萨姆·贝克成了邻近赤道的埃及地区的统治者。戈登在压制奴隶贸易方面取得了很大的成功；然而，他仍要替他在开罗的上级平息整个苏丹的叛乱，在这个过程中，他无可避免地成了某种救世主般的角色。名义上，所谓开罗的上级是指土耳其属埃及政权的赫迪夫，但实际上也包括英国政府。他们的敌人就是马赫迪，而且这人已经在苏丹集结了一支军队，专门用来对抗那些统治苏丹的土耳其属埃及帕夏。最终，马赫迪的托钵僧军队还杀掉了英方代表人，戈登将军。

　　和很多神话中的勇士一样，马赫迪也配有一把赐予他力量的"好运之剑"。这把佩剑是达尔富尔[1]的苏丹赠送给他的，但由于这位苏丹不识字，他不知道这把剑其实是法兰克人锻造的，而且还曾是一个要将突尼斯从奥斯曼帝国统治中解救出来的十字军成员的佩剑。这把剑重 2 磅 10 盎司，刀刃是锻钢的，刀把是黄铜的，上面还刻着"查理五世，神圣罗马皇帝"；刀刃长 31.75 英寸，刀把长6.25 英寸。这么一把剑竟然会落到另一个宗教的信徒手里，实在有点匪夷所思。

　　神圣罗马皇帝查理五世曾经在 16 世纪统治过西班牙、奥地利和荷兰。另外，他还用弗朗西斯科·皮萨罗（Francisco Pizarro）在印加地区获取的黄金又一次将突尼斯从奥斯曼帝国手里抢了过来。也就是说，这把剑确是为了某次战争锻造的，但最终却用于另一场战争。突尼斯于 1574 年陷落，贝伊们成为它新的统治者。所谓贝伊，就是代表奥斯曼帝国进行统治的土耳其人。这些人都是敢于冒险的商人，都配备了大马士革钢锻造的上好兵器，换言之，逃跑的法兰

---

1 达尔富尔（Darfur），苏丹共和国西部一地区，与乍得接壤。

克人留下的战利品对他们来说没有太大用处。所以，那把剑虽然精美，但还是被一位图阿雷格族[1]的酋长买了去，他自己佩戴了60年，然后他的儿子又佩戴了40年。接着，这把剑穿行于撒哈拉沙漠，跟着提贝斯提[2]的图布族人，在他们四处劫掠时杀人饮血。有这么一位"哈达德"[3]，他是非洲最令人畏惧、最受人唾弃，但同时技艺最好的铁匠之一；此人将这把剑上一处很深的裂口敲好磨平了，然后告诉剑的主人——一个加拉姆部落（Garam）的成员，这把剑是法国人的圣剑，但这话很快就被人遗忘了。于是，这把剑经历了黄沙的冲刷，鲜血的沐浴，又被人用史前人类留下的圆圆的砂岩打磨；这些砂岩曾经都是磨石，那时候的撒拉哈还是一个足够湿润的地方，四处奔跑着各种野物，有羚羊、长颈鹿，还有狒狒。到了18世纪，气候变得更差了，比以前更热，也更干燥；因此，住在欧韦纳特河周围，也就是现在的苏丹、利比亚和埃及交界处的那些部落也逐渐衰落。加拉姆人散落四方，还有其他一些部落则被达尔富人尔地区的部落征服。那把剑因其精致的手缝皮质剑鞘而被人夺去送给他那位现任苏丹的曾祖父了。那时候，几乎所有人都知道这把剑最初是法兰克人的；尽管没有人能够读懂上面刻的字，但他们觉得这把剑早晚能发挥它的独特作用。当时有传言说这把刀属于狮心王理查——此人曾提议让自己的妹妹嫁给撒拉丁。在某种意义上，这是把十字军的剑，在马赫迪看来，用它来对战土耳其属埃及统治者身后的英国人是非常合适的。

戈登是在自己宫殿的台阶上战死的，奋勇抵抗到了最后一秒。他也许是没什么远见，但并不是一个懦夫。马赫迪本想用那把剑来终结戈登的性命——用剑割下戈登的头颅。但最终，这个金发碧眼的苏格兰人的头颅被插在一个托钵僧的长矛顶端送到了他的跟前。后来，这根顶着脑袋的长矛就被放在了戈登的宫殿外，所有经过的人都可以拿石头扔它。

---

1 图阿雷格（Tuareg）是一支主要分布于非洲撒哈拉沙漠周边地带的游牧民族，是散布在非洲北部广大地区的柏柏尔部族中的一支。
2 提贝斯提（Tibesti），位于撒哈拉沙漠的高原地区，也是图布族人的发源地之一。
3 哈达德（haddad），闪族语言中意为"铁匠"。

在乌姆杜尔曼战役结束、喀土穆再次被征服后一年，他们抓住了马赫迪的继任哈里发，然而没有发现那把剑的踪迹。哈里发是在跟手下坐在一起时被射杀的，他的亲信中活下来的只有一个——奥斯曼·迪格纳（Osman Digna），此人在战斗的一开始就负伤逃走了。此前，迪格纳也曾羞辱过英军：英军的步兵方阵十分出名，而他是第一位破了这个方阵的外籍将领。在底比斯之战中，迪格纳的人攻其不备，英军在惊慌之中暴露了一个进入方阵的缺口；要知道，这个军事布阵自拿破仑大败之前就没有被攻破过。虽然英军最后还是赢了这场战斗，但当时他们确实在慌乱中撤退了。后来有人问起迪格纳一方是如何成功破阵的，他最低阶的士兵是这么回答的："因为我们那时不知道这个方阵那么无敌。没人告诉过我们。"

一年之后，迪格纳被俘，然后在监狱里待了八年。监狱就在尼罗河入海处的罗塞塔镇——半个世纪以前，罗塞塔石碑就是从同一座监狱的墙面上挖下来的。他坚称那把剑已经被送回沙漠了，而且留给了另一个部落的谢赫保管，等时机到了，剑还会出鞘。

33. 野泳

> 上帝做事不着急，但他要送来人间的，早晚会抵达。
> ——苏丹谚语

这本书很长，所以我决定中场休息一下，换个人来负责一会儿。我的好友约翰尼·韦斯特比我的游泳技术好很多。其实，我已经发现自己不仅泳技有限，而且还十分怯懦。但我决定不去责备自己，而是招揽这位人才，让他替我完成自己定下的目标——畅游红色尼罗河。几年之前，我曾在伦敦与约翰尼·韦斯特合租一套公寓。他后来加入了路透社，而我则去了日本，一边教英文一边学习合气道。他的第一份工作在开罗，在他的邀请下，我也去开罗游玩了一番。

这个城市在我心中激发出了无限的兴奋和好奇，后来我就搬到了开罗，开始在那里生活。我之所以能写出这本书，在开罗的生活就是原因之一；因此，也可以说约翰尼·韦斯特就是此书的促成者。

碰巧约翰尼正在喀土穆旅行，而且还答应别人要来一场远非我拙劣泳技所能企及的野泳。以下就是前全能型男战地记者、现石油产业咨询师约翰尼·"双尼罗"·韦斯特对于他在尼罗河野泳经历的复述——他的想法是游泳穿过青尼罗和白尼罗的交汇处。他选择了大洪水来临之前的 5 月初（也就是白尼罗河比青尼罗河水流更大的时候），这也合情合理，因为如果再晚一点，青尼罗河的水流会变得无比壮大，到那时候再游就更显得鲁莽了。

"下水的前一天，我带着宾馆司机穆罕默德一起去踩点。我已经决定了要从青尼罗河开始游，快到两条尼罗河交汇点时急转向西绕过交汇点，最后抵达另一侧的乌姆杜尔曼。所以，首先我们确定了具体的下水点，就在一个有几间茶馆的大型公共公园旁边。从我们站的地方起，泥泞的河滩不断向下倾斜，形成一个陡坡，上面覆满了现代消费垃圾——带吸管的挤压式果汁瓶子、塑料袋、饼干盒子，就像是一个载满海洋垃圾的大浪迎面扑来，你得艰难地跋涉过这片干涸的陆地，然后往下三码才能接触到水面。

"'水流可危险了。'我们低头看着河面时，穆罕默德对我说。我礼貌地笑了笑。他车上的安全带坏了，而且来这里的一路上他在车流间穿梭，很明显方向盘握得不是太紧，那辆又旧又破的组装出租车似乎不怎么受他控制。这个人自己也不怎么注意安全。

"'我跟你说过电鱼的事吗？'他问这句话时，我们正加速穿过通往乌姆杜尔曼的桥，想去看一下上岸的地方。'如果电鱼够多，它们是可以把你搞残疾的。啊，还有渔民的网，肯定会拖住你。'他说着，一边加速超过了一辆比这还破的出租车，一边躲过了一个提着无数购物袋的敦实的女人，差几英寸就要擦到她了。

"穆罕默德是在给自己找乐子。为什么不呢？当你干这种事情干得多了，你就能体会到自己对他人来说就是妄想的素材，有时候还是幸灾乐祸的对象。有一次，我为了游德文特河（River Derwent）提前去那里了解情况，就在塔斯马尼亚州的霍巴特市。当时我与河滩上一个钓鱼的人攀谈起来。'哦，鲨鱼会咬你的，兄弟，'他说，'河里全都是鲨鱼。'然而，之后的调查结果显示，已知的最后一次发生在这个河口的鲨鱼袭人事件还是在 1878 年。天呐，我看着这个人，心里想，这个无聊的老男人是在故意吓唬我，就是为了自己高兴。自那之后我就知道了，如果向人寻求在开阔水域里游泳的建议，一定要考虑到他们幸灾乐祸的心情。

"穆罕默德和其他几个人一直在跟我说的就是这些：水流、电击、渔网。但后来我们找到了我认为适合上岸的地方，周围是一处堡垒的遗迹，那里就是 1898 年马赫迪驻守的最后一个地方。然后我们开车回去了，约定第二天早上 6 点穆罕默德在宾馆门口等我。

"那个时间点，喀土穆的街头就已经很繁忙了，至少在连通三个区[1]的大桥上是车来车往。我从出租车上爬下来，艰难地穿行过塑料垃圾的浪潮到了河水边，眼镜和衣服都留给还在泥滩上的穆罕默德保存。我投入青尼罗河，开始向前游。

"我知道这个想法本身就够鲁莽的了，所以内心是有些焦虑的。在这种心情的影响下，我最初的计划是直接游到 100 码外——河心的图提岛，然后在岛上步行绕过或者穿过那片肥沃的冲积田，在岛的另一侧找一个合适的位置下水，接着再游过白尼罗河，到达位于乌姆杜尔曼的那个事先约好的上岸地点。然而，我的身体刚投入青尼罗河，马上就感受到它的水流是那么轻快果断，丝毫没有恶意。于是我临时改变了计划。

"我要一直待在水里，顺着水流漂到两河交汇的地方，绕过图提岛，然后直接迅速斜穿过白尼罗河。只要把上岸地点移到距原定处往下游四分之一英里的地方，应该就能成功登陆。

"于是我悠闲地漂浮着，混着泥沙的温暖河水安然地将我包裹住。一如既

---

1 和武汉类似，喀土穆也由以桥相连的三个区组成，分别为喀土穆、北喀土穆和恩图曼。

往，下了水之后周围的城市就瞬间消退了。我在伦敦塔桥下横渡泰晤士河的时候也有过同样的感受。仅在水面上是不会有这种感觉的，你一定要沉入水里。那时候，你就不再是从城市看向河流；河水已经变成了观察城市的滤镜。喀土穆七百万居民正为又一天的生计而奔忙在路上，然而这喧嚣的市井声在河里却只剩下寂静，成为一群奇特小鸟的背景——是某种鸽子吗？——它们从我脑袋上飞过，随我一起顺流而下。有几艘渔船快速经过，接着——惊恐的瞬间来了——我的脚撞到了一张渔网。人在水里觉得自己可以自由伸展时，不管身体接触到什么东西都会觉得很吓人。当时我好希望"911"事件从未发生过，希望我仍随身携带着自己的那把瑞士军刀。但我最终摇晃着身体摆脱了那张网，游到了两条尼罗河交汇的地方。当时距离我下水已经过了大约 15 分钟，前进了近一英里，但自己感觉最多也就游了几百码。

"在交汇处，河水流速上来了。白尼罗河气势汹汹地拍上图提岛——从旧地图就可以看出，即使跟不久之前的殖民时期相比，这座淤泥堆积而成的岛屿在形状上都已经变了很多——两条河流从岛西侧的窄道穿行而过，流向北边的埃及和地中海。眼下，流水的速度大概等于慢跑速度——如果看着河岸向后移动的速度，感觉还是挺快的。

"但这是一条河啊！河水的流向永远都是平行于河岸，不会垂直于河岸。只要你不介意最后在什么地方登陆，即使游的是世界上流速最快的河，边上是笔直的河岸线，那也无所谓，做好上岸之后得穿着泳裤往回走一段的心理准备就是了。我倾听着越发喧嚣的车流声，可以看到一拨又一拨的车流穿过六车道的大桥进入南边的乌姆杜尔曼。

"水流已经变得很急了，感觉最好还是不要勉强自己往前游。在河心就尽量节省体力，等时机差不多了就全力向着岸边冲，猛烈而迅速地一鼓作气游过去。当我看到前方就是马赫迪的堡垒时，我奋力转动胳膊，将自己最好的自由泳本领展示给两条尼罗河。人身处巨大的水域中时是无法分辨周围环境的，所以我根本不知道自己游了多远。但我看到穆罕默德和他那辆破旧的黄色出租车了……然后我又仰泳了一小会儿，再抬头看时，他已经不见了。我还是游过头了。

"我不再担心被水淹没，但还是想极力避免在离原定地点太远的地方上岸，而且也想尽可能减少接触城市废水的时间。我重新把脸埋进水里，抡起胳膊，再次进入自己最佳的自由泳状态。其间我不断抬头向前看，但还是离要上岸的地方差了几百码。再往下漂就是一座桥了，桥的另一边是一片工业厂区，到了那儿可就不好玩了，但我好像还是远在河中心。

"直到我把腿放下来。

"然后我就发现，虽然离岸边还有 50 码，但河水只没到大腿。原来，在河流弯道的西岸沉积了一片巨大的长条形浅滩。于是我蹚过水流，想到河岸上等穆罕默德；之前他一直开着车在岸上打转，同时不停地祈祷。见到我时，他的脸上满是笑容和欣赏之情，显得对这件事很尊重的样子。十分钟之后我们就回到了阿克罗波勒酒店，还赶上了吃早餐；我们跟酒店老板乔治·帕古拉托斯简单说了一下这件事，对方一脸紧张兮兮的样子，而我们守着心里的秘密，成就感满满。"

34. 卷绒毛

> 尼罗河对鳄鱼说："我可以没有你，你不能没有我。"
>
> ——努比亚谚语

这就是他们争夺的那条河。一边是英国人，另一边是一帮发型奇特的人。这些来自沙漠的魔鬼一般的战士又被称作"卷绒毛"[1]，他们是支持疯子马赫迪的部落之一，还被英国人视作一个巨大的威胁。那么这些人是谁呢？

在开罗以南 125 英里的贝尼哈桑考古遗址，有些位于尼罗河沿岸的洞窟中就有关于这些人的线索。洞中的壁画十分奇特，其中有一系列连续的壁画描绘

---

1 "卷绒毛"（fuzzy-wuzzy）是针对来自非洲、大洋洲或巴布亚新几内亚等地区黑人的歧视性称呼。

了两个摔跤的男子，让人不禁重新想象四千年前的武术是什么样子。也是在这里，布鲁斯·查特文看到了几幅特别的画，描绘了某一族群向法老鞠躬的场景，而那些人都留着和"卷绒毛"一样的发型——所谓的"卷绒毛"，其实就是生活在埃及和苏丹的贝沙族（Beja）；卷绒毛是英国人起的外号，贝沙族其实以作战凶残勇猛而闻名。那些壁画已经有 5000 年之久了。如今，法老已经不在，但贝沙族还生活在这里。

看完了贝尼哈桑的洞窟之后，我又在明亚[1]下到了尼罗河。开罗这座城市有一种让人不快的灰色，相较之下，明亚就显得洁净簇新，是一个高效的都市中心。我在那里雇了一艘费卢卡，想感受一下这里的尼罗河。比起开罗，这部分河段要更宽一些——尼罗河又一次颠覆了人们的认知：至少直至苏丹地区，越往上游，河道反而越宽了。另外，尽管希罗多德声称尼罗河上不会起风，但其实河上一直有风，而且几乎都是自北向南逆着河水流向吹，倒是给所有往上游走的船只加了把劲儿。我租的这艘船掌舵的是一位严肃的老水手，他总是迎着风抽烟，船四处转悠的时候他就熟练地曲起手掌罩住自己的烟头。

在 19 世纪早期，穆罕默德·阿里的儿子易卜拉欣帕夏（Ibrahim Pasha）去苏丹森纳尔[2]镇压了动乱，返程时就是在明亚听说了当地尼罗河沿岸经常有盗匪出没。据说有好几个村庄都参与了抢劫行动。他要求其中一个嫌疑村庄的基尔谢夫（kiasheff，意为首领）将扰乱河流安宁的抢劫者供出来，但这个基尔谢夫拒绝合作。为了逼他就范，他们用一种专门用来行刑的皮鞭（kourbash）抽了他500 下，这可以说是非常残酷的刑罚了。鞭子是用河马皮编成的，大约有一码长；而且为了有更好的抽打效果，鞭子的边沿做得很硬，末端很窄，非常容易留下割伤，人人谈之色变。在尼罗河流域，鞭刑是奥斯曼帝国最惹人憎恨的压迫手段，就像丘吉尔后来写的："鞭子打不出爱国主义。"（巧的是，刚果的奴隶贩子和南非的种族隔离政权使用的鞭子都是用河马皮做的，一种叫 chicote，一种叫 sjambok。）

---

1 明亚（Minya），位于埃及中部，尼罗河西岸的考古城市，尼罗河从城市的西部穿城而过。
2 森纳尔（Senaar），苏丹的 26 个省之一，位于该国东部，东邻埃塞俄比亚，青尼罗河流经该地区。

但挨了 500 下鞭子，这个男人还是没有认罪，也没有供出一个名字。于是易卜拉欣命人将他的衣服脱掉，用烧红的铁棍打他。实在忍受不了如此酷刑的男人说出了 200 个人的名字，其中有 150 个后来都被处决了。考虑到他供述时的情形，那些人很可能都是无辜的。

前往贝尼哈桑之前，我在红海沿岸的马萨阿拉姆¹参加了一个文化节。此时早已没有了英国和土耳其的统治者，但贝沙族舞者"卷绒毛"还在；他们也不再战斗，而是欢笑着用单弦小提琴和鼓表演音乐——他们仍然在这里，发型也还在。

35. 尼罗河上的易洛魁印第安人

> "舌头啊，我替你挨了巴掌。"耳朵大喊。
>
> ——苏丹谚语

贝沙人最后给可怜的老戈登送了终，但在此之前，从 1884 到 1885 年，由沃尔斯利爵士将军²带领的救援戈登远征队已经尽了力去营救他。远征队打算溯尼罗河而上赶赴喀土穆，但却迟迟没有出发（陆路路线会经过沙漠地带，而且有很多凶蛮的部落，所以无法通行）。原因在于瀑布群：这些急流使得位于阿斯旺与喀土穆之间的白色尼罗河不时就出现一段白浪激流，而普通的桨手一般是无法对抗这种急流的。他们需要专家——于是就从加拿大找来了一些。由此，来自卡纳瓦加³的易洛魁⁴印第安人成了对抗尼罗河的战士。

---

1 马萨阿拉姆（Marsa Alam），埃及东南部一城镇，位于红海西岸，有"埃及马尔代夫"之名。

2 加尼特·约瑟夫·沃尔斯利（General Lord Wolseley，1833—1913），维多利亚时代英国陆军元帅，曾参加第二次缅甸战争、克里木战争、平定印度叛乱等军事行动，因成功卓著而被封爵。

3 卡纳瓦加（Caughnawaga），位于加拿大魁北克省圣劳伦斯河的南岸，是莫霍克人的第一民族保护区。

4 指易罗魁联盟（Iroquois Confederacy），美国东北部和加拿大东部最强大的原住民势力，由 6 个原住民部族组成。

"我叫路易·杰克森，有一半的卡纳瓦加印第安人血统。我从小就跟这些人一起长大，所以我懂得他们的语言。沃尔斯利将军表示他们需要最好的加拿大桨手来带领救援戈登远征队溯流尼罗河时，点名要卡纳瓦加印第安人。我并不想去，因为之前听说过埃及尼罗河是如何凶险，而且我当时还忙着收粮食。但是他们对我说，我英文比较熟练，是最适合去照看我们卡纳瓦加男孩的人选。所以我最后就同意了。

"严格来说，卡纳瓦加印第安人是莫霍克人的一个分支，而莫霍克是易洛魁六族之一，最初位于现在的纽约州；法国人将他们统称为易洛魁人。很久之前，他们迁到了拉钦市（Lachine）对面湍急的圣劳伦斯河的源头处，生活在一片大约 10 英里见方，也就是 64,000 英亩的土地上。与很多其他地方的原住民兄弟不同，他们在这一小片土地上并没有遗失原住民的精神，因为他们很快就彻底征服了河流，而在加拿大的土地上，河流是没有尽头的。卡纳瓦加印第安人也接受了少数与白人混血的情况，但他们一直保留着自身的印第安风俗、规矩和语言，也继承了他们祖先的警惕性和忍耐力。他们对流水无所不知，世界上不会有人比他们更了解如何划着桦木独木舟穿过岩石和激流。如果没有他们，尼罗河上的救援队伍一定会迷失方向；兴许去的路上迷失一次，回来的路上还要再来一次。当然，救援队也完全没有起到作用，因为他们刚出发时戈登就已经死了，但这不是重点。卡纳瓦加印第安人完成了他们的任务：去了 85 个人，一共失去了 5 个人。

"（詹姆斯）阿莱恩上校［Colonel（James）Alleyne］告诉我们，一支军队的实力和配给口粮的质量成正比；我们和后来的队伍都有不错的配给，因为我们跨越了各种岩石和死水，穿过了尼罗河最险的瀑布和急流，将他们的份额先带到了上游。我们的配给包括阿默尔牌（Armour）牛肉、培根、腌肉、羊肉（用盐腌过，而且涂了一层油脂保鲜）、蔬菜、艾布斯伍特牌（Ebswurt）豆泥（煮久一点可以做成非常美味的汤）、酸黄瓜、胡椒粉、盐、醋、硬饼干、面粉、燕麦、米、糖、茶和咖啡、罐装奶酪、果酱、柠檬汁和烟草。所有的船都跟约克

船 [1] 类型相同，和那种捕鲸用的龙骨船很像，便于航行；船体可以承载 100 人 10 天的口粮，都是我上面说的那些优质吃食；此外还能搭载 10 个全副武装的人，外加 10 英担弹药。我们有一位成员名叫彼得·卡努，他不会说英文，但和我们的阿拉伯游泳高手们交流起来，比懂这门语言的人来得更好。卡纳瓦加人自豪于自己从不需要游泳；他们几乎可以说是从出生开始就生长在独木舟里，如果掉出了小舟，比起游泳求生，他们宁愿等死。当我看到尼罗河上的急流时，成员之一詹姆斯·迪尔说了一句：'我们最好还是待在桦木舟里。'他是对的，但普通士兵们只懂橹，不识桨，他们是掌控不了桦木舟的。（我们预计会用独木舟，所以专门从圣劳伦斯一路把桨带了过来。）

"我们划独木舟到亚历山大城，然后转乘汽船穿越了埃及。路上我们看到了泡在水里的牛群，它们一动不动，只有头露出水面。这个场景把我手下的小伙子们吓了一跳，都不知道再往南走得热到什么地步。事实证明，温度确实很高，但好在一直都有风。我们把尼罗河称为风之河，因为尼罗河上的风比我们在加拿大见过的所有河风都要大——而且几乎一直都是北风，对溯流而上的人最有用处。

"尼罗河很多河段的宽度都和卡纳瓦加对面的圣劳伦斯河很接近，小伙子们经常提到这一点。另外，在经过一处埃及人聚居地时，我们看到人们住在很小的泥屋里，而且一眼望过去，我此生就没见过这么多老鼠。他们自己的船是木制的，大约有 20 英尺长；船舷有 3 英尺高，是泥土做成的，烘得相当坚硬，防水功能不错；船帆就十分特别了，自脚底挂在桅杆上。这里的羊看起来像是狗，尾巴长长地拖在地面上，而这里的狗像是我在曼尼托巴 [2] 见过的爱斯基摩狗。

"我们在抵达阿斯旺之前在某个地方停留了一下，那也是白天唯一的一次停歇。当时，一位年轻的埃及基督徒带着我去看了一棵神树，据说它拥有治愈疾病的力量。如果你希望某人病愈，那就在这棵树上钉一根钉子。但我必须说明，在这个国家，钉子比钱还要罕见。那棵树本身没什么特别的，只是有许多钉子

---

1 约克船是哈德逊湾公司使用的一种内陆船，以该公司的总部约克工厂（York Factory）命名。
2 曼尼托巴（Manitoba），一般指曼尼托巴省，位于加拿大中南部。

排列成了各种形状。树离地面最高处也就 4 英尺，但沿着地面方向伸展出去有 30 英尺。

"在阿布辛贝，我听说当地有高达 60 英尺的雕像，脚趾的部分就有 3 英尺长。但很遗憾，我没能看到，因为我全程都在忙着帮我的人搜集霍乱腰带。那时候，所有的士兵和旅人都要戴这种腰带，它是由一块 12 到 15 英寸宽的法兰绒布料制成的。有些在埃及和苏丹地区长期服役的士兵告诉我，霍乱和痢疾容易在寒冷和潮湿的天气里传播，而这种腰带能有效防寒防湿。

"英国士兵都非常年轻健壮，我都没见到一个 30 岁以上的。不过，瓦迪哈尔法[1] 驻地的指挥官赞助举办了一场联合军种运动会，我还是有幸在离开尼罗河之前看到了我的两个易洛魁小伙子在跑步比赛中拿了头奖。

"我们往上游方向越走越远，遇到一长排的瀑布群时，我们就将船排成一条直线按次序穿过。有一次，我和八个栋古拉[2] 人在一片小急流中穿行，刚通过最险的一个地方，他们有几个人就在岸上打起来了，剩下的也都抛弃船队跑去打架或者劝架，而我就这样被留在了河上，任由河水摆布。这可真是新鲜呐！这些栋古拉人完全不适应坐船，行为方式也全都在我的想象之外。他们都是游泳健将，几乎不管在哪里都能游着过河。如果需要长时间游泳，他们就会带一种原本用来装水的山羊皮瓶子，但里面只装满空气。对于这些人，责骂是没有用的，因为他们不懂，也不在乎。还有一个奇怪的地方，我可能也得提一下，那就是他们每个人身上都伤痕累累的。后来，其中有个人生病了，我这才发现原因所在：他们会在病人身上割口子，而且还在上面敷满沙。

"随着季节的变化，河流的水位逐渐降低，更多的鳄鱼露了出来。彼得·卡努声称鳄鱼吃了他的一只鹿皮鞋，我们给了他面子，没有反驳。阿莱恩上校和阿贝·布沙尔则用一个厉害的镜片观察到有一只这样的猛兽就在远处一块凸起的岩石上晒太阳，体长大约有 25 英尺。后来，我招呼他们吃晚饭时，所有人都向着岸边移动，就在这个时候，路易·卡皮泰纳不知为什么不见了，当时我们

1 瓦迪哈尔法（Wady Halfa），苏丹北部城镇，位于尼罗河右岸，是该国的交通枢纽。
2 栋古拉（Dongola），苏丹北部城镇，历史上曾是重要商站。现为北方州首府和贸易中心。

离岸边只有 60 英尺不到。路易在彼得·詹纽瑞的船上负责执前桨,他在接近岸边的时候还曾站起身来。路易和大家一样,是沉稳的卡纳瓦加印第安人,但那时他还是失去重心,跌入了浑浊的河水中。当他从河中再次出现时,我们已经走了 100 英尺了。彼得中尉是个好人,总能第一时间对他人施救;那时他扔了一个救生圈下去,但离路易太远了,而且那时候路易已经几乎无法浮在水面上了。彼得中尉当即命令我们最好的阿拉伯泳者苏莱曼下水;说实话,如果没有他们这些泳技绝佳的人,我们这支队伍早就要元气大伤了。苏莱曼像箭一样跳了下去,利落地划开水面进入水里,没游几下就到了路易刚才浮上来的地方。但就在我们盯着苏莱曼看的那一瞬间,路易·卡皮泰纳就从我们的视野里消失了。我当时在彼得的船后方 60 码左右,我疯狂地在水面上转动,用尽所有力气把手里那支 12 英尺的榉木桨一下下地插入那可怖的河流深处,不断搅动河水,但一点用都没用。然而,我感受到的悲伤跟阿莱恩上校比起来不值一提,他将所有的责任都揽到了自己的肩上。我以为他会哭,但他没有。不过,那天晚上我们开火做了当日份的阿默尔牛肉分给大家,他一点都没吃。直到夜幕降临之前,苏莱曼一直在水里;他找到了路易的头盔,把它抱在胸口带了回来,回来时浑身发抖。当晚,阿莱恩上校组织了一次讯问会,然后派我去塞姆南的电报站汇报路易的死讯。他又雇了几个当地泳技好的人,让他们继续寻找,而且还留了一笔钱,让他们找到尸体就办一场体面的葬礼。我们之后就离开了,他们究竟有没有照做,我们不得而知。但这个故事还有个后续:几周之后,肯尼迪上校给了我一份《渥太华自由报》(*Ottawa Free Press*),上面有一篇很长的文章,绘声绘色地描述了一位路易·杰克森上尉的死亡。我们都觉得这个错误很离谱,但彼得用他独特的高声大笑回应说,既然路易·卡皮泰纳已经升职了,我的妻子理应拿到他的那份抚恤金。

"另外,我还曾在一个埃及人的葬礼上看到非常奇特的一幕,不得不提一下。在将尸体放入坟墓之前,他们在死者的嘴巴里塞了一小枚硬币。他们认为,如果死者要抵达'幸福的猎场',就必须先渡过一条河,而那枚硬币就是用来付给船夫的。"

[以上内容取自路易·杰克森在《我们这群尼罗长河上的卡纳瓦加印第安人》(*Our Caughnawaga Indians on the Mighty River Nile*)中的叙述。]

36.马克西姆和尼罗河————一把机枪的小史

> 匆忙中说出口的话就像扔出去的长矛一样收不回来。
> ————埃塞俄比亚谚语

　　救援戈登远征之行失败了。不过，即使他们能提早出发，还是有可能被马赫迪的庞大军队击败，因为他们没有带上最关键的装备————马克西姆机枪；欧洲人能将非洲纳入殖民统治，马克西姆机枪就是他们最有力的武器。等基钦纳将军再次回到非洲时（他也是救援远征队的一员），他担任了军队总指挥，专门为了替戈登将军之死雪耻而来。这次，他带上了马克西姆机枪。此前也有过其他机枪，但都不如马克西姆机枪这般轻便高效，发射速度也没有这么快。直到今天，所有的机枪身上都还保留着马克西姆机枪的印记，这足以证明海勒姆·马克西姆[1]魔鬼般的天才之能。

　　现实中，你可能并不想结交海勒姆·马克西姆这样的人。除了在1880年左右发明了世界上最高效的杀人工具以外，他还多次犯下重婚罪，在美国组建了家庭之后就将其抛弃，再也没有回去过。他几乎和每一个打过交道的人之间都有未定的官司。如果有人怠慢或轻视过他，他会记一辈子仇。此外，他也是一个机械天才。他还有很多其他的发明，包括首次系留飞行用的一架装备了两个蒸汽引擎的飞行器，一种被称为"平静之管"的哮喘吸入器，一种白炽灯泡（至

---

1 海勒姆·马克西姆（Hiram Maxim，1840—1916），马克西姆机枪的发明者，出生于美国，后移居英国。

今人们仍在争论第一个发明此物的到底是他、爱迪生，还是斯旺[1]），各种无线电设备，还有一种早期的直升机。

马克西姆机枪是世界上第一种全自动机枪，其突破性就在于全面的自动化——每打一枪所产生的后坐力就能将下一枚子弹推入弹夹。虽然它有 60 磅重，但比起有六根枪管的加特林机枪还是要轻很多。对所有枪来说，枪管都是非常占重量的部分——在生产环节里成本也很高——所以比起六根或更多枪管，仅有一根枪管的优势很突出。而且加特林机枪需要手摇换管，而马克西姆机枪则完全实现了全自动的迷人设想，只要扣一下扳机，就能让机枪连续不断地在战场上发送死亡判决。换言之，操作马克西姆机枪只需要一个人就能完成——比起需要两人操作的加特林机枪，这又是一个重要优势。马克西姆机枪的高效还体现在一个地方，那就是它相对较长的射程——能超过 2000 码，而加特林机枪只有 400 码。

在 1887 年救援阿明帕夏的远征中，斯坦利带了 2 吨火药、35 万个火帽、10 万发雷明顿子弹、5 万发温切斯特子弹，还有一把带有便携式枪架的原始版马克西姆机枪。斯坦利其实挺生气的，因为大家竟然觉得他需要这么多武器才能披荆斩棘穿越非洲——他解释说，毕竟同样的事情之前他只用斯奈德来复枪就做到了。其实，这大量的弹药和马克西姆机枪都是为了见到阿明帕夏时给他用的。然而，在 1887 到 1889 年远征的最后阶段，也是本该比较轻松的一个阶段，斯坦利还是在对阵瓦苏卡玛部落（Wasukuma）时不得不用上了马克西姆机枪。此时，距伯顿和斯皮克于 1857 年第一次穿越非洲已经过了 32 年，其间越来越多的探险者和传教士跨过了印度洋和维多利亚湖之间的平地。斯坦利注意到，当地语中称为"行够"（hongo）的交通费已经水涨船高——有些传教士走三天的陆路竟然要花 270 英镑。枪也变得更加常见了。当大量的瓦苏卡玛人冲上来时，斯坦利本想和平解决，但无济于事。瓦苏卡玛人冲进他的营地，还杀了一个人；但斯坦利的旺瓦纳族（Wangwana）脚夫也反击击中了对方 17 个人。

---

1 约瑟夫·斯旺（Joseph Swan, 1828—1914），英国物理学家、化学家、发明家。

数百个瓦苏卡玛人聚集在营地周围，他们挥动着长矛，咔嚓咔嚓地用长刀砍向盾牌。斯坦利先前与他们尝试和谈时就被一支长矛击中了，当时没有报仇，而现在他要补上这一环节了。他们把马克西姆机枪从运输时用的架子上抬下来放好，仔细地把枪管装上，解开了弹链；最后开枪的人可能是后卫队指挥官斯泰尔斯中尉。这是人类历史上首次因愤怒而使用全自动机枪，而效果也是惊人的。虽然只有一个人中弹身亡，但其他所有人都被吓跑了。机枪一分钟打出600发子弹所发出的噪声将草原上的寂静瞬间击碎，使得袭击者们全部仓皇逃命。

斯坦利并不是很愿意使用机枪，因为这种可怕的武器完全不符合他的非洲大计：毕竟，如果你做的事情只有杀人，又怎么能说自己是在帮助这些人呢？但后来者们就没有斯坦利这般慎重了。虽然马克西姆机枪在探索尼罗河的阶段没有发挥作用——它出现得太晚了——但在征服尼罗河的过程中无疑扮演了一个关键角色。弗雷德里克·卢格德受英国东非公司指派前往乌干达时，为了在当地树立威信，他也带了同一款原始版的马克西姆机枪，而且比斯坦利杀了更多的人。马克西姆机枪第一次用于长期战是在1893年的罗得西亚马塔贝列战争[1]中。在尚加尼战役[2]期间，50个士兵仅装备了4支马克西姆机枪就击败了5000名来袭的马塔贝列战士。而之后还将有更多更大的胜利。英国霸权的支持者曾说，在20世纪早期，苏丹国是由83位政员管理的；实际上，真正统治这个国家的是马克西姆机枪在乌姆杜尔曼打下的威名。

一如希莱尔·贝洛克[3]所言：

> 无论事态如何，
>
> 我们有马克西姆机枪，
>
> 而他们没有。

---

1 罗得西亚马塔贝列战争（the Rhodesian Matabele War），发生于今天的津巴布韦境内，交战双方是英国南非公司和恩德贝勒（又称马塔贝列）王国，罗得西亚是主要交战地点的名称。

2 尚加尼战役（the Battle of the Shangani），尚加尼是津巴布韦地名，该战役是罗得西亚马塔贝列战争的一部分。

3 希莱尔·贝洛克（Hilaire Belloc，1870—1953），法国及英国作家、历史学家、军人及政治活动家。

37. 一场屠杀

> 过眼前的河时，要打听一下前路上其他的河流。
>
> ——苏丹谚语

马赫迪的军队已经交由哈里发代为掌管，但让这些人统治苏丹是不可能的，因为马赫迪已经开始威胁到埃及，甚至跨越国界线发动了些小型战役。开罗和伦敦方面认为，如果不加以阻止，战火可能会殃及整个中东地区。此前，英国人一直都在等待时机，而现在，1898 年，他们终于有了一个计划。

颇为讽刺的是，1882 年亚历山大城遭受炮轰时，基钦纳就在现场，当时也正是在这个事件的推动下，英国才开始干涉埃及国事。到了 1884 年，作为军队副官的基钦纳为了能及时援救戈登，尝试了所有方法，希望能开展一次远征。然而，政府方面却一再犹豫，最终选择让沃尔斯利来带领远征队，结果就这样耽误了时间，导致了戈登的身亡。自那之后又过去了十年，现在的基钦纳已经官至将军，他打算通过夺回喀土穆来为戈登复仇。[说一个有意思的题外话：基钦纳一生只爱过一个人，那就是他的未婚妻赫尔迈厄尼（Hermione），而她正好是瓦伦汀·贝克的女儿——瓦伦汀就是萨姆·贝克的弟弟。不幸的是，她因为伤寒死在了开罗。]基钦纳认为英国一定要拿下喀土穆，不然就只能彻底放弃非洲。另外，尼罗河流域棉花种植的灌溉需求也使得河流掌控权显得尤为重要。这也许是历史上的第一次河流之战。

和戈登一样，基钦纳也是工程师出身。他在爱尔兰时在家接受教育，后来进入军队工作，早年曾因绘制黎凡特[1]地图而获取了一定的声望。今天，以色列

---

1 黎凡特（Levant），源于拉丁语 Levare（升起），意为日出之地，是一个不精确的历史上的地理名称，相当于现代所说的东地中海地区。今天位于该地区的国家有叙利亚、黎巴嫩、约旦、以色列和巴勒斯坦。

和黎巴嫩的边界线之所以是现在那个位置，就是因为基钦纳当年的调研只进行到那里。基钦纳其人非常乐于自处，他能讲一口流利的阿拉伯语，对于他人不请自来的帮助或者不够友好的批评都毫不在意。任何事情他都要靠自己弄明白，在此之前别人说什么都没有用。曾有人问他，他要如何重新征服苏丹，而他的回答是——造铁路。这就是这位工程师的答案。在当地行军打仗，沙漠地区水源过于匮乏，大规模的军队想要通行是不可能的；如果走河道的话，此前即使有易洛魁桨夫在，他们也还是失败了。

于是，基钦纳造了一条铁路，还造了一座大桥。大桥长 1000 英尺，横跨在阿特巴拉河之上，而阿特巴拉河是尼罗河下游除青尼罗河以外最主要的支流。实施建桥工程的是一所美国公司，机械也都是从美国进口，完工只用了 42 天；这无疑是世界秩序逐渐改变的一个迹象。

铁路建设完工之后，基钦纳将他的大军沿铁路一路推送到了战场，直接就位对抗托钵僧阵营。当时他手下有 8000 个英国士兵和 17,000 个埃及士兵，而托钵僧军队则有 50,000 人。

接下来发生的就是红色尼罗河上最惨烈的一次战争。温斯顿·丘吉尔曾在他的《河战》（The River War）一书中描写过他在这次战争中的亲身经历。对于一位 23 岁的青年来说，这本书可以说写得非常精彩。书中清晰解读了英国何以能够对抗庞大的托钵僧军，而丘吉尔的解读部分也是基于他本人骑兵中尉的视角。在乌姆杜尔曼战役中有三个决定性的关键因素，这三个因素还为后来的第一次世界大战提供了军事策略模板，继而导致灾难性的后果——它们便是精准炮击，精准、快速的远程来复枪射击，还有马克西姆机枪。有了这三点的存在，托钵僧军队一旦选择开阔的平原作为固定战场，就几乎没有胜算了——平原上鲜有地势起伏，用精准炮击很容易就能扫荡一片。

首先，我们来说一下火炮。拿破仑成为炮兵并非偶然。在 19 世纪，巨大的枪炮已经逐渐成了决定战役胜负的关键力量。亨利·施雷普内尔（Henry Shrapnel）于 1803 年发明榴霰弹，自此，能通过炮筒发射的爆破性弹药就开始迅猛发展。到了 19 世纪 60 年代，弹药的密封圈制造工艺日渐成熟，用刻上来复线的枪管也可以发射炮弹了——由此精准度也得到了大幅提升。即使没有机枪，单是能够远程精准发射的爆破性弹药也已经具备摧毁性的力量了。

接下来是精准的远程来复枪射击。在乌姆杜尔曼战役中，英军使用的来复枪主要是李－恩菲尔德枪，这种枪也在第一次和第二次世界大战中发挥了巨大的作用。李－恩菲尔德枪利用螺栓装置，可以非常迅速地发射出八枚子弹（某些型号也可以达到十枚）。而被塞缪尔·贝克用于各种反奴隶制战斗中的斯奈德－恩菲尔德枪是英国第一种使用弹药筒子弹的后装式来复枪，相比于阿拉伯人或者土著酋长们使用的武器，这种来复枪已经先进很多了。正如之前提过的，斯奈德在 600 码的距离内都相当精准，稍微受过训练的人就能在一分钟之内发射十轮子弹，而前装枪即使是在专业人士的手里一分钟也只能发射三轮。此外，这种枪的子弹有金属制的外壳，便于长途携带，而且十分耐磨损。总之，是斯奈德步枪让帝国主义殖民者重拾火器上的优势，此后马提尼－亨利步枪进一步夯实了这种优势，而可以连发的李－梅特福步枪则将这种优势又翻了一倍。

终于说到了马克西姆机枪。它可以在一分钟内发射 600 轮子弹——相当于 200 个前装枪枪手一分钟的发射量。但马克西姆机枪只需要一个人操作（虽然两个人操作起来会更轻松）。如前文所述，是斯坦利在援救阿明帕夏的途中首次用了马克西姆机枪，此后它就成了非洲殖民地化的代名词。马克西姆机枪的效果不仅是机械上的，它那种持续攻击的火力还能给对方造成精神上的摧残——对很多非洲军队来说，这样的经历可能前所未有。

除了野战炮队之外还有尼罗河上的炮船，就停在英军或者埃及军队的一端，用于保护军队侧翼和河面阵地。炮船配备了 12 磅和 12.5 磅口径的火炮、4 英寸的榴弹炮、马克西姆机枪，还有强力的探照灯。负责船上火炮的是皇家海军陆战队，但船员里除了英国水手之外还有苏丹人和埃及人。炮船是通过海路和铁路分部件运送过来，然后在尼罗河上组装完成的，一共十艘。无论乌姆杜尔曼陆上作战的情况如何，炮船的存在都已经决定了河流上的命运。

换句话说，乌姆杜尔曼就是一个万事俱备的屠杀场。当托钵僧大军从开阔原野的另一端冲过来时，英方的火炮正一声不响地等着他们，安静得有些恐怖。

接着，炮声突然响起。丘吉尔在书中描写了当时的情况：

> 再过一分钟，他们就会出现在一排排炮组的视野里了。他们是否意识到接下来会发生什么？他们的人很多很密，距离炮兵32团和炮船还有2800码。射程已经算好，接下来就只等着操作火器了……他们翻过坡顶，整个军队逐渐暴露在我们的视野中，白色的战旗让他们尤其显眼……紧接着，我们的炮船、炮兵32团和"择日巴"[zeriba, 指有防御工事的营地]里的枪炮齐刷刷地向他们开火。头一分钟就有大约20发炮弹击中了他们，有些被高高地射入空中，有些则直接打到他们眼前；还有一些砸进沙子里炸开，瞬间在他们的队伍中扬起阵阵红色沙尘、碎片，还有弹壳。四面八方的白色旗帜纷纷倒下……场景十分惨烈，他们甚至都还没伤到我们分毫；在对方全无还手之力的时候这样重击他们，似乎有些不太公平。

就这样，托钵僧军队还未来得及与英军真正交手就已经溃败。不过，接下来还有一场相对公平的对战——由英国骑兵团的枪骑兵发动的最后一次攻击。丘吉尔也有幸参与了这次攻击。发动冲锋的是第二十一枪骑兵团，当时丘吉尔临时受命加入了他们，但他其实是第四骠骑兵团的军官。

当然，这一切其实都是巧合。第二十一枪骑兵团的任务本是扫清几处残余的托钵僧势力，他们进攻的对象似乎"还不到100人"。但这些人却没有逃跑，他们纷纷单膝跪地开始射击。"就在这一瞬间，16支连队（大约350个人）全部调转方向，重新组成了一条相当长的冲锋队伍；这是他们在此次战争中的第一次出击，第二十一枪骑兵团成员都志在必得……子弹击中土地，弹起无数碎石沙砾，士兵们为了保护面部都把头盔往下拉，就像滑铁卢的胸甲骑兵一样。战马奔跑的速度很快，距离不断缩短。

枪骑兵们向前疾驰之时，眼前出现了一道沟壑——其实是一条干涸了的水道——而里面就藏着一个可怕的秘密："随着一声高吼，就像看哑剧一样，沟里突然弹出了密密麻麻的一群人，几乎和我们的前线队伍一样长，而后面还压着大约 12 排人。"此刻，对英军来说最重要的就是保持冲锋的速度，就势冲破他们的队列。"英军爆发出一声愤怒的呐喊，接着纷纷一头撞上对方这支凶残的队伍。冲击力非常大，大约有 20 名枪骑兵连人带马被撞翻，还有至少 200 个阿拉伯人被顶翻。双方都十分震惊，可能有整整 10 秒，所有人都忘了顾及敌方……有几名摔倒的枪骑兵甚至还有足够的时间重新翻身上马。同时，骑马冲锋的动力促使他们继续前进。"

战斗正式开始。托钵僧们下手果决，他们砍断马腿，把来复枪抵在马身上，直接近距离平射；他们扔矛枪时身手敏捷，抢起大刀时毫不犹豫。另一方面，枪骑兵们也在以长矛和手枪拼命迎战。但不到两分钟，一切就结束了——骑兵们成功冲破敌方战线，清除了敌军。"士兵们急着要调头杀回敌阵……（主战场上）也许是单方面的屠杀，但这里发生的是一场势均力敌的战斗，因为我方也在用剑和矛拼命厮杀，而且敌人在地形和人数方面都占优势。"

然而，他们还是很快迎来了现实。两方交手 120 秒之后，伤亡了 5 名军官、65 名士兵，还有 120 匹战马。于是枪骑兵们纷纷从马上下来，用他们的李 – 梅特福卡宾枪发起了精准射击，轻易就压制了托钵僧的毛瑟枪，将敌人驱赶了回去。最终，现代武器又一次赢得了胜利。此后，这场战争就只剩些扫尾工作了。

38. 基钦纳喜获尸骨

> 清晨小儿赴战场，归期但为上天知。
>
> ——埃塞俄比亚谚语

哈里发的军队在乌姆杜尔曼战败——这算是世界上交战双方实力相差最悬殊的一次战斗了——死了 10,500 名阿拉伯人，但英方只有 47 人被杀（还有 382 人负伤）。这样的数字反映出的只能是一场屠杀，并非一场战争。实力的差距背后是欧洲人在武器、策略、通信和后勤上的发展。后来，欧洲人在1914年发动他们的"内部小战争"时，这次在非洲取得的压倒性胜利无疑也增强了他们的盲目自信。然而，像美国独立战争那种双方都损失惨重的情况才是未来战争真正的常态。

战争胜利之后，基钦纳面临着一个新问题：如何处理马赫迪的尸骨。如果换作一个对中东文化很陌生的欧洲人，他可能会让马赫迪的尸骨继续躺在喀土穆的坟墓中。但基钦纳没有那么天真。他彻底捣毁了马赫迪的坟墓，将那具自然木乃伊化的尸体取出来，把头颅泡在了煤油里——"方便日后销毁。"基钦纳这么说道，口吻阴森。他本打算拿头骨来装墨水，在别人的劝说下才放弃了这个想法。尸体剩下的部分都被扔进了尼罗河。

但基钦纳的做法中还包含着一种奇特的对称性，好像虽然他跟中东地区渊源已久，但似乎对尼罗河的神秘之处也只是一知半解。我们之前提到过，在古代，淹没于尼罗河就意味着获得永生；换言之，将马赫迪的尸骨沉入尼罗河也许并不代表彻底的毁灭，而是重生。1947年，马赫迪最小的儿子重建了他的墓，而如今我们身边仍有不少人梦想着建立纯正的伊斯兰国家。确实，基钦纳曾以他那颇具气势的小胡子和那句"你的国家需要你"[1]而声名远扬，但他的时代已经过去很久了。

怀念基钦纳有一个好去处：阿斯旺附近有一座属于他的尼罗河岛。这座岛是（英国扶持下的）埃及政府送给他的一个礼物。岛上就像一个动物园，因为基钦纳很喜爱动物。而岛的位置在尼罗河上最具象征意义的地方，在古埃及世界里是尼罗河的中心点。

---

1 原文为 Your country needs YOU，指一战期间基钦纳为了鼓励英国公民志愿参军而设计的标语，当时这条标语贴满了英国大街小巷。

39. 法绍达的两位绅士

"啊，河流，是什么让你哭泣？"
"石头挡住了我的去路！"
"啊，石头们，是什么让你们怒吼？"
"流水痛击了我们的身体。"
——苏丹谚语

1898 年，基钦纳正忙着重新征服苏丹，而与此同时，英国 18 世纪"永久的敌人"法国，也一刻不停地按自己的步子走在掌控世界的道路上。此前，他们已经莫名失去了苏伊士运河，就是因为愚蠢的埃及赫迪夫把国家搞得破了产，让英国人趁机花钱把运河买了过去；他们不想再失去尼罗河了。法国人也在不经意间表达了他们深信的一个观念：因为拿破仑是第一个征服尼罗河的欧洲人，所以即使事实上尼罗河不属于法国，但从法理来讲尼罗河一定是属于法国的。扬·波托茨基是一位波兰籍的尼罗河旅行者，他用法语写作，曾写过一本类似《一千零一夜》的小说——《萨拉戈萨手稿》(*The Saragossa Manuscript*)；小说在 20 世纪 60 年代被改编成了一部精彩的电影，是杰瑞·加西亚和马丁·斯科塞斯最喜欢的电影之一。他在自己的叙述作品《土耳其和埃及之旅》(*Voyage in Turkey and Egypt*)中提到，法国人是思想的民族，西班牙人是激情的民族，而英国人是行动的民族。他还暗示，如果这些人在自己擅长的领域之外有所企图，结果无非只有两个——灵感迸发或者自取其辱：试想一下英国式激情、西班牙式理论，还有法国式冒险吧。而现在尽人皆知的法绍达事件就是一次名副其实的法国式冒险。

但这次冒险也有谨慎之处。法国人并不想招惹埃及的傀儡政府，也就是土耳其人，只是希望能够取代他们身后的英国势力。法国人感兴趣的是西非和中非地区，而且他们也知道，掌控尼罗河就相当于掌控整个大洲。丘吉尔在《河战》中声称非洲有四分之一的水都汇入尼罗河，这个数据其实是错的，应该是十分之一。不过，虽然他给出的这个数字夸张了一些，但其中仍暗含着一定的真实性——尼罗河确实"把控"着四分之一的非洲，甚至不止四分之一。看一眼地图就能知晓其中原因：非洲北部横亘着撒哈拉沙漠，这样一来，掌控地中海的关键就在于早已属于英国的直布罗陀，还有开罗。我们已经知道，掌控尼罗河就是掌控开罗，那么延展开来看，掌控尼罗河也就相当于同时掌控了东地中海地区及其通向印度和东方的要道。但这只关乎地中海，非洲又如何呢？中非地区有两个出口——刚果河和尼罗河，把这两条河都握在手里，就等于掌控了中非。刚果河已经是法国人的了，但如果没有尼罗河，他们能控制的只有大陆西岸而已。如果能得到青尼罗河和白尼罗河，那么南至赤道的整个非洲东部地区就都在掌控之中了——水源有了，交通的方式也有了。

英国人对埃及的掌控自然看起来无懈可击，但尼罗河并非发源于埃及。如果法国人能在更上游的某个地方截流，那他们也能达到目的；就像园丁给花园浇水，捣蛋鬼却在几码远的地方站到了橡胶水管上，让拿着水管头的园丁大惑不解。

然而，英国人并没把法国人的企图放在心上，直到法国总统的一个朋友，一位名叫维克托·普朗普特（Victor Prompt）的水文学家向巴黎的埃及研究院递交了一份报告，其中解释了如何通过在苏丹最南端的法绍达建坝来控制尼罗河。只要带着报复心去操控大坝，"毁灭埃及都是有可能的"——他这样说道。而毁灭埃及，或者威胁要毁灭埃及，都可以让法国重新获得对苏伊士运河一定的控制权。

结果，法国人就以一种极其浪漫的姿态（知识分子冒起险来都很浪漫）送了一支远征队出去，希望他们能截断尼罗河，宣示法国人对它的控制权。而远征队将在加蓬离开法国辖区，穿越中非地区环境最恶劣的地带，最终在法绍达行至尼罗河边。他们的领队是让－巴普蒂斯特·马尔尚（Jean Baptiste Marchand），此人将会像斯坦利一样在河上完成一次穿越非洲之旅，但当他离开非洲时，留下的形象却将是一个失败者，一个恶棍，一个江湖骗子，一个篡权者。

让－巴普蒂斯特·马尔尚生于 1863 年，是家里五个孩子中的老大。他的父亲是一名木匠，专门制作橱柜，不是什么大富大贵之人。让－巴普蒂斯特在 13 岁就离开了学校，成了当地一位律师的初级抄写员；能得到这份工作，主要是因为他的字写得圆润清晰。让－巴普蒂斯特有一个宽额头，眼睛很大，眼窝深陷，不过头很小，形状也没什么特别之处；但据说他目光灼灼，因此他在军营里的外号是"施洗者约翰"也并不奇怪了。作为抄写员，他勤勤恳恳地工作了六年，但六年间一直都热烈地渴望着能去非洲探险。他崇拜那些伟大的探险家——贝克、伯顿、斯皮克、斯坦利，尤其是斯坦利，而他们全都是英国人。他有宗教信仰，而且能在各种不同的宗教中获得灵感。他一度对伊斯兰教十分着迷，甚至还穿成穆斯林的样子，行走坐卧都像一个虔诚的穆斯林。

在律师老板的帮助下，他被海军陆战队步兵团录取，这是被派去非洲的最好的机会。在法国当了三年兵之后，他强烈的野心和不俗的能力都得到了认可：他接到了一份委任令。终于，他被送去了非洲，于 1888 年 2 月抵达达喀尔。当时他 25 岁，一切似乎都进展顺利。有些人坚持认为，那些通常由权贵之流垄断的"神圣的职业领域"，普通人是难以入场的，然而在探险史上到处都是这种论调的反例：斯坦利、佩瑟瑞克、马尔尚，还有利文斯敦（利文斯敦 13 岁就在纺织厂工作，但他通过上夜校学习，最终成为一名医生）。而这些人有个共同的特点，那就是去非洲的愿望非常强烈。

在非洲的那七年，马尔尚一直遭受着热病和其他疾病的摧残，但他还是坚持了下来。他在适应气候方面比大部分人都做得更好，甚至还享受其中。少年时，他住在里昂附近一个叫图瓦塞（Thoissey）的小镇上，那时他就有一个梦想，而现在他为这个梦想制订了一个计划，或者也可以说是完善了之前的计划。这个梦想就是超越斯坦利。直到 1895 年 9 月他才再次回到图瓦塞，那是他第一次放假回法国。当时他还写了一份正式的计划提交给了殖民部门：他将成为第一个带着法国三色旗穿越非洲的人；他的路线将是全新的，此前没有其他欧洲人涉足过；他将比斯坦利走得更远、速度更快；最终，他将与自己少年时的那些偶像、他心中的英雄们平起平坐，他将让远大的梦想真正成为现实。

在非洲的那七年并没有消磨掉他的梦想，不过，像很多其他人一样，要实现少年时的梦想，他需要先杀死那个幼稚的梦想的源头：他开始憎恨那些自己一度崇拜的对象——英国人。他和身边一起共事的苏丹尼斯（soudanis）——法属苏丹军官的别称，法属苏丹位于法属西非的最东侧——都察觉到了，是英国人在背后挑起了非洲所有的问题。虽然英国人做出了反对奴隶制的姿态，但是他们也在悄悄地支持奴隶贩子；他们还唆使当地首领反对法国人的统治，将他们推向台前；另外，法国人在非洲每向野心前进一步，他们都会从中阻挠，而且都成功了。换言之，是英国人在掌控非洲。相比之下，德国人给人的印象就好多了，人在无权无势的时候就是很容易招人喜欢。

殖民部门接受了马尔尚最简单的那个提议：赶在英国人之前掌控尼罗河上游地区。当时，基钦纳的铁路工程尚未开始，乌姆杜尔曼也只不过是地名词典上的一个词条。一切看起来还很有希望。

但当马尔尚在 1896 年 7 月抵达法属刚果首都利伯维尔时，这个国家正处于动乱之中。当时法国派了 150 个塞内加尔人参加马尔尚的远征，但刚果总督德·布拉柴（de Brazza）扣住了这批人，理由是这支队伍不直接受他管辖，放出去会扰乱刚果脆弱的安宁。但这种安宁看起来其实早就被打破了。马尔尚没有退缩，他最终以国家动乱和探险队缺乏武装保护为由与德·布拉柴对峙，警告他说，如果不肯合作，自己会向最上级报告他的行为。德·布拉柴退让了。马尔尚于是整军出发，开始平定这个位于卢安果与布拉柴维尔之间的国度（好笑的是，虽然这个地名也包含"布拉柴"这几个字，但这个地方却不受这位同名的布拉柴的管控）。远征队抵达刚果 6 个月之后终于到了他们真正的起点；就像伯顿曾说过的，每一次远征都会有很多个"起点"。远征队携带了 13,000 件行囊，一方面可以给一路上的法国哨站提供补给，另一方面也是为在法绍达建堡垒做准备。

一件行囊有多大呢？反正一个脚夫最多只能扛三到四件。有一件行囊里装的都是种子，其中法国青刀豆的种子就被马尔尚的一位中尉，埃米尔·兰德罗因（Émile Landeroin）种在了尼罗河流域的沼泽中。这一路上，即使是在遇上沼泽或者身患寒热等等糟糕的情况下，他都能做出高级的料理。他用当地的黄油和玉米面粉做出百搭的油面酱和各种调味汁，浇在任何可以获取到的食材上：尼罗河鲈鱼、罗非鱼、小苇羚、水牛、鳄鱼。他们溯流而上时乘坐的是一艘名为费代尔布号（Faidherbe）的汽船，这艘船将会兢兢业业地陪伴他们，直到这场远征结束。

马尔尚是一位以身作则的领导。远征队医生写道："我们的领队非常有激情，也非常让人信服，任何事情他都以身作则，给我们树立榜样……他似乎从来不会休息。每个人都被他的热切所感染，大家都想跟上他的步调，努力融入他带领的这个团队。"

一年多后，远征队乘汽船沿着刚果河最狭窄的一条支流姆博穆河（M'bomu）往上游走；在他们的设想中，尼罗河上游有一条适合通航的支流，此时他们离这条支流只有130英里了。然而，在刚果河上游与尼罗河上游之间有一片2000英尺高的森林高原；在高原的一侧，所有的水都流入刚果河，另一侧的水则全都流入尼罗河，但中间地带没有任何可供费代尔布号通航的水体。于是，他们就将那艘小蒸汽船拆成数段，由脚夫抬着穿过这片分隔水域的高原，这个做法让人不禁想起沃纳·赫尔佐格1982年的电影《陆上行舟》（Fitzcarraldo）。而这也意味着他们要背更多的行囊了。他们花了几周的时间才做完这件事，而且拆得极有条理，这样到了另一边才有可能把船重新装回去。马尔尚本人密切关注着汽船的拆卸，保证每一枚螺母、螺栓和铆钉都被准确记录下来——要是丢一枚螺栓在伊图里森林里，汽船可能就再也冒不出蒸汽了。他们有很多脚夫，都是体格健壮的亚科马部落（Yakoma）的成员，搬运的工作可以交给他们。然而，船体有一个关键部位无法拆解——锅炉。他们用了好几天的时间才想到应该怎么做。当时，马尔尚鼓励所有人都开动脑筋想办法；可以想见，这一定激发了法国人对奇思妙想的热情。他们先是想到，可以弄一个类似轿子的东西，前后伸出长杆来让脚夫抬着——但这是不可能的，太重了；后来，他们又想到把锅炉放在像绳索吊床一样的装置里运输——但太不灵便了。最终，马尔尚想出了一个简单但天才的主意，可以直接解决最本质的问题：他要将锅炉改造成轮状——他们决定滚着锅炉走过这130英里。

但要让轮子滚动，得有路才行。所以他们就修了一条路。

他们动用了 1000 名脚夫才造出一条宽度合适且相对平整的道路。他们先是调查了一下路况，大致开凿出一条路线，然后就开始拓宽和修平路面。为了方便推轮子，他们还在路上铺了一层原木。于是，锅炉摇摇晃晃地被推上由草草砍下的树干铺成的道路上。原木底下都是凹凸不平的石头、干涸的水道、隆起或者坑洼的山路，因此锅炉也滚得左摇右摆，好像在被山石推来推去，而他们的首席工程师让·苏伊里（Jean Souyri）看到自己宝贵的锅炉遭受如此对待，几乎精神崩溃。就这样，他们慢慢接近了终点，也就是那条神圣的尼罗河。那只锅炉有 14 英尺长，4 英尺宽；因为必须沿长轴滚动，所以路面也得有 14 英尺宽，宽到可以通行一辆运输车了，只可惜他们并没有这样的交通工具。

走了一年多，这场远征已经覆盖了大约 1000 英里的土地。走了这么远的路，通讯也已经到了断联的边缘，然而马尔尚仍像一位疯狂的先知一样不断前行，决心要在英国人之前抵达尼罗河上游。而且他们运送的船还不只是费代尔布号：在队伍后方还有两艘金属的捕鲸船，也是分成了数段，由亚科马人昂着头、喊着号子抬着前进。

想象一下，滚着一台锅炉从伦敦走到伯明翰是什么体验吧，而且实际的困难还远远不止于此。差不多走到考文垂时，丛林就会变成遍布沙尘和岩石的平原。路途仍很艰难，而且现在他们还需要寻找水源和散落的树木；最后，他们终于抵达了苏艾河（Sueh）的上游。这条河会流进苏德沼泽的顶部，最终汇入白尼罗河。

终于到了组装费代尔布号并重新启程的时候了，这个过程就像玩了一场疯狂的帝国麦卡诺[1]游戏。虽然马尔尚保存了非常精细的拆卸记录，但组装的过程仍很有难度，需要花费不少时间。当他们忙着将汽船拼图的碎片拼到一起时，才发现时间又一次站到了他们的对立面。雨季正在慢慢过去，河流的水位日渐降低，他们眼前的河道中出现了一片片不祥的岩石。看来脚夫们要再一次肩负

---

1 帝国麦卡诺（Imperial Meccano），指英国麦卡诺公司生产的模型玩具，玩具包括不同的组件，玩家需要将其组装起来。

起他们的重任了——除此之外还有 90,000 发弹药、几百桶波尔多葡萄酒和香槟、巴纽尔斯产的葡萄酒，还有腌牛肉，尽管这腌牛肉备受嫌弃。看到水位不断降低，他们就加速组装好了没有锅炉的费代尔布号（装上锅炉的话船体太重，无法通过多石的河道），然后顺着急流将船又向前拖行了 100 英里。他们希望能遇到一条水流巨大的河，能够让他们乘着没有引擎的船继续向北。但 100 英里后，出现在他们眼前的却是一条泥泞的小支流。他们被彻底打败了，不得不等待下一个雨季到来。他们要再等 4 个月……而且现在他们还失去了汽船的心脏——锅炉。

没有锅炉，宏伟的费代尔布号面对逆向的水流就毫无用处。这艘船没有帆，而且船体太重，也不可能摇桨前行。于是，又有了一条原木铺成的道路。带着"后见之明"，我们现在可以看出，这完全就是对基钦纳铁路的一个拙劣模仿。这条路沿着干涸的河道铺就，而锅炉就将沿此路被人推着滚到费代尔布号当前停歇的位置。

于是，在南边有这么一群法国人，为了推送锅炉像堂吉诃德一般在建造木轨道；而在北边，又有一群毫无热情和理想的"烤牛人"[1]在造真铁路——铁轨、枕木，真正的部件都有——而且他们的进度更快。基钦纳的军队已经将工程推进到阿特巴拉河与白尼罗河的交汇处了，每天的进度都在更新。英国人有蒸汽火车，而法国人连锅炉都没有。

工程师苏伊里实在看不下去，干脆回了刚果。他离开几天后，锅炉送到了。接着，马尔尚的人参考着笔记本上画的图纸开始一步一步重装引擎，而那些笔记本都已经开始烂了，过程可以说是十分艰难。

远征队的医生在他们厨房的菜园里种了萝卜、菠菜、茄子和黄瓜。曾有一位丁卡族的部落首领带着自己的一个兄弟走了 30 英里来到这里，说那个兄弟已经便秘了七周，病情确实十分严重了。于是医生将菠菜、鳕鱼肝油、番泻豆荚和辣椒混合，做了一服药给他。据说效果出奇的好。不过，他们等的雨季还是

---

1 烤牛人（rosbif），法国人对英国人一种戏谑的称呼，用英国人对烤牛肉的执着来调侃英国国民性中古板无趣的一面。

没有到来。

马尔尚此时还不知道，英国人已经又赢下了一场战争——他们屠杀了马赫迪的军队，夺取了乌姆杜尔曼，一切都在按计划顺利进行。当时的英国首相索尔兹伯里侯爵本来想给法国人留点面子，把马尔尚沿加扎勒河走过的区域分给法国；另外，如果法国政府当时没有因为德雷福斯事件产生内斗，他们对英国也可能会采取更和缓的态度。但索尔兹伯里侯爵的内阁没有多少外交头脑：在他们看来，英国人赢得了一场战争，虽然没有多少人牺牲，但也花了很大的气力，所以他们对尼罗河流域绝对的掌控权是不能相让的。

英国人在法绍达附近有一支庞大的驻军。而法国人虽处于备战状态，但他们的海军资源还在调动之中，因此，如果要在非洲几英亩的沼泽地上打仗，法国人还远没有这个能力。也就是说，英国人有打仗的意愿，原地就有一支军队待命，而且还拥有一支比法国强大得多的海军，然而法国人竟还是打算入侵英国管辖的领土！尼罗河的触角延伸至每一个角落，为争夺这条非洲河流的控制权，一场欧洲的大战正一触即发。

费代尔布号泊在了法绍达的尼罗河段上，马尔尚和手下在那里搭起了一座营地。英国人就在下游方向几英里远的地方；此前，他们一打下乌姆杜尔曼就开始往上游走了。英国人要求法国人离开，法国人不肯。表面上看，两方的交流是非常礼貌的，英国人也没有强行把三色旗撤掉的意图。以基钦纳的老练，他不会做这么莽撞的事情。过了几个月，双方的对峙仍没有任何进展，不过法国人终于意识到入侵英方是不可行的，于是撤销了这个计划。

同时，法国人还有最后一个争取权力的机会——一支规模达一万人的埃塞俄比亚军队，还有数个哥萨克雇佣兵，以及一位名为费弗尔的法国公民和一位可能名为波特的瑞士公民。

当时的埃塞俄比亚皇帝是孟尼利克二世（Menelik II）。在成为皇帝之前，他曾被疯狂的提奥多尔监禁过，不过最后他还是娶了提奥多尔的女儿。此刻他正从埃塞俄比亚高原往南部和西部输送埃塞俄比亚军队，为的是能在非洲占据更多领土。这些军队都配有从欧洲来的谋士，而这些人理所当然也是为了欧洲的利益而来。他们可以促使埃塞俄比亚与法国合作，发表一份关于两国共享尼罗河上游地区控制权的联合声明，一起在尼罗河上游地区谋取利益。唯一的问题是，在埃塞俄比亚将士看来，赤道附近的非洲地区到处都是沼泽和疾病，似乎没有占领的意义。另外，他们觉得行军条件实在太过艰苦，当他们抵达尼罗河边时，军队只剩下了800人，其他的不是当了逃兵，就是死于痢疾和疟疾。到了法国和埃塞俄比亚共同宣布领土所有权的时候，他们就在河岸上插下了两面国旗，肩并着肩在风中飘动。有两个埃塞俄比亚人还游到河中的小岛上宣示主权，将他们的领土多拓出去了几码；但法国人和瑞士人这边只有波特会游泳（还是说他其实是狡猾的英国人安插的奸细？），然而他当时发烧烧得人都糊涂了。

和埃塞俄比亚人的合作失败了，但法国政府仍抱有一线希望，想要求得一个对自己有利的解决方案。最终，他们给马尔尚下达指令，让他安排一位军官先后赶往开罗和巴黎去推动决策的制定，不过这封指令信还是通过基钦纳转交的，不得不说有些屈辱。但随着时间的推移，英方状况变得明显比法国差了。法国人懂得如何生活。他们每天都从菜园里采摘用欧洲菜籽种下的新鲜食材，装好几篮给基钦纳和他的手下送去，而后者当时只能靠军需饼干、烤河马肉和某种他们觉得有营养的尼罗河水草活着。英军驻扎在法绍达下游一片蟾蜍遍地的泥滩上，每周都会死十多个士兵。当地的温度经常超过40摄氏度，但基钦纳手下的人中连军官都没有蚊帐，而马尔尚和他手下的每一个塞内加尔人及亚科马人都是从离开非洲西海岸起就用上蚊帐了。

结果，五个月的等待对马尔尚来说实在太久了，他于是亲自赶赴开罗，恳求法国大使为他在法绍达艰难的驻守工作提供支持。他得到的答复是拒绝。但这对他来说不仅是一个拒绝，而且还一下子就把他，马尔尚，从一支英勇军队的首领变成了一个孤独的冒险者，一个偏执狂，法国人的羞耻。他们还警告他在开罗不要穿军装，以免得罪了别国。位于巴黎的法国政府已经颜面尽失，他们就打算拿马尔尚当替罪羊：明明他在法绍达的驻地储备充分，政府却对外宣称他们已经"在饿死的边缘徘徊"。

马尔尚也厌烦到了极点，他此后再也没有提过法绍达。就像他的政府一样，他也希望能将那段尼罗河的记忆从自己的人生中清除。在将法绍达移交给英国的仪式上，他当众流下了眼泪。

为了证明这趟旅程不是毫无意义——也许只是为了给自己一个交代，马尔尚决定继续乘着英勇的费代尔布号溯索巴特河而上，进入埃塞俄比亚。正是索巴特河将"白色"的淤泥灌入尼罗河，其下游的河流才由此得名。他们这一路蜿蜒曲折，而且因为是逆流，旅程进度缓慢。河流中的岩石变得越来越多，水位也愈发降低，费代尔布号总是会撞上石头，后来终于因一块石灰岩撞破了船底，开始进水。她已经无法再继续这段旅行了。远征队不愿就这样抛弃她，他们一致认为她值得拥有一个更体面的安歇之处。苦干两天之后，他们建起了一座旱坞，然后费了很大的气力将费代尔布号拖了进去。一群人向她敬礼，还从剩下的最后几瓶香槟中选了一瓶为她举杯："我们勇敢的小船！愿她安息。"

他们继续跋涉了六周，先后经过了亚的斯亚贝巴和哈勒尔，最终抵达了位于吉布提的法属港口。这一程路途崎岖多石，但比起之前的沼泽和丛林已经轻松很多了。到了印度洋沿岸，他们又一次举起了那面破烂不堪的三色旗；他们曾在法绍达信心满满地升起这面旗，又备受羞辱地将它降了下来。马尔尚可能又落泪了，只是这次没有人将之记录下来。在法国，当局一直边缘化这次远征，但之后的几年间，人们越发认可马尔尚这次不同寻常的旅程——不过这只限于法语区。在英国，几乎没有人听过马尔尚的壮举。

至今，费代尔布号汽船锈迹斑斑的遗骸仍然停留在索巴特河上游的岸边，也算是对让－巴蒂斯特·马尔尚上尉坚定意志的一种致敬。不过可惜的是，多年之前，汽船的锅炉被人搬出来捶打成部落用的武器了。

40. 第一位跨越非洲的旅行者，约 1898 年

> "不用找我，我自会来找你。" 疟疾说。
>
> ——尼罗河上游地区谚语

　　早期尼罗河探险者的时代已经逐渐过去，殖民扩张的新时代开始了：探险者配备上马克西姆机枪，通常就预示着新殖民地的诞生。20 世纪伊始，欧洲势力在尼罗河流域已然渗透，这也意味着去非洲旅行会更加安全——如果你没有站错边的话。换言之，此时在非洲进行路途更长的旅行也是有可能成功的。

　　也许，帝国建设者埃沃特·格罗根 [1] 可以称得上是政治立场最不正确的旅行者之一。此人在 1898 年到 1900 年间从南非的开普敦一路行至开罗，而且中途还取道了尼罗河源头地区，是世界上第一个走完这条路线的人。格罗根在英国读中学和大学时成绩都没能及格，后来就跑去南非寻求发财的机会。他还向一位年轻的女子求过婚，但对方说除非他能有所成就来证明自己，否则是不会嫁给他的。于是，冲动之下，他就决定要成为第一个由南至北穿越非洲的人。

　　受导师塞西尔·罗兹 [2] 的影响，格罗根也将非洲视为英国扩展帝国版图的大好选择——但必须说，实现这个目标需要下苦功，单纯地侵占领土是没有用的。格罗根性格强悍且勇敢，他是剑桥大学的辍学生，同时也是一名一流的射手。他那本描写从开普敦走到开罗的经历的书已经绝版了，很可能是因为他在书中对于深肤色人群的论调实在让人看不过眼，尽管其他内容都还挺精彩的；另外，那些按需印刷的副本质量非常差，有些页面的内容都看不清楚。

　　当格罗根在卢旺达东部进入尼罗河流域时，他也正式加入了我们的故事。当时，他的瓦图西族（Watusi）向导给他介绍了几个"猩猩一样的生物，他们

---

1 埃沃特·格罗根（Ewart Grogan，1874—1967），英国探险家、政治家和企业家。他是历史记载中
　第一位从开普敦至开罗的人。

2 塞西尔·罗兹（Cecil Rhodes，1853—1902），英国矿业大亨、政治家，是英国海外殖民体系的狂
　热支持者。

正站在几颗香蕉树后面冲我眨眼睛"。他对其中一个做出了这样的描述："一个高大的男子，胳膊很长，腹部下垂，两条猩猩一样的短腿，头异常地小，下巴异常地突出。"这些生物非常警惕，不过他们一意识到格罗根没有恶意，就开始打手势传授他捕猎大象的具体方法——捕猎大象也是格罗根的爱好之一（在他看来，这次旅行也算是一次时间更长的狩猎假期）。格罗根写道：

> 我无法确认他们真正的地位如何，但瓦卢安达人（Waruanda）对他们的态度很是鄙夷，可见他们在当地的等级制度中排名非常低。他们的言行体貌都很像野兽，我认为在自己见过的非洲土著人之中，若以人性的尺度来衡量，他们便在最底层。他们的样子非常特别……而且就我见到的那二三十个来看，他们都具有相同的特点。他们的脸、身体和四肢都覆着一层坚硬的毛发，长而有力的胳膊垂挂在身体两侧，躯干微微佝偻，脸上带着一种忧虑而茫然的神情，这一切组合在一起简直就是达尔文主义可怕而生动的写照。其中两个陪我一起去了穆沙里（Mushari）……向我展示了他们如何利用火棍轻松取火。

这些原始人并非俾格米人——他们的身高排除了这种可能——那么他们是谁呢？当然，格罗根可能是撒了个弥天大谎。但早些时候，有人给他看了一具尸体，显然是巨型山地大猩猩的，而他也没有夸大事实谎称自己看到了活猩猩。不过，格罗根确实提到了一个当地的流言，说这些大猩猩时不时就会掳走本地少女。看来金刚的故事一定已经由来已久了。

当然，人们总是会为了编凑一个好故事而说点谎话——亲自见到人类进化过程中缺失的那一环，还有比这更吸引人的故事吗？这个故事告诉我们，现代非洲人由原始人类进化而来，进而又统治了原始人类，这也同时佐证了欧洲人认为自己优于非洲人的观点，而格罗根无疑也是这种观点的支持者。

然而，我们必须要知道格罗根来自一个和我们不同的时代，从他的文字就看得出来，他对于不同种族的人具备什么样的能力一无所知。我觉得他一刻也没有质疑过自己优于非洲土著人的想法。而且我还觉得他个性坦率奔放，不是那种暗中宣传种族主义的狡猾之人。他的确是个种族主义者，但只是因为思考太少，轻易相信了这种说法，并非固执地遵循种族主义教条。他是那种"关爱"非洲人（并以居高临下的态度予以帮助）的种族主义者，不会憎恨他们或鄙视他们；在他看来，非洲人也并非是个威胁，真正的威胁是其他欧洲人，因为如果英国人不抓住机会，他们就会抢先在这片大陆上建立殖民地。

骗子是不会吝啬谎言的，常常说谎就说一串。读一下大话王福西特中校[1]（此人在 20 世纪 20 年代在巴西的丛林中消失了）的文章，你就会发现每一页都有各种不可思议的奇闻，比如 60 英尺长的巨蟒（记载中从没有超过 22 英尺长的）、失落的丛林古城，还有印第安人用来溶解石头的糨糊。真正的骗子不会这么有所保留，写一本 378 页的书，只撒一个无关痛痒的小谎。

格罗根呈现故事的方式总是实事求是，没有任何戏剧化的夸张，所以他的话应该是可以相信的。如果事实确如他所言，那么他遇见的很有可能就是最后的原始人类群体之一，比如匠人或直立人（通常认为匠人存在于直立人之前，但这两个词经常被混用）。从炉灶的痕迹推断，匠人会用火，而且也会使用工具。另外，格罗根遇见的生物有坚硬的体毛，这一点也跟我们所知的匠人和更早的智人祖先的特征相符。这样一群原始人类竟可以与世隔绝地存活这么长时间，听起来着实不同寻常，但绝对不是没有可能。目前能确定的是——或者说目前我们认为的是，不到一万年前，直立人仍生存在亚洲；而在世界其他地方，他们在 20 万年前就灭绝了。最近，人们开始相信尼安德特人与现代智人很可能异种交配过。还有人甚至认为晚期的匠人或直立人可能也与智人混过种。格罗根发现的那个"缺失的一环"有没有可能是一群这样混种而来的原始人类呢？根据化石遗迹，我们已经知道能人和直立人共同生活了几千年之久。也许同样的情况也发生在直立人和晚期智人之间，而且持续的时间比我们想象的要长得多？

---

1 波西·福西特（Percy Fawcett，1867—1925），英国皇家炮兵中校，同时也是考古学家和探险家。

但当格罗根结束了他这场惊人的徒步之旅，抵达开罗并向英国当局汇报自己的这些见闻时（也许还气喘吁吁的？），他们并不感兴趣。不过那位叫恩斯特的挪威跑者一定会为格罗根感到骄傲的。英国当局想要听到的是关于阿特姆河（Atem）的信息。格罗根建议道，他们可以利用这条河代替尼罗河作为运输通道，因为尼罗河在苏德地区已经被纸莎草和象草彻底堵塞了。而之后出现在琼莱运河计划[1]中的河流就是这条阿特姆河。就这样，尼罗河正渐渐屈服于人类的控制——至少看起来如此。

41. 联结和控制

> 旱季水施援，雨季水招灾。
> —— 中非谚语

现在提起这件事合适吗？我不确定。但不得不说，在我们漫长的尼罗河之旅中，从某一时刻起，这条河流已经失去了它的神秘和魔力；它已经被人估量清楚了。地图有了，数据也有了，河道被疏通，河流上还建起了水坝。1904年，人们安装了第一批测流计，从那时起，尼罗河水全年的流速都可以被精准测定。而在此之前，人们都是随机选择不同河段测量流速，方法就是往水里扔一个浮子，然后测量它漂过一段固定距离的时间。基钦纳还曾在喀土穆的尼罗河段重装了水位计，而且英国人刚进入苏丹时最先完成的事项之一就是在栋古拉设定量规。当时的驻埃总督克罗默勋爵告知英国政府，对埃及来说，这些举措的重要性是"难以估量的"。

说到测量，19世纪见证了测量标准化的实现，还有测量的胜利——以及标准化的胜利。但凡会移动的物体都会被测量；即使不会移动，也同样要被测量；

---

1 琼莱运河计划是一项未完成的运河项目，目的是将水从南苏丹广阔的苏德湿地分流，以便向下游的苏丹和埃及地区输送更多的农业用水。

如果测量一个动态的物体时需要让它静下来，那它就得静下来。随测量而来的便是测量标准化，当测量单位得到了统一，测量也变得简单了。其实对测量的渴望是一件很孩子气的事情。孩子都喜欢量东西，比如数铺路的石块，还有列数字。但对于那些企图获取掌控的人来说，测量的结果是非常有用的。

此外，戈登将军在担任赤道区埃及——即现在的南苏丹地区——总督时，还带头实践过另一种测量方式。他命人用科学的方法绘制尼罗河上游河段及其流经苏德地区支流的地图，而他也是历史上第一个这么做的人。最终，整条尼罗河的地图都被绘制了出来——比很多欧洲河流的地图都更加精细，而且肯定比亚马孙河、湄公河或伟大的奥克苏斯河[1]的地图好很多倍。

尼罗河曾招引故事。在故事和神话占主导的时代，这条河充满了故事；而随着人类迈入科学时代，这条河就不断被测量，被绘入地图。故事将人引至河流源头，而地图和测量数据则用控制权来诱惑人们，让他们生出野心。故事建立联结，这就是故事的本分；它们需要的只是被讲述和复述。而对人们（除阿斯伯格综合征患者）来说，测量只有在能让自己控制某些有价之物时，才有其用武之地。控制是非常具有诱惑力的，因为控制能赋人以权力。

寻求尼罗河之源就是寻求信息，有了信息就有了地图，有了地图就有了控制的可能，有了控制权就有了大坝，而大坝让尼罗河支离破碎。很奇怪，最初的尼罗河就是由很多条小河流互相联结而成，接着在水文学家创造的抽象概念中变成一个独立的整体——尼罗河流域，一个吸收了非洲大陆十分之一水量的巨大水系。如今，随着埃塞俄比亚和乌干达的大坝不断建成，尼罗河又一次被打散成了许多地域性的小河，不再是一个统一的整体。

如果我们能挖掘出，或者说打捞出尼罗河对人类历史的影响，那么这必是一种心理历史学——人类的思维方式随着时间和地域的改变而变化。战争的目的，按世界上首位坦克军将军 J. F. C. 富勒[2]的说法，"是改变敌人的思维"。尼罗

---

1 奥克苏斯河（Oxus River），又称阿姆河，中亚地区最大的河流。

2 约翰·弗雷德里克·查尔斯·富勒（John Frederick Charles Fuller，1878—1966），英国军事理论家、历史学家，装甲理论的创始人之一。

河曾改变过人类的思维，且现在仍然如此。不过，从前的尼罗河是通过故事来影响思维，现在则是通过承诺权力、施以诱惑。

当然，即使在过去，尼罗河也曾被人控制过。美尼斯不是改变过它的河道吗？美利斯湖不是变成了纳赛尔湖吗？这么说是有些道理，但这种控制是有限的，因为能依赖的技术非常有限，所以还无法替代尼罗河故事的影响力。故事带来的是更深的理解，而另一方面，测量的目标也是更深的理解，但如果我们想要的是让事物被"充分领会"，那么测量也必须成为故事的一部分，只不过这个故事就得是科学故事了。与之相反，控制则会阻碍我们的理解，因为它是一种发生于全然理解之前的贸然行动。

理解得越多，行动的束缚也就越多。但这是一件好事。阿斯旺大坝的设计者威尔科克斯到晚年才发觉，在全年灌溉代替了旧日里依托于洪水的漫灌之后，血吸虫病开始蔓延，最终几乎摧毁了埃及费拉欣的体魄。甚至到了今天，据说上埃及人仍遭受血吸虫病的困扰，而且还要靠吸邦戈（印度大麻）来缓解症状，结果导致他们的身体都非常衰弱。付出这么大代价又是为了什么？为了更多的棉花出口量？早期支持在尼罗河上建坝的人都是以此为理由。

理解让行动停摆——行动是指有破坏性的行动。努尔人将苏德沼泽称为"托伊奇"（Toich），意思是"来自母亲的馈赠"；而当琼莱运河建设完成时，努尔人就将失去他们的谋生之本。他们的生活方式与苏德相辅相成，比如，沼泽地具有向下吞噬的力量，他们就将这个特点利用起来为旱季储水。对后来的阿拉伯奴隶贩子和探险者来说，苏德仅仅是一个阻碍，一个必须刀砍火烧才能突破的槛——只有这样才能更好地控制这条河流。我们会这么做是因为忽略了努尔人的需求；如果对他们能有更多的了解，我们可能也就不会去干扰他们的生活了。

故事连接万物，故事带来理解。测量也可以带来更好的科学故事，但往往还会燃起人们对控制的渴望。所谓控制就是在尚未完全理解时贸然行动。打个比方，冲浪就并非控制浪花，而是与浪花同行，是与巨大的自然之力达成同频，并不是要拦阻它或者将它击翻在地。强行施控会引发反作用力，造成意料之外的情况，带来的效果也只是暂时的。我们能在尼罗河上冲浪吗？有几个地方可以——就在欧文瀑布下游处，也许还有青尼罗河的几个河段。不过这样的地方确实不多。这也许提示了人们，为什么控制尼罗河的计划每前进一步都会再倒退一步。和自然达成同频并不容易，但这是我们必须要做到的。当关于控制的狂热逐步褪去，剩下的不再是关于启示和灵感的故事，而是由灾难主导的故事；此时我们的后代只能开始寻求新的可能性，寻求新的故事。只有人们不再与自然母亲激烈互搏，而是以冲浪的模式和谐共处，才能写就"皆大欢喜"的故事。

可持续发展的重要性已成为人们的共识，针对每一步发展，我们都要反思：这在全球范围内是否可持续？然而，这种反思之下仍要有一种隐隐的自我怀疑：我们的关注点是不是有问题？解释一下：自第一座拦河坝建成，埃及人口数量翻了十倍。而自从第二座水坝，也就是 1970 年的那座高坝建成，人口数又从 3400 万增至 2012 年的 8200 万。从生物学上来说，这种规模的增长无疑是巨大的成功。然而，自从马尔萨斯[1]在 1798 年到 1826 年间做了那个不祥的预测之后，短期内大幅度的人口增长一直都被视为人类文明崩溃的前兆。我妻子的叔叔曾告诉我说，他还记得自己小时候在尼罗河中的小岛上看到过成群的兔子（我都不知道埃及有兔子，但确实有）；那些兔子把能吃的都吃光了，然后他就眼睁睁看着它们开始挨饿，变得越来越瘦，最后因为无法离开小岛全都饿死了（换作现在，这些兔子在饿死前可能会先被吃掉，因为埃及人口对土地的争夺也加剧了）。人类则不同，人类在每个人口猛增的节点都成功克服那个黑暗的预言生存了下来。事实上，人口规模一直在持续增长。而可以肯定的是，其他生物为此付出了代价——也许就包括了兔子。那些野生动物——比如在尼罗河上游不同河湾间穿梭的巨大水牛群和象群——不是已经消失，就是正在迅速消失。盗猎象牙和野味的情况也越来越多，人们对象牙真金实银的需求正在不断增加。

或者再想想那 10 万个努比亚人：随着纳赛尔水库溢满，他们瞬间就失去了

---

1 托马斯·罗伯特·马尔萨斯（Thomas Robert Malthus，1766—1834），英国教士、人口学家、政治经济学家，以人口理论闻名于世。

代代相传的土地；但与此同时，贫穷的农民们也用上了电。这二者可以相互抵消吗？灌溉能力的提升带来了食物产量的增加，继而又进一步增加了人口数量，这些益处能用来平衡努比亚人的损失吗？接着，增加的人口又开始在农业土地上建屋筑楼——这也是兔子们的心理阴影——不过粮食问题还可以靠从俄罗斯和美国进口的便宜麦子来解决。

人们总想要控制尼罗河，有人是为了增加埃及的经济财富，有人则是看中它把守红海和地中海走廊的战略位置；但就如我们早已看到的，不管人类控制尼罗河的目的如何，最后的结局往往都是让尼罗河被鲜血染红。似乎没有改进，就没有痛苦。任何改变都是要付出代价的，这一点是越来越清楚了。

科技进步带来了人口增长，继而又导致了战争；而战争中使用的武器也常常是由同一批技术成果打造出来的。当人们承担不起全面爆发战争所带来的后果时——我们现在面临的就是这种状况——就会出现新的冲突形式，例如代理人战争、内部战争、黑道战争，以及意识形态战争。我们对恐怖主义投以了强烈的关注，因为我们需要通过冲突来释放人口增长带来的压力，这种对冲突的需求也需要某种发泄途径。体育赛事似乎也是个发泄途径，能缓解现代生活所导致的幽居病症状，只不过其结果确实对人有益，不至于带来人身伤害。

讲故事的关键也不在于控制。一个好故事不是"计划"出来的。你需要先开始讲述，就像在一条宽阔的大河上起航一样，然后顺水流而行，看看故事会把你带到哪里。最有用的一条建议就是将已经发生的事情用一种新的方式来重新整合。讲笑话的人常常用的就是这种方法，拿一些十分钟前已经说过的素材放在诙谐的语境里重述。就像希区柯克说过的："如果头十分钟内有一把枪出镜，那之后的情节里必须有人开这把枪，因为观众会如此期待。"所以，虽然故事是按照时间顺序推进，但其实却在不断回溯过去，不断将以往发生或者暗示过的事情重新编织进更有趣的情节里。这和那种要控制未来的欲望太不一样了。若要控制未来，你得一直向前看，不断祈祷自己已经面面俱到。这里没有即兴发挥的空间，每一件事必须提前考虑周全，大坝这种工程不是可以即兴建成的。

类似大坝这种大规模的工程有一个问题，就是人们会对它产生非常强烈的期待，以至于他们很难客观地去分析现实条件。这是他们精心呵护的项目，会为之投入过多的情感。此外还有钱的问题，比如项目合同和人员雇佣。可惜的是，这些真正创造未来的人几乎都极不适合预测未来。能做到这点的还是讲故事的人。他们通过描绘人类本质的愚蠢引发我们的思考，如果我们愿意认真探索，就可以从中得到关于未来的伟大洞见。

关于控制和理解，我们已经说了很多离题的话了。如果我们真的想要展望未来，那我在这里只有一个相关的问题：当阿斯旺大坝开始崩塌时，它会面临什么样的命运？它会每过几十年就重建一次吗，就像那些日本寺庙一样——不同的木料，同样的设计，750 年不变？日本人如今就仍在训练工匠用 750 年之前的方式工作。也许对阿斯旺大坝我们不用做到这个地步，毕竟它那时建得挺粗制滥造的。但尼罗河真的会在人类主导这颗星球期间一直被水坝拦截吗？我心里有个声音在否定这个说法。虽然不知道为什么，但我认为总有一天红色尼罗河能够从源头一路顺畅无阻地奔腾入海。（在这个幻想中，我看到人们向尼罗河挥手，一如他们对着穿过遥远村庄的奥林匹克火炬挥手。）也许我们需要的就是学会放手。想要控制是人性，能够放下则是对人性的超越。

42.尼罗河源头处的其他食人族

> 战争结束后，傻子说："我要买一支长矛。"
> ——苏丹谚语

然而，在 1898 年，关于控制的幻想正值巅峰。那时候幻想控制尼罗河也比较容易，因为在外界看来，尼罗河流域的原住民不是食人族，就是人类进化史上缺失的一环。如果建水坝和运河会让他们受难，谁又会在意？他们在严格意义上都不算真正的人，不是吗？

食人族，说到尼罗河就不得不提食人族。如前文所述，格罗根在旅行时遇见了所谓的"缺失的一环",但没有跟他们待在一起时,他常常会去狩猎大型动物或者忙于穿越中非的沼泽和丛林。其间,他也在卡盖拉河流域遇见了一些食人族。

我们早已了解过卡盖拉河:这条河流入维多利亚湖,同时也是尼罗河最远的源头。和湖不同,如果要将一条河认定为另一条河的源头,那这条河必须拥有足够强的水流来证明它可以一路穿过湖区,抵达湖水泄口。这一点在 1994 年得到了证明,只不过方式极其恐怖:当时,惨遭屠杀的图西人的尸体顺着河流漂出来,穿过维多利亚湖,一路被水流推到了湖的出口之一,也就是里彭瀑布。不过,在此之前 100 年,埃沃特·格罗根也见过类似的场景。

格罗根本人说过,他踏上这次旅程的原因之一,就是导师罗兹给了他修建一条从开罗到非洲南端的铁路的灵感。在 19 世纪 90 年代末,这条路线甚至都还没有人走过,更别说勘测了。20 年之前,斯坦利在穿越中非的河流之旅途中与愤怒的土著人发生了无数次武力争端,这让很多人都对非洲探险望而却步,除了那些最勇敢或最莽撞的人。然而,格罗根在 1898 年开始他的旅行时,已经是另一代人了。他对非洲大陆的情况熟悉得像个南非当地人,而且他也不惧怕非洲人;在他眼中,非洲是个可以居住的家园,而不是像地狱火海一般要征服和抛弃的对象。此外,他还有一个绝佳的优势,那就是他在这里有人脉基础,周围都是他熟识且信任的人;不管发生多么可怕的情况,他都可以向他们求助。最后一点:也许一路上的确环境艰难,土著人的确难以对付,物资供给也不一定够,但他内心清楚,曾有像自己一样的探险者踏上过这片土地,光这一点就能给予他无限的精神力量。虽然还没有人一次性完成过他计划的所有行程,但在过去的二三十年里,他行程中的每一个部分都曾有英勇的先人走过,而他要做的不过是将分散的点连接起来罢了,很简单。这次旅行花了两年的时间,格罗根也因此一举成名。在此之后,他还成了建设肯尼亚的奠基者之一;当地第一座锯木厂、第一批砖建筑,还有内罗毕规模最大且工程经费最高的宾馆都是他主持建造的。

简单吗?其实不然。这场旅行仍然艰难,仍然危机四伏,在从卢旺达前往尼罗河源起的丛林时，他见到了如之后图西人被屠杀一般的残忍场景。他如此描述自己的所见："已经干涸的血泊、枯柴的人骨、咧嘴而笑的骷髅，还有踏满脚印的草地，讲述着一段真正属于非洲的故事……周围猛攻过来的土著人发出恶魔般的叫喊声，我非常确定事情严重了。我询问向导他们有何意图，他只给了句朴素的回答：'他们是来吃我们的。'这话丝毫起不到安慰人心的作用。"格罗根用来复枪对着袭击者开火，他们于是就逃跑了。接着他去看了这群食人族刚刚抛下的棚屋。他继续讲述道：

　　眼前的一切可以说是一场恐怖的梦魇，我只能感到憎恶和恶心；但我必须说一下自己看到了什么。

　　一堆人的内脏挂在一根杆子上，正在晾干。

　　一锅炖汤，汤里是一块明黄色的肥肉。

　　一架包着皮的人骨躺在棚屋的正中心，很明显死了有三个月了。

　　一只小臂，有啃食的痕迹，还是生的。

　　三包带肉骨，应该是为了逃跑准备的，但最终还是忘记拿了。

　　一颗头，脑子里还插着一把勺子。

　　一颗头，半边脸被吃掉了，另外半边烧焦了；头发已经烧掉，额头顶上的头皮也被切掉了，就像剥下来的橘子皮一样；缺了一只眼睛，应该是被吃了，另一只眼睛瞪着我。

　　混着内脏的污水。

　　一阵难以想象的恶臭，上空应景地盘旋着一群乌鸦，还有更让人恶心的，一群脖颈嶙岣的秃鹫。

他们经过的每一处村庄"都已经被焚烧殆尽，我们逃离这个国度的一路上到处都是人骨；什么样的死状都有，这背后该是多么恐怖的故事！……在地图上，这一片土地被明亮的黄色覆盖，周围是一圈红点，红点上都画着旗子，指的是刚果自由邦的站点……这整个网络都是假的……地图上所谓的站点根本不存在。接下来这句话请好好读一读，标注下来，然后仔细体会：在这个国家，如果我要携带枪支，是需要花钱买许可证的"。

距约瑟夫·康拉德的《黑暗之心》（*Heart of Darkness*）以连载形式出版还有一年，格罗根就已经目睹了小说一般的场景。这次的罪魁祸首是来自刚果的劫掠者；此前，为了从非洲森林中攫取更多的橡胶和象牙，比利时人无视道德，通过谋杀和奴役达成目的，而这些人就是从比利时人那儿获得的灵感。非洲民兵，也就是治安队士兵靠比利时人的武装加持在刚果周边地区主导了一次以偷盗和谋杀为主的暴乱。那些刚果食人族也紧随而至，其中就包括巴勒卡（Baleka），或者叫巴瑞卡（Bareka）部落。根据格罗根的研究，他们"身材健美，五官端正，平均身高不足五英尺。他们身上的物件——篮子、盾牌、小刀之类——都非常粗糙。而且他们的衣服常常就是空气，或者偶有一片皮作为装饰，有可能是人的，也有可能是动物的。我不确定他们是否有自己的国家；有些当地人告诉我是有的，就在基伍湖（Lake Kivu）西边，要走好几天才能到；不过大部分人都说这些人漂泊不定，就像一群蝗虫一样，每到一处就把目之所见全部吃光"。

43. 一支圣灵的军队……

"看看我的所为。"河流边说边向前奔腾。"听听我的声音。"河流边说边发出咆哮。"你还认为吞噬掉这个人是我的错？"一个人淹死了，河流这样说。

——埃塞俄比亚谚语

让我们快进一个世纪。上尼罗河地区已在经历殖民地化之后，见证了乌干达、刚果和苏丹国的独立以及欧洲人的离开。在乌干达那所以探险家塞缪尔·贝克之名命名的学校（前文中夹在书里的那封信提及过的学校），学生们以别样的方式出了名，甚至可以说是恶名，因为他们在胁迫之下加入了非洲最大的儿童军队。就像漂泊不定的巴瑞卡人在埃沃特·格罗根那个时代会招募年轻的战士，来自阿乔利部落（这个部落没有食人的历史，和旧时被称为尼安-尼安人的阿赞德人不同）的约瑟夫·科尼为了能建立一个独立于乌干达的布干达政权，也会专门去绑架年轻人，有些被他绑来的孩子甚至还没到青春期。

　　20 年来，约瑟夫·科尼和他的圣灵抵抗军一直在乌干达、苏丹和刚果交界的一小片区域中四处游荡，离建立独立国家的目标还有很远的距离。在这段时间里，他们在白尼罗河流域来回游走，而那支现在已然长大的儿童军队犯下了各种各样的暴行。在外界看来，他们最主要的罪行包括绑架小孩做他们的战士或者妻子、用米杵殴打农民致死、割掉叛逃者的嘴唇，还有砍掉骑自行车的人的腿——因为骑自行车能最快地传达袭击警报，破坏袭击计划。约瑟夫·科尼对自行车非常敏感，无疑是因为此前有很多次他们的袭击对象都用自行车来散播袭击警报。记者马修·格林采访他时随身带着一管治疗虫咬的精油，就因为这个东西跟修理自行车内胎的修补液很像，差点给他带来麻烦。自然，科尼其人在各种报道中都被描绘成一个疯子。但在《尼罗河的巫师》（这本书没有明确提到《绿野仙踪》，但确实是对它的致敬[1]）中，格林说自己第一次见到这个人时非常震惊，因为对方看起来实在太普通了。阿道夫·艾希曼和海因里希·希姆莱[2]也给人类似的感觉。确实，科尼在很多报道中都是一个禽兽不如之人，但这些报道是由穆塞韦尼[3]总统的政府传播的，因为这样他们就可以从西方人的金库里拿到拨款。有这么一种说法，科尼的野蛮行径和他 20 世纪初被殖民的体验息息相关。但仅仅 60 年的殖民统治就能对历经数千年才形成的地域和族群产生这么强烈的影响吗？这样说似乎有些天真了。科尼其人到现在仍是一个谜。事实上，他只接受过一次采访，而且中途还被打断了。当时他正在解释自己的世界

---

1 两本书书名很像，《尼罗河的巫师》原名为 The Wizard of the Nile，《绿野仙踪》原名为 The Wizard of Oz。

2 阿道夫·艾希曼（Adolf Eichmann，1906—1962），纳粹德国高官，将犹太人送至集中营的运输工作和之后的屠杀作业大部分都是艾希曼负责。海因里希·希姆莱（Heinrich Himmler，1900—1945），纳粹德国秘密警察首脑、党卫队长官。

3 约韦里·卡古塔·穆塞韦尼（Yoweri Kaguta Museveni，1944— ），乌干达政治家、现任总统兼武装部队总司令、全国抵抗运动组织主席。1996 年 5 月在首次全国大选中获胜，成为民选总统，2001 年 3 月、2006 年 2 月、2011 年 2 月和 2016 年 2 月、2021 年 1 月五次蝉联。

观：在丛林中，他们没有药品，但有很多神灵，神灵们会告诉他们该做什么、吃什么才会好受一些。如果忽略这句话的文化背景，他说的其实是一种直觉，也就是说，当我们在情感上不再执着于结果的时候，就可以切实感受当下，并获得一些真正有益处的洞见。很多数学家和物理学家在谈及自己创造新理论的过程时，都提到过类似的奇妙经历。

科尼是一个背负无数性命的杀人犯，一个专掳孩子的绑架犯；对于这样一个人，说他的好话是非常不讨巧的。但就如哈桑·图拉比（Hassan al-Turabi，就是引领 20 世纪末苏丹伊斯兰化运动的那位知识分子）曾果断指出的那样，非洲人没有扔过原子弹，不曾烧毁德累斯顿，也没有建过集中营。当我们急于谴责另一个国家时，很轻易地就会忘记自己不久之前的历史。我们这些欧洲人只不过是拥有着更高效的杀人工具。这么说并不是想要宽恕科尼的罪行，重点在于没人会想让自己的精神世界囿于对邪恶罪行的想象，就像停留在一处模糊的暗礁上一样。从我个人的视角看来，非洲人偏好的政治体制中一直都存在巫医担任领袖的情况，而科尼只是其中最重要，或者说最显眼的一位。在法国，某些知识分子就是巫医。在美国，所谓的自我疗愈性灵导师和某些企业家也是巫医——我在这里指的是那种会给自己的追随者发放全面的人生指南，满足于在微观层面干涉追随者个人生活的人；他们大都没有任何自我怀疑的精神，也不会主动对任何一个追随者放手。所以，如果没有巫医，你也可以读读那些性灵导师的作品。

约瑟夫·科尼仍在丛林之中，领导着他那支规模愈发减小的童子军团从乌干达游荡到刚果，现在可能回到南苏丹了，因为南北苏丹正处于战争之中 [1]。此前科尼就接受过北苏丹的资助去扰乱南苏丹，毫无疑问，他日后还会这么做。可以想见，他很可能一生都会是一位漂泊的军阀——也许还是尼罗河上游最后一位伟大的战士头领。

---

1 原书首次出版于 2013 年。

44. 尼罗河上游的首场足球赛

辨不出暗示的人也听不懂直言。但仍要尝试!

——埃塞俄比亚谚语

科尼最信任的人都和他一样来自阿乔利部落。但他们是什么样的人呢?有一个关于足球和民族特性的理论,不知道是否值得一说……有些人认为,通过一个民族在球场上的表现就可以看出这个民族的内在特性。当然,这个理论是无法验证的,但故事还是要讲。

第一次有传教士来到约瑟夫·科尼的部落阿乔利是在 1902 年,在此之前,外界对于这个部落基本毫无了解。在传教士艾伯特·B. 罗伊德(Albert B. Lloyd)的描述中,这是一个骄傲且善战的部落,成员都用铁和象牙制成的环装饰自己,下唇穿刺着玻璃棒,身上还戴着打磨光滑的玻璃瓶子,大约有 4 英寸长。"这样打扮起来就有一种奇异的效果,尤其是当戴着这些东西的部落成员感到愤怒时,他们会拿起身上的瓶子戳出去,就像黄蜂蜇人一样。"他还花费了很多笔墨描写这些"年轻小伙子"的发型:他们杂乱的头发堆成一个圆锥体,最上面还插着一个空弹夹;此外,就在这个锥体后面,头顶上还绑着一条弯曲的象牙,象牙尖弯向正前方,长度从 2 英寸到 6 英寸不等。很多年轻男子的手腕上还戴着圆形的钢刀片,和手腕紧贴着的地方垫着皮子。在阿乔利部落以东和以北的地区,这种武器还很常见,但在南边就销声匿迹了。在 21 世纪,科尼的军队仍佩戴着这种腕刀。

另外,阿乔利人还会使用一种"奇特的圆头棒"——也就是一条长棍,棍子的一头箍着一块很厚的铁圈。这种棍子重达两磅,"在每一个村落都经常能看到人的颅骨上有这种武器敲出来的凹陷"。不过,现在这种圆头棒已经被米杵取代了,两者的效果是一样的。

罗伊德和与他同行的那位传教士"都非常喜欢足球,于是就想到要将这个运动介绍给阿乔利人"。两位传教士都不太懂阿乔利语,所以无法用语言向他们解释规则，于是他们希望这些年轻的阿乔利战士能通过看他们俩踢轻松学会。最初，那些阿乔利男人面面相觑，好像在说："这是要打架还是单纯玩一玩？"然而，一有人抓住机会把球夺过去，剩下的人就会把那人抓住，扛到一边，使劲晃动他的身体，直到他把球放开。如此一来，球门就被抛于脑后，双方队员全都扭打在一起，"肿块和瘀青就像雨点一般落在我们身上……在最开始的半小时，我们站着的时间还不如倒在地上的时间长"。

如果有球员受伤，伤口太大不能放任不管，他们一般会用一根长长的刺将伤口缝起来，也就是将刺穿过皮肉，然后再将两端用纤维状的线系起来，等伤口愈合了就将刺拿掉。还有一个更精妙的缝合方法，要利用一种斗牛犬蚁。这种蚁的上下颚非常强大，一旦咬上，即使蚁身死了也不会松口。只要将伤口处的皮肉捏好，然后紧紧抓住这种蚁让它咬，它的牙就会穿过伤口两侧紧紧咬合，接着再将蚁的身体拧下来。最后就有一排这样的蚁头咬在伤口上，直到愈合——那时蚁头也开始解体了。几乎可以肯定，即使到了今天，科尼的手下在没有专业缝合技术的情况下还是会用这种方法处理伤口。

阿乔利人练球很努力，也为此受了不少伤；在这个过程中，他们逐渐意识到踢球的目的不是打架，而是享受比赛，把球踢进球门才是关键。"他们之中有些人跑起来极其健美，他们修长的双腿可以跑出惊人的速度，是我们这些身着厚衣沉靴的文明人可望而不可即的。"于是，球赛成了每天下午 4 点 30 分的固定项目，除非村里打鼓宣布当天有酒宴。这时候罗伊德就会宣布球赛"暂停"，因为"这些小伙子会醉醺醺地出来踢球，根本不会安分地练习"。他还总结道："在阿乔利男孩们知道了踢球无须流血之后，我们踢过很多非常精彩的比赛。不管再过多久，我都会带着微笑回望这些经历的。"

45. 捷径——琼莱运河

> 小路很窄，但能将人引向大路。
> ——苏丹谚语

虽然阿乔利人现在占据着乌干达北部，但这个部落原本来自加扎勒河流域，也就是巨大的苏德沼泽所在的区域。尼罗河流域有很多地方，你总是兜兜转转又回到那里，月亮山如此，苏德沼泽也是如此——它也同样是尼罗河故事的关键。

简单概括一下，苏德沼泽就像位于尼罗河中心的一个调节性储水库。但在人类眼里，就如其他很多自然形成之物，苏德沼泽自身也存在很多问题，像是设计过度，有不少冗余之处。但其实苏德的影响远不是浪费了河水那么简单；它让白尼罗河的水流更加和缓，而且它就像中非地区的气象磁铁，可以将不同的气候现象和野生动物吸引至此，让这个区域不至于跌入不可逆的沙漠化的泥潭中。但对维多利亚时期的工业从业者来说，苏德只是一片大沼泽而已，必须清除。上帝的创作需要修改，而且现在尼罗河上终于建起了大坝，那更是非改不可了。

在各种探险者、奴隶贩子和战争到来之后，人们终于得出了这个最终方案：如果能从尼罗河源头至海建起一系列大坝，那么洪水和饥荒的老问题就可以得到解决。它被看作是英国和埃及政府联合支持的工程，因为当时整个尼罗河流域都已经由英国管辖了。威廉·加斯廷爵士（William Garstin）是一位性格刚毅的工程师，就是他首次真正完成了尼罗河上游河段的勘测工作（早期的探险者经常投机取巧，一旦遇上难走的峡谷和窄河道就换陆路），也是他发现了尼罗河在水文学上的源头——就是我们之前提过的，这个源头不是维多利亚湖，而是艾伯特湖。这是因为维多利亚湖和艾伯特湖之间那些多沼泽的湖泊并没有为尼罗河增加流量——流进艾伯特湖和流出维多利亚湖的流量是相同的。因此，第一座水坝可以建在艾伯特湖上，而且很容易就能把湖区变成一座巨大的水库，因为艾伯特湖有着高耸的河岸。但最大的问题在于，巨量的储水之后要流经苏德沼泽这个世界最大的沼泽，这就意味着很多水会流失。

加斯廷此前已经走过这片沼泽了，还带人在其中清出了第一条贯通的水路；为此付出了常人难以想象的努力，比如在大片的纸莎草区周围装缆绳，然后直接将纸莎草拔出来。大名鼎鼎的尼罗河在许多河段都只有三英尺深，似乎会给工程带来很多麻烦，但真正的难题其实在贯穿沼泽的水路打通之时才显现出来，那就是苏德沼泽自身的巨大规模。

苏德沼泽的土地面积比英格兰都要大，而且全部都是淤泥，白尼罗河一流出乌干达即倾泻入这片巨大的水坑。苏德沼泽的名字来源于阿拉伯语词 sadd，意思是"阻碍、屏障"，几个世纪以来，苏德沼泽也确实扮演着这样一个角色。

湿地就像休耕的农田、洪水或者沙漠，除了看起来壮观以外似乎毫无意义。苏德沼泽原本也是这样，但现在看来，它不仅仅是一个浪费了尼罗河宝贵水源的大泥塘，它的存在还有着其他的意义。然而在 100 年前，也就是琼莱运河的计划初次被提出时，人们还无法认识到苏德沼泽在生态方面的功用。这条笔直的运河有 225 英里长，相当于一条从苏德沼泽头部到尾部之间的捷径，和穿过沼泽的尼罗河段连接形成一个大圆环。现在，乍得湖和咸海都已经缩小到它们原本大小的十分之一了，简直就是灾难；由此可见，将沼泽抽干的举动会带来更多意料之外的影响，而且究竟会有哪些影响，我们不得而知，因为每一片湿地都是不同的，关联着不同的生态——不管是人类还是其他生物。要穿过苏德沼泽，就得在一片片植被中开辟出一条条通路。在过去，尼罗河经常会有河道完全堵塞的情况。当塞缪尔·贝克在 1864 年沿尼罗河向南行进时，他劈开了一片厚得像堵墙的植被，结果意外将那一片沼泽的水都释放了出去，他的船队只好搁浅在了那里。面对这种窘境，他的解决方法是在船队后方用黏土和木料堆起一座拦水坝，让他们的船再一次漂浮起来。1911 年，人们用疏浚船将贝克当年走过的路线又清理了出来，但在第一次世界大战期间这条路又一次堵上了。直到第二次世界大战结束，人们才在这片沼泽中开辟出一系列永久的通道。经过这重重阻碍之后，接下来就是 300 英里长的杰贝勒河。在河上穿行时，站在锈迹斑斑的汽船甲板上往两边看，高达 12 英尺的植被将视线全部遮挡住了，所以一路上景色毫无改变，除了泄湖的一处入口看起来奇特而诱人。然而，琼莱运河却能绕过上述所有的阻碍，直接从苏德右侧的旱地切入，连通尼罗河；琼莱本来是一个只有几座棚屋的村子，但却被埃及灌溉部的英国水文学家选中，成了这条伟大运河的所在地。

运河的建设计划酝酿了 60 年，终于在 1979 年正式开挖。似乎所有巨型水坝的建设都需要某种标志性的设备。这些设备就像机械之神一样被寄予厚望，不过最终都失败了。位于加拿大皮斯河上的班尼特大坝创造了落基山脉地区最大的露天水库，而在水库建成之初，人们希望先将那片区域中的树木砍伐干净，于是就启用了两台巨大的具有碎木、压木兼推木功能的机器。结果有一台卡住了，最终淹没在水底；另一台就一直停在麦肯齐镇外——仿佛一只庞大的黄色巨兽，一部分是旋耕机，一部分是变形金刚，还有一部分就是一个巨大的机械笑话。两台都没完成本应完成的工作，因为地面太不平整，这种巨型机器是无法通行的。就像第一次世界大战中注定要失败的坦克一样，这两台机器也是逢沟必卡，逢壑必陷。

琼莱运河计划启用了一台非常庞大的挖掘机——看起来像是拆了一台明轮汽船，然后把配件装在了一间农业饲料厂房上，简直就是一座巨兽般的麦卡诺模型。但挖掘机前面的轮式挖掘铲还是很管用的。就这样，这台昵称为"萨拉"的利器直直切入柔软的红土地和更底部的黏土层，快速地刨开大片土地。到了1984 年，一共 225 英里的运河河道已经只剩下 75 英里还未开挖。不过，虽然萨拉还可以正常工作，但她周围的世界已经陷入了战争之中。

30 年过去了，萨拉还在那里，锈迹斑斑；但考虑到她在漫长的苏丹南北内战期间还曾被一颗流弹击中，那些锈迹似乎也不算什么了。如今你还可以在电子地图上看到她庞大的身躯，仍停留在当年开挖到的最南端。现在，战争已经过去，又有人提议要完成琼莱计划。希望这个提议不要被实现，就让萨拉安息吧。

46. 尼罗河上的爱情

> 他们喜爱一位母亲，就会亲吻她的女儿。
> ——努比亚谚语

琼莱运河的计划也许永远都不会实现了，尤其是现在南苏丹这个新国家还要面对一个更紧迫的问题，即与北方的战争。想要控制尼罗河，琼莱运河这一环是行不通了；但慢慢地，其他环节都在 20 世纪相继实现了。

威廉·威尔科克斯爵士是第一座阿斯旺水坝背后的工程师，也正是这座水坝真正改变了尼罗河在人们眼中的形象。但到了晚年，威尔科克斯却开始怀疑建坝拦河是否像自己最初认为的那般有利无弊。他在退休期间还曾尝试阻止苏丹另一处水坝的修建，但没有成功。

我们也许已有足够的记录可以证明水坝对生态系统的冲击，比如它对渔业的破坏和对血吸虫病的传播。但有一个好处经常被我们忽略——它们也催生了一些浪漫体验。水坝是可以点燃激情的。

如前文所述，阿斯旺的第一座水坝建于 1902 年。此前，阿斯旺和瓦迪哈勒法[1]之间的尼罗河段急流遍布，导致汽船很难通行，而水坝的建成带来了一个汽船航行的新时代，更多人能负担得起航游尼罗河这一终极浪漫体验了。而且开罗也通了铁路，人们可以跳过福楼拜等硬核旅行者曾大步走过的路遥且乏味的埃及中部地区，直接在卢克索乘船向上游行至阿斯旺和瓦迪哈勒法；后者虽然现在已经淹没在纳赛尔水库底部，但当时可是一个繁华的尼罗河口岸。第一座水坝的建成提升了河流水位，将部分寺庙半淹在了河面以下；由此，旅行者也得到一种水陆兼具的独特体验，感受到一切凄美爱情都具备的某种悲剧宿命感。

第二座水坝于 1970 年投入使用，但在之前的六年里水库就已经填满了，而

---

1 瓦迪哈勒法（Wadi Halfa），苏丹北部城镇，与埃及接壤。

且彻底淹没了一个国家——努比亚。最后一批穿行于这个浪漫国度的旅行者就是在两次世界大战之间到来的那些人，其中就包括阿加莎·克里斯蒂。

克里斯蒂曾多次游览埃及。第一次来时，她就与她的首任丈夫阿奇·克里斯蒂（Archie Christie）陷入爱河。但不知出于什么原因，她对乘帆船游尼罗河一直都很抗拒，直到她与第二任丈夫，也就是小她 14 岁的考古学家马克思·马洛文（Max Mallowan）结婚。1933 年，她 43 岁，与丈夫两人一起乘船溯尼罗河而上，进行了一次浪漫的航游之旅。这次旅行自然也为阿加莎·克里斯蒂的经典悬疑故事《尼罗河上的惨案》提供了灵感。

阿加莎·克里斯蒂游览尼罗河时，距离首次发现图坦卡蒙的陵墓已经过了十年。在这十年间，这一发现为旅行者们提供了新的兴奋点，大大推动了尼罗河流域旅游业的发展。克里斯蒂几乎参观了所有尼罗河岸上的遗址，包括阿赫那顿在阿玛纳[1]的宫殿。她对阿赫那顿非常着迷，还写了一部关于他的话剧，但这部剧只演过寥寥几次——表演者都是业余话剧爱好者和轮演剧团。这出戏从来没有在伦敦西区上演过：剧中场景多达 11 幕，还需要 20 多位说台词的演员，没有演出也许跟这两点有些关系。不过，我觉得这部《阿赫那顿》（也许应该改名为《阿赫那顿！》）非常适合改编成音乐剧；毕竟纳芙蒂蒂、阿赫那顿，还有图坦卡蒙都在剧中出现了，场面一定非常壮观。

克里斯蒂与尼罗河间的故事留下了不止一部作品，除侦探波洛系列中的《尼罗河上的惨案》外，她还与埃及学者史蒂芬·格兰维尔（Stephen Grainville）合作写了一部以古埃及为背景的侦探小说，名叫《死亡终局》（Death Comes as the End）。

她与格兰维尔保持着亲密的信件往来，可见两人间的关系虽是柏拉图式的，但情感上完全是一段真实的恋爱。格兰维尔比阿加莎年轻十岁，她总说他有"一种生活的天赋"。格兰维尔会对身边的朋友坦诚地说自己爱上了这位朴实的侦探小说家；而她则会将格兰维尔的来信和丈夫的来信绑在一起收好。阿加莎写信

---

1 阿赫那顿（Akhnaten），埃及第十八王朝的第十位法老，其王后为拥有绝世美貌的纳芙蒂蒂（Nefertiti）。阿玛纳（Amarna），埃及古都，位于今天的明亚省。

给马克思·马洛文时，每写一句这位埃及学家的好话，都会添上两句对自己丈夫的溢美之词。而格兰维尔在朋友马洛文面前也会开玩笑地提到自己对阿加莎的感情，也许马洛文主动选择了对这件事睁一只眼闭一只眼吧。

马洛文本人研究的是亚述学，而非埃及学，但无疑克里斯蒂是爱着他的。也许对她来说，仁爱和性在马洛文身上可以共存；但她的爱欲和对尼罗河上爱情的想象则都给了格兰维尔。

与克里斯蒂的其他作品相比，那本以埃及为背景的小说《死亡终局》中有些对话显得极为冗长。一般来讲，她笔下的角色会在她设定仔细、描写精准的背景环境中说着完全令人信服的话。但在《死亡终局》中，生活在古埃及的伊姆霍特普（Imhotep）——世界上首位建筑师——却不断走来走去，嘴里念叨着："我在自己的屋檐下不能随心所欲吗？我难道没有养活自己的儿子和儿媳吗？他们吃的面包不都是我给的？而且我不是一直都在这么提醒他们吗？"若是把他看成一位维多利亚时期的父亲，那这种描写还勉强说得过去。克里斯蒂一贯能对当代人的生活习俗、语言和性格进行精准捕捉，但这一点在这段描写中却丝毫没有体现出来。克里斯蒂应该专注于现代的故事，她自己也对此心知肚明——只不过她对尼罗河的爱让她偏离了轨道。

47. 阿加莎·克里斯蒂的旅行箱

> 身处异乡的公牛不会吼。
> ——苏丹谚语

时隔多年，我又看了一遍1978年版的电影《尼罗河上的惨案》，感觉自己好像在这条伟大的河流上故地重游了一番。这个故事的原著和电影都是典型的克里斯蒂的作品风格，其中涉及的种种历史之谜构成了一条关于考古的故事辅线，而不知为何，这似乎注定跟身形滚圆但机敏灵活的波洛的探案风格十分契合。此外，埃及第一座考古博物馆的创始人是一个名叫奥古斯特·马里埃特（Auguste Mariette）的法国人。自从拿破仑带来一群学者研究埃及，法国人对古埃及就持有一种所有者的态度。他们这么想也不奇怪，毕竟发现解读象形文字关键的也是一位法国人——法兰索瓦·商博良。这还不止，在2011年的革命运动中，最惨烈的战斗就发生在开罗那座华丽博物馆后面的商博良大街上，就好像法国人虽离开已久，但决定这个国家控制权的瞬间还是必须有他们的见证。由此，可以说法国人，甚至比利时人在解谜方面的超常智慧是波洛的故事和尼罗河故事中的关键部分，且两种故事彼此促进，互相抬升，直到抵达某种发展的临界点——就像《巴斯克维尔的猎犬》定义了夏洛克·福尔摩斯系列一样，《尼罗河上的惨案》似乎不仅定义了阿加莎·克里斯蒂，还定义了尼罗河爱情故事的一些必要元素。

也许还有一个更简单的解释。尼罗河本身就是一条死亡之河。如我们之前所见，西边的河岸就是成片的墓地，是所有丧命之人的归宿。这样一来，尼罗河就是名副其实的冥河。甚至可以说，克里斯蒂就是误打误撞发掘了尼罗河的血腥本质——毕竟《尼罗河上的惨案》就是一个关于爱情受挫和谋杀的故事。

我一直以为克里斯蒂只去过一次埃及，其实她去过好几次。后来我就开始想要研究她尼罗河之旅的细节，而且并不是为了更好地理解她的作品，只是把她当成一位同道中人，一位真正的"尼罗河主义者"。

阿加莎·克里斯蒂在开罗最喜欢的酒店并非金字塔群旁边的米娜宫，虽然此地一直被称为"她的专属酒店"（事实上她只在那短暂停留过，而且待得并不满意）；她最喜欢的住处是今天扎马雷克岛上的万豪酒店，其前身是杰济拉宫酒店。克里斯蒂第一次入住是在1910年，与她妈妈一起。两人在酒店住了三个月，因为正当"季节"。所谓季节就是克里斯蒂的出游季——在那里比在伦敦住同样的地方要便宜很多，而且服务几乎一样优质。同一座岛上还有托马斯·库克旅行社[1]的著名船坞。从这座岛出发，可以乘螺旋桨船塞蒂号（SS Setti）、明

1 托马斯·库克（Thomas Cook，1808—1892），英国旅行商。近代旅游业的先驱者，也是世界上第一家旅行社——托马斯·库克旅行社的创办者。

轮船图菲克号（PS Tewfik）或者明轮船卡纳克号（PS Karnak）抵达卢克索或者阿斯旺，其中明轮船卡纳克号还成了《尼罗河上的惨案》中明轮蒸汽船的原型。1923 年，那批闻名于世的从图坦卡蒙墓中挖掘出的文物从卢克索一路被运到开罗的埃及博物馆，最后就是在这个码头卸的货。

　　在克里斯蒂游埃及的时代，她的常驻酒店杰济拉宫被 60 英亩的花园包围着，而且离尼罗河很近。此前这里是建给欧仁妮皇后，也就是拿破仑三世的妻子居住的。当时她为了参加苏伊士运河的开幕礼来过埃及，而且据说还顺便跟埃及赫迪夫伊斯梅尔有了一段情事，其高潮就发生在酒店花园的一座露台上。跟克里斯蒂的时代相比，今天的杰济拉宫其实没怎么变。依然是那高高的天花板，上面依然挂着懒散地搅动着空气的风扇。但克里斯蒂在 1933 年与马克思·马洛文同回此地时却没能入住杰济拉，想必她那时一定非常失望。无法入住的原因是酒店在 20 世纪 20 年代变成了哈比普·卢特法拉赫帕夏（Habib Lotfallah Pasha）的私人宅邸，直到 1961 年才重新用作酒店。但扎马雷克岛——又称杰济拉岛［“杰济拉”（Gezira）在阿拉伯语中意思就是岛屿］——一直都是往尼罗河上游走的必经之路。从这里她可以去卢克索和另一处她最喜欢的酒店，即位于阿斯旺的卡塔拉特酒店。她每次旅行都带很多东西，至于带了什么，从她自己的文字中就可以略窥一二，颇有趣味。

　　克里斯蒂在一本回忆录中描述了她协助丈夫马洛文做考古调研的经历，书名叫作《情牵叙利亚》（Come, Tell Me How You Live）。在书中，她写到自己不得不为旅行购买一些“大码”服装，因此感到羞耻。为了买一顶遮阳帽，她还去了“热带服装区”（找到的帽子都是棕色、白色或者裸色的），但她看中了一款双层毡帽，因为有粉色的。这顶双层毡帽对旅行者来说要更高级一些，因为双层皮料可以更好地防晒。此外，因为克里斯蒂的身材穿不下帆船裤或者马裤，她特意选择了山东绸制的普通外套和裙子。这种衣料是生绸所织，质地比较硬，很耐磨，所以受到广大帝国建造者[1]妻子们的欢迎。“我成了一个梅萨希布[2]了！”

---

1 指从英国远赴海外殖民地参与基础设施建造的英国人。

2 梅萨希布（memsahib），尤指旧时作为殖民地的印度对来自欧洲已婚妇女的称呼。

此外，专门为旅行准备的衣服还有博柏利牌的大衣和裙子——用于尼罗河上寒冷的冬夜。这一套装扮"将上半身带褶诺福克夹克给人的自由感和下半身带裙摆大衣的精致感结合了起来"。穿着它们可以射击、走路，还可以打高尔夫——而且克里斯蒂非常喜欢高尔夫，尤其是在少年时期。此外，在她与自己的第一任丈夫周游世界期间，两人在夏威夷停留时，她甚至还尝试了冲浪。虽然这么说有点奇怪，但她可能是第一位站上冲浪板的英国女人。

但尼罗河航游之旅是安静的，没有以上这些活动。另外，为了应对埃及异常寒冷的夜晚，她可能还带着一条从迪金斯和琼斯百货[1]买来的女士绒面短裤。克里斯蒂非常喜欢骑行，为了应对可能多雨的天气，她也带了骑行用雨衣，华达呢制的，还有骆驼绒的衬里。

另外，她应该还有好几条为特殊场合准备的晚礼服，同时也需要汗垫，也可以叫护衣垫——这非常必要，因为那些裙子都不能直接洗，而且沿途的干洗店可能非常少。汗垫是放在腋窝底下的，目的是防止礼服被有味道的汗液沾湿。这个东西特别适用于长舞裙。不过，在除臭剂普及之前，人们都能接受女士汗液的味道。克里斯蒂在少年时期参与各种舞会时，"我们将其称为'胸花的芬芳'，绅士们还曾十分享受这种味道"。

其他就是一些配饰物了：帽扣、骑行头巾、布加雷（puggaree，用来增强防晒效果的帽带）、睡袜和睡帽、袜带和眼镜绳、鞋带和束腰；软木鞋底、腰带、几个自由牌风扇、两套"家庭主妇包"（内有针线和小剪子的便利针线包）、发带、印度纱裙、米兰绸裤、奶油色的日本绸衬裙、亚麻短裤，还有一条茶会礼服。此外还有十几条花哨的细亚麻布手帕和十几条镶边手帕，上面还有"A·M"字样的花押字[2]。是"A·M"，而非"A·C"[3]。

克里斯蒂憎恶拉链，但她还是买了一个带拉链的旅行袋，"拉链无情地占领

---

1 迪金斯和琼斯（Dickins & Johns）是英国伦敦的一家高级百货公司，于1835年至2007年营业。现为弗雷泽百货公司旗下时尚品牌。

2 花押字又叫文织字母，是指通过重叠、结合等方式，将两个或两个以上的字母元素经过设计，从而构成一种符号装饰图案作为代号或标识。

3 此处的花押字为姓名缩写，阿加莎·克里斯蒂使用了第二任丈夫的夫姓。

了现代生活，把一切都搞得过于复杂"。她的旅行箱里还有几支"钢笔和自来水笔"。阿加莎笃信，只要在英国，笔用几年都不会有任何问题，但一旦踏出国门，它们就会罢工，"不是洒墨水在我身上、衣服上、笔记本和其他任何手边的东西上，就是莫名腼腆起来，拒绝出墨，只能在纸面上划出隐形的痕迹"。但她只带了两支铅笔，因为铅笔"万幸没有那么喜怒无常"。

还有腕表，不是一只，而是四只腕表。一只戴在手上，三只装在包里。在各种古遗址，刮过的风中都裹挟着沙砾，打在 20 世纪 20 年代和 30 年代的腕表上会造成严重的损伤。她计划着每只腕表最多能撑过一周。

当然，还有书，虽然她时常需要让出一些空间来放丈夫的书。最后还有一条野餐用的格子毯。她似乎为一切情况都做了准备，甚至包括一场尼罗河上的恋爱。

48.图坦卡蒙的雨燕

> 不同河流上的鸟儿说着不同的语言。
> ——埃塞俄比亚谚语

得益于嫁给了一位考古学家，克里斯蒂与霍华德·卡特（Howard Carter）见过几次面。卡特于 1922 年发现了图坦卡蒙的墓穴，在那之后的头几年，每个冬天他都隐居在自己位于沙漠的住所里，专注于给所有的发掘物分类。他住的是一个方形的泥屋，屋子的阴影下有一片小花园。他的研究室，也就是他拆解木乃伊的地方，就位于帝王谷中。他用焊铁将木乃伊裹尸布上用于密封的树脂化开，发现布料里面包着很多镶着宝石的物件，看起来甚至比塞在图坦卡蒙棺椁中的那些还要华贵。其中有一件饰品后来被阿加莎·克里斯蒂看到，她非常喜欢：那是一只血红色的玛瑙戒指，而且被刻成了雨燕迁徙的样子——雨燕和燕子每年冬天都会迁徙至尼罗河谷。雨燕旁边还连着红日的形状，就像是注定每到夜晚就会死去的夕阳，其灵魂必须像雨燕一样飞到未知的远方。

我在东沙漠[1]见过雨燕笨拙地落在崖顶上。其实这样做很危险，如果无法通过不停扇动翅膀把自己移到悬崖边上，然后跳进上升的热气流里，它就会死在原处，因为它的双腿非常弱，无法负载着身体的重量移动；如此，它既无法筑巢，也无法离开。如果要筑巢，雨燕就必须用翅膀去接住飘落在空中的各种材料——几条干草、几片羽毛，或者几个种荚——然后带着这些材料飞到某个它看中的屋檐或者悬空的石梁上。这些建筑材料都是用唾液粘到一起的，比起家燕筑的巢粗糙多了；后者的住处构造精妙，是用湿泥团和草粘在墙面上做成的。

　　我来自英格兰，从小到大，我家屋檐下就一直有家燕筑巢，太阳落山的时候玉米地里也有燕子和雨燕捉虫吃。因为这些经历，我心里有种越来越强烈的感觉：虽然我未曾故意这样认为，但眼前的世界确实是被一些熟悉的面孔所定义的，而且这些面孔都是我在了解尼罗河的过程中见过的——不管是通过阅读还是通过旅行——就好像是在提醒我，生命像河流水系一样互相关联、倾于统一，且这种倾向要远大于熵的力量。总之，我见到了雨燕沿着尼罗河向南飞的样子。它们是最初的尼罗河探险者，从大海飞向源头，甚至更远。

　　远看时很容易分不清家燕、燕子和雨燕。但凑近一点，会发现雨燕更大，毛发更光滑，而且身形更接近流线型；相较之下，家燕的体型更小、更敦实一些，而且身体底部是白色的，相当好分辨。它们都会在冬天飞往南方。我在沙漠里的时候见过一只精疲力尽的家燕，它当时就蹲在一辆"陆地巡洋舰"款越野车的后视镜上，好像气喘吁吁的。司机是一位贝都因人，他用杯碟给燕子喂了点水，接着它就复原了，然后继续向着纳赛尔湖的方向飞去。

　　虽然亚里士多德曾提过燕子会顺着尼罗河迁徙，但这个知识并没有得到传播。直到 18 世纪，也就是塞尔伯恩牧师、自然主义者吉尔伯特·怀特[2]生活的时代，人们还是认为有些鸟类会冬眠。燕子很少成群结队地迁徙，除非遇上大雾或者其他极端天气；那时候，成群的燕子就会聚集起来，很像一堆行人挤在同

---

1 指位于尼罗河东岸的阿拉伯沙漠。

2 吉尔伯特·怀特（Gilbert White, 1720—1793），英国塞尔伯恩村的牧师，著名博物学家，被誉为"现代观鸟之父"。著有《赛尔伯恩博物志》。

一段阶梯上。到了秋天，燕子们陆陆续续飞跃欧洲，穿过地中海和尼罗河，最终抵达东非和南非地区。

最早向北迁徙的人类只需要跟着头顶的飞鸟就可以了。他们一定是跟着鸟儿顺尼罗河而下，继而到了大海和更远的地方。此后又过了千年之久，阿加莎·克里斯蒂和霍华德·卡特这样的新迁徙者到来了，他们每年都会回到东方，就像燕子和雨燕一样。

第六部分

——✦——

尼罗河上的鲜血

从暗杀到革命

1.直至尼罗河的终点

> 利刺藏于水流,扎人不显形。
> ——卢旺达谚语

尼罗河让人着迷,游客们都深深为其所吸引,就像阿加莎·克里斯蒂一样。不过,对那些致力于权力和影响力的男人来说,尼罗河也同样有着强烈的魅力。影响力和权力之间的关系一如雄鹿之角和雄鹿地位之间的关系:角的大小和战斗力成正相关。这种说法没有实证,但却非常实用。不过这也不是一成不变的。一只拥有优质鹿角的鹿,即使体弱,也可以借着鹿角虚张声势很长时间。美索不达米亚的石雕和饰带上经常有长着壮实鹿角的雄鹿形象,那其实传达了一种象征意义,好像在说"这是一个男人"。所以,在这些人眼里,控制尼罗河能带来的影响力要远超过河流本身的物理能量。

影响力切实存在。但在 20 世纪,这种影响力的集中与放大聚焦于一点,即建坝。

埃及仍拥有世界上三个最伟大的工程奇迹:首先当然是金字塔,但还有苏伊士运河和阿斯旺高坝。而且后两个(兴许也包括第一个)并不能归功于某个专业的工程师或者某个由技术专家和政府部门共同组成的委员会。苏伊士运河和阿斯旺高坝都分别被一位永不放弃的外行人促成。促成苏伊士运河的是失败的法国外交官斐迪南·德·雷赛布。德·雷赛布曾经是当时的埃及赫迪夫伊斯梅尔的老师,他就是利用了这一点。毕竟这位体形巨大的国王一度在自己父亲的手下忍饥挨饿,都是德·雷赛布偷偷拿意大利面给他吃。这位赫迪夫从未忘恩,于是不顾英法政府的坚决反对,将德·雷赛布的计划推行了下去。

在回顾红色尼罗河的历史时,我们不禁会怀疑,决定历史的并非那些议会、委员会或者公司，而是那些意志坚定的个人或者小群体；当然，这种决定可能是正确的，也可能是错误的。很多我们前文描述过的事件，它们的结局都是由某些或坚定或偏执的个人行为导致的，而且责任人可能没有任何官方背景。很多情况下他们都是局外人，只不过因为足够坚持而得以在正确的时间出现在正确的地点，最终抓住了那仅此一次的机会。

至于阿斯旺高坝，英国人数年来都只把埃及领土内的尼罗河看成整个水系的一小部分。他们考虑的是将对河流的控制延伸到接近源头的地方——利用欧文瀑布水坝将维多利亚湖变成一座水库，开凿贯通琼莱地区的运河，排干苏德沼泽，还有在青尼罗河上建一系列水坝，这些都是为了从源头至海掌控尼罗河。但政治局势并不允许他们实现这一愿望。上游的国家，比如苏丹、埃塞俄比亚和乌干达，他们可能会被迫与英国合作，但英国永远不会将埃及供水的控制权交给他们。在 1902 年建起的大坝于 1912 年和 1933 年又分别加高了一次，在世人眼里，这是一个非常了不起的工程。但再建一座庞大到会将整片努比亚沃土淹没成湖的水坝，这是当时谁都不曾想到的。对英国人来说，这是一种威胁到当地人家园的暴行，是不可想象的。不管其他方面如何，英国人在他国领土上进行殖民统治时确实保护了少数族裔和部落文化；与很多人在自己国家独立之后遭受的对待相比，这一点尤为突出。英国人给印度那加人、婆罗洲本南人和埃及努比亚人的待遇，比起后来在这些国家掌权的多数派群体给予他们的，简直好太多了。埃及拥有了一个水利系统和稳定的供水源之后，下游的农民因此受益。但这对那十万个努比亚人来说则没有半点好处，他们还因此失去了自法老时代就属于他们的家园。

不，这个计划太过大胆，从政府领薪的英国工程师是想不到这种主意的：将尼罗河永远塞住，让大水淹没努比亚，这太疯狂了。但一个希腊裔埃及人安德里安·达尼诺思（Andrian Daninos）想到了这个主意。达尼诺思和伟大的工程师伊桑巴德·金德姆·布鲁内尔[1]很相像，后者曾说过，他的一生都在致力于

---

1 伊桑巴德·金德姆·布鲁内尔（Isambard Kingdom Brunel, 1806—1859），英国工程师，皇家学会会员。他主持修建了大西方铁路、系列蒸汽轮船和众多的重要桥梁，革命性地推动了公共交通、现代工程等领域的发展。

实现自己 18 岁之前的想法；而达尼诺思虽然农学专业出身，但却在 1912 年，也就是他只有 25 岁的时候就构思出了这个计划的第一部分。他的父亲曾是一位考古学家。达尼诺思最初在开罗学习农学，之后又到巴黎学习法律。此后他与一位威尔士女子结婚，并在开罗过完了一生。

他在 1912 年有了一个新想法，就是在 1902 年建成的阿斯旺水坝处增建一个水电站，再加一个氮肥厂。他一次又一次地将这个计划递交给埃及政府，每次内容都有改进和变化；这个过程从第一次世界大战延续到第二次世界大战，直到 1948 年终于演变成首个将整条尼罗河拦在一条水坝后的计划。这是一个对自然发起的挑战，有些可笑，但也有着十分重大的意义。达尼诺思曾经多次到访努比亚地区，根据他的计算，只要在阿斯旺上游建一座水坝，就可以将绵延几百英里的整条尼罗河谷堵住。由此，这里将会出现一座巨湖。此前那些工程的目标都只是减缓尼罗河的流速，多多少少都会释放一些每年汛期的洪水。但这个新计划坚持要求将所有的河水都存储起来，只在需要的时候放水，这样即使在夏季汛期的几个月也不会有丝毫的浪费。根据之前的计划，将会有 130 亿立方码的河水被储存起来，但这个数字在新计划中一下就飞跃到了 1860 亿立方码。世界上最大的河流将被拦在仅仅一堵混凝土墙之后，这个想法实在是太过激进——当时政府的首席工程师哈罗德·赫斯特博士（Harold Hurst）是如此评价达尼诺思的提议的："这个设想有些夸张了，而且对可能遇到的困难都一带而过。要是从当前的情况开始，离完成这个计划还有很长的路要走……"这样看来，似乎高坝工程将再一次沦为泡影。而此时，达尼诺思已经在建设计划中加入了一座水力发电的炼钢厂，还有一个可供船只穿过坝体的船闸。

如果纳赛尔没有在 1952 年掌权，那么高坝很可能就永远都建不起来了。相应地，努比亚也不会被摧毁，三角洲不会面临缺少泥沙的问题，尼罗河洪水进入地中海所带来的沙丁鱼渔业繁荣不会崩塌，本可以全年通航的河道不会滞堵，血吸虫病也不会借此传播开来；当然，也不会有水力发电，不会有钢厂，农作物产量不会提高，非洲不会摆脱河流的控制，也不会在 20 世纪 70 年代和 80 年代的数年旱灾中收粮锐减。

有些人声称这个水坝能给埃及带来至关重要的好处，但此话毫无道理。要知道，很多英国工程师与尼罗河打交道的历史都有跨越世纪之久，但他们之中没有一位认为这个水坝工程是可行的，更不可能是必要的了。只是纳赛尔对革新有着高涨的热情，这才让如此大胆的计划得以实施。支持派提出的论调都偏离了重点，说大坝在这里能留得住。于是，一度沉积在河口三角洲并为那里的土地提供营养的淤泥都留在了纳赛尔湖的湖底，而绵延350英里的纳赛尔湖也成了世界上最大的人工湖。按照他们最初的估算，湖底的淤泥会在500年以内堆积到无法建坝的程度。但最新的研究发现，淤泥堆积的情况远不如当时设想的严重。

有趣的是，达尼诺思的计划一被采纳，他的地位就被一群俄罗斯、英国和埃及承包商取代了，是他们最终完成了建造工程。而达尼诺思在1976年临终前还住在开罗市中心的一间小公寓里，那段时间仍在尝试着向世界推销他的新计划——建设一条纵横于地球表面的超级运河，以彻底解决食物短缺问题。

2. 与萨达特共乘达哈比亚

> 如有鸟儿学会讲话的那天，它们会说："消失吧！消失吧！"
> ——埃及谚语

被达尼诺思们的夸张梦想带着走，故事又推进得有些过快了；而这些有关尼罗河的梦想将会被纳赛尔和他的继位者安瓦尔·萨达特利用，最终不仅为埃及争取到完整的权力和自给自足的食物，还让它不再为20世纪列强国家的宏大野心计划所控。

让我们从克里斯蒂的故事结束的地方重新讲起。这次的主角也是一位达哈比亚的常客，只不过没有克里斯蒂那么浪漫，他就是安瓦尔·萨达特。也许他的人生也可以换一种方式来看，用尼罗河的视角来看：他出生于尼罗河三角洲上的迈特阿布库姆村（Mit Abu el-Kom），后来坐一艘简陋的船屋溯流而上，最终在 1981 年遇害惨死。

萨达特原本的名字叫萨达提（el-Sadaty），意思是"主的信众"——指的是广泛分布于埃及、北非和中东地区的众多苏菲教派群体之一。里查德·伯顿（其本人也是一位苏菲派成员）就注意到了苏菲教派在规模和影响力上的扩张，且如前文所述，若干年之后，在 2011 年的革命运动中，苏菲派还参与抵制了激进的萨拉菲派，作为一个伊斯兰世界的游离教派，打算摧毁该地区大部分信众。

但安瓦尔·萨达特并非一个苏菲派教徒，这也许就是为什么他在 1952 年第一次革命后改掉了自己的名字。他的父亲虽出身贫农，却接受了相对体面的教育；这还得归功于他父亲的妈妈，这个女人一直坚持不懈地向富裕的农户挨家挨户售卖黄油。后来，他爸爸得到了一支英国医疗部队的青睐。这个部队当时正在研究，为何引入全年灌溉之后，三角洲上的血吸虫病病例数量就迅速增长了起来。为此，他们需要一个翻译人员来与当地村民交流。就这样，一种河流病成了萨达特的父亲和他本人的人生入场券。

萨达特的父亲随着医疗部队转移到了苏丹。他的母亲给他找了一个曾经为奴的女人作为结婚对象。这个女人名叫西特·巴林（Sitt el-Barrein），名字的意思是"两个河岸的女子"——一个真正属于尼罗河的名字。至于这个女人具体是从尼罗河上游哪个区域掳来的，我们不得而知。尽管此前贝克和戈登为废止奴隶贸易已竭尽全力，但这种现象还是持续到了 20 世纪之后。我之前在西瓦就见过一个满面笑容的非洲人，当地所有人都称他为"那个奴隶"。此人年纪 50 岁上下，据说他的父亲来自乍得或者苏丹，是被人一路带着穿过沙漠来到这里做奴隶的。

既然萨达特的妈妈是生活在尼罗河流域的非洲人，他本人与尼罗河之源也就有了联系；这让他的身份有了一些地道的非洲性，而在当下的世界中，这种非洲性已经开始具有特别的意义。但与此同时，当他随家庭搬到开罗并逐渐迈向成熟，他的非洲性也成了一种羞耻的根源。萨达特的父亲娶了第二位妻子，接着又有了第三位；这些妻子给他生了 9 个孩子。西特·巴林在家中的地位是最低的，萨达特还是孩子的时候就经常看到母亲因为"清理不当"而遭受毒打。萨达特的父亲成了一个家庭暴君，就如充斥于纳吉布·马哈福兹的小说中的那些角色。这种暴虐行为之所以不断升级，也是因为受害者往往有一种天真的想法，认为施暴者可以保护他们不受其他暴虐之人压迫。就萨达特的情况而言，他变得看似唯唯诺诺，但所有的证据都表明他的内心燃烧着一颗愤怒的勃勃野心——受这种愤怒驱使，他将加入一个秘密的纳粹拥护者群体，还将在英国侵略者的眼皮底下协助德国的战争行动；要知道，他父亲成为那样的暴虐之人，英国人提供的财富也是原因之一。

虽然萨达特的父母住在苏丹，但他们也会经常坐邮船往返于三角洲地区。所谓的邮船就是非常拥挤的蒸汽船或者帆船，它们会沿着尼罗河一路上行至阿斯旺地区的第一瀑布。他的母亲前后怀过四次孕，每次都会不惜跋涉回三角洲，就是为了不把孩子生在苏丹。所以，萨达特曾在母亲身体里乘船向南，作为一个未出世的孩子，他就感受过河水温柔流动的节奏，而且童年期间也总是在尼罗河水中嬉戏。他一定了解尼罗河的洪水，也一定知道人们为此付出了多少劳力。他最快乐的回忆都在那座尼罗河边的村落里，但在他六岁的时候，随着一家人搬到开罗，这份快乐就戛然中断了。当时他的父亲被安排在阿比西尼亚的营地工作——距离萨达特最终被害的地方没有多远。

作为一个在开罗长大的年轻人，萨达特应该知道达哈比亚船屋就是男女演员在表演之后休闲放松的地方。萨达特曾梦想过成为一名演员——有一次他写了一封信回应杂志上的演员招募广告，信中他是这么说的："我是一名年轻男性，五官端正，身材瘦削，但大腿上肌肉坚实。没错，我不是白人，但肤色也不完全黑。我的黑更偏红色。"

在尼罗河航游的黄金时代，也就是 19 世纪末期到 20 世纪中期，达哈比亚是尼罗河上的主要交通工具。这是一种平底船，样子和牛津大学赛艇俱乐部那些泊在泰晤士河上的平底船很接近，船底很平，吃水很浅。克娄巴特拉以及她之后伊斯兰王朝的尼罗河旅行者们乘坐的也都是平底船，达哈比亚可以说是当时那些游船的直系后代。这种船可以摇桨，也可以利用帆，但需要两根桅杆——

一根长的前桅和一根短些的后桅——两根都挂着巨大的三角帆，就是当地四处可见的那种单桅三角帆船上的帆。船舱在甲板上，比在甲板下要更加干净、轻巧，且更方便。上层甲板是属于乘客的，船员们则住在下层甲板。

厨房就是一个配了一座炭炉的小棚子，离船头很近，位于船首和前桅之间。为了不让风影响到厨子，除棚子之外还有一个可以移动的挡篷。一艘达哈比亚可以只有 60 英尺长，也可以长达 100 英尺。有些达哈比亚装修得非常奢华，配备了三角钢琴、烫金边的镜子、书架，还有书房。而船员们住的地方则根本称不上是房间——只能说是一个小盒子，里面塞着几样他们的物件，还有一条休息时可以用来把自己卷进去的棕色毯子。虽然尼罗河上有逆流的南风可以让船借力前行，但风息时，船员们就得在河岸上拉着船前进，从早到晚。据说这个活他们干起来很开心，唱着歌，抽着烟，还嚼着从岸边拔来的甘蔗。如果河岸上没有纤道，他们就全天用篙撑船，使船前行。

到了夏季，达哈比亚都会泊在开罗的布拉克区，然后在船长——在当地叫"雷斯"（reis）——的监督下进行全面检修。时间一长，有些泊在这里的达哈比亚就会被人当成船屋，用来进行一些不可言说的娱乐活动；但也有些就是直接租出去给人住了。久而久之，这些泊着的达哈比亚也成了开罗生活不可切割的一部分，纳吉布·马哈福兹的一本小说写的就是一群享乐主义的艺术家在船屋上的生活。在第二次世界大战期间，有两个躲在开罗的德国间谍就是藏在了船屋里，船屋上还有一条伪装成晾衣绳的长天线。而安装这根天线的不是别人，正是安瓦尔·萨达特，当时他是埃及军方的一名通信官。可以说，那时候他已经成长为一名演员；起初因为欣赏普鲁士风格，甚至给自己戴上了单片眼镜，而现在他已经开始扮演更有难度的角色——间谍和反抗军。

战争时期做间谍的人通常下场不会好，而萨达特之所以可以免遭此难，还是要归功于他的魅力和运气。此后，他就从一位地下电报接线员逐步升迁，最终成为纳赛尔抵抗英国计划的共谋者之一。

3. 匈牙利童子军首领的冒险

要吃人的鬣狗不会叫。
——埃塞俄比亚谚语

在第二次世界大战期间，埃及成了尼罗河的中心。那时，红色尼罗河的一切都关乎埃及：埃及是黑色阵营和红色阵营大决战的地点——黑色代表轴心国，红色代表同盟国；自1941年以来，就是红色阵营承担了欧洲战场上最惨烈的战争。当时，红色和黑色阵营正在北非的沙漠中火拼，而开罗的外交官们则在愈发焦灼的状态中开始烧文件。[萨达特应该是亲自监督了这个过程，毕竟当上总统后，烧文件已经成了一个年度惯例——他会在尼罗河畔自家的院子里或是他老家的迈特阿布库姆村生起篝火，然后将过去12个月里累积的所有对他有所冒犯或者对他不利的文件全部烧毁。萨达特家族至今仍拥有尼罗河畔的那处房产——在2009年，还有一群游客在那里参与了一场私人酒会，洁罕·萨达特（Jehan Sadat）到场招呼了他们；堂堂前第一夫人，竟沦落成为一次昂贵的尼罗河旅行中的敛财项目。]

回到20世纪40年代，尼罗河正等待着它的新主人。虽然英国人掌控着位于苏丹和乌干达的白尼罗河源头河段，但他们知道，在当时的情况下，仅控制河流是远远不够的。要在军事意义上控制尼罗河，很大程度上就意味着要保有对开罗的掌控。

随着轴心国军队不断进犯开罗，他们开始需要开罗城市内部的情报。当时，意大利人设法在美方的军事安全网中构造了一处漏洞，于是一段时间里，德国人都是靠此获取情报。但这远远不够。隆美尔决定要在开罗城市的中心安插几个间谍，但奇怪的是，他将地点定在了尼罗河上的一条船上。

2006年，里查德·内瑟伍德（Richard Netherwood）带领一队业余沙漠探险者和历史学家开车穿越了埃及的西部沙漠，在利比亚国境和吉尔夫基比尔高原（Gilf Kebir）的大片荒野附近发现了拉兹罗·艾玛殊伯爵（László Almásy）原本的间谍营地。拉兹罗·艾玛殊伯爵是一位匈牙利冒险家、旅行者、军人，同时也是一名间谍。迈克尔·翁达杰的小说《英国病人》[1]（还有安东尼·明格拉[2]1996年执导的同名电影）就是以他为原型的。我是在开罗认识的理查德·内瑟伍德，他做现代沙漠考古一向是敢想敢为，我对此十分钦佩。他们在营地发现了德国制造的电池、报纸，还有德国轮胎——在沙漠中都风干得像木乃伊一般（轮胎保存得最好，外皮受沙砾打磨过后远远看去显得黑亮如新）。内瑟伍德的考古方法有一个前提，就是他本人是一个经验丰富的沙漠司机。当他看到一处像是营地的地方，他就知道这里在大约 60 年前也吸引过"英国病人"的到来。

他们研究了艾玛殊的作品，并对照他的描述和电子地图图片寻找可能的营地地点，然后确定下几处地方，可能是德军在 1942 年向开罗安插间谍时的驻扎地。德军此次行动就是所谓的萨拉姆行动，之后多部小说都是以它为灵感，包括肯·福莱特[3]的《蝴蝶梦之谜》（*The Key to Rebecca*）、《英国病人》，还有被大大低估的作品《开罗狐狸洞》（*Cairo Foxhole*）——这是 20 世纪 60 年代的一部历史片，迈克尔·凯恩[4]还在里面演了一个非常有意思的小角色。在萨拉姆行动中，未来的总统和埃及人民的领导者安瓦尔·萨达特也有所参与，然而，以上这些作品却没有一部对其给予充分的描绘。

像他父亲一样，萨达特也想办法念了书。作为一个有政治野心的人，他非常憎恨英国殖民者。那些富有的埃及人日常都躲在他们的宫殿和汽车里，从而免遭英国军人的傲慢对待，而穷人们则对殖民统治的不公之处有非常强烈的感受。萨达特曾写过，每当见到英国士官马力全开地驾驶摩托车穿过街道，迫使行人纷纷跳开让路，自己就觉得恨。另外，当时埃及还有一套双重司法体系，

---

1 迈克尔·翁达杰（Michael Ondaatje，1943—　），加拿大作家，获得布克奖的小说《英国病人》（*The English Patient*）使他跻身国际知名作家行列。

2 安东尼·明格拉（Anthony Minghella，1954—2008），英国导演、编剧、制片人。执导作品有《英国病人》《天才雷普利》《冷山》等。

3 肯·福莱特（Ken Follett，1949—　），英国通俗小说作家、历史小说作家、惊悚小说作家。

4 迈克尔·凯恩（Michael Caine，1933—　），英国影视演员，1997 年被《帝国》杂志选入"历史上最有影响的百位男影星"之列。主演影片有《惊天魔盗团》《王牌特工：特工学院》等。

按其规定，英国公民在埃及犯法不需要在埃及接受审判，这一点让所有埃及爱国者都十分痛恨。

到了第二次世界大战期间，又有数十万的英军及其盟军穿行于开罗街面，自然将埃及人对他们的憎恨推到了顶峰。我的岳母在二战爆发时就住在开罗，那时她大概十岁。有一次，我和她一起看一部二战电影，看到醉酒的苏格兰士兵和英格兰列兵在酒吧里打架的一幕，她评论道："就像在开罗的时候一样。"我的岳父在我跟他女儿结婚后不久对我说过，他还是一个青年学生时曾在战争期间参加过抗议游行。当时的埃及就像印度一样，反英情绪非常浓烈，而希特勒的名字则变得很受欢迎。事实上，在 2011 年穆巴拉克[1] 被罢黜之后，接管当政军事委员会的将军全名就是穆罕默德·希特勒·坦塔维（Mohamed Hitler Tantawi），只不过这件事鲜少被人提及；在 20 世纪 70 年代，这个"希特勒"的中间名就被默默舍弃了。至于萨达特，他像很多埃及人一样，当时帮助纳粹德国并非出于热爱，只是想要毁灭大英帝国这个共同的敌人。

这个故事里还有一个奇特的反转。"英国病人"的原型最初想帮助的其实不是德国，而是英国。艾玛殊伯爵曾在伊斯特本[2] 接受教育，而且还与一群同属扎苏拉俱乐部的探险者交好。这个俱乐部之所以如此命名，是因为成员的入会要求是尝试过寻找失落的绿洲扎苏拉（Zerzura）。艾玛殊其人也很复杂，除了有探险的经历之外，他也是匈牙利童子军运动的创始人、滑翔机冠军、重度烟瘾者，还是一位同性恋者。在第一次世界大战期间，他还在奥匈帝国的空军服役过；考虑到这一点，加上他各种不同寻常的经历，虽然他明显对沙漠很了解，但英国人还是拒绝了他的帮助。隆美尔就没有这么谨慎。他雇用了艾玛殊，让他负责在英国驻军的眼皮底下将两位德国人——约翰·埃普勒（Johannes Eppler）和汉斯·桑斯泰德（Hans Sandstede）——偷运进开罗城里。

艾玛殊在沙漠里开车开了几百英里——途中在内瑟伍德发现的那个营地停留了一下——最终抵达了位于开罗以南 600 英里的尼罗河畔。在那里，两名间

---

1 穆罕默德·胡斯尼·穆巴拉克（Muhammed Hosni Mubarak，1928—2020），埃及第四任总统。
2 伊斯特本（Eastbourne），英国英格兰东南区域东萨塞克斯郡最大的镇。

谍装扮成英国士兵的样子，乘火车向开罗出发。到了开罗之后，他们租下了一个船屋；虽然有点难以想象，但他们确实是和一位肚皮舞舞者同住。其实可以猜到他们的想法：我们不要像间谍一样躲躲藏藏的，就正大光明地在这里。那些休假时在基特·凯特俱乐部[1]放松玩乐的军官都会在他们的船屋续摊。埃普勒是在埃及长大的，所以可以轻松扮成一个富有的埃及人，而桑斯泰德则假装自己是美国人。虽然布莱切利园[2]的英国人已经通过隆美尔的无线电通信追踪到了艾玛殊的行程，但他们并不知道艾玛殊运送的是间谍。如果埃普勒没有那么招摇，他们这个二人组也许就不会被发现。

萨达特受到指派，在这场滑稽剧中扮演无线电专员的角色。他写道："我跟他们约好去看信号发射机。最让我震惊的就是他们住在尼罗河上的一间船屋里，而且那条船的主人还是出名的舞者希克梅·法赫米（Hikmet Fahmy，她在战前还为墨索里尼跳过舞）。我的震惊一定是表现在脸上了，因为埃普勒带着笑意问了一句：'不然你觉得我们会住在哪？英军军营里吗？'"

埃普勒骄傲地告诉萨达特，有一位犹太中间商为他们兑换了货币。他还炫耀说，自己会请埃及的犹太女孩过来，让她们假装是处女，然后将他的性幻想表演出来。用他的话说，他每晚都会"采撷一朵鲜花"。萨达特怀疑这不是一个保持低调的好方法，而且也不止他一个人这么想。希克梅·法赫米后来醋意大发，开始到处抱怨"那些德国人"。很快，英国人就开始调查了。查出这艘船上有一套无线电系统也非常容易，因为只有这条船上的晾衣绳不是绳子，而是电线。萨达特无法修好他们从沙漠另一端带来的发射机，但这对滑稽间谍还用着一台从瑞士公使馆得来的美国发射机，于是萨达特对它进行了一些修补。埃普勒和桑斯泰德被捕后就把萨达特供了出来。于是，军事警察搜查了萨达特的房子，但那台无线电在女寝，这些警察对于东方的传统十分在意，无法强行进入哈莱姆搜查。既然没有了证据，萨达特就得以免除死罪。后来直到战争结束，

---

1 基特·凯特俱乐（Kit Kat Club），当时开罗著名的夜店，现已被拆除。

2 布莱切利园（Bletchley Park）是一座位于英格兰米尔顿凯·恩斯布莱切利镇内的宅第。在第二次世界大战期间，布莱切利园曾经是英国政府进行密码解读的主要场所。

他一直都待在不同的监狱里；然而这些监狱的管理都很松散，虽然松散程度不一——在其中一间位于泽图恩的监狱，他甚至可以晚上坐出租车去城里，在某位法国女子经营的小旅馆里待一晚，然后在回程顺路到访一下阿卜丁宫，在那里对法鲁克国王的王家随从们抱怨一下监狱的条件。法鲁克国王是没有任何实权的，但他也十分憎恶英国人对埃及的干涉。

虽然萨达特之后参与的革命使法鲁克国王于 1952 年被罢黜，但他在当时对埃及王室还是有用的。他那时成了杀手侯赛因·图菲克（Hussein Tewfiq）的中间人；这位杀手从暗杀醉酒的英国官兵起家，后来发展到暗杀埃及议会中亲英派的政治要员。萨达特最后也是死于暗杀者的一颗或几颗子弹，考虑到他旧日里曾为杀手拉过皮条，这种结局似乎也可以说是因果报应。英国管理监狱的手段远说不上专横：有一次萨达特就从守卫松散的监狱里偷溜出来，协助了一次暗杀行动，然后又回到了监房。

萨达特从未隐瞒过自己曾参与暗杀。在他的自传里，他提到过为了杀死政治家阿明·奥斯曼（Amin Osman），他还给图菲克递了两颗手雷，以备不时之需。此外，他还带着点得意说，图菲克在得手后本可以轻松脱逃（但他还是被抓了）。轮到萨达特本人被杀时，除了子弹以外，杀手们还用上了四颗手雷，而且其中一位被抓的杀手本来也是可以脱身的……

4. 青尼罗河上的劳伦斯

> 喝咖啡要配零食，见国王要带礼物。
> ——埃塞俄比亚谚语

让我们把时间倒回去一点，再次来到 1941 年。想象一下百代公司[1]的某个

---

1 百代电影公司（Pathé），于 1896 年成立的法国电影公司，为 20 世纪初期法国甚至全球电影业的龙头。公司业务以定期新闻片制作为主。

新闻片中滚动播出了演职员名单——全都是滚动的坦克履带和敬礼的士兵。"希特勒的钢铁军团浩浩荡荡地侵入了苏俄母亲的土地，与此同时，非洲战场上的希望火苗似乎也熄灭了……"几个月以来，英方看起来都像是要被轴心国的强大实力赶出埃及。如果隆美尔能保持住他的攻势，德国和意大利就能顺利攻至尼罗河，并就此决定苏伊士运河的命运。我们之前也说过，英国人对他们自己的防御实力完全没有信心，以至于大使馆都开始烧文件了。英国人的宅邸里散发出滚滚浓烟，以至于人们都以为砸下来了一颗燃烧弹。

往南至苏丹，当地没有一条狗会对英国人凶吠，因为苏丹还是倾向于由英国人做主，而不是意大利人。在那里，英国可以派遣一支军队沿青尼罗河往下游走，从埃及的两侧进行夹击。难怪在开罗的英国人都在烧文件，急着要离开。

欧洲战场的情势也不容乐观。英军已经被驱逐出敦刻尔克，在挪威和克里特的军队也都连连战败。盟军需要一场胜利，在哪里都可以。

接下来，奥德·温盖特就登场了。他是第二次世界大战期间最奇特的将领之一。此人开会分配任务的时候会光着身子，同时用牙刷梳理自己的阴毛以驱逐虱子。巧合之下，温盖特也在埃及的沙漠中寻找过匈牙利人艾玛殊找过的同一个失落绿洲扎苏拉（但可以想见，温盖特应该不屑于加入一个所谓的探险者俱乐部这种籍籍无名的组织），而他当时受命领军占领尼罗河的另一端，也就是尼罗河洪水的源头，塔纳湖所在的地方。如果能拿下埃塞俄比亚，就相当于守住了埃及和苏丹的后门，由此就能保住尼罗河。这样的话，即使埃及陷落，至少英国人还可以使出埃塞俄比亚的意大利统治者六年来一直威胁要做却从未实现的那招：闭停尼罗河的出水，逼迫埃及屈服。

意大利人的计划是改变河水的流向；本来河水是在提斯阿拜，也就是梯斯塞特瀑布处流出塔纳湖，但改向之后会沿着一条30英里长的管道流泻而下（后来，终于还是有一位意大利承包商完成了一个相似的工程，只不过没有达成让埃及屈服的目的）。这个计划中的管道会将水流带向干旱的原野，让各种各样的作物都可以在那里生长——也许多少还是实现了一些，毕竟拉萨姆不都种出大个的蔬菜了吗？

要占据阿比西尼亚并不容易。温盖特的军队起初规模非常小，只有不到100人，而且分成了不同的行动组，每个组有一位军官、五位军士，还有一小撮苏丹国防军的士兵。要想完成计划，他们必须招募数千个憎恨意大利殖民者的埃塞俄比亚人，并且有效地领导这支队伍。换言之，这就相当于青尼罗河版的"阿拉伯的劳伦斯"[1]。

就这样，英国人因为在埃及扮演压迫者的角色不顺利，于是就到尼罗河上游，把赌注压在了相反的角色上——解放者。在巴勒斯坦时，温盖特曾很顺利地召集起一支犹太防卫军来对抗阿拉伯人的入侵。后来他变成一位坚定的犹太复国主义者，几乎到了偏执的地步：他会号召以色列人拿起刺刀对付"肮脏的阿拉伯人"。温盖特坚信刺刀引发恐惧的力量，毕竟那是八英寸冰冷的钢铁刺入肚皮。

他的外表和言行都像是从《旧约》中走出来的人。像基甸一样，他也把《圣经》用作战略指南。他会趁夜晚发动袭击，同时利用光和噪声让对方以为他们的人数比实际更多；基甸让人敲锅打盆和燃点火把也是同样的道理。温盖特还将他的埃塞俄比亚军队称为"基甸军"。W.E.D.艾伦是跟他同行的一位军官，此人曾如此评价温盖特："面对跟自己实力相当的对手，他总是会被激怒，但如果是更温和的人，他经常会吓到对方。他做事充满热情，可以激励周围的人付出超常的努力；也是因为这股热情，他对大家的勇气也一向会给予认可。"

为了抵达埃塞俄比亚，温盖特选择了与布鲁斯相反的道路：穿过苏丹，沿着青尼罗河向上游方向走。接着，不知出于什么原因，也许是为了避免敌人预测到他的路线，他放弃已知的道路，坚持要一点不差地跟着罗盘的方位走。结果，这支队伍没能像提奥多尔皇帝一样日行30英里，而是披荆斩棘地穿过了一片片刺灌木和蓟草路。此外，再重复一遍之前讲过的故事——因为实在太古怪了——每次军队遇到井或水潭，这位行事诡异的温盖特就会冲到队伍前面去，脱下外裤和内裤，然后在水里清洗他的臀部。不可思议的是，他的手下还都非

---

1 指托马斯·爱德华·劳伦斯（Thomas Edward Lawrance，1888—1935），因在阿拉伯大起义中担任英国联络官而出名。

常积极地效仿。艾伦写道："他那一对窄小的眼睛燃烧着欲望的光芒，裸露的身体呈蹲姿，就像一只以狩猎为生的动物，已经迫不及待等着吃第二晚的猎物了。温盖特像是被某种恶魔追着穿越了（埃塞俄比亚）高原……在奔逃中，他也许是收获了某种成就，也许是经历了一场失败的自我整合（整合人格中不同的侧面），最终只感受到忧愁。"这不是说温盖特广受喜爱，他其实并不受欢迎。不过，受人喜欢和被人追随在战争与和平两种状态里的意义也是不同的。在战争中，人们应该能感觉到温盖特会是胜者。

整个过程也没有那么顺利。当地的部落首领都很精明，他们想要把武装配备占为己有，但又不想与他们并肩作战。温盖特将他的基甸军分成不同小组，每组由不同的欧洲军官带领，而且他们都被分别派去招募土著人加入温盖特的行动。他有一张王牌，而且将这张牌用到了极致：骑着骡子走在他军队头部的是海尔·塞拉西皇帝[1]。他于1936年起兵反抗意大利侵略者，在那之后遭到了罢黜。

塞拉西受洗时的名字是塔法里（Tafari），后来变成了拉斯·塔法里["拉斯"（Ras）的意思就是头领或者首长]；与此同时，他也成了牙买加人眼里的弥撒亚。伦纳德·豪厄尔（Leonard Howell）是一个周游全球的牙买加人，十分有宗教头脑。他参与了海尔·塞拉西的加冕仪式（出席的人中还有威尔弗雷德·塞西格，温盖特基甸军的指挥官之一——也许这两个人在仪式上还一度站在一起过），这位非洲皇帝让他深受震撼。等回到牙买加，他就开始布道，后来他的学说还演变成了拉斯塔法里教。虽然豪厄尔和鲍勃·马利[2]的人生有所重叠（两人都死于1981年），但他从没有留过雷鬼头。

换言之，塞拉西也是有个人魅力的。于是，这位先知与温盖特一起游说阿比西尼亚的零散部落，让他们相信意大利人注定失败。就这样，在这个山岭遍布的国度，温盖特的小军队带着骆驼和骡子小心翼翼地穿过荆棘丛生的道路，

---

1 海尔·塞拉西一世（Haile Selassie I, 1892—1975），埃塞俄比亚帝国（1941年前称阿比西尼亚帝国）末代皇帝，1930—1974年在位。拥有"所罗门王和示巴女王225代继承者""犹太族的雄狮""上帝的特使"等称号。

2 鲍勃·马利（Bob Marley, 1945—1981），牙买加唱作歌手，雷鬼乐鼻祖，拉斯塔法里教教徒。

一路上竟然也慢慢获得了当地人的支持。最终，他们和海尔·塞拉西一起行军抵达亚的斯亚贝巴。于是，意大利在埃塞俄比亚剩下的军队就遭到了四五个欧洲人、140个苏丹人，还有几百个埃塞俄比亚人的不断追逐和烦扰。意大利人在青尼罗河的一段峡谷处坚守了一段时间，最后还是放弃了，向北方的山区溃逃。参与这次作战的基甸军中只有少数几位欧洲军官，塞西格就是其中之一，之后他还将作为沙漠探险家而闻名于世。塞西格从温盖特那里接受了指令，要在两座高原之间的狭长地带镇守，同时由温盖特从侧翼发动攻击。结果总共有8000多名意大利士兵投降，最后被监禁的意大利殖民军成员则超过了两万人。就这样，青尼罗河又落入了英国人手里。温盖特让英国国内的人们有了乐观的理由，也坚定了其他在北非地区作战的盟军队伍胜利的信念。

我们之所以能了解到这么多关于温盖特的故事，并不仅是因为他晾屁股的爱好颇负盛名，还因为在他的小军队中（不算埃塞俄比亚人和苏丹人的话）有几位非常杰出的人物：包括塞西格在内，还有劳伦斯·凡·德·普司特（Laurens van der Post）和休·布斯特德（Hugh Boustead）。塞西格之后将会成为20世纪50年代的偶像级探险家，而凡·德·普司特将会写出几本优秀的著作，内容是关于二战期间他在日本的经历——后来还被改编成戴维·鲍伊的电影《圣诞快乐，劳伦斯先生》（Merry Christmas Mr Lawrence）；此外，他还会成为查尔斯王子的亲信（王子在与黛安娜王妃度蜜月期间还遇见了前恐怖分子萨达特，可以说是实力验证了六度空间理论）。布斯特德、艾玛殊与温盖特曾经都是扎苏拉俱乐部的成员，而且他还参与过两次珠峰探险。

在一位同行的军官口中，塞西格"有学究气，而且为人腼腆。但要论吃苦的能力，他甚至超过温盖特"。凡·德·普司特在众人眼中则是永远都活力十足，而且作为医师和兽医，他的能力都很出众。在他们的行军途中，有一次要穿过青尼罗河的一段一英里深的峡谷，其中有一片多石区域，所有人都在那里死过骆驼，只有凡·德·普司特例外。不仅如此，他还是一位十足虔诚的基督徒，不过他的虔诚体现在行动上——对他人施以援手，而不是布道，大家自然都很喜欢他这一点。

这几位有趣的奇人都聚拢在终极怪胎奥德·温盖特身边，而且都接受了他的激励。温盖特给战争带来了一种宗教视角，对他来说，所有战争都是一场圣战。如果哪场战争不符合这一设定，他也就不会感兴趣。根据戴维·本·古里安[1]的描述，在巴勒斯坦时，温盖特作为一个热切的犹太复国主义者，想要帮助当地的犹太移民夺取这片即将成为以色列的土地，为此对犹太人倾囊相授。此后的几年，温盖特的人生过得极其戏剧化，他尝试过自杀，还在缅甸建立了钦迪特军，然后在伊朗时因在冲动之下喝了一只花瓶里的水而染上风寒（他很欣赏基甸精神，而这件事也算是一种体现，因为基甸也只会选择像野兽一样喝水时直接痛饮的人，而不会选择那些高雅地用手捧起水来喝的人），最后在战争结束前死于一场坠机事件。

自己心目中的英雄有时是经不起深究的。在塞西格去世之前大约十年，我在他伦敦的公寓里见过他一面。当时他告诉我说："凡·德·普司特'腐败了'，他把那些自吹自擂的鬼话都当了真。虽说我最早认识他的时候，这个人还是挺不错的。"塞西格本人则正相反，最擅长的就是自嘲。那天，他为我煮了速食咖喱饭，还向我展示了一根长颈鹿大腿骨，据说是他在肯尼亚时用来打跑过劫匪的。

还有一次，我见到了当时扎苏拉俱乐部最后一位活着的成员——95岁高龄的鲁伯特·哈丁·纽曼（Rupert Harding Newman）。当我向他提起休·布斯特德的名字时（他也认识艾玛殊），他说："这人很坏，是个彻头彻尾的小人。"我能说什么呢？探险家们，战争英雄们，他们都是所谓的"伟人"，都奔赴河流而去，为的是最后一次在尼罗河上探险……如此，这些怪人、疯子、不合时宜的家伙，最终都在世间找到了自己的位置。

---

1 戴维·本·古里安（David Ben Gurion，1886—1973），以色列政治家，也是该国第一位总理。

5. 高坝改变局势

> 河流尽头若为湖，只得化作云雨而入海。
>
> ——苏丹谚语

然而，英国人能赢得战争，也多少得益于这帮怪人。好了，这部片子可以播演职员表了——哦对，还有第二部片子：英国又是怎样失去了殖民帝国。

难道是那些才华横溢的英国水利工程师被苏德沼泽困得太深，然后失去了他们的政治理性？或者他们改变想法，放弃了对人的掌控，打算只控制水了？不管这背后存在怎样复杂的原因，到了 20 世纪 40 年代，这个帝国已在瓦解之中，而尼罗河流域的人们正重新夺回他们代代相传的土地。为达成这个目标，方法之一就是再建一座大坝。

刚开始为写这本书做调研的时候，我对阿斯旺高坝的态度只有憎恶。但现在我有点动摇了。通过高坝的建设工程，可以轻易地看到人类又一次越界的傲慢。希腊裔埃及人达尼诺思只是为了通过这个计划都付出了那么多努力——从 1912 年到 1956 年不断发起提议，其间跨越了三次战争和一次革命运动——这些事情，你了解得越多，就越会赞叹高坝工程的庞大规模。

为了能让高坝立于沙砾之上，就不能像建阿斯旺那座较低的坝一样直接造一条混凝土屏障。于是，他们利用了新兴的土力学原理，将高坝建成了一座山丘的形状，和自然景观融为了一体。这就像苏伊士运河工程，该工程的目的就是重建自然景观，切实改变世界的面貌，在这一点上，阿斯旺大坝也是一样。

从侧面看起来，阿斯旺高坝就是一座砂石铺就的巨大斜坡，且坡度极其平缓。坝体向上游方向蔓延了超过半英里，如此一来，坝体最高点的斜率就不到 1/5，这对于水坝来说算是非常平缓了。因为坝体向上游延伸的距离非常远，斜率比较低，所以淤泥很容易就可以沉积下来，大大降低了垮塌的风险。然而，在 20 世纪后半叶发生了多次武力冲突，人们一直都有些担心水坝会不会被以色列人炸毁（最近的一次冲突发生在1998年，当时阿维格多·利伯曼[1]威胁说以色列人要用核武器攻击阿斯旺大坝；此人后来成了以色列外交部长，但过了一段时间就因为欺诈罪被解职）。但只要不是被核武器直接击中，大坝就不会轻易被武力摧毁，因为它在水下不可见的部分体积是十分庞大的。

之前也提到过，最近关于淤泥沉积的研究有一些惊人的发现：实际上沉积下来的淤泥要远少于此前预估的数量。基本可以确定，尼罗河在进入纳赛尔湖之前的流速减缓导致淤泥在更上游的河段就沉积了下来，这就在河流入湖前大大减小了河道的斜率和河水的流速。虽然估算的结果是该湖会在500年以内被淤泥填满，但实际上没人知道这个过程会花多久时间。现在，青尼罗河上正在建一座更大的水坝，而且阿特巴拉河上也早就有了水坝，可见淤泥的数量还会进一步减少。

高坝工程面临的问题包括后勤管理，也包括如何运输大量碎石到施工地，但不仅限于此。他们还需要找一个在大坝下方隔水的合适方法，要能一直延伸到很远的地方，只有这样才能防止渗入河床的河水从大坝的另一侧冒出来——拦河坝附近就经常发生这样的情况，而拦河坝也是建在沙石层上的（我们之前说到过，尼罗河的岩床位于三角洲下方几英里深的地方）。在阿斯旺设置的隔水层是由一位埃及工程师设计的，具体而言就是将水泥和沙子浇筑而成的一系列"管子"插入135英尺深的河床下，直抵大坝下面的花岗岩地基（这座花岗岩地基最初是由几位德国工程师建在85英尺深的地方，但后来他们的工作没有通过质检，因为有一处敷衍了事的情况，而那可能会导致水坝下发生灾难性的水灾，最后几位工程师也因此丢了工作）。作为防水层，这排管子竖直排列、紧密相连，且一直伸到花岗岩地基处，组成了一片地下森林，宽度与河道相等，长度从大坝地基向上游延伸了65英尺。河水也许能渗透过大坝的沙土堆、碎石和沙砾，但一定无法穿透这道隔水层。

瓦迪哈勒法本是属于苏丹努比亚人的城镇，但一半已经没有了。很多努比

---

1 阿维格多·利伯曼（Avigdor Lieberman, 1958— ），出生于苏联，1978年移民至以色列。曾任以色列总理办公室主任、以色列基础建设部部长、交通部部长、以色列副总理兼战略事务部部长等职。

亚人因此不得不搬到一个新的镇子上，也就是新哈勒法（New Halfa），离阿特巴拉河上的水坝非常近。他们开心吗？会有人失去了代代相传的土地还能开心吗？这些人在第一次建坝时就遭受了很多苦难，后来在大坝增高工程进行时又经历了一次；然而，对于被迫搬迁这件事，他们似乎并不愤怒，只是默默逆来顺受。

建造大坝的埃及承包商——他们与俄罗斯人合作，因为之前完全由俄罗斯人领导埃及劳工的尝试失败了——声称，每年都会有 50 名工人死在施工过程中。在这些死去的人中，最出名的一位就是痴迷于工作的首席工程师阿明·舍里夫（Amin el-Sherif）。为了这个工程，他彻底搬离开罗，每天都在新水坝旁的办公室待 15 个小时以上。为了对抗夏季的高温，他还施行了晚班制度。通过与旧水坝相连的发电机，电力探照灯照亮了一片地狱般的场景：挖掘机和倾卸车在夜色中通宵建造着一处巨大的土木工事。舍里夫每天都必须汇报当天转移了多少石料，而且这个工程当时已经慢了一年，他还是设法在 1962 年追平了进度。后来，工作完成了，他开着自己的黑色大众甲壳虫去观赏自己的劳动成果，但车子中途就停下不动了。工人们去查看情况，结果发现 50 岁的舍里夫死在了驾驶座上。

虽然德国人、英国人和俄罗斯人都乐于将阿斯旺高坝的功劳揽在自己头上，但真正让这个工程落地的还是埃及劳工；此外还有一点经常被人忽视，那就是埃及人非常高超的工程技术。

6. 冷战之风吹过尼罗河

> 与勇者对抗，羞怯之心不能有。
> ——埃塞俄比亚谚语

大坝工程充分激发了公众的想象力。在 1963 年，数百名学生都志愿参与了大坝建设工作，为的就是帮助工程如期完成。此时的纳赛尔不仅夺回了苏伊士运河，还送给了他的国民一个巨大的基建工程，而且每个人都可以参与，都可以为之欢呼。此后，虽然这个工程在世界眼里是一个由俄罗斯资助的埃及的巨大成就，但事实上，这最近一次统治埃及尼罗河的尝试其实另有根源，那就是英国破碎的帝国梦，还有它在世界舞台上的新竞争者——美国。

标准的说法是，纳赛尔为建水坝本已得到了英国、美国和世界银行的支持，但后来因为他从捷克人那里买武器，这次合作就破裂了。但这个冷战的说法反而遮蔽了事实。首先，纳赛尔是先购买了由苏联把控的武器，然后才与英美双方达成了协议。换言之，纳赛尔从东欧购买武器这件事英国是可以接受的，只要尼罗河的控制权仍在他们手里就好。

英国人的计划是这样的：他们同意资助水坝建设，作为交换，他们希望在未来的几年中都可以控制尼罗河流域。在第二次世界大战中他们几乎破产，但还是固执地要靠着与美国的特殊关系挑战超越自身量级的比赛，不过美国也已经越来越不耐烦了。世界银行和美国将会为新水坝提供大部分的资金支持，但英国人却计划着要在接下来的 20 年中主导尼罗河的控制权，并由此成为这次合作最大的受益者，而 20 年就是他们预期大坝建设需要的时长。

与此同时，美国人也忙于他们自己的秘密计划——至今仍在进行中——也就是削弱英国在中东地区的影响力，并取而代之。因为英国需要强装出与二战前同样强大的国力，美国就利用了这一点。美国这个庞大的国家机器开始用英国已有的知识和情报在中东地区渗入自身势力——一方面是为了获取石油储备，一方面是为了寻找贩卖武器的市场。彼时，虽然苏联影响力的增加也是一个问题，但英美间的竞争更为重要。而绵长的尼罗河流域将会成为这场角逐的竞技场。

在 20 世纪 50 年代，英国政府资金紧缺，而美国人则拥有他们难以想象的财富。当时，美国政府在尼罗河沿岸同时推进着几个不同的水利工程援助项目。这些项目有一个共同的名称——"第四力"（Force 4），负责人常驻埃塞俄比亚，是一位非常有干劲的人物。虽然海尔·塞拉西很欣赏他，但英国方面却为此而

469

感到焦虑。塞拉西能重回王位，还要归功于那位特立独行的温盖特；此外，通过第四力项目，塞拉西还在逐步重启一个搁置了很久的计划，即将青尼罗河的财富从埃及手里转移出来，因为埃及明显只会浪费掉这些资源。英国人对此很介怀，但也无力改变。他们在很多其他方面都要依赖美国的资助，所以只能附议美国人的计划，因为反对也毫无用处。

纳赛尔能上台，是先设法取代了当时的武装部队总司令，而此人曾经是反抗法鲁克国王的领头人。此后纳赛尔又利用了美国对英国在中东势力的不满，与美国中央情报局建立了紧密的关系。他在为达尼诺思的工程计划募集资金时，这些关系就派上了用场。当初，他与其他领导政变的所谓的"自由军官们"（包括萨达特）刚刚掌权的时候，他就注意到了达尼诺思的这个计划。

但首先，纳赛尔必须处理掉那些也想收割革命成果的左翼分子，美国人是十分欣赏他这个做法的。下一步要清洗的就是穆兄会成员。这些行为让纳赛尔与莫斯科划清了界限，也让美国人十分高兴［中情局的驻开罗代表是迈尔斯·科普兰（Miles Copeland），警察乐队（The Police）的流行乐手斯图尔特·科普兰（Stewart Copeland）就是他的儿子］。这样一来，在美国人眼里，即使纳赛尔刚刚从捷克人那里购买了一点便宜军火，给他一些建水坝的钱似乎也没什么不妥的。总比让英国人拿钱好，毕竟随着美国在尼罗河相关政策上的发言权越来越大，英国人已经非常不满了。

英国人同意建高坝只是为了能在谈判桌上有一席位置。此前曾有一个"世纪储水"计划（建造一个庞大的储水库，让其可以容纳百年间不断变化的降雨量），计划涉及中非巨湖、琼莱运河，还有青尼罗河；当英国人最开始发觉这个计划会被放弃或者边缘化时，他们其实有些许恐慌，但之后的态度就发生了彻底的转变。当时的英国首相是丘吉尔，距他参与河流之战已经过去了将近60年。在丘吉尔的领导下，英国人仍然相信，只要入局高坝的建设计划，即使投资不多，他们仍可以将那一席位置的影响力发挥到最大。而且考虑到借款随附的条件非常多，建设高坝一定需要很多年的时间。

那么多的附加条款，纳赛尔自然不会一一遵守，而英国人也乐于让这个计划搁置下去，因为他们知道，一旦纳赛尔湖开始泄洪，苏丹的努比亚地区就会被淹没，而那将会成为更大的问题。这样看来，似乎埃及和苏丹永远都无法达成一致，但促成这次合作是英国人给自己的任务之一，如果成功，他们就能同时在该地区扩大英国的控制范围。英国曾经是尼罗河的主人，后来却逐步落魄到要等着他国的施舍，而丘吉尔经历了这整个过程。对英国来说，失去苏伊士运河以及之后发生的一切荒唐事，都可以归因于人从高位上迅速跌落时自然会表现出的固执和愚蠢。

追随着穆罕默德·阿里（此人声称马基雅弗利的诡诈计谋并不比自己高明）的脚步，纳赛尔使出了比英国人更高超的手段：他与苏丹军方建立了联系。这些军人对埃及革命有深刻的共情，而且其中有些人早些时候还曾与纳赛尔一起在埃及接受过训练。1958 年，苏丹军方实施政变，并在苏丹总理下台后接手了政权；此后他们极其友好地迅速与纳赛尔达成了协议：埃及将会为淹没的努比亚地区赔款 1500 万英镑（为补偿水坝工程导致的所有损毁，苏丹还会再收到另外的 3000 万英镑）。

如此一来，埃及和苏丹之间就不需要英国人从中斡旋了，而且看起来纳赛尔完成工程的速度也会比所有人预计的都快。既然没了羞辱和欺负英国人的空间，美国人也就没有太多资助水坝工程的理由了——毕竟他们已经可以通过塔纳湖工程来控制青尼罗河。因此，纳赛尔怀疑美国人可能会放弃合作——为了试探他们，纳赛尔突然间同意了所有那些苛刻的借款条约。闻此风声，美国人立即收回了他们的合约，还放出消息说这是因为纳赛尔转投了东欧阵营。这个预言式的消息其实很容易成真，不过俄罗斯人并不觉得纳赛尔会是一个听话的合作伙伴。

另外，纳赛尔还在 1956 年 12 月大胆地占领了苏伊士运河地区，此举激起了英方的强烈反应，而这也从另一方面说明了英美之间的竞争就是阿斯旺高坝借款协议没能达成的原因。当时，为了羞辱英国，美国人仍继续支持纳赛尔。如此，经历了 70 年，尼罗河下游地带和运河的控制权终于渐渐从濒死的英殖民帝国手中脱离而出了。对此，英国内阁还曾秘密讨论过是否要通过欧文瀑布水坝关停尼罗河水流，虽然这个水坝在几年之前才开始投入使用。但这样去惩罚老谋深算的纳赛尔又有什么意义呢？只不过是狭隘的报复而已。他已经赢了。

此前，在机缘巧合之下，威廉·威尔科克斯的工程让一度淹没在尼罗河里的扎马雷克岛重见天日。今天，在这座岛上矗立着著名的开罗塔，塔顶有一间旋转咖啡厅。我上去的时候咖啡厅并没有在旋转，但看到的风景确实很美，即使上去的电梯有点吓人，那也值了。虽然当初美国人从阿斯旺水坝工程撤资了，但在工程初期，他们还是出了一些建设费，纳赛尔就是用这笔钱建了开罗塔。（但现在已经有了一座更豪华也更高的旋转餐厅，晚上去不错，就在位于劳代岛一角的君悦酒店顶层，而劳代岛就是那座曾属于河流马穆鲁克的岛屿。去那里乘坐电梯到 40 层，几乎就能一览开罗城的全景。）

7. 暗杀倒计时

切开血管才会有血流出来。
——埃及谚语

尼罗河继续流淌，即使阿斯旺的河段被水坝拦住，也仍阻挡不了它的流势。然而，水坝的存在同时也是一个弱点，经常被以色列人利用。我们之前也提过，每过一段时间，就会有强硬派的议会成员提出要炸高坝。但他们永远不会这么做。如果大坝决堤，就会有数百万人失去生命：阿斯旺大坝被毁将会引发海啸，而在这个拥有超过 8000 万人口的国家，至少有 6000 万人都住在可能被海啸的大水波及的区域。

萨达特明白与以色列和解的可能性有多小。此前在 1967 年的六日战争中，约旦、埃及和叙利亚都屈辱战败，并失去了一部分领土；虽然这场战争给巴勒斯坦人民带来了巨大的苦难，但在萨达特看来，对埃及人来讲，这次战败唯一的问题就是还没有收回失地。于是，萨达特进行了一系列让他载入史册的行动。

他通过 1979 年签署的埃及 – 以色列和平条约收复了西奈半岛，还顺便得了诺贝尔和平奖。最初，他还是亨利·基辛格[1]口中"驴"一样的人，后来便作为一位"媲美俾斯麦"的政客受到了众人的追捧，其中也包括基辛格本人。但这一切都不能改变他被杀的命运。

萨达特是一位真正意义上的红色尼罗河总统。他拥有一半的非洲黑人血统，以前他会为此而感到羞耻，但现在他能够以自己的非洲性为荣。在他看来，尼罗河就是将所有非洲国家连接在一起的线索，而站在这些国家最前面的就是一个世界级大国——埃及。他选择阿斯旺作为自己最爱的冬日据点，而这里也是尼罗河的象征性中心点和非洲腹地的入口；他可以成为非洲的代言人。萨达特后来的确在外交事务中过于投入，以至于忽略了在上埃及地区他自己的河流周围都发生了什么——尤其是在索哈杰和艾斯尤特，以及尼罗河沿岸的其他上百个城镇。这些地方的人对现代化进程都怀有敌意，因为现代化导致物价升高，还让财富聚集到了极小部分人手里。到了 1977 年，当萨达特与南斯拉夫首领铁托[2]元帅见面时，在场的客人问为什么城里有建筑在燃烧。安瓦尔·萨达特竟还需要打电话到他自己开罗的办公室，这才知道他的国民正因为面包价格大涨而暴动。

水坝的建设增加了电力供给，革新了灌溉系统，将埃及拉进了工业时代。工业时代意味着巨大的改变——粮食产量增加了，但工作模式也不同了。上埃及地区的人们在赫勒万的工厂做工，收入远超从前（此地也不再是一个田园风光的温泉小镇，而是已经被萨达特的上一任变成了埃及的钢筋混凝土之城；在那之后，赫勒万就从"呼吸道疾病的治愈地"变成了"呼吸道疾病"的代名词。在很多人看来，这无疑是充满讽刺意味的）。在开罗和亚历山大这两座迅速扩张的城市，这些上埃及人和失去家园的努比亚人纷纷成了当地语言中的"巴瓦布"

---

1 亨利·艾尔弗雷德·基辛格（Henry Alfred Kissinger，1923—   ），原名海因茨·阿尔弗雷德·基辛格（Heinz Alfred Kissinger），出生于德国，为犹太人后裔，后加入美国国籍。美国著名外交家、国际问题专家，美国前国务卿。
2 约瑟普·布罗兹·铁托（Josip Broz Tito，1892—1980），南斯拉夫杰出的无产阶级革命家，国际共产主义运动活动家，南斯拉夫社会主义联邦共和国总统（1953—1980 年在任），不结盟运动的创始人之一。

（bawabs），也就是门卫、石匠和司机。他们天性中就带有一定的保守主义倾向，在穆兄会成员看来，这种倾向可以为自己的组织提供长期运转所需的燃料。穆兄会虽然是一个被明令禁止的伊斯兰教组织，但在 2012 年的选举中，他们将会成功入驻埃及政府。

对一些人来说，尼罗河流域的现代化进程意味着繁荣；但对另一些人来说，正如我们之前所见，现代化带来了血吸虫病，扰乱了世代流传的农耕方式。此外，虽然以前工作极端艰苦，但劳苦之后可以换来彻底的休息，而现代化之后只剩下永不停歇的工作。这种对现代化的接纳和欢迎过于唐突了。虽然开启现代化进程的是穆罕默德·阿里，起进一步推动作用的是英国政府，但真正让它变得如此不堪的还是纳赛尔，然而得到军功章的也是纳赛尔，承担后果和谴责的其实是萨达特。萨达特是一位经历了挫败的演员，他站在世界舞台上表演着红色尼罗河统治者的角色，而后又以这个角色死去；他被自己的下属射死，因为他们认为萨达特的领导偏离了正轨，导致他们离想象中尼罗河畔的田园生活及其传统品格越来越远了……

事情发生在 1981 年 10 月 6 日阅兵式的前几天。这个阅兵式每年都会举行一次，为的是庆祝 1973 年赎罪日战争中埃及对抗以色列的胜利（所谓胜利，指的是这场战争开启了埃及收复西奈半岛的进程，而收复西奈就是萨达特的目标；不过从严格意义上来讲，收复的成功只是体现在埃及人得以跨越了苏伊士运河）。而 10 月 6 日这一天其实就是为了纪念埃及方面成功渡至运河对岸；此外，他们还用这一天命名了一座跨尼罗河的大桥和开罗的一片新市郊区域，也就是"十月六日城"，给这一天更添纪念意义。每年的阅兵式都会持续好几个小时，萨达特和他的将领以及其他重要人物届时都会坐在有坡度的混凝土台子上，满载士兵的卡车、坦克和炮车逐一从他们面前经过。

阅兵式前几天，埃及总统收到了一件他期待已久的包裹，是从伦敦寄来的。当他看到那是自己的萨维尔街裁缝提前完成的新制服时，他非常兴奋。于是，在他位于吉萨的尼罗河景宅里（是他从旧政权的一位军官手里没收的房产），萨达特不慌不忙地试穿了新制服。衣服的做工非常精美，而且很修身，显得他的副总统（也是他的继位者）胡斯尼·穆巴拉克十分臃肿，虽然后者比他要年轻十岁。然而，萨达特发现如果穿着防弹背心，这件修身制服的优美线条就会被破坏，所以三天之后，他换衣服准备出席 10 月 6 日阅兵式时，就把防弹背心留在了家里。

像很多世界领袖一样，萨达特也对华丽的着装和饰品有一种特殊的喜爱——皮尔·卡丹[1] 和萨维尔街的裁缝铺都给他设计过制服。他年轻时喜欢留短发，戴单片眼镜，然后手持一根短手杖。成为总统之后，他就开始拿着陆军元帅的司令棒，就像法老的安卡[2] 一样，而且胸前还密密麻麻地佩戴各种奖章。在阅兵式之前没多久，他还授予了自己绿绸制的"正义肩带"。此外，他还拥有大量的电视录影带，其中的主角都是他本人，这就更加提高了他作为一个演员的自觉。他越来越喜欢花好几个小时看那些旧录影带，那都是对他旧日成就的影像记录：比如他在 1973 年战争之后的议会发言，他去耶路撒冷的旅程，以及他参与的几次美国电视节目录制。他白天的时间大都用来接受采访，而且这些采访大部分都有录像。晚上他会吃一顿清淡的晚餐，然后见更多的人；接着，晚上十点以后的时间他会在私人影院里看电影，都是进口片和新上映的片子（有些还没有进入审查程序）。一般来讲，他每晚都要看两部片子，虽然第二部结束前他就会开始打呼噜。等到了他迎接暗杀者的那天，这位当代法老几乎已经是活在自己编织的幻想中了。

时间到了 10 月 6 日，萨达特的最后一天。那天的开始和往日没什么不同，在他担任总统的最后那些日子里，每天都差不多如此。前一晚他看了一部电影，很晚才睡。起床时是早上 9 点 30 分左右。起来之后，他先吃了自己喜欢的蜂蜜混蜂王浆，然后喝了一杯茶。过一会儿他还会津津有味地吃点低脂奶酪和一份低卡路里的华夫饼。因为很在意体重，萨达特吃得不多。早餐后他简单做一些运动，然后进行每日例行的按摩。

几天前，萨达特就宣布他会乘坐自己的敞篷凯迪拉克去往阅兵式地点。他

---

1 皮尔·卡丹（Pierre Cardin，1922—2020），出生于意大利水城威尼斯近郊，知名服装设计师。
2 安卡（ankh），顶部为环状的十字形饰物，在古埃及是只有神明和法老才能手持的圣物。

那段时间很喜欢乘坐那辆车出行（这让人想起肯尼迪总统生前最后乘坐的那辆车），然而杀手们似乎从未考虑过要将他杀死在车上，也许是因为行车路线不可能会被提前泄露。自然，不提前公开自己的行动对萨达特来说才是最安全的，大部分的世界领袖都是这样。只要没有预告，他甚至可以不带保镖单独穿行于人群之中——要取他性命，杀手们需要大量的时间去准备。不知为何，自由散漫之人很少投身于杀手行业。

那天，萨达特大步走出吉萨的豪宅，将他的陆军元帅司令棒留在了边桌上。事情发生之后，总统夫人洁罕·萨达特提到，她当时就觉得这是个凶兆，只是究竟有多凶就从无判断了。

但也并非没有安保措施。据说，美国人在那些年里已经捐赠了两千万美金，为的就是保护萨达特的性命。这套安保措施包括通信情报部门，还有一支美国人训练的精英安保小队，专门派来应对一切针对萨达特的谋杀行动。但萨达特希望能在来自世界各地的镜头前表现出自己最完美的一面，所以精英小队不得不退到观礼台后面，这样他们才不会挡住镜头。总统先生的想法跟好莱坞巨星一样——只有拍下来才算发生过。同年 8 月，查尔斯王子和他的新婚妻子黛安娜在蜜月期间旅居埃及，某次与萨达特一起野餐时，他们提出不要让人跟拍，惹得萨达特恼怒又疑惑。当然，他这种对上电视的热爱并不像他想象的那样招人喜欢。

总统卫队的头领是个准将，他在事后解释，他的主要任务就是保证只有受邀的人才能坐上观礼台，还有就是亲自检查所有供应给萨达特的食物和水。只能说，尼罗河统治者的旧习难改。他们这么做，就好像杀手都来自中世纪，还在用毒药杀人；但实际上真正应该警惕的是来自 20 世纪、装备着来复枪和手雷的暗杀者。

过了几个小时，杀手们乘坐的那辆卡车才开到萨达特坐的观礼台前。这座观礼台看起来就像足球场观众席的一角，就设在通向机场的主路上。现在它还在那里，只是朝前的混凝土面已经破损不堪，年久失修。但看得出来，最前面的混凝土边沿其实很厚，如果人躺在里面紧挨着墙根（胡斯尼·穆巴拉克就是这么做的），就一定不会被子弹击中。然而，萨达特却没有想到这一招，等他反应过来，一切都晚了。

在阅兵式上，萨达特邀请科普特教会的塞缪尔主教和爱资哈尔的谢赫坐在他的两侧。当然，这是做给镜头看的——为了展示掌权之人与两个宗教领袖和平相处，但同时这也给面临分裂的埃及传达了一个正确信息。然而，分裂的沟壑很快就会将总统萨达特吞没，现在才去修补为时已晚。命运面前，不同宗教也走向不同的道路：塞缪尔主教死了，但爱资哈尔的谢赫活了下来。

阅兵式上，装载枪炮的卡车队突然停了下来，这些卡车顶上还有用来支撑帆布篷的金属圈。当时没有人怀疑也很正常，根据现场一支新闻队伍录下的视频来看，那个情况很像是临时故障。本来杀手们想把那个司机收为己用，但发现没有可行性。于是杀手头目哈立德·伊斯兰布里（Khaled Islambouli）想到一个简单直接的方法，就是拿手枪指着司机命令他停车。车停下的时候甚至丝毫没有偏离原本的行驶轨道。此时的情况又一次证明了这次暗杀行动的绝佳时运。每一件事都不利于萨达特，就好像命运也决定了他大限已到。如果按照原本的计划，开车的也是一位自己人，那么车停下的位置一定会离观礼台更近，而实际上车停在了足足 70 码以外的地方。如果车开过这段距离，萨达特就一定能感觉到情形不对，那么他就有时间躲到观礼台前的混凝土屏障后面。（其实沿着边沿装一面长长的防弹玻璃窗应该是很简单的；实际上，洁罕·萨达特所在的侧观礼台上就装了这样一面窗。）不过，萨达特自然是不会同意这么做的，因为看起来会很像是在躲避什么。这方面还有纳赛尔的先例。纳赛尔在经历了一次针对自己的暗杀活动之后仍无所畏惧，甚至还当场对其他杀手也发出了邀请，以此向公众展示了他对死亡的蔑视。

杀手头目哈立德来自迈莱维市（Mallawi）的一个小镇，就在尼罗河畔。迈莱维不仅拥有颇具规模的科普特基督教群体，而且还是科普特教会的一个主教辖区。据传，圣家族在去往埃及的路上曾途经此地，迈莱维也因此而颇负盛名。库姆玛利亚（Kum Maria）距离迈莱维不远，圣母玛利亚曾在圣家族沿尼罗河溯流而上的旅途中在此地登陆，至今这里还为此受到人们的敬畏。然而，正是在这些科普特教会的镇子上，出现了大量埃及伊斯兰圣战组织的恐怖分子。随着现代化进程带来的各种不确定性，人们又一次将目光转向那些由来已久的争端，将其视为当代社会问题的"根源"。

哈立德是一个好学生。虽然没有聪明到可以进入空军的精英队伍，但他还是够格接受炮兵部队的军官训练。讽刺的是——这个故事确实充满了讽刺——如果当初他成为空军飞行员，之后也就没有机会在阅兵式上刺杀萨达特了。

萨达特曾经强力镇压所有在言行上（尤其是在言论上）反对他的人。在那之后的一年间，只要有机会，各个地下组织都在公开谈论是否要暗杀总统。虽然在大部分对于先知言论的解读中，谋杀统治者都是被禁止的，但伊斯兰圣战运动的新一代年轻反叛者们从另一个地方获取了灵感——12世纪的蒙古穆斯林统治者。换言之，如果一位统治者并非"真正的"穆斯林，那么以武力反对他也是合理合法的。有一本书就支持这种观点，作者是一位名叫法拉杰·阿提亚（Farag Atiya）的伊玛目，这本书是他私自印刷的。

哈立德就读过这本书，而且还见过书的作者，这无疑又是一个小概率的巧合。哈立德本来是想要结婚的（如果他真这么做了，历史的发展又会大不一样），为此他需要一间自己的公寓。有一次，他在布拉卡区闲逛，发现附近的清真寺里有人在对信众布道，而且言语间充满力量和激情。当时是1980年，距离暗杀事件发生还有一年。哈立德信步走向布道者法拉杰·阿提亚，希望这个人能帮他找一间合适的公寓。法拉杰马上意识到这位年轻的军官正是他需要的人。于是，他与哈立德成了朋友，还给了他一本自己的书，《缺席的祷告者》（*The Absent Prayer*）。像哈立德一样真正读过这本书的人其实很少，主要原因是祖马上校[1]最初看到这本书时认为此书煽动性太强，只会引发当局怀疑，导致更多人被逮捕。祖马上校是埃及圣战组织（也是世界圣战组织）的创始人，而圣战组织就是基地组织的前身。因此，祖马的声明导致此书最早的500本中至少有450本都被烧掉了。

---

1 阿布德·祖马（Aboud el-Zumar, 1948—   ），埃及伊斯兰激进组织分子，曾任职于埃及军队的军事情报部门。

哈立德加入组织并不仅仅是因为他读过这本书。但就像有人会因为读过哈利·波特系列刚问世时的少量初版书而自鸣得意一样，哈立德也因为读过那仅存的50册原本之一而感到无上光荣。他那时候就知道了，自己想要投身于这项伟大的事业。

9月23日，他的机会来了，虽然他本人还是想逃避这最后一幕。当时，他军队里的上级把他叫去，授命他负责在10月6日的阅兵式上引领333炮兵营的11辆炮车。哈立德提出当日想要请假，因为他已经告诉家里人会在10月8日那天回迈莱维，参加古尔邦节的宗教庆典。然而，他的上级非常坚持地要他负责阅兵式的炮车部分。这意味着当天会有11辆载着131毫米火炮的炮车，而他会在这队炮车的最前面。那一瞬间，哈立德知道自己只能接受命运的安排了。既然已经决定要为世界将萨达特抹除，既然尝试过躲避这一命运也没有用处，那只能说主已经明确裁定了，暗杀行动势在必行。

他们其实也提出过其他暗杀方式，但都被否决了。比如有一个提议是袭击萨达特的直升机，但大家认为这是不可能的，因为萨达特每次都会同时出动五架埃及军方直升机中的三架（前提是当时直升机没有被出借给访埃的电影明星——当伊丽莎白·泰勒来到埃及时，萨达特因为她曾扮演过克娄巴特拉而称呼她为"女王"，而且还把自己的直升机借给她用）。一般情况下根本无法得知他在哪架飞机里。

还有一个提议是对萨达特位于拦河坝旁边的休养所进行空袭（多年前，穆热贝伊和斯科特－蒙克利夫就是在这同一所房子里指挥拦河坝工程，不过之后房子就经历了大修）。但这个提议也被否决了，而且做这个决定的不是别人，正是祖马上校，因为他觉得这种方式无法确保能杀死萨达特。另外，祖马就来自尼罗河沿岸的一个村庄，离拦河坝非常近；也许他不希望自己长大的街区被卷入这种行动里，或许之后还会遭遇报复袭击。萨达特被杀后，祖马也被逮捕，但还是保住了性命，就是因为他曾经反对过暗杀计划。此前，祖马在尼罗河上游的艾斯尤特镇组织的起义失败了，他一直认为射杀萨达特的时机未到。

还有一件稀奇事十分讽刺。祖马在穆巴拉克执政期间都在监狱里度过，直到 2011 年"阿拉伯之春"运动高潮时才被释放。当时，在监狱里待了 30 年的祖马宣称："未来的时代不再需要以暴力的形式对抗统治者。"而在那时，当初囚禁他的穆巴拉克也进了监狱，着实奇怪。

哈立德去找了他的导师法拉杰·阿提亚（显然，他们早就放弃了找公寓），告诉他自己在阅兵式期间被分配到的职责，然后向他表明自己相信这注定就是杀死萨达特的最佳时机。也许让哈立德下定决心的还有一个因素：他在迈莱维的大哥是某个激进组织的成员，在 9 月 3 日被警卫队的人抓起来了。这件事就发生在他接到阅兵式领队任务的 20 天之前。

哈立德请法拉杰为他找两个帮手。不到两天，法拉杰就找来了三个男人，其中包括人称"神枪手"的穆罕默德·法拉杰（Muhammed Farag，跟另一位法拉杰没有亲缘关系，法拉杰只是他的名字，而非姓氏），此人曾连续七年在军中蝉联射击冠军。他们都明白，这次行动有"一点点殉道的意味"。一点点！这是一种自我欺骗，但也可能是为了控制情绪、不让恐惧干扰行动而必须这么想。三个人一定都知道自己会丧命，但也都认为这是值得的。三个人不是预备役士兵就是有过服役经历，现在都做着普通工作，而且都留着宗教狂热分子那种标志性的大胡子。当然，在开始任务之前，他们都尽职尽责地把胡子剃了。这个场景非常奇特，基本上是将一句针对宗教狂人的阿拉伯谚语演了出来，而且毫无讽刺意味。这句话是这么说的："朋友，恐怕你的胡子有些过长了，已经对头上的毛发发起挑战了。"就这样，这几个剃了胡子的人带着心中的胡子出发了，向着噩梦般的命运不断靠近。

哈立德还有一个问题要解决。驾驶卡车的司机也是队伍里唯一的司机，所以无法换掉他，而这个人也绝不可能认可并加入他们要做的事情。被安排进阅兵队伍里之后，这位司机还非常期待那一天。哈立德最先提出的方案是在活动开始前给司机下安眠药，然后由自己在最后关头代替他开车。然而，他们在神枪手穆罕默德身上测试了一下安眠药，发现并没有效果，于是只能放弃了这个计划。就是在这个时候，哈立德决定直接用枪逼迫司机停车。

另一个难题来自上面的一个命令，即在阅兵式开始之前，所有的弹药和撞针都要被收走。看得出来，萨达特对自己的军队也并不信任。但这就让哈立德慌了手脚。无奈之下，法拉杰设法弄来四支手枪，几个手雷，还有一些用于机枪的撞针。不过后来他们发现，负责收集每个阅兵式队伍弹药和撞针的就是领队，即哈立德中尉。这可以说是双倍的幸运了，因为那些通过地下渠道得来的撞针都太过时了，完全用不上。

解决这些问题后，只剩将他的三个同伙弄上卡车了，但这一步也完成得非常轻松。虽然那位司机非常乐于参加阅兵式（也许是因为他是负责开车的），但士兵们都兴致寥寥，因为参与阅兵式就意味着要坐在太阳底下不吃不喝好几个小时。因此，要想在卡车里腾地方很容易。有一个本该参与的士兵当天生病了，还有两个提出了请假申请——而且很开心地都被准假了。此外就是必要的身份证件和文件，都由哈立德准备妥当，因为这本来也是他作为领队的职责之一。

将队里的三名士兵换成杀手之后，哈立德向其他人暗示说这几个新人是"情报部门"派来的，应该是专门来监督他们的。后来，队里的传令兵看到哈立德把自己的食物分享给这几个新兵时非常惊讶，还以为哈立德是在企图讨好情报部门的人。

在阅兵式的前一天，所有的队伍都在现场支帐篷露营。哈立德带了一只老旧的新秀丽牌公文包，里面装着子弹和撞针。一位准将开着车穿过营地，用扩音器通知说，所有的武器都要集中在一个专门放武器的帐篷里。于是，哈立德就派了两位"情报部门"的新人负责队里的安保，一个收集撞针，另一个守着那座存放武器的帐篷。

10 月 6 日阅兵式当天，哈立德和他的同伙在清晨 3 点就起来了，准备 6 点就出发。哈立德从帐篷里的武器储备中拿了四把埃及产 AKM 突击步枪——一种配备可折叠枪托的半自动机枪，然后在卡车里上好子弹，接着又在一顶头盔中藏了四个手雷，并用一条围巾将其遮住。为了能在队里所有人的武器中辨认出他们上过子弹的枪，他就在所有"活"枪的枪管上放了一小块布。

阅兵式开始，他们接到了前进的命令。又一次，哈立德走运了，当时一共有三排队伍，他们的队伍在最右边，离观礼台最近。

阅兵式期间，有六台幻影战机在头顶上空轰鸣，排气管里不断喷出五彩的烟雾。当天所有在场的人都记得这一幕，而且不知何故都将这个场景与暗杀关联了一起。（在 2011 年的革命运动中，革命广场旁的尼罗河上空也出现了几架战机，也是同样预示着终结，穆巴拉克政权的终结；虽然按他本人的设想，这一幕应该预示着政权的重生。）就在这一瞬间，哈立德乘坐的卡车经过了观礼台附近。不会有更好的行动时机了，因为这烟雾是最佳掩护。此时萨达特是坐着的。哈立德抽出他的马卡洛夫手枪，然后命令司机停车。司机吓坏了，立刻就踩下了刹车。哈立德没有多言，直接伸手到座椅下方掏出手雷，然后从车上跳了下去。他向前方冲了过去，而此时萨达特站了起来，因为他觉得这是阅兵式的一部分，而这个男人跑过来是有原因的——为了得到来自领导人的问候。

哈立德扔了一个手雷到观礼台上，就在萨达特脚边，但手雷没有爆炸。此时萨达特就应该蹲下找掩护了。哈立德又扔出一个手雷，同时，神枪手穆罕默德也从卡车后部站了起来。他将来复枪架在开放式卡车货箱的金属侧边上，仔细瞄准目标。他开始射击了。

有些幸存者之后回忆，当时那些不规则的来复枪声听起来特别像汽车逆火。根据 2011 年革命运动现场的情况来看，这两种声音确实很像，唯一的区别就是 AKM 的枪声听起来会稍微克制一些。但两者还是很容易混淆，尤其是当你根本没有料到会有来复枪响的时候。

当时总统卫队中离得最近的就是准将萨尔汗（Sarhan）。他像其他人一样蹲了下去，还劝说萨达特也蹲下去，劝了好一阵子。但萨达特一直保持站姿，即使他已经很清楚有人要袭击自己——有一种解读是他的自尊心过于强大，以至于根本无法接受自己当时的无助。据说，他在最终倒地之前一直对着哈立德大喊："米什玛奥！米什玛奥！（不可原谅！不可原谅！）"，就好像他太过相信自己的能力，认为单凭几句指责的言语就能对抗杀手的子弹一样。

接着，主观礼台上和周围的 2000 人都陷入了恐慌。很多人之后提到，他们当时以为战斗机也是协同袭击的一部分，也在对他们发动攻击。随着哈立德一边射击，一边不断逼近，观礼台上的每个人都把身体缩得更低。此时第三个手雷爆炸了，穆罕默德和他的两个杀手伙伴也从卡车上（还是挺高的）跳下来向前跑，跑的同时肩上还扛着枪射击。哈立德就站在萨达特正前方，对着他射出一轮又一轮子弹，不过之后的报告指出，杀死萨达特的并不是直接的枪击，而是一枚反弹的子弹。萨达特一共中了37枪。据说，哈立德当时对着穆巴拉克和其他萨达特身边的人喊话，让他们躲远点，说自己的目标只有总统本人。足有一分钟，这些袭击者没有遇到任何阻拦。事实上，神枪手穆罕默德不仅没有受伤，甚至还设法在混乱中成功脱身了。至于其他的袭击者，哈立德·伊斯兰布里和艾萨姆·卡马利（Essam el-Qamari）都受伤并被捕——之后还遭受了严酷的拷打，两人都被打到头骨开裂、膝盖骨折；杀手团队的第四个成员则在袭击过程中就被杀掉了。参与这次行动是他自己的意愿。（杀手团队会面就是在他家里进行的。虽然哈立德当时只要了两个人，但也同意了他的加入。）

在这场袭击中死去的除了萨达特还有7个人，另外有28个人受了伤。

在当日录下的影像资料里，可以看到在枪林弹雨之中，前总理马姆杜·萨利姆（Mamdouh Salem）想要保护萨达特，向着他的方向扔了几把椅子，不过当然毫无用处。枪击停止之后没多久，就能看到穆巴拉克被人护送着快速离开了现场。可见，人们知道萨达特已经死了，并且默认穆巴拉克为他们的下一任领袖。

神枪手穆罕默德成功逃离了现场（在影像资料里能看到杀手们溜出现场的样子，就像小学生在果园里偷东西被发现后逃跑一样），设法躲到了他的亲戚家里。也许他认为祖马上校在艾斯尤特组织的那场微不足道的小起义能波及全国。然而，事实是警卫队的人按照他们一贯的做法，通过搜寻他的亲属找到了他。我们可以做个有趣的设想：如果穆罕默德事先想好了脱身的办法——比如找一个贝都因走私贩子将他载过利比亚边境——那他很可能就彻底逃脱了。但他没有，他选择了等待一场不会发生的革命，结果也和哈立德·伊斯兰布里一起成了殉道者。

8. 杀手兄弟

河流都盼望彼此交汇，人说他们也是一样，但却各自过着不同的生活。
——苏丹谚语

暗杀世界领袖也可以成为一项家族事业。哈立德的兄弟就在 1995 年企图杀死胡斯尼·穆巴拉克。

穆巴拉克差一点就死在了穆罕默德·伊斯兰布里和其他几位恐怖分子手里。事情发生在亚的斯亚贝巴城外。面对几个持枪者，他的司机反应非常快，当下就来了一个完美的 180 度掉头，疾速把车开回了机场，总统专机就开着引擎在机场等着。

非常巧，那时下令返回机场并由此让穆巴拉克躲过新一轮袭击的是国安负责人奥马尔·苏莱曼（Omar Suleiman，此人在穆巴拉克被罢免后曾短暂接手过一段时间）。当时，再往前走一点就会有另一波杀手等着要了结穆巴拉克的性命。有史以来，尼罗河岸边上演的各种政治阴谋里外都沾染着讽刺意味，这次也不例外。哈立德一开始会加入萨达特的暗杀计划就跟他的哥哥穆罕默德有关。也许你还能记得，哈立德拿起武器的原因之一就是穆罕默德被政府监禁了。而现在，又轮到穆罕默德重拾这项家族事业，只不过目标换成了穆巴拉克。据统计，穆巴拉克前前后后总共经历了六次暗杀行动。

至于这两个杀手兄弟，他们的母亲乌姆·哈立德·伊斯兰布里在 2012 年 85 岁高龄的时候，曾毫无悔意地告诉一位采访者说，她为哈立德和穆罕默德感到"非常自豪"。穆罕默德在德黑兰住了很多年，"那里的人还以他的名字命名了一条街道"。还有更夸张的——穆罕默德的女儿嫁给了奥萨马·本·拉登。现在，她和她的孩子都住在卡塔尔。穆罕默德最终厌倦了伊朗，于是飞回了埃及。之后他蹲了几年监狱，但现在已经被释放，和母亲一起生活在埃及。

一个女人，她的两个儿子是世界级的杀手，还有一个曾孙是世界头号通缉犯、头号恐怖分子的孩子。他们都是红色尼罗河的后代。

9.别忘了，这是一条红色的河流

访客就像一阵洪水。
——埃塞俄比亚谚语

希罗多德写道，埃及是尼罗河的礼物（虽然我的好友、讽刺大师穆罕默德·扎伊丹将埃及称为"尼罗河的讨厌鬼[1]"）。在埃及人眼里，尼罗河就是埃及的代名词。当然，这条河远大于此。跟随着红色传说的脚步，我们的故事也在尼罗河的上游与下游徘徊。这些故事的焦点有时候是埃及，有时候是苏丹或者位于乌干达和埃塞俄比亚的尼罗河发源地。在 19 世纪和 20 世纪早期，随着人们提出的不同的大坝建设计划，尼罗河被分成了不同的部分，由此，河流的控制权也开始被分割。随着高坝的建成，埃及进入独立自主的新阶段。这是历史上首次埃及用水不再需要依赖中非和埃塞俄比亚地区的降雨。但这些地方，这些源头之水，仍然属于尼罗河。它们仍然是红色尼罗河的一部分，不容置疑，接下来这个骇人的故事就是证明。

如果尸体落入水中，它腐败的速度会发生改变，所谓的"体温消失"会加速，尸僵现象也会出现得更早。在追猎中受伤致死的生物，包括人，死后身体僵直得尤其迅速。我要说的这些人就是被追猎至死的。

这样来开启这个故事不知是否合适。这个地方之前就劫数难逃，这也许确实只是巧合，但巧合也是值得言说的，因为人们会一直记得它。这里看上去就是一条中等规模的河流，河水因裹挟着泥沙而呈现出棕色；整条河段上唯一一处稍有规模的瀑布是鲁苏莫瀑布（Rusomo Falls），棕色的流水汇聚到一起，瀑身短促但有力，感觉就像一台棕色的洗衣机。卡盖拉河上唯一一座桥就建在这里。在 1994 年的 4 月，不知多少人通过这座桥逃离了危险。而跌落桥下、顺河水而去的那些人是不能被遗忘的。

---

1 英文中"礼物"一词"gift"和"讨厌鬼"一词"git"在拼写和读音上都很接近。

尤其不能忘记他们的是湖边的人。依河而居的人杀死了他们的朋友、敌人、邻居、学徒、师傅，但湖边的人一直以来只能忍耐；忍过一个灾难，又有下一个灾难。湖边的人住的地方在卡盖拉河口附近，当地人管那里叫"着陆点"，卡森赛罗[1]着陆点。那里是维多利亚湖边的一片湖滩，距离棕色河流卡盖拉河的河口大约一英里远；从那里开始，卡盖拉河会继续蜿蜒进入疾病丛生的非洲深处。

1982 年，中非湖区确诊了第一例"消瘦病"[2]病例，地点就在卡森赛罗。同时这也是乌干达、肯尼亚和坦桑尼亚的第一个确诊的艾滋病病例。虽然普遍认为这种病是从 20 世纪 30 年代起在刚果滋生，并进一步传播到了海地（很多海地人在 20 世纪 60 到 70 年代在刚果打工），但艾滋病真正在非洲大规模蔓延的起点还是卡森赛罗，一个似乎注定要毁灭的湖滨村落。

卡森赛罗从来都不是一个怡人的地方。"着陆点"吸引着无家可归之人，漂泊不定之人，还有不受自家村落待见之人。据说，卡森赛罗的渔民们经常都喝得醉醺醺的；镇上有相当多的妓女，这些人都是常客。于是，以这些人和这个镇子为源头，艾滋病越过湖泊，传到了肯尼亚和坦桑尼亚，接着又沿着非洲的城间公路抵达了南边的赞比亚和津巴布韦；往北还到了金沙萨和恩德培。

多年以来，卡森赛罗在众人眼中都是一座"艾滋村"，但人们之所以知道这里，还有其他的原因。这个村子里只有铁皮顶房、土路，还有一座缺人少物的小诊所；就这种情况而言，你应该会觉得艾滋病对这群人来说已经是无法承受的灾难了。甚至到了今天，艾滋病在非洲已经如此普遍，卡森赛罗的艾滋病诊所仍然只有三位全职工作的护士。不仅如此，一些家庭有多达 24 个孩子，但只有一位祖父或祖母在照顾。

但上帝惩罚约伯时也并没有点到为止，而是一个惩罚接一个惩罚。上帝要惩罚法老的时候，也是连续降下了很多场灾难，让鲜血染红了河水。卡森赛罗的命运也是一样。在 1994 年 4 月 6 日的厄运过后，卡盖拉河上又迎来了新的灾难。

---

1 卡森赛罗（Kasensero），维多利亚湖畔村落。
2 艾滋病的一种，因为症状体现为拉肚子和极端消瘦，在当地人们将其称为"消瘦病"。

事情发生了，人们想要找个故事解释其成因，于是就将求助的目光转向了《圣经》。图西人是含米特人（Ham）的后代，应该具有含米特血统。含米特人善于养牛，他们用了数百年的时间从埃塞俄比亚的故土向西南方向迁出，然后在卢旺达和布隆迪花园般的茂密丛林中找到了适宜的居所。因为他们会养牛，所以很轻松就取代了当地的俾格米人，也就是特瓦族人。至于其他的外来移民，也就是具有班图人（Bantu）血统的胡图人，他们则构建了一个将图西人作为少数族群囊括其中的社会。两个族群间存在通婚的情况，彼此间的差异性有所弱化。但一般来说，图西人的鼻子更加挺直，肤色也更浅一些，而且还有养牛的习惯；胡图人则习惯于务农，遇事通常都是默默忍耐。

特瓦人对移民带来的变化作何反应我们不得而知，毕竟也并没有任何用特瓦语写成的书。特瓦语是一门几乎被人遗忘了的神秘语言，因为当代的特瓦人通常都说班图族的语言，比如隆迪语或者基加语。到了1994年，特瓦族在当地人口中只剩下了百分之一。他们是历史的失败者，他们的故事无人知晓。

卡盖拉河上的那座桥是一个出入口。1916年，比利时人从桥的那边过来了，来替代没掌权多久的德国人成为此地的殖民者，同时也为胡图人和图西人的故事创造了一些波折的情节。他们积极离间两个族群，让每个部落都以明确的族群身份区别开来。到了20世纪60年代，殖民统治结束，但族群身份的烙印仍然存在。

河流要堵塞了。如果人死前经受了极度的兴奋和脑力虚脱，那么惨死后就很有可能会出现尸体痉挛的现象。战场上就经常有尸体呈现出面临死亡的神情，他们死前的神态被僵硬地保留了下来，手里还紧握着武器。有些尸体则还抓着一个孩子的手，孩子也已经死了，两具尸体双双漂在这条棕色河流上顺流而下——当然，那时已经是红色的河流了。很多尸体没有头，很多男尸没有生殖器。卡森赛罗的人们目睹了这一切，因为他们就是上帝指派来的埋尸人；被杀死的大都是图西人，也有跟图西人交好的胡图人。

究竟死了多少人，永远都不会有定论。非洲裔学者亚历克斯·德·瓦尔（Alex de Waal）估测的死亡人数超过75万。不过，历史上图西人自己也有过暴力行径。在最近发生的大规模屠杀事件中，报道最少的事件之一发生在 1971 年，有 10 万布隆迪的胡图人被图西人和图西人的支持者杀死了。发生这么多事，难道是因为这个地方本身的地理形态有问题？这两个族群的人都是从非洲其他地方迁居而来，只有特瓦族才是真正的本地人。但在所有记载中，特瓦族永远都是一群平和的丛林住民。也许不应该有人打扰他们的清净。当然，这只是一个天真的希望；如果能各自清净互不打扰，我们都会过得更好，但我们现在不是这样，未来也不会是。

在鲁苏莫瀑布上的那座桥下，卡盖拉河看起来就像刚经历过一场暴雨的威尔士瓦伊河（Wye River）。日复一日，每过一分钟桥下都会漂过一具尸体——也就是一小时 60 具，一天 1440 具，一周 10,080 具，就这样一周接一周。尼罗河的很多小支流都会汇入卡盖拉河，包括最远的源头水。如此一来，很难不把这次屠杀看作一次在象征意义上对尼罗河本身的亵渎。据说，图西人经常强调自己的族群来自埃塞俄比亚，而胡图人非常厌恶这一点，所以他们希望能将这群人送回青尼罗河和白尼罗河交汇的地方去。

如果是新生儿的尸体，身上的肌肉还未完全发育好，死后身体很快就会变得僵直。如果尸体没有头，尸僵的现象就会出现得比较慢，也许要 10 到 12 个小时——但一旦尸僵状态出现就会持续得很久，久至在较暖和的天气里也能超过一周。有些尸体会被冲到卡森赛罗的河滩上，人们能轻松将之搬到埋葬点，因为尸身仍硬得像木板一样。

但更多的尸体并不会被冲上岸，相反，它们会被冲进水中。卡盖拉河是尼罗河真正的源头，从其河口到里彭瀑布的出水口之间有一条清晰可感的连续水流，当然，现在里彭瀑布已经淹没在水库里了。就是这条慢流将尸体推着深入湖中。接着，尸体们像竹筏一样并排漂在了一起，腐烂在赤道区的阳光里。

但在腐烂之前还有生尸斑这个过程。皮肤会丧失弹性，肌肉也会失去它的质感，而此前均匀分布的血液则会渐渐沉向身体的底部。就是因为这样，托着大脑的枕骨和托着肺的背部才会呈现出深紫色，因为两个地方都会慢慢积累起血液。如果人死得很突然，且死亡过程中没有大量的血液流失，那么尸斑往往就会很多。当然，如果胳膊和头部都被砍掉了，人死得再突然，也没有多少血液可以用来显现尸斑了。

接着，尸体开始腐烂。死后一到三天，腹部会出现一片近似绿色的颜色；另外，眼球会变软，更容易受压力影响而移位。那时候，远处的湖面上能看到鼓得像球一样的尸肚，这里一个，那里一个，更远的地方还有。有具尸体的膝盖上还停着一只兴致盎然的乌鸦。

如果尸体的生殖器还在，三到五天就会变成一种肮脏的棕绿色，而此时整个腹部会变成更深一度的绿。同时，尸体的背部和下肢上也会生出一片片绿色斑块。如前文所述，尸体里面会有气体让肚子鼓起来，但到了这个阶段，这些气体还会将血从口鼻中挤压出来，当然，前提是这些器官还在。

过了一周左右，腐烂的气味就会充分散发。这种味道让人无法忽视，且闻过之后就不会忘记。湖滨的空气中一阵阵涌上这种有害的恶臭，最近几年几近消失的湖鱼在当时也被这味道赶跑了。就是因为这样，卡森赛罗的人们才会主动将这些肉身已腐烂的尸体打捞上岸并埋葬。就像其中一位住民说的："鱼都快没有了，所以我们靠自己把那些浮尸埋葬在了不同的地方。"

关于这件事还有一个争议。人们认为被冲上岸或打捞出来后埋在卡森赛罗的尸体至少有6000具，但后来为卡盖拉河上的受害者所修筑的纪念碑上只写了3000人。在湖水深处，那些没有被风和水浪推上岸，而是被水流冲走的尸体就这样消失在维多利亚湖相对较浅的湖水之中了，谁又能知道这些尸体有多少呢？（更不要提还有一些尸体已经漂过湖，跃过了布加嘎里瀑布。）

屠杀过程中，有些人穿过大桥逃到了坦桑尼亚，而同一座桥下，其他人的尸体正被扔到河里。种族屠杀和河流之间有着很深的历史渊源。在西班牙宗教法庭当权期间，他们会用铁棍打断荷兰新教徒的后背，然后将他们扔到河里。在火葬出现之前，把人杀了扔到河里似乎是清理异见者最快的手段。

身体内部的脏器腐烂的速度又各不相同。婴儿的大脑腐烂得最快，其次是婴儿的胃、脾和肝，接着就是成人的大脑。腐烂得更慢的是肾、膀胱和胰腺，最慢的是子宫。十天之后，人的角膜开始脱落，血管变成皮下清晰可见的红线，肛门括约肌也会松弛下来。在这之后，皮肤也会很快开始剥落。

比起其他更先进的杀人工具，砍刀、AKM 和 AK47 来复枪在非洲夺取过的生命是最多的。但在湖里的那些尸体甚至死于更原始的武器：锄头、锛子，还有那种顶端有铁块的沉重木棒。

10. 蕾哈伯的故事

> 跌倒七次就爬起来七次。
> ——努比亚谚语

有些卢旺达人说，大屠杀中的尸体会一路被冲刷入海。然而，沿途有几座大坝，还有一个流速缓慢的苏德沼泽区，这就意味着尸身入海很难实现。不过，随着时间的流逝，尸体分解的微粒一定会穿过埃及，进入大海。虽然人们都不愿意这样想，但尼罗河在过去已经受到过亵渎，未来也不可避免。

死者的微粒随水流漂过，岸边的埃及费拉欣还是一如既往地做着同样的事——挖土。通过挖土，他们修运河、建堤坝、种庄稼。他们像拿着移液管的科学家一样精心规划着自己的用水——当然，在仍有季节性洪水时，他们用起水来也是随意泼洒。

如前文所述，在萨达特被暗杀之后，他那位幸运的副总统胡斯尼·穆巴拉克接管了埃及。说幸运，是因为他中了一枪后还是活了下来，而且这一枪还让他免于受人责难（不过阴谋论者还是在这方面做了努力的）。然而，虽然基建工程带来了越来越多的财富，但受益者主要是埃及和西奈半岛，生活在三角洲和尼罗河岸上的穷人们仍过得很艰难。由此，来自民众的不满之声越来越多。这会是尼罗河自身的过错吗？

水坝带来了一些意料之外的影响。的确，终年灌溉使得粮食产量上升了，然而就像我们之前提到的，因为河水中没有了洪水带来的淤泥，人们就需要使用更多的化肥。由此，食物产量虽然增加了，但生产成本也一并上涨。另一方面，水坝产生的电力推进了现代化进程，更多的食物和更优质的医疗保障带来了人口的疾速增加，但这些人口却越来越难以享受到这个国家现有的财富。此外，萨达特的"对外开放"政策一直没有改变，于是有越来越多的进口食品进入埃及市场，同时还有愈发增多的游客涌进了新兴城市沙姆沙伊赫（穆巴拉克本人非常喜爱那个地方，每年大部分时间都住在那里）。不仅如此，埃及还面临着日益严重的腐败问题；那些毫无人性的商人靠着与穆巴拉克的关系大把赚钱，而且这样的人越来越多。

很多不想同流合污的人选择离开埃及去国外工作，然后把收入寄回国内。毕竟在自己的国家，想找工作就必须有所谓的"瓦斯塔"（wasta），也就是和有权之人间的人脉关系。在这种情况下，出国务工是为数不多的提高生活质量的方式。的确，除了苏伊士运河、天然气生产和旅游业，埃及最主要的外汇来源就是海外打工的国人寄回家的补贴。

在搬到埃及之前，我住在英国的牛津镇。当时我们的两个孩子还很小，于是我的妻子从埃及找了一个女孩来我家住一年，帮忙看孩子。这个女孩就是蕾哈伯（Rehab）。她完全不懂英语，当时 22 岁，脸上长着一些小雀斑。她穿的鞋子是我岳母丢弃不要的，因为她嫌味道太大。说实话，蕾哈伯不是那种勤于换洗的人。她的房间是我的旧书房，里面有一股闷闷的臭味，但并不很惹人厌。房间里有一台小电视，是我们提供的，但她从来不看。每天晚上 8 点 30 分或者 9 点左右她就会上床睡觉，她的一天就结束了。但她起床也不早——她不早起，除非我去敲她的门；我也的确天天都会敲。

蕾哈伯笑的时候很可爱。不过，如果你趁她不注意的时候去看，她休息的时候表情有些扭曲，其实挺可怕的。她照看起我刚出生不久的女儿非常有耐心。为了能让女儿安睡，蕾哈伯会抱着她在院子里一遍一遍地来回走。因为她不说英语，我那个两岁的儿子很快就开始说阿拉伯语了。蕾哈伯自己也学会了一些奇怪的英文单词，而且用得非常有创意。她会坐在家门口的台阶，也就是埃及人口中的"马斯塔巴"（mastaba）上，然后跟路过的人随意聊天。一年之内，她在这条街上认识的人就比我们此前三年认识的都多了。她的英文水平和我的意大利语水平差不多，几乎是一窍不通。但她总是高兴地笑着，总是会主动与人接触，主动打招呼。她曾经去超市里找看起来像是会说阿拉伯语的人聊天，而且还真的找到一个住在两条街以外的女人——她是埃及人，嫁给了一个转信伊斯兰教的英国人。蕾哈伯还认识了他们的女儿——几个稍显迷茫的英国女孩，戴着头巾，却不会讲一句阿拉伯语。此外，蕾哈伯也结交了一个墨西哥女孩，她还问过我们是否能邀请对方来家里，算作对她工作的一个奖励。不过，蕾哈伯还是更喜欢在大街上跟人见面，但有一个巴基斯坦小伙子有点过于热情了，我们不得已还要劝退他。蕾哈伯应该是在埃及跟一个年轻男孩有婚约，这次出来一年就是为了挣够钱买一台洗衣机，算是一个很大的目标了。她还喜欢逛慈善商店，而牛津镇的人普遍富有，质量不错的慈善商店到处都是。她给自己的外甥女和外甥们买了很多小孩的衣服，还买了一只很大的旅行箱；一年之后我们把她送回埃及时，她用那只箱子装了 2.5 倍行李限额那么重的东西。

蕾哈伯之前做过的一些工作比我们提供的这份条件要差很多。事实上，我们家这份工虽然没有太多能说阿拉伯语的机会，但比起她之前在黎巴嫩做了两年的那份工作，已经可以说是天堂了，因为在那时候，主人出门，她就要被锁在屋里。蕾哈伯从 12 岁开始就在工作了，虽然在这期间她也断断续续上过学。她能读书，也会写字。但我还是经常会好奇她休息时那个眉头紧锁的神情——直到她跟我讲了她的第一份工作。

"我当时 12 岁，他们把我送到田里去干活。我被分配到的工作是看水泵，那是最难熬的，因为噪声特别大。每隔一个小时我就得往水泵里倒燃油。如果水泵里没油了，他们就会狠狠地打你，因为这么做会弄坏水泵。你得在那里连续坐 12 个小时，一直盯着水泵，其他什么都干不了，玩也玩不起来，因为噪声太大了。但还是会玩，只是得非常小心，不要让水泵里的油耗完，我还是搞砸过一次。"

尼罗河上的人一直都会用"萨其耶"（sakieyeh）这种以转圈的水牛为动力的水车和沙杜夫来汲水，有时候是要将水转运到运河里，也有很多时候就是要处理一下多余的水量。但自从 1902 年英国人建坝之后，这些活就不是仅集中于发洪水的那三个月了，而是全年都要做。另外，发洪水的时候水位会相应升高，所以没有季节性洪水之后，汲水时就需要将水抽到更高的高度。高坝建成之后，这个问题变得更加严重，但没过多久就被"解决了"，方法就是引进并普及了柴油泵。现在，当你走过河口三角洲，欣赏着那一片片精心修缮过，没有丝毫空间浪费的田地时，听到的巨大声响就是柴油泵了。

我们在牛津镇的河边分得了一小片土地。当我们去到那里时，蕾哈伯凭借着她的微笑和肢体语言向我们 80 岁的邻居借了一把铁锹（我们是绝对想不到要向人借工具的），然后开始堆种植床，打算在上面种胡萝卜。埃及的村镇也许看起来杂乱，但，就像我之前一再说过的，埃及的园子非常美。他们安排蔬菜的位置时是考虑审美效果的，刚刚好能让菜园看起来赏心悦目。荷兰人在这点上跟埃及人很像，都会仔细地用好每一寸土地，但他们的天分还是要差一些。埃及人会在一片作物中掺着种几朵鲜花——他们说这是为了防治害虫，但其实也有提升美观度的效果。这是埃及人都有的一个习惯。即使是刚入职的警察，也会在他们的瓦楞铁小屋旁弄一片种植床精心浇灌，虽然那铁屋是他们监督交通状况的地方；而农民的儿子会在雇主不注意的时候弯腰给植物浇水，然后在三石灶上煮水喝茶。如果你经过开罗中心的尼罗河边，比如在迈哈迪、扎马雷克或者印巴巴（Imbaba）区，你就会看到兼具美丽和优雅的花园农场，和周围那些丑得刺眼的水泥建筑和车辆形成鲜明的反差。为什么会这样呢？又是一个尼罗河之谜。总之，蕾哈伯也是一位天生的园丁，干起活来快速而高效，而且一刻不闲，总能找到活干。

如果你也读过关于农业产量的内容，那么毋庸置疑，自从两座大坝建好，农产量是增加了。但没有了尼罗河的淤泥，埃及的农民不得不第一次给他们的田地施肥；现在他们用的都是化学肥料，而且已经产生了彻底的依赖性。此外还有其他问题，包括渔业产量下降，藻类植物蔓延，植物堵塞运河通路，还有血吸虫病——全都是问题。但对我来说，最大的问题是那个微笑的女孩，是她因为要满足机器的需求而在休息时自动皱起来的眉头。

11. 沉重的托西卡

碰了乳头，就免不了要偷奶。

——埃塞俄比亚谚语。

总统萨达特将以运河之名为世人铭记。萨达特运河的功能类似旧时的约瑟夫运河，都是为了将超出河道容量的尼罗河水往外调。最初，卫星照片上呈现出三处相邻湖泊，它们位于纳赛尔水库以西，水源都来自主湖的径流，而且面积还在不断扩大。然而，地处沙漠的湖泊总会发生点儿特殊情况。现在，第三个湖泊似乎已经干涸，另外两个也生满了芦苇和沼泽。如果威尔科克斯还在世，想必很快就能发现问题所在：湖泊干涸的起因不在于灌溉使用，而在于自然排水。除了头顶的天空，这些湖泊没有其他的排水渠道。一如位于法尤姆绿洲的卡伦湖，这些水体中的盐分变得越来越高，直到湖泊逐渐干涸。

然而，托西卡在埃及不仅意味着这几条径流湖。托西卡，或者可以说是"穆巴拉克的金字塔"，代表着这位尼罗河岸的国家首领最后一次对抗命运的挣扎。是他的命运，他的国家的命运，也是尼罗河的命运。

托西卡是埃及政府历史上最具野心的一次工程（虽说英国政府在 20 世纪 30 年代也有类似的计划，当时英国人企图将海水灌入尼罗河三角洲以西的盖塔拉洼地，以驱动位于洼地边缘的水轮，之后的阿拉曼战役[1]就发生在那里）。托西卡工程的目标相当于创造另一条尼罗河，也就是另一段平行于尼罗河的河谷。按照计划，通过运河从纳赛尔水库引水，可以将西部沙漠中分散的绿洲连接起来，形成一大片新的工业和农业发展中心。届时，大约 20% 的埃及人口将会迁入这片新土地。快速地下好这一步棋（其实现实中进度很慢），只要一步，人口增加、土地资源紧张、粮食需求增长、工作机会短缺，埃及所有的问题都能得到解决。

---

1 指第二次世界大战期间，盟军成员英联邦军队和轴心国德国带领的非洲装甲军团之间的战役，最终盟军取胜。

托西卡工程和 20 世纪 50 年代的阿斯旺水坝一样，设计初衷都是解决埃及所有的问题，二者自然都以失败告终。这个计划实质上反映的是总统先生的美好幻想，他心里明白，萨达特去世之后，自己并没有做出什么成绩，只是维持了现状。总统先生有着都市人特有的精明，他知道，随着这个国家的年轻人越来越多，他们对失业和人口问题的忍耐是有限的。但托西卡不是解决之道。在 1997 到 1998 年间，埃及的孩子们和我一样，都在电视里看过无数托西卡之梦的宣传片，也读过那些鼓励人相信这一幻想的童话书——其实都是埃及权威作家受国家委派写出的内容（有一本书描写了一位"新"河谷的居民写信给她在"旧"河谷的表亲，信里面说的都是她的房子有多大，花园有多漂亮）。到 2011 年，这批孩子也 20 多岁了，而托西卡之梦从未实现。于是他们向警察掷石头，发起了一场革命。

托西卡之梦的破碎始于 2005 年。托西卡牌香烟（是的，他们甚至专门做了一个香烟牌子）也渐渐买不到了。通向"托西卡之城"的道路变成了一条死胡同。他们抽水引入谢赫扎伊德水道 [1]，但也没有任何用处；迄今为止，这条水道距离巴里斯（Baris），也就是第一片绿洲，还差着 40 英里。我曾经和一位来自巴里斯（讽刺的是，在大部分埃及人口中，"巴黎"的发音和"巴里斯"一样）的贝多因朋友骑骆驼同行，他告诉我，当地夏天的气温经常在 45 摄氏度以上，而水道水流流速慢，蒸发速度快，非常不适合这种高温天气。再加上沙漠的环境，问题就更复杂了。沙漠的含水层影响着灌溉径流，导致盐分含量整体上升。这位贝多因朋友说："在沙漠的灌溉土地上，我们只种枣和橄榄，这么做是有理由的，种其他东西会让土地盐渍化。"

托西卡出产的蔬菜都送到了高端超市，比如麦德龙和家乐福，有些甚至出口到了国外。只有私营的农业公司才能在托西卡的土地上获利。明智的获利之道不是让穷人吃饱饭，而是让已经富有的人继续中饱私囊。如果这些钱能流回托西卡地区，也还说得过去，但事实并非如此。但凡头脑正常，没有埃及人会自愿住在那里。1997 年的时候，我们听了那么多要建医院、建学校的宣传，但

---

1 托西卡工程的一个水道项目，目的在于抽取纳赛尔水库储水，用于水道附近土地的灌溉。

到了今天，还是什么都没有。

托西卡计划的"第二步"在七年前就悄悄停摆了——按计划，该阶段的工作能把 200 万英亩的荒漠变成优质的农业用地。究竟改良了多少荒漠很难说。一种说法是 16,000 英亩，还有人说数量其实非常少，仅有 1000 英亩。

简而言之，这个工程就是一场巨大的灾难。美国国务院通过各种援助形式为托西卡计划提供了一部分资助，根据他们提供的数据，这么一场闹剧，竟然用了 870 亿美元的预算。然而，根据公开数据，埃及政府的预算里甚至都没有提到托西卡工程。

尼罗河是有欺骗性的。她让统治者们野心膨胀，但最终又不让他们梦想成真。穆巴拉克的"新埃及"幻想破灭了，现实中他的大工程也彻底失败。而通过革命民选出的新一任总统，也就是穆斯林兄弟会成员穆罕默德·默尔西（Muhammed Morsi），上台不久就放弃了托西卡。这一决定有为了跟穆巴拉克撇清关系的考虑，但更重要的是这才是明智之举。穆兄会曾经表示："要解决我们国家的问题，大兴土木是没用的，真正的解决之道很简单，就是价格合理的住房，还有能带来工作机会的投资。"

托西卡之梦在 2005 年彻底破灭。大约同一时期，穆巴拉克把很多决策权转移给了自己的儿子贾迈勒（Gamel）。2005 以后，我发现埃及人变得越来越消沉。富人在工程项目（贾迈勒眼中的大计划）中搞腐败，变得越来越富有，而穷人则为了生计奔忙于一个运转愈发快速，却也愈发贫穷的世界里。

12. 尼罗河上的革命

> 斧刃砍不动石头。
> ——埃及谚语

事情是这样发生的：在一片土地上，夏季洪水让人们实现了粮食的富余，得益于这种自然的馈赠、单纯的好运，一个国家出现了。这个国家开始变得富有，但国运时兴时衰，它遭受了别国的侵略，然后又将侵略者驱逐了出去。接着，这个国家的要人做了一个决定：农夫和金鹅的故事尽人皆知，这个决定就相当于农夫决心杀死下金蛋的鹅。他们在河上建起了水坝。一开始，种出的粮食确实变多了，更多的人也能吃饱饭了，人口由此很快增长了起来。于是，他们继续在河上建坝，养活了更多的人。但这个循环是不能永久持续下去的。实际上，动态的河水流转被一种静态的经济增长模式替代了——而且这种模式在埃及这样的国家明显不能持久。越来越多的人流离失所，他们迁徙到城市里去接受教育，但却无法找到工作。就是这些人构成了革命的力量。国家领导人继承了当年在尼罗河上建坝之人的精神，而革命者们将会把他推翻。也许这就是历史带来的诗意的复仇。

最开始，一切都显得不可信。所有的战争、革命和灾难，都有那么一刻是让人觉得难以置信的。这种时刻可能会非常残忍——我看到双子大楼坍塌的场景时正好在调换电视频道，当时的第一反应是自己看到了一部电影——但也可能微不足道，和日常没什么两样。有一次，我在朋友罗兰的家里做客。罗兰和妻子露西都是艺术家。当时露西在一所很大的国际学校教书，去那里上学的很多都是非常有钱的埃及小孩。那天是个周一，她从学校下班回来的时候对我们说："孩子们都说明天会有一场很大的抗议活动。"我还没来得及想，我的妻子萨米亚——她是一个记者，这种事她应该了解，毕竟这是她的工作——就从她发光的电脑屏幕前抬起头说："不会的。只是说说罢了。"

结果，那是埃及历史上最大的一次示威游行。那时我才意识到，这件事远没有结束。如果周二都能有这么多人来参加，周五肯定更加声势浩大。人就是这样，就算你亲眼看着事情发生，却还是不会相信。但你相信自己街区的声音，你相信青年人手持铁棍、棒子和汽油瓶跑过你家门前的场景。

此前，埃及人从未反抗过他们自己的领导人。纳赛尔在位时面对的反抗浪潮针对的是英国人，而非本国王室。在那之前，从克娄巴特拉开始，这个国家面对的就是一次又一次的侵略，被一拨又一拨侵略者接手，而费拉欣们则一直忙于修缮运河、打理灌溉水塘、搬弄沙杜夫，还有就是为洪涝而忧心忡忡。头脑灵光的埃及人总有办法爬至高位，而埃及这个国家也总能让久居那里的人变成地道的埃及人。

至于埃及人自己——"你不能将他们排除在外。"革命开始前不久的某天晚上，在意大利俱乐部，乔治·斯坎伦教授（George Scanlon）这样对我轻声说。他指的是最广义的范畴：不仅仅是更多人要为自己争取权益的势头不可阻挡，这种冲突还是埃及的一种安全阀。埃及人做事总是忽视规则，如此一来，体制的利益相关方就越来越多。当一种有排他性的体制里挤进过多的劣等关系，那些有钱人就会果断放弃，然后另起炉灶，成立新的俱乐部、学校和海滩度假地；但这些新地方变质也只是时间问题。类似的过程是不可避免的，而且它能够平衡这个国家的利益分配，消除很多差异性；放在另一个灵活度没有那么高的文化里，这种差异可能就是毁灭性的。斯坎伦教授研究的是伊斯兰教艺术，曾经参与过福斯塔特遗址的挖掘，而福斯塔特是伊斯兰化开罗的第一个城址；教授自 20 世纪 40 年代末就住在开罗了。之前，开罗美国大学（The American University in Cairo）将校区从解放广场搬到了环形公路外的一处改造过的沙漠里，在那之后不久他就退休了。非常讽刺的是，这座更大、更丑陋的新校区也能承接更多学生了，反而让学校向更多不同的人敞开了大门。

似乎有史以来埃及人就一直在想方设法与他们的统治者达成某种和解。但现在他们好像改变了基调，决定打出致命一拳。

革命开始之前，我们就已经从尼罗河沿岸的公寓里搬出来了，但我仍然会去那里写作。我们的新家在新迈哈迪，离尼罗河走路要半个小时。公寓所在街区不远的地方还曾发现过"迈哈迪人"的遗迹。"迈哈迪人"是建造金字塔的古埃及人的史前祖先，他们的生活很大程度上依赖于流入尼罗河的一条小河，现在人们把那里称为迪格拉旱谷。如今已然干涸的河床上躺着一条条巨大的管道，它们是沙漠新城的下水道，也许这也带有一点象征意义。去工作的路上我可以沿着下水管道走到河边。听起来好像很恶心，但实际上没有那么糟。

革命开始时，在我们的公寓（在三楼）能听到河滨大道方向传来的枪响。

我的妻子想过要加入抗议人群，因为她也是一个埃及人，也希望穆巴拉克能下台。我知道，穆巴拉克其实就是个匪徒，虽然稍微和善一点，但仍是匪徒。这点显而易见。在一个匪徒执政的国家，穷人和弱者会遭受警察的欺凌。但在一个健康的极权国家，比如摩洛哥，富人才会被警察索取小费或者小笔的过路费。我在埃及开的是一辆高端四轮驱动车，这么长时间以来，只有一次被警察拦下的经历——而且他只是想搭顺风车。在埃及，如果你有一辆大型四轮驱动车，或者是奔驰、宝马，开车上路就会畅行无阻……但这种景况不会持续多久了。

我的想法则摇摆不定。我知道穆巴拉克和他那些有钱的同党们很腐败，但我也多少从中获利了，虽然不多：我为埃及旅游局写了几册旅游指南，指南的收益来自沙姆沙伊赫的旅游业收入——而这个城市就是靠穆巴拉克的金钱和关系才建起来的。另外，我还享受着开罗最快的网络，而这个网络服务之所以存在，也是得益于总理先生的几个决定——总理就是穆巴拉克的左右手。我和那些反对穆巴拉克的有钱小孩一样，内心十分迷惑。那时候我才发觉，闹革命的都是年轻人，不然就是那些愤怒或者迟钝的老人。但凡是正常人，随着年龄增长，都能意识到政治系统和改革都是极为复杂的。所有的事情都互相依存，互相关联。在某种意义上，穆巴拉克也许确实剥削了埃及人民，但他也让这个国家享受了 38 年的和平，这在中东地区可是个相当大的成就。同时，作为科技狂人的总理还引入了高速网络，而我则受益其中。而且我还发现，在开罗上网比在牛津还要快。不仅如此，自动银行机用起来很方便，油价也便宜得惊人——每升10 便士，柴油还要更便宜。得益于这种油价，我们可以尽情在沙漠里度假。当我们开车穿行于沙丘之间时，车后面放着十个油桶，随时加满，不用犹豫。在英国，装满这样的十桶要花掉 300 英镑。没错，我确实受益了，但也不是没有损失。宽松的贷款政策使得买车的人口增加，在很多地方，开车的总人口数增加了大约 300%。尼罗河沿岸的道路早晚都塞满了车，而且经常发生很惨烈的事故。在比较富裕的街区，比如我住的地方，家家户户的孩子也都有车。之前我经常去散步的一条空旷的街道现在都已经没有地方停车了。在那条街上走，就像在疯狂的机械群体间冲撞一样。我在这里抱怨交通状况，而窗外正发生着一场革命。

"革命"这个词本身就造就了革命。但究竟什么是革命？生产资料必须易手吗？旧制度的领导人一定要被处决吗？我躺在床上睡不着，真的就是在想这些问题，窗外传来革命进行的喧闹声，电话也一直在响，都是家人和朋友打来的，告诉我他们住所外面的情况。情形很严重，虽然在刚开始的那个周五，一切看起来还不像是在革命。大家开始害怕会有武力镇压，但该来的一定会来。歇斯底里的氛围越来越浓，我们惊愕地在电视上看到燃烧的警车和卡车遍及开罗。

我醒来的时候，门铃刚好响起，乌姆[1]塞布丽娜来了。她每个周六都会来帮我们打扫公寓，风雨——哦不，应该是革命无阻。乌姆塞布丽娜就是塞布丽娜的母亲，她从城市另一端一个叫作萨义德宰纳布（Sayeda Zeinab）的贫穷街区过来。她告诉我们，那里的人已经把一个警署给烧了。那家警署臭名昭著，因为他们经常虐待疑犯。她还说，很多袭击者都在那一片的屠宰场工作，而警察没抵抗多一会儿就逃跑了。我甚至都不知道乌姆塞布丽娜的名字，而且似乎没人知道。不过，我倒是见过她女儿塞布丽娜，连她妈妈的一半都比不上。乌姆塞布丽娜得有 70 岁左右；她经常抱怨自己身体不好，但仍然每天都在工作。她总是早到，而且毫不怕高——你经常能看到她像攀岩一样从窗户探出身子，急切地想要把窗子两面都擦干净。她不识字，很善于唠叨，也长于守时。她为人谦逊，但又非常笃定——两种特质融合得非常好。她一脸严肃地告诉我，她女儿看到苏珊穆巴拉克图书馆着火了，纳斯雷街上的商店也都被打劫、砸毁了。听到这话，我内心的懦弱和好奇互相拉扯着，但最终还是出门去探察了。

到处都很寂静，虽然远处偶尔会有一声枪响。你很快就会吃透这些枪声，因为人们在可以随意开枪的时候就会毫不吝啬地放枪，而枪声听得多了，每种枪响的细微之处就都刻在了你的意识里。在战争电影里，经常子弹一发射，角色就能熟练地解析出子弹的类型和发射的方向；对此我曾经是不相信的，但现

---

1 "乌姆"（umm）一词本身就是母亲的意思。

在我发现这确实比观鸟要容易很多，因为枪的种类要比鸟少得多，而且每种枪发射的声音都很独特。卡拉什尼科夫系列的武器听起来是平平的金属音，让人想起无聊的工作日；榴弹炮是富有余响的烟花爆炸声；猎枪的声音听起来则像是汽车逆火。但我不确定自己是否听到了手枪声。我暗自恭喜自己观察到了这么多，终于开始跟上武器和战争的步伐了。

最初，我没看见几个人。但后来往纳斯雷街的环岛方向走时，路上的人就越来越多。而一天之后，就有一位警察在那个环岛被杀害了。据说，这个警察此前因为从平民那里收钱而备受诟病，而我曾多次不系安全带开车经过这个男人（开车不系安全带是在穆巴拉克的儿子贾迈勒上台后才变成一个严重的违法行为的）。当然，革命就是清算旧账的时候。但现在附近已经没有警察了，一个都没有。在一个警察国家，这种场景是很奇怪的。情况似乎已经超出了预想，似乎什么都有可能发生；这让我想起小时候在英国，一觉起来发现昨夜下了雪，相似的感觉。警察丢下了他们的车，很多都被烧了。还有那些他们特别喜欢的小休息站，配有遮阳用的锡顶，旁边立着尖尖的路障，也都被抛弃了。这些东西后来都让人毁了，而且连地基也没被放过。有一个休息站就在人行道中间，逼得人每次都要绕路而行，我特别讨厌那里，而且也憎恶那里的警察；他总是趾高气扬地坐在自己的黑色丰田皮卡里，车后面还支着篷子，里面能坐一堆警察——但他的这个小天地现在也被彻底摧毁了。这种场景让人内心非常爽快，而且我还注意到，没有了警察，所有人都更有礼貌了，而且不止一点。

我只找到了一家还开着的超市，购买食物的人在里面排起了长队。一位衣着光鲜、妆容精致的女人在其中不声不响的，很礼貌——可以说是正常人的样子，是恐惧让她变得正常。但换作平时，她大概是那种傲慢无礼，也许还会插队的人。那时我才想到为什么革命这么让人着迷：它能反转社会等级。底层将会登顶，顶层将会落底。

13. 罗兰和喷气飞机

被河水浸湿的木头必须烧掉。
——埃及谚语

我正在罗兰家的阳台上欣赏风景。我不知道他为什么住在开罗，也许是为了能看到比英格兰更好的景色。他和我一样，都想要搜集素材。他主要画沙漠风景，有时也画城市风光，但他画的城市看起来也像是沙漠中的悬崖和绝壁，因为这个城市也确实有类似的特征：莫卡坦山和撒拉丁城堡与开罗北城完美地融合在一起。罗兰长得人高马大，像个兼做焊接工的画家。不过，这也不算少见。其实他告诉过我，在能卖出作品之前，他就是靠做焊接工来生活的。

像很多艺术家一样，罗兰也对军队感兴趣，尤其是军用飞机，不过坦克也还行。他告诉我自己昨天在阳台上目击了一场劫掠者和军队之间的战斗。阳台对面有一片卫星区域（埃及最大的通讯中心，里面有好几个朝着天空放置的巨大碟形卫星天线），而劫掠者企图冲破它的外墙（通常是由警察看守，他们会站在监狱常见的那种瞭望塔里打瞌睡，但眼下是军队在负责，不过有三天的时间是无人值守的）；当时，墙面上都是AK74射出的弹孔，还有好几个坦克重型机枪打出的洞——罗兰猜测用的是12.7毫米的炮弹。那些洞都不小，但即使是5.54毫米的子弹，只要角度对，也能打穿水泥墙。所以教训就是：不要以为躲在坚实的混凝土墙后面就安全了，除非那墙的厚度超过3英寸，也许还要比3英寸厚得多。那些劫掠者，也就是大家口中的"暴徒"（直接从阿拉伯语词baltagi翻译过来的）也都端着AK74，但军方还是杀了他们两个人，还拖走了一个人。剩下的都逃跑了。

"他们被杀了？"我问。

"对，从这里看他们是死得透透的。"

这是好消息，也是坏消息，但主要还是好消息。如果捣乱的主要就是那群暴徒（确实也是），那么这些人的死伤就能缓解局面。如果你的家人都在家，家门口只有几个路障，而且能当武器的只有一把我从那加兰邦带回来的砍头刀、几把厨房刀，还有一把木刀，那你也会觉得死几个坏人是好事。说他们是坏人，是因为他们袭击了抗议者，而后者没做错任何事，只是在解放广场静坐而已。静坐的很多都是些孩子，有些和我还很熟，比如阿默尔。那天马和骆驼朝他们冲过来的时候他就在场，他告诉我说实际情况比看起来要恐怖很多。他还说，政府本来可以赢的，但他们傻到将所有的出口都封死了，想来一场大屠杀，结果反而错失了胜利的机会，最终落败。

在人们眼中，军队是正义的一方，因为他们虽然没有逮捕穆巴拉克，但当解放广场上的普通人被暴徒袭击的时候，他们还是出面制止了。在广场上，军队做的只是观察和等待。

所谓暴徒，其实是近十年商人们雇来保护自己的利益的。在开罗，如果一家店与另一家起了冲突，他们就会派来几个拿着铁棍的大汉，把对立店家的店面砸烂，然后再把人也打一顿。他们还会丢石头，甚至丢花盆。有一次还丢了我们家的花盆。当时是我家楼下的一家网吧和它楼上的家具店闹了矛盾，因为家具店的招牌挂得太低，挡住了网咖的招牌。这场架打得非常激烈，两方都怒不可遏，但除了大家手里的铁棍看起来有些凶狠骇人，其实也没有造成多么严重的流血事件。打架、战争，还有冲突都是这样——武器装备看起来是一回事，实际的伤亡数量又是另一回事。不过也有些反例，比如第一次世界大战、胡图人和图西人间的屠杀等。我想，我这里所说的战争只是一种手段，而不是目的。

从托拉监狱里释放出来的人很多都加入了暴徒的队伍，队伍因此而人数猛增。从我们家旁的高速公路过去就是托拉监狱。从监狱出发，越过那座混凝土立交桥，再沿着树木葱郁的市郊街道走大约半英里就能到我家。周六晚上是我们这个街区最大的战争之夜，这里的居民们共同驱逐了一群暴徒。到了周日的早上，军队的人就在离我们这条街一百码的十字路口停了一辆坦克，一辆巨大的卡其色坦克。而居民们都拿着棍子和刀来保护他们的店铺和房子，还在路上设置路障。这个街区还是很优雅时髦的。我平时遇到路障都是讲英语，这种时候常常都会有人对我微笑。埃及人有极强的幽默感，甚至可能是世界之最，但前提是他们没有恐惧感。如果他们觉得害怕了，就会彻底失去幽默感。有一次，我在西奈开车经过一个检查点，但没有通行证；将我拦下的那个军官看起来很恼怒，我居然还大着胆子跟他开了个玩笑。本来他应该会笑的，但在西奈，他们都很害怕。那时要不是我带着儿子，肯定会被抓进去受点罪。实际上，他就只是对我大吼了一番。紧张，恐惧，毫无幽默感。那天我和罗兰站在阳台往外看，我把这件事说给他听，然后我们一致认为，虽然英国人的幽默感是被高估了，但如果真的遇到了糟糕的事情，英国人还是会保住这份幽默感。幽默感应该是要蓬勃生长的。你只要做出一副无所畏惧的样子就好。不过，我还是能想到几位一直都在讲笑话的埃及人，所以我刚才所说的观点也可能是完全错误的。

罗兰和我感觉到自己陷入了一场战争，而且还很享受这个感觉，直到我们听到枪响。"在那边。"罗兰说——我们都越来越会听声辨位了。罗兰手里拿着他的双筒望远镜，但我们都看过电影，知道镜片可能反光，会泄露我们的位置。"我们进去吧？"我说。于是我们进屋，从屋里通过大开的阳台门向外看。何苦要冒险呢？这场革命是为了你的利益，但你却一直问自己："何苦要冒险呢？"最后你就窝在了家里不出门。只不过外面其实是很安全的，也许还比之前更安全，因为街上的车少多了。你在车上会觉得更安全，直到遇到抢劫。那时候你就怕了，感觉自己被困住了；接着你想法子打开车门，一骨碌滚出车去，然后撒腿逃跑。于是，你比别人更早地知道了为什么战地记者能一直坚持做这份看似糟糕透顶的工作：当一个普通的国家突然变成这般无可预估的状态，那种新鲜感是难以言喻的，他们就是为了体会这种感觉。我从自己家走出来，向着穆巴拉克图书馆走去。街上空荡荡的，只剩几台被烧剩的车架，其中有一台警用卡车还在冒烟，有几个年轻男子正用自己的手机对着那辆车拍照。他们看起来都面相和善。唯一有点吓人的是开过去五辆摩托车，每辆上都立着两个人。通常骑摩托的暴徒后面都会跟着几辆塞满人的标致牌汽车，但他们开过就走了。穆巴拉克图书馆安然无恙。没有遭劫，也没有火，甚至国旗都还飘着，两位馆员还穿着他们黄蓝相间的制服，表情看着有些担忧，但基本还是愉悦的。

那种难以言喻的新鲜感，那种你在一片崭新的土地上探险的感觉会一直持续，因为每天都有新情况，都有新的愤怒和新的标语。有一天，美国大使馆的巴士被一群暴徒袭击了——新闻说是被扔了石头。这个事情听起来很糟……但后来我跟一个当时就在车里的人交流，发现情况并非如此：只是一颗石头被扔进了后座的窗户，没人受伤。但就因为这个报道，连强硬顽固的美国人都离开了。而我开始总结出一个规律：如果新闻中报道的事情在本地没有任何迹象，那他们不是在夸大其词就是在说谎。新闻又说，外国人遭到了袭击。在我们这个街区完全没有类似的事情发生，但所有的外籍人士都离开了。每天都有人走，坐着迷你巴士小车队和他们一贯喜爱的大型四轮驱动车。我不禁想："去他的，一群懦夫，去他的混蛋商人，去他的石油工人，去他的草包银行家。你们在这里到处颐指气使，占尽便宜，等势头不对了，你们就全跑了！混蛋！"

只过了一天，我也开始咨询英国大使馆提供的"最后一班离开埃及的航班"。确认了我们的英国籍身份之后，大使馆的人给我们提供了很多帮助，以那种英国人一贯的低调但高效的方式。这让人不禁想到，如果"911"事件发生在英国，应急部门一定能把每个人都活着救出来；但肯定有很多人不认同，很可能还会喋喋不休地反击。后来，我在机场见到一个大哭的美国人，场面非常震撼。他大约55岁，胖得像一块奶油蛋糕，身上套着一件夏威夷衫，看起来就像一只锥桶。"我在这里已经待了25年了。整整25年啊。"他止不住地哭。差不多得了，兄弟，闭嘴吧。显然，他很享受侨居于此，本已经不打算离开了。这里有香车美女、沙漠郊游，可以在拂晓时骑马走过金字塔旁，还可以对着那些在食物链上比你位置低的人大吼大叫。但闭嘴吧，胖子，至少你还能活到下一天，还能接着玩乐。不过这些都是在我投降认输，从革命中逃跑之后的事情。

离开罗兰家之后我又拓展了一下活动范围，跑去看我的朋友马修。他是美国大学的一名图书管理员，我到他家的时候，他正在收拾行李准备离开。我告诉他事情没有那么糟，但话音未落就被枪声打断了，那是当时我听过持续时间最长的一阵枪响，震耳欲聋。如此一来，就很难再为时局说任何好话了。马修说其他几位美籍老师达成一致，要整夜轮值保护这个街区。但晚上9点左右他们就开始喝酒，等到了11点半，他们已经醉得什么都干不了了。于是他们就都回去睡了，留下马修一个人守了一整夜（与他的助理和埃及门卫一起）。虽然没造成什么后果，因为他们并没有遭受袭击，但马修还是又累又气，这也是可以理解的。我住的那幢楼旁边就是一座清真寺，所以守卫的人有不少。清真寺有一个广播喇叭，就固定在一根杆子上，离我家阳台也就一英尺远。平日里它早上 5 点就开始叫人去祈祷，很烦人，但眼下却给予了我们很多支持和安慰。清真寺整夜都会播报消息："暴徒们就在旁边的街上。军队在十字路口。还有更多的暴徒在加泽尔街上。"非常安慰人心。我们这条街的私营商铺以两家网咖为代表。平日里光顾的都是一些小男孩，他们总是斜靠在我们的车上，经常把侧视镜压坏。这两家网咖对整个街区毫无贡献。自从我搬过来，它们就只是一个给小孩子玩打枪游戏的场所，而且这种游戏他们在家里也一样玩。到了真正艰难的时刻，两家网咖都把门关了，窗户上也安了铁栏。相比之下，清真寺就从来不关门，且在街区遭受袭击的时候成为维系团结和提供帮助的重要力量。我其实并不喜欢那个清真寺的管理员。他是一个脾气暴躁的老头，额头上还有一个因祈祷留下的巨大的痕迹。

于是，马修离开了。罗兰打来电话说他也要走。我的妻子萨米亚说她要留下，但我应该离开。我表示自己也要留下。但第二天就有报道说，在市中心有更多的外国人遭受了袭击。当流言涉及你的自身利益时，似乎就很难不去相信了。我开始为离开找理由。首先，我的儿子拒绝出门，虽然女儿还愿意跟我一起在街区里走走。儿子用他所有的玩具堆了一个街垒，还将其命名为"巢"。但如果我们回英国，这里发生的一切都会是孩子奶奶家电视里的场景，我们还可以在公园里踢足球，可怕的历史故事在有声书里听就好了。这样一想，再坚持留下似乎就很没有道理了。所以我很快就决定离开，点了两下鼠标就在网上买了机票（当时他们已经恢复了网络服务）。看起来好像很轻易，我们明天就要离开了。

14. 作者离开了他的故事

利斧需人磨。
——苏丹谚语

我已经在这里七年了，以为自己还会再待七年，就像《圣经》中有丰收七年和饥荒七年的说法，我觉得七是个好数字。现在我却要离开了，要逃回家去，另一个家。

"我以前从来没见过坦克，"我儿子在去机场的路上这么说，"但今天我已经看到九辆了。"是的，真正的坦克，当你靠近时，枪口都会齐刷刷地转过来对着你。高速公路的每一段交流道、每一处入口匝道上都停着坦克，注意——军队倾巢出动了。整个国家都严密封锁了起来，一旦有坦克驶入高速公路的中间车道，就没有人能通过了，而我们当时就在通向机场的高速上。

我也做了计划。基本就是要提早去，但不能太早。宵禁解除是在早上 7 点，还是 8 点来着？好像没人知道。但总之那时候各处的街垒都还立着，值了一夜班的人们也都是又累又躁。到了早上 9 点左右，情况就会好很多，日常生活重新启动了。到了上午 11 点，他们便开始有点紧张，然后越来越紧张，直到下午 3 点宵禁开始——还是 4 点？所以从策略上来说，上高速最好的时机就是在上午 9 点到 9 点半之间，虽然我们的飞机要到下午 2 点才起飞。

没错，除了我前几天才读到的特种空军部队袭击班加西事件，这一切都显得有些平淡：我们坐在一辆出租车上，司机是我们的熟人加梅尔；我们在途中只被拦停一次，而且对方还是一群百无聊赖的士兵，想在我们去机场的路上看一下后备厢。当时车上每个人都很警觉，等着有什么意外发生。那种感觉很兴奋，但也很无聊。战争中的无聊在于你不能继续自己正常的生活。最初你会觉得这是一种莫大的解脱；我确信很多战争英雄的个人生活都很无聊、很恼人，战争让他们得以释放自己。而我的生活虽然不管怎么看都有些无聊，却仍有值得享受的地方。对我来说，偷偷穿过各种路障和检查站，看哪些地方被抢了、哪些地方安然无恙就是件趣事，一旦这种趣味减少了，还不算是例行公事，只是减少了，我就想要继续做自己的事情，比如到尼罗河上游的卢克索去，为我的这本书做一些调研。所以虽然这次的战争是段有趣的经历，但也并没有重大到改变人生。我并不打算放弃一切成为一个战地记者。

部分原因也在于我并不具备一个战地记者的本能。我的朋友史蒂夫就拥有这种本能。他曾被以色列人开枪击中，抬过受伤的巴勒斯坦孩子，还拍过一个纪录片，关于杰宁大屠杀所带来的创伤。对他来说，革命就意味着探寻真相。那天晚上，狙击手们正守卫着内政部，而他则不断靠近冲突中心，直到经过几个抬着尸体的人。那些人求他折返，但他仍继续往前。接着他又遇见一些人，他们抬着另一具尸体。这些人也央求他回头，而且语气更加坚决。"那不是平日里会在埃及听到的那种警告式的请求。他们很安静，但语气中有不容置疑的真实感。"他后来还是回去了，但在那之前，他已经拍下了各个医院的场景，还在那里四处搜寻了一番。而且他和我不一样：我只要不说话，看起来和埃及人没有太大差别；他的外国面孔很明显，个子很高，身上还挂着好几个相机。但他还是去哪里都毫不畏惧。我自己不太喜欢去大家都会去的地方。为什么要去解放广场呢？为什么要带着相机四处打探呢？我强烈地感觉到，这不是我的国家，也不是我的革命。我想可能是因为自己内心就没有革命精神吧，虽然之前也说了很多对时局不满的话。我喜欢在自家的街区悄悄地闲逛，看看这里有什么改变，看看我本来就了解和熟悉的场景；但这段时间我很少去市中心了，毕竟我去了又能干什么呢？喊口号吗？

我不擅长团队协作，但革命需要这样的人。我不是埃及人，而且就这样跑上街，满怀期待地盯着别人看，太愚蠢了。我的妻子有一天就去市中心加入了抗议人群——现在看来，当天就是一个转折点，就是那一天，暴徒们骑着马和骆驼进入了广场。但她在这一切发生之前就离开了。太幸运了，因为后来他们封锁了广场，直到中午 12 点。如前文所述，我的朋友阿默尔说过，如果不是因为广场被封锁，他一定会逃走，所有人都会逃走。从某种意义上说，是军队拯救了革命，因为他们迫使抗议者不情愿地面对了暴徒——而且还赢了。

妻子去了一次市中心之后，我就不愿意让她再去了。她还想去，但我觉得她已经充分表达过自己与革命者团结一心的态度了。我们也需要你，需要你安安全全的。我这样说道，说了好几次。然而，她仍坚持要留下来照看她的母亲和我们的公寓，应该说公寓只是附带的，因为要照顾亲人就顺便看管一下。不过，这个公寓可能确实会招人觊觎。我的车已经丢了——某天晚上，在一个本该安全的地方被偷了，就在家乐福超级市场被洗劫的地方附近。

　　后来在英国看到劫匪抢东西的样子，我才意识到发生于家乐福的那次抢劫干得多么有条理。不仅整个超市的所有货物都被搬空了，连周围的商店也没有幸免。我妻子的一个堂兄弟就住在附近（我的车就是在他家的车道上被偷走的），他说抢劫持续了一整夜，全程"稳如一阵清风"；卡车、火车和小型车都有，大家没有争吵，没有怒火，就是慢慢地、稳稳地、有条有理地搬着东西；清晨他们离开时，整个超市都差不多空了。后来有消息称，这场极其公开的抢劫背后很可能有政府的鼓励，目的就是向外界展示这个国家正遭受袭击。我们通常觉得邪恶贪婪的人都很愚蠢，但他们也因此不至于自作聪明，弄巧成拙。邪恶和贪婪与创造力和想象力不兼容，至少长远来看是这样；骗子发现一招好使，往往就会一直重复使用。而那些统治埃及的邪恶贪婪之人在很早之前就掌握了"胡萝卜加大棒"的手法。默许暴徒抢劫，不仅可以作为给他们的报酬，还可以让世界知道埃及的处境。但为什么是家乐福而不是其他地方，比如我所在的街区呢？因为家乐福出事就会上新闻。据我所知，那是唯一一场严重的抢劫事件。我家的街区只有一个被破坏的饮料贩售机，仅此而已。其次就是我的岳母遇到过一次抢劫——就在我们去机场那天。经历了那件事，我们就又多了一个离开的理由，虽然这么想的理应是她，而不是我。抢劫犯是两个男人，看起来都很普通，面色平静，穿着体面。当时我们在出租车旁忙活着，大包小裹的行李非常明显；就在那时候，他们骑着一辆摩托车飞驰而来，不用几秒钟就开到我们眼前了。我记得自己当时心里还纳闷，这摩托车开这么近做什么？接着就看到我76岁高龄的岳母在跟他们争夺一个包，但她还是很聪明的，没等自己被拽倒就放了手。我跟着摩托跑了三步，她跑的步数更多。不可能追上的。我永远都不会忘记那个抢包人的脸。他脸上一丝恶意都没有，甚至也没有得意——只是那种干完一个活的神情；也许是因为这个活比想象的难办一点，他甚至显得有点诧异。如果在街上见到，你永远都不会想到他是一个抢劫犯，因为他看起来更像是一个商店店员或者政府职员。

深受我们信任的司机加梅尔此时开始借口说自己心脏不好，说他没办法去追是因为心脏问题。我说没关系，我自己也没有去追。肯定追不上，他们已经跑出去太远了。不过自那以后，每次见到两个人共乘一辆摩托我都会特别注意。我不会忘记那张脸。

接着我的裤子就被偷了。先是车，我最喜欢的一辆车，一辆短轴距丰田巡洋舰，而且为了在沙漠里开特意做了改造——装有一吨承载力的后弹簧，去掉了后座，等等。每次我坐上那辆车，踩油门的脚都能感受到一阵咆哮的雄性冲动，都能心满意足地笑出来……一辆拥有巨大轮胎，像卡车一般轰隆作响且充满危险气息的车——就这样被偷了。也许此刻它正奔驰在利比亚或者西奈，车背上还绑着一架火箭炮。不过，那辆车确实还有几个小毛病需要修。很奇怪，继最初的阵阵恼怒之后，我竟也感到一丝解脱——终于，我不用去修车了。

但裤子就不一样了。丢的裤子也是我最喜欢的。那是一条带拉链的乐斯菲斯牌长裤，我在几次沙漠之行中都穿着它，各个方面都非常完美。当时专门有一个男孩会骑车带着我们洗好的湿衣服——装在一个固定在车后座的塑料篮子里——去一个地方，花一点钱把它们熨好。我的裤子就是交给他了。那天他把自行车放在了我们公寓楼外面，请"巴瓦布"帮他看着（我们的巴瓦布是一个无比懒散的人）。接着，男孩自己进了商店，可能是去买烟的；他虽然只有13岁，但已经开始吸烟了，而且烟瘾很重。在英国，答应帮别人看东西是件有风险的事，因为这意味着责任，会有点让人费神。但在埃及就不同。人们想都不想就能应下可能会扛上重大责任的事情（比如帮我看车）。如果你想要理解埃及，那么就想象一个全是学生的国家：热情，幽默，爱好派对，不靠谱，喜交际，有趣；不是他们自己的车，就不能交给他们管，现在看来连裤子也不行……

所以说，埃及在革命期间犯罪率飙升。其实，考虑到我和我的家人在仅几周的时间里就经历了三次针对我们的犯罪，可以说犯罪率已经突破天际了。但在某种意义上，这几次都是随机犯罪。此前埃及一直都很安全，以至于人在这里待惯了，反而变得比在伦敦还要放松恣意。我认为开罗应该和世界上其他地方——伦敦，巴黎，纽约——无甚区别。即使到了现在，开罗还是比内罗毕和约翰内斯堡要安全多了。

总之，那个男孩的自行车和裤子一起被偷了。男孩的雇主，也就是经营熨烫生意的那个人答应会赔我 50 英镑。我知道他不会赔的。但结果他给了我 20 英镑，也算是一点诚意。

然后我们接到一个电话（这件事发生在我回到埃及以后。此前我们飞离埃及，在国外待了六周，发现除了各种偷盗事件以外，情况还没有那么糟，于是就回去了），是警察打来的。他们说抓到了抢劫我岳母的那个人。这通电话打来的时候是晚上 8 点，接电话的是我妻子。警察让我妻子和岳母去巴萨廷的警署指认那个劫匪。"现在去巴萨廷不会有点晚吗？"我说。但她们急于讨回公道，就随便敷衍了我一下。然而，当她们乘坐出租车抵达警署时，那里已经被各种抗议的人包围了，大家都在喊口号，还有人带着武器。她们进到警署里面，看到那个所谓的小偷是一个 15 岁的少年，我妻子后来说他看起来根本没有犯罪能力。但探长很强硬，说这个孩子出身当地最臭名昭著的犯罪家族，而且之前有多次摩托车抢劫案都是他犯下的。可是他并不是那天的抢匪。接着，爆发了一阵骚动，这个少年的家人冲进警署，企图将他带出去。见势不妙，探长就先跑了，边跑边掏出了自己的枪；我的妻子和她母亲就被留在了那里，身边都是戴着镣铐咧嘴大笑的罪犯。所有的警力都去控制局面了，他们对着抗议人群的头顶上方不断放枪，于是抗议者们都不得不蹲了下来；犯罪家族的人也和警察交了火，但没几下就开着那几辆坏了的"标致 504"仓皇逃跑了。在那之前，我的妻子和岳母还和戴着镣铐的罪犯们单独待在一起。他们找了一圈都没有找到警署的后门，最后还是一个戴着手铐的囚犯指出一处侧门。于是两人离开警署，出门就被出租车司机接上了。司机头脑也很灵光，他一直在警署旁边开着车打转等她们出来。真是惊心动魄的一晚。

15. 狒狒的战争

狒狒的爱：有露水时她把幼崽挂在身下，落雨时她把幼崽背在背上。
——苏丹谚语

在尼罗河流域旅行时，我遇见过河马和鳄鱼，而且也学会了要对二者都保持警惕。但我最小心的还是狒狒。不管灵长动物学家怎么说，体型巨大的头领狒狒是非常危险的。我们之前听说过，这种狒狒非常强壮，能将人的头扯下来。我想，古埃及人崇拜的狒狒神，还有我在沙漠里见过的早期描绘狒狒的岩洞壁画都是一种警示。它们用一种简单直接的方式向我们展现了坐拥权力的人会变成什么样子，而且如今也有大量的动物学研究可以佐证这一点。在那些岩洞壁画中，狒狒的身体和人的脑袋组合在一起，还有些无头狒狒身，也许那就是最危险的一种。

头领雄性狒狒就是一群狒狒的老大，位于阶级金字塔的顶端。他们说这只狒狒大约能有三年轻松的日子。三年过去，就会有其他狒狒试图把它赶下高位。通常来说，一只狒狒在掌权期间，只要动一下脑袋或者呲个牙咧个嘴，年轻狒狒就会吓得跑开。威望能解决一切问题。但还会有新狒狒进入群体。这些外来的雄性狒狒要在群体里找到它们的位置，增加群体的基因多样性，还要护卫群体里的雌性。或早或晚，这些愣头愣脑的年轻雄性中就会有一只向头领发起挑战。当然，它会挨一顿揍。但这不重要。用拳击比赛的概念解释打架的人不会明白，输是最不需要担心的。打输几乎没有任何后果。真正重要的是恢复气力的时间，还有再度挑战的欲望，或者说蛮勇。穆巴拉克已经没有恢复的时间了，尼罗河很快就会迎来新的统治者。

后 记

这本书的完结和开端是在同一个地方发生的，都是在尼罗河河畔的那个公寓；从那里向外看，能看到一片蓝色的四方形，那就是检验我的试金石，也是我和尼罗河的羁绊。此刻，除了选举带来的动荡、穆巴拉克过世的传言（据说，就在我写下这些文字的同时，也就是 2013 年 1 月，穆巴拉克在医院里去世了，而不是在监狱里；是我岳父做心脏起搏器手术的同一家医院），还有可能会在解放广场上出现的百万人大游行，埃及的一切和我记忆中一样。路上仍然行驶着很多车——过多的车。购物中心看起来还是很拥挤。另外，虽然旅游业减少了大约 30%，街面上仍然有很多穿着凉鞋短裤、背着小帆布包的外国人走来走去。总而言之，尼罗河仍继续流淌，不管世事变得多么血红。

我们已经看到了，尼罗河总是能引发激情和流血的故事；我们也已经目睹了几千年前，尼罗河水最初涌上河岸，一路奔流至海的场景；我们还了解到尼罗河是一条相对年轻的河流，它流经的山脉比它更加古老。但这仍然是一条历史的河流，一条见证人类历史的河流，一条古典时期的河流——既是古希腊的，也是古罗马和古埃及的。

实事求是地说，如果要书写河流史或是为河流作传，写出来的故事可能会非常简短而模糊。但尼罗河的故事绝非如此。从圣经时期到乌姆杜尔曼战役，尼罗河经历了无数的流血和悲欢。如何将这么多的内容压缩，让它既有可读性又容易理解，这才是我们这本书面临的挑战。

最近，我又得以重访苏丹。刚好，那天飞机是在白天进入喀土穆上空的，落地之前需要盘旋一阵子。在那似乎无尽的循环中，我们一遍又一遍地经过青尼罗河流入白尼罗河的交汇口。看起来，就好像青尼罗河在压制某个衰老而羸弱的对象，一位上了年纪的亲戚，然后在对方白色的胳膊上打了一针。接着，就像血水倒流进吸毒者的针管里一样，那红色的河水从几千英尺的上空都看得清清楚楚。

由此，河水在循环往复地更新迭代、重拾活力，这就意味着，在夏季，也就是人们用水最多的时候，尼罗河不容易被吸干，不容易被扼杀。河流所呈现的是真实的生命的动态，而当人类看向河流这幅画卷时，他们却企图将自己静态的想象强加于它。人类要将河流变成某种温顺且平庸的存在，一个供人榨取的资源库。但正如我们所见，河流有一种招引红色的特质，它能够以各种奇特且出人意料的方式影响人们的生活。

在 2013 年，埃及的革命似乎走上了世界上其他革命运动的老路：在民众的支持下兴起，随即在当时最有组织、最激进的力量下得到巩固，但最终也被这些力量控制并利用——对埃及来说，就是穆兄会以及许多阿拉伯国家都有的更加极端的组织，萨拉菲。革命之后，很多曾经支持废黜穆巴拉克的人开始怀念起这个男人的统治，虽然没多久之前他们对他还非常憎恶；当然，穆巴拉克的儿子掌权也确实不是他们想看到的。在埃及，小偷小摸的人变得更多，旅游业遭到重创；看到新总统默许美国大使馆的侵犯行为，人们开始觉得他根本控制不了他的支持者，毕竟如果是穆巴拉克当权，即使是在革命运动最高涨的时候，这种事都绝对不可能发生。这个国家开始走上中东各地在这个时代踏上的道路——走向分裂和更严重的混乱。人们都很担忧，并不比以前开心，但他们还是会尽可能地高昂头颅，细细品味这份来之不易的自由；为了自由这种现代生活才有的奢侈品，他们付出了巨大的代价。

是的，但尼罗河呢？我们对于这片世界的理解如果存在脉络，那么尼罗河已经流淌过其中的每一处；如此重要的一条河流，它现在又如何了呢？美国人现在和海尔·塞拉西合作，打算重启意大利人曾有过的一个计划，即在塔纳湖，也就是青尼罗河的源头处再建一个巨型水坝。我读到这个工程即将启动的消息时，心里是好奇的，但同时也非常惊惧。如此一来，雄浑的青尼罗河洪水将进一步被驯服。而且还有消息称，琼莱运河工程也将重启，虽然现在看来不太可能了，因为南北苏丹之间又爆发了一些冲突。就这样，威尔科克斯在英国人对尼罗河最有控制权的时期提出的那些计划逐渐被其他涉足的国家拿来借鉴了。而当时由英国签署的那些旧条约，虽然在埃及独立的时候没有改动，但如今已在各方压力之下要进行调整了。一旦这些都成为现实，一个全新的时代将会诞生，一个共理尼罗河的时代，也是尼罗河解体的时代。这仍是同一条河，一个独立完整的流域，一条伟大壮阔的河流，但我们就像是将蝴蝶肢解了的男孩，很快，我们就会问出这样的问题："在哪里？蝴蝶去了哪儿？世界上最伟大的河流之一怎么就消失了呢？"

此后，一如既往，留下的只有故事。

一份非常精简的参考书目

　　书籍脱胎于书籍，大部头的书籍则脱胎于很多书籍。在开罗，马修·伊斯梅尔慷慨地为我提供了使用开罗美国大学图书馆的权利；在英国，我会去伯德莱恩图书馆，还会使用馆际互借服务，这个功能非常宝贵，虽然现在已经不是免费的了。这些年间，我也从著名图书市场阿斯巴奇亚花园［我在 2001 年于伦敦出版的《灭绝物种俱乐部》（ *The Extinction Club* ）中也提到过这个地方］买了不少书。此外，在开罗的迈哈迪还有一家很棒的店叫科托布汗（Kotob Khan），我在那里也找到了很多英语和阿拉伯语的好书（顺便一提,在那里喝咖啡也不错）。

　　我其实可以罗列超过 20 页的书目，把每一本我参考过或者引用过一个信息或观点的书全都囊括进去，但我觉得那样并不理想。所以我列出的书单只包括我看过，并觉得读者也会喜欢看的书。以下有些部分的推荐书目会更多一些，但这只是因为调研过程中碰巧遇到了比较多的书，并不是说我更偏爱哪个部分。如果您对某些话题更感兴趣，想了解更小众或更深奥的书目，而这个书单里没有相关内容，您可以通过我的网站联系我：www.roberttwigger.com。

第一部分　自然的尼罗河

R.E. Cheesman, *Lake Tana and the Blue Nile*, London 1936
George Cotter, *Ethiopian Wisdom*, volume 1, Ibadan, Nigeria 1996
J.S.R. Duncan, *The Sudan*, London 1952
F. Clark Howell, *African Ecology and Human Evolution*, London 1964
H.E. Hurst, *The Nile*, London 1952
Richard Leakey, *The Making of Mankind*, London 1981
Patrick Synge, *Mountains of the Moon*, London 1937
William Willcocks, *Sixty Years in the East*, Edinburgh 1935

第二部分　古时的尼罗河

Kenneth Bailey, *Jesus through Middle Eastern Eyes*, 2008
Wallis Budge, *The Nile: Notes for Travellers*, London 1890
Richard Carrington, *Tears of Isis*, London 1959
Amelia Edwards, *1000 miles up the Nile*, Leipzig 1878
William Golding, *An Egyptian Journal*, London 1985
Adrian Goldsworthy, *Antony and Cleopatra*, London 2010
Matthew Ismail, *Wallis Budge, Kilkerran*, Scotland 2011
Barbara Mertz, *Red Land, Black Land*, New York 1978
Barbara Mertz, *Temples, Tombs and Hieroglyphs*, New York 2007
Alan Moorehead, *The Blue Nile*, New York 1962
Alan Moorehead, *The White Nile*, New York 1960
Karol Mysliwiec, *Eros on the Nile*, New York 2004
Paul Perry, *Jesus in Egypt*, New York 2003
Anthony Sattin, *The Pharaoh's Shadow*, London 2000
Stacy Schiff, *Cleopatra*, New York 2010

第三部分　信徒的河流

Philip K. Hitti, *History of the Arabs*, London 1967
Robert Irwin, *The Middle East in the Middle Ages*, 1986
Joel Kraemer, *Maimonides*, New York 2008
Stanley Lane-Poole, *Saladin and the Fall of Jerusalem*, London 1898
Amin Maalouf, *The Crusades through Arab Eyes*, London 1984
Fatima Mernissi, *The Forgotten Queens of Islam*, Cambridge 1994
P.H. Newby, *Saladin in his Time*, London 1983
Ahmed Al Shahi, *Wisdom from the Nile*, Oxford 1978
Bradley Steffens, *Ibn Al-Haytham, Greensboro*, North Carolina 2007

第四部分　延展的尼罗河

James Bruce, *Travels to Discover the Source of the Nile*, 5 vols, Edinburgh 1790
Juan Cole, *Napoleon's Egypt*, Cairo 2008
Louise Colet, *Lui, Athens*, Georgia 1986
Max Gallo, *Napoleon*, Paris 1997
Al Jabarti, *Napoleon in Egypt*, Princeton 2010
Martin Kalfatovic, *Nile Notes of a Howadji*, London 1992
Philip Marsden, *The Barefoot Emperor*, London 2007
Francine du Plessix Gray, *Rage and Fire*, New York 1994

Anthony Sattin, *A Winter on the Nile*, London 2010

Ataf al-Sayid Marsot, *Egypt in the Reign of Muhammed Ali*, Cambridge 1984

James St John, *Egypt and Mohammed Ali*, London 1834

Ferdinand Werne, *Expedition to Discover the Sources of the White Nile in the Years 1840, 1841*, 2 vols, London 1849

第五部分　被诅咒的尼罗河

Richard Burton, *The Kasidah*, London 1974

Richard Burton, *The Lake Regions of Central Africa*, London 1860

Agatha Christie, *An Autobiography*, London 1977

Agatha Christie, *Death Comes as the End*, London 1945

Agatha Christie, *Death on the Nile*, London 1937

Winston Churchill, *The River War*

Cromer, *Modern Egypt*, 2 vols, London 1908

Matthew Green, *The Wizard of the Nile*, London 2008

Richard Hall, *Lovers on the Nile*, London 1980

John Hanning Speke, *Discovery of the Source of the Nile*, London 1863

Arthur Hawkey, *Hiram Maxim*, Staplehurst, Kent 2001

Mary S. Lovell, *A Rage to Live*, London 1998

Dan Morrison, *Black Nile*, New York 2010

John Petherick, *Travels in Central Africa*, London 1869

Georg Schweinfurth, *The Heart of Africa*, London 1873

Laura Thompson, *Agatha Christie*, London 2007

Patricia Wright, *Conflict on the Nile*, London 1972

第六部分　尼罗河上的鲜血

Paul Carell, *Foxes of the Desert*, London 1960

Mohamed Heikal, *Autumn of Fury*, London 1983

Tom Little, *High Dam in Aswan*, London 1965

Samir Raafat, *Cairo, the Glory Years*, Alexandria 2005

Anwar el-Sadat, *In Search of Identity*, London 1978

Viscount Wavell, *Allenby in Egypt*, London 1943

致　谢

感谢你们所有人对我的帮助：马修·伊斯梅尔，伊恩·普里斯，比·海明，安德鲁·基德，萨米亚·霍斯尼，瓦克·卡尼，肖恩·贝塞尔，乔伊斯·科克伦和伊恩·科克伦，乔治·费尔瑟姆－帕里什，玛利亚·戈利亚，佐赫拉·梅拉贝特，史蒂夫·廷佩，乔恩·比约森，穆罕默德·萨比特，哈贾尔·马祖布和穆斯塔法·马祖布，保罗·戈登，琳恩·钱德勒，吉汉，马里奥·特立尼达德斯，曼内尔·特立尼达德斯，史蒂夫·曼恩，埃德·奥格雷迪，查伦·莫赫扎尼，克里斯·罗斯，理查德·海德，理查德·内瑟伍德，戴夫·莫里森，罗兰·普里姆，露西·韦斯特伍德，杰西卡·福克斯，穆罕默德·莫哈雷布，优素福·泽丹，史蒂夫·卡特，约翰，威尔·塞尔登，鲁珀特·塞尔登，玛丽·谢尔顿，尼克·欧文，杰拉德·弗林，芭芭拉·弗林，娜奥米·达灵顿，丹尼斯·约翰逊－戴维斯，丹·莫里森，约翰·保罗·弗林托夫，约翰·克罗克特，马修·格林，保拉·克罗奇安，达西·阿德里安－瓦兰斯，雨果·迪克森，马克·迪克森，阿德里安·特平，阿丽塔·拜延斯，卡洛·伯格曼，拉姆齐·伍德，吉尔·惠特沃斯，乔治·斯坎伦，帕蒂·施耐德，伊恩·桑索姆，伊恩·贝尔彻，鲍里斯·约翰逊，理查德·莫亨和克劳迪娅·莫亨，哈桑，霍姆达，伊恩·辛格尔顿，克里斯·斯图尔特，塔希尔·沙阿，拉查纳·沙阿，莱昂·弗拉姆霍尔克，大卫·弗拉姆霍尔克，亚伦·福斯特，哈桑·韦伯斯特，米哈伊尔·艾维，弗洛伊德·埃文斯，彼得·戴维斯，瑞恩·麦克利门特，克里斯托弗·沃森，尤格·拉什布鲁克，索纳利·维杰亚拉纳，斯图尔特·多德，马丁·怀特，约翰尼·"双尼罗"，多丽丝·奥登，阿布·纳斯尔，穆罕默德，哈桑·伊扎特，皮乌斯，西奥多尔，埃克隆神父，詹姆斯·卡特三世，威廉·科尔斯，安东尼和让·特威格，巴布·拉姆林加姆，彼得·戴维斯，奥菲·奥德里斯科尔，弗兰克·纳斯雷，本·福斯特，塔昆·霍尔、阿努·霍尔，埃尔·霍尔，加里·肖，克拉拉·特威格 – 罗斯，瑞秋·巴克，恩里克·特博特，奈杰尔·海尔，斯图·帕斯克，杰弗里·李，所有捐助者和忠实的博客读者。

图书在版编目（CIP）数据

红色尼罗河 / （英）罗伯特·特威格尔著；李红懿
译 . —上海：上海三联书店，2024.5
ISBN 978-7-5426-8428-8

Ⅰ. ①红… Ⅱ. ①罗… ②李… Ⅲ. ①尼罗河流域－文化
史－研究 Ⅳ. ① K410.03

中国国家版本馆 CIP 数据核字（2024）第 057942 号

红色尼罗河

著　　者／〔英国〕罗伯特·特威格尔
译　　者／李红懿
责任编辑／王　建
特约编辑／夏家惠
装帧设计／鹏飞艺术
监　制／姚　军
出版发行／上海三联书店
　　　　　　（200041）中国上海市静安区威海路755号30楼
联系电话／编辑部：021-22895517
　　　　　　发行部：021-22895559
印　　刷／三河市中晟雅豪印务有限公司
版　　次／2024 年 5 月第 1 版
印　　次／2024 年 5 月第 1 次印刷
开　　本／710×1000　1/16
字　　数／399千字
印　　张／33.75

ISBN 978-7-5426-8428-8/K · 768

定　价：69.00元

著作权合同登记号　图字：10-2022-42 号